倦鸟东归

彭越◎著

DIXIE W PUBLISHING CORPORATION U.S.A.
美国南方出版社

倦鸟东归

彭越◎著

责任编辑：周景玲
版面设计：侯国强

Published by
Dixie W Publishing Corporation
Montgomery，Alabama，U.S.A.
http://www.dixiewpublishing.com

本书由美国南方出版社出版

2022 年 9 月 DWPC 第一版

开本：254mm x 178mm
字数：471 千字

Library of Congress Control Number：2022943834
美国国会图书馆编目号码：2022943834

国际标准书号 ISBN-13：978-1-68372-470-4

作者简介

彭越，广东省封开县人，曾上山下乡数年，1978 年考入北京大学哲学系，1982 年毕业，同年考入北京大学外国哲学研究所，1985 年毕业，获哲学硕士学位。曾任广东省社会科学院副研究员，发表学术论文和译文数十篇，出版学术专著《实用主义思潮的演变：从皮尔士到蒯因》（厦门大学出版社）、《中国文化的非主体精神》（广州出版社），以及畅销读物《西方哲学初步》（广东人民出版社）等。后移居美国加州，经商做生意。曾在《榕树下》文学网站发表长篇小说《美国梦难圆》，现为江山文学网签约作家。

内容简介

这是一部带有传记色彩的长篇小说，它描写了一个八十年代文化精英在中美两国大半生经历的故事。

项东方生于南粤一个边陲小镇，生性聪明敏感，从小看了大量抗美援朝的电影，对美国和美国人莫名地憎恨，从而厌恶西方文化。因为多次被关禁闭的童年阴影，他酷爱自由，渴望无拘无束的生活。在动乱的年代，读小学的他开始与同伴抽烟偷钱、放浪形骸，并目睹了一系列暴力血腥的事件，让他对故乡心生厌恶，因此义无反顾地上山下乡。他在水中救起小时候曾与他有过矛盾的柳丝雨，俩人倾心相爱。后来柳丝雨移民香港，俩人彻底失联。由于过度的伤心，他与一班知青朋友聚众偷听境外电台，却被老朋友告发，导致一个好友的死亡，最终迫使他偷渡香港，又功亏一篑被抓回农场。但他没有沉沦，终于在恢复高考后考上了北大哲学系。

在赴京途中，他对天明誓永远都不回故乡。在北大，他一方面心高气傲，自诩为社会精英，对自己充满了期许；另一方面当他接触了大量的西方文化后，思想开始发生了微妙的变化。他曾经痛恨美国和英语，但当他偶然读到拜伦的诗后，便一反常态地喜欢上了英语，倾慕西方文化，厌恶中国的一切，鼓吹全盘西化的思想，并因此爱上了英文系的林梦茵。系里安排他与美国进修生亚当同住。他长得很帅，深得女生的青睐，也遭到男生的嫉妒，可当他一见到亚当，他那脆弱的自恋就土崩瓦解了。面对着高大英俊的亚当，他突然觉得自惭形秽，甚至恨起了自己作为中国人的长相。他不仅为中国的贫穷落后而自卑，也为自己身为一个中国人而自卑。

亚当巧妙地利用了项东方渴望自由、对祖国恨铁不成钢的心理，忽悠他出国，投奔自由，项东方忽然茅塞顿开，开始把美国视为人间天堂，对美国充满了期待。几经波折，他终于到了美国，进入西雅图的华盛顿大学，就读东亚研究专业。然而等待他的却是林梦茵的背叛，因为亚当早就把她拐跑了。他恼羞成怒，终于在感恩节后的某一天与亚当大打出手，林梦茵不顾一切报了警，导致他被法庭判关押三天并罚做一百小时的社区服务。在这个被他称为“劳改”的过程中，他与一个金发美女有过短暂的鱼水之欢，从此不再相信爱情，为以后漂泊浮浪的生活定下了基调。在租住的公寓里，他遇上了同住一个套间的陈晓诗，短暂的尴尬之后，俩人开始同居，但当陈晓诗刚刚显露出爱上他的态度后，他却不辞而别，一个人从美国西部跑到了东部，躲了起来。

当然，他这逃逸还有另外的一个深层的原因。在大学课堂上，美国人那种傲慢自大的西方中心主义思想深深地刺痛了项东方的民族自尊心。痛定思痛，迫使他深刻地反省自己，他才发现当年自己在国内鼓吹的全盘西化论正是西方中心论的翻版，而这种鼓吹的背后却是自己内心深处一种莫名其妙的自卑感。他开始自觉不自觉地反抗这种西方中心主义，并在一篇学期论文上表达了自己的态度。系主任史密斯教授曾好心地建议他修改论文，撤回反西方的观点，但他固执己见，坚决不改，结果论文被判不及格，他也因此丧失了助学金。这最终促使他离开了这个学校并改变了专业。

他到了东部的康涅狄克州，在小城哈特福特找到了新的学校，准备开始学习商业管理。在这里他看到和听到了许多他曾祖父当年在此留学的事迹。他的曾祖父作为清末第一批留美幼童曾经在哈特福特呆过很长时间，后来因为自己的辫子受尽了屈辱，愤然地号召大家剪掉了辫子，结果被清廷遣送回国，因此心情郁结而英年早逝。项东方从曾祖父的故事中发现了一条一脉相承的心理轨迹，这就是一种隐隐约约的民族自卑心理，这是自鸦片战争以后一系列挫败中不断累积而形成的，它经过媒体的渲染和教育的强化，一代一代地流传了下来，深入到每个人的骨髓，也深藏在自己的心底。如同那个挥之不去的童年阴影那样，自己的灵魂深处也隐藏着一种奇怪的西方阴影：西方就像一个巨大的阴影总是时不时从他心里掠过，告诉他你作为一个中国人是多么的渺小卑微，你的所思所想、你的一作一为都必须符合西方的标准。正是这种西方阴影让自己总是无端地自卑，盲目地崇洋媚外。他发誓要清除这种心理阴影，让自己重新自信起来。

随后的漫长岁月里，他继续上学打工，开餐馆，经营旧车生意，经历了数不清的挫折与磨难，在商海里沉浮，在生活中颠簸。他曾被合伙人骗走了大半的资金，被客户和银行追讨债务，不得不宣布破产，还被朋友出卖，儿子被判寄居别人家庭，最后被车管局吊销营业执照。

在美国半生的经历，让项东方最终明白了一个道理：中国不是地狱，美国也不是天堂；中国已经从几百年的积弱中重新崛起，而美国正在不知不觉中日益衰落；中美争夺世界霸权的大战早已拉开，但许多中国人仍然蒙在鼓里，还没有从民族自卑情结中走出来，现在我们必须要挺直腰杆，恢复民族自信，继续走自己的路。他觉得当年因为自己的自卑，不远万里跑来美国，追寻自由，结果碰了一鼻子灰，落得个满心伤痕，实在是悔不当初，如果可以重新选择，绝对不会重蹈覆辙。最后，他违背了自己当初的誓言，回到家乡，与初恋情人柳丝雨重逢，还与曾经出卖过自己的老朋友冰释前嫌。

这部小说展示了一个北大高材生，怎样因为盲目地崇洋媚外而在号称自由的美国摔得头破血流，最后才觉醒的的故事。项东方的一生经历了恨美、舔美和嫌美的心路历程，也经历了爱国、恨国和撑国的心路历程，仿佛是一个否定之否定的过程。 他的故事是一代中国社会精英的缩影，也反映了许许多多海外华人华侨的心声，充满了鼓舞人心的正能量。

目录

楔 子

“雄赳赳，气昂昂，跨过鸭绿江……打败美国野心狼！”

一群少年慷慨激昂地唱完这首志愿军歌，接着，举起塑料枪和自制木枪，高喊着：

“冲过去，杀——消灭美国鬼子！”

他们呼啸着冲过一条狭窄的木桥，向着对面的小山坡挺进，双方用嘴巴模仿出来的枪炮声响成一团，他们很快就要接近对方的高地了。

忽然，迎面飞来一片密密麻麻的黄泥块，众人吓得趴倒在地下，几个人被泥块击中。连长瘦猫看顶不住了，忙下令撤退。一个身子瘦弱、头戴绿军帽的少年躲避不及，被一块鸡蛋大小的泥块击中左额，顿时鲜血淋漓，肿起了一个大包。他却一点都不在乎，猛地跳将起来，左手捂住额头，右手握成一个步话机话筒，一面往山坡上冲，一面扯开嗓子喊道：

“为了胜利，向我开炮！向我开炮！”

这句电影《英雄儿女》主角王成的经典台词，早被这帮小孩背得滚瓜烂熟了。听到这几句话他们就像听到了号令，猛然跃起，纷纷抓起地上的泥团向对方扔过去，同时又分兵两路，包抄到背后，一阵猛烈攻击后，对方终于抵挡不住，举手投降了。

几十年前的这一幕情景，发生在一个叫做栗子山的小山包上，项东方今天依然清楚地记得当天的细节，那个模仿王成的小个子就是他本人。当天在决定哪方扮演中国或美国时，谁都不愿意演美方，因为当时的小孩都认定美国是注定要失败的，最后，通过抓阄让对方来扮美军了事。而此刻，项东方正安坐在美国北加州海边的别墅里，心潮澎湃、难以平静，忽然想起了这几十年前的一幕。

近年来，中美之间的世界争霸战愈演愈烈，中国以“一带一路”为核心的全球战略令美国人如坐针毡、寝食难安。刚上任的美国总统在就职演说中大声疾呼：美国主导世界的霸主地位岌岌可危，美国必须趁中国羽翼未丰之前把她打垮，不然，等她爬到自己头上拉屎的时候，就来不及了。为了保住美国的霸主地位，美国总统发动了对中国的贸易战，结果输得一塌糊涂，国内民怨沸腾，国际上也怨声载道，留给美国的似乎只有战争这个选择。中美大战箭在弦上、一触即发。美国及其小兄弟们在中国周边作了一系列的部署：日本在钓鱼岛上发难，台湾宣告“独立”，菲律宾进占黄岩岛，越南在南沙群岛蠢蠢欲动，第七舰队奔赴东海，第三舰队在南海坐镇，美国在亚洲的全部军事基地已经严阵以待。战争气氛笼罩着世界，一场世纪大战似乎势不可免。

昨天，项东方刚送走了自己的独生子，一个美国海军陆战队的中尉，他接到命令随第七舰队开赴中国东海待命。像许多第二代中国移民一样，他儿子从小喝牛奶就像喝水一样，长得一副结实强壮的身板，比他高出半个头，有一个坚毅的下巴，性格像他一样固执，那是来自基因、不管生在哪里都无法改变的。

项东方的家族往上十代，没有一个人当过兵，唯独自己的儿子死活要去从军，并且一干就是多年。昨天，他对儿子说：你是军人，服从是你的天职，但你知道你的对手是谁吗？他儿子答道：知道，中国！儿子说“中国”时没有任何犹豫，也不带感情，仿佛那只是一个干巴巴的概念，犹如对一个没有出过国的中国人说非洲的乌干达一样。

说实在的，中国对这个美国出生的儿子来说太遥远、太陌生了。多年前，他曾带儿子回国看望父母。儿子对中国的印象是：人长得跟自己很像，但说的话大多听不懂，人们的行为举止大相径庭，到处都是人山人海，人们随地吐痰，行人乱闯红灯，唯一令他喜欢的是到处都有诱人的美食。中国对他而言，与其说是祖国，毋宁说只是一个有很多古迹可以游玩的地方。在长城上，儿子天真地问：“他们”为什么要费力修这么长的围墙？为什么不会自己打出去？这种纯粹防御的心态只能被动挨打。项东方没有向他解释，当年吴三桂把城门打开，让清兵入关，令万里长城形同虚设的故事。他当时觉得，美国长大的孩子想法就是不一样。

儿子平静地说：爸，我这次上战场，可能一去不回，你不必为我担心，为国捐躯义不容辞！项东方听后心里一震：到底为了哪一国？自己的儿子去攻打自己的祖国？几十年前那个高喊着“打倒美国国主义”的懵懂少年，如今却安坐在美国加州的别墅里，眼睁睁地看着自己的儿子飘洋过海去挑衅中国。这到底是怎么一回事？到底发生了什么？旅居美国几十年，自己从来都没有想过竟会有这么一天！

然而，事实就是事实，儿子恐怕已经上了路，也许正航行在太平洋上，很快就会抵达目的地，战争一触即发，儿子的性命没准危在旦夕。忽然，他联想到一件令人细思极恐的事。互联网上近日出现了许多令人担忧的言论，许多人叫嚷着美国应该仿效二战时的做法，一旦中美交战，就把全美国的华人都抓起来，关到集中营里去。开始看到这些言论时，项东方觉得好笑，心想全美国有四五百万华裔，怎么可能都关起来？要知道，当年被关押到集中营的日本人才十来万。随后，他作了一番研究，才惊出了一身冷汗。

原来，当年珍珠港事件发生的当天，美国各地就出现了反日的浪潮。1941 年 12 月 7 日清晨，日本人出动由六艘航母、多艘潜艇和四百多架飞机组成的舰队，以迅雷不及掩耳之势突袭珍珠港，只用了短短的九十分钟就几乎完全摧毁整个太平洋舰队。一时间全美上下群情激愤，满大街都是反日的标语，日本人的房子外被刷着“日本鬼子滚出去！”的口号，日本人到处都被拒绝服务，专业执照无端被政府吊销，在大街上被人痛殴。由于美国人分不清中国人和日本人，所以连中国人也被波及，有的人只得在门前写着“我们不是日本人”、“我们和你一样憎恨日本人”的标语。第二天，美国政府对日宣战，太平洋战争爆发。当时在美国国内流传着一个谣言说：为什么日本人能够轻而易举地消灭太平洋舰队，就是因为渗透到美国的日裔“第五纵队”向日军提供了准确情报。美国总统罗斯福公开宣称，日裔美国人是奸细，是“垃圾”和“麻烦制造者”。两个月后，他签署了 9066 号行政命令，授权陆军部在最贫瘠荒芜的地方划定“军事区”，其实也就是拘留营。命令下来后，在加利福尼亚等八个州共开设了十一处拘留营，专门关押日裔侨民，日裔美国人不得不放弃或者变卖他们的财产，住到这些有重兵把守的集中营里面。这些拘留营都位于各州最贫瘠、荒芜的戈壁沙漠上，四周布满了铁丝网和瞭望塔，从外表上看，与德国纳粹关押犹太人的集中营并无差别。截止到二战结束，共有近十二万日本人被关押，其中百分之六十是美国公民。

项东方在网上看了许多关于这个事件的文章，越看越害怕，越想越紧张。历史告诉他，这不仅是民众的个人行为，也是政府的行为，当战争来临时，狂热的民族情绪会冲昏人们的大脑，许多行为会超出法律和道德的界限，没有谁可以抵挡，因此历史有可能重演，会演变出许多不同的花样来。作为身在美国的中国人，不能不引起警惕。

这几天，他都住在这间临时租来的度假屋里。他儿子出发前特意回来了一趟，向他告别。儿子知道他喜欢看海，就专门租了这间海边别墅，父子俩平静地过了几天。昨天下午，他送走了儿子，当天晚上，他几乎一宿没睡，翻来覆去地浮想联翩，从儿子的离去，想到了自己的半生的遭遇，想到了许许多多经历过的人和事。他因为没睡好，今天早上起来就晚了。他坐在餐桌前，吃着夹肉三明治，还有他最喜欢的煎荷包蛋。很久以来，豆浆、油条，或者牛肉肠粉、皮蛋瘦肉粥这些传统的中国美食，早已远离了他的餐桌，甚至也很难出现在他的记忆之中。他端着一杯浓咖啡，面前摊着一份英文的《华尔街日报》。外面的浓雾慢慢地散去，海浪拍打着白色的沙滩，不远处的海面上有几处突出水面的礁石，一大群海鸥围着它们在盘旋，懒洋洋的海狮在旁边嗷嗷地叫唤着。

餐厅靠海那边是一面落地大玻璃窗，窗外有一个很大的木板露台，中间立着一把巨大的白色遮阳伞，透过大玻璃窗可以俯瞰不远处的无敌海景。从餐厅的右侧，可以看到远处绿茵茵的高尔夫球场上飘扬着一支星条旗，它色彩艳丽、随风飘舞，“哗啦哗啦”地向世人宣示着：这里是不可一世的美利坚的国土！餐厅的左边是客厅，底下是有两个车位的车房，停着一部宝马 Z4 双门跑车。平时他喜欢开越野车，只因为它宽敞舒适，跑车只是偶尔心血来潮时拿来兜一兜风。

他不记得最近一次是什么时候了，好像是去年的夏天，他头戴一顶灰色的棒球帽，独自驾着这部红色的跑车，从这里一直沿着一号公路，开到几百英里外的圣迭戈。一号公路是一条观光路，起于美墨边境的南加州，沿着东太平洋海岸一路北上，穿越整个加州，经过俄勒冈州，到达华盛顿州的西雅图，然后接通加拿大的温哥华，沿途风光旖旎、景色迷人。红色的跑车就像一只小精灵，一会儿穿行在黑呦呦的巉岩之中，一会又飘拂在翠绿如茵的丛林边，非常的耀眼夺目。然而，在闻名世界的加州阳光的暴晒下，在东太平洋清凉海风的吹拂中，他时不时总会感到一阵突如其来的孤独，仿佛自己就是一个无牵无挂、无家可归的独行侠。

早上的气温低，他没有走到外面，而是坐在露台后面的落地玻璃窗前。他喝了一口咖啡，双眼凝神注视着窗外。外面的阳光似乎很强烈，可一旦你走出去，就会感到在强风的吹拂下阳光是多么的无力，让人深有寒意，难怪游人们都穿着厚厚的衣服。望着这烟波浩渺白茫茫一片的太平洋，他知道一万多公里外的彼岸就是故乡——神州大地。忽然，他脑海里浮现出了大鹏湾的情景，那个介于深圳与香港之间的海湾，那里曾经是自由世界与铁幕的分界线，那里埋葬着一些他不愿意记起的回忆：那个漆黑的夜晚，为了投奔自由，为了找到自己的初恋情人，他差点没有葬身于鲨鱼之口！他不由得倒吸了一口凉气，记忆的闸门随即打开，回忆就像洪水一样奔涌而来。

在栗子山打泥头仗的前几天晚上，项东方刚看了一场电影《英雄儿女》，于是才有了他当天的英勇壮举。那时，他爸是县里的宣传部长，电影院属于他的管辖范围，只要有空，他就会带上项东方去看电影，这自然是免费的。看门验票的是个瘦高个，长脸龅牙，背有点驼，每次看到父亲，他总是弓着身子，毕恭毕敬地问候一声："项部长好！"然后，就跟项东方开个玩笑。项东方不知何故，总是有点怕他，所以只是瞪眼望着他，也不回话。

由于父亲经常要下乡出差，项东方便错失了许多观赏电影的机会。那天下午，放学路过电影院，门前那幅大海报一下子就吸引住了他：在硝烟弥漫的背景中，一个志愿军战士身背一部步话机，手握话筒，炮弹在他身旁掀起一片泥土和残肢碎片。打仗的片子最对男孩的胃口，项东方看过很多反美抗日的电影，都很喜欢，他打定主意一定要看这部电影。回家跟妈妈一说，没想到他妈却一口回绝说：干嘛要花一毛钱？太贵了！等你爸回来再看吧。项东方还是不死心地央求妈妈，他妈不耐烦地说：你爸过两天就回来了，等等吧！碰了个软钉子，项东方心有不甘，吃过晚饭，他找到了邻居小伙伴瘦猫和肥猪，三个人一拍即合。

他们在昏黄的路灯下走过几条街，来到一条狭窄的小巷。这条巷子两米见宽，平常白天都很少人走，夜晚更是人迹罕至。来到一根电线杆前，瘦猫说翻过围墙就是电影院的后台。 围墙有两米高，顶上原本曾镶着些尖利的碎玻璃，如今早就被人砸去并磨平了。那根木头电线杆离墙壁只有一臂之距，抱着电线杆，脚蹬着墙壁，很容易就可以攀上墙顶。

瘦猫手脚麻利翻了上去，肥猪虽然动作笨拙点，但很快也爬了上去，轮到项东方时，他却有点胆怯了。瘦猫"咚！"的一声跳了下去，坐在墙头的肥猪忙催项东方快点跟上。项东方不得已，一愣一愣地攀上了墙头，往下一看黑咕隆咚的，只见底下两个黑影，心里着实慌了。那两个黑影在下面却猛催他快点，他头一热，猛地往下一跳，两个黑影把他接住，然后拉着他猛跑了一阵，推开了一扇门，跳进了电影院的后台。

几个人喘着气靠墙坐落下来，仰起头去看银幕。电影已经开始了，枪炮声震耳欲聋。由于距离太近，他们要仰着头去看那银幕，上面那些影像便愈显得高大，尽管有些歪斜。英雄王成的形象在项东方的心里深深地扎了根。他看过许多反美的电影，在他心里美国是个穷凶极恶的国家，他并不了解二战时美国人是中国的盟友，帮助中国人打败了日本人，他只知道美国侵入了朝鲜，如果不阻止他们，他们就会越过鸭绿江，侵略中国，所以美国人都是该死的坏蛋。

项东方正看得入迷，突然一道强烈的手电筒光照过来，眼睛挣都挣不开，忙伸手去挡那电光，还没缓过神来就被人一把给拽了起来。那个瘦高个认出了他，生气地说：

“怎么是你？你这个小鬼，要看电影怎么不跟我说，我要告诉你爸去！”

想到这，项东方抿着嘴轻轻地笑了一下。岁月真是可以改变一切的，如果时间可以倒流的话，自己就真的成了当初被自己憎恨的美国鬼子了。这一切是怎么样发生的呢？

窗外的海鸥在盘旋，一群懒洋洋的海狮靠在黝黑的礁石上，发出“嗷嗷”的啸叫声，声音盖过海浪冲击礁石的声浪，海浪拍打着石滩，激起一片片粉碎的浪花，透过破碎的浪花他仿佛看见了自己，他慢慢地合上眼睛，仿佛进入了梦境之中。

第一章 梦蝴蝶

那次受伤回到家里，项东方被父亲训斥了一顿，偷看电影和打泥头仗两罪并罚，被关了一天的禁闭。这是他记忆中的第二次禁闭。而对第一次禁闭他只有非常模糊的印象，那其实也不能算是禁闭，只是不得已的独处而已，不过，后来他回忆起来依然把它称为禁闭，因为他觉得那对他的性格形成有极大的关系。

那时他只有几岁大，爸爸作为宣传部长下乡是家常便饭，妈妈是法院的书记员，那时候案件特别多，经常晚上还要加班。平常妈妈加班，就把项东方放到隔壁孙阿婆家里。孙阿婆人特别好，带着两个外孙，常常给他们讲故事。前两天，项东方在她家里，她又讲了一个当地流传很广的人熊婆的故事。

故事讲的是一个叫做人熊婆的怪物吃人的事。人熊婆是一个长得像人会讲人话的野人，她有熊和猴子的外貌，也可以变成人类的模样，她力大无穷，狡猾凶恶。她专挑没有大人在的人家，趁着黄昏的时候，从狗洞或者窗户潜入屋内，躲在黑暗的角落里，专等半夜小孩子睡着以后，就爬上床将他们掐死，然后开膛剖腹，吃掉心肝。

这故事很恐怖，大人们讲它就是要吓唬小孩听话，而小孩们总是又爱听又害怕。这个故事项东方听过许多次，印象十分深刻。那天吃过晚饭，妈妈又要走了，正好孙阿婆带着外孙回了乡下，一时无人可托，妈妈只好让项东方自己呆在家里，叮嘱他好好呆着，困了就自己睡觉。妈妈出去后，就把门反锁上。

这是县委宿舍大院一排平房中的一间，屋里有一张用两条板凳和三块木板拼成的床，一张四方的饭桌，还有一个简易的书桌，天花板足有五米高，显得空空荡荡的。一条长长的带着蜘蛛网的电线从屋顶中央垂下来，吊着一盏没有灯罩的 15 瓦电灯，昏黄的灯光无力地漫射到屋里的每一个角落，却在床底留下一个巨大的黑影。

项东方在书桌前看一本《小朋友》儿童刊物，可是他始终无法专心，看了几分钟，就要掉头看看左边的床底，那里面黑乎乎的，看不清楚有什么东西，令他总有一种莫名的恐惧。他明明知道里面除了一些鞋子和杂物外什么都没有，白天都看得清清楚楚的。他担心人熊婆在天黑以前潜藏到里面，然后突然间跳出来把自己抓住，撕成两半。

屋里静悄悄的，外面也没有什么声响，那时候没有电视，收音机也不普及，后面那排平房倒是有一只高音喇叭，一天三次播送县广播站的播音，但时间已经过了，家家户户都歇息了。项东方翻到了《三毛流浪记》的漫画，他还不认得多少字，只看漫画。

这他已经看过很多遍了，每一次都看得津津有味。漫画实在太有趣了，很快他就看入了迷，全神贯注。

突然，一阵“吱吱”的声音从床底传来，把他吓了个一激灵，浑身起了一层鸡皮疙瘩，战兢兢地偷眼去望床底，什么也看不见，那“吱吱”声伴随着“嘶嘶索索”的杂音还不时传出来。

他跳起来冲向门口，门却打不开，他急得拍门大叫：“妈，我要出去！我要出去！”

没有人听到他的呼唤，他转过身冲到了后窗户边，跳上书桌，然后爬上了窗户，脑袋钻出了窗外，胸口却被夹住了，原来那两根窗枝的空间刚好容他出得去，偏偏他胸前一颗纽扣被夹住，急得他大声地哭喊道：

“救命啊！”。

那“吱吱”声又响了起来，他拼命地挣扎拼命地叫喊，整个人顺势一滑摔到窗外，昏了过去。邻居们听到他的喊声，跑过来把他救起。

这件事是项东方对自己最早的记忆。在他依稀朦胧的印象中，他从来都不知道那些“吱吱”声到底源于何物，他后来猜想那可能是老鼠。不过，这个朦胧的记忆却成了一个心理阴影，令他对黑暗和禁锢非常的敏感，也许正是从那时起，在他潜意识的深处，朦朦胧胧地产生了一种抵抗任何禁锢的欲望：无论是什么东西，不管有形的无形的，只要让他感到了压抑，他就要逃避要抗争。这个事件在他的额头上留下了一个不大不小的伤疤，直到许多年后才渐渐地消失，但它在他心里留下的阴影则似乎伴随着他的一生。

这件事结束以后，项东方就被送进了机关幼儿园，再也不必一个人独处了。不过，与许多其他小孩不一样的是，他是全托，因为他父母经常要下乡，有时连周末也不能来接他回家，他只好又呆在幼儿园过周末。这让他感到好像一只小鸟从一个小牢笼换到了一个大牢笼。

项东方在幼儿园有两个最好的玩伴，也是他家的邻居，他们住在后面那一排平房里。一个大名毛小勇，长得高高瘦瘦的，皮肤有点黑，胆子很大人又机灵，因为他瘦，又姓毛，因此得了个外号叫瘦猫。另一个本名费铁柱，胖墩墩的，动作有点迟缓，总显得比同龄人老成几分，被人去掉名字中间那个“铁”字，变成了绰号“肥猪”。瘦猫家里有一个缠小脚的姥姥，而肥猪则有一个未婚的姑姑，照顾一大帮弟弟妹妹，所以，他们俩一到周末就有人接回家。每当瘦猫和肥猪被家人接走，项东方总是羡慕地看着他们蹦蹦跳跳地离去，自己就躲到一边去黯然神伤，默默地享受着自己的孤独。

一天下午，几个人在园里骑小三轮车，到了围墙边，听到外面一阵忙乱的脚步声，有人高喊口号：

“坚决镇压现行反革命分子！”

他们扔掉车子，跑到墙边，隔着缺口往外看。围墙有两米高，上部是空心的格子红砖，可以看到外面的情形。他们看见两个穿着草绿色军装的士兵押着一个五花大绑的汉子，那汉子胸前挂着一块牌子，用红笔画了大叉，背后还插着一块尖头牌子，比他的脑袋高出许多，他的脸色苍白像白蜡。一大群人追随着这几个人，步伐匆匆地往前走着，惹起一片尘土。人群中有人议论纷纷：

“要去哪里打靶啊？”

“一定是大龙山吧！”

“为什么要枪毙他呀？”

“听说是偷听反动电台。”

“啊，这也要杀头呀？”

“这你都不懂，这可是现行反革命呢！”

“哦！”

项东方几个人大气不出，趴在墙边，眼睛都不眨一下。他们不太明白那些人说些什么，只注意到了“反动电台”几个字。

项东方好奇地问：“什么是反动电台呀？”

肥猪说：“不知道，就是反革命吧？”

“什么是反革命呢？”

瘦猫肯定地答道；“就是反对毛主席、反对党中央！”

“哦，怪不得要枪毙呢！”

人群嘈嘈杂杂、浩浩荡荡地往前走，拐了一个弯，就消失了。几个小孩急傻了眼，嘟嘟囔囔地叫起来：

“真没劲！看不见了。”

“我讨厌这个地方！”

“我就是想回家！”

他们顺着围墙一直追到拐角，砖墙变成了一面竹栅栏，碗口粗的竹竿插成菱形，口开得不大，连小孩子都钻不出去。竹栅栏后面是一片野地，长满了竹子和野草。他们眼巴巴地看着那群人渐渐远去，心里很不爽，项东方说不如咱们爬过去，跑回家得了。

肥猪说：“今天是星期六，下午就可以回家了。”

“可我妈下个星期六才回来，今天我又回不去了。”项东方郁郁不乐地说。

瘦猫戏弄道：“那你就慢慢等吧！”

“我想今天就回家！”

项东方已经爬到篱笆的顶端了。这时，刚好天上有一群大雁飞过，排成一个人字形，“嗷嗷”地叫唤着。瘦猫望着大雁，唱起了一首童谣：

“老鹰罩鸡，狐狸担柴。老鹰罩鸡，狐狸担柴……”

肥猪对着项东方说：“项东方，你这样跑了，老师会抓小鸡一样把你抓回来的！”

瘦猫也说：“就是。”

平常玩老鹰捉小鸡游戏时，项东方最不喜欢扮演小鸡，他不喜欢被老鹰抓住。他真被吓住了，闷闷不乐地转过身，背对着篱笆，往地下一看，看到眼前一大片天蓝色的野花。

那是鸭跖草，翠绿的肉质叶子，天蓝色的花瓣夹着乳黄色的花蕊，形状就像一只只翩翩起舞的蝴蝶。项东方跳下篱笆来，蹲在草地里，看得入了迷。在心神恍惚中，那些野花竟幻化成一大群五彩缤纷的蝴蝶，在草丛中飞来飞去，飞过篱笆，飞过竹林，然后回到自己家里。过了一会，他摘下一朵鸭跖草花，放在嘴前不停地吹气，自言自语地说：

“我要是这小花就好了，就可以像蝴蝶那样飞回家去了！”

瘦猫已经跳下竹栅栏，站在旁边哧哧地笑道：“你傻呀，蝴蝶那么小，怎么可以搭人呐？”

“就是呀，只有飞机才可以搭人的！”肥猪也在拆他的台。

项东方依然不死心地说：“哪我自己变成蝴蝶不行吗？”

“怎么可能？”

“你做梦去吧！”

当天是星期六，瘦猫和肥猪的家人先后把他们接了回家，项东方的父母都下了乡，他又得跟以前那样呆在幼儿园过周末了。大多数小孩都离开了，白天喧闹的幼儿园一下子显得冷冷清清的，剩下几个没有家长领走的小孩，由一个阿姨照顾着，吃过晚饭不久就被赶到了床上。

项东方睁着眼睛，盯住天花板，睡不着。很久以后，他做了一个梦，梦见自己骑着一个色彩斑斓的大蝴蝶，飞过幼儿园的围墙，回到家里，吃了妈妈做的晚餐，然后跑到西江边上，趴在河堤的栏杆上，看河里来来往往的轮船。

第二章 彩云追月

又过了一个星期，妈妈下乡回来了，项东方跟妈妈回到家，见到了多年未见的大姨妈，十分的惊喜。项东方很小的时候，大姨妈曾带过他，对他很好。可他从来都没见过大姨父，也没听人提过他。有一次，姨妈被他问急了，就从包里掏出一张双人照给他看。黑白照片里的姨妈烫着卷发，穿着紧身旗袍，细长的柳叶眉，又黑又大的杏仁眼，非常的漂亮。可是，最让项东方感兴趣的，还是照片里面那个穿军官服的男人。这个人长得浓眉大眼，穿一身带肩章的笔挺呢军服，简直就是英俊潇洒得不得了，看起来是个很大的官呢。项东方看得两眼发直，因为他最崇拜的就是那些穿着军服的人，尤其是戴有肩章的。

姨妈摸着他的头问：“东方，好看吗？”

他点点头说：“好看！”接着又问：“哪个军官是我大姨父吗？”

“是呀。”姨妈的声音很小、很沉重。

“他真靓，什么时候我能见到他？”项东方追问道，没有听出姨妈话语背后的凄凉和惨淡。

姨妈叹了口气，喃喃地说：“唉，看不到了！”

说完两眼呆呆地望着远处，又用手背擦了擦眼角。看到姨妈哭了，项东方吓愣了，没敢再追问下去。直到有一次，二姨妈在大姨妈不在场的时候，不经意地向妈妈提到大姨妈当年是多么的风光：一个团长太太在乡亲们眼里简直就是个大人物了，吃香喝辣，穿金戴银，打扮时髦。很久以后，项东方隐约地猜到，大姨父很可能是被镇压了，因为他是国军军官，从此他就再也没有问过大姨父的事。

项东方很小的时候，大姨妈带了他一两年，就回到广西老家，平常都很少过来。这次妈妈见到她来，做了很丰盛的晚餐：萝卜焖牛腩，清蒸黄骨鱼，还有白切杏花鸡，都是当地的名产，平常是吃不到的，只有过年过节才能尝到。

吃过晚饭，一家人出门散步，走出平房，就踏上了凤凰大道。这条街只有五米宽，沿街都是些低矮的平房，偶尔有一两座两层的小楼，路两旁栽种着密密的凤凰树，因而命名为凤凰大道。凤凰树的叶子如飞凰飘逸之羽，花朵若丹凤璀璨之冠，植株高大，树冠横展而下垂，浓密阔大像一把巨大的伞，遮天蔽日浓荫盖地，夏天一到繁花盛开，鲜绿色的羽状复叶衬托着鲜红或橙色的花朵，鲜艳夺目、漫天火红。眼下正是花开时节，

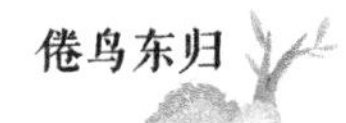

整条凤凰大道看上去就像一条燃烧着的火龙，绚丽多彩激情奔放。

穿过凤凰大道，他们来到西江岸边的长堤。这条长堤是这座小城的地标，也是最好的一条街，左边有一溜低矮的房舍，大多都只有一两层，都是些商店、饭馆、旅店，或者电影院和文化馆。右边种着一排洋紫荆花，黝黑的树干，宽大的叶子像一只只翩翩起舞的蝴蝶，艳丽的花朵几乎全年常开，为这个小镇增添了不少光彩。

这个小镇名叫贺西，坐落在粤桂交界处，两条大河交汇的地方，它是一个半岛，形状宛如一条巨大的轮船静卧在海上，任凭波浪拍打着身躯；又仿佛一条巨龙，从北边的群山中逶迤而来，将头探进河里去饮水。混浊的西江从右边滚滚流过，清澈蜿蜒的贺江从左边缓缓地汇进来，一清一浊的河水形成一条犬牙交错的界限，一直蔓延到几百米开外才渐渐消失，最终融合在一起。据说小镇的名字就来源于这两条河，贺江和西江各取一字，成为贺西镇。古老的小镇就建在这个半岛上，旧城区从这个小小的三角洲一直延伸向北边起伏的山峦中。镇子虽然小，但历史悠久，它曾是岭南最早的首府，汉代时设立广信郡，统辖岭南一带达四百年之久，宋代后以此为界划分广东广西：广信以东为广东，以西为广西。此地素有“两广门户”之称，是“珠三角”通往大西南的咽喉之地，在秦汉时期就作为沟通岭北岭南的交通要道，是中原文化与岭南文化最早的交汇点，也是汉代海陆丝绸之路最重要的对接点。后来，随着权力中心东移至广州，这个地方就渐渐地衰落了，这个小镇也被人遗忘，直到二十世纪末，当粤语裹挟着强劲的经济实力席卷大江南北时，有学者考证出原来当地就是粤语和岭南文化的发源地，这个地方才被人提起来，那时候项东方已经身在海外，对此一无所知，这是后话。

紫荆树下面有一排栏杆，水泥墩子上横穿着三条铁管，栏杆外面就是西江河水。西江从西边巍峨的群山中破山而出，转了一个大弯，江面陡然变宽，奔流的江水气势磅礴、滔滔不绝。太阳正在缓缓地下落，天边生起了灿烂的云霞，夕阳的余晖照得江面一片金黄，星星点点的渔火在江上闪烁，凉爽的江风轻轻地吹过树梢，三三两两的行人在悠闲地漫步。

一家人走到栏杆旁看江上的风景，项东方爬上栏杆，坐到上面那根铁管上，兴致勃勃地看着不远处的客运码头。江面上开过来两艘船：一条小火轮拖着一艘庞大的木驳船，慢慢地驶近码头。小拖轮很是精巧，船舷下漆成黑色，以上涂着白色，中间竖着一个高达几米的漆黑的大烟囱，吐出浓浓的黑烟，船尾伸出一条几十米长的缆绳，拖着那艘巨大的木驳船。这种木质的驳船样子像是古代的画舫，船的外表涂以绚丽夺目的彩画，船尾则绘有色彩斑斓的装饰图案，因而被人称为“花尾渡”。花尾渡有几层楼高，底层是货舱，其余几层是客舱，有一排排的卧铺，可以搭载三四百人。从清末民初到二十世纪七、八十年代，花尾渡一直都是珠江流域的主要交通工具，是两广河网地带一道独具岭南特色的风景。

这艘名为“曙光三号”的花尾渡已经接近码头了，小拖轮把缆绳松开，兜了一个圈，缓缓地靠近花尾渡，又向花尾渡抛出一条缆绳，两边的船员把两条船并排地捆在一起，两条船慢慢地向码头靠拢过去，一路相依相偎，且“拍”且“拖”。这种拖曳法，就是广东人平常说的“拍拖”，因为它看起来很像两个情侣手拉手亲密无间的样子，引申出谈恋爱的意思。旅客们从花尾渡上陆陆续续地走下来，扶老携幼，肩扛着手提着行李，拎着大包小包，熙熙攘攘地走上码头，汇入街上的人流。

一对年轻男女肩并肩地走过来，不时地还偷偷地手拉着手，看到有人注意时就赶紧松开，脸上却洋溢着甜蜜和羞涩的表情。当他们走过来时，项东方跳下栏杆，鄙夷地注视着他们，然后用食指在脸上划着，嘴里淘气地念道：

“拍拖、拍拖，不知羞！”

那姑娘立时就臊红了脸，把手缩了回去，只是天黑没人看得清。男青年回过头来狠狠地瞪了项东方一眼，右手握着拳头向他晃着。项东方向他吐了下舌头，然后躲到妈妈的身后，不再吱声。

嘈杂的人群走完后，四周又归于寂静，微风中传来一阵阵浓郁的香草味。项东方很熟悉这种味道，他知道那是身后那家饮冰室吹过来的。这勾起了他的食欲，于是他嚷嚷着要去饮冰。妈妈说刚吃过饭不行，姨妈就为他说情，说难得一次就满足他吧。

大家说着就走进了那家“贺西冰室”。一楼是吃饭的地方，里面人声鼎沸、烟雾缭绕。他们上到了二楼，里面清静多了，天花板垂下来几把老式吊扇，吱吱呀呀地摇晃着，送出微微带暖的风，整个屋子飘满了诱人的香气，浓郁醇厚、甜而不腻，虽然有人在抽烟，但浓重的香草味完全把它掩盖住。他们找了一个靠窗的位置坐好，妈妈问项东方要喝什么，他想都没想随口就说要百合红豆冰，说完就掉头去看窗外的风景。

一条千吨级的大轮船鸣着汽笛从西向东慢慢地驶过，皎洁的月光把它的轮廓照得清清楚楚的。项东方全神贯注地盯着那大船，心里幻想着自己就坐在上面，一直往下游驶去，穿过羚羊峡，越过万壑千山，直抵大海。他曾听爸爸说这些船向西可以通到广西南宁，向东可以直达广州，广州再过去一点就是大海，那里有许许多多的万吨巨轮。项东方从来没有坐过船，每次来到江边，看到江面上大大小小的船只，他心里总是满怀着一个憧憬：什么时候能够坐到一艘船上去，经过广州，然后到达大海，看一看太平洋。这可是他童年里一个最大的梦想。

服务员送来了冰水。玻璃杯子盛着透明的冰水，底下沉着一层红豆，最下面还有几颗百合。项东方就着蜡纸做的吸管猛喝了几口，然后砸巴着嘴，就是舍不得吃沉淀在杯底里的百合。那白色近乎透明的百合虽然很诱人，他还是像往常那样，就是要留到最后才肯吃掉它们，还要慢慢地嚼。

他们在饮冰室呆了好久，出来时天色有点晚了，月亮挂在半空，凉爽的江风吹过树梢，分外的舒适宜人。他们顺着原路往回走，景色依旧，只是人少了许多。路过电影院时，夜风吹来一阵美妙的音乐声，清朗悠扬、轻快奔放。项东方好奇地问妈妈：那是什么音乐？妈妈摇摇头说不知道。项东方又问大姨妈，大姨妈说：那是广东音乐《彩云追月》。

“什么是彩云追月呀？”项东方天真地问。

姨妈耐心地说："彩云追月就是天上的云彩追着月亮跑啦。"

项东方"哦"了一声，仰着头去看天。又大又亮的月亮挂在天顶，旁边簇拥着大片灿烂的云彩，月光在前面投下他的身影。他踩着自己的影子往前跑，影子跟着他一跳一跳的。他以为自己已经追上了月亮，抬头一看，月亮追逐着彩云，比他跑得还快。

妈妈笑着说："别追了，你追不上的！"

他嘟着嘴问："为什么？"

妈妈说："因为月亮在天上，还有彩云做它的翅膀，它会飞呀！"

他又抬头看看天，却看不出到底是月亮在跑，还是云朵在飞，一时间竟糊涂了。他跑累了，就慢了下来。

那乐曲依然在身边回响着，那是用一把二胡拉出来的，在寂静幽淡的夜空中显得那么清澈透明、嘹亮动听，它的旋律轻盈流畅、优美抒情，描绘了一幅月光如水、云月相逐的画面，充满了让人如痴如醉的诗情画意。

项东方低着头走路，身旁的姨妈忽然情不自禁地跟着曲子轻轻地唱了起来：

"明月究竟在哪方?
白昼自潜藏，
夜晚露毫芒，
光辉普照世间上，
漫照着平阳，
又照着桥梁，
皓影千家人共仰，
难逢今夕风光，
一片欢欣气象，
月照彩云上，
熏风轻掠，
如入山荫心向往……"

项东方扬起头，双眼注视着大姨妈，听得入了迷。大姨妈平常说的是广西土白话，非常接近粤语，但带有一点广西口音，可是她唱起歌来完全就是标准的粤语，而且她的女中音很好听，醇厚而温柔。她深情地唱着，早显苍老的脸慢慢地舒展开来，变得柔和多了。

二胡停止了，姨妈也唱完了。项东方仰望着姨妈说：

"姨妈你真厉害！"

"不行了，我老了！"姨妈笑道。

妈妈接口说："你怎么老了？才四十岁呢。东方，你知道吗？你大姨妈年轻时可是个业余的粤剧花旦呐！"

"哦，怪不得唱得那么好听。"

项东方看过不少粤剧，小孩们把粤剧叫作大戏，平常看大戏时，他最期待的就是武打的场面，那些背扎两条彩色雉翎的将帅总是令他目不转睛。有一次，爸爸带他去看粤剧《醉打金枝》。这个故事讲的是，唐朝汾阳王郭子仪八十寿辰时，八子七婿全部前往拜寿，唯独三子郭暖之妻升平公主自恃金贵而不去，郭暖心生愧疚和愤恨，回家怒打公主，公主向父皇哭诉，郭子仪也亲手绑了其子上殿请罪，代宗非但不与责罚，反而温言相慰，还给郭暖升官进阶，小夫妻最终重归于好。这出戏并没有武生出场，项东方难免扫兴。穿红袍的郭暖一出场，项东方就盯着他的雉翎。不过，等他一开始唱，项东方就不免有点兴味索然，缓慢的节奏、拖沓的唱腔终于让他昏昏欲睡。突然，一阵喧闹的锣鼓响起，一个貌如天仙的美女出现了，她就是皇帝女升平公主。她身穿黄蟒袍，配上珊瑚裙、香云锦，头戴银丝金镂的翡翠冠，手执双凤展翅轻罗扇。升平公主一上场，就令项东方眼前一亮，仿佛看见下凡的天仙一样。从此以后，他就知道花旦是大戏中最漂亮的女主角。

姨妈听他那么一说，满意地笑了。项东方又说：

“姨妈，你化了装一定很漂亮！”

妈妈说：“那当然，你姨妈年轻时就是一个大美女。”

姨妈乐呵呵地笑道：“那都是老皇历了，不算数的。”

项东方拉住姨妈的手问：“姨妈，你能教我唱那首歌吗？我好喜欢啊！”

姨妈说：“好，现在我就教你。来，跟着我一起唱！”

“嗯。”

姨妈清了清嗓子，再次唱起了那首歌：

“明月究竟在哪方？……”

项东方跟着姨妈，一字一句地唱了起来。浩大的月亮高悬在他的头顶，追逐着彩云，与他比赛着跑。他一会抬头望望月亮，一会又低头看看路面，嘴里不停地唱着那首动听的歌儿。那歌儿混合着香草的浓香沉淀到了他的心底，以致于几十年以后，当他听到那曲调，他的眼前便会飘过那味道。

第三章 浑小子

大姨妈走后，项东方的生活发生了很大的变化。原来大姨妈那次来是要找一份工作的，县长家里要找一个保姆，知道大姨妈赋闲在家，就让妈妈把她找来。可是，在背景调查时发现大姨妈是敌伪人员家属，这件事就泡了汤，还牵连到了项东方的妈妈，她在法院的工作丢了，被贬到了供销社，然后又被派去参加“四清”运动。项东方也上了小学，父亲还是常常下乡，弟弟不大不小，家里没个大人是不行的，只好请了一个保姆。

这个叫梅姨的保姆是个二十出头的大姑娘，个子比较矮，比项东方高不了多少，她最大的特点就是独眼，她的右眼有点像项东方他们爱玩的玻璃弹珠，色泽暗哑而不透明。她个子虽然小，脾气倒挺大，项东方有什么事情做不好，她就会开口骂人。由于年纪轻，又比较懒，她不太愿意早起，冬天时常常头天晚上就把粥熬好，放进暖水瓶里，早上起来就不必再做了。

自从那次摔下去后，项东方就很讨厌那个窗户，一直把它视作限制自己自由活动的障碍。趁父母都不在家时，他找了个机会，把中间那根窗枝弄断，再换上一根小一点的竹竿，还将竹竿涂成和其他窗枝一样的绿色，可以随意往上一挪，就腾出一个空间，轻松地就能够跳到外面去，而瘦猫和肥猪都住在后面那一排平房里。一直来大人们都没有人发现这个秘密，他也从不在有人时用这个。有时候梅姨管得不严，他可以随意做爱做的事，吃饭时端着饭碗就从前门溜出去，跑到后面去找瘦猫和肥猪，一面吃一面玩，有时候大家还交换菜肴，你给我一截腊肠，我给你一块咸鱼，大家分着吃。

星期六中午，项东方正端坐在饭桌前，乖乖地吃着饭，窗外闪过肥猪的影子，他一句话都没说，只是伸出食指和中指上下摆动着，像是两条腿打水的姿势。他来回地走了几次，项东方看到了，立时就明白了他的意思，因为那是他们之间的一种暗号。梅姨并没有注意到肥猪的出现。项东方知道直接地向梅姨提要求是不行的，因为父母曾交代没有大人的陪伴，不能去游泳。于是，他开始想办法，怎么支开梅姨。过了一会儿，他故意作态地说：

“梅姨，厨房的汤烧糊了！”

他说得一惊一乍的，梅姨不疑有诈：“啊，真的吗？我怎么闻不到？”

“你去看看不就知道了吗？”

梅姨不情愿地放下碗筷，唠唠叨叨地说 :“真是多事，吃饭都不得安宁！”

说罢，站起来走向前面的厨房。

项东方见梅姨迈出房门，立刻一个箭步蹿到窗前，抓住中间那根窗枝，用力往上一推，底下空出了一个缺口，他双手按住窗台，跳了出去。很快汇合了瘦猫肥猪一大帮人，浩浩荡荡地冲向贺江边。

贺江是西江的支流，从广西贺州南流过来，到了贺西镇与西江汇合。西江河面宽阔，看着对岸沙滩上的人就像蚂蚁一般，河水除了冬天枯水期变清以外，一年到头全是混浊如泥。相反，贺江总是那么的清澈，号称中国最清河流之一，只有洪水泛滥时那几天才见混浊，平日里总是一碧如蓝。到西江游泳，一起水全身上下的汗毛就沾满了泥，黄黄的像一只毛猴，他们早就对这了如指掌，因此轻易不会到西江去游泳，要游也要到贺江里去。

小时候项东方得过气喘病，爸爸怕他复发，不让他游泳，但他看到别人在水里玩得高兴，心里总是痒痒的。一次，爸爸带弟弟到贺江去游泳，他死活要跟来看。爸爸叫他呆在一只拴在岸边的小艇上，他乖乖地坐在艇头，他爸从艇尾往水里一跳，轻飘飘的小艇突然猛地一甩，把他甩到了水里。那时他还不会游泳，在水里拼命地挣扎，喝了几口水。岸上有人发现了，大叫救命。他爸游过来，揪住他的头发，把他拉上岸。从此他有很长一段时间特别怕水，但终究抵不过水的魅力，夏天时天天和小伙伴跑到河边玩，很快就学会了游泳，从此就不再怕水了。

来到江边，一伙人急不可耐地脱得只剩一条裤衩，就跳到水里，欢快地游了起来。好几个人干脆一屁股坐在漆黑的烂泥上，像坐滑梯那样溜到河里。他们这帮人从小就长在河边，水性都很好，但因为每年都有人淹死，父母总是有点担心，不让他们私自到河里游泳，小孩们可不管这一套，凭着自己水性好，一逮着机会就瞒着家里往水里钻，整个夏天都是他们如鱼得水的好日子。游到河中间时，一条轮船刚好路过，冲起一排排波浪，大伙顿时兴奋不已，纷纷迎着波浪而上，在浪涌中欢呼雀跃。

一百多米宽的河他们一下子就横渡了过去，一伙人爬上一个木排处理场。这个场子也是木头搭起来的，水底下铺着一层木头，站在那层木头上水只有齐胸高，上面有一个遮阳的顶。上游的木排放到这里，由工人拆散成一根根，装上船或者汽车，运到外地去。一伙人跳进这个场中央，分成两队，两帮人站在水中玩起了打水仗， 用手掌击水，攻击对方的脸部，一时间水花四溅，吵吵闹闹乱成一团。

经过许多摸索，聪明的项东方练出了一种特技，他不像别人那样伸平手掌去击水，因为那样的话水会发散，很难击中目标，就算打中了，也缺乏力量;他把手指稍稍弯曲，手掌形成一个窝状，击起水来会形成一股水柱，可以又狠又准地击中对手。他从来不把这个绝招告诉别人，因此他屡屡得手、百战百胜。

没过多久，他打中肥猪的眼睛，眼都挣不开，肥猪眨着眼睛，又用手去揉搓。项东方没有停止攻击，肥猪只好躲进水底，逃避项东方的进攻。过了一会儿，他在几米外浮出了水面，一张嘴就吐出一口血水。

大家见状，停止了打仗，围拢过来看他。肥猪张开嘴，露出一颗撞掉了半边的门牙，大家忍不住嬉笑起来。

肥猪又吐了一口血水，骂道："笑你个头啊，我都快疼死了！"

瘦猫止不住笑道："你不是跟水鬼撞了头吧？怎么门牙都给撞掉半边啦？"

项东方笑得前仰后合的："我估计他是被大鲶鱼咬的！"

"你扯蛋，鲶鱼怎么能咬掉牙齿？我想他一定是跟乌龟掐架了！"一个小伙伴凑趣道。

另一个小伙伴则说："他可能跟鲨鱼亲嘴被啃掉了牙了。"

肥猪捂住嘴，皱着眉头骂道："哎，你们有完没完啊？"

"就是呀，你们越说越离谱了。"瘦猫终于止住了笑，一本正经地问："肥猪，你说到底是怎么回事？"

肥猪悻悻地说："我闭着眼潜到水里，迷迷糊糊地就撞到木墙上了。"

"你干嘛闭着眼潜水，你傻呀？"项东方又忍不住笑开了。

"你知道个屁！我眼睛被水打中了，根本就睁不开！"

大家又稀哩哇啦笑翻了天，好不容易才停下来。瘦猫摆出一副老大的派头问：

"小子，你现在没事吧？"

肥猪咬咬牙硬充好汉说："没事！"

"没事就好，那咱们回去吧！"瘦猫以不容置疑的口吻命令道。

于是，一伙人便浩浩荡荡往对岸游过去。到了岸边，他们特意把全身上下洗干净才上岸，擦干身子，穿上衣服，顿时就感到肚子饿了。项东方午饭没吃完，又折腾了半天，现在才感觉到肚子饿得不行了。

岸边有一大片工棚，是正在修建大桥的民工的住处。这里还没有可通汽车的大桥，去年国防部长来视察，汽车到了对岸就被河堵住了。部长当即发话说，这里一定要建一座大桥，把两广连接起来，使援助越南的物质能顺利地通过。工棚用竹席做成，顶上铺上油毡纸，沿着河岸排列着一大片。一群人穿梭在工棚中间，想弄点东西来吃。经过一间厨房时，看见旁边晒着一些锅巴，大家一拥而上，每人抓了几块，正要溜走，厨房里冲出来一个老头，用家乡话骂骂咧咧的像唱歌一般嘟囔道：

"谁人偷饭皮，饭皮食了会热气，放屁放到意大利，阿妈返来打死你！"

他把锅巴叫做饭皮，本身就有点好笑；热气是广东人的说法，意思是上火。大家躲在工棚后面，老头的话听得一清二楚，忍了半天没忍住，有人"扑哧"一下笑了出来，接着，大家全都忍不住大笑开了。老头听见笑声，操起一把长柄锅铲追了过去，一帮人作鸟散状，四处奔跑，身后还传来他们淘气的笑声。

老头子自然一个也追不上。吃了锅巴，肚子也不饿了，看天色还早，一伙人准备到栗子山去打鸟，于是就从凤凰大道穿过。最近，因为修大桥要在江边建一道引桥，需要大量的泥土来填。工人们从北边的大龙山挖黄泥，然后用板车把泥拉到江边，板车要在凤凰大道上走一段，时间一长，原本好好的一条水泥路就变成了泥土路，积起几寸厚的黄土，形成两条很深的车辙。这帮小淘气走在上坡路上时，刚好看到几辆板车，从北边顺着下坡路一阵风似冲下来，沿路扬起一股遮天蔽日的黄尘，一帮人捂着鼻子四散躲避。

等车子走远了，大家骂骂咧咧聚在一起，说这些板车太可恶了，要治治他们才行。大家纷纷献计献策，有人说可以在路上搁些钉子，车子一来就扎爆胎，有人说这太狠了，被发现就麻烦了；还有人提议在车辙上放几块大石头，有人说这不行，可能会造成翻车事故。大家的主意五花八门，但统统都被否决了，最后大家同意了瘦猫的方案。

于是，瘦猫跑回家，带来一盒沙炮，然后，把沙炮放在车辙上，再用泥尘盖好。项东方担心沙炮不响，瘦猫诡秘地一笑说，我还留了一手。说罢，给了项东方几个沙炮，项东方会意。瘦猫和项东方分别爬上旁边的两棵凤凰树上，躲在浓密的叶子后面，还惊飞了几只鸣蝉，其他人则分散躲到附近的房子旁边。

没多久，就来了两辆板车，车厢里面装着上千斤的黄土，风驰电掣般从上坡口冲下来，一路惹起铺天盖地的尘土。

因为速度很快，拉车的民工将车把高高地升起，让车尾上的那根木棒拖在地上，以便减慢车速。拉着前面那辆车的民工是个矮子，他的双脚已经离开地面，悬在半空，整个人飞了起来，一面跑一面忘乎所以地欢呼着：

“呜呼！……”

就在这时，躲在树上的瘦猫和项东方一起动手，朝板车猛扔沙炮，周围响起了一连串“噼里啪啦”的爆炸声。

矮个民工吓得魂都丢了，手忙脚乱地把车把再次抬起来，紧急刹车，跑了十多米才总算停下来。后来那辆板车反应不过来，差点没撞上去。

矮个子惊魂未定地停好车，绕着板车转了一圈，看看两个车胎都好好的，就气急败坏地骂开了：

“丢，怎么回事？明明听到爆胎的声音，可两条胎都没事，真撞鬼了！”

另一个民工走过来说：“是啊，我也听见了。”

“不是你的车吧？”

“没有啊，我的也好好的。”

“这也太邪门了吧？”

这时，躲在凤凰树上的两个人正捂着嘴，拼命忍住笑，眼看就要憋不住了。躲在房子四周的那几个人一齐跳出来，嘻嘻哈哈地大笑，然后四散奔逃。两个民工追过去，一面骂道：

“你班死靓仔，看我不打死你们！”

瘦猫和项东方连忙跳下树，分别跑到两辆车的旁边，把车胎的气全给放掉，然后一溜烟跑掉了。

才过了半支烟的功夫，一伙人又齐聚在栗子山上了。这个栗子山其实只是一个小山包，高不足十米，方圆也就几百米，山上种满了板栗树。这离他们家很近，是他们平常打鸟偷栗子的地方，本故事开头那个打仗的片段也发生在这里。

今天，他们的运气不太好，在山上转了一圈，也没发现鸟的踪迹，树上的栗子也是青青的像叶子一样的颜色，还没到成熟的时候。大伙儿感到百无聊赖，正准备回家，忽然枝头上传来一阵“喳喳”的叫声，众人抬头一看，原来树上飞来了一只牛屎鸟，手掌般大小，黑白相间的羽毛，尾巴上下抖动着。

大家一下子来了劲，纷纷掏出弹弓来，瞄准那只牛屎鸟，一时间万箭齐发。那牛屎鸟呆在十多米高的树枝上，没有一个人能打中它，它“扑簌”一声就飞走了，却听到一阵“噼里啪啦”的声音传过来，原来，他们射出去的小石头掉到了附近一户人家的瓦面上。一个蓬头垢面的女人跳出屋子，双手叉腰，像个母夜叉般气咻咻地骂道：

“你班扑街冚家铲，等我抓到你们剥了你们的皮、抽了你们的筋，让你们不得好死！”

大伙儿一阵风似的逃开了，跑出了栗子山，回头望望，见没人追过来，才气喘吁吁地笑出来。

下午，项东方若无其事地回到家，却看到梅姨面带愠色瞪着他，才想起自己午饭没吃完就跑出去这件事，心里不由得暗暗紧张。梅姨盯着他，那只右眼目无表情，气势汹汹地问：

“你个死衰仔，午饭没吃完，跑到哪里去了？”

“没去哪，就去了后面宿舍。”

“去后面就去了半天？”

“是。”

“还要跳窗出去，赶着投胎是吧？”

“我……”

“你想耍我是吧？”

“没有……”

梅姨开始绕着他慢慢地转，仔细查看他全身每一个部位。他的头发是干的，衣服也没有湿，似乎没有任何迹象显示他去游过泳了。他开始暗自得意自己的小伎俩得逞了。然而，梅姨的眼光终于停止在他的脚趾上。项东方顺着她的目光低头一看：糟了！原来脚趾上还残留着一些黑色的淤泥，怎么就没有洗干净呢？

梅姨脸色抖然一变，厉声骂道：

“你个死衰仔，是不是跑去游泳了？”

“没有啊！我们玩工兵捉大贼，躲在厨房后面的臭水沟里。”

工兵捉大贼就像是捉迷藏，玩的人分成两队，一队人先藏起来，另一队人要把他们找出来。他们玩得比较野，有时真的会躲在臭水沟里面去。项东方还想抵赖，但他的声音却没有底气。

梅姨勃然大怒，抡起手掌就朝他的脸扇过去。他一闪身拔腿就跑，冲向门外。梅姨从床底捡起一只鞋，向他狠狠地扔过去，一边骂着：

“你走，你走呀！等你爸回来我告诉他，不把你打死才怪，你个死衰仔！”

鞋子击中了项东方的脚后跟，他愣了一下，然后没命似的逃到外面去了。

第四章 杀猫事件

这一年冬天特别的冷，宿舍下面那两口池塘居然结了一层牛皮纸般厚的冰。岭南地方气候温暖，极少有结冰的时候，如果有了，那就是小孩子们最喜欢的事情了。头天晚上，项东方听广播说明天要结冰，就在一碗水里加了点白糖，将碗放到厨房的瓦面上，希望第二天能够吃到自己做的冰。

谁知早上起来一看，一碗水还是好端端的。他颇为失望，穿着凉鞋就跑到下面的池塘，看到整片水面全是冰，就纳闷了：怎么碗里水就不结冰呢？刚好看到瘦猫和肥猪都在，就问他们，瘦猫说，可能水里加了糖，就不容易结冰了。肥猪煞有介事地说，加了糖冰点就提高了，所以就不能结冰。项东方想想也有道理，就不再说什么，几个人就站在池塘边，把冰捞起来玩。玩了一会，冻得不行，双脚冻得红红的，还痒痒的难受。他忍不住了，自己就先跑回家。吃过早餐，上学的时间就快到了。

他背起书包正要走，一想不行，穿凉鞋半天下来非冻僵不行。他钻进床底，发现了一双新的解放鞋，就把脚塞进去，刚合适，心里一阵高兴。穿好鞋正要走，转念一想：不对，这鞋应该是梅姨的，她正好上街去买菜，如果被她发现，肯定要被骂的。怎么办呢？他犹豫了。他根本不知道，妈妈明明留了钱给梅姨帮自己买鞋的，她一直拖着不买，也许想克扣下来呢。

犹豫了很久，桌上的闹钟的答地响个不停，他已经没有时间了，只好一咬牙，出了门，把门扣上，一溜小跑顺着平时走惯的大路到了学校。可是，上课的钟声早就敲过，校园里静悄悄的，外面没有一个人。

同学们刚刚喊完“好好学习，天天向上！”的口号，他才踏进教室的门口，正好遇上老师鄙夷的目光。老师是项东方的班主任，戴着一副深度近视眼镜，镜片后面是一双眯起来的小眼睛。他瞪着项东方，严厉地问：

“项东方，你为什么迟到？”

“我找不到鞋子。”项东方战战兢兢地答道，声音小得跟蚂蚁咬一般。

“找不到鞋子？这也算理由？”

全班上下立刻爆发出一阵哄堂大笑，项东方羞愧得说不出话来。老师却继续劈头盖脸地数落道：

“我曾经三令五申过，上课不能迟到，难道你不知道吗？不想上学可以不来！”

气氛极度沉闷压抑，项东方羞得简直无地自容。老师命令道：

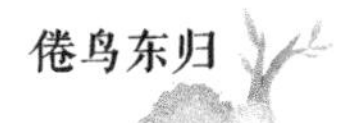

“站到门边上，等我叫才能进来！”

项东方嗫嚅着什么都说不出来，蹒跚地挪动到旁边，低着脑袋，双眼看着自己的脚尖，心里万分的委屈，脸上憋得通红。全班同学的眼睛火辣辣地盯着他，让他感到好像有千万支毒箭向自己射来。

过了半个月，一天午睡醒来后，项东方发现自己又快迟到了，他知道走大路肯定来不及了，只有抄小道才能有机会赶到。但是，他不喜欢这条小路，因为他特别害怕路旁边的那座北帝庙。这北帝庙红墙绿瓦，歇山式的屋顶雕刻着各种奇形怪状的塑像，门前蹲着一对呲牙咧嘴的石狮子，庙内供奉着长髯垂胸、目露凶光的北帝像，平日里总是烟火缭绕，阴森森的可怖。

庙旁有一棵超过七百年树龄的大榕树，它那遮天蔽日的浓荫终日罩着那座破庙，更显得阴气浓重。这是一棵大叶榕树，它身躯庞大，十几个人才能环抱，有一根巨大的侧枝被雷劈断了，掉在地上，被人锯成几段，当作长凳，剩下那半截树枝仍然和主干立在地上，树干里面有一个大洞，可以容下好几个人，成为小孩子们玩捉迷藏的好地方。项东方本来很喜欢到这里来玩，春天的时候和小伙伴们爬上树梢，摘下含苞未放的嫩芽，放到嘴里去嚼，味道酸酸的。他们还喜欢捡树上掉下来的果实，互相扔着玩。可是，自从发生了一件事以后，项东方就很害怕这个地方，也不大敢走这条路。

那次，他们一大帮小孩在玩工兵捉大贼，从家跑过这里，恰好遇见一队送殡的人群。那群人披麻戴孝，哭得呼天抢地，几只唢呐奏着恐怖悲伤的音乐，一口大红色的棺材在人群中特别显眼。小孩们又好奇又害怕，便躲在大榕树后面远远地偷窥着。

不一会，送殡的队伍熙熙攘攘、悲悲切切地走过来，空气中弥漫着一种恐怖的气氛。项东方大气不敢喘，目不转睛地盯着那口棺材。那是一口做工粗糙的杉木棺材，似乎都没有经过刨光和打磨，就草草地涂上一层红漆，因而更显得阴森可怕。

项东方心脏扑扑地跳，眼睛却始终盯着那口棺材。当棺材经过他身旁时，一个更可怕的景象突然抓住了他的视线：抬棺者中走在左后面的是个瘦高个，他那小小的头宛如一只剥去了外皮的椰子壳，光秃的头顶发着亮光，没有眉毛，一双毫无生气的小眼睛，缺了牙的嘴就像含着一粒糖似的，这样一颗脑袋恰好又安放在一副瘦骨嶙峋的身躯上，光着膀子的身体裸露着肋骨，两条竹竿一般的瘦腿在一条大档短裤里面摇来荡去。

项东方目瞪口呆地看着这个人不人、鬼不鬼的东西，直到那人走了过去，他的目光滑落到那家伙那双仿佛干柴一般的腿上，看到一条条像蛇一样弯弯曲曲暴露着的青筋，震惊得他都快要喊叫起来了。

就在这时，瘦猫轻轻嘟囔了一声：“马骝三！”

“谁是马骝三？”

“就是那个最高的仵作佬。”

“哦，真像！怪不得叫马骝三，真像一只猴子！”

“可是他比三只猴子都要高。”

“所以才叫马骝三呐！”

“哈哈哈！”

大伙轻轻地议论着，项东方因为太紧张了，所以，一句话都没说。广东人称猴子为马骝，但马骝三之得名并非因为他比三只猴子高，那只是小孩子们胡乱的猜想，真正的原因是他在家排行第三，又长得像只猴子。随着大家嘻嘻哈哈的笑声，刚才紧张神秘的气氛似乎慢慢地缓解了。然而，对敏感的项东方来说，马骝三那可怕的形象混合着那口粗糙的红棺材，已经深深地印在心里，以后只要遇到或者想到马骝三，他总会预感到有什么不祥的事情就在眼前。

除了这件事，还有一点令他不喜欢这条路。那是一条狭窄的小路，路的左边有一排破旧的平房，右边是一片菜地，种着一些蔬菜和黄瓜。因为路上要经过的几家民房里面有几条很凶的狗，每次走过那里他都是提心吊胆的。有一次，他听到狗叫，吓得没命地乱跑，一条黄狗一直把他追到学校人多的地方才停下来，从此以后他就尽量不走这条道。

然而，今天他已经没有选择了，想起上次被老师罚站的经历，在被狗追和在大庭广众中出丑，他宁愿前者。他一路小跑经过那几间破房子，心扑扑地乱跳。还好没有一只狗叫，不知都死光了还是呆在屋里打瞌睡。他暗暗庆幸自己好运，甚至开始放慢了步伐。

突然，一个干瘪老太婆从最后一间房子里冲出来，一把抓住项东方的手臂，并使劲往前一拉，他不由得一个趔趄，差点没摔倒在地上。那老太气势汹汹地骂道：

“好你个坏小子，总算逮着你了！”

项东方早被这突如其来的举动吓到不知所措，根本不知道发生了什么事，只张大口喘着气。那老太依然气呼呼地骂道：

“你早上偷了我的黄瓜，别以为我不认得你？你化成灰我都能认出你来！”

项东方总算弄明白了，自己被老太婆误会了。他结结巴巴地辩解道：

“我没偷你……的……瓜，你认错人了！”

“你别耍赖，我就记得你穿的是这件衣服。”

“我没偷！你胡说！”项东方极力反抗道。

“少啰嗦，找你老师去！”

项东方想用力挣脱老太的手，可她死命地拽着就是不松开。项东方想咬她的手，老太伸出左手揪住他的头发，把他的脑袋推开。

老太拽着项东方就往学校走，这时一条大黄狗冲过来，在项东方身边转来转去，把他吓得话也不敢说了。很快就到了学校，老太把他拖到了最近的一间教室，这恰好正是项东方班的，里面已经在上课了。老太把项东方往里面一推，对着老师大声地嚷道：

“老师，这个家伙偷了我的黄瓜，你得好好管管！”

“我没有！”项东方无力地申辩道。

老师还是上次那个班主任。他瞪了项东方一眼，不分青红皂白地说：“项东方，怎么又是你？你就不能表现得好一点吗？”

话毕，他又跟老太婆说，你放心吧，我会处理这件事的。老太骂骂咧咧地走了。班主任对着项东方命令道：

“项东方，你要好好地反省，明天交一份检讨书给我。！”

项东方倔强地噘着嘴，一声不吭。他不明白，为什么自己没做错事，竟会被人诬赖；为什么老师不问缘由就相信老太婆的话；为什么世上有这么坏的人？这个老师不喜欢他，他也不喜欢这个老师。在上学期的家庭报告书中，这个老师就写上“自由散漫，个人主义，不关心集体”等等评语，母亲为此十分的担忧。

不知过了多久，项东方才在全班同学的注目下，羞愧不安地回到自己的座位上。

他的同桌是柳丝雨。她是个很正经的女孩，最讨厌做坏事的人。她转过身来，面对着项东方，轻蔑地瞪了他一眼，鼻子不屑地“哼”了一声。项东方在哪一瞥里看出了这样的潜台词：

“哼，你这个小偷，真不要脸！”

他本来挺喜欢柳丝雨的，因为她是全班最漂亮的女生。没想到，今天自己无端被人冤枉，心里本来就气愤难平，偏偏她又不管三七二十一给了自己一个白眼。他被这一眼蔑视深深地刺痛了，呆坐在椅子上，默默地生着闷气，根本就无心听课。

这节课刚结束，他就偷偷地溜出了学校，一个人闷闷不乐地到处瞎逛。他不敢再走刚才那条路，而是拐了个弯，绕到了附近的栗子山上。到了山边，见到一群鸡在觅食，他就来了一股气。他把路边的一颗小石头轻轻地拨到凉鞋尖上，然后突然飞起脚来，将石头撩了出去，正好命中一只公鸡，那公鸡拍打着翅膀，“喔喔”地叫着跳走了，其他的鸡也跟着四散逃窜。

可是，他还是觉得不解恨，闷头闷脑地继续往山上走。来到树林中，忽然听到附近有鸟叫声，循声望去，见栗子树上来了一群红耳鹎。这种鸟是他们平时最喜欢打的，个头有半只鸽子那么大，头顶上长着一撮雄赳赳的羽冠，很像一个突出的髻，所以他们就把它叫做高髻郎。它们总是一大群的来，打起来很过瘾。这群高髻郎在枝头上跳来跳去，欢快地啄食着，不时发出愉快的叫声。

他一下子就来了精神，迅速从裤兜里掏出一把弹弓，又从衣袋摸出一颗小石子，眼睛随着鸟叫声去追寻鸟的影子。他的弹弓很漂亮，是用番石榴木做的，不是一般的“丫”字形，而是一个有弧度的高脚杯型，木质坚硬，外表光滑，在火上烤干做成这个形状；胶用的是两节听诊器胶管，非常强劲有力。说起这胶管还有点来历。那次他咳嗽去看病，医生给他探呼吸，听筒在他身上游来游去，他仿佛没有任何感觉，两只眼睛一眨不眨地盯着那两根管子。那两根乳白色的橡胶管通体透明，煞是好看，他当时心想如果用它们来做弹弓一定很厉害。后来有一次，他经过医院的垃圾堆时发现了一个报废的听诊器，如获至宝，终于做成了这个弹弓，让瘦猫肥猪一干人眼红得不得了。这把弹弓可是他的宝贝，一天到晚都揣在兜里。他平时还练就了一身发现鸟儿的本领，他能分得清树叶的摇动到底是风吹，还是小鸟在跳跃。

终于，在一丛晃动的叶子中间他发现了一只高髻郎，棕黄色的羽毛，高挑的髻，甚至眼角旁那块红色的斑都看得一清二楚！他离这只鸟只有三米左右，大概 45 度角，一个非常理想的射击位置。

那只鸟已经停止了跳跃，它目不转睛地盯着前方，活像一只晒干了的标本。看样子它并不是发现了项东方，而只是在注视着自己的目标。项东方顺着它的喙的方向看，果然见到一条拇指般粗的毛虫沿着粗糙的树皮往上爬。这虫子像极了蚕，他们叫它栗蚕，不过颜色不是白的，而是绿色的，浑身长满了刺，平常他们也会捉回家养起来，喂它们吃点栗子树叶什么的。

那栗蚕身子一耸一耸地往上蠕动着，根本不知道一场杀身之祸就在眼前。

高髻郎死死地盯住这块送上门来的肥肉，只需纵身一跃，栗蚕顷刻就会变成它腹中的美食。

项东方紧张得屏住了呼吸，拉开弹弓瞄准了高髻郎，只要他一松手，高髻郎马上就会应声落地……

“喵！”

突然，一只小猫从草丛窜出，“嗖”的一下爬上栗子树上的一个枝桠。高髻郎见状，“扑簌”一下就飞走了。项东方先是一愣，握紧弹弓的手随即松弛了下来，剩下那条栗蚕若无其事地继续往前爬着。

这是一只半大的小猫，比一只老鼠大不了多少，干干瘦瘦的，身上黄色的毛脏脏的粘在一起，一副营养不良的样子。它停在一个树丫上，扭头可怜巴巴地望着项东方，大家相距不到两米远。

看着这个赶走了自己猎物的不速之客，项东方忽然起了一股无名之火，一个恶毒的念头从心中升起。他举起弹弓，瞄准小猫的脑袋，用力拉动橡皮筋，手一松，石子像箭一般飞出去，“啪”地一下命中小猫的脑门，只听得“喵”的一声凄厉的哀嚎，小猫应声落地，一股腥臭的鲜血溅到他的脸上。

小猫并没有立刻死去，它躺在地上，无力地挣扎着，血不停地流出来。项东方一阵惶恐，犹豫了片刻，突然狠了一下心，掏出一颗圆滚滚的石子，对准小猫又是一击。小猫发出几乎听不见的呻吟，四肢一伸终于断了气。

就在小猫归西的一刹那，项东方心里突然一抖，一种从未有过的情绪溢满了心间，瞬即将他搅得心如乱麻。他说不清自己到底是恐惧，是怜悯，是内疚，还是别的什么。他不知道自己为什么如此残忍，竟会杀死一只弱不禁风的小猫。

他本来以为这样可以解气的，没想到心情却变得更加沉重。奇怪的是，以前经常打死小鸟，但从来就没有今天这样的不安，没有这种内疚的感觉，不知道今天为什么突然间觉得特别的难过。也许因为那些鸟大都是一枪毙命，距离又远，感觉没有这么强烈？也许猫通人性？他想起那小猫看着他那种可怜巴巴的眼神，心里就好像有什么东西在啮咬。他特别为自己又补了第二枪而责怪自己，为自己的残酷无情感到沮丧不安，觉得心上被人挂了一只沉甸甸的沙袋，压得自己喘不过气来，一整天都在闷闷不乐中度过。

从此以后，这件事就一直埋藏在他心底里，始终不能释怀，有时候想起来，总认为自己是有罪的。当天晚上，他做了一个噩梦。第二天早上醒来，他忽然产生了一个念头：这事跟柳丝雨也有关，不能便宜了她！

第五章 恨美情结

柳丝雨是去年才转学过来的，她不仅名字起得美，人也长得漂亮。她生就一副瓜子脸，下巴尖尖，小巧的嘴就像一个刚熟的樱桃，嘴角微微上扬，一笑起来分外的甜美，右嘴角边还有一颗黑亮的美人痣，非常惹人注目。柳丝雨一来就成了男同学们关注的对象，大家背地里都叫她小公主，人人都想跟她坐在一起。

按照惯例，每个学期都要调整座位，男女同学安插来坐，因为那时候男女同学基本不说话，把他们放在一起可以防止他们上课讲话，扰乱课堂秩序。上学期，肥猪有幸和柳丝雨坐在一起，令项东方和瘦猫艳羡不已，不过，项东方可不敢奢望。他自知自己在班上不是个好学生，虽然不算太调皮捣蛋，但总是自由散漫、吊儿郎当的，根本不会得到老师的宠爱。没想到，这个学期开始时，班主任居然别出心裁，将他和柳丝雨分到了一起，因为老师觉得如果让他和听话的柳丝雨坐在一起，就能抑制住爱搞小动作的项东方。当新座位一宣布，全班哗然，甚至响起了嘘声。大部分人都按照新名单对号入了座，项东方一面暗自窃喜，一面诚惶诚恐，拎起书包坐到了心中女神的旁边。

这时候，一个令人尴尬的场面发生了。王小东死皮赖脸地坐在原来的位置上不肯离开，刘昊站在他旁边，正等着坐到他的位置上。老师见状忙问：

“王小东，你为什么不换到新座位上去？”

王小东委屈地反问道：“我为什么不能跟柳丝雨坐？”

全班人开始窃窃私语，有人偷偷地发笑。老师说：

“你要服从安排，不要挑挑拣拣！”

王小东仍然不服气地说：“为什么项东方可以，我就不可以？”

老师耐心地说：“全班只有一个柳丝雨，不可能人人都跟她坐吧？”

“上次老师也是这样说的，我都等到现在了，还要等到什么时候？”王小东急得都快要哭了。

“是呀，老师，我也要跟柳丝雨坐！”这时，一个男同学插进来嚷道。

“我也要！”

“我也要！”

许多人跟着一起叫嚷起来，全班乱成了一团。老师用手拍着桌子，严肃地说：

“大家安静，安静！同学们听我说，座位是已经安排好了的，不能随意更改，大家要服从安排。大多数人都做得很好，少数人应该服从多数，不要拖全班的后腿。王小东难道你不明白这个道理吗？赶快回到你的新座位上去！”

全班突然安静了下来，都转头看着王小东。王小东极不情愿地拿起书包站了起来，一只手扬起来去擦眼泪。这堂课后，男同学们见到王小东就会嘲弄他，一面用手作擦泪状，一面装作哭腔说：

“为什么我不能跟柳丝雨坐？”

项东方虽然和柳丝雨坐在同一张书桌上，但似乎没怎么讲过话。他心里仰慕她，却不知怎样才能接近她。柳丝雨像个骄傲的小公主，也不爱搭理他，两个人即使在路上迎面碰上也不会打招呼。那年头的小学生大抵都是如此的。在他们共有的书桌中间用红笔画了一道界限，项东方管它叫三八线。这是一条不可逾越的鸿沟，过了界就等于侵犯了对方的领土。

项东方不是一个专心的学生，每次上课，头十分钟他可能会很专心，如果课讲得没有趣味，他就开始会分心，慢慢地开起小差，搬弄出各种小动作来。书桌是由两块木板拼成的，中间有一条缝。这裂缝可是项东方的道场，他可以玩出好多花样来。有时候因为无聊，有时候为了引起小公主的注意，他就在缝上面玩开了小木偶。他用几根小指大小的竹筒做成一个木偶，画上嘴脸，还配上一把关公刀，将木偶置于缝隙间，在桌子底下扯动线条，木偶就神气活现地舞动起来，一会儿点头哈腰，一会儿挥舞大刀杀气腾腾。有时候他故意让关公越过三八线，在小公主的地面上耍一番威风。小公主通常总是目不斜视，假装没看见，有时候被惹急了，就轻蔑地瞪他一眼，或者用肘子抵住他的关公，使它不得不退出三八线。

当天，政治课正在进行中，班主任在慷慨激昂地讲述甲午战争的故事。他说本来北洋水师的实力比日本海军要强大得多，可是，由于清政府的腐败无能，反被日本人超过了，结果在甲午战争时中国一败涂地，北洋水师几乎全军覆没，最后李鸿章与日本人签订了不平等的《马关条约》，这对中国人来说实在是一个奇耻大辱。

项东方一开始很认真地听讲，慢慢地就不耐烦了。上一次课讲的是鸦片战争和英法联军火烧圆明园的事，听完以后他觉得很憋屈。他不能理解，为什么我堂堂中国、四亿多人就是打不过那些鼻屎般大小的国家？为什么总是被外国人欺负？今天又听到中国人再次败给了小日本，心里更是不服气。但是，老师还在不断地强调说，因为我们贫穷落后，所以我们总是被动挨打。这让敏感的项东方产生了一个错觉：难道我们中国人真的不如外国人，难道我们天生就比别人愚蠢落后？他心底里不愿意承认这些自卑的说法，但又想不明白，就不愿意再想，也不愿意再听。于是，就开始分神，开起了小差。

他想起了柳丝雨给自己的白眼，想起了自己因此射杀的那只可怜的小猫，接着，又想起了要报复她的念头。对，现在是时候整她一下了。他知道关公已经不能引起小公主的注意了，他终于想到了一个更妙的主意。老师依然在哪里天花乱坠地大谈特谈着，

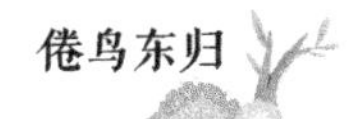

小公主双手叠成一字搁在书桌上，全神贯注地倾听着。

项东方掏出一个火柴盒子，慢慢地将它打开，一只蜗牛优哉游哉地爬将出来，两只犄角像天线那样一伸一缩，来到桌上，向着三八线那边不紧不慢地滑行，一路留下一条湿漉漉的印痕。不久，它就爬到了小公主的手上，她觉得手背有点痒，低头一看，“啊，妈呀！”地大叫了一声。

全班都被她的惊叫声镇住了，正讲得口沫横飞的老师不得不停下来，走过来问：

“柳丝雨，你怎么啦？”

柳丝雨脸色煞白、花容失色，战战兢兢地嗫嚅道：“蜗牛……蜗……牛！”

老师说：“一只蜗牛有什么大惊小怪的？把它拿掉不就得了？”

“不，我怕！ 我怕！”

老师伸过手来要捉蜗牛，项东方眼疾手快一把夺了过去。老师突然像发现什么不对，自言自语地问道：

“这教室里哪来的蜗牛？”

柳丝雨用手指着项东方，怯生生地说：“他，一定是他！”

老师转向项东方问：“是这样吗？”

项东方极力否认道：“不是我！一定是蜗牛自己爬进来的。”

老师疑惑地看着项东方说:“我会查清楚的。好了，这事先告一段落，以后再作处理，现在继续上课。”

柳丝雨转过头来，狠狠地瞪了项东方一眼，哭着骂道：“你这个小流氓！”

项东方得意地笑了，似乎复仇的心理得到了满足。柳丝雨已经哭得泪眼涟涟的，她哽咽着说：

“再也不理你这个混蛋！”

项东方透过柳丝雨的泪眼看到了一种委屈、幽怨和愤恨，他心里突然一抖，感到一阵内疚，赶紧低头躲避她怨恨的目光。

放学后，走在回家的路上，瘦猫笑着问项东方：“刚才是你放的蜗牛吧？”

项东方只是笑而不语，大家知道他就是默认了。他们平常喜欢玩蜗牛，到田边菜地里捉来，放在火柴盒里面，然后一人拿一个出来，用蜗牛的尖角对着另一蜗牛的尖角，两个人同时使劲一顶，脆弱的那只就会被挤碎，连壳带肉变成一团烂泥。像这种既残忍又肮脏的玩意儿，当然只有他们这些半大的男孩会玩，女孩子不要说去碰，连看都不敢看。所以，他们一致认定，一定是项东方捣的鬼。肥猪好奇地问：

“项东方，你那么喜欢她，干嘛还作弄她？好端端的一个小美人都给吓哭了。”

“谁喜欢她了？我可没有！”项东方不屑地说。

瘦猫揶揄道：“没有？哪干嘛老吵着要跟她坐一起呢？”

“你还不是一样！”

“我可没你那么想要。”

项东方急了说：“说实话，我讨厌她！”

“为什么？”肥猪不解地问。

“她看不起我，还冤枉我。”

瘦猫问：“真的吗？怎么冤枉你了？”

项东方越说越气：“那次那个死老太赖我偷她黄瓜，这柳丝雨看我就跟看一个贼那样，我可受不了。”

那两个人都笑起来了，瘦猫说：“怪不得！原来你想报复她，就来这么一下子？”

“哪她哭了，你是不是很得意呢？”

“我……其实……”

瘦猫没等他说完，就打断了他：“你把她吓坏了，这下她更恨你了。”

“赶快给她道个歉，也许她会原谅你的。”

“道什么歉？我怎么开口？”

瘦猫嘻皮笑脸地逗趣道：“你就这样说，小公主呀，对不起，我不是故意的！那只蜗牛是自己爬出来的，我没有看好它，都是我不好！”

“我可说不出口，太肉麻啦！”

肥猪说：“那你就让她恨你一辈子吧！”

“她要恨就恨呗！”

项东方嘴上说得硬，心里却真的有点懊悔，他实在不忍心看到那个小美人哭成一个泪人的样子。

几个人你一言我一语，说着说着，就走到了一个城中村里面。经过几间阴暗老旧的房子，来到生产队的小广场旁边。这里平时是生产队晒谷子开会的场所，边上还有两个拴牛的牛棚。这种牛棚中间竖着一根几米高的木桩，围着木桩用干稻草做成一个伞形物，看起来像一个巨大的蘑菇，即可遮阳挡雨又可防霜保暖，冬天时农民们把牛拴在木桩上，牛肚子饿了，抬起头就可以吃到干草。

项东方他们平时经常路过这里，没有什么特别的，不过，今天看来有点不一样，因为小广场内熙熙攘攘地聚集了几十个人。顺着众人的目光，他们发现大家正在注视着广场的中央，原来广场中央的旗杆旁又新立了另一根木桩，在这两根木桩中间竟拴着一头大水牛。这头老公牛骨架庞大，但很瘦，肋骨毕露。两根木桩正好夹住它的脖子，不松不紧，让它不能随意乱动。老公牛惶恐不安地挪动着庞大的身躯，不停地换着脚步，似乎预感到什么不祥的东西即将降临，眼睛流露出一股哀怨的神情，甚至还流下了眼泪。远处两个牛棚里，几头大小不一的牛停止了一切活动，目不转睛地盯着那头老牛，一种悲哀肃穆的气氛坦露在它们的眼眸里。

人群窃窃私语、议论纷纷。项东方几个人预感到一场好戏就要开演了，于是静静地呆在场边的人群中。这时，从旁边的房子里走出三条大汉，径直奔向那头老牛。两个个子高的汉子分别抓住老牛的两只弯曲的牛角，令那老牛的头不能乱动。另一个五短身材的光头壮汉手握一把七尺长的尖刀，一摇一摆地踱到老牛的跟前。人群中突然有人大喊了一声：

“嘿，老虎蟹来啦！”

项东方不知道人家说什么，怯怯地问了一句：“老虎蟹是什么？”

瘦猫和肥猪都摇摇头说不知道，旁边一个干瘦的老头接茬道：“哎，小孩子没听说过吧？这老虎蟹可是远近闻名的功夫好手，五六个大汉根本不是他的对手！”

几个小孩闻言吐了吐舌头，不敢再言语。只见杀气腾腾的老虎蟹屹立在老牛前一尺远的地方，往地上吐了一口唾沫，将尖刀在衣襟上擦了几下，嘴里念念有词。然后猫下腰，伸出左手抵住老牛的嘴，用力往上一推，老牛不自觉地向上抬起了头。说时迟那时快，老虎蟹右手顺势将尖刀捅进了老牛的脖子，一股浓烈的鲜血“哗”的一声喷将出来，泉水一般注入前面那个肮脏的木盘。老牛摇头晃脑地挣扎了几下，身后留下了一摊冒着热气的粪便，不一会儿就整个瘫倒在地上。

人群爆发出几声：“好，好，好！”

接着，一群人蜂拥而上，七手八脚地将老牛翻了个肚子朝天，老虎蟹熟练地把整张牛皮卸了下来，露出白生生血淋淋的牛肉。

那边厢，几头牛发出了“哞哞”的悲鸣，叫得人心里直发毛。

项东方看得瞠目结舌的，突然想起那只被自己射杀的小猫，胃里一阵犯酸，赶紧用手捂住嘴巴，跳着逃出了人群。

过了几个星期，班主任在班上讲述了越南人民抗击美国的故事，特别讲了一个越南英雄阮文追的事迹，令全班同学兴奋无比。在越南战争期间，年轻的阮文追参加了敢死队，被安排刺杀到访越南的美国国防部长麦克纳玛拉。当他在一条桥上埋设地雷时，被人发现逮捕入狱，并被判死刑。此事轰动了世界，各地有人声援并要求释放他。委内瑞拉左派游击队为挽救阮文追而绑架了一名美国空军中校麦可·史摩伦，以此为人质要挟美国和南越当局不得杀害阮文追。美越答应推延行刑后，该组织释放了麦可·史摩伦，但美方最后出尔反尔处死了阮文追。阮文追面对死亡大义凛然，对记者和牧师慷慨陈词：我没有罪，有罪的是美国人，他们侵略我们的国家，屠杀我们的人民，我这样做完全是为了把美国赶出越南去。他的英勇事迹传遍了全世界。

听完这个故事，全班同学群情激愤。老师提议给越南的小朋友写一封信，表达对英雄的敬意，对美帝国主义的卑鄙行径的愤慨，对越南人民抗美斗争的支持。信是写给河内一所中文学校的学生的，很快写好了，老师在班上念了一遍，大家纷纷叫好，然后全体一个个签上了名。

连续好多天，大家都沉浸在一种亢奋的情绪中。项东方和瘦猫肥猪几个人凑在一起，议论着要排练一个话剧，好好表现一下。题材和剧情很快就编好了，但在安排角色的时候出了点小问题。瘦猫主张让项东方演美军上尉，而自己则演越南游击队长，肥猪和其他人都赞同，可是，项东方死活不肯，骂骂咧咧道：

“干嘛让我扮美国鬼子，丑死了，不干！”

一帮人开始使劲地劝他。肥猪说：“你个子小，扮美国鬼子最合适了。”

“别逗了！”项东方较起真来说：“人家美国鬼子牛高马大的，我根本就不像。”

瘦猫眨了眨眼，一本正经地说："项东方，你这样想就不对了！你应该反过来想，正因为你个子小，你来演美军不正好可以丑化美国鬼子吗？"

项东方想了想，觉得有点道理，沉吟着没吱声。肥猪见好像有门了，就怂恿道：

"美国鬼子诡计多端，你那么聪明，一定演得最好。"

项东方见肥猪夸自己聪明，心中暗暗得意，于是顺水推舟地说："好吧，我演就是了。"

问题解决了，大家分头去准备道具。项东方知道，后排宿舍七号房间住的那个老头有一顶钢盔和一架望远镜，就想去借。后排宿舍就是项东方家后面的那一排平房，也就是瘦猫和肥猪家所在那一栋。那个老头是山西人，姓李，宿舍里的小孩都叫他李老头。他三八年抗战开始后就参加了八路军，解放战争时成了第四野战军的干部，据说还打过"黑山阻击战"等著名战役，家里有许多缴获的战利品。宿舍的小孩子们都知道这些，时常总是借故闯进他家里，就为了看看他家里的那些宝贝。不过，这老头脾气很倔，不太愿意搭理这些调皮的小毛孩，心情好时他会回答小孩们的问题，满足一下他们的好奇心，一个个地向他们展示挂在墙上或者藏在柜子里的物品，当然，他从不允许他们去摸这些东西，唯恐他们弄坏了。心情不好的时候，他会毫不留情地把小孩们直接轰出去。所以，小孩们对他总是又爱又恨的。

一次，几个小孩窜进李老头的房间，缠着他讲打仗的故事。正好那天李老头心情好，他点起一支烟，用他满口山西腔调的普通话讲起故事来。讲到兴奋时，便从柜子搬出了一架望远镜和一个钢盔。李老头兴高采烈地说：

"小鬼们，看到了吗？"

他手指着钢盔正中的一个洞说："当时我们冲上敌人的阵地，高喊着'举手投降，缴枪不杀！'那个家伙不但不投降，还居然举枪向我瞄准。我把手枪一扬，顺手一梭子打过去，那家伙脑门上中了一枪就死掉了。咳，鬼知道这些美国人造的钢盔这么不顶用，连手枪子弹都挡不住，屁用都没有！"

小孩们瞪大眼睛，静静地听，心中无比的神往。瘦猫羡慕地问："叔叔，你那时候就有手枪啊？"

"那当然！"李老头得意地说，"我那时早就是连长了。"

"真厉害！什么手枪啊？"

"驳壳枪，又叫盒子炮。"

肥猪忍不住问："是电影《平原游击队》双枪李向阳哪种吗？"

"差不多吧，比那个要好点！"

瘦猫急不可耐地追问道："叔叔，枪还在吗？让我们看看行吗？"

"枪早就上缴了。"

大家齐声叹气。李老头指着那个弹孔，一帮人围过来看，那个草绿色钢盔中的弹孔已经锈迹斑斑。李老头继续说：

"你们猜那个死鬼是什么人？"

大家摇头，等他的下文。李老头骄傲地说："他可是国民党军的团长，一个团长！

哈哈哈！我杀了一个团长！ 厉害吧？”

小孩们佩服得五体投地，像看一个大英雄那样望着李老头。李老头又说：“我立了二等功。上边的人问我有没有什么要求，我说别的没有，就想要这顶钢盔和望远镜做个纪念，他们就同意了。”

大家眼里放着光，都凑过来想摸一摸这顶钢盔，李老头厉声制止道：“别动！眼看就好了！”

大家有点失望，眼巴巴地望着那钢盔。项东方眼睛却瞟向那个望远镜，他怯生生地问：

“叔叔，给我看看那个望远镜行吗？”

“不行！”

“就看一下，一下。求求您了！”项东方很少开口求人，这下真是忍不住了。

看着他可怜巴巴的样子，李老头终于答应了，但是他说：“就一下！我拿着你看。”

李老头拿起望远镜对准窗外后院那棵龙眼树，项东方凑过去，贴着镜片，看到粗糙的树干上几只色彩斑斓的龙眼鸡。在镜头里面，那几只像蝉一样的昆虫，墨绿色翅膀上长着许多金黄色的斑纹，红色的鼻子像大象那般向上弯起，十分的漂亮。项东方贪婪地看着镜子里的画面，情不自禁地感叹道：

“哇，好漂亮的龙眼鸡！”

大家听到了，纷纷要求看，李老头却不领情地说：“看够了，下次吧！”

项东方满不在乎地说；“不看了，抓龙眼鸡去！”

一伙人一阵风似的溜出七号房间，冲到后院。不一会儿就抓到了几只龙眼鸡，把翅膀掰去，塞进嘴里，美滋滋地嚼起来。

现在，项东方想起了李老头的钢盔和望远镜，他幻想着自己头戴钢盔身佩望远镜的情景一定很威风。于是，他跑进了李老头的家，李老头听说他要借东西，冷笑道：

“小鬼，你想什么呢？要借我的宝贝，你想干什么？还想看你龙眼鸡吗？”

项东方被他这一番抢白噎住了，过了一会才说出话来：“不是的，叔叔。”

“哪你要干嘛？”李老头说：“我的宝贝从来不借人，更别说你们这些调皮捣蛋的小鬼头！”

项东方脸涨得通红，嗫嚅道：“我们要演戏。”

“演戏？演什么戏？”李老头有点半信半疑。

项东方觉得好像有戏了，壮了壮胆子说：“我们要演越南游击队打美国鬼子的戏。”

“哦，那挺有意思的！”李老头突然换了一个腔调说：“如果是那样，我支持你们。美国鬼子真是太可恶了，打完朝鲜，又来侵略越南，不知什么时候就该跑到中国来捣乱了呢，该教训教训他们才是！”

接着，老头提出来两个条件：第一，要好好爱护那些物件，不能损坏；第二，演出时要通知他，他要看。项东方自然满口答应，如愿以偿地借到了宝物。

演出就在两栋宿舍之间的空地上进行，宿舍里所有的男女老少全都来捧场。在月色和昏黄的灯光下，由项东方扮演的美军上尉带着一队美国大兵闯进了一个越南村庄，见人就开枪。当他们推门进入一间茅屋时，挂在门上的几大筒竹蜂飞出来，倾巢而出嗡嗡作响，黑压压的一大片，追着那些美国大兵乱叮乱咬，他们抱着头四处奔逃，纷纷落入预先设好的陷阱，被里面锋利的竹签刺死，最后只有上尉一个人逃了出来。头戴钢盔、身背望远镜的项东方一路狂奔，逃进一个椰子树林，脸上、手上、身上到处都有竹蜂蜇的伤口，痛得嗷嗷大叫。他又痛又渴，又找不到水喝，正无计可施时，突然抬头一看，发现树上长满了椰子，他抱住树干就往上爬，没爬几下就摔了下来。他气坏了，拔出手枪，对着椰子一通乱射。椰子虽然有被击中的，但却打不下来，还好有被打中的椰子滴下椰汁，他便扬起头，张大嘴去接。

正在这时，扮演游击队长的瘦猫爬上了一棵算作椰子树的木瓜树。他看到项东方可笑的丑态，一时兴起，顺手摘下一个青木瓜，使出吃奶的劲朝项东方砸下去。那结实的木瓜不偏不倚击中项东方的后脑，“咣噹”一声，他晕了过去，双腿一软瘫倒在地上。几个游击队员蜂拥而上，用绳子捆住他的双手，想把他拽起来，一面大喊道：

“起来，该死的美国鬼子！”

项东方却瘫在地上一动不动，大家顿时都觉得很奇怪。肥猪抬脚踢了他一下，骂道：“别装死，快起来！”

项东方还是一动不动，大家才慌张起来。瘦猫蹲下来摸摸他的鼻子，还有气，就嚷嚷道：

“他真是装的！”

观众们一直在兴味盎然地观赏着表演，一时回不过神来，不知是真是假。李老头觉得事有蹊跷，踱过来说：

“他可能真的被砸昏了。”

他手里刚好端着一杯水，顺势往项东方脸上一泼。项东方慢慢地睁开双眼，大伙终于松了口气。有人把他扶了起来，瘦猫问：

“哎，项东方，你刚才真的昏过去了吗？”

项东方揉揉眼睛摇摇头说：“不知道，我只觉得刚醒过来似的。”

肥猪开始责备瘦猫：“你也太狠了，来真格的？”

“不是的！”瘦猫辩解道:“我看他戴着钢盔太像美国鬼子了，一时火起才出重手的。”

刚才，瘦猫因为入戏太深，竟忘了自己正在演戏，结果才变成这样。

项东方已经清醒了许多，赌气地说：“都是你害的，叫我演美国鬼子，以后再也不干了！”

第六章 小烟鬼

没过多久，学校停课了，老师们都忙着搞“文化革命”去了，不用上学小孩子们自然求之不得。没有了课，又没有家庭作业，彻底自由了。小学三年级的项东方和宿舍里的一帮人白天黑夜疯玩，打蜗牛，斗蜘蛛，赌烟角，白天窜到附近的山上打鸟挖草药，晚上聚集在水银灯下抓蟋蟀和水蟑螂。

县里要在贺江上游修建一座水电站，需要一个人去主持工作，那不仅工作繁重、责任重大，而且生活条件艰苦，县里的干部没几个人愿意去，项东方的父亲因为老实肯干而被选中，他并不推辞，一头扎在山沟里，一干就是好几年，有时候连春节都不回家。前两天，他从水电站回来开一个会议。今天早上，项东方看见父亲神色凝重，和妈妈商量了半天。项东方隐约听到妈妈担忧地说，学校的家庭报告书上写的还是以前那样：个人主义，自由散漫，无组织无纪律。父亲沉默了一阵，叹了口气说：这孩子总是这样，什么时候才会懂事呢？现在外面那么乱，要注意才好，不要让他学坏了。母亲无奈地说：你马上又要走了，我也要走了，梅姨总是管不住他，真不知怎么办才好。

过了一会儿，父亲找来一些红油漆和一把梯子，开始给宿舍的廊柱刷标语，还要项东方打下手，帮他扶梯子和递油漆。父亲在解放前就是地下党的宣传干事，干刻蜡板写标语这些活简直就是家常便饭、得心应手。这一排平房有六七根方形的柱子，父亲很快就在每根柱子上刷好了标语，其中在自己门前写下的是：“高举毛泽东思想的伟大红旗”，另一边则是：“将无产阶级文化大革命进行到底。”

项东方站在梯子旁，仰着头看父亲一笔一画地挥洒着毛笔，把一个个工整漂亮的红字描在黄色的柱子上，心里忽然对父亲产生了一种敬佩，同时自己也感到无比的自豪。他在心里自言自语道：“爸，你真棒！我为你骄傲！”但是，他没有说出口，父子俩平常很少对话，像这样肉麻的话他是绝对不会讲的。

干完这个活，父亲又给项东方下达了一个新任务：把家里有问题的书统统卖掉。回到屋里，项东方发现原来塞得满满当当的几个书架已经空空荡荡，剩下几本毛选、马恩列斯选集和《人民的好干部——焦裕禄》之类的书，冷清清地立在书架上。看来大多数的书都给父亲处理掉了。他看见旁边放着一个箩筐，里面堆满了书，他翻了翻，里面有《红楼梦》、《聊斋志异》、《古文观止》等等。要卖掉这些书，他一点都不觉得可惜，因为他看不懂古文，也不喜欢这些古里古怪的书。当他翻到一本《伊索寓言》时，就觉得不对劲了。他问：

“爸，为什么这本也不要了？”

父亲只是简单而严肃地回答道：“这是西方资产阶级的东西，是毒草，会毒害我们的心灵。”

项东方只“哦！”了一声，没有再言语。他还发觉，父亲居然没有动放在自己房间里的几本《封神榜》、《水浒传》和《三国演义》等等连环图，也许是他忘记了。他为此暗暗得意，并偷偷把它们藏了起来。

父亲交代他书卖掉后，钱要交给妈妈。项东方找到瘦猫和肥猪，他们说正好要上街去买军帽，于是，大家就抬着那筐书走到街上。大街上到处都红旗招展，墙壁上贴满了标语口号，高音喇叭播放着语录和革命歌曲，洋溢着热热闹闹的气氛。

走过几条街，刚到废品收购站门口，突然从旁边窜出来一个男青年，一把拿起箩筐上面的两本书，还丢下一句话：

“那么好的书卖掉太可惜了！”

随即飞快地跑掉了，三个人都没来得及反应，就看着那人在人堆里消失得无影无踪了。

大伙儿骂骂咧咧地走进收购站，卖完书，拿了钱，就走出来，旁边正好是一家印章店。店里面的柜台上摆在许多做好的红袖章样本。三个人趴在柜台上东看西看，忽然心血来潮，嘀嘀咕咕地商量说要买一个红袖章，最后选定了一款印着“毛泽东思想红卫兵”字样的，各人买了一个。接着，又跑到附近的百货店各买了一顶时髦的绿军帽。

于是，三个人立马戴上红袖章和绿军帽，一下子就变得神气十足、不可一世，大模大样地在街上瞎逛，不知道向谁去耀武扬威。走了半天，也没人搭理他们，更没有谁多看他们一眼，想起前些天那一批批来串联的红卫兵，个个神气活现的情景，心中不免有些泄气。

走过自己学校，里面静悄悄的没个人影。教室的门都开着，地上还铺着稻草，那是大串联的红卫兵留下的。他们一个个教室搜索过去，看看能找到什么值钱的东西。在最后一间教室，他们找到了一套刻字和印刷的工具，蜡笔、蜡板、蜡纸和油墨一样不缺，简直就是如获至宝。于是，几个人就坐在教室里，模仿红卫兵的做法，刻印了一批传单，然后走到街上，看到电线杆和灯柱就贴。贴完传单，又累又饿，走到小饭店每人花一毛钱买了一碗云吞面，狼吞虎咽地吃完。往回走时，瘦猫突然说：好无聊啊！不知道玩什么好。

项东方眉头一皱说：“我有一个好主意，保证大家玩得很开心。”

他一说完，两个人都赞好。于是，他们跑回家，再过了一会，又来到大街上。项东方和肥猪一人拉着一根长绳的一端，横在街上，瘦猫拿着一面小红旗，嘴里叼着一个口哨。三个人都带着红卫兵袖章，像模像样地设了一个关卡。正好有行人走过来，瘦猫把口哨一吹，嘴里喊道：

“停！”

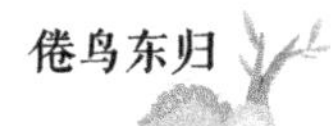

那行人愕然停下来，那条绳子挡住了他的去路。他恼怒地嚷道：

“干嘛呀？路都不让走了？”

瘦猫叉着腰，一本正经地说：“同志，你没看见吗？我们是红卫兵！我们要检查学习毛主席语录的情况。你要过去，先背一条语录！”

那人看瘦猫一副惹不起的模样，不敢耽搁，识趣地背了一条语录：“人不犯我，我不犯人；人若犯我，我必犯人！”

瘦猫先偷偷地笑了一下，然后大声吆喝道：“过！”

项东方手一松，绳子降到了地面，那人一步跨了过去。

一个老太婆提着一篮子菜，走到绳子前，客客气气地说：“小同志，让我过去吧！”

瘦猫摇摇头说：“不行！你得背一条语录！”

老太婆说：“阿婆年纪大了，不识字，你们就让我过去吧！”

这时，两边都已经站着许多等候的人，人群中有人为老太婆求情，瘦猫还是板着脸说：

“不行，不背就不让过！”

老太婆无奈，想了半天，说:“那我就说一个，‘东方红，太阳升，中国出了个毛泽东’，这个行吗？”

“不行！这不是毛主席说的，不算语录。”

“哪‘大海航行靠舵手’可以吧？”老太婆接着唱了两句歌词。

“还是不行，毛主席语录要毛主席本人说的才算数！”瘦猫说得斩钉截铁一般。

项东方凑过来对老太婆说：“阿婆，你把这本《毛主席语录》看一下，背一段就可以了。”

老太婆翻着白眼说：“小朋友，我不认字呀，怎么看呢？”

后面有一个老头早就等得不耐烦了，说：“我说老太婆，你就说‘千万不要忘记阶级斗争’就好了。”

“什么是‘阶级斗争’啊”老太婆一头雾水地问。

老头更急了：“别问什么，你直接说就好了！”

“哦，好！怎么说来着？”

“千万不要忘记阶级斗争。”

老太婆前言不搭后语地重复道：“千万不要忘记……结集……斗争。”

瘦猫略一皱眉，小红旗一挥：“过！”

肥猪把绳子放低，老太婆颤颤巍巍地走过去，嘴里不满地唠叨：“闹什么闹呀？走路都不得安宁，哼！”

突然，项东方瞥见人群中有一个熟悉的身影，吓得赶紧转过身去，面对着墙壁。那个人走到瘦猫跟前，瘦猫先是愣了一下，然后赶紧点头哈腰说：

“项叔叔好！”

肥猪也跟着说：“项叔叔好！”

项东方的父亲走上前来，手里拎着一袋行李。他严肃地把他们训了一通，说这样的做法对促进学习毛主席语录是好的，但要注意区别对待，像那些老头老太不识字的，要网开一面。瘦猫和肥猪唯唯诺诺地不停点着头，项东方始终躲着不敢看他父亲。

等项东方父亲走远，几个人忽然泄了气，觉得没劲，就不玩了。他们收拾好行头，没精打采地往回走。

肥猪说："无聊透了，要么咱们再去刻蜡板吧？"

项东方说："玩过了，没劲！"

肥猪又提议："要不咱们玩赌烟角吧？"

赌烟角是小孩子们流行的一种玩法，具体是把香烟盒子拆开，叠成三角形，依据香烟品牌的价格决定每个烟角的价值，然后，用扑克或者其他形式来赌输赢。

听到肥猪说起烟角，倒是提醒了瘦猫，他把两个指头贴在嘴上，做了个抽烟的姿势，说：

"我想抽烟！"

"不行！"肥猪吓了一跳，一本正经地说："老师知道了怎么办？"

瘦猫满不在乎地说："嘿，怕什么？现在老师都不知道去哪儿了，谁还管你？"

"可是，我爸知道了肯定会关我禁闭的！"项东方也担心地说。

"你爸呆在山里，怎么知道你干什么？他刚才不是走了吗？恐怕得有半年不会回家吧？"

项东方有点动摇了，他想到了二姨妈。他二姨妈无儿无女，日子过得比较寂寞，因此喜欢抽烟，每次看到风姿绰约的二姨妈优雅地吞云吐雾，项东方都觉得特别美，心里总是在想抽起烟来一定很有滋味。瘦猫的诱惑无疑让他心动，但是，肥猪的迟疑也使他犹豫不决。

瘦猫早就不耐烦了，焦急地问："谁还有钱？"

肥猪摇摇头，项东方说："我就剩下一毛钱。"

瘦猫不容置疑地说："刚好，把钱给我！"

项东方犹犹豫豫地掏出一张红色的毛票，瘦猫不由分说一把夺过来，兴高采烈地拿着钱走进旁边的一家杂货店。然后，大模大样地指着货架上标价八分钱的"经济牌"香烟说：

"同志，我要一包经济和一包火柴！"

店员疑惑地问他："小朋友，不是自己抽吧？"

"不关你的事，哼！"瘦猫牛逼鼻哄哄地抢白道。

店员尴尬地说："我可管不了你。"

说完把烟和火柴递给了他。瘦猫拿着烟和火柴跑出了店门，店员在后面自言自语道："咳，这年头连小孩子都着魔了！"

瘦猫急不可耐地把烟盒打开，抽出一支点燃了，就像模像样地吸了起来，那陶醉的样子让项东方和肥猪嫉妒得要命。肥猪还是有点犹豫，项东方心里却已经痒痒的受

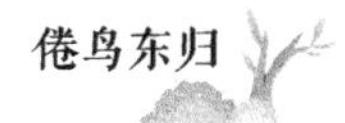

不了，不停地咽着口水。

瘦猫一面喷着烟一面撩拨着他们俩："这烟太香了！等我抽完了就没了！"

俩人终于忍不住地聚拢过来，每人从瘦猫手里拿了一根烟，点了火，猛吸一口，几乎同时都大声地咳嗽起来。瘦猫见状哈哈大笑，笑完了，又鄙夷地说：

"烟都不会抽，怎么做男人大丈夫？"

肥猪气恼地骂道："行了行了，别废话，你跟谁学的？"

"跟大宿舍那个阿细学的。"

"就是那个嘴唇乌黑的阿细吗？"项东方问。

"就是他！"

"多久了？"

"没多久，就几天。"

"怪不得你嘴唇那么黑，跟阿细一模一样！"项东方嗤嗤地笑道。

瘦猫反驳说："你放屁！嘴黑跟抽烟有什么关系？"

"听说烟抽多了，嘴唇就会黑。"

"胡说八道！ 我嘴唇本来就黑，才抽几天呐？"

"那你就越来越黑！"

"好了好了，你们别吵了！瘦猫你还是教教我们怎么抽吧。"肥猪不满地说。

"这不难。"瘦猫这下得意了，说："看我的！"

说罢， 猛地吸了一口烟，然后微微张开嘴，两股缥缈的轻烟从嘴巴缓缓地向上窜进两个鼻孔，就像两条鼻涕倒吸进鼻子一样，跟着把口腔中的烟徐徐地吐出来。

那姿势那神态简直潇洒极了，看得项东方和肥猪出了神。项东方忍不住问：

"你小子怎么弄的？简直神了！"

肥猪则急不可耐地叫道："快点教我们！"

瘦猫说："这容易。不要把整口烟都吸进肺里，一半就好了。吸一口烟后，嘴巴张开一点点，鼻子吸气就行了。"

他示范了一下，两个人跟着模仿，果然不再呛烟，而鼻孔吸烟那一招是许多老烟民都不会的。瘦猫越发来劲了说：

"别忙，让我来再表演一招。"

说完又大吸了一口烟，嘴巴张得圆圆的，像鲤鱼吐水那样一张一合，形成一个个烟圈，由小到大向天空飘去。

那俩人羡慕死了，又逼着瘦猫快教。瘦猫却卖起关子说："这一招不能教，你们自己慢慢练吧！"

他没说完，笑嘻嘻一转身就跑了。两个人追上去，项东方一边跑一边骂："你小子，白抽了我的烟还卖乖，打你个死衰仔！"

三个人嘻嘻哈哈地打在了一块。

第七章 蜘蛛斗士

那包烟没两天工夫就抽完了。第三天，几个人一碰面就说要斗蜘蛛，于是，各自从家里搬出来一大摞火柴盒子。这些盒子都是他们平时攒起来，用来装蜘蛛的。蜘蛛是凶残的独居动物，身旁容不得任何别的生物，包括自己的同类，在它的势力范围以内只要出现一个活物，它就会去攻击，直到把对方杀死，当然如果打不过，也只好落荒而逃。

项东方他们很小的时候就开始玩蜘蛛，所以他们深知这一点：一个火柴盒子只能装一只蜘蛛。他们把火柴盒子一只只叠起来，再用橡皮筋套住，做成一个像公寓楼的模型，里面分别关着大大小小的蜘蛛。这些蜘蛛都是他们平常从床底、屋角、楼梯，或者厕所里抓来的。

几个人抱着盒子来到宿舍前的空地上，摆开了擂台。瘦猫用一根扫把枝条弯成一个巴掌大的P字形，再去墙角捞了一把蜘蛛丝，一个比武的擂台就做好了。那天，刚好下过一场雨，地上还有积水。瘦猫把这个蜘蛛网插在一个小水氹中间。项东方打开一个火柴盒子，放出一只中等个头的蜘蛛。这只蜘蛛已经养了有一个月了，平时喂它一些苍蝇和蚂蚁。它曾经有过辉煌的战绩，打败过邻近几个宿舍的十几只蜘蛛。项东方把它命名为小李广花荣，号称打遍天下无敌手。

这小李广从狭窄黑暗的盒子爬出来，一个箭步窜到P形网上，似乎有一种弃暗投明、重见天日的舒坦。它慢腾腾地踱到网中央，伸展肢体，抓耳挠腮，然后张开爪子，像一只螃蟹那样四平八稳地趴在中央，静静地等待着来犯之敌。

肥猪跟着放出一只精瘦的蜘蛛，身体呈长圆形，嘴巴和脚都是红颜色，整个就像一颗红色的荞麦。项东方一看就乐了，不屑地说：

“来者何人？报上名来！”

肥猪鼻孔“哼”了一声：“来者风火轮哪吒是也！”

俩人说话的语气都在模仿那些他们看过的连环画，例如《封神榜》和《三国演义》等。项东方见肥猪牛逼哄哄的模样，就讪笑道：

“嘿嘿，还哪吒？能顶住我小李广一个回合算你命大！”

瘦猫也附和着说：“就是，我还没见过红蜘蛛能打的，都只有被吃掉的份！”

肥猪很不服气：“别光嘴硬，是死是活咱们战场上见！”

“行啊，看看谁的厉害！”

哪吒停在网这边，摇着头晃着脑，用嘴巴擦着两条前腿，一副摩拳擦掌、枕戈待旦的样子。网那边，小李广早就注意到了这个来犯之敌。它静悄悄地翻过顶端，一步步逼近哪吒的营盘。

哪吒也发现了小李广，虎视眈眈地盯着它。小李广停住了脚步，与哪吒只隔一步之遥，双方互相观望了一阵。小李广突然一个猛虎下山扑过来，哪吒举起双臂顶住了小李广。两只蜘蛛舞动着前爪，你推我揉地玩了一会儿太极，哪吒渐渐地居于下风，转身就逃。

小李广拍马紧追，哪吒空有一对风火轮，哪里跑得过健步如飞的小李广，仅仅一个回合就在对面的网中央被小李广擒住。小李广扑到哪吒身上，八条长腿把它紧紧抱住，再腾出两条后腿，将屁股喷出的湿丝缠到它身上。只过了片刻，哪吒就像一只蚕蛹被茧所包围，身上布满了蛛丝，动弹不得。小李广张开血盆大口，一把咬住哪吒的背脊，贪婪地吮吸着它的汁液。

项东方看着狼吞虎咽的小李广，得意洋洋地说："早说过了，你的哪吒根本不是我小李广的对手。你看吃亏了吧？"

肥猪脸色煞白，悻悻地说："这次算你厉害。"

瘦猫拍了一下肥猪的肩膀："没事，我来给你报仇！"

他转过身看着稳坐中军帐埋头吃喝的小李广，轻蔑地说："你这小李广，看你横行多日，今天我要你领教一下咱黑旋风李逵的厉害！"

说罢，他把两排盒子左上角那只打开，那盒子上写着"一号：蜘蛛王——黑旋风李逵。"一只像鱼肝油丸般大小、浑身黑油油光溜溜的大母蜘蛛跳将出来，神气活现地爬到了网的另一面。

这时周围已经站满了围观的小孩，他们发出了阵阵惊叹：

"真大！"

"好威猛啊！"

"这只一定赢！"

黑李逵大摇大摆的移动显然惊动了小李广，它隔着蛛网看到了对面的那只身躯比自己庞大的对手，但它毫不胆怯，迅速地往上爬，翻过边缘，来到了对面。黑李逵也看到了来犯之敌，毫不犹豫地迎将上来，两只蜘蛛很快抱在了一起，你推我揉，斗得难分难解。

几个回合下来，黑李逵似乎渐渐占了上风，它紧紧抱住小李广，又侧过身子，腾出屁股喷出一股粘呼呼的湿丝，用两只后腿快速地将湿丝缠到小李广的身体上。

小李广自知无力回天，再不挣脱恐怕就将难逃死劫了。于是，它拼尽全力扯断丝线，没命似地逃出黑李逵的魔爪，一路狂奔，越过上面的边缘，回到自己那边，然后一路南下。

黑李逵穷追不舍，一直追到了网的边缘。小李广再也无路可退了，只得使出最后一招：从屁股里吐出一股青丝，身体顺着丝线往下一坠，整个身体悬到了半空。

一直屏住呼吸的观众们惊呼了起来：

"哇，它要掉下去了！"

“咬断它！”

“让它摔到水里去！”

黑李逵两只前爪抓住那条丝线，犹豫着要不要咬断它。它知道如果咬断了它，自己也吃不到这块肥肉了。

小李广仍在往下坠，但它刚一碰到水面，就吓得赶紧往回缩，抓住丝线拼命往上攀。

刚爬到一半，黑李逵不再犹豫了，它果断地一口把丝咬断，只听“咚！”的一声，小李广一个仰面朝天摔到了水里，激起了一阵浪花，它把所有的爪子抱成一团，像死了一般漂浮在水面上。

人群中爆发出一阵阵的喝彩声，项东方心痛地捞起假死的小李广，放进了盒子里。

“嚯，好精彩！”

说话的是个半大的男孩，正是那个教瘦猫抽烟的阿细。阿细住在不远的大宿舍里，就在那棵大榕树旁边。他比项东方他们大几岁，个头也高很多。多年以前，他还是个瘦弱的家伙，鼻子经常拖着两条鼻涕，连比他小的小孩都敢欺负他。小男孩们一见到他，就拖长声调地唱出一首顺口溜：

“阿细细流鼻涕，

阿妈返来打阿细，

阿细钻落床下底，

叽里咕噜生个仔。”

这顺口溜不知是谁创作的，反正当地的小孩都会，用广东话来念句句押韵，抑扬顿挫，朗朗上口，当那些带着稚气的小男孩用略带夸张的语调，一板一眼、一顿一错唱出来时，更有一番生动诙谐的韵味。可是，对阿细来说这无疑是一种冒犯，每次他一听到总是火冒三丈，拔腿就追，大家一哄而散。阿细因为体弱总是追不上，累得上气不接下气，气哼哼地乱骂一通。不过，他后来长得很快，又高又壮，不仅没人敢欺负他，而且俨然成了大宿舍的小头目，手下有十几个小喽啰，其他宿舍的小孩都敬他三分，项东方他们自然也对他刮目相看。只是有一点让阿细看起来有点碍眼，那就是他那乌黑的嘴唇。像他这般年纪的少年，嘴唇应该是带有血色的红润才对，但阿细不是，他的嘴唇一年到头总是乌黑，比那些常年抽烟的六七十岁的老人还黑，没有一点血色，令人看着可怕。项东方他们常常私下提及，背地里叫他黑嘴阿细。

瘦猫抬头见了阿细，恭敬地说：“阿细哥，过来玩呀？”

阿细随口应道：“哦，刚好路过。我看你的黑旋风挺能打的，敢不敢跟我的程咬金过过招？”

“不敢。”瘦猫假装谦虚地说：“谁都知道你阿细哥的东西厉害！”

“怕什么？随便玩玩！”阿细略带不屑地说。

“我的黑李逵前几天刚从学校的厕所里抓来，没怎么练过，恐怕不是对手。”

“没事，大家凑个热闹。”

其他人齐声起哄，瘦猫便顺口答应了。一干人浩浩荡荡地走过凤凰大道，经过一

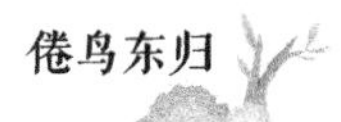

个大斜坡，来到那棵大榕树下。阿细从家里拿来了一摞火柴盒子，还带来了一块密密麻麻地插满了大头针的纸板。他晃着纸板说：

“咱们今天来个生死大决战，怎么样？”

“没问题，来都来了，还怕什么？”瘦猫也不甘示弱。

其实，斗蜘蛛的人都知道，这东西玩起来通常都是你死我活，绝少有退路的。不过，把大头针拿来作刑具则是极少见的。

他们把P形网插到纸板中间，让一根根锋利的大头针都指向天空，形成了一个密密麻麻的针阵，这样蜘蛛跌下来必死无疑。双方分别放出了自己的战将，各就各位。

阿细的程咬金果然不同凡响，它个头比黑李逵稍大，身体呈椭圆形，漆黑的表皮上散布着星星点点的白斑，有经验的人一看就知道，这是一只十分凶悍的蜘蛛。

两只蜘蛛经过一番呲牙咧嘴、磨拳擦掌的准备后，像两辆坦克那样向对方靠拢。程咬金最先从顶上翻过了网，黑李逵勇敢地迎将上去，双方抱成一团，扭打厮杀起来。

程咬金确实力大无比、技高一筹，几个会合下来，它全力摁住黑李逵，正要转过身子喷出蛛丝将它困住，黑李逵却奋力将它推开，转身就逃。

程咬金奋起直追，两只蜘蛛绕着网兜了几圈。李逵眼看就要被抓住了，不得已来了个金蝉脱壳，垂下一条丝，乘势滑下了蛛网。

程咬金撵到边上，担心李逵就要逃出生天，一发狠就咬断了那条丝线。

可怜的黑李逵，一个倒栽葱从半空掉进那个可怕的针阵之中，被一根锋利的大头针穿肠而过，一股灰黑色的液体从针口喷出，一命呜呼了。

众人大呼过瘾，纷纷鼓掌叫好，阿细等人得意洋洋地走了。瘦猫脸色铁青，本来就黑的嘴唇似乎变得更加的乌黑，半天都缓不过劲儿来。项东方和肥猪不停地安慰他。

他突然站起来说：“不行，一定要找到一个更厉害的，一定要打败他！”

“去哪儿找啊？”项东方问，他不相信还能找到比程咬金更加威猛的蜘蛛了。

肥猪却说：“可以试试足球场那条下水道。”

“对，现在就去！”瘦猫斩钉截铁地说。

三个人来到足球场边上，脱掉鞋子，绑在腰带上，从一个口子钻进了下水道。他们借着火柴的亮光，猫着腰一步步趟过及膝深的臭水，观察着顶上的蛛网，除了见到一些又瘦又小、干干瘪瘪的蜘蛛以外，并没有发现什么称得上健将级的，更别提什么蜘蛛王之类了。

以前，他们为了找蜘蛛，什么肮脏的地方都去过了，包括厕所外面的积粪坑，他们也曾探着头，顶着恶臭，看着半米外的积粪，用手电一片片地寻找。不过，他们就是没有趟过这条臭水沟，他们一直相信，这里一定有他们要的又大又凶猛的蜘蛛。然而，当他们烧完了一盒火柴，走到尽头的时候，他们终于彻底地失望了。

臭水沟通到河堤上，在西江边开了个口，流到了河里。 几个人从洞口跳出来，拍打完身上的蛛丝，又到河里洗干净手脚。

项东方悻悻地说：“我说找不到就是找不到，白忙了一场。”

肥猪说："看来还得去厕所找，粪坑里的蜘蛛最能打。"

项东方抬杠道："我觉得棺材里的更厉害！"

瘦猫不耐烦地骂开了："行了行了，我烦着呢！我想抽烟了。"

"抽什么劲啊，钱都没了！"项东方无奈地说。

"没钱可以去捡烟头呀！"

"不行，不行！太脏了，吃了别人的口水会得肺痨的！"肥猪极力反对。

瘦猫说："我有一个好主意。你们觉得木瓜叶怎么样？"

"木瓜叶干了倒是挺像烟叶的，我看可以试试！"项东方已经跃跃欲试了。

三个人很快就回到了家。瘦猫家门前就有一株不大不小的木瓜树，就是上次演越南游击队打美国大兵的那棵。他们站在树下，用弹弓去打木瓜叶的枝，但好久都打不下来。

瘦猫搬来一根竹竿，一端做成一个夹子，把一片干叶子弄了下来，又到厨房找来一把菜刀，将叶子切成丝，再拿一张白纸卷成一个喇叭状，点上火一吸，马上呛得直打咳嗽。项东方和肥猪也都尝了一口，觉得味道太辣太苦了，便一迭连声地说：不行，不行！大家面面相觑，一时不知如何是好。

过了一会儿，瘦猫突然压低嗓子说："我有一个办法，不知道大家敢不敢做？"

项东方和肥猪马上聚拢过来，瘦猫悄悄地说："我爸昨天刚发了工资，我知道钱放在哪里……"

他没说完那俩人都吓了一跳，连连摇头。

"你是说偷……？"肥猪话才说出半句，就停住了口。

想到钱，项东方忽然惊叫了一声："糟了！"

"怎么啦？"瘦猫问。

项东方忧心忡忡地说："我把卖书的钱都花光了。我妈明天就回来，我都不知道怎么向她交代。"

"别担心！"瘦猫淡定地说："只要这事办成了，那咱们就可以还钱给你妈，又可以买烟抽，一举两得，为什么不干？"

项东方有点动心了，以征询的目光望着肥猪问："你说呢？"

肥猪显得为难，犹豫着说："这是个大事，万一被人发现……"

"你们想得太多了。没人会发现，谁会想到儿子偷老爸的钱呢？再说过了这村就没这店了，今天他们已经用了些钱，等他们用完了你想都没得想了。"

这两个人还是犹犹豫豫的，拿不定主意。瘦猫急得直骂道："怎么都像个娘们？行了，我自己干，你们到时别找我要钱！"

被他的激将法一逼，两个人都再也无法拒绝了，他们来到了宿舍的后头。跟项东方家一样，瘦猫家也是住着两间屋子，大人一间，小孩一间，父母那间白天没人的时候都是锁门的。宿舍后面是一片菜园，还长着几棵龙眼树、黄皮树和番石榴，平常很少有人来。

瘦猫让俩人一左一右去放风，自己径直走到父母房间的后窗户边，爬上去就想往里钻。试了几次，硬是进不去。他跳下来，叫项东方去试，因为项东方个子最小。项东方虽然觉得他说得有理，但心里还是又紧张又害怕。

瘦猫一个劲地撺掇他，他不得已翻上窗台，双手用力把窗枝往边上推，瘦猫帮忙去推另一根窗枝，项东方身子一缩就闪了进去。瘦猫趴在窗台上告诉他，钱就在书桌中间那个大抽屉里，装在一个黄色的牛皮纸信封里面。

项东方快步走到书桌前，看到抽屉居然没锁。他迅速打开抽屉，拿起一个黄色的信封，打开瞄了一眼，就赶紧退出来。

瘦猫焦急地追问道："看清楚了没有？"

"嗯。"

项东方跳下窗台，三个人就躲在黄皮树后数钱，一共有五十多元，瘦猫兴奋得跳起来欢呼道：

"发财啰！"

那时候一般人每月工资也就是三四十元，所以，五十多元可是一笔大钱了。瘦猫就像打了个大胜仗，高兴得忘乎所以，他大方地给了项东方五块钱，并且说其余都是公款，大家一起用。

他们首先来到上次那家杂货店。店员一见瘦猫就说：

"小朋友是你呀！今天买点什么？"

瘦猫昂着头，神气十足地说："我要一包'中华'！"

那店员当时就愣住了，眼睛睁得像牛眼，嘴巴张了半天都合不拢。过了半晌，才试探着说：

"我没听错吧？你要一包'中华'？"

"不行吗？"

"你知道价钱吗？"

"知道，六毛一！"瘦猫说话的口气能镇住一头公牛。

店员心里直嘀咕：这个小孩真奇怪，前两天买的是八分钱的"经济"，才几天就换成了"中华"，这烟可是最贵的，平常很少人买，一个月也卖不了几包。他不由得起了疑心，不过嘴上却说：

"这么贵的烟都抽得起，肯定是发大财了吧？"

瘦猫虽然心里发虚，嘴上却装硬："是又怎样，你管得着吗？"

"不是管你，只是好奇而已。"店员撇撇嘴说。

瘦猫拿了烟，还买了一瓶九江双蒸酒。然后，几个人又去买了一只烧鹅和一些熟菜，跑到栗子山附近的一个建筑工地，在砖堆里摆开了宴席，猛吃猛喝猛抽一番。到最后三个人都醉倒了，枕着干稻草呼呼地昏睡了过去。

半夜时分，两个警察发现了他们，打着手电把他们拽了起来，带到了派出所。他们被吓醒了，哆哆嗦嗦地把事情的经过抖了出来。

第八章 发配水电站

作为这个事件的一个结果，项东方被“发配”到父亲下放的电站，接受改造。对于这一趟旅程，他心里并没有抵触，要离开家里，到一个从没有去过的地方，实在是有一种说不出的吸引力，况且，还有瘦猫和肥猪同行，说不定还很好玩呢。

早上，他们见到了来接他们的杨欧。杨欧原本是县公安局刑侦科的工作人员，被抽调到水电站支援，现在又临时被派来负责管教这几个顽童。他个子很高，脸上还带着些年轻人的稚气，平常喜欢开玩笑。

杨欧带着几个小孩来到贺江边，跳上一条小轮船，就向着北边的山峦丛中驶去。小轮船真的很小，就像一只小艇，船头很尖，速度很快。几个小孩都没有坐过这样的小轮船，觉得很新鲜，绕着船头船尾跑来跑去，跑累了就趴在船舷上看风景。

贺江号称是中国最清澈的河流之一，江水碧绿幽深似翡翠，两岸群山连绵，河道蜿蜒曲折，山色苍翠秀美，金黄的稻田映衬着青绿的茂林修竹，简朴的村舍隐没在葱茏的古木丛中，旖旎的风光犹如一首清新的诗、一幅淡雅的画。小轮船开足马力，在绿得发蓝的江面上碾出一条白花花的浪痕，两岸翠竹绿树慢慢地飘到身后，凉爽的江风迎面吹过，把他们的头发掀起来，心情变得轻快，早把几天前在派出所里受到的惊吓忘得一干二净了。

小轮船在风景如画的河道上转了好几个近乎 360 度的大弯，几个人都看呆了，项东方情不自禁地赞叹道：

“太漂亮了！”

肥猪也跟着说：“真好看！”

河岸上有几头水牛在悠闲地吃着草，身后的芭蕉树远远看去就像是铁扇公主的芭蕉扇，那么引人遐思。看见牛，瘦猫想起了一首粤语童谣，就大声地唱起来：

“牛牛屙（拉）屎种芋头，马马屙屎种冬瓜，猪猪屙屎种番薯，鸡鸡屙屎种芫茜……”

项东方和肥猪加进来，三个人一起大合唱，一时间，风声、马达声和他们童稚的歌声混合在一块，飘荡在江面上。

三个人在船舷上玩累了，便溜进了驾驶室，里面杨欧正和驾驶员在聊天，旁边还有另一个男人。项东方父亲虽然是“下放”到电站，但仍然是站长，很受员工的敬重，因此并没有受到太大的冲击。船上的人知道这几个小孩都是县里干部家的，对他们都很好。几个小孩很快就和大人们混熟了，就得寸进尺地提出要试一下开船，大人们开始只是逗着他们玩，最后才同意让每个人把握方向盘十秒钟，这让他们高兴得跳了起来。几个人轮流站在几乎跟他们一样高的大木舵后面，抓住把手，轻轻地转动着，小轮船轻快地在江面上听话地滑行，令他们不由得呼呼雀跃。

不一会儿，大人们开始抽起烟来，驾驶室内弥散着烟的香味，项东方馋得直咽口水，瘦猫则壮着胆子说：

"杨叔，给支烟抽呗？"

杨欧看见这几个小孩想抽烟，觉得挺逗的，就故作正经地说：

"小毛孩抽什么烟，不怕老爹打屁股呀？"

"就抽一下玩玩。"瘦猫厚着脸皮说。

"好，想抽烟先过我这一关！"

杨欧招手叫瘦猫过来，瘦猫大大咧咧地走到他面前。杨欧大吸了一口烟，突然猛地朝瘦猫脸上一吹。机灵的瘦猫似乎早有准备，马上张大嘴巴用力一吸，喷到他脸上的烟全被他吸进了肚子里，并没有被呛到。

杨欧愣了一下，说："小家伙挺厉害的嘛！"

瘦猫伸出右手不客气地说："你输了，给烟吧！"

杨欧说："且慢，我还是不能给你烟，小孩子就是不能吸烟！"

"耍赖，你耍赖！"项东方几个人齐声叫喊道。

"好，好！我不耍赖！ 要么我给你们表演一个节目，大家算扯平了，好不好？"

"什么节目？"

"我动耳朵。"

"不可能！"

"骗人！"

"不骗人！现在就开始了。"

杨欧说罢，双腿交叉坐在甲板上，两手合掌，闭上眼睛，嘴里念念有词。然后，脑袋左右摇晃了几下后停住，眼睛凝视前方，两只耳朵竟然像兔子那样上下左右地动起来了。

几个小孩开始欢呼，哈哈大笑，大人们也都拍手叫好。

"杨叔你真逗！"

"真好玩，再来一个！"

杨欧卖起关子说："这可不行！这玩意儿不是随便可以做的，劳神费心、伤筋动骨的，做一次没几天缓不过气来，要补补才行。"

"我不信，你吓唬人。"

"要做也可以，不过得有个条件。"

"什么条件？"

"给我一个大饼，我就做一次，怎么样？"

“这太难了，我们没有钱。”项东方摊开手说。

“那就甭看了呗！哈哈！ 等你们弄到大饼再来找我。”

下午，船到了水电站，杨欧领着几个小孩到了一个工棚，告诉他们今后就住在里面。工棚用茅草盖成，屋顶上铺着油毡纸，里面有几张简陋的床，是用几块木板钉在木架上面的，当然，床上还有蚊帐，山里蚊子多，没蚊帐是不行的。

晚上，项东方躺在床上，睡不着，一来刚到一个新地方，太过兴奋了，二来杨欧的许诺，在他的心里激起了巨大的欲望。杨欧实在是太有趣了，居然会动耳朵，从来都没见过这么好玩的人。临睡前，几个小孩还想模仿杨欧，可弄了半天没一个能够让耳朵动哪怕一丝一毫，大家都觉得杨欧是一个神人，都想再次看看他到底是怎么做的。可是，大家感到无法满足杨欧的条件。大烧饼就是核桃酥，有碗口那么大，外面卖一毛钱一个，那是买一条猪肉肠粉或者一碗云吞面的价钱，太贵了！项东方记得，最后一次吃云吞面是卖掉那箩筐书以后，可是现在谁都没有一分钱，怎么才能看到杨欧再次动耳朵呢？

到了半夜，项东方终于睡着了，他梦见自己在去商店的路上捡到一张红色的一角钱。第二天一早，刚爬起床，他就兴奋地跟瘦猫和肥猪说了，俩人都嘲笑他想看动耳朵过了头，才会做这样的怪梦的。项东方坚持说我觉得这好像是真的，不如咱们去碰碰运气。大家看反正也没有什么事要做，就同意了。

吃过早餐，他们问过别人小卖部在哪里，就怀着侥幸的心理，往小卖部那边走去。快到小卖部的时候，项东方就开始紧张起来，他记得梦中自己就是在路边的山坡下发现那张纸币的。于是，他就特别注意看路边。小卖部是一个草棚，依山而建，面前是一片山坡。果然，就在小卖部门前的山坡上，他们看见了一张红色的一角钱，它静静躺在一丛马鞭草中间，跟项东方梦中看见的情景一模一样。

三个人如获至宝，高兴得跳起来，瘦猫跳下山坡去把钱捡起来。大伙跑进小卖部买了一个核桃酥，就兴冲冲地跑去找杨欧。

杨欧根本不在工棚里，他们猜他一定在工地，于是，三个人急急忙忙地就要去工地找他。他们走了一段山路，过了一条水很浅但很清澈的小河，到了对面的山坡上，一面走一面喊：

“杨欧……杨欧！”

回答他们的只有空谷反射过来的回音。他们叫累了，就停下来，在山路上默默地走着。寂静的山谷里，不时传来一阵阵清脆的“笃笃”声，在四处死寂一片中听到这奇怪的声音，简直令人毛骨耸悚然。

项东方慌张地说：“咱们回去吧，太可怕了！”

瘦猫壮了壮胆说：“别怕，去看看到底是什么东西！”

肥猪也充好汉说：“就是，看看再说。”

三个人小心翼翼地向着声音出处探过去，越走越近，便听出声音不止一处，还看见树枝在乱动。忽然，看见一个身形巨大的黄色动物躲在树丛中，几个人吓得屏住了呼吸，拨开树叶偷偷地向哪里张望。突然，大伙儿全都忍不住大笑起来：啊呸，原来是一群黄牛！

大家笑完了，肥猪突然奇怪地问："哎，你们说为什么会'笃笃'地响呐？"

瘦猫搔了下脑门，说："是呀，是不是有人在敲竹筒呢？"

"不可能！"项东方肯定地说："根本就没有人，而且你看每头牛都会发出同样的响声。"

"对啊，真奇怪了！"肥猪说。

项东方忽然像发现了什么大叫了一声："哈，我明白了！"

"明白什么？"瘦猫问。

项东方难以掩饰兴奋，手指着近旁的一头牛说："你看它脖子上挂着一个竹筒，里面一定有一颗石子，牛一动石子跟着就动，然后竹筒就会响。"

"项东方，你真聪明！"肥猪服气地说。

瘦猫一本正经说："就算你说得有理，我还是要试试看是不是真的。"

"怎么试？"肥猪问。

瘦猫并不回答，就近折了一根两米长的箭竹，掰掉枝丫，然后，一步步地靠近那头牛。虽然隔着密密麻麻的竹丛，那牛还是感到了威胁，它瞪着一双大眼，紧张而惊恐地注视着慢慢靠近的瘦猫。瘦猫轻轻地来到离牛只有一米多远的地方，停了下来，然后，把竹竿悄悄地伸出去，在叶丛中一点点接近那头牛，靠近牛脖子下边，突然用力一捅那个竹筒，竹筒随即发出清脆的"笃笃"声，那牛被突如其来的响声吓到了，撒腿就跑，一路发出"笃笃笃"的声响，其他的牛见状，不明所以，跟着一窝蜂地四散奔逃，弄得满山满坡都是杂乱的"笃笃"声。

几个人哈哈大笑。笑够了，项东方对瘦猫说："你为什么要用这么笨的办法，万一牛冲着你来你就死定了！"

肥猪也附和道；"就是呀，我还以为你有什么高招呢，原来是要冒着生命危险的！"

瘦猫不满地分辩道："都是马后炮，有好招怎么不早说！"

"谁让你那么快，只要扔一块石头就好了。"项东方说完又开始咯咯地笑个不停。

"哎，我怎么没想到呢？"

"你那叫有勇无谋，有头没脑！。"肥猪呛道。

瘦猫说："好了好了，算你们厉害！可是，你们有没有想过，为什么要给牛挂一个竹筒呢？"

肥猪也搔搔脑门，困惑地说："也是哦，好奇怪。"

"这还不简单，这样牛就好找了！"项东方想都没想就说。

瘦猫恍然大悟道："对呀！诶，项东方你是不是有两个脑袋，什么都知道？"

"他就是人小鬼大！"肥猪嬉笑着说。

三个人一面嘻嘻哈哈地笑，一面往山下走。走了一阵，瘦猫说肚子饿了，肥猪就提议把那个大饼分来吃了。项东方开始不同意说：吃了大饼，就看不到杨欧的耳动了。

大家争论了一番，最后，项东方自己的肚子也饿了，只好同意大家的意见，于是把大饼拿出来分了，大家一阵狼吞虎咽，还是感到肚子饿，就急着要往回走。

走到一片向阳的山坡时，看到一大片熟得发黑的岗稔子。这是一种岭南地区常见的野果，学名叫桃金娘，这种浆果有一节手指大小，坛状壶形，熟时紫黑色，味道很甜。几个人扑上去，一面摘一面吃，不一会儿就吃饱了。大家看到对方发黑的嘴唇，便哈哈大笑。

还没笑完，肥猪突然惊慌失措到叫道："别动！"

他用手指着项东方身后一株油甘子树说："有蛇！"

大家转头去看，一条青得发绿的竹叶青倒挂在树枝上，嘴里吐出了舌头，眼睛紧盯着他们，模样十分的恐怖。

瘦猫大喊一声："快逃！"

三个人一口气就往山下跑开了。跑呀跑，终于又跑到了刚才路过的小河。他们坐在河边，把脚丫浸在水里，河水很清凉。过了一阵，他们决定沿着小河走到上游去玩。不知走了多久，小河变成了一条小溪，两面都是茂密的丛林，野藤缠着枯树，浓密的树叶遮天蔽日，地上长满了许多他们没见过的植物。在溪边，项东方发现了一棵很奇特的野草：一根纤细直立的肉茎上长着一轮七张叶子，宛如一个托盘，再往上一轮又是一层七片叶子烘托着的花瓣。它长在一片密密麻麻的贯众蕨和石菖蒲丛中，显得特别的鹤立鸡群。项东方看得爱不释手，找来一根木棍，把它连根挖了出来。

回到电站，他们见到了杨欧。杨欧看见那棵植物，就笑着说咱们做个交易：你把它给我，我动耳朵给你看。项东方开始舍不得，杨欧说那我动三次好了吧？大家都想看杨欧动耳朵，又不知道那棵植物到底是什么，瘦猫和肥猪就轮番地鼓动项东方。项东方还是犹犹豫豫的，杨欧使出了最后一招，答应明天带他们去抓鱼。面对着这个巨大的诱惑，项东方终于同意了。等杨欧动完耳朵，大家就急切地问他为什么要这个东西。杨欧毫不掩饰地说：这可是宝贝！它叫七叶一枝花，专治毒蛇咬伤，很难找到的。项东方记起白天看到的那条竹叶青，忙问：竹叶青也能治吗？杨欧说当然。说完，杨欧就把那棵七叶一枝花种在工棚旁边一个背荫处。

第二天，杨欧履行诺言，带他们去捉鱼，大家兴奋得一路蹦蹦跳跳的。杨欧带了一把锄头两个粪箕，领着这帮小孩来到小河边。河水清澈但很浅，河底沙粒很大，根本看不到什么鱼，几个人都很失望。杨欧说别焦急，等下就有好戏看。他指挥大家在沙滩上挖出一条沟，让河水流进来，然后，又把带来的两只青蛙用石头砸烂，用树枝穿起来，插到沟的上游。

他招呼大家坐在岸边，自己就掏出一包丰收牌香烟，自顾自地抽开了。几个小孩闻到烟味，烟瘾又被吊了起来。瘦猫觍着脸问杨欧给烟抽，杨欧把眼一瞪，板起了脸教训道：去去去，别跟我再提烟的事，否则我就不跟你们玩了！几个人吐了吐舌头，不敢再啰嗦。杨欧这才放缓语气说，如果你们听话，我就给你们讲故事。大家乖乖地静下来，杨欧就讲了一个福尔摩斯的故事。大家听得入了迷，要求他继续讲，他又讲

了几个自己亲手破的案例，大家对他佩服得五体投地。

一支烟抽完，杨欧说时辰到了。他叫瘦猫拿一只粪箕到沟的下端把口子拦住，自己则走到上端用锄头将沙子堵住了沟口。大家跑到沟边一看，不由得欢呼大叫，原来沟里面已经有一大窝小鱼被堵在里面，等着大家来收拾呢。大家七手八脚地很快就抓到了一粪箕的鱼，欢天喜地地往回走。肥猪不解地问：为什么那些鱼会自己跑到沟里去呢？

杨欧说："你们不记得我把青蛙放到上游去了吗？"

"哪又怎样？"肥猪又问。

"鱼儿嗅到青蛙的腥味就来了。"项东方不假思索地说。

"还是东方聪明！"杨欧夸赞道。

瘦猫颇有不屑地说："他再聪明也没有杨叔叔你厉害，什么都懂！"

肥猪表示赞同。杨欧被大家一夸，心里高兴，问："大家都会游泳吧？"

"会。"

"都会什么姿势？"

"会蛙泳和自由泳。"项东方说。

"他还会狗爬！"瘦猫笑指着肥猪说。

肥猪悻悻地反驳道："你才会狗爬！"

杨欧大笑，问："仰泳会不会？"

项东方说："会呀，但是游不好。"

杨欧故作神秘地问："如果有人躺在水上，手脚不动也不会沉，你们信不信？"

"不可能！"

"不信！"

大家纷纷摇头否定。杨欧笑嘻嘻地说："你们再给我一个大饼，我就试给你们看，怎么样？"

几个人一齐不满地埋怨道："你又耍我们！"

杨欧认真地说："好了，只要你们不提抽烟的事，我也不要你们什么大饼了，明天我就让你们看看。"

第二天收工后，杨欧领着三个人来到电站后面的运河上。贺江水被引入这里，又被前面的电站堵住，只有部分水从发电机下流走，因此这里的水很深很平静。

一伙人跳进河里，簇拥在杨欧身旁。杨欧仰面朝天躺在水里，又伸开四肢，像只水蜘蛛那样纹丝不动。一分钟，两分钟，五分钟，他的身体随着水流慢慢地往下移，既不沉又不浮，只露出鼻子和眼睛，宛如一头河马。

几个小孩游在他旁边，不住地发出惊叹。杨欧翻过身，变成蛙泳的姿势，说我还可以躺在水里看书，你们信不信？大伙儿早就对他佩服得五体投地，没有不信的，只是很好奇他是怎么做到的，纷纷表示要跟他学。杨欧故弄玄虚地说，你们那么瘦学不来的，等你们长胖了我再教你们。大家又一起不满地鼓噪，杨欧才一本正经地说，要练这个关键是要学会呼吸，腹腔里面要保持足够的空气。说完，他就开始示范。几个人就跟着学，项东方伸展开四肢，没过两秒钟就沉了，还差点被水呛到。瘦猫和肥猪也好不到哪里去，都超不过三秒钟。大家面面相觑，说太难了。杨欧就严肃地说，这玩意儿哪那么容易学，我练了几年才练出来，真想学就得慢慢地练。大家只好乖乖地继续练习，到太阳快下山时，还是没有什么进展，杨欧就叫大伙收兵回家。

他们换好衣服，走到电站后面，在栏杆旁，看到了一幅令人兴奋的画面：水流从发电机房冲出来，在尾水处形成一股激流和浪花，一批又一批鲮鱼纷纷跃出水面，在空中欢蹦乱跳。几个人看到都舍不得走，杨欧就自己先离开了。大伙一面看一面议论。项东方突发奇想，有了一个主意，跟大家一说，都同意他的建议。

在随后的两天里，他们都在酝酿着这个计划。他们要找到一张渔网，这可不是一件易事。要买没钱，再说也没地方买，要借他们人生地不熟，除了杨欧几个人他们谁都不认识。他们问过杨欧，杨欧说没有。项东方说了个主意，大家都有点担心，瘦猫说：你不怕你爸骂啊？项东方说只能这样了。于是，他们用剪刀把宿舍的蚊帐靠墙那一面剪下来，用两根竹竿做成一个支架，四角捆起来，中间再接上一条十多米长的粗绳，一个吊网就做好了。

第二天，三个人来到电站，把吊网缓缓地放到水面上。奔涌而出的水流激起汹涌的浪花，沾湿了网。等了一会儿，鱼儿开始不停地跃出水面，纷纷落到网里。不一会吊网就被压弯了，三人合力把网扯上来，很快就装满了水桶，大家都掩饰不住满载而归的喜悦。回到家，他们把鱼交给了厨房，受到了大人们的称赞。吃过鱼后，他们才偷偷地把蚊帐补了回去，居然没被人发现。

过了几天，他们又跑到电站上去，往下面一看，往日奔腾的浪花竟没有了，四台发电机的出水口竟变成了一个湖泊，一潭绿水分外平静。原来，电站因为临时检修发电机组，关了水闸，水不进来。三个人愣了一会，又有了主意，他们离开高高的站台，脱掉衣服，只穿着裤衩，就跳进了水潭。

水潭并不大，直径只有三四十米，水深齐胸，水底是大大小小的石块。昨天这里还是激流滚滚的，此刻却静如秋水一般。他们趟着水，慢慢地接近发电机出水口，离得越近就越发紧张。一进入那个长方形的甬道，他们简直抑制不住狂跳不已的心。可是，他们并没有停步，他们想走到尽头，看看里面到底是什么模样的。那甬道只有约一米宽，头顶离水面半米高，里面的水已经深过人头了，所以他们改成了游泳的姿势，一面游还一面不时地用手触摸粗糙的水泥墙壁。里面的光线也越来越暗了，黑乎乎的有点吓人。

在行进中，项东方脑子中闪过了一个念头：假如发电机突然启动会发生什么事情呢？联想到平日这里总有万马奔腾般的激流，他感觉到里面似乎真的暗藏着一种令人恐惧的杀机。

就在他产生幻觉的一刹那，他似乎听到了一个奇怪的声音，像是什么怪兽刚苏醒时那一声沉闷的咆哮。突然间，他感到自己的身体不由自主地被外力推了一把，一股强大的水流“轰！”的一声喷涌出来。只听瘦猫大喊了一声：

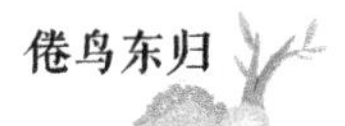

“快跑！发电了！”

瘦猫和肥猪先后猛地一跃，奋力向外游去，已经游到最里面的项东方还没来得及行动，就被涌出的水冲出了尾水口。急流把他冲进了刚才还是死水一潭的地方，他想站起来，但水流太急了，在他根本还没有反应过来之前，已经被急流带到了一个断层前，水流从两米多高的落差掉下去，汇成了一个更深更小的水潭，不断飞跌下来的水形成了一个大漩涡。

项东方随着急流跌进了这个不断急速旋转的漩涡，被卷到了水底，在张皇失措中他的脚碰到了地，他本能地用力往下一蹬，身体向上浮了起来，刚要冒出水面，又被强大的水流推回到水底。这样上下挣扎了几次，喝了几口水。突然，他停止了挣扎，他意识到死神即将来临，脑中最后闪过一个念头：完了，再也见不到妈妈了！

接着，他的自我意识突然中断，他只觉得一切忽然变得平静了下来，四周急速回旋的水流似乎已经离他远去，他轻飘飘的犹如漫步在云端，早已闭着的眼睛仿佛看见自己坠落到一个朦朦胧胧、金光灿烂的隧道之中，然后，就像一片鹅毛在风中轻轻地飘呀飘，飘呀飘……

不知过了多久，水流忽然把他带出了漩涡。他浮出了水面，睁开了双眼，迷迷糊糊地看见身旁的急流和两岸耸立的峭壁，青天白云在头顶回旋，他懵了。他听到瘦猫和肥猪在岸边对他大吼大叫，又是挥手又是跳跃。

他不知道在自己失去知觉的几秒钟里到底发生了什么事，自己又是怎么样逃出死神的手心的。可以肯定的是，当时脑子里一片空白，仿佛灵魂出了窍。不过，他却依稀记得那条金黄色的隧道，它就像你闭着眼睛对着强光时所感觉的那样，它灿烂却朦胧，虚无缥缈却令人心安，它无意识地引领人走向终极。以他当时的年纪和经历，他并不知道这就是一种濒死意识。但是，他却实实在在地体验到了临死前那一刻的情景：他的意识进入到一条灿烂的隧道，随即失去了一切意识，一切都归于寂静。等他成年以后回忆起这件事，他才明白这是一种濒死状态，才开始体会到死亡的感觉，那就是毫无感觉。

经历了这一幕生死大限，让一个年少无知的人提前体验到死亡，这究竟是好是坏，只有天知道。不过，项东方似乎一夜之间长大了不少。当然，代价是他被父亲关了一天的禁闭。

第九章 乱世的彷徨

项东方他们在水电站呆了一个夏天，人都玩野了，本来是要他们去“改造”的，结果玩得更疯了，当然，最大的收获是把烟戒掉了。回到家里，学校复课了，与以往不同的是，学校来了一批工人宣传队和农民宣传队。

开学那天，班主任将一个老农打扮的人引进教室，向大家介绍说这是农宣队长武洪平，全班都瞪着惊讶的眼神看着这位神秘的人物。武洪平个儿中等，肤色黧黑，胡子拉碴，上身着一件油腻的蓝色中山装，下身穿一条皱巴巴的绿军裤，头戴一顶蓝灰色的海军帽，帽檐已经松垮垮地耷拉了下来。没过多久，全班同学就发现了武洪平一个有趣的特点：他每隔一定时间都要“哼哼”地抽一下鼻子（大概有鼻炎），同时嘴巴就会顺势歪斜到一边。

老师介绍完毕，退到一边，武洪平毫不客气地走到讲台后面，开始了训话。他用乡音十足的土话开讲道：

“同学们哪，伟大领袖毛煮食……”

他分不清“主席”和“煮食”，底下人的嗤笑声打断了他的话。他顿了顿，正色道：“大家莫笑、莫笑，严肃点！毛煮食派我们贫下中农宣传队进驻学校，是非常英明的。哼哼！”

随着这“哼哼”的一声，他习惯性地抽着鼻子，同时嘴巴歪向一边，又有人忍不住偷偷地笑起来。他毫不理会，继续进行长篇大论，他讲的话毫无逻辑，思维混乱，常常前言不搭后语。讲着讲着，讲到了忆苦思甜，讲起了故事。

他说：在万恶的旧社会，地主都像豺狼一样黑心，变着法子来剥削我们贫下中农。有一年夏收夏种，是全年最忙的时候，我们没日没夜地给地主干活，每天又累又饿，狠心的地主却拿来稀粥让我们喝。那个粥稀得可以当镜子，照人照得鼻子眼睛清清楚楚的，怎能当饭吃呢？我们不干了，就把粥拿到猪圈去喂猪。地主发现后，舍不得了，只好把粥拿回去自己喝掉，以后天天都要给我们准备干饭。说起来那时候真是痛快呀，比起前几年“经济困难时期”吃野菜谷糠简直强太多了！

同学们又开始笑了，老师也很尴尬，不知怎样才能帮他圆场，武洪平还觉得莫名其妙，抽了几下鼻子，又继续讲，越讲越兴奋，讲到忘乎所以时干脆一屁股坐到讲台上，手舞足蹈口水花四溅。他说：

“……后来，毛煮食领导我们闹革命，解放了全中国，‘一唱雄鸡天白下’……”

他为了证明自己的博学，引用了毛主席《浣溪沙•和柳亚子先生》这首诗中的一句，那是同学们早就背得滚瓜烂熟的，结果他把‘一唱雄鸡天下白’吟成了‘一唱雄鸡天白下’。全班上下终于忍不住爆发出一阵哄堂大笑，一时间大家笑得七歪八倒的，项东方笑得双手捧着肚皮不敢放松。

武洪平不知所以，以为大家很欣赏他的诗朗诵，先“哼哼”地抽了一下鼻子，然后继续说道：

“伟大领袖毛著食是很有水平的，这首诗写得多好呀。你看，大公鸡‘喔喔’地一叫，天就白了一下，多妙啊！ 实在是高！ 高！高！”

“哈哈哈！”全班又是一阵捧腹大笑。

瘦猫的贫劲上来了，他举起手对老师说：“老师，我要上厕所！”

老师本来一直在忍着不敢笑，脸都憋红了，这时乘机放松了一下，故意问道：

“你为什么要上厕所呀？”

“我肚子疼！”

“我也肚子疼。”

“我也是。”

同学们一个接一个地叫肚子疼，老师又好奇地问：“奇怪了，为什么大家都肚子疼？”

“因为，因为……”

没有人正面回答老师的问题，但全班人却心照不宣地笑得前仰后合。

武洪平终于发觉好像有点不对劲了，从讲台上跳下来，手拍打着桌子，脸涨得通红，气急败坏地说：“安静、安静！大家严肃点。这是路线问题，不能含糊！……

“我再说一遍，我代表的是农宣队，代表的是毛煮食，我再次强调一下，在‘文化大革命’中，要对地富反坏右资产阶级实行无产阶级专政，绝不能心慈手软！哼哼！”

他混浊的眼中露出一股杀气腾腾的凶光，令人不寒而栗，于是，再没有人敢笑了。

也许，武洪平真是一个丧门星。解放前他本是邻近村里一个游手好闲的混混，整日干些偷鸡摸狗、欺男霸女的勾当，后来因为心狠手辣，当上了大队治保主任，“文革”开始后就被派下来做农宣队长。他来了不久学校就开始了批斗活动，第一个被拉到项东方班上的是教音乐的刘老师。

那一天，刘老师站在讲台旁，瑟瑟发抖，低着脑袋，眼睛盯住自己的脚尖，神情黯然又恐惧。项东方简直不敢相信，这就是不久前那个生气勃勃的音乐老师，那个给了他们许许多多欢乐的美丽女人。就在不久前的那堂音乐课上，刘老师一头短发，一袭花衣，神采飞扬地拉着手风琴，声情并茂地唱起《听妈妈讲过去的事情》，她那清脆悦耳的女高音令全班同学听得如痴如醉、神魂颠倒，喝彩声不断。几个同学不约而同地喊道：

“老师唱得真好听！再唱一遍好不好？”

刘老师笑了笑，温和地说：“好是好，只是我们时间不多，我要在这堂课教会你们唱这首歌。这样吧，我先教大家唱，等大家学会了，我再给大家唱一首我最喜欢的歌，好不好？”

全班都欣然同意，而且大家因为很喜欢那首歌，很快就学会了。于是，老师信守承诺，要给大家唱了一首《念故乡》。 在唱歌之前，老师深情款款地说：她的故乡在遥远的地方，那里也有一条像贺江一样美丽的河，她很小就离开了家乡，现在她时时刻刻都会思念故乡，梦里常常回忆小时候在河边玩耍的情形，思念父母兄弟，所以她特别喜欢这首歌。

项东方从没有出过远门，他还不能理解老师对故乡的思念。他也不知道这是一首美国歌曲，如果知道了，没准他就不会喜欢了，因为他心里有一条像他画在书桌上的那道红色的三八线，线的两边是泾渭分明的，不是好就是坏，凡是美国的东西一定是反动的、腐朽没落的。他只直觉到那歌曲很好听，虽然他自己并没有明确地意识到这种感觉，他也说不出这歌为什么那么动听。大家跟着老师的节奏一起合唱了起来，直到下课的钟声响起，教室里依然回荡着那轻盈灵动、婉转优美的歌声：

“念故乡，念故乡，故乡真可爱。天清清，风凉凉，乡愁阵阵来……”

项东方怎么也想不明白，这样一位充满爱心的老师怎么突然之间变成了一个坏蛋、一个反革命，一个人人都可以侮辱批斗的对象，更不明白为什么那些昨天还是喜欢她的人今天会出狠手，他陷入了彷徨迷惘之中。

王小东拿着一张稿子跳上讲台，慷慨激昂地照着念了一遍。先是一段毛主席语录：千万不要忘记阶级斗争；阶级斗争一抓就灵。接着就说，刘老师是美国的走狗、内奸、特务，她教我们唱美国的反动歌曲，毒害青少年的思想。他讲完后，还喊了几句口号，然后，走到门角落，拿过一个扫把，从中抽出几根枝条，就往刘老师身上狠抽了几下。

项东方目瞪口呆地注视着讲台前发生的一切，心里乱糟糟的。他清楚地记得那次跳窗偷游泳，爸爸回来后梅姨告状，爸爸就是用这种扫把枝来打自己的。扫把枝是一种叫岗松的植物，纤细得像一根铁丝，人们把它捆成一把做成扫把。项东方知道它的厉害，细细的扫把枝就像一根马鞭，抽在人身上火辣辣的发烫，痛切心肝。王小东每抽一下，刘老师眉头就皱一下，脸上淌出了鲜血，沿着脸庞流下来，一滴滴地落到衣服上。项东方看着王小东打刘老师，就像是打在自己的身上，每打一下他的心就抽一下。

几个男同学跑上来，对刘老师一阵拳打脚踢，同时教室里响起了一片口号声：

“坚决揪出潜伏在革命队伍中的内奸！”

“打倒美国的走狗！”

“彻底清算美国的特务！”

震耳欲聋的口号声弄得项东方烦躁不安，却忽然听见一阵轻微的啜泣声，透过此落彼起的吼叫声传入耳膜，掉头一看，发现柳丝雨正伏在桌上抽泣，肩膀上下起伏着。他这才想起来刘老师原来是她妈妈。一瞬间，仿佛有千万只蚂蚁突然爬进他的心里，在他的心头不停地挠，搅得他心如乱麻。他不相信刘老师是什么特务，他忽然间对柳丝雨充满了同情。上次，因为蜗牛事件他就觉得自己亏欠了她什么，一直都没有找到

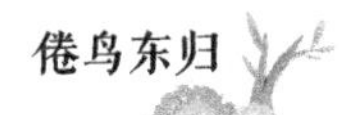

机会向她道歉，而柳丝雨一直都不理他，让他心里始终憋着一股劲，此刻他更是心烦意乱，不知如何是好。

犹豫了好久，他才鼓足勇气掏出一条手绢，又在一张小纸片上写下一行字，把纸片包在手绢里面，轻轻地碰了一下柳丝雨的手臂。柳丝雨抬起头，睁着泪眼怨恨地瞪了他一眼。他把手帕推到她面前，她并没有任何表示。他怯生生地说：

“新的，还没用过。”

柳丝雨轻蔑地“哼”了一声，又把头埋到手臂上，不再理他。

第十章
刻骨铭心

放学以后，几个人心情沉重往家里走，都不想说话。过了一阵，项东方忍不住说："为什么说刘老师是特务？她那么漂亮，那么热情，怎么可能是特务，特务不都是歪瓜裂枣、獐头鼠目的吗？"

瘦猫说："不知道，但是武洪平说他是特务。"

肥猪也说："武洪平代表党中央和毛主席，他说什么就是什么。"

项东方哑口无言了，但心里却觉得憋屈。

几个人默默地走着，路过南风粤剧团时，里面传来嘈杂的人声，很是热闹。几个人就凑上去，见排练室里坐了好几十人，就趴在敞开的窗户前，往里面看。里面黑压压全是人，讲台旁站着一个年轻女子，小巧玲珑的身体却穿着一套肥大的绿色军装，她的脸很小，五官非常精致，肤色白净细腻。她胸前挂着一个招牌，上面写着"破鞋——焦玉颜"。她低着头，眼里露出惶恐和羞恼的神色。

项东方很快就认出她是粤剧团的花旦。小时候，他看过她演的《醉打金枝》，从此，就觉得她是全贺西镇最漂亮的女人。那时他虽然年纪小，情窦未开，但天性上还是懂得欣赏美丽的异性的，那种向往并没有情欲的成分，只是纯粹的对美的耽溺。每次在路上遇到焦玉颜，项东方都会毫无顾忌地瞪大眼睛注视着她，心里总会泛起一丝难以言传的情绪，而看惯了男人们倾慕眼光的焦玉颜，对这个屁大的小男孩自然不屑一顾，从来都没正眼看过他。但项东方依然一如既往的倾慕她，他也不知道为什么，也许只是被她的美所迷惑。他觉得她就像她所演的那个升平公主那样美丽刁蛮，可望而不可即，近在眼前远在天边。

一个男人走上来揭发说：曾看到焦玉颜在跟一个男人抱在一起，卿卿我我的，不知道是干什么。他质问那个男人是谁？焦玉颜羞愧地说那是男朋友。那男人继续严厉地说，男朋友也不能搂搂抱抱，成何体统，简直就是道德败坏作风不正。底下的群众大声附和道：就是，太不要脸了！跟着，有人质问焦玉颜有没有搞过不正当的男女关系？搞了几次？焦玉颜羞恼得涨红了脸，垂下脑袋，眼里渗出泪水，嘴里喃喃地发出几乎听不见的声音："没有！"

看着站在讲台旁瑟瑟发抖的焦玉颜，项东方完全惊呆了，好久都没有回过神来。一个女神般的人物如今在此丢人现眼、当众出丑，如同刚才目睹刘老师被斗那样，他又一次转不过弯来，心里十分的郁闷。他不想再看下去了，就拉着瘦猫肥猪走了。

走到县委大院面前时，那里聚集了好多人，红旗招展，人声鼎沸，几只手提扬声器不停地呱噪着。过了好一阵，他们几个才看出点眉目来。

好像是有两拨不同的人在争拗。一拨几乎清一色年轻人，个个都穿着没有帽徽领章的军装，左臂戴着红袖章，像是造反派。另一拨年纪较大，多着常服，有的穿着工作服，明显的就是保守派。两拨人唇枪舌剑推推搡搡，各不相让。造反派显然想要冲进去，保守派堵在门口，双方僵持了很久。突然，一只扬声器发出一声怒吼：

“造反派的同志们，冲进去，跟他们拼了！”

跟着迎来了一阵排山倒海的呐喊：“冲啊，坚决揪出走资派！”

几百个高举着红旗、手握着木棒的造反派蜂拥般冲向大门，保守派纷纷舞动着木棒锄头等武器应战，双方一团混战。一个二十出头的年轻人歪戴着军帽、手擎一面红旗冲在最前面。项东方看见那半展开的红旗印着“xxx 革命造反派”的字样，前面几个字看不清。那个年轻人长得魁梧英俊，脸上一副视死如归的气概。他冲到大门前，高声大喊：

“滚开！谁挡道谁就是反对毛主席、反对文化大革命！”

一个工人模样的中年人挡住了他的去路，他挥舞着旗杆要打那个中年人，谁知那人先下手为强，用木棒一个横扫打在他的腿上，他便摔倒在地上，几个人围住他一番乱打，很快就被打得奄奄一息。中年人说：“让我来收拾他！”

说罢，从腰间取下一把电工刀，朝他的胸口狠命一捅，一股鲜血喷涌而出。

那只扬声器又响了：“出人命了，快撤退！”

造反派灰溜溜地撤走了，大门前躺着一具年轻的尸体，鲜红的血液仍像水那样从他胸口流出来，淌到地上，染红了他绿色的衣裳和灰色的水泥地。躲在远处凤凰树后观看的项东方心里抖过不停，他第一次目睹了杀人的场面，令他回想起上次老虎蟹杀牛的情景，心中有说不出的恐惧和悲哀。

这次武斗震惊了整个贺西镇，大街小巷到处都在议论那个死去的青年人。有人说他死得不值，有人反驳说他是英雄，还有人担心会不会还有更多更大的报复行动。整个镇子都笼罩着一股肃穆的气氛，连项东方几个小孩都预感到好像什么东西正在酝酿着，一有空闲就到大街小巷瞎逛，希望能看到什么热闹的场面。

两天后，他们漫步在通往县委大院的那条凤凰大道上。这时已是冬天，凤凰树的叶子早就落光了，只剩下光秃秃、黑呦呦的枝干，还有像马鞭一样的干豆荚，在灰蒙蒙的天空中随着寒风轻轻地摇曳。

忽然，他们听到一阵音乐声由远及近传了过来，那乐声凄凄惨惨、又悲壮哀婉，还伴随着此起彼落的口号声。他们想都没想，就迎着声音跑过去。他们碰到的是一支送殡的队伍，浩浩荡荡有上千人，正往县委这边走来。走在前面的是一支乐队，演奏着一首哀乐，后面有一些旗手举着旌旗布幡，跟着就是一个大花圈，中央写着一个大大的“奠”字，四条大汉抬着一口铺着红旗的大红棺材，后面的人高举着许多大大小小横幅和标语：

“革命烈士蔡云龙永垂不朽！”

“血债要用血来还！”

“揪出幕后黑手，还我年轻生命！“

哀乐虽然悲切，但因为人多势大，反倒显得悲壮与激愤。项东方在抬棺者中间并没有发现马骝三，而却看到四个年轻英俊的男人，他们虽然胸佩白花、臂戴黑袖章，但个个表情严肃刚毅，无不流露出一种浩然正气，似乎他们正在进行着一桩伟大的工作。项东方似乎也被这种气氛感染了，心中恐惧的感觉大大地降低，反而被那种庄严所同化，觉得他们是正义的。

大队人马在县委门前停住，有人宣读了一个简短的誓言，喊了一些口号，然后浩浩荡荡地开赴到栗子山，把棺材埋到那里。不久以后，那里建起了一座六七米高的纪念碑，它坐南朝北，正对着北方，顶上有一颗红五星。打那以后，项东方他们就不太敢到栗子山去玩了。

过了一段时间，人们好像把这事给忘了，一切似乎恢复了原样。一天中午，正是人们午休的时间，项东方一伙人在肥猪家门前玩玻璃弹珠。这块空地中间有一棵很高的黄牛木，它长得枝叶茂盛，留下一地浓荫，地上有几个他们以前挖好的小洞。依照规则，他们要按顺序把弹珠打进一个个小洞里，谁先到达最后一个洞就算赢。在这个过程中，占据优势地位的人可以用自己的弹珠去攻击别人靠近的弹珠。肥猪是玩弹珠的高手，他的大拇指很有力，弹出的珠子又准又狠，总是呆在洞边，等别人的珠子靠近时，他就端起自己的珠子，瞄准对方，大拇指用力一弹，将对方的珠子轰出几米开外，有时甚至把对方的珠子打出一个缺口或者一道裂痕。

此时，经过几个回合，肥猪已经占了上风。他已经把自己那颗黄色的弹珠打到了最后一个洞旁边，仿佛胜利在望了。

突然，一群人嘈嘈杂杂地涌到了房前的空地上。这群人有几十个，全都气势汹汹、杀气腾腾，一下子包围了肥猪父亲的房间。项东方几个人赶紧收起弹珠，不知所措地看着这群不速之客。

人群开始喊口号：“揪出幕后黑手！”

“坚决实行无产阶级专政！”

“严惩杀人凶手！”

有人跑到门边，用力地敲门。过了一会儿，肥猪的父亲揉着眼睛走出来问：

“什么事？”

“什么事？问你自己吧，装什么蒜？”敲门者嘲讽道。

“同志们，他就是杀害革命烈士蔡云龙的幕后黑手！”人群里有人喊。

“把他揪出来！”

“揪出来！”

“揪出来！”

一时间群情激愤，呐喊声此落彼起。两个壮汉冲上来，抓住肥猪爸双手，反剪到身后，把他推到了人群中央。他们逼他双膝跪在地上，上来另一个人，用理发推剪把他的头发剪出一个“十”字来，然后，在十字上涂上红油漆，又将他的衣袖拉上去，把两只手涂成了黑色，变成了两只难看的大黑手。

领头那人问：“同志们，咱们该怎样惩罚这个大黑手？”

“先揍他一顿，让他坦白。”

“他的嘴太脏了，让他先喝尿，清洗自己的黑心肠！”

“对！灌他尿！”

才一会儿功夫，有个人就端来了一只玻璃杯，杯子里装满了还冒着热气的人尿，黄色的尿液还泛着密密麻麻的气泡。肥猪爸此时依然跪在地上，涂黑了的双手被两人反剪到身后，看见那杯尿在他面前晃着，他可怜地拼命摇头，结结巴巴地肯求道：

“别——别——别——！”

人群中响起一片呐喊声：“灌他、灌他！”

那人走上前去，一只手捏住肥猪爸的鼻子，待他张开嘴巴后，将整杯尿一下子灌进了他的肚子里。肥猪爸拼命地反抗，不停地摇头，洒出的尿液落在他的脸上和衣服里。人群爆发出一阵“好好好”的喝彩声。

项东方他们几个本来一直站在人群外，惊恐万状地看着这骇人的一幕。项东方根本没法相信，人竟能干出如此残忍的事情；他不知道到底发生了什么事人们会这样的对待别人。他相信肥猪爸爸是一个好人，脑中闪过许多有关他的记忆。有一次，妈妈很晚都没有回家，他肚子饿了，走到肥猪家门口，他爸看他那样子知道他肯定没吃饭，就叫肥猪拿了两个糖包子给他，他张嘴就咬，滚烫的红糖流到他的胸口，他爸笑着说：慢点吃，不够还有。那时他就觉得他爸真是好人。还有上次他偷钱，派出所的人主张要严惩，他爸却极力为他开脱说，他们都是小孩子，主要是环境太乱，多加教育就好，去水电站就是他的提议，项东方为此很感激他。眼下这一切让他感到恶心难受，令人揪心，他震惊得想哭想吐，一转身想逃离现场，才发现肥猪已经不见了。

瘦猫两眼发直，愣愣地看着跪在人群中瑟瑟发抖的肥猪爸。项东方推了他一把，焦急地说：

“肥猪不见了！”

瘦猫这才缓过神来，惊呼道：“他不会出事吧？”

说罢，拉起项东方跑出人堆。他们跑了很多地方，到了学校，到了栗子山，都没有发现肥猪的下落，最后才在贺江边的沙滩上见到了他。

肥猪站在沙滩上，往河里狠狠地扔着石头，一块接一块地，嘴里不停地诅咒着。看见他们到来也不搭理，反而开始脱衣服，一边飞快地往河里跑。瘦猫上去一把拉住他，喝道：

“干嘛呀你，你疯了，水那么冷！”

“我就是疯了，我快气死了！”

项东方也抓住了他的手，两人合力将他拖回岸边。他一屁股瘫坐在沙滩上，嘴里狠狠地骂道：

“狗杂种，等我长大了，我要亲手把他们一个个杀掉，全部扔到贺江里喂鱼！”

“对，杀他一个片甲不留！”项东方也气愤地附和道。

瘦猫骂得更凶：“还要碎尸万段，全部烧成灰！”

骂了好一阵，气也泻了，火也灭了，俩人也在肥猪旁边坐了下来，大家忽然陷入一片沉默之中，谁也不说话，空气仿佛凝固了，只有不知人间恩怨的河水继续汩汩地流淌着。项东方低着头望着清澈的河水，心里很乱，不知道怎么安慰肥猪，其实他自己又何尝不需要安慰呢？一个年轻的生命，经历了那样一幕触目惊心的场景，又怎能轻易平静下来呢。

过了很久，肥猪慢慢地抬起头，沉重地说：“妈的，贺西这个鬼地方，我有朝一日离开了，绝不会再踏进半步！”

项东方和瘦猫都震惊得说不出话来，他们抬眼望着肥猪，只见他双手紧紧地握着拳头，两眼噙满了泪水，他任由泪水慢慢地滑落脸庞，落在衣襟上。这个平时总是乐观开朗、甚至有点老成的少年人，此刻充满了仇恨、愤怒和无奈。

这一刻项东方脑子里只有一个念头：我会永远记住这件事，记住肥猪的话，一辈子都不会忘记！

第十一章 心囚

夏天到了，外面大人的世界虽然乱哄哄的，小孩子们依然有足够精力和兴趣去玩自己的，项东方他们照例到河里去游泳。他们先横渡过贺江对岸，爬上木排，坐在边上歇息喘口气。他们把脚伸到水里，河水清澈得透明，阳光照进水里，能看到自己的脚趾头，一些小蓝刀鱼在脚边游来游去，有些鱼儿还会轻轻地啄人的脚，弄得人痒痒的，舒服极了。

坐够了，他们开始玩跳水。一伙人爬上一个两三米高的木棚的顶上，一个个往下跳，有的跳直插式，有的跳自己独创的"深水炸弹"。所谓"深水炸弹"是他们自己发明的，人一跳起来后双手立刻抱住膝盖，整个人缩成一团，让屁股先落水，通常这会炸起又高又大的浪花。他们总是在水面上人多的时候玩这种花式，使被炸的人狼狈不堪。项东方看准时机从天而降，在人堆里落下来，炸起一个巨浪，竟让瘦猫和肥猪等人喝了几口水。

跳了几次"深水炸弹"，他们又觉得腻味了，瘦猫提议跳背飞式。说罢，他站直身子，背向河水，用力一跳，双手向后伸得笔直，姿势优美地插入水中。大家纷纷喝彩，然后跟着一个个地跳，连肥猪都跳了，虽然他动作笨拙，姿势不好看。

轮到项东方时，他就想打退堂鼓了，因为在所有他懂的跳水方式中，他最怕的就是背飞式。每次他都跳得不好，要么是横着身子下水，要么在空中翻跟斗。有一次动作没掌握好，整个人像根木桩那样子愣愣栽下去，背部先触到水面，发出"啪"的一声巨响，背部又红又肿了好几天。此时他还在犹豫，大家不耐烦了，开始起哄，他也只好硬着头皮上了。

他站在木棚的边缘上，闭着眼睛，调整呼吸，心里默念这次一定行，然后鼓足勇气奋力向后一跃，整个人飞到了空中，他也不知道自己有没有在空中翻滚，只觉得在落水那一刻自己的手臂好像是弯曲的。这一次好像没有摔疼，他开始暗暗得意，在水底下轻松地睁开了双眼。

可是，他并没有像平常那样看到一片朦胧的光，而是看到一片无边的黑暗。他定定神，往前游了一步，里面似乎更加的黑暗。他突然吓懵了，过了片刻，他才终于醒悟到，一定是自己落水时手臂弯曲，身子顺势兜了一个圈，钻到木排底下了！

这一想他才真正害怕起来：这么大一块木排，自己不知身在何处，如果不能在最后一口气之前游出去，自己必死无疑！他不敢多想，本能地一转身，向着相反的方向猛游起来。

他在水底里已经呆了很长时间，憋得几乎要窒息了，他怀着最后一线希望拼命地游，终于看到前面出现一片朦朦胧胧的光，阳光透过深水像有千万颗尘埃中在空中飘浮，他兴奋得心脏几乎要跳出喉咙：有救了！

前面的光线越来越明亮，他也只剩下最后一口气了。这时，他突然发现在木排的边缘挂着一个人形的物体，在昏暗不明的亮光中那东西像一个人的阴影，黑乎乎阴森森的，十分的恐怖。

在他与这个不明之物擦身而过的一刹那，他看清楚了：那真是一个人，一个死人！

那死人的脸已经被水泡得失去了人形，那双眼睛好像是因为恐惧而睁得大大的。

项东方吓得五脏六腑都快蹦出来了，根本不敢细看，用尽最后一口气越过木排，“哗啦”的一下跃出了水面，抓住木排的边缘，大口大口地喘气。

大家见他半天没出来，都在担心他，终于看到他时才松了口气。瘦猫跑过来喊道：“哎，你跑哪里去啦？还以为你淹死了呢！”

项东方惊魂未定，上气不接下气地说：“快……快，拉我起来！”

“怎么啦？”

瘦猫和肥猪一把将他拉起来，他不顾一切就跑，一面叫道：“快跑，有死人！”

“你疯了吧？什么死人？“

一伙人莫名其妙地看着他，可他已经跑到岸上了。大伙追上去问他，他气喘吁吁地说：

“木排底下有一个死尸！”

“开什么玩笑，怎么可能？”

大伙不停嘲笑他：“不是看花了眼吧？”

“是真的，骗你们干嘛！”

大伙看他脸色煞白、神情恐惧，笑得更起劲了。

瘦猫皱着眉说：“会不会你在水里憋得太久了，产生了幻觉？”

“幻觉”对他们来说是一个很新鲜的名词，瘦猫是最近在一本什么书上看到的，他其实也不太懂它的含义。肥猪好奇地问他：

“什么是幻觉？”

瘦猫卖弄道：“就是你自己因为紧张，糊里糊涂地看走眼了呗！”

经他们这么一说，项东方似乎慢慢地平静了下来，觉得也许真是自己太惊慌才看错了，但他记得自己明明看得十分清楚：那张走了样的脸，那睁得大大的眼睛，难道还有假的吗？

有人提议再去看看是否真有这么回事，可是大家推三阻四的，没有一个愿意去，结果就不了了之，大家带着满腹的疑虑走了，然后，整个夏天都不再敢到河里去游泳了。

那一段时间河里的鱼特别多特别肥，价格也比平常便宜了好几倍，保姆梅姨买了两斤黄骨鱼，准备让大家开开荤。黄骨鱼是当地的特产，长得像鲶鱼，大半个身子都呈黄色，只有肚皮是白色的，头上有两个尖角，大嘴巴里长满了锋利的牙齿，肉质细腻鲜美。因为产量少价格高，平常很少买来吃。可是最近一反常态，鱼多得没人要，价钱低得离谱，梅姨也不觉得有什么不对，于是花了几毛钱买了两斤。项东方看到黄骨鱼嘴就馋得不得了，巴不得梅姨快快地把它们宰好，来个姜丝蒸骨鱼，大快朵颐一番。

梅姨把鱼拎进厨房，洗干净，手脚麻利地宰了一条。看着又肥又鲜的鱼，她心想：这么好的骨鱼不吃白不吃，早知就多买几条吃它过够！一面想着，一面把第二条鱼搁到案板上，用刀背砸它的脑袋，直到鱼死了，再把它翻过来，拿刀口剖开它的肚皮。这时，她突然看到了一个惊人的景象：鱼腹里居然有一截人的手指头！她登时吓得花容失色，“妈呀！撞鬼了！”地大叫一声，把菜刀一扔，跳着跑出了厨房。

镇上开始流传许多小道消息，说什么最近广西那边发生了一连串武斗，死了十多万人，一些来不及处理的尸体就从上游一路漂流下来。这消息搞得人心惶惶的，人们不再敢买河里的鱼，连自来水都担心不干净，要用明矾来过滤后才敢用。后来人们确实每天都看到一串串的浮尸在西江和贺江上飘过，有些挂在船上或者木排上流不走，只好出动人力来把他们捞起来，找个合适的地方埋了。当时还流传着一个故事：有些贪心的人会专门靠近河上的浮尸，看看有没有什么值钱的财物。一天，有一个人游近一具男尸，发现他手里戴着一只手表，于是伸手去摘，正在此时一艘轮船经过，惹起一排大浪，把那尸体翻了个身，一只手正好打在那个人的脸上，他当时就吓傻了，后来就疯疯癫癫的没了人形。

这一切使项东方相信，自己当初看到的绝不是什么幻象，而是真实的景象。昨天，他就看到了马骝三和另一个仵作从贺江边上来，拉着满满一板车的尸体，裹尸的白布都被水浸透了，带着恶臭的尸水一路走一路洒到路面上。项东方好久都没有看到马骝三了，这次一看到他就像往常那样心里抖索了一下，一种不祥的预感攥住了他的身心，他本能地相信什么不幸的事情就要发生了。

近日来街上老有游街批斗，很是热闹，项东方他们自然也闲不住，大街小巷到处乱跑，哪里热闹就往哪里赶。他们已经慢慢地习惯了打人骂人这些事情，从第一次见到刘老师和焦玉颜被斗，到蔡云龙被杀，再到肥猪爸被灌尿，实在看得太多了，便就习以为常了。白天看游街时，他们还打了一个挂着招牌的老头，觉得实在太好玩了，小孩子随便就可以欺负一个大人，搞得人家唯唯诺诺，骂不敢回嘴，打不敢还手，真神气！

几百个游街的人排成长长的一串，慢腾腾地往前走，他们胸前挂着五花八门的物件，有的挂半截门板，有的挂一个粪箕，有的挂一双破鞋，还有挂几个酱油瓶子斗笠什么的，身上面写着千奇百怪的名堂，什么“现行反革命”、“历史反革命”，什么“地主”“资本家”，什么“右派”、“黑五类”、“破鞋”等等，不一而足。

项东方一伙人追着游街的队伍，一边走一边发现有趣的东西，不时地指指点点嘻嘻哈哈。后来，他们被一个造型奇特的中年男人吸引住了。那个人头戴一顶纸糊的高帽，胸前挂着一个巨大的簸箕，贴在簸箕的纸上写着“三青团员李某某”。他还戴着一副深度近视眼镜，厚厚的镜片后面是一双恐惧畏缩的小眼睛。那个巨大的簸箕让他行动极其不便，不得不用双手抱着它，走起来一摇一摆的。

项东方觉得那人有点眼熟，定睛细看，在目光相遇那一刻，那人迅速垂下眼帘低下头，一脸的羞愧与惶恐。项东方终于认出他来了：他就是几年前在课堂上羞辱自己的那个老师！是的，就是他！项东方的记忆涌上来了：那个寒冷的冬天，自己因为找不到鞋子而迟到，就是他不问青红皂白把自己狠狠地羞辱了一番，在全班的哄堂大笑中，自己羞愧得差点没钻到地下去。没想到这样可恶的人竟然是一个反动分子，一个国民党三青团员！霎时，他的热血沸腾起来了，阶级义愤和个人恩怨一起充满了他的心，他立刻对瘦猫和肥猪说：

“咱们要教训教训这个国民党三青团！”

瘦猫和肥猪也都义愤填膺的，特别是肥猪，自从上次目睹他爸被人灌尿后，他就憋了一肚子气。这几天在看游街的时候，只要看见谁不顺眼，他就认定人家一定是参与了整他父亲的事，不由分说上去先狠狠地乱打一通，发泄自己的怨恨。于是，几个人冲上去，劈头盖脸地把那人打了一顿。项东方仍不解气，跑到路边的臭水沟，挖了一把污泥将他的脸抹黑，然后大声地喊道：

“大家快来看，他是黑五类！”几个人一齐哈哈大笑。

傍晚时分，他们走到一个三岔路口，那里有一个不久前搭起来的露天舞台，舞台前围了一大群人，高音喇叭播放着慷慨激昂的革命歌曲，群情振奋的人们好像在等待着什么。项东方直觉到一场好戏就要开始了。

几个人在人丛中穿来穿去，很快就钻到了舞台前面的空地，等着看即将开始的热闹。忽然，项东方在右边的人堆中发现了一个熟悉的身影：一颗小脑袋仿佛剥去了皮的椰子壳，恰好搁在一个又细又长的脖子上，在熙熙攘攘的人堆里显得那么鹤立鸡群、赫然醒目。没错，就是他：马骝三！

项东方不由得打了一个寒颤，浑身上下泛起一层鸡皮疙瘩。不知从何时开始，对他而言，马骝三就像一只追逐腐尸的秃鹰，哪里有他哪里就有死亡，就有灾难。马骝三在他心里激起的是一种莫名的预悸。 此刻，他很想离开，却又禁不住好奇心的折腾，脚跟不听指挥地站在原地，一动不动。

就在他犹豫之时，高音喇叭宣布批斗大会开始，没想到走上来主持的竟然是武洪平。他还是戴着那顶帽檐耷拉下来的军帽，他哼哼哈哈，又是抽鼻子又是跺脚，背几条毛语录，喊几句口号，然后宣布把被批斗的对象拉出来。一个五花大绑的邋遢女人被人带了上来，胸前的牌子写着“顽固不化的地主分子 xxx”。

项东方一看竟傻了眼：怎么竟然是她？哪个诬赖自己偷黄瓜的老太婆！真想不到世上竟有如此的巧合。你这个死老太婆，今天终于倒霉了。他心里突然涌起一种就要报仇雪恨的快感。

就在他沉溺于自己的幻想的时候，一个男人冲上舞台，叽里呱啦地骂了几句，底

下有人叫道："打她！"

跟着有人更恶狠狠地附和道："打死这个反动的地主分子！"

人群里响起了一片呐喊声："打死她，消灭地主阶级！"

那个男人挥手扇了女人几个耳光，女人嘴角流出了血，她哀求男人不要再打了。武洪平走过来，大喝一声："臭婆娘，老地主，活该接受无产阶级专政，滚下去！"

说罢，他抬起脚狠命地一踹，那女人便从台上滚落到一米多高的台下，痛得几乎晕过去。她刚好落到项东方的面前，项东方吓得想逃开，一群人却涌过去对她拳打脚踢。项东方想起那时候这个女人对自己是那么的气势汹汹，不由得一时火起，跑过去照着她的脸踹了一脚，顿时觉得十分的解气。

那女人像只绵羊那样已经被打得奄奄一息，无力挣扎。武洪平拿着一只装肥皂的木箱子，从舞台上跳下来，二话不说朝女人头上一砸，可怜的女人顿时就断了气。

人群中有人喝彩。活生生地杀了一个人，大家好像还不过瘾似的，跟着又把一个五短身材的男人推上了舞台。项东方又觉得这个人有点眼熟，瘦猫在旁边推了他一把说："老虎蟹！"

项东方这才想起来，来人正是上次那个在晒谷场宰牛的老虎蟹。他的脑中飞快地闪过多年前那一幕。当时的老虎蟹是多么神气活现啊，一头硕大的老牛在短短的几秒钟之内就暴毙于他的手里。

老虎蟹被五花大绑着，刚才血腥的情景他肯定也看到了，此刻他的脸因为恐惧而煞白得像一尊蜡像，眼神难掩极度的恐慌。两条大汉一左一右地推揉着他，他不断抗拒着，死也不肯走到舞台中央。那两个大汉对他又打又踢，好不容易才让他跪倒在舞台中间。他胸前的白牌子写着"流氓地痞－张某某"。

一个妇女走上来控诉说：老虎蟹是个十足的坏蛋，他无缘无故就打死我家的一条狗。另一个中年独眼男人也跳上台大声咆哮道：老虎蟹是个心狠手辣的恶棍，年轻时打架竟被把我的眼睛打瞎了，今天我要他还我眼睛！

老虎蟹吓得发抖，哆哆嗦嗦地辩解道："那都是……解放前的事了，解、解、解放后，都没有做……坏事，我、我只杀猪……和牛，不……"

武洪平看得不耐烦了，走过来骂道："少废话，你做过多少坏事大家都清楚，现在要一起清算！"

"对，要彻底清算！"底下的观众发出一连串的吆喝。

"打死这个罪大恶极的流氓！"

那个妇女狠狠地踹了老虎蟹一脚，他却纹丝不动。独眼男人挥拳对准他的眼窝打去，他头一偏轻松地躲了过去。这可把武洪平逼急了，他跳过去，和那两条大汉合力将老虎蟹狠命地推下舞台，"咚"的一声老虎蟹重重地摔倒了地下，一群围观者涌上来乱打一通。很快他就被打得口角流血、遍体鳞伤，但他不甘任人宰割，血红的眼睛发出一股恶狠狠的凶光，四肢拼命地挣扎，试图挣脱捆在身上的绳索。

人群中突然有人大喊了一声："小心，他会功夫！"

围殴的人似乎被吓到了，许多人赶快闪到了一边。武洪平气急败坏地跑过来，一脚踩住老虎蟹的脑袋，右手从腰间掏出一把老旧的左轮手枪，对准他的胸膛猛地一扣扳机，只听“咔嚓”一声，手枪并没有响，而是卡了壳。

武洪平愣住了，手忙脚乱地摆弄着扳机。全场一片静默，空气仿佛凝固了。老虎蟹乘势把头一摆，将武洪平的脚甩开。人群发出了一声惊呼：

“当心！”

说时迟那时快，一个壮实的男人手握一把大木锤赶到了现场。这是一把用来敲木桩的锤子，足有一个水桶那么粗大。那壮汉大喝一声：

“闪开，让我来！”

说罢，手起锤落，木锤狠狠地砸到老虎蟹的脑门上，随着“啪”的一声巨响，一股混合着鲜血和脑浆的液体飞向四面八方。一滴脏血溅到了项东方脸上，他本能地感到厌恶和恐惧，伸手把它擦掉。这让他突然想起多年前被自己射死的那只小猫，心里一阵战栗。

老虎蟹终于死了，身旁那一滩通红的鲜血和洁白的脑浆混杂在一起，流了一地。人群静默了片刻，才有人喊道：“好，干得好！”

不知过了多久，慷慨激昂的革命歌曲停止了，喧啸的人声远去了，夜幕笼罩着大地。在昏黄的灯光下，一批五类分子开始用水清洗地上的血迹。这时，马骝三又出现了。他带来了一根长长的竹杠和两条绳索，麻利地捆住老虎蟹的手脚，将竹杠从中间穿过去，然后与另一个仵作一起将老虎蟹抬了起来。另一对仵作同时也把死了的老妇人抬起。

项东方他们并没有随着四散的人群离去，他们和一帮其他小孩一起，依然目不转睛地盯着看，及至仵作们抬起尸体一晃一悠地沿着大街往前走时，他们竟鬼使神差般地跟了上去。

街道上灯光暗淡，行人稀少，绳索摩擦竹竿发出轻微的“吱呀”声，两具尸体依然流着血，一滴一滴、无声无息地落在粗糙的水泥地面上，夜空中弥漫着一种恐怖而神秘的气息。

项东方和其他小孩一样，这时候竟然没有一丝恐惧，亦步亦趋地随着仵作们往前走。走过一里多路，来到江边一个叫做“江口嘴”的地方，这是两条河交汇夹角处，一个狭窄得像把尖刀一样的沙滩。此时，天黑得伸手不见五指，前面的仵作和他们肩上的死尸就像是几个晃动的鬼影。马骝三他们在沙滩的顶端站定，将尸体从肩膀卸下来，手握着竹竿开始发力，同时嘴里喊道：“一、二、三！”顺手将尸体往空中一抛，只听到两下“扑通、扑通”的声音，尸体应声落入水中，激起一阵浪花，很快就沉没无踪了。

正是在这一刻，项东方才被一种突如其来的恐惧感所震慑。他不知道自己为什么这么傻，竟然会跑来看这么可怕的东西。他声音颤抖地对瘦猫和肥猪说：

“咱们快走吧！今晚又要做噩梦了。”

瘦猫胆子比他大，忙安慰道：“先念咒吧，念完就不会做噩梦了。”

于是，几个人纷纷地从自己的脑袋上拔下一根头发，扔到地上，再朝着那里连吐

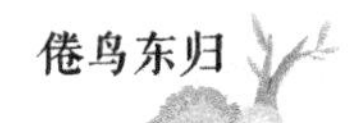

三口唾沫，口里念念有词道：

“小鬼呀小鬼，行行好，请别来找我烦恼！”

晚上回到家，因为奔走了一整天，经历一系列使人亢奋的事情，实在太累了，项东方一躺下就睡着了。

睡到半夜，他却做了一个噩梦，梦见那个老太婆从水里跳出来，披头散发青面獠牙的。老太婆抓住他双手，拼命地摇着，凶狠地说：你害死了我，我要报仇！他拼命地挣扎，把被子都蹬掉了，睁开眼一看，房间里黑乎乎的，就不敢再闭眼了。好在弟弟躺在旁边，呼呼地打着呼噜。他就想：看来晚上念的咒不起作用，明明都已经拔了头发，吐了口水，还念了咒，为什么就不灵了呢？以前这招还是有效的，很多次撞见马骝三抬棺材，做了这些以后就没有做噩梦了。这次是不是太恐怖了，所以才不灵的呢？

他睁着眼睛看着屋顶，眼前又浮现出白天经历的一幕幕，突然觉得太可怕了。他想不明白人为什么杀起人来那么冷酷无情，就像是那些自相残杀的蜘蛛一样，必欲置于死地而后快。过了一会儿，他好像朦朦胧胧地明白了一点点：人只要给出一个正当的理由就可以大开杀戒，就像打死那个老太婆就是因为她是地主，杀那个老虎蟹就是因为他是地痞流氓一样。他突然间觉得自己好像发现了一个真理：就是无论做什么，只要找出一个理由，不管这个理由在别人看来是否正当，只要有人觉得它是正当的就可以了。他回忆起多年前那只被自己射杀的小猫，当时自己不知道为什么一整天都闷闷不乐，他似乎突然有点明白了，那是因为自己始终无法找到一个合理的说法，来证明自己是正当的，如果把那只小猫叫做“现行反革命”，或者加上什么更好听的罪名，也许自己就会如释重负了吧？

他忽然模模糊糊感到，也许这些可怕的事情只会发生在贺西镇，这些恶毒的人只是贺西镇这个地方才有的，别的地方不会这样的，这个世界上一定还有更好的人，有更好的地方，在哪里人们过着更加纯洁美好的生活。他确信有一个地方，那里一切都与自己所看到的不同，那是一个理想的世界，或许就是人间的天堂。

接着，他又想到小时候，自己被妈妈关在这个房子里，后来自己跳窗而逃。看起来，这个房子就是一个小牢笼，而贺西镇就好像是一个大囚笼。正是在这一刻，他心里悄悄地萌生了离开贺西镇的心愿。他要挣脱这个鸟笼，要飞到一个没有恐惧没有争斗的地方。他执拗地把这个心愿埋藏在心底，等待着时机。

他就这样睁着眼，胡思乱想着，直到窗外露出微弱的晨光，才慢慢地睡去。

第十二章 又见小公主

随后的几年里，项东方与小伙伴们，陷入了无休无止的学工学农和学军的折腾之中。五年级参加夏收夏种时，为了表现自己，在割水稻比赛中，他把自己的尾指割出一道深沟，见到了骨头，当他看到奔涌而出的鲜血时差点晕了过去。初中参加军训，用自己做的木枪练刺杀，他被对手捅中胸部，在床上躺了一个星期。到了高中，学校要搞基建，自力更生建校舍，他以瘦弱的身躯挑起四十块砖头，从船上一口气走了将近一公里的路回到学校，那时他才十四岁，体重跟那些砖头差不多一样。在电机厂劳动时，他亲眼看见一个女同学被冲床砸掉半截手指头。这些繁重的体力劳动，让他感到郁闷甚至绝望，他极度盼望能够摆脱这样的生活。

机会终于来了。临近高中毕业时，项东方就听到风声说：当年所有高中毕业生都要下乡。他内心沸腾了：终于可以走了，可以离开贺西镇这个令人窒息的地方，到一个新的地方，重新开始自己的生活。对一个十六岁的少年人来说，他渴望自由，渴望无拘无束的生活。贺西镇这样一个小地方早已让他厌倦，他看到了太多丑恶的东西。他天真地相信在世上某些地方，一定会有自己未曾见识过的事物，有更好的人们，更丰富多彩的生活。

在他充满浪漫情怀的心里，最想去的地方就是内蒙古的呼伦贝尔大草原，《草原英雄小姐妹》的电影他看了好多遍，他早已在内心把那个地方用自己的笔描画了千万遍：那里有一望无际的大草原，绿草青青、野花遍地，雄鹰在蓝天白云下飞翔，牛羊像天上的星星散布在绿茵茵的草地上，美丽的蒙古包在蜿蜒清澈的小河旁升起袅袅炊烟。不知有多少次，他把自己幻想成一个骑在高大骏马上的牧人，身穿着蒙古袍，手持一根长长的套马杆，穿行在千千万万洁白如雪的羊群中间。他就是向往着这种奔放不羁、自由自在的日子。

他把自己的想法跟瘦猫和肥猪一说，没想到肥猪毫无异议，他早就恨透了贺西，早就想一走了之，走得越远越好。瘦猫开始还有点顾虑，嫌太远，禁不得项东方和肥猪轮番攻击，最后也同意了。可是，后来听上面的人说，本县知青只在本县安置，不会到外地去。几个人很失望，一合计就决定去县知青办争取一下。

知青办接待的人告诉他们，这是不可能的，上面的政策是就地安置。项东方极力争取道：能不能向上反映一下，因为我们实在是太想去内蒙了。人家坚决否定了。三个人极度的失望，最后只好挑了一个最远的地方，一个离家六十公里的农场。不管怎样，项东方就是想离开家，离开家乡，他要去一个新地方，开始新的生活。

临走那天上午，整条凤凰大道上彩旗飘舞，锣鼓喧天，高音喇叭播放着慷慨激昂的革命歌曲：

“世界是你们的，也是我们的，但是归根结底是你们的。你们青年人朝气蓬勃，正在兴旺时期，好像早晨八、九点钟的太阳。希望寄托在你们身上……

项东方胸佩红花，身背着背包，登上了一部草绿色的解放牌大卡车，跟其他三十九个知青一起，踏上前往农场的路上。 他的心情十分兴奋，终于可以离开贺西这个令人压抑的鸟笼，可以像一只小鸟那样自由自在地飞翔了，那可是他渴望已久的事情。他对家乡没有半点留恋，更别提什么肝肠寸断的离愁别绪。在那一刻，他觉得自己已经是一个独立自主的男子汉了。于是，他面带微笑，挥手告别了父母和弟妹，尽管他看见母亲在擦着眼泪。

卡车开动了，车上的人向路边欢送的人群招手告别，直到看不到人以后，他们就开始唱歌。热烈的歌声伴着风声和旗帜扬起的哗啦声，一路飘荡着。唱累了，站累了，有人就坐到背包上。

项东方站在车厢的中间，不经意地瞥见前面角落里坐着一个留长辫的女孩，觉得有点眼熟，就偷偷地盯着她看了一会儿，还是想不起她是谁。此刻，车里已经安静多了，有的人站着看风景，有的人三三两两在聊天，有的人坐着想心事。那女孩静静地坐在背包上，不知在想什么，眼里轻泛着一丝忧郁，显得那么的楚楚可怜。

三个小时后，卡车到达了农场。大家纷纷跳下车，项东方背起背包正要走，身后转来一个女声：

“哎，同学帮帮忙！”

项东方一回头，正是刚才那个女孩。那女孩把背包扔下来，项东方伸手接住。女孩爬下车，接过项东方递过来的背包，点了下头，说一声“谢谢”，就向前走了。

项东方努努嘴想说什么，又停住了。他长这么大还没有正儿八经地跟女孩说过话，就是在跟柳丝雨坐的那段时期，他也只是在她妈被斗时说过那条手绢是新的那样一句话。当时，柳丝雨并没有理他，也没有跟他说过什么。不久后，柳丝雨就调到别的学校，从此就再也没有见过面，项东方也慢慢地把她忘掉了。现在他忽然觉得，眼前那个女孩长得实在是太像柳丝雨了，脸的轮廓，那小嘴，尤其是那个微微上扬的嘴角，还有嘴唇下面那颗美人痣。

项东方站在原地，愣愣地看着那女孩渐渐远去的身影。瘦猫走过来捅了他一把，揶揄道：

“哎，发什么呆呀？”

“呃！”项东方回过神来，说：“我怎么觉得那个女的好像是柳丝雨呢！”

肥猪接口道：“是有点像。不过很难说，这么多年不见了，女大十八变呀。”

瘦猫取笑道：“项东方，你那么喜欢她，去问问她不就得了？”

“去你的！谁喜欢她啦？”

项东方飞起一脚要踢瘦猫，瘦猫一闪就躲开了，然后一边走一边说：“还不赶快去帮帮她？她都走不动了。”

那女孩身上背着一个方方正正的背包，肩上还斜挎着一个军用书包，右手拎着一个大网兜，里面装着一个脸盆和大堆日常用品，步履蹒跚地走着，似乎越走越吃力，两根长辫在肩膀上一答一答地摇晃着。

有那么一刻，项东方确实想上去帮她一下，但他还是克制住了。不知从何时起，他就像其他大男孩那样对女人敬而远之。他记得自从上了初中，他就不愿意跟妈妈出门了，就算是非得要去，他也是离得远远的，因为他担心会遭到其他男孩的嘲笑。然而，好像就是在刚才看见那个女孩的那一刻，他心里似乎产生了一种从未有过的悸动，尤其是当他想到她是那么的像柳丝雨，他对女性产生了一种好奇，这种好奇心混合着对那个消失了的小公主的回忆，使他对那个女孩产生了朦朦胧胧的好感。为了掩饰这种情感，他假装恼怒地对瘦猫叫嚷道：

“要去你去，关我屁事！”

瘦猫依然嘻皮笑脸地调侃道：“她可是你的老搭档啊。没关系，都在一个场里了，以后有大把的机会，对不对？”

“那当然啦！”肥猪笑着附和道。

“没完了你们！去你的！”项东方不自然地绯红了脸。

农场在食堂为他们这些新知青举行了迎新仪式，接着吃了一顿丰盛的午餐。场里专门为他们杀了一头猪，还有自养的草鱼和大头鱼，蔬菜也是场里种的。吃完饭，项东方他们就在农场附近转悠开了。这里原是一个“五·七干校”，后来，干部们陆续返回工作岗位，留下来一些职工，空出了许多平房，刚好用来安置下乡的知青。场里有农田菜地，有养鸡场和猪场，还有养鱼的池塘。

他们离开食堂，穿过一片马尾松林，又穿越一丛丛高大挺拔的勒竹林，看到几口池塘，水很清，似乎可以游泳，令他们眼前一亮。再过不远有一条小溪，从地底下钻出来，绕着石灰岩山汩汩地流淌，水质纯净甘冽。此地属于喀斯特地形，方圆几十公里内分布着数不清的石灰石山，它们东一片西一片地在平坦的农田中间耸立着，模样俊秀优美。

一行人越过那条小溪，来到对面一座小山上，看到满山遍野许许多多的植物，霸王花、何首乌、野百合，还有许多他们叫不出名字的。然后，他们钻进了一个山洞，在千奇百怪的钟乳石前面还发现了许多河蚌和贝壳的化石。于是，他们兴高采烈地争论说，这里千万年前一定是一片汪洋大海。这么一逛下来，他们立刻就爱上了这个地方，想到自己以后就生活工作在这里，他们觉得异常的开心。

这帮少年人显然是带着出门游玩的心态来的，他们对即将到来的艰苦日子还缺乏认识，随后的生活将开始一点点地粉碎他们那带着玫瑰色彩的迷梦。知青宿舍是灰砖黛瓦、带有走廊的平房，每个房间住四个人。项东方、瘦猫、肥猪，和另一个知青被分到同一个房间。场里给每个知青配备的家具就是一张木床，项东方带来了一个红漆木箱，那是他唯一的家具，里面装着几套简单的衣服，还有一些他最喜欢的书。宿舍里的地面是泥土夯平的，由于被人踏多了，所以中间的泥地已经凹下去，形成一个大坑。他们一进屋看见这个大坑，大家就开玩笑说，如果下雨时瓦面漏水的话，这个坑就可以养鱼了。好在房间有前后两扇窗，采光通风都很好。

知青们被分成两拨，大部分人分到作物组，负责耕田种地，其余的进了养殖组，去养猪和养鸡。项东方和瘦猫肥猪都被分派到作物组。农场的工作是艰苦的，一年四季无论春夏秋冬地里田里总有干不完的活，每天顶烈日冒严寒迎风雨，他们从不习惯到习惯，到麻木。生活更是枯燥乏味，缺少娱乐。最烦人的是，几乎每天晚上都要进行的开会学习。晚饭后，全场人员聚集在灯光暗淡的办公室内，场领导或者搞政工的干部念上一篇报刊的文章，再发表一下议论。会场内总是烟雾缭绕气氛沉闷，有人打瞌睡，有人开小差，有人在悄悄地开小会。每当这种时候，项东方总是拿来一张报纸，用自己的笔在上面随意地乱写乱画，打发无聊的时光。

一天晚上，场长在上面照本宣科地念着《人民日报》的社论，项东方照样在一份《光明日报》上鬼画胡，旁边一个老职工看见了，把脑袋凑过来悄悄地说：

“我写几个字看你认不认得？”

项东方认得这个基建组的老职工，名叫张子恩，是本地农村人，络腮胡子，眼睛锐利，曾经当过兵，见多识广。项东方把笔递给他，他很快写下几个字。项东方拿过来左看右看，那些字七歪八斜的，说是中文又不像中文，说是英文更不像英文。他摇摇头说：

“看不懂，不是什么阿拉伯文吧？”

张子恩笑道：“我可不懂你的什么阿拉伯文！这是中国字，你再仔细看看。”

他把报纸翻过来，对着灯光，让项东方去看，项东方一看才恍然大悟：原来他写的是“光明日报”四个字，他是反着写的，必须反过来看才能看明白。

项东方一下子对他佩服得五体投地，还勾起了他的好奇心，他追问张子恩怎么会这样写字。张子恩告诉他，年轻时跟师父学刻图章，习惯了这样写。项东方听说他会刻图章，特别感兴趣，就缠着他要他教。张子恩却说这玩意儿学了没用，除非你写反动文章，不想让人看！俩人偷偷地笑，笑完了，张子恩打了个眼色，说：如果你真有兴趣，我可以教你。

散会以后，项东方又跟张子恩聊了好一会儿，要拜他为师，学习刻图章。他知道张子恩这个人见多识广，风趣幽默，跟他在一起会学到很多东西，于是，心里产生了要调到基建组的念头。

第十三章 巧遇知音

春天到了，山上田边到处都开满了五彩缤纷的野花，项东方再也不像初来时那样，还有闲情逸致去欣赏春天的美景了。农场里总有干不完的活，春耕时节更是如此，要抢时间把秧苗插下去，以免耽误了时节。

在所有农活里面，项东方最怕的就是插秧，整天弯着腰，顶着烈日，左手捧着一把连着泥土的秧苗，右手从上面掰下一撮，然后插到泥水里。不断地机械重复着同样的动作，总是累得人满身大汗、腰酸背痛。这还不算，最烦人的是那些无孔不入的蚂蟥。他从小就怕蚂蟥，到了农村一年依然没有改变。他听人说蚂蟥怕烟叶，于是每次下田前，他都去邻村农民的烟地里偷几片生烟叶，把烟叶搽在脚上，开始还有点效，但过了几十分钟，脚被水泡久了，烟叶汁就流散了，蚂蟥照样来咬。他学乖了，就多弄了一些烟叶，放在口袋里，不时拿来搽搽脚，蚂蟥来少了，但偶尔还是有的，尤其是春耕时节，蚂蟥经过一个冬天的休眠，胃口特别好，时常光顾他。

那天，他们正在田里插秧。这片稻田靠近公路，一条泥土路从公路岔出，一直通到农场和邻近几个村子。没过多久，低着头撅着屁股的项东方突然觉得右脚背有点痒，就把脚抬起来，看见一条吸饱了血的蚂蟥叮在脚上，顿时觉得无比的恶心。他朝蚂蟥吐了一口唾沫，咬咬牙一发狠，用力把它拔了下来，正要甩手往大路上扔过去，却见一队人马从路上走着过来。

这队人马有十来二十个，前面打着红旗，个个都背着背包，男男女女像是知青的打扮。走在靠后的那个却有点特别，他留着很长的头发，鬓角低过耳垂，双手还被手铐铐住，脸上一副桀骜不驯的样子。他的身后跟着一个背着步枪的民兵。此人一面走一面用地道的广州话唱着一首粤语歌谣：

“越秀山边，有间学校，有个老师，瘦骨如柴……”

项东方抓住蚂蟥的手在半空中停住了，他愣愣地听着歌曲，觉得歌谱有点熟，但原歌应该是一首普通话的歌曲，不知怎样变成了一首粤语歌，实在是诙谐有趣的很，与他们熟识的正统歌曲完全不同。越秀山是广州市内的一座名山，是广州最大的公园。这首歌是小孩子们调侃老师的童谣，大概只在广州一带流行，项东方是第一次听到，感到十分有意思，因此便好奇地盯着这个家伙。正忙着插秧的知青们都停下手来，抬起头看这个打扮另类、举止古怪的人。

那人却停止了唱歌，用挑衅的口吻叫道："看什么看，死卜佬！"

"卜佬"是广东人对乡下人的蔑称。这是第一次，项东方感到了地域歧视。大家被激怒了，送给他一片回骂声。项东方手上正好抓着那条蚂蟥，他便顺手用力朝他甩了过去，同时张口骂道：

"死衰佬，给你条蚂蟥尝尝！"

那蚂蟥不偏不倚正好打中那人的脸，然后落在他的衣领下面。他扭动着身子，又上下跳动，想把蚂蟥颠下来，弄得大家哈哈大笑。

他好不容易把蚂蟥弄掉后，就破口大骂："死卜佬，等着，后会有期！"

"滚吧，烂仔头！"大家异口同声骂他。

那民兵用枪托砸了他一下："别啰嗦，快走！"

"走就走，你凶什么凶！"那人一面走一面骂，骂完了又满不在乎地唱起一首粤语民谣："肥佬个头，大过五层楼，肥佬个鼻，大过匈牙利……肥佬的肚腩大过越秀山的运动场……"

五层楼指的是广州越秀山上的镇海楼，它是广州博物馆所在地，越秀山下还有一个足球场。这本是一首《中国人民解放军歌》，不知被什么人恶搞为粤语歌，一首庄重雄壮的军歌变成了诙谐搞笑的打油歌，大家听着笑翻了天。

在一片嬉笑怒骂声中，那队人马渐渐走远了。几天后，人们终于弄清楚了，那拨人是到附近邓甘村插队的广州知青。他们的成分比较复杂，有高中生、初中生，还有社会待业青年，据说那个唱歌的家伙，就是因为偷渡香港未遂而被遣送下乡的。广州知青插队的村子离农场几里地，平常大家并无来往，没有什么交集，河水不犯井水，相安无事，两帮人扯上关系完全是因为一次偶然事件。

那天，收工时路过邻村一片西瓜地，看着一个个圆滚滚的瓜，项东方一伙人眼馋得直流口水。农场伙食单调，缺乏营养，更没有什么水果补充，一年多来都没有吃过什么水果。其实，他们平常就一直在注意这片西瓜地了，看着它们一天天长大，心里也就一天天地痒起来，只是还不能确定到底熟不熟，因此一直都没有下手。这次，他们估摸着西瓜该熟了，所以一面走一面议论着，几个人故意慢下来，落到了队伍的后面。瘦猫到处张望，见四下无人，便跳下瓜地，看准一个个头很大的瓜，用脚猛踹了一下，那瓜脆脆的裂开了口，露出红红的瓤。他咽着唾沫跳回到路上，笑眯眯地说："行了！"

吃过晚饭，好不容易挨到天黑，五六个人悄悄地离开了宿舍。外面空气闷热，天黑得伸手不见五指，人就跟瞎子一般，根本看不清路。项东方有点害怕了，胆怯地说："天这么黑，路都看不清，还是回去吧？"瘦猫忙给他鼓劲，还传授天黑看路的诀窍：黑的是土，白的是路，亮的是水。肥猪还是有点担心地说：这黑乎乎的，你怎么知道哪里是瓜地？瘦猫胸有成竹地答道：跟我来，过了那片玉米地就到了。

一行人跌跌撞撞，摸索着走了一里多路，穿过一片玉米地，来到了西瓜田。项东方没走几步，被一个西瓜绊了一交，又兴奋又紧张，就蹲在地上，掏出一把小刀，把这个瓜剖开，递给肥猪一块，肥猪急不可耐地大咬一口，跟着又把嘴里的瓜吐了出来，悄悄地说：生的！瘦猫凑过来说：别浪费时间了，挑瓜要挑好的，用手指弹瓜，听到清脆的“咚咚”声就是熟的。项东方照着这个办法试了几个瓜，果然听到有一个发出清脆的“咚咚”声，切开一尝，还真是甜，捧起来就吃。吃得差不多了，又挑了几个熟的，放到带来的秋裤里面，然后，把裤子像个褡裢那样跨在肩膀上。

几个人心满意足地往回走，刚走到玉米地边，突然传来一声大喝：“站住，别走！再跑就开枪了！”

在漆黑寂静的夜空中，这声呐喊简直就像一个晴天霹雳，把人吓得魂魄都丢了。几个人就近窜进玉米地，哆哆嗦嗦地趴在地上，动也不敢动。瓜田的对面亮起了一只手电的光，向着另一个方向追过去。

瘦猫小声地说：他们没发现咱们。大家松了口气，站起身往玉米地里头走。他们很小心，尽量不碰到玉米的枝叶，以免弄出声响。

没过多久，身后却传来一阵稀里哗啦的响声，几个人又吓了一跳，赶紧蹲下来，竖起耳朵细听。响声越来越近，接着，一个压低了的声音在说：“他们肯定找不到咱们了，刚才咱们拐到南边，他们追了过去，没想到咱们现在又折回到了北边。嘿嘿！”说完轻轻地笑了起来。另一个声音接着说：“这两个老憨居想抓咱们，门都没有！”

项东方几个终于听明白了，来人不是看瓜的，而是和他们一样的偷瓜贼，看样子好像不是第一次来的，从口音上听不是当地的农民，也不是自己场里的知青，而一定是广州知青。那几个人摸摸索索地快走到跟前时，瘦猫突然故意咳嗽了一声，差点没把他们吓死，有一个人本能地喊了一声：“谁？”

几个人同时站起来，说：“别慌，同道人。”

那帮人凑过来，大家面面相觑，天太黑，都看不清楚。有人说：

“原来是蛇鼠一窝，彼此彼此！”

“哈哈哈！”黑暗的野地里响起了一阵压抑着的笑声。

项东方觉得说话那人的声音有点熟，就问：“你们是哪一部分的？”

“邓甘村的。”

“是广州知青吧？”

“是呀。你们呢？”

“农场的。”

“幸会了！”

“幸会！”

然后，各自走路。

过了一段时间，项东方他们在农场的地里收挖番薯。这片番薯地靠近石灰岩山边，属沙质土壤，泥土里间夹着许多小石头，不适合种水稻，只种番薯和蚕豆。忙了半天，又累又乏，组长招呼大家休息一下，一伙人把锄头往地头一横，就坐上去。项东方掏出一个黄色的烟盒，挨个儿派烟，一圈转下来，只剩下了半包。

大伙儿点起烟猛吸起来。下乡以后，由于生活太枯燥乏味，工作太辛苦，项东方又恢复了吸烟。他是被传染的，开始是瘦猫，然后是肥猪，再到项东方，没过半年全场上下除了两个人，所有男知青都抽上了烟，不吸烟的反而成了异类。项东方一个月工资十八块，吃饭用了十二块，剩下的六块钱，除了买牙膏等日常用品，全部都花在了烟上面，双喜、中华和大前门抽不起，百雀和经济又嫌低档，就买两毛七分钱的丰收牌，既不奢侈，又不丢分。

瘦猫吐了口烟，发起了牢骚："他妈的，你说每天都干这些活，什么时候有个完啊？"

项东方说："哪你想怎么的，难不成你要去非洲闹革命解放黑人？"

肥猪附和着说："就是呀，你就知足吧！有工资拿，每天还有两顿干饭，你还想怎么的？"

"人总得有个追求吧？天天挥锄头修理地球，有什么劲？"欧耀庭说。

瘦猫又说："说实话，我真想去当兵，做梦都想！"

"没听说'好铁不打钉，好汉不当兵'吗，当兵有什么出息？"项东方不屑地说。

肥猪叹道："这年头除了当兵和招工，还有什么出路？"

项东方说："招工轮不上我，当兵我是不会去的。"

"哪你的理想是什么？"欧耀庭问。

"什么理想？我就想找个漂亮妹子，生一堆儿女，平平安安过一辈子。"

"不会吧？项东方你就这点出息？我看你也不是这样的人。"

说话的是陈一鸣，个子不高，脸上戴一副白框眼镜。

项东方把烟头按在地上："我还能怎么样？"

陈一鸣问："最近中专招生你怎么不报名呢？"

最近场里下了几个中专招生的名额，许多人都报了名，瘦猫除外，因为他调皮捣蛋爱玩爱闹，不爱读书，他只想当兵。肥猪报了地质专业，欧耀庭报了师范专科，而陈一鸣则报了兽医。令人意外的是，被大家看好的项东方却没有报名。全场公认他与欧耀庭是最有文化和前途的，这么好的深造机会都不抓住，大家都替他惋惜。

项东方淡淡地答道："咳，没有合适的专业，没兴趣。"

"你管它什么专业？读它两年，分配回城里，万事大吉。"瘦猫很不以为然。

"照我说，你燕雀焉知鸿鹄之大志，人家是大鸡不吃细米。"陈一鸣面带不屑地说。

"没有的事！我只是不知道干什么好。你让我去学地质兽医，我还不如呆在这里种地养鸡。"项东方老实地回应道。

"哪有什么出息？难道你想一辈子老死在这山沟里？"肥猪问。

陈一鸣接茬道："这你就不用担心了。人家本来就是只凤凰，迟早要站上高枝的！"

"诶，你怎么知道？难道你会算命不成？"瘦猫跟他杠上了。

"不是我会算命，而是有人给他看过相。我敢保证，在场各位，包括全场知青以后没有一个会比他混得更有出息！"

陈一鸣说得言之凿凿，人群起了一点骚动。项东方却很是惊讶，他从来就没有觉得自己有什么过人之处，不明白陈一鸣怎么会这样说他。

欧耀庭似乎不服，带着几分嫉妒说："陈一鸣，你能不能把话说得清楚一点？"

欧耀庭有点旧学家底，熟悉诗歌词赋，更写得一手好字，毛笔字好自不必说，钢笔字既可工整遒劲，又可游龙走蛇，一点不比坊间售卖的字帖差。农场里平时出墙报写标语，全都靠他和项东方。他只比项东方大一岁，在项东方的眼里却是个满腹诗书、才华横溢的才俊，在所有的知青中，项东方最佩服的就是他。那时候，所有的古装书全都是禁书，根本就很难找到。可欧耀庭偏偏就有本事收罗了一大批别人藏都怕藏不住的东西，像什么《唐诗三百首》、《今古奇观》、《醒世恒言》、《火烧红莲寺》等等，他总能一本本地拿出来，在知青中间传阅。当然，这都是秘密进行的，千万不能让上面的人知道。当时，市面上能找到的书，除了马恩列斯毛和鲁迅、高尔基，就只有那些描写当时社会的“文革”作品，例如《艳阳天》和《金光大道》之类。这让求知欲正旺的项东方感到饥渴难当。爱好文学的他自然就与欧耀庭趣味相投，很快就成了朋友。但欧耀庭知道项东方很聪明，学东西很快，心底里对他总有几分嫉妒。

“好！”陈一鸣于是一五一十地叙述了一段故事。原来，陈一鸣与项东方是中学同学，他父亲的一个朋友祖传会看相算命。一天，项东方到陈家去玩。那人只看了项东方几眼，待项东方走后，便对陈父说：这个年轻人不得了，将来一定声名远播！陈父愕然，细问。那人说：此人生得方额圆颔，额头高耸，山根隆起，眉清目秀，眼光透露出一股灵气，整个人浑身上下散发出一种与众不同的独特气质。更难得的是，他有一双非常独特的耳朵，虽然不大，但形状甚好，又贴近脑袋，更有两粒珠圆玉润的垂珠朝口而立，与许多人不同的是，他的耳朵比脸白，那是必享盛名的标志，正所谓“耳白于脸，名扬四方！”

陈一鸣复述完上述一段话，又加了一句：“我只是重复了那个人的话，信不信由你们。”

陈一鸣平常说话就是一板一眼的，不由得你不信。他的话犹如一枚重磅炸弹，震撼了在场所有的人。众人听完颇为惊讶，静止了片刻，瘦猫站起身来，走到项东方旁边，左右端详着他的耳朵，突然发出一声尖叫：

“哇，真邪门了！他的耳朵就是比脸白，从来没见过这样的！”

大伙都走过来，围着项东方左看右看，议论纷纷，弄得他十分的尴尬，有点恼怒地说：

“别听陈一鸣胡扯，他简直就是瞎掰！”

“他没有乱说。陈一鸣，你来看看我的耳朵！”瘦猫故作正经地说。

瘦猫脸比较黑，耳朵的颜色与脸部没有任何差别。陈一鸣看了他一眼，笑道：

“你就跟包公一模一样，天下乌鸦一般黑！”

瘦猫并没有气恼，他嚷嚷道：“好好，别看我，看看欧耀庭怎么样？”

大伙转头去看欧耀庭。欧耀庭白脸书生一个，皮肤白得让女人都嫉妒，下乡两年了，居然一点都没有晒黑。只是他的颧骨突出，下巴瘦削，耳朵与脸的肤色完全一致。看完了欧耀庭，大伙又互相好奇地检查了一遍，并没有看出什么异样来。

陈一鸣跺着脚嚷道：“甭看了，这可是万里挑一的面相，不是人人都有的。”

“看来，咱们这里要出一个状元了！”瘦猫阴阳怪气地说。

“那可不！项东方前途无量，岂是个池中之物，日后必成大器！”欧耀庭情不自禁地说。他太了解项东方了，他心里虽然带有几分嫉妒，但他知道项东方才思敏捷、潜能无限。

项东方开始时只当他们胡闹，没当一回事。可是，忽然之间，他的内心有什么东西触动了一下，好像灵光一现，一种自我意识突然苏醒，正是心有灵犀一点通。有一个声音在对他说：天生我才必有用，你不会白来世上走一遭！

临近傍晚时，组长让大家收工，大伙儿像放出笼子的鸟，吆喝着“收工啰！”一个个跑得比兔子还快。项东方钻进附近的玉米地，撒了泡尿，出来后大伙早走得无影无踪了。

他还被刚才大伙的话所刺激，兴奋异常，一面走一面想心事。他肩扛着锄头，拖着疲惫的身躯，心不在焉地往回走，中午吃的没有油水的四两米饭早不知跑哪里去，他又饿又乏，只想赶快回家，到食堂吃饭，洗个澡，尽早休息。他知道在食堂等着他的依然是那一成不变的东西：四两米饭，几根青菜，幸运的话，或许会有几片纸一样薄的肥猪肉。这些伙食已经伴随着他两年多了，他不敢奢望有什么更好的，只要能填饱肚子，也就心满意足了。十七八岁正是长身体的时候，他每月只有三十斤粮食的定量，也就是每天一斤，副食几乎没有，油水又少，下乡以来他好像就没有吃过一餐饱饭，加上每天都有高强度的体力劳动，每次还没到吃饭的时候，他就觉得饥肠辘辘，有时饿得拿锄头的手都在发抖。

人在饥饿中想到的第一件事无疑就是食物，他一面走一面幻想着一顿美味的晚餐，不断地把生平所吃过好东西，从色香味到咀嚼的质感和声音全都细细地回味的了一遍，脑海中一遍遍浮现出皮脆肉滑骨香的白切杏花鸡，还有肉质细嫩、香滑爽口的清蒸黄骨鱼。在翻来覆去的遐想中，他却不期然地嗅到了一股浓郁的烤番薯味。那带着焦香的甜味从远处随着微风传过来，穿过宽阔的地头，吹进了他的鼻孔，刺激着他的味蕾，使他不停地咽着口水，神不知鬼不觉地跟着那气味往前走。越过许多已经收获过的番薯地，那香味也越来越浓了，他不知不觉地就来到了一片采摘过的玉米地旁。

一缕轻烟从前面的地头升起，袅袅地飘向天空，夕阳泛黄的光照在半干的玉米秆上，四周散发出一种绮丽凄凉的美。他突然停止了脚步，因为他听到了一个略为沙哑的男中音在唱一首熟悉的歌。那歌声显然没有放开来唱，歌者有意压抑着自己，不那么张扬，但依然唱得很投入，带有情感。

项东方觉得那歌谱和旋律非常熟悉，但一时想不起来到底是什么歌。这歌与当时流行的革命歌曲风格完全相反，一点都不慷慨激昂，不会让人热血沸腾，而是温婉优美，轻盈流畅，轻易地就会勾起人心底里的温柔的情感，显然是要归入被禁止之列的“靡靡之音”，被视为颓废淫荡、低级趣味的黄色歌曲。

他跟着歌者的节奏，在心里念念有词，一点一点地唱下去，慢慢地他终于想起来了：这是广东音乐《彩云追月》。于是，回忆就像水一样在心里汩汩地涌了上来。他想起了小时候那次在西江河边，那个温馨的仲夏夜，在皎洁的月色和清凉的晚风中听到的这首歌。当时姨妈满怀深情地唱起来，自己则完全陶醉了，后来很快就学会了。想起过去，他不由得心里一阵忧伤。多少年了，他再也没有听到过这么沁人心脾的歌声，以致于时时感到心灵的枯竭。艰苦的劳动，贫乏的生活，令人的精神极度的扭曲，一首动听的歌曲竟像甘泉般滋润心田。没想到这歌曲竟然有这么大的力量，能让他暂时忘却了自己的饥饿。

他驻足而立，静静地细听着，却又听出了一丝疑惑来。原来歌者唱的歌词跟他熟悉的完全不同，已经从一首讴歌月夜景色的抒情歌变成了一首爱情歌曲，难怪他一开始听不出来。歌者唱到了第二段：

“情人究竟在哪方，
痴心空怅惘
不知她去向
天天等到令我痴望
夜里梦难成
恨岁月无情
望眼将穿人未见
愁望花落花再开
花你可知她所在
遥望翠楼外痴痴等待
再等几度夕阳红。”

“情人”这个字眼是那么扎眼刺耳，在那个年代它是带有严重贬义的词，代表着封资修腐朽没落的生活方式，是遭受批判的角色。此刻，项东方不由得想起那次观看粤剧团批斗焦玉颜的情景：那个曾经美若天仙的可怜人，在众人的咆哮声中像只落汤鸡一般瑟瑟发抖，而她的罪名仅仅是因为她有了一个男朋友。项东方心里很有些挣扎，他明明很喜欢这支歌，却又担心它所传递的那种小资情调污染自己的心灵，让自己堕落。然而，这种担忧终究抵挡不住心灵内在的那种天然的倾向，歌曲在他心中唤起了一种前所未有的情感，一种对爱的渴望。他不得不承认自己喜欢它，但又告诫自己这首歌是拿不出台面的，只能在心里默默地唱。等他终于把自己从矛盾中解放了出来，再次专心地听唱着。

直到一曲终了，听到有人说：“这些时代曲真是好听！”

“听了这些歌根本就不想听咱们那些革命歌曲，简直太土了，整天喊打喊杀的，搞得人心惶惶的。”

“人家香港的东西就是有人情味。不管你说人家靡靡之音也好，腐朽没落也好，人家就是对胃口，听起来舒服。”这是那个歌者说的。

“不过，说到靡靡之音，可真是的，听多了总是心里痒痒的，让人胡思乱想……”

“那叫发情，懂不懂？”

“什么发情？动物才叫发情，太难听了！”

“哦，应该叫情窦大开，斯文点嘛。”

“还不是一样，总之就是哪个什么，反正就是想女人……”

项东方听得耳根发热，正要转身离开，那边有人发现了他，大声吆喝道：

“喂，干嘛的？不是要去告发我们吧？”

项东方愣住了，脚不听使唤地就是迈不动。那边几个原来围住火堆坐着的人站了起来，迅速向这边逼过来。项东方看清楚了，为首的那个就是上次被自己扔蚂蟥的那

个家伙。那个人严厉地呵斥道：

“你什么人？竟敢偷听我们说话！”

项东方听出来了，他就是刚才唱歌的人，心里不免紧张，急忙辩解道：“大佬，你们误会了，我只是路过的。”

“哪你听到了什么？”对方依然很警惕。

项东方不再犹豫，大方地说：“我听到你唱歌，说实在的，我挺喜欢那首歌的，你唱得也不错。”

那个人有点得意了，问：“真的吗？”

“我骗你干嘛？这歌我从小就会唱，不过歌词不一样。”

“这倒是真的。这首歌原本叫《彩云追月》，我唱的那个叫《几度夕阳红》，是香港人改编的。你说的应该就是《彩云追月》吧？没想到你也喜欢香港的靡靡之音。哈哈哈！”他一口气说完，接着就是一阵狂放的笑声。

“我不觉得它是什么靡靡之音，我只觉得它很动听。”项东方说得倒是很诚恳。

那人终于放了心，说：“难得遇到知音，咱们交个朋友怎么样？”

“好，我叫项东方。”

“戴泉仔。”

项东方笑了：“听起来像是大圈仔。”

“哈，人家都叫我大圈仔，你也可以这样叫。”戴泉仔并不气恼，落落大方地说。

当地知青根据当时的习惯，把来自广州的知青叫做“大圈仔”。这种说法据说来源于那时的地图标识方法：百万以上人口的城市用三个圆圈来表示，那是最大的圆圈，广州有几百万人口，自然是个大圈，因此广东省内其他地方的人就称广州人为“大圈仔”、“大圈女”，言语里头含有一点羡慕甚至敬畏的意味。 那时候，广东尤其广州有很多人逃港，香港人也开始把来自广州的偷渡客称为“大圈仔”，后来“大圈仔”这个称谓扩及到整个大陆人。

项东方见对方那么豪爽，于是就顺水推舟地叫他“大圈仔”。

寒暄了几句，大圈仔便邀请项东方吃烤番薯。项东方才突然觉得肚子饿得受不了，便随着他们几个人走到火堆旁。原来他们刚才在地边挖了个坑，把从收过的地里捡来的番薯放到里面烤，等烤得差不多了，就将一些碎泥块堆到坑里，把番薯埋起来，在等待的时间里，就唱起了歌。此刻，番薯已经熟了，发出阵阵诱人的香气。

吃着番薯，项东方突然想起上次偷西瓜的经历，便问：“大圈仔，上次偷西瓜的也是你们吧？”

“啊，是呀。原来你也是窃瓜大盗？不是冤家不聚头啊。哈哈哈！”

项东方跟着大伙一起笑，笑完了又问：“上次被我甩了条蚂蟥也是你吧？”

“没错，这叫不打不相识！哈哈哈！”

大家都笑了，空旷的田野上一时飘荡起一阵狂野的笑声。大圈仔邀请项东方带朋友到他们哪去玩，项东方爽快地答应了。

过了几天，项东方带着瘦猫、肥猪和几个知青，到了邓甘村。经过一片村舍，来到村里那个知青点。这是一个破旧的祠堂，坐落在村东头，离大多数农民的房子有个几百米距离，门前有一棵大樟树，“文革”时把这归为“四旧”的东西，当时很多庙宇祠堂都拆了，这间祠堂由于做了生产队的粮仓而得以幸免，后来就腾出来做了知青的宿舍，十几个广州知青就住在里面。

一伙人刚迈进门，就听到了大圈仔那狂放的歌声：

“……分分钟上茶楼，唔系（不是）鸡就系（是）鸭！唔系鸡就系鸭！”

这旋律太熟悉了，但就是不知道是什么歌，听起来非常滑稽搞笑。项东方他们是第一次听到这样的唱法，感到很新鲜有趣。

大圈仔停止了歌唱，跟大家打招呼。他掏出一包红双喜香烟，逐一派发，然后，又给大家冲了一杯阿华田，一边还不无骄傲地介绍说这是香港亲戚带过来的。大家抽着烟喝着饮料，不住地赞叹，说阿华田就是比国产的麦乳精好喝。再说了，即便是麦乳精也是稀缺货，项东方可有几年都没喝过了。

大圈仔又拿出一包巧克力来，分给每人一颗。项东方剥开那层包装的锡纸，把那颗像只乌榄的巧克力塞进嘴里，一下子就化开了，一股酒香直冲鼻而上，禁不住一连声赞叹道：

“哇，这巧克力太好吃了！”

“这个叫酒心朱古力，不是巧克力，是朱古力！”大圈仔不动声色地纠正他道。

“巧克力跟朱古力有什么不同吗？”瘦猫谦虚地问。

大圈仔拿起装巧克力的塑料袋，指着“Chokolate”这个英文字，叽里咕噜地念了一遍，谁也没听懂，估计他自己也不懂，只是糊弄一下大家。见大伙一脸的迷惘，大圈仔就得意地卖弄道：

“这个英文字说的就是朱古力，我们大陆人翻译成巧克力，人家香港人翻成朱古力，这是我香港的堂哥告诉我的。大家觉不觉得朱古力更好听呢？”

“是呀，巧克力实在是太土了！用广东话说起来挺拗口的。”

“对啊，还是朱古力洋气。”

“其实，只有北方的捞佬才叫巧克力的吧？广东人应该都是叫朱古力的！”

“哈哈！”

“还是香港的东西好，好吃好看又好听！”

“香港真是个好地方！”

大家你一言我一语，议论纷纷，十分热闹。项东方有点窘，只怪自己没见识，不怨别人。等大家刚一停顿，他就打岔说，刚才大圈仔唱的那首歌很好听，旋律又很熟，就是不知道叫什么歌。大圈仔答道：那是芭蕾舞剧《红色娘子军》，不过，却被人填上了粤语歌词。有人就怂恿他再唱一遍，大圈仔一点也不扭捏，大大方方地又唱了一遍：

“……分分钟上茶楼，唔系鸡就系鸭！唔系鸡就系鸭！……”

瘦猫忍不住就说：“哇，太好听了，听到我直流口水！”

大圈仔说："唱一下也就是吊下瘾，哪他妈的有什么鸡鸭，老子一年多都没见过鸡肉了！再说在这个山旮旯还上什么茶楼？"

肥猪说："也是哦，我最后一次吃鸡是过年的时候，到现在都快一年了。"

"这年头你还想吃鸡，你就做梦吧，有稀粥喝就不错了！"一个广州知青说。

大圈仔不无炫耀地说："去年春节我大伯一家从香港到广州，两家人去泮溪酒家饮过一次早茶。我大伯说泮溪酒家虽然是广州最好的餐馆，可是那些点心品种太少，又都变了味，不如香港的正宗。也难怪，人家在香港天天上茶楼，每天都有几十样甚至上百样点心可选，嘴都吃刁了，哪吃得惯咱们这边的东西！"

大家听得出了神，没人插话，大圈仔又继续说："那些点心我们一年也吃不了几次，好吃得不得了，可人家偏偏说不好吃！我大伯说那个虾饺的虾不新鲜，我爸说那是新鲜的河虾，我大伯偏说就是不如海虾新鲜。他还说那个糯米鸡没有鸡味，更离谱的是，他说那个蛋挞没放糖，一点甜味都没有……"

他说的点心项东方见都没见过，不要说吃，不由得感到惭愧，还无意识地咽着口水。

"哎哟我说哥们，你就别再说了，你再说我就得饿死了！"一个广州知青终于打断了大圈仔。

"就是啊！"项东方说，"要不你唱几首香港的流行歌给大家听听？"

大圈仔故作严肃地说："唱歌没问题。不过，有两点我要事先声明。第一，听完了别去告我唱靡靡之音，我可不想参加学习班；第二，晚上睡不着想女人可别怪我，我只管唱歌，不管介绍对象！"

大伙知道他在卖关子，于是一阵哄笑："没事，你就唱吧！"

大圈仔站好姿势，清了清嗓子，唱起了一首近期流行的粤语歌《分飞燕》：

"分飞万里隔千山，
离泪似珠强忍欲坠凝在眼，
我欲诉别离情无限，
匆匆怎诉情无限，
又怕情心一朝淡有浪爱海翻，
空嗟往事成梦幻，
只愿誓盟永存在脑间，
音讯休疏懒，
只怨欢情何太暂，
转眼分离缘有限，
我不会负情害你心灰冷，
知你送君忍泪难……"

大圈仔的男中音有点沙哑，正是广东人所谓的"豆沙喉"，唱起这首哀婉动人的歌，竟有如泣如诉、催人泪下的效果。大伙儿一时听得入了迷，纷纷鼓掌叫好，大圈仔又连着唱了几首最新的流行歌，包括许冠杰的《鬼马双星》。当天，大家尽兴而归。

第十四章

英雄救美

在大圈仔那里，项东方大开了眼界，他听到的和看到的都是闻所未闻、见所未见的东西，这些东西都与他所受到的教育背道而驰。一直以来，他都相信香港是一个黑暗的资本主义社会，在哪里人们受到资本家的剥削和压迫，生活在水深火热之中，吃不饱、穿不暖。可是，大圈仔却给他描绘出另一幅不同的画面：香港是一个自由自在的花花世界，香港人富得流油，住着高楼大厦，天天吃着山珍海味，夜夜唱着勾人情欲的流行歌。两种不同的观念在他心中产生矛盾，不断碰撞交战。在这种不知不觉的激荡中，他的心理发生了微妙的变化，生活好像为他打开了另一扇窗，得以窥见人生的另一个侧面。

不知从哪一天起，他开始留意自己的穿着打扮了。他学大圈仔那样蓄起了长发，后脑勺一片一直留到盖住衣领，耳朵被头发完全遮住，鬓角留得比耳垂还低。那年头，全国上下几乎都穿着一种四个口袋都有盖的中山装，他开始觉得这太老土了，趁着春节回城探亲的机会，他买回了一件蓝色卡其布的反领文装。这件外套只有三个口袋，还有一个小反领，穿在身上一时显得青春活泼多了。他还买来了一双洁白的网球鞋，只要不工作的时候，他就穿上这双鞋，美滋滋地到处走来逛去，还特别喜欢到女知青多的地方显摆一下。可是，时间一长，鞋子洗过几次后，就开始泛黄，不再耀眼夺目，这着实让他苦恼了一阵。后来，他终于发明了一种方法，每次洗完鞋子，他就挤一点牙膏到鞋面上，用刷子刷匀，放在太阳底下晒干，鞋子就像新的一样明亮照人。

他的行头和举止自然惹来不少议论，连瘦猫和肥猪有时也难免调侃他几句。一次，瘦猫开玩笑说：“哎，哥们，收拾得这么漂亮干嘛去啊？不是有主了吧？”弄得他心里直发虚。不过，瘦猫的话可真是触到他的痛处了。近来，当他悄悄地唱着：“情人究竟在哪方？”时，他心目中确实有了一个对象，当然那只是他本人的一厢情愿。

刚下乡不久，他就打听出来第一天碰见的那个女孩就是柳丝雨，这让他暗暗地欢喜了好一阵子。不过，他并没有机会接近她。柳丝雨下乡的第一天就被分到了养猪场，住的也是在养猪场的宿舍里，离项东方住的宿舍有个半里地。项东方唯一能碰上她的机会就是吃饭或者洗澡的时候。他从宿舍去食堂要经过一段长满马尾松的下坡路，而从养猪场到食堂走的是另一条不同的路，路上相遇的概率几乎为零，能见到她的地方只有在食堂里面，或者是食堂旁边的冲凉房。

有一天，项东方和瘦猫肥猪几个男知青坐在食堂里吃饭，忽然，进来了几个女知青，吱吱喳喳的像一群麻雀。几个人抬头看了看，又埋下头继续吃饭。那时候，像他们这个年纪的男生还保留着学生时代的习惯，对女生总是不理不睬，甚至抱着鄙视态度的，他们不屑于流露出对异性的好奇和兴趣。

瘦猫突然发现项东方坐得笔直，身体前倾，双眼直勾勾地盯着窗口排队的那几个女生。顺着他的视线一望，原来他正盯着柳丝雨看。柳丝雨好像正在讲一个笑话，让几个女生捂着嘴笑个不停。身材苗条的柳丝雨长着一副瓜子脸，修长的新月眉下是一双妩媚的桃花眼，闪烁着温柔迷人的光芒，纤巧的鼻子配上一张鲜艳娇美的樱桃小嘴，令人浮想联翩。柳丝雨笑得很灿烂，露出两排白生生的牙齿，两只嘴角往上翘着，宛如一只浮在水面上的小舟，又像一把勾人心魄的弯刀。项东方的心被这把弯刀勾住了，目不转睛地看出了神，嘴巴半张着。瘦猫用肘子撞了他一下，坏笑道：

“哎，看什么好戏呢，饭都不吃了？”

肥猪接口说：“这饭有什么好吃的，就那几根白菜，没油没荤的，吃了也不饱，还不如那小美人一笑，够你撑个十天半月的！”

“就是啊，要是她对我那么笑一笑，我三天都不进这个食堂！”陈一鸣掺和道。

项东方回过神来了，假装生气地说：“去去去，瞎扯什么，你们不吃把饭都给我！”

瘦猫扮了个鬼脸：“还是吃饭重要，饭是吃到肚子里长在身体上的，那美人一笑只会随风飘散不留痕迹。对不对？哈哈哈！”

一桌子的人都笑得要喷饭。项东方也随着大家一起笑，可是，那个人儿却在他心里从此挥之不去，令他朝思暮想。

一天早上，项东方吃完早餐，刚离开食堂，迎面正好碰上柳丝雨。那时太阳刚升起来，一缕金黄的晨光照在她青春勃发的脸上，她的辫子还没有扎起来，飘逸的长发披散在肩膀上，显得异常的美丽，令人心醉神迷。她端着一个白色的脸盆，一端挎在腰间，娉娉婷婷地走在路上，一面还轻声地哼着京剧《沙家浜》的唱段。

项东方几乎忘记了自己的脚步，心脏怦怦乱跳，目不转睛地盯着她看。在迎面相逢那一刻，柳丝雨停止了歌唱，冷冷地瞪了他一眼。项东方张开口刚要说什么，柳丝雨已经拐到另一条路上去了，一直走向右边的冲凉房，歌声飘散在她的身后：

“这小刁，一点面子也不讲！”

项东方很想追上去，可是转念一想觉得那太唐突了，只好继续往前走。他有点后悔，怨自己白白浪费了一个大好的机会，本来应该跟她说上几句话的，至少要说上一句“你好”吧？机会一眨眼就没了。但这也不能怪自己，她是那样的冷漠，看她那眼神，简直让人从头凉到了脚！跟她搭讪没准还会被她骂个狗血淋头呢！不知道她是不是还记得我？也许她还记住小时候的仇，不愿搭理我了？他止不住开始胡思乱想起来。

老天也好像要故意捉弄他似的，随后的日子里，他有很长时间都没有见到过柳丝雨了。

紧挨着食堂的一面有一个烧水房，里面有一个大铁锅，再过去一点有两排冲凉房，男的一排，女的一排，前面还有水泥砌成的洗衣台。人们早上刷牙洗脸、傍晚洗澡洗衣都到这里来。那口大锅里经常烧着水，供人们洗澡用。场里每个知青都有一个铁桶，他们到大铁锅打上热水，再兑上一点凉水，提到旁边的冲凉房去洗澡。冲凉房不远有两口池塘，连着一条小溪，水又深又清，夏天时男知青们喜欢到里面去游泳。

食堂和洗澡用的水是从北边的山上引过来的，其中有一段引水渠是明渠，流经几个山坡。最近，因为一场暴雨把那条水渠冲坏了，要几天才能修好，山上的水来不了，食堂储备的水只能供给食用，那口大锅停止了烧热水，洗澡便成了问题。男生好办，穿条裤衩跳进池塘洗个痛快。女生就麻烦了，下乡时没人知道这里可以游泳，谁也没有带游泳衣，大家都习惯天天洗澡的，大热天在野外地头干活，出了一身大汗，不洗洗实在无法忍受。于是，她们也想到池塘里去，但是她们有些人又害羞，不愿和男生呆在一个塘里，就向场领导提议男女分开，各用一个池塘，这样，男的用近的那个，女的用远的那个。

刚吃过晚饭，项东方和一伙男知青便拎着铁桶，装着毛巾和衣服，来到了池塘边。太阳还没下山，天边布满了彩霞。看着清澈泛蓝的池水，劳作了一天汗水湿衫的人们禁不住跃跃欲试。他们很快就脱得只剩下一条内裤，“扑通扑通”地跳进水里。这个只有二十多米长的池塘对这帮水鬼来说简直太小了，就像蛟龙陷落浅滩有劲无处使，他们只得来回不停地追逐嬉戏。

女生那个池子里更是热闹，她们虽然穿着短衣长裤，但一到了水里个个都兴奋得欢呼雀跃起来，嘻嘻哈哈，又叫又闹，一片欢腾。女生们水性大都不行，胆小只是站在水里随便玩玩，胆子稍大的就仰着头嘟着嘴，来个狗爬式。隔壁池塘的男生看见就开始吃吃地笑，肥猪眼尖，指着一个游狗爬式的女生说：

“项东方，你的公主在那边，还不去教教她怎么游泳？”

众人顺势一看，果然看见柳丝雨在水面上昂着头，闭着嘴，两只手像狗爬那样，一前一后地划着水，姿势并不好看，与她在岸上婀娜多姿的体态简直判若两人。

瘦猫突然来劲说：“太难看了，看来美人也有难看的时候。项东方，这可是你的责任呀，你得教教她什么才是优雅。 得这样！”

说罢，双腿一蹬离了岸，两只手向前伸直，同时脑袋潜入水里，双手用力划了个半圆，头同时探出水面，并吸了一口气，动作一气呵成，舒展又大方。

项东方本想骂他，见他已走远，便猛地向前一跃，以自由泳的姿势直追过去，身手娴熟敏捷，一下子就追上了瘦猫。接着他擎起右手，击出一股水柱，狠狠地攻击瘦猫的脸部。瘦猫刚一抬头，就吃了项东方一记猛击，喝了一口水。他转过身，双脚踩着水浮起来，右手击水还击项东方，同时嘴里大叫道：

“项东方，快去教她，说不定等你教会了，她就爱上你啦！”

大家哈哈大笑，纷纷击水搏击，展开了一团混战，水声笑声响成一片。

在一片喧闹声中，突然传来一个女人的尖声呼喊：“救命啊，有人淹水啦！”

接着，响起了一连串“快来人啊，救命啊”的喊声。正在打闹的男知青们停下手来，纷纷开始往岸边游过来。项东方离岸最近，很快就爬上塘边，见池塘中央一个人双手拍打着水面，一沉一浮，越挣扎越往中间去，最后就沉到了水下，不见了人影，水面上只剩下一个个水圈。

项东方脑子里闪过自己小时候被水淹的往事，没有半点犹豫，一个猛扎子就跳进了塘水里。他以最快的速度靠近了池塘中央，几次潜到水底，找到了溺水者，从她身后抓住她的头发，用仰泳的姿势把她拖带着向岸边游去。当他筋疲力尽游到岸边时，瘦猫一干人早已等着那里，七手八脚帮着把溺水者抬上了岸。

溺水者直挺挺地躺在地上，双眼紧闭，湿漉漉的短袖衬衣和长裤紧贴着身体，露出苗条的身段，嘴巴和鼻子塞满了淤泥，胸口还在微微地颤动着。人群中有人惊呼道：

“她还活着！”

“快救她！”

“人工呼吸。”

人群中响起一连串的喊叫声，瘦猫几个人看着那具乳峰突起的少女身躯，犹豫着不敢动手。项东方从水里爬上来，冲他们大喝道：

“还愣着干嘛？再等就没命了！”

他跪下来，弓着身子，对瘦猫等人说：“把她架到我背上，脸朝下！”

瘦猫等人把溺水者抬起来，横着架到项东方的背脊上，肚皮正好压在他的脊梁上，有人去拍打溺水者的背。过了一阵，溺水者突然咳了一声，吐出满口的污泥浊水，渐渐地缓过了气，苏醒了过来。

项东方这才感觉到背上凉飕飕的，原来他光着的身子贴着溺水者那湿漉漉的衣服。赶来的人们把溺水者搬走，放到担架上，项东方因为紧张和疲倦，一屁股瘫坐在地上。当人们把溺水者抬走时，他才看清楚原来她竟然是柳丝雨！

这是项东方迄今做过的最大胆最令人自豪的事情。他一时之间成了舍己救人的英雄，场领导在大会上表扬了他，知青和职工们都称赞他，女生们尤其对他刮目相看。瘦猫肥猪一伙人更有了取笑他的理由，他们一有机会就说：你这次奋不顾身英雄救美，就是铁石心肠的尼姑都会动心的。说得项东方自己都信以为真了，天天心神不宁地盼望着奇迹的出现。

星期天，瘦猫和肥猪等人去了公社赶集，项东方感冒还没好利索，就呆在房间里看书。上次，在地头里陈一鸣说的那番话，对他触动特别大。以前，他从来没有觉得自己有什么特别的，他甚至觉得自己长得丑，并因此缺乏自信，所以他很少照镜子，他不想看到镜子里面那个奇怪的我。既然他们把自己说得那么好，他实在忍不住想要看看自己到底是什么样的一个人？真的像他们说的那样优秀吗？

那天晚上，他躺在床上怎么也睡不着，同房的瘦猫等人早就鼾声如雷。他坐起来，从枕头底下掏出一面小圆镜。他很少用它，特别怕照镜子时被人撞见，所以他把它压在枕头底下，偶尔无人的时候拿出来照一照。他打亮手电，照在自己的脸上，那面镜子只有一个水杯口那么大，也许是因为旧了，表面的水银模糊，镜子里的影像罩着一层朦胧。他惊奇地发现，镜子里面的自己竟然是一个带着稚气、英气勃勃的美少年：两道长过眼睛的浓眉像一只雄鹰展开的双翼，一双大眼明亮有神略带忧郁，以前他嫌自己的嘴太大嘴唇太厚，象征着愚蠢和贪婪，可今天他觉得那竟然是棱角分明、有模有样。他特别去照自己的耳朵，黄中带黑的脸膛上，两只耳朵却明润光洁，明显地白于脸上大部分地方，就好像两叶白帆飘荡在滚滚的黄河之上。

这仿佛是一次自我的发现。以前，他从没有想过自己是什么，未来又怎样，他只是一个懵懂少年，什么都不懂，不知道自己要做什么。今天突然之间，他意识中萌生出一种朦朦胧胧要实现什么的欲望，虽然他还不清楚那是什么。但有一点他十分明确了，那就是：他不会永远都这样浑浑噩噩，总有一天他会出人头地！这种自我意识一经觉醒，就变成了一种使命感。

他的箱子里有一些他喜欢的书，下乡这么久了，他根本动都没动过。这一阵子，他把那些书都翻出来看了一遍，看完了就找人借书看，昨天就从欧耀庭处借了本鲁迅的《呐喊》。他特别喜欢《狂人日记》那一篇，看了一遍颇为震惊，但其中的象征意义不甚明了。今天他又仔细读了一遍，深为鲁迅深刻而独到的眼光所折服，特别佩服鲁迅对封建礼教的批判，对吃人道德的揭示，心里就想有朝一日自己也能像他那样写点有分量的东西，这辈子就死而无憾了。

正在胡思乱想之际，忽然听到敲门声，他便放下手里的书，跑过去开门，一眼看见柳丝雨站在门外，又惊又喜，竟不知所措地说：

“哎，怎么是你？”

“没想到吧？”

柳丝雨笑得像一朵盛开的桃花，脸色虽然还是有点苍白，但精神明显好多了。项东方缓过神来了，关切地问：

“你怎么样？好点了吗？”

“我好多了。我来就是要谢谢你救了我的命！”

柳丝雨慢声细语地说，话一说完脸就红了。项东方听在耳里，喜在心头，嘴上却一个劲地说：

“没有、没有，应该的！”

柳丝雨想起那天自己湿身躺在地上，那么多人在看着自己，尤其是有那么多男生在，实在是失礼，脸又不自觉地红了。项东方看到她羞红的脸，觉得她益发可爱。

柳丝雨一双丽眼含情脉脉地凝视着他，说的话却好像言不由衷：

“你水性怎么那么好？我听说有人因为不会救人，和溺水者同归于尽的。”

项东方随口说：“我从小就在贺江里打滚，游泳根本不在话下，我没有考虑到什么危险，因为我自信水性很好。我倒是奇怪，你为什么不会游泳？”

“我爸妈不让我游泳，他们说每年都有人淹死，太危险了，而且他们特别担心女孩子容易出事。”

“小时候，我爸也不让我游泳，他倒不是担心我被淹死，而是怕我的哮喘病复发。”

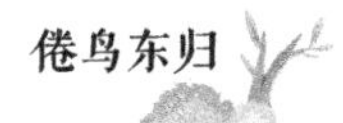

“哪你是怎么学会游泳的？”

“哦，那太简单了，我们偷游泳呗！”项东方很自然地笑了起来。“我从小学开始就跟瘦猫肥猪一帮人偷游泳，有时候一天游两次。”

“哪你爸妈不管你吗？”柳丝雨好奇地问。

“我爸妈经常下乡，常年不在家，保姆又管不住我，等他们知道时，我已经成了‘浪里白条’啦。他们看我身体越来越好，反过来倒支持我呢！”

“你是说浪里白条？”

“就是《水浒传》里面那个浪里白条，其实他们叫我浪里黑条。”

“为什么？”

“因为经常在太阳底下游泳，都晒得跟炭一样黑，我们之间经常比谁最黑，他们都比不过我，所以就叫我浪里黑条！”

柳丝雨忍不住笑起来说：“你可真逗！不过我真羡慕你，总是那么自由自在的。”

“所以我从小就是个自由散漫的人，干过的坏事也不少。”项东方一脸的坏笑。

柳丝雨“扑哧”一声笑了出来：“怪不得你那么坏！”

项东方突然把脸一板，正色道：“咦，我怎么坏了？”

“当年你把蜗牛放到我手上，害得我哭了一整天，你肯定早把这事给忘了吧？”

项东方笑了，笑得有点尴尬，说：“我没忘，其实我一直都很内疚，没想到你那么怕蜗牛。”

“我从小就怕蟑螂老鼠之类小动物，看着蜗牛拖着那长长的鼻涕，简直恶心得想吐，你可好居然把它放到我手上！”柳丝雨嗔道。

“你知道我为什么要这样做吗？”

“不知道。”

“你还记得当年我被一个老太婆诬赖偷黄瓜的事吗？”

“你是说你没偷，她诬赖了你？”

“就是！她说我当天穿的衣服她认得，就认为我偷了她的瓜。当时我很愤怒，可是你竟然瞪了我一眼，我才想到要报复你的。”

“怪不得！小时候特傻，特正经，原来是我冤枉了你。 好了，现在大家扯平了。”

项东方望着她，小心翼翼地问：“可是你一直都恨我，对吗？”

柳丝雨毫不掩饰地笑道：“是呀，从那时起我就认定你是一个小流氓，我曾经发誓一辈子不搭理你！”

“难怪我那时给你手绢你也不要。”

“我怕你是黄鼠狼给鸡拜年没安好心，谁知道你心里打什么鬼主意呢？”

项东方现出一脸的无辜，说：“其实我那时是真心想帮你的，我只是不知道该做什么。”

“当时你说那条手绢是新的，是真的吗？”

“新的倒不是，不过确实是刚洗过还没用。”

“所以你就骗我说是新的？”

“我是怕你不要才这样说的，结果你还是没要。”

两个人都笑了。项东方接着说：

“当时我在手绢里面包了一张纸条，可惜你没有看到。”

“哦，写的什么？”

“我写的是‘我不相信你妈是特务！’”

“真的？”柳丝雨确实有点惊讶，没想到他那么勇敢，当时真是小看了他。她感动地说：

“如果当时我看到你这句话，也许我的心情会好受些。当时我的感觉就是全世界都恨我妈，我的天都快要塌下来了。难得你那么有心！”

“哪你妈后来怎么样了呢？”

“后来查清楚了，我妈其实也就有个远房表姑在美国，根本就没有什么联系的。”

“哪平反了吗？”

“早平反了。”

项东方松了口气，转而又认真地问：“那么说你原谅我了？”

“我又不是没心没肺的人，你都救了我的命了，难道我还会为那点小事来记恨你吗？”柳丝雨说得很真诚，语调也很柔和。

项东方如释重负地说：“噢，那太好了！”

不知不觉他们已经聊了半个多小时了，这时，项东方才发现柳丝雨依然站在门边，忙请她进屋里坐。正聊得起劲的柳丝雨停下来，警觉地四面看看，摇摇头说：

“不了，我还是先走吧！”

项东方不觉有点失望，追问道：“我以后可以去找你吗？”

柳丝雨转过身，不置可否地笑着说：“你看着办吧！”

项东方傻傻地愣在那里，看着柳丝雨渐渐地远去的背影，不免有点失落。他细细地回味着刚才的情景，回忆起她的一颦一笑。他实在记不清自己到底说了些什么，但是有一点他倒是清楚了，那就是柳丝雨已经原谅了他小时候的鲁莽行径。这使他压在心头里的一块石头落了地，舒坦多了。他知道自己年少时做过许多荒唐事，抽烟、喝酒、偷钱、射杀一只无辜的小猫等等，可是，不知道为什么他总是觉得自己亏欠柳丝雨的最多。每当想到她，他就会不由自主地忆起当天的情景：她泪眼涟涟、满含怨恨地骂自己是“小流氓”。以前，他总是以少不更事作为理由为自己开脱。然而，不久之后他还是会重复同样的事情，一次次没完没了的自责，直到柳丝雨换了学校，消失于视野之外，他才渐渐地忘了这件事。谁知道老天爷存心跟他作对，竟把她再次推到他的面前，让他不能不面对那苦涩的过去。他忽然又觉得老天爷还是有眼的，毕竟给了自己一个机会，使他们之间能够冰释前嫌，自己终于可以坦然地面对她了。他一辈子都没有跟任何一个女人说过这么多话，今天跟她在一起却是那么的轻松惬意，一点都没有做作，没有勉强，一切都是那么的自然。

想到这，他心里忽然泛起了一丝甜甜的蜜意，就像小时候在饮冰室闻到的那种香草味，甜甜而浓郁，闻到就叫人想吃一口。他陶醉了，脑海里全是柳丝雨盈盈的笑脸，那上扬的嘴角，那荡漾着秋波的媚眼。他开始幻想着自己跟她一起的情景，感觉到自己好像是再也离不开她了。他不知道自己是否已经爱上了她，他只觉得自己的心早已飞到了她的身旁。他一定要再见到她，越快越好。过了一会，他又忽然想到柳丝雨临别时说的那句话，这让他有点捉摸不透：到底她是希望自己去找她呢，还是不欢迎自己呢？这不是给自己出了一个难题吗？他拿不准，不过，他却打定主意一定要尽快见到她。

从那以后，没事他就去养猪场附近闲逛，希望能遇见她。有一天，他又去了，正好碰到柳丝雨在晾衣服，他走上去搭讪，俩人很愉快地聊了一会儿。临走的时候，他故意问柳丝雨有没有好看的书，柳丝雨转身回到房间，拿出来一本《钢铁是怎样炼成的》，给了他，还小心地叮嘱他要偷偷地看，别让人发现了。过了两天，他来还书，顺便带来了一本普希金的诗集，跟柳丝雨换了一本高尔基的《童年》。一来二去，见面多了，俩人的感情慢慢地升温，就开始了秘密的约会。

他们最喜欢到那一片靠近石山边的勒竹丛去幽会。这个地方离猪场有半里地，长满了高大茂密的勒竹，环境非常幽静，平常很少有人来。他们经常在黄昏的时候，避开人的耳目，悄悄地来到这里，坐在竹丛底下的青草上，谈论文学、人生和理想，他们特别喜欢诗歌，常常一起朗诵。项东方最喜欢俄国诗人普希金那首《假如生活欺骗了你》，诗中所流露出来的那种乐观情绪总是激励着他，让他在黑暗里看到曙光，在艰难中憧憬着未来。他把这首诗熟读到完全可以倒背如流。受他的感染，柳丝雨也爱上了普希金，也会背这首诗。

一天傍晚，他们又来到勒竹林里，说了一会儿话后，柳丝雨提起最近听到的一个消息：隔壁公社林场有一个叫黄东平的知青，因为把女朋友肚子搞大，而受到通报批评，还被撤销了团支书的职务。黄东平大家都认识，是项东方高中隔壁班的大红人，写得一手好文章，经常在各种场合出风头。这件事在知青中传得沸沸扬扬，搞得人心惶惶的，一时间大家都谈情色变。农场里虽然没有明令禁止知青谈恋爱，但场领导在许多大小场合经常强调，知青下放是接受再教育来的，因此要以革命工作为重，个人的需要必须服从革命的需要，言下之意就是不鼓励谈恋爱。事实上，在这个农场里，大多数人年龄还小，真没有几个人谈恋爱，项东方和柳丝雨可能是个例外。

柳丝雨显得忧心忡忡的样子，项东方心里也有点沉重。俩人最后商定，这段时间要特别小心，别弄出什么差错来，因此要尽量减少见面的时间。那天晚上，他们早早地就告别，心情郁闷地回到了宿舍。

第十五章 莫名的预悸

自从上次知道了老职工张子恩会刻图章以后，项东方就很想跟他学，但一直都没有机会。跟柳丝雨开始约会后，他又想起了这事。于是，他就撺掇瘦猫，向场领导要求调到基建组。刚好，基建组也需要补充两个人，项东方和瘦猫就被调到了基建组。基建组的工作虽然也很辛苦，但至少不用下地，不必下水田，还可以躲过讨厌的蚂蟥。项东方爱上了木工活，跟着师傅学，不多久就能做一些简单的东西。

他们也换了新的宿舍，搬到了养猪场隔壁，离柳丝雨更近了，见面的机会也多了起来。因为宿舍靠近猪场，老鼠特别的多，半夜常常被吵醒。一天半夜，他突然醒来，觉得耳朵有点痒，伸手一抓竟是一只老鼠。他想到了捕捉老鼠的方法，和瘦猫一合计，决定做几个捕鼠的笼子。工具和材料都是现成的，手艺要求不高，关键的是时间，白天要工作，只能在晚上做。

那时候，项东方和瘦猫与另外两个职工住在同一间宿舍里，一个叫黎崇光，另一个是场里的总务，手里掌管着资金和粮票，是个重要人物。项东方他们开始做老鼠笼子那天晚上，碰巧那个总务回了附近的家里。笼子做到一半，俩人的烟瘾犯了，瘦猫便催项东方回去取烟。

项东方回到房间，见黎崇光正端坐在床上看书。两个人打了个招呼，黎崇光连头都没抬，继续像模像样地低头看他的书。项东方拿了烟，一溜小跑回到了木工房。俩人一边抽烟一边干活，有一搭没一搭地聊着天。看看外面天色已经完全黑了下来，项东方变得烦躁不安。过了一阵，他忍不住了，就对瘦猫说要出去一下。瘦猫假装不快地说：干嘛呀，都快弄完了，干完再走不行吗？项东方不耐烦地说：我去去就回，不会呆久的。瘦猫诡秘地一笑：谁知道呢？

没过多久，项东方回到了木工房，瘦猫也没说什么。他们很快就把两个老鼠笼子做好了，俩人一前一后地回到了宿舍。

一推开门，他们就感觉到有点不对劲。房间里开着灯，黎崇光却不在，总务桌子的抽屉被撬开，里面被翻得乱七八糟的。俩人第一感觉就是出事了。一阵慌乱过后，他们决定到场部去报案，正在此时黎崇光神色怪异地跑了回来，手里提着一个暖瓶。为了避嫌，黎崇光跟他们一起去，临行时把门锁上。

一夜无话。第二天，县公安局派来了一个三人组成的专案小组。那时候虽然经历了“文化大革命”的动乱，但类似这样的刑事案件还是十分少见的。那个总务被偷去了三百多元和五百多斤粮票，在当时这算得上是一个大案子，因此，公安局派出了以刑侦科长为首的专案组。根据初步的摸底和排查，专案组基本排除了外来作案的可能性，认定是内部熟人所为。他们在宿舍附近找到了一把西瓜刀，这把刀已经被撬弯了，显然正是作案时撬锁的工具，而这把刀属于黎崇光，他平时用来切烟丝的。因此，他成了第一个重大的嫌疑人，这不仅因为他是这把刀的主人，而且从项东方的提供的线索来看，他还有作案的时间。项东方回去取烟时，他正在房间里看书，从项东方离去到他们发现问题，他有大把时间去作案。然而，黎崇光却坚持说项东方走后不久，他就离开了房间，去食堂打开水，还和食堂的张师傅聊了一会天，这点张师傅证实为真。不过，黎崇光还说他走时并没有关灯，只是把门带上，也没有上锁。专案组经过讯问有关人员，又从瘦猫嘴里套出项东方曾在取了烟后，又曾经离开过木工房，出去的时间还不算短，而这段时间刚好是黎崇光所说的去食堂那段时间。于是乎，专案组顺理成章把项东方看作为另一个嫌疑人。

项东方被传进了审讯室，那是一个临时腾出的小办公室，专案组三个人把他团团地围住，让他十分紧张和胆怯。

坐在右边那个人首先义正词严地说：“项东方，我们现在明确地告诉你，从我们初步掌握的情况来看，你是这个偷窃案件的重大嫌疑人。你要知道，党的政策历来是‘坦白从宽，抗拒从严’。你要老老实实地交代问题，争取从宽处理！”

项东方闻言，当时就吓呆了。刚走进这个小屋的时候，他就不由自主地想起小时候进局子的往事。那次，三个人被两个警察带到派出所，就吓醒了，看见穿警服的人，当时就吓得六神无主、浑身发抖。还好，警察刚一发问，瘦猫就把事情统统揽到自己身上，说都是自己的主意，不关他们事。因此，当天他也就说了几个‘是’或者‘不是’，并没有说太多的话。事后他和肥猪都很感激瘦猫，觉得他够朋友。今天不同的是，这几个人并没有穿制服，而是穿着便衣。更为不同的是，他自己的心理状态。他觉得我自己并没有犯案，没什么好怕的，进来这里不过是为了配合调查而已。可是，刚才那个人的话已经十分清楚，自己已经成了嫌疑人了。他的脑子“嗡”地一下子就懵了，霎时一片空白。从案子发生到现在，他一直都抱着“身正不怕影子歪”的态度，没有认真去细想各种可能的情况，没想到人家终于盯上了自己。他惊恐得说不出任何话来。

左边那个人见他沉默不语，有点恼怒地问：“项东方，你为什么不说话？”

“我，我说什么呢？”项东方结结巴巴地问。

“就把你犯罪的事实从实招来，就这么简单！”

项东方的犟劲上来了，涨红了脸叫道：“我没偷东西，我招什么招？”

那个人严厉地喝道：“你不要敬酒不吃吃罚酒！从我们掌握的情况来看，最有作案可能就是你！”

项东方气得发抖，说：“我不明白你说些什么！”

“好，你如果不坦白，那就算是抗拒，你可明白那意味着什么？”

“什么？”

“那就可能判二十年！”

这简直就像一个晴天霹雳，项东方怔住了。

右边那个人咄咄逼人地问：“我问你，你第二次离开木工房后去了哪里？都干了些什么？”

“我……”

项东方突然哑口无言，明知自己没错，却不能说。这个难言之隐让他蔫了，心里翻江倒海，脸上青一块白一块。不过，他还是拿定主意什么都不说，看你又能怎样？

他的沉默激怒了专案组的人，左边那个人说：“你从小就有偷窃的习惯，你该不会忘了偷钱的事吧？”

项东方仿佛被触到了痛处，努努嘴说：“那时年纪小不懂事。”

“是这样吗？我们听农场其他群众反映你下乡后也不老实，经常小偷小摸的。”

“胡扯！”项东方真的生气了。

右边那个人冷笑道：“你还记得某年某月偷西瓜的事吗？我这可不是胡扯吧？”

项东方又一次被镇住了。这是哪个王八蛋倒的鬼，连这些陈谷子烂芝麻的事都翻出来了，操！他的心很慌乱，但是他依然故作镇定地说：

“这跟这个案子有什么关系吗？”

左边那个人说：“俗话说‘小时偷针，大时偷金’，你是有前科的。这说明你就是一个目无党纪国法、为所欲为的人，一个喜欢偷鸡摸狗的人！”

项东方心里在骂：操，你就上纲上线、随意联系吧！欲加之罪何患无辞。但他选择了沉默。

右边那个人说：“从你的过去可以看到你的现在，预测你的未来。你是一个什么样的人你自己清楚。从这个案子看，你最有动机，最有条件，最有时间去作案。你看到黎崇光一个人在屋里……”

到了这时，项东方突然明白了，他们这样狂轰滥炸、旁敲侧击，正好说明他们没有什么证据，只是在吓唬自己。于是他反倒镇定了，他冷冷地说：

“说了这么多，你们有什么证据吗？”

他们愣了一下，左边那个人马上又强硬地说：“有没有证据是一回事，你老不老实又是另一回事。我们现在所做的就是为了给你一个机会，让你能够坦白。我们是在挽救你，你明白吗？”

项东方还是不吭声。那个人气急败坏地威胁道：“看来你是打算顽抗到底了，别打错算盘了，我们有办法让你开口！”

项东方心里虽然害怕，但依然缄默不语。这时，坐在中间一直没有说话那个的人发话了。他先干咳了一声，清了清喉咙，放缓语调说：

“项东方，你还记得我吗？”

项东方抬起头，困惑地望着他，脑子飞快地运转，一时就是无法记起这个似曾相识的人。环境那么乱，脑子也不好使。

“没想到你年纪轻轻，忘性倒那么大。我是杨欧，水电站动耳朵的杨欧！”

项东方抬起头，注目凝视他。过了片刻，他突然变得目瞪口呆，一时说不出话。噢，终于想起来了，就是他，那个风趣幽默的大个子！当年他曾经给了自己多少的欢乐啊，如今他怎么会坐在审讯自己的堂前呢？他想起来了，当年这个杨欧，就是公安局暂时下放到水电站去支援的，当时他就讲过许多有趣的破案的故事。突然间面对着这个人，竟然一时不知道该干什么。他忽然觉得，也许这个老相识可以把自己救出这个火坑。

他尴尬地说：“杨叔，我想起来了。”

杨欧语重心长地说：“东方啊，年轻人犯了错不要紧，只要勇于承认错误，改过自新，重新做人，你还是会好起来的嘛！”

项东方觉得委屈，喃喃地说：“杨叔，我没做错事，我是清白的！”

“你既然认为自己是清白的，那你就把事情的原委讲出来，我们也不会冤枉好人的，是不是？”

“这，……”项东方欲言又止。

“你就说说你第二次离开木工房后去了哪里？干了什么？有没有什么证人？这是全案最关键的一点，你把这个解释清楚了，案子就水落石出了。”

杨欧严肃地盯着项东方，眼里满含着期待。项东方心里很矛盾，他差一点就要把事实真相说出来了，但他最终还是忍住了。他拿不准结果会怎样。杨欧见他不吭气，又进一步开导说：

“东方啊，我从小就看着你长大，我知道你比瘦猫肥猪他们都要聪明，如果环境好的话，你会成为国家的栋梁，为社会为人民做出很大贡献，很多成绩，你会前途无量。不要一失足成千古恨，这样会让你父母很伤心的。”

这一席话还真打动了项东方，他知道杨欧说的是肺腑之言，不完全是为了破案目的而糊弄人的。他记得杨欧是第一个对他与以肯定的大人。从小到大，他几乎没有听过任何一个大人当面夸赞过自己，更没有一个老师表扬过自己，每学期学校的家庭报告书都写着这样的评语：“自由散漫，个人主义，无组织无纪律，不可调教。”以致于他时时感到自卑，对自己没有信心。那次在水电站差点溺水身亡，项东方被父亲狠狠地教训了一通，并关了一天的禁闭。第二天在食堂吃饭时，父亲就跟站里的人抱怨说，项东方自小就不听话，常常惹麻烦。杨欧却力排众议地说：你儿子是个与众不同的孩子，很聪明伶俐，悟性很高，有自己的想法，长大后一定有大作为。项东方当时感动得几乎要哭出来了，他从心底里感激杨欧，还对自己有了一个新的认识。当时父亲虽然若有所思不动声色，但后来项东方可以感觉到父亲对自己的态度明显地好转了。临下乡前一天，父亲还专门从水电站回到家里，千吩咐万叮咛，还特别地说：虽然目前高考取消了，但你要有准备，以后恐怕会有机会。于是，项东方遵照父亲的要求，把中学的课本和一些自己喜欢的书都随身带到了农场。只是由于艰苦的劳动和生活，尤其是对前途没有信心，他早已荒废了。想到这他实在是惭愧，觉得自己辜负了父母的期待，眼下还出了这么一桩麻烦事，真不知怎么向他们交代。

他眼圈有点发红，嗫嚅道："杨叔，我知道你是为我好，可是我真的没做那事。"

杨欧眼中掠过一丝失望，顿了顿说："好吧，我给你三天时间，你好好考虑，尽快给我们一个答复。"

专案组半天的软硬兼施显然没有达到预定的效果，他们只好把项东方关进一个牛棚里，暂时隔离了起来，门口还有专人把守。这个牛棚坐落在养猪场的一个角落，一个只有六七平方米的破砖房，平时那些牛都拴在室外的草棚里，只有冬天才关进这个牛棚里面。他们随便把房间清理了一下，在角落摆了一张简陋的床，还放了一个马桶，地面上还有些干了的牛粪，满屋子都是牛粪味。

遭受了半天的折磨，项东方早就累得身心疲惫，一进屋倒头便瘫倒在床上，很快就睡着了。到了半夜，他忽然从梦中惊醒，睁开眼看见屋里黑乎乎的，不由得想起小时候被妈妈关在房间里情景。他怕黑，尤其怕一个人在黑暗中独处，也许那是童年时留下的阴影。从那以后，他再也没有独自一个人呆在一个黑暗的房子了。他开始慌张，那无边的黑暗像似一片漆黑的海洋，把他淹没，将他吞噬，让他浑身不自在，一种想逃离的冲动突然刺激着他的神经。

他跳下床，划了一根火柴，借着微弱的火光，终于在门边找到了电灯的开关，把灯打开。房间中央吊着一盏 15 瓦的白炽灯，没有灯罩，昏黄的光线充满整个房间，这让他的心稍稍平静了一点。他在屋里转了一圈，发现东墙有一个极小的窗户，只有两块砖头那么大，虽然没有栏杆，但确实是太小了，人根本钻不出去。大门有人把守着，想逃出去门都没有。

他死了心，重新躺回到床上，睁大眼睛望着天花板，止不住胡思乱想起来。他想到过要去自首，把一切说清楚，重新获得自由。但这种想法立刻就被否决了，他担心这样一来会引出另一个问题来，会陷入到同样麻烦的境地，而且还会牵涉到别人。他犹豫不决，反反复复地思考，最后迷迷糊糊地睡着了。

到了半夜时分，他仿佛听到窗户轻轻地响了几下。他猛地从床上蹦起来，跳到地上，跑到窗台前，却什么都没有看到。他觉得好生奇怪，明明听到好像有人敲打窗户，难道是自己听错了？还是野猫跑过的声音？屋子里的灯一直都亮着，他机警地在房间里继续走动，试图发现出什么可疑的东西。终于，在那凹下去的地表上，他发现了一个揉成一坨的纸团。他急不可耐地打开了它，马上读到了下面几行娟秀的文字：

"东方：我相信你是无辜的！你一定要坚持住，争取还自己一个清白。我抄下一首你常常给我念的普希金的诗，请你铭记：

'假如生活欺骗了你，
不要忧郁，也不要愤慨！
不顺心时暂且克制自己，
相信吧，快乐的日子就会到来。
我们的心儿憧憬着未来，

尽管现实令人悲哀，
一切都是暂时的，转瞬即逝，
而那逝去的将变得可爱。’
我勇敢的项东方同志，你一定要像诗人说的那样坚强，我会在外面等着你。
你的小雨。”

读着这封短信，他的心头突然一热，一股暖流充满心田，眼睛不觉湿润了。他知道这是柳丝雨写给他的，尽管他现在看不到她，但他仿佛能感觉到她就在自己身旁。虽然她没有说什么爱啊、情啊之类肉麻的言语，然而，透过字里行间他似乎触摸到了她那颗溢满爱意的心。他知道她是爱自己的，尤其是那个落款“你的小雨”简直令他心醉，他曾多次称她为小雨，每次她都会脸红，眼里却流露出甜蜜的笑意，但她本人从来没有这样自称过，何况今天她还加上了“你的”这样亲昵的形容词呢！在这个困难关头，她无声的支持给了他无穷的力量，他不再感到自己孤立无援。于是，他更坚定了守口如瓶的决心，对这个在自己落难时伸出救援之手的女人，怎么忍心去伤害她呢？宁愿自己多受点委屈，也不能让她成为众人嘲弄的靶子。

第二天，令他意外的是，房间里来了一个不速之客，来人正是肥猪。肥猪脸色憔悴、神情萎靡，好像一夜没睡的模样。项东方像遇到了救星，兴奋不已，没想到，肥猪一进屋就急不可耐地说：

“项东方，你就不要再耗下去了，赶快招了吧！”

项东方一听就来气：“你叫我招什么？我没偷没抢，我招什么招？”

肥猪叹了口气，说：“我作为一个老朋友，不想看到你撞到南墙还不回头！”

项东方讥讽地说：“你真相信他们说的？是他们派你来的吧？”

“没办法。他们动员我大半天，搞得我头都大了。”

“看来你也怀疑我了，对不对？”

“我也不想这样。可是他们给我分析了案件，认为你有最大的作案可能，而你自己又不能自圆其说，我想帮你也没办法。”

“我其实……”

项东方话到嘴边突然停住了，他本想把实情告诉他，但一转念又忍住了，心想这件事多一人知道不如少一人知道，免得节外生枝。肥猪的出现本来已经让他相当诧异，况且，他还说出了那么一些令他气恼的话。他当然不会想到，肥猪已经被彻底地洗了一番脑。

昨天晚上，就在项东方辗转难眠之时，肥猪正呆在那间临时审讯室里，接受专案组的轮番教育和动员。他们针对他爸的历史问题，告诫他作为一个“可以教育好的子女”要坚定地站在党一边，向组织靠拢，争取成为可以改造好的新人。熬过了一个不眠之夜，他终于想通了，觉得自己以前简直就是自暴自弃，虚度光阴。暗暗发誓要重新开始，在各方面积极表现自己，活出一片新天地。他的第一个目标就是项东方，他要说服他投案自首重新做人，这样自己也就有了立功的资本。顺着专案组的思路，他也认为项东方是最大的嫌疑人。他认为凭着自己与项东方的交情，他会乖乖地听自己的话，没想到，项东方软硬不吃，两个人竟然是鸡同鸭讲，谈不到一块。

肥猪见他欲言又止，就进一步鼓动说："你就赶快去坦白，争取从宽处理，没准会得到轻判。"

项东方勃然大怒，大骂道："你这个内奸，你不帮我就算了，居然还叫我出卖自己，你不是我的朋友，给我滚出去！"

"哎，项东方，不要这样嘛！我都是为了你好，你怎么就不领情呢？"

"滚、滚、滚！"项东方依然怒不可遏。

肥猪灰溜溜地走了，项东方却没法平静下来。认识肥猪十多年来，从来没有红过脸，可是今天他却惹得自己那么生气。人在困境时本来指望朋友能给点安慰，没想到他却雪上加霜，往自己的伤口上撒盐，实在是可恶。想到自己与肥猪十多年的友谊竟落得个如此的下场，他免不了十分的伤心，心情变得烦躁不安，像一头被困在笼子里的野兽，急得满屋子里乱转，脑袋都要炸裂了。后来，他想起了柳丝雨的信，仿佛又看到了她的脸，感到了一丝安慰，心情慢慢地平静了下来，终于迷迷糊糊地睡着了。

第二天，他被一阵敲门声吵醒，瘦猫神色凝重地推门走了进来。看到瘦猫，他又想到了肥猪，猜想他可能又是专案组派来的，于是就没好气地说：

"又是来做说客的吧？"

"别这样，哥们！"瘦猫诚恳地说："看你受罪，我心里也不好受。我想跟你好好谈谈，没准我可以帮到你。"

项东方脸色有所缓和，期待着说："你怎么能帮我？"

瘦猫开门见山地说："我虽然不知道那天晚上你去干了什么，但我可以肯定你没有偷！如果我猜得没错，你是去见了柳丝雨。"

听他这么一说，项东方先是有点震惊，不明白他是怎么知道的，但随后他又觉得坦然了，既然他已经知道，就没有什么必要保密了。瘦猫的猜测是对的。

那天，项东方跳出木工房，步履轻盈地绕过养猪场的围墙，来到几百米外那片宽大茂密的勒竹林里面。月亮光投射到竹丛上，留下一个巨大的阴影，在这个阴影里，项东方见到了等候多时的柳丝雨。他们在阴影里说了一会儿话，项东方就急不可耐地要走，他担心瘦猫等得太久了。柳丝雨依依不舍告别。然后，项东方先走，等他走远了，柳丝雨才慢慢地离开。

其实，瘦猫早就知道项东方与柳丝雨拍拖的秘密，但他很识趣，从不去揭穿它。这样，项东方就一直以为，他与柳丝雨的恋爱是无人知晓的事情，所以，他就想保守住这个秘密。他一直不肯向专案组说出事实，是因为他担心一旦公开了这个秘密，就有可能引起一连串可怕的麻烦事。如果把这事抖出来，虽然可以从偷窃案中解脱，却极有可能又陷入到另一个"桃色案"之中。谁知道会发生什么事情呢？远的有粤剧团的焦玉颜，近的有隔壁公社黄东平的实例摆在哪里，自己会不会成为第二个黄东平平呢？再说这不是自己一个人的事情，还牵涉到柳丝雨，自己不能连累她。一想到柳丝雨，他就想到“身败名裂，遗臭万年”这些流行的话，他不能让她为自己背黑锅，让她一辈子都抬不起头来。现在，既然瘦猫把这个秘密揭穿了，再隐瞒也就毫无意义了。于是，他就无所谓地说：

“既然你知道了，我也不想瞒你，事实就是这样。”

瘦猫松了口气：“那事情就简单多了，你就跟他们如实交代，不就完了？”

“我怕事情会搞得更复杂了，也许摆脱了偷窃的嫌疑，却落得个生活作风不正的罪名，名声更臭。而且这还牵涉到柳丝雨，我不想她受我的牵累，弄得身败名裂。”

“有那么严重吗？你们又没有干什么……”瘦猫忽然停了口，他拿不准他们到底做了什么，到了什么程度。

项东方还是担心地说：“是呀，我们又没做什么，可是如果他们要来调查，人们会说什么？口水都会把人淹死，你看黄东平平被人损得还不够惨吗？”

“人言可畏，这不得不防。不过，你知道吗？现在外面都在传你项东方是个盗窃犯，如果罪名落实了，判个十年八年简直稀松平常，二十年都不封顶。你只有把真相说出来，才能救自己，孰轻孰重你总能分得清吧？”

“要定我的罪，他们没有证据。”

“咳，什么证据不证据的，这年头你还没看够吗？他们要治你罪总会找到理由的。再说如果他们要逼供，你抗得住吗？”

项东方傻了眼，这点他还真没想过，自己太天真了。如果他们要硬来，真的一点办法都没有。

“哪你说怎么办？”

“识时务者为俊杰，自己去招供。”

“不行，我不能让柳丝雨鄙视我，我不会做这个恶人！ 我会后悔一辈子的。”

“要么这样，我去跟她说，让她明白利害。”

“让我再想想。”

“你没有太多时间了！”

守门人敲门说时间到了，瘦猫匆匆离去。他径直去找了柳丝雨，没说几句话，柳丝雨就爽快地答应去找专案组作证。她说自己原来并不知道案件的关键在哪里，现在既然知道了，就应该这样做，因为她明白这是项东方唯一能够洗脱罪名的办法。瘦猫还郑重其事地问：你考虑清楚了吗？有没有考虑到可能的后果？柳丝雨说：项东方救过我的命，我帮他义不容辞，就算付出代价也在所不惜；再说我们身正不怕影子歪，我们什么都没做，不怕别人说闲话。瘦猫深为柳丝雨的大度和明白事理而佩服，心里一块石头落了地。

第十六章 洞中初吻

项东方被放了出来，黎崇光被带到公社继续审讯，不久就招了供，承认了偷窃的罪行。这场虚惊不仅使项东方心有余悸、身心疲惫，也让他与肥猪之间产生了间隙，而他与柳丝雨的关系却因祸得福，持续升温。也许，当初他确实是神经过敏了，把头脑里的预悸当作真正的威胁，让自己白白地受了这么多的苦。然而，他这种过度的自我防卫也是环境所迫、情有可原。场领导并没有公开点名批评他和柳丝雨，倒是全场上下都知道了他们的秘密。救美的英雄反被美人所救，这样浪漫的爱情故事令人着迷，全场上下都为之津津乐道，知青们更是羡慕得不得了，一时艳煞了那些形单影只的少男少女们。

既然已经公开，他们也就不再躲躲闪闪，而是大大方方地出双入对。晚饭后，天色还早，他们肩并肩去散步，穿过一座长满马尾松的小山岗，漫步在一丛丛高大婆娑的勒竹之中，听着鸟儿不时在枝头上啁啾，他们完全沉浸在一种胜利的喜悦之中，仿佛一对刚刚挣脱牢笼的鸟儿，自由自在地跃上蓝天，向着遥远的森林飞去。

他们紧紧地挨在一起，手牵着手，傍晚的微风吹来，互相都能闻到彼此的气息。他们沿着小溪慢慢地走，两旁全是金黄的田野，路边还开着许许多多美丽的野花。项东方心情轻松愉快，看着什么都兴致勃勃的，不时对着路旁的植物指指点点，告诉柳丝雨各种野花的名字：这是犁头草，卵形的叶子就像一个犁头，所以叫做犁头草，紫色的五瓣花朵有点像紫罗兰；哪叫盘龙参，长着一丛丛线形叶子，从中抽出一支支绿色的小茎，一排紫红色的花像条龙似的盘旋在小茎上面，所以又叫盘龙参；还有这个开着小黄花的叫田基黄，哪个长着卵形叶子的是土半夏。

哪些野花长得一点都不起眼，但项东方都能一一叫得出名字来，这让柳丝雨十分的佩服。项东方顺手摘下一颗宛如狼牙棒一般的小野果，轻轻地扔到柳丝雨的衣服上，那小野果就粘在衣服上面，柳丝雨伸手去拨，那野果竟散开了，在衣服上留下一根根像针一样的小刺。项东方一边帮她拨那些小刺，一边不停地笑。柳丝雨好奇地问那到底是什么东西？项东方说是鬼针草，小时候经常互相扔着玩的。柳丝雨说我怎么都没见过呢？项东方说你们女孩子应该不会玩这个，我们经常玩，有时候还往头发上扔，弄半天都拔不下来呢。柳丝雨嗔道你们小时候真是野，项东方大笑着说我们本来就是一群野孩子嘛。

正说着，迎面走过来一个邻村的农民，赶着几头水牛。在擦肩相逢那一刻，那个农民瞪着诧异而羡慕的眼神看了他们一眼。柳丝雨慌张地要挣脱项东方的手，可是他

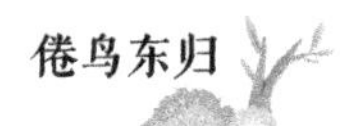

却死死地抓住她的手不放。待那农民走远了，项东方突然忍不住“嘿嘿”地笑了起来。柳丝雨轻轻地拽着他的手，不解地问：

“你笑什么？”

项东方止住笑，说：“你有没有看到刚才哪个人的眼神？”

“嗯，人家大概看不惯我们这样子吧？”柳丝雨话没说完，脸就先红了。

项东方又笑了，柳丝雨娇嗔道：“你怎么老不正经？笑个没完了！”

“我跟你讲一个故事，保证你跟我一样笑个没完。”

“好呀，你讲吧！”柳丝雨期待着。

“小时候，有一次大姨妈来看我们，一家人到河边散步，迎面看到一对年轻男女手拉着手走过来，就像咱们一样，我当时很调皮，我用手指刮着自己的脸，一边起哄道：‘拍拖，拍拖，不知羞！’结果，那个女的羞得赶紧松了手，眼睛都不知搁哪，那个男的举着拳头要打我，吓得我赶紧躲到妈妈身后……”

柳丝雨早就笑得花枝乱颤，停了一会儿才说：“你真够坏的！简直就是一个小顽童！”

“是呀，如果现在有一个小孩来嘲笑咱们，我一定会揍扁他！”

项东方笑着抹了一把眼泪，一本正经地说：“比起瘦猫来，我只不过算个小跟班而已，跟着他我们还真干过不少坏事呢。”接着，他又讲了一个故事：

“文革”后期，到处都在成立革委会，各个单位轮换着举行庆祝活动，自然少不了烟花爆竹的助兴。在瘦猫的带领下，我们宿舍一大帮小孩到处赶热闹，哪里鞭炮响哪里就有我们的身影。我们专门去捡那些没有爆炸的炮仗和没有燃烧的烟花，拿回家自己重新改造，变成能够重新燃放的。一次，我发明了一种自称为“枪榴弹”的新玩意儿。我们用一根两米长的小竹竿，在侧边开了一个小孔，放进一只带着一根小竹条的二踢脚，那个小孔刚好可以露出引信，这样就成了一枝可以瞄准的枪，我们用这支枪专门打过往的行人。一次，看见一个农民挑着一担猪粪，我们打中了他的粪箕，猪粪溅了那人一身。还有一次更精彩。我们发现了一对骑单车的恋人，穿得漂漂亮亮的，女的抱着男的腰，一脸陶醉的模样。看得瘦猫气哼哼的，他一声令下：“各就各位，准备战斗！”我端起枪榴弹瞄准那个女的后背，瘦猫手一挥：“预备——放！”肥猪用火柴把引信点燃，“嗤”的一声长嘶，那个二踢脚准确无误地飞向二十米外的目标，击中了那个女的后背，“砰”的一下把她的衣服炸出了一个大洞。那两个人跳下车，男的骂骂咧咧，女的哭哭啼啼，四面看看，没有发现任何可疑的动静，而我们这帮浑小子正躲在一棵高高的龙眼树上，透过浓密的树叶欣赏着这一幕。

柳丝雨笑得直不起腰，她用力在项东方的手心上狠狠地掐了一下，喘着气说：

“你们这帮小混蛋简直坏透了，要让我碰上了，非剁了你们的手不可。”

“你真那么狠？”

“那可不？你们把人家弄得那么惨，谁不讨厌呀？”

“还好了，那女的衣服破了个大洞，估计皮肤也肿了。那个男的脱下衬衣给女的披上。”

“他们找到你们了吗？”

“找个鬼呀，他们是广西那边过来的，人生地不熟的，怎么斗得过我们这些小地胆！”

柳丝雨若有所思地说：“但愿人家不会因此而被拆散了。”

项东方平时也不是一个话多的人，很多时候可以说是很矜持，可是跟柳丝雨在一起就觉得无拘无束，总有说不完的话，有时候还会耍几句贫嘴，也许这就叫如鱼得水吧。

“怎么会？他们搂在一起，男的又是拍背又是安慰，样子还挺亲密的。说不定我们还增进了他们的感情呢！”

“你真贫！死人都让你说活了。”柳丝雨又轻轻地掐了他的手心一把。

“哎哟，你还真掐呀，靓女？”

“我就掐你这个十恶不赦的衰仔！”柳丝雨笑道。

“该掐，我该掐！谁让我遇上了你这个人面兽心的小美人呢！”

“我打你这个不要脸的小混蛋！”

柳丝雨抽出手来要煽项东方的耳光，项东方一跳躲开了，然后向前猛跑，一边嘻皮笑脸地吆喝道：

“来啊，快来打我啊！哈哈！”

柳丝雨撒开脚丫追了过去，嘴里喊道：“我打死你这个死衰仔！”

俩人无拘无束的喊叫声和欢笑声混合在一起，响彻了空旷的原野。

那条清澈的小溪到了那座石灰石山边钻到了地底，不见了。两个人跑到山前停了下来，气喘吁吁地相视而笑。然后，两个人回到小溪边，喝了几口清冽甘甜的溪水，慢慢缓过劲来了。看看太阳还有一竿高，项东方提议去那个山洞玩，柳丝雨游兴正浓，欣然同意。

上山几乎没有路，四周全是密密麻麻的荆棘。两个人依依不舍地松开了手，一前一后地往山上走，虽然没有明显的路径，但他们因为经常来，所以已经很熟悉这里的环境，知道怎么在一丛丛荆棘中找到可以下脚的地方，一点点地向上爬，接近那个半山中的溶洞。他们时而猫下腰，躲开迎面而来的荆条，时而用手拨开密密麻麻的草丛，小心地踩下脚。不一会儿，他们头上身上就沾满了树叶，衣服上也扎满了草刺，但是他们一点都不在乎。柳丝雨发现了一丛开满喇叭花的野草，大声地招呼项东方：

“东方，快过来看，这花真漂亮！”

在一丛长满刺的荆棘旁边，有一丛直立的草本植物，叶子长得像竹叶，顶端开出几朵洁白无瑕的喇叭花，花瓣中央伸出几根长长的乳黄色的花蕊。在粗砺的岩石和荆棘的衬托下，这丛花显得那么娇小柔弱、亭亭玉立。

项东方走到近旁，一股宛如芝兰的幽香扑鼻而来，令人心醉神迷。他兴奋地说：

“这是野百合！”

“真的？你敢肯定？”

“没错，就是野百合。”项东方自信满满地说：“以前就在这山上见到过，不过那时候还没有开花。”

柳丝雨蹲下来靠近花丛，将鼻子贴近花瓣，用力地嗅着，白里透红的脸上露出陶醉的神态，真有美不胜收的千娇百媚。

项东方看得入了迷，突然诗兴大发，沉吟道："哇，太美了！鲜花配美人，花美人更美。哎，别动，保持姿势，我要给你照一张相。"

说罢，用手做成一个镜头状，嘴里喊道："咔嚓！"

柳丝雨笑得像朵花："你都没有照相机，照什么呀？"

"没关系，都照到我心里面啦！可以保存一万年呢！"

柳丝雨听得心花怒放，心里美滋滋的，突发奇想道：

"我们可以把它挖回家种吗？这样就可以每天都看到它了。"

"应该可以的。"

项东方说完，找来一根木棒，小心翼翼地挖开百合的根部，然后将整棵植株连根拔起，就看到一团像大蒜一般的块根。他指着那些块根对柳丝雨说：

"哎，你知道吗，这些就是我们平常吃的百合了？"

"真的呀？"

"小时候我最喜欢喝的百合红豆冰就是这些百合做的。"

"我也喜欢百合红豆冰，可我不知道百合原来就是这样子的！ 你是怎么知道的？"

项东方洋洋自得道："我们小时候漫山遍野到处乱跑，拿着本草药书一棵一棵植物去核对，早就认识几百种中草药，百合只是其中之一。"

柳丝雨笑道："怪不得你认识那么多野花，看来你不仅是一个小混蛋，还是一位小中医呢！"

项东方不客气地说："没错，假如我在山上迷了路，一个星期都不至于饿死！你信不信？"

"吹牛吧你？"柳丝雨怀疑他在逗自己。

"没吹牛，别说你手里的野百合可以吃，就是你身后的那丛荆棘都可以吃呢。"

柳丝雨转过身，指着一丛叶子像玫瑰花的荆棘，疑惑地问："你说这个东西可以吃？"

"没错！它叫金樱子，味道挺不错的呢。"

说罢，他伸手摘下一颗橙红色的金樱子。那果实外形好像一个小葫芦，浑身长满刺，别说要吃，就是拿在手里都硌人。看着这个像狼牙棒一样的果实，柳丝雨摇摇头，表示不相信。项东方小心地剥去那些小刺，把金樱子掰成两半，自己先把一半放到嘴里嚼，再把另一半递给柳丝雨。她犹豫着轻轻地咬了一口，果然味道甜中带点微涩，还真不错。

"真好吃！"柳丝雨感叹说。

"那就多吃几个。"

他们平常没有什么水果吃，几个野果确实能解解馋。他们又摘了许多，直到吃腻了才罢手。然后接着往上爬，很快就来到了半山腰的山洞。这是一个石灰岩溶洞，洞口高好几米，宽也有好几米，洞口朝向西边，渐渐西下的太阳光正好照进洞里，可以看到里面的景色。俩人手拉着手，慢慢地往里走，欣赏着千奇百怪的钟乳石。走了一阵就觉得很凉快，光线也暗下来了，不时还有被惊飞的蝙蝠掠过，洞顶不时有水滴下来，落在脸上或者脖子里，非常的舒服。

项东方突然深有感触地喃喃道:“这水滴就像小雨落在我的心上,令人舒坦、沁人心脾。”

“是呀，真舒服！”柳丝雨深表同感。

项东方深情款款地说：“丝雨，你就是我的小雨，落在我的心头，滋润我的心灵，没有了你我的心就会枯竭。”

柳丝雨忽然感动得泪光盈盈，转过身面对项东方，透过朦胧的泪眼，深情地凝视着他那在微光中的脸庞和柔情似水的眼睛，发自肺腑地问娇喘道：

“真的吗？你真的喜欢我吗？”

“那还用说，比珍珠还要真！这个世界上我只有你，我只中意你，我发誓我对你的爱就像这个山洞那样千年万年永不改变！”

柳丝雨哽咽得说不出话来，情不自禁地就投入到了项东方的怀里，两个人紧紧地拥抱在一起。项东方的下巴抵住她的头发，闻着她身上散发出来的阵阵体香，心潮澎湃。过了一会儿，他低下头，贴着她的耳边轻轻地说：

“哎，小雨，如果有一天，咱们把这个山洞给占了，就把它变作咱们的家，就住在里面，一生一世都不分开，你干不干？”

柳丝雨忽然破涕为笑，说：“好呀，到时候我就给你生一大窝儿女，让你抱都抱不过来，把你团团围住，让你逃都逃不掉！”

“我不会跑的，我还怕别人逃呢！”

“谁先逃谁混蛋！”

“好，一言为定！”

“一言为定！”

西斜的阳光照进洞里，千姿百态的钟乳石闪着晶莹的光。他们在附近发现了一块酷似观音的石头，项东方突发奇想地说：

“要不咱们对着观音许个愿吧，让观音娘娘保佑咱们心想事成？”

柳丝雨欣然同意，说：“好，你先许。”

“你先来吧！”

柳丝雨不再推辞，站到观音石前，双手合十，闭上眼睛，嘴里念念有词。完了，项东方也上来许了个愿。然后，他睁开眼说，让大家互相猜猜对方许了什么愿。

柳丝雨说：“不能讲，讲了就不灵了！”

“没关系的，要么我先说？”

“好吧。”

“我许了两个愿，第一个是请观音菩萨保佑咱们在一起，永远都不分开！……”

“太巧了！”柳丝雨兴奋地打断了他：“跟我想的一模一样。”

“这就叫心有灵犀一点通呐！”

“嗯，还有一个是什么？”

项东方认真地说：“还有就是等我老了要写一本书，把咱们的经历写出来，让世人看看咱们是多么的幸福。”

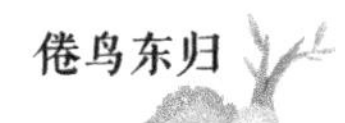

“你想得那么远呀？”

“我觉得既然我们都在一起了，所以第一个愿望已经实现，我要给自己留一个念想，这样人生才有前进的动力和方向。”

“没看出来你还那么有远见，以前真是小看你了！”

“都是因为有了你，是你给了我希望！”

柳丝雨突然没头没脑地问：“如果有一天我在森林里迷了路，几十年后才回来，你还会记得我吗？”

项东方毫不含糊地答道：“当然记得，因为你住在我的心房里，我把门上了锁，你永远都出不去的，除非你把这房子拆了！”

“啊？”柳丝雨没反应过来，愣愣地问：“怎么拆这个房子呀？”

“傻妹，拆了房子我就死啦！”

“我不要你死！”

“哪我只好永远记住你了！”

两个人就这样甜甜蜜蜜地卿卿我我，不知过了多久，直至感到了丝丝的寒意，才不情愿地离开。走到洞口，不禁又被眼前的美景所震撼了。巨大的夕阳像一个椭圆的蛋黄挂在西山，天边布满了五彩缤纷的彩霞，一座座挺拔俊秀的小石山披着霞光屹立在金黄的稻田之间，袅袅炊烟飘浮在错落有致的村舍中，迟归的农民和老牛悠然地走在暮色中，还有鸟儿在天空中飞翔。这样的美景其实每天都存在，只是由于艰苦的生活使他们无暇顾及，待至他们心中有了甜蜜的爱意，才有余暇慢慢地欣赏。

他们并肩而立，静静地眺望着脚下的景色，夕阳的余晖照在他们年轻的脸上，上面写满了幸福和骄傲。项东方想起了大圈仔教的那首情歌，情不自禁地哼了出来：

“情人究竟在哪方，
痴心空怅惘
不知她去向
天天等到令我痴望
夜里梦难成
恨岁月无情
望眼将穿人未见
愁望花落花再开
花你可知她所在
遥望翠楼外痴痴等待
再等几度夕阳红。”

他唱得很投入，很真切，柳丝雨听得心都酥麻了，她痴痴地望着他的侧脸，心中有一股热流在翻滚。他唱完了，转头凝视着她充满期待的眼睛，胸口起伏不已，突然一把将她揽入怀中，低头吻住她火热的嘴唇。夕阳将最后一抹光芒投射到这对热恋的男女身上，在他们身后留下一道长长的影子，一直没入到山洞的深处。

第十七章 恨别离

浪漫的爱情为枯燥乏味的生活增添了色彩，沉浸在甜蜜爱河里的项东方如沐春风。他帮柳丝雨找来一个破脸盘，把那棵野百合种了下去。几天以后，百合花就不再是蔫蔫的，而是挺直了躯干，枝叶伸展，还抽出了新的花蕾。他不仅精神饱满、心情舒畅，生活上也大有改善。柳丝雨跟他一样，每月也有三十斤的定量，但她吃不完，积攒了不少富余的粮票，她不时地拿出一些来周济项东方。这样，项东方好像下乡后才第一次能够吃上饱饭。平常项东方的脏衣服都是随便胡乱洗一下就完事，这下，柳丝雨每次都来帮他洗得干干净净，叠得整整齐齐的。有一天，柳丝雨来给他洗衣服，看到他的那像咸菜般的被子和床单，问他什么时候洗过？

他觍着脸说："哦，大概出厂的时候洗过吧？"

柳丝雨假装生气地骂道："你真是懒得像条蛇！那就是说你下乡以来都没洗过？怪不得一股酸臭味。"

项东方装傻道："大概是吧，可我从来都不觉得臭呀。"

"你习惯了当然不觉得，我闻着可就受不了。"

"是呀，狗窝再脏也还是自己的窝，不过，我不反对有人帮着洗洗。"他厚着脸皮笑道。

柳丝雨娇嗔道："哎，要不是遇上我，你上哪儿去找这么好的保姆呀！"

项东方从背后抱住她纤细的腰，动情地说："对，对，如果没有你我这一辈子都不知怎么办。可是，我可以告诉你，上小学的时候我就认定你是我的！"

柳丝雨伸手挽住他的脖子，说："你不是做梦吧？你都不知道那时候我有多讨厌你，你就像一只苍蝇，我总恨不得一巴掌把你拍死！"

"可是，是我的就是我的，你赶都赶不走，不是吗？"

"是呀，所以我就栽到了你这堆牛粪上了。"

两个人痴痴地笑，然后忘情地吻到了一块……

几个月后，柳丝雨家里来了一封电报，她请了假，急匆匆地赶了回家。项东方掰着手指头数日子，天天盼着她回来，谁知道左盼右盼，却盼来个不一样的柳丝雨。

那天，他听说她回来了，好不容易等到收工，心急火燎地跑到她的宿舍。柳丝雨没有了往日的笑容，脸上布满了愁云，眼帘下黑黑的眼袋似乎在诉说着什么。项东方拉着她走出宿舍，她依然满腹心事，一言不发。项东方急了，问她是不是家里出了问题，她摇摇头。又问她是不是身体不舒服，她还是摇头。

来到那口池塘边，太阳快下山了，天边布满了彩云。项东方扶她坐在青草上，轻轻地摇着她的肩膀，问：

“小雨，你到底怎么啦？为什么不说话？”

柳丝雨突然“哇”地哭出声来，眼泪像断了线的珠子一串串往下掉，肩膀随着一起一伏的抽搐。项东方不由得想起小时候她妈被批斗时的情形，心里一下子堵得慌，不知道怎么安慰她。柳丝雨哭了一阵，才哆哆嗦嗦地说：

“我该怎么办啊？我该怎么办呢？”

“什么事，说出来我帮你拿主意。”

“你不会恨我吧？”

“恨你什么？为什么这样说？”

“我，我就要走了……”

“走，走到哪去？”

“香港。”她仿佛极不情愿地说出这两个字，声音很轻。

香港，这个名字在项东方心中激起的是一种矛盾的情绪。在公开的层面上，那是一个腐朽没落的人吃人的资本主义社会，劳苦大众无不生活在水深火热之中；而在大圈仔的描述中，那里却是一个灯红酒绿的花花世界，人们自由自在丰衣足食。从与大圈仔的接触中，项东方隐约发现，他说得也许是实情，香港人是富裕有钱，生活要比大陆人民好。从大圈仔那里流传过来的流行歌似乎也从侧面印证了这一点。他很难调和这种矛盾，长时以来他只能以一种模糊的态度来对待，而且，他知道大陆人是很难去香港的，因为那里有一条防守严密的边界，偷渡几乎是唯一的可行途径，而那是一种近乎九死一生的冒险。因此，当他听到柳丝雨要去香港，他简直惊呆了，不禁一连串地问：

“去香港？怎么去？干嘛去？”

柳丝雨这时倒好像平静了一些，幽幽地说：“移民，全家一齐去。”

“移民？”

这是项东方这辈子第一次听到这个词。即便他与大圈仔过从甚密，但他也只是听他提过偷渡的事，从来就没有听过还可以移民去香港。因此，他感到相当震惊。

“哪就是说不回来了？是这样吗？”一种不祥的预感令他不寒而栗。

柳丝雨低下头，轻轻抽泣道：“是的，我也不想去那个鬼地方，可是……”

几天前，柳丝雨回到了家，父亲就郑重地告诉她正在申请移民香港，各种手续都办得差不多了，要她赶紧回到农场，抓紧办理有关的事宜。当时，她震惊的程度绝不亚于项东方今天的表现。她从小到大从来没有听父亲提过任何有关香港的事情，不知怎样突然之间竟要移民到那里去。父亲告诉她：其实他出生在香港，但很小的时候就随父母回到了广东，而他从来都不提这件事，甚至在填各类表格时，出生地只填广州。万幸的是，他始终都保存着那张香港的出生证，那是他父亲要他这样做的。在“文革”

异常动乱的年代，他曾把这张随时都有可能给他带来巨大灾难的证书藏在一个极其隐秘的地方。没想到，正是这一手改变了他全家的命运。凭着这张证书，加上托了许多有关人士，送了无数贵重礼物，打通了多如牛毛的关节，总算办妥了移民的各种手续。

当父亲告诉她这一切时，柳丝雨最初的反应是愕然，不知所措。她对香港的感知比项东方来得更加简单纯粹，因为她从来没有接触过大圈仔那类见多识广、神通广大的人物，她所接受的全是外面宣传的那一套大道理。香港在她心里就是一个资本主义的大染缸，谁掉进去了就会被染成漆黑一团，不可救药。她压根就没想过自己有朝一日竟会踏足其间，并且永远呆在哪里。不，不！我不要去！她不由得产生了一种抵触情绪。她再一细想，去了香港就意味着要永远离开自己心爱的人儿，也许今生今世都不能再见。想到这，她心都碎了，抵抗的情绪不断地增长。

父亲见她戚着眉沉默不语，便问道：“丝雨，你的态度如何？”

她低头绞着指头说：“爸，我可以不去吗？”

“你说什么？你为什么不去？”

“我不喜欢哪个地方！”

“你见都没见过，怎么知道不喜欢？”

“我……”

“孩子，”父亲口气缓和下来，继续说：”香港是一个自由的社会，没人管你信什么，没人逼你整天开会表态，没人三天两头要你跟谁走，只要你遵纪守法，你可以做任何事情。”

柳丝雨听不进去，对她来说这好像是另一种洗脑。她依然低着头，沉吟不语。母亲插进来开导说：

“俗话说‘水往低处流，人往高处走’，到了香港我们的生活肯定要好十倍百倍。”

“可是我喜欢这里，我不想离开，我……”

“你还喜欢这里？”父亲急不可耐打断了她，“你也不想想这么多年咱们是怎么过来的，你难道忘了当年你妈所受过的屈辱？你难道还没受够？你还想一辈子呆在山沟里，一辈子跟猪打交道？”

父亲气得说不下去，母亲也在旁边擦眼泪。柳丝雨被父亲问得哑口无言，往事确实不堪回首，换到一个新地方生活或许真的会变好。可是一想到项东方，她就犹豫不决，心疼不已。她是那么爱他，在心里她早就许与他终身。她不敢想象失去了他，自己将如何面对世界。如果两个人在一起，就算环境再艰苦，生活再难，起码两人可以互相扶持。

一家人默默不语，气氛沉闷。还是母亲心细，她小心翼翼地问：“女儿呀，你是不是有什么放心不下的事？”

柳丝雨抬起头望着母亲，眼泪忍不住又流了下来，欲言又止。

“有什么事你就说出来吧，”母亲停了一下，突然好像醒悟道：“是不是有了男朋友了？”

柳丝雨咬着嘴唇，点点头，声音几乎听不见："是。"

"是谁？在什么地方？"父亲急切地问道。

"我们农场的知青。"

"他没怎么样了你吧？"

"爸，你说什么呢！我们什么都没做！"柳丝雨急忙辩解道。

"那就好！一个农场知青有什么出息？你赶紧跟他分手，免得后患无穷。"

"不，爸，我不能！我要跟他在一起。要去你们去吧！"柳丝雨突然坚决地说。

"你说什么？"

"他救过我的命，我不能丢下他不管！"

"那又怎样，不能因为救过命就以身相许吧？"

"不管怎么说，我就是不去！"

父亲顿时气得脸色铁青，双手不住地发抖，："你，你，你真不识好歹！你要是不跟我去香港，你就永远不要回这个家！"

说完右手捂着胸口，不停地咳嗽。母亲赶紧过来给他拍胸捶背。柳丝雨忽然感到一阵撕心裂肺的痛楚，鼻子一酸，呜呜地抽泣起来。然后，她在床上躺了两天，不吃不喝，好像大病了一场。

项东方听完她的叙述，完全愣住了。他拔起一根草，塞进嘴里，狠狠地嚼着，胸脯上下急促地起伏，默默无语地注视着面前的池塘。太阳快要下山了，夕阳的余晖在水面上洒下粼粼的波光，水中嬉戏的鱼儿惹起一串串的涟漪。项东方心里乱得仿佛一团化不开的浆糊，理不清头绪。过了好久，他才缓缓地抬起头，冷漠地问：

"你都决定了？"

"嗯。"她轻轻地答道，不想刺激他。

"那你还是走吧！"

"你怎么办？我担心……"

"别管我！"他摸到一块泥团，猛地扔进池塘，狠狠地出了一口气，继续说道："我一个大男人怕什么？没有你的时候我还不是一样过，死不了的，你放心！"

柳丝雨听出了他满腔的愤懑，好像有千万个巴掌打在自己的面上，脸上火辣辣地烧，心如刀绞般的痛。她哽咽着说：

"你骂我吧，我对不住你。"

"骂你又有什么用？又能改变什么事实？"

"你骂我我心里会好受些，我不想看你这样子。"

"这又不是你的错，我怎么骂得出口？"

过了好一阵，两个人慢慢地平静了一点，项东方幽幽地问："你有香港的地址吗？"

柳丝雨沮丧地摇摇头说："没有。听我爸说好像是在一个叫九龙的地方。"然后，又急着补充道："我到了香港就给你写信，等着我！"

项东方似乎捡到了最后一根稻草，燃起了一点希望，心情稍为轻松了一些，他把柳丝雨轻轻地拉过来，喃喃地说：

“好，我等你！”

然后，他低下头吻她的嘴唇，柳丝雨倒在他怀里啜泣起来。她紧紧抱住他，流着泪，全身抖颤着。他捧起她的头，凝望着她的溅满泪珠的俏脸，两行热泪禁不住滑出眼眸，哽咽着说不出一个字来。

晚上，项东方彻夜难眠，他用微微发抖的手写下了一首诗，不听话的泪水把稿纸都沾湿了。第二天，他把诗交给了柳丝雨。她哭了一整夜，眼睛红红的。项东方把她送到公路旁，看着她上了长途公共汽车，她身上背着一个方方正正的背包，两条长辫子在肩膀上一摇一晃地摆动着，就像她刚下乡那会。

第十八章 痛失挚友

柳丝雨走后，项东方就把那盆野百合搬到了自己的门前，天天给它浇水。那百合花似乎懂得他的心思，带着他的思念一天天地成长，花开了一朵又一朵。一天，两天，十天，半月，一个月，他还在浇水，还在盼望。他天天跑到场部收发室，看看有没有自己的信件，没有，还是没有。他开始失望了。两个月，三个月，他慢慢地停止了浇水，直到野百合渐渐地枯萎，他的心也死了。

瘦猫看到他每天这样神不守舍的样子，很是担心，一有机会就拉着他往大圈仔那边跑。大圈仔听了他的遭遇深表同情，唏嘘不已，还多次暗示有机会可以去香港找柳丝雨。项东方听他这样说，只当是天方夜谭，想都不敢想。不过，在大圈仔这里，他们倒是找到了许多的乐趣。他们兴高采烈地谈论各种大道和小道消息，传阅地下手抄小说，分享香港亲戚寄来的糖果食品，有滋有味地传唱香港的流行歌曲，还有一项他们最热心的活动就是收听境外电台广播。

邓甘村那个知青点刚开始的时候，原本住着十多个广州来的知青，以后陆陆续续有人招工上学，有人以病退等各种理由回城，如今只剩下大圈仔几个表现不好又没有什么门路的人，大家成了死党，同病相怜。

大圈仔有一台上海产的飞乐牌晶体管收音机，可以收到中波和短波的广播。他说在广州很难收到境外的电台，因为有许多的干扰，到了这个穷乡僻壤反而收音效果更好。为了更好地收听，他还专门装了一条天线，从那个像一块砖头那么小的狗洞通出去，绕着屋檐一直搭到飞檐那只角上，非常的隐蔽，很难被发现。自从安了这根天线，收音效果大为提高，可以很清楚地听到“美国之音”“莫斯科电台”、“澳洲广播电台”、香港电台、香港商业电台，以及台湾的电台。

一天，项东方他们又去玩，唱了一会歌后，大圈仔神秘地说要让他们见识一下刺激的东西。于是，大家围坐在那台收音机旁，大圈仔把波段开关旋到短波段位置，调到了一个频率，收音机随即传来一个柔软甜美的女声：

“亲爱的大陆同胞和共军官兵们，这是‘自由中国之声’在中华民国台湾台北向您播音！……”

“哇，真他妈的好听！”不知谁突然爆出一句感叹。

“丢，台湾的娘儿们真嗲！”

“听着她的声音，真想亲一口。”

“做梦去吧！亲空气还差不多。”

一时间大家议论纷纷，而这个操着台湾国语的女人在项东方心里勾起的是对电影《南征北战》的回忆。这部电影他看过无数次了，连台词都背得滚瓜烂熟的。其中有一个片段是国军张军长坐在吉普车上，闭着眼睛听电台的播音：“在我军的猛烈追击下，共军一退再退，已经退到了山东黄河一线……”这两个播音员的声音都很柔和，语调像棉花糖那样又绵又甜，令人酥麻，对于听惯了国内那种高八度广播的人来说有一种无穷的吸引力，令人震撼想入非非。当那个台湾女播音员把“和”念成“汗”时，项东方捉摸了半天都不明白什么意思，听了几次，后来才终于想通了。

过了一会儿，那个女人甜甜地说，现在我为大家播放一首帽子歌后凤飞飞的新歌《意难忘》，跟着音乐就响了起来：

“蓝色的街灯 明灭在街头，
独自对窗 凝望月色，
星星在闪耀，
我在流泪 我在流泪，
没人知道我，
啊 啊 谁在唱呀?
远处轻轻传来，
想念你的 想念你的，
我爱唱的那一首歌。”

大家听得如痴如醉，不住地赞叹。 在第一段停顿的时候，大家开始议论起来：

“哇，太好听了！”

“人家的名字就美，长得一定像天仙一般！”

“是呀，叫凤飞就得了，还要飞飞，简直要人的命！”

“如果在现场看到她，我恐怕会晕过去！”

“没那么夸张吧，哥们？”

项东方一面听一面在想象歌手的模样，如泣如诉、如哀如怨的歌曲让他禁不住想起了柳丝雨，想起“情人究竟在哪方？”这首歌，一时触景生情竟忘了身在何处，不知不觉中眼帘底下竟有蚂蚁在爬。他转过身，悄悄地抹了一把脸，好在大家都在全神贯注地听歌，没人发现他的窘态。

那支歌刚播完，大圈仔就神秘兮兮地说：“各位注意，高潮就要来了！”

电台里那个女人话锋一转，就讲了一大堆大陆人民生活在水深火热中，号召人们起来推翻政府统治等煽动性的话语，后面跟着还有向在大陆潜伏的特工发出的指令：“XXXX 号同志请注意”，然后念了一大串数字。

听到这里，大家才突然感到恐惧和紧张不安。项东方第一时间就想起，在幼儿园时听到的“偷听反动电台”的事。那时年纪小，看到那个被押赴刑场的死刑犯，罪名就是“偷听反动电台”，当时不了解什么意思，现在才真正明白原来事情就是这样的。他心里一阵颤栗，禁不住有点心虚地说：

“哎，这算不算‘偷听反动电台’啊？”

“是呀，这恐怕很危险吧？”瘦猫好像也想起来什么，有点担心地问。

大圈仔淡定地说：“所以我才告诉你们这很刺激呀。据我所知，苏联台和台湾台都算反动电台，香港台应该不算。不过，只要你不写信去跟他们联系就还好了。”

“如果有人告密，还是会有麻烦的。”一个人插话说。

“这是天知地知你知我知的事情，大家不说谁知道呢？”大圈仔满不在乎地说。

“照我看，咱们还是不要听台湾台好一点，太煽动了。”项东方小心翼翼地说。

大圈仔说：“这倒是。我对那些造反颠覆和破坏的东西没兴趣，我只关心自己怎么生活得好一点。”

瘦猫建议道：“照你说，香港台应该不算反动台，咱们不如就只听香港台得了。”

大圈仔点头同意道：“对，香港台本来只是人家本地的电台，并非针对大陆，不像台湾台那样号召你造反。再说，听香港台还比较亲切点。”

这话说的倒是实情。香港电台说的是他们自己熟悉的母语广东话，讲话的语调也和平常人说话一般，不像国内电台播音员那种高八度的语调那么刺耳，那么装腔作势，听起来感觉舒服，很有生活气息，在使人感到亲切的同时，又让他们见识到了外面世界的精彩。

偷听电台犹如偷读禁书一般，有一种火中取栗的快感，既惊险又刺激，令人上瘾。从那后来他们就不再听台湾台，只听香港台。项东方为了能更多地收听香港电台，自己动手装了一台晶体管收音机。这对他来说不是难事，趁着一次回城的机会，他买了许多晶体管、电容器和电阻器等零件，还找人借了一个电烙铁，然后，对照线路图，一个个元件焊接起来，没两天时间就装好了一部六个晶体管的收音机。他特别享受装机的过程，每当电烙铁一接触到松香，发出“滋”的一声，冒出一团白烟，这时他就会用力吸一口气，把那股清香吸进肚子里，慢慢地品味。

回到农场以后，他除了听自己的收音机外，仍然经常参加这种聚会，毕竟人多热闹。肥猪曾参加过几次这样的聚会，后来觉得不对劲，就以各种理由尽量避开，尤其是与项东方吵翻后，他就再也没有去过。项东方性格倔强，疾恶如仇，眼里容不得沙子，从小到大几乎没有开口向人道过歉，这也是为什么柳丝雨以前一直不愿搭理他的缘故。上次，肥猪来劝他投案，虽然目的性很强，但也还是为了他好，可是当时他在气头上，把肥猪大骂了一通，弄得肥猪下不了台。事后他也不觉得自己有什么错，更不会主动地去向肥猪道歉，因此，两个人便慢慢地疏远了。

倒是肥猪经历了上次的事件，渐渐地开窍了。他捉摸清楚了，如果跟着瘦猫和项东方他们这样毫无目的地混下去，恐怕一辈子都没有出头之日，永远就呆在这山沟里与黄土做伴。也许他真的长大了，成熟了，懂得见机行事了。“可以教育好的子女”是一个天生的紧箍咒，上次他报了地质专业的中专学校，就是因为这个原因没有被录取。

教训是深刻的，除非环境能改变，否则你能够翻身的机会几乎为零，唯一的可能只存在于壮士断腕那样一种非常行动之中。

一天，他无意地在《南方日报》上看到一条消息，一下子触动了他的灵感。一个福建人偷听了台湾电台后，主动与台湾方面联系，后来成了台湾方面的地下联络人，最后被判了十五年徒刑。看完这条消息，他先是震惊，他回忆起了小时候与瘦猫和项东方他们在幼儿园看到那个被判死刑的犯人。继而他想到了一条妙计：如果举报他们偷听境外电台，自己没准就能立功赎罪，从此改变自己的命运。当然，他并非没有良心的不安，事实上，他犹豫了很久，才说服自己只有这样做，才是符合革命大局，又对自己有益的，个人的私谊在民族国家的大义面前是微不足道的，必须舍弃的。还有，你项东方作恶人在先，就怪不得我不义在后了。而且，他们只听香港电台，后果应该不太严重，不至于入狱坐牢。他终于想通了。

于是，他走进了场长的办公室。项东方和瘦猫被传到了场部，他们只承认收听香港的电台，而且主要是听流行音乐，与政治无关。场里组织了一次批判会，项东方和瘦猫不得不在会上作检讨，接受批斗。场里不想把事情搞大，认为这是思想意识和生活作风上的错误，没有把它作为刑事案件上报，项东方和瘦猫躲过了一场大难，但依然被记了一次大过。肥猪因为检举有功，不久就抽调到“社会主义路线教育工作队”，参加社教运动去了，这实际上就是受到重用的前奏。项东方和瘦猫知道是肥猪告的密，从此与他一刀两断，再也没有联系过。

项东方很苦闷，背着一个记大过的包袱，令人喘不过气来，只有好好地工作，争取宽大处理。农场计划新建一个养鸡场，要盖几栋大的鸡舍，主要任务落到了基建组身上。项东方跟基建组一干人到深山里，砍伐木料，然后用板车把木料拉到公路旁，装上卡车运回场里。在哪一个多月的时间里，他们在深山野岭里餐风露宿、埋头苦干。一次，用板车拉木头时，项东方被木头撞到肚子，疼了好几天；为了改善生活，他们跟着组长张子恩到山沟里去摸鱼，项东方被毒蛇咬伤，张子恩用草药帮他治好了伤。一个多月后，他们总算完成了艰巨的伐木任务，接着，就回到农场，到附近的石灰岩山上爆破采石。这是个更苦更累的差事，每天都顶着裂日，用铁锤和钢钎在石头打出炮眼，装上炸药和雷管，等炮炸了，硝烟和尘土还没有散尽的时候，就爬上乱石堆，搬起一块块大小不一石头，放进板车，一车一车地拉回工地。这个活不仅又苦又累，还存在着非常大的风险，万一出现哑炮就不好处理，甚至还有生命危险。

这个采石场就在农场附近，就是项东方与柳丝雨约会的那个岩洞所在的同一座山，只不过岩洞在西边，采石场在东边。以前这里曾经有一个水泥厂，把半个山开采得差不多了，植被荡然无存，坦露出灰白色的山体，乱石嶙峋，犬牙交错，不仅丑陋无比，而且山势乖张险恶，令人不敢接近。知青们以前根本就没有干过这种活，现在只是跟着老工人干了几天，依然生疏得很。不过，项东方和瘦猫倒是很喜欢，因为他们小时候就爱摆弄鞭炮，还自己改造一番，现在才叫真刀真枪地玩真家伙，他们不仅不怵，而且还觉得相当刺激，仿佛上战场打仗那样叫人兴奋。

那天，他们打了八个炮眼，知青们跟着老工人装上深灰色的炸药，然后把导火线接上雷管，再小心翼翼地把雷管插到火药里。每个人抱着一捆导火线走下山，躲到一个隐蔽的地点，张子恩组长一声令下："点火！"大家纷纷把手里的导火线点燃，不一会儿，就听到一阵阵震耳欲聋的爆炸声此落彼起，采石场内硝烟弥漫、碎石乱飞。可是，大家听得很清楚，炸药只响了七下，那就意味着有一个哑炮！大家一时愣住了，这可是从来没有出现过的情况。

大家面面相觑，不知如何是好，张子恩叫大家先别急，再等等，也许会有动静。瘦猫等不及了，他本来胆子就大，现在又刚刚背了一个记大过的处分，有点要将功赎罪的意思，想好好地表现一下。于是，他自告奋勇地向张子恩提出让自己去排除哑炮，张子恩还在犹豫。项东方突然拉了瘦猫一把说：

"别去，太危险了！"

瘦猫一把将他推开，说："没事，看我的！"

项东方看着他向前猛跑着的身影，心里突然涌起一个不祥的预感。那次他回家探亲，一个朋友告诉他：阿细死了。他当时就骂道：你扯什么蛋？年纪轻轻死什么死？那朋友只是平淡地说：阿细得的是肺癌。项东方愣了好久说不出话来。阿细就是住在大宿舍那个嘴唇乌黑的人，当年斗蜘蛛的好汉。有一次，项东方听一个算命先生说过：嘴唇乌黑的人命中多有不测，不是血光之灾，就是暴毙而亡。他不信。阿细的死似乎证实了算命先生的话。现在他想到这，预感到不妙，因为瘦猫也像阿细那样的嘴唇乌黑，他的脑海蓦然浮现出阿细躺在太平间的模样，他不想看到悲剧发生在自己的眼前。于是，他大声地吆喝瘦猫：

"别去，快回来！"

可是，已经太晚了，瘦猫已经跑进了烟尘之中，一摇一晃的就不见了踪影。四周一片死寂，众人紧张得屏住了呼吸。一分钟，两分钟，三分钟……

突然间，"轰隆"的一声沉闷巨响传出，一大片碎石"哗啦啦"地落下来，然后一切又归于沉寂，只剩下满天飞扬的烟尘粉末。

众人毫不犹豫，向出事地点飞奔而去，完全不顾灌丛藤条的牵绊和拉扯，最先冲到现场的是项东方。大家找到了趴在乱石堆上的瘦猫，他全身血肉模糊，一只胳膊炸飞了，根本找不到。一股鲜血泛着泡沫从他的嘴里涌来出，还散发着淡淡的热气，殷红得让人触目惊心。 他的两眼睁得大大的，愣愣地俯视着被自己的鲜血染红了的碎石堆，似乎有什么未曾完成的意愿。

项东方眼看着这一惨象，脸色煞白，眼前一黑，一下子瘫坐到地上。他双手捂住眼睛，不再敢直视瘦猫的遗体。死人他见得多了，当年眼睁睁地看着老虎蟹和那个老太婆被打死，他都没有丝毫的怜悯，如今他却感到一种撕心裂肺的痛楚，因为死的是自己十多年的老朋友，而死状又是如此的惨烈！

张子恩让大家把瘦猫抬上板车，拉回到场里。项东方默默地跟着板车走，一言不发，呆呆地看着瘦猫的血一滴滴地落到地上，随即被厚厚的尘土掩埋，不留一点痕迹。他的脑海再次浮现出当年跟着马骝三看抛尸的画面，心仿佛在流血，有种说不出的悲哀。

几天后，瘦猫被安葬在采石场旁边的黄土坡上，他的棺材是那种粗糙的红色，就像项东方小时候看惯的那种，更像是那天瘦猫遗体流出来的鲜血。当天下着毛毛细雨，天空阴沉沉的，雨水淋着那口棺材，新刷的油漆禁不住雨水的浸泡，变成血一样的液体落下来。他的坟头四周有几棵枝叶茂盛的马尾松和一些岗稔子，微微的风吹着细细的雨落在坟头，黄土被雨水浇湿，慢慢地塌陷下去。 项东方脸上湿了一大片，不知是雨还是泪。

第十九章 孤注一掷

瘦猫的离去使项东方顿感失去了左膀右臂，一下子觉得孤独无依。柳丝雨杳无音信，肥猪悄然背叛，现在，瘦猫突然间离开了人世，令项东方陷入到前所未有的绝望之中。爱人没有了，友情又消失了，他一时不知道怎么样去面对。于是，极度苦闷的他就去找大圈仔。

大圈仔也是“偷听境外电台事件”的当事人，也受到了处理，对项东方自然会同病相怜、惺惺相惜。简短的寒暄之后，项东方愁眉苦脸地哀叹道：

“唉，以后的路都不知道怎么走，活得好累啊！”

大圈仔将他带到外面的大樟树旁，以避开人的耳目，然后递了支烟给他，接着就开门见山地说：

“不想坐着等死，就出去闯一闯！”

“出去，有什么地方可以去？”项东方急不可耐地追问道。

大圈仔胸有成竹地说：“这年头还有什么地方可去？自然是较脚啦！”

“较脚”是广东话，原意是“走人”的意思，在那个年代被赋予了新的含义，成了“偷渡香港”的同义词，在知青中无人不知。因此，项东方闻言便大吃一惊，悄悄地问：

“你是说香港？偷渡去？”

“没错！就看你敢不敢？”

“这……”

项东方愣住了，这是一个他从来没有认真考虑过的问题，事关重大。不要说偷渡香港是一件风险极高的事情，弄不好会死于非命的。有多少人葬身大海，有多少人死于边防军的枪下，又有多少人被警犬咬伤，这他并不清楚，但他能想象到那中间的千难万险。而且，就算能够偷渡成功，自己是否能够适应那里的生活，也还是个问题，更别提如果偷渡失败，被抓回来那可是一件极不光彩的事情，甚至还有可能入狱劳教。

项东方皱着眉头，拼命地抽烟，大圈仔见他沉吟不语，就安慰着说：“其实，偷渡并不是太难，关键是要够胆和有准备。 上次我差一步就过去了，要不是那只大猫，我今天就不会跟你在这里讲古了。”

接着，他跟项东方详细地讲述了他上次偷渡的经历。当年他跟几个朋友从广州坐车到了东莞，步行了好几天，最后到达梧桐山沙头角一带，隔着一道铁丝网就是香港的新界。只要翻过这道高达三四米的网，就可逃离铁幕，投奔自由。几个人趁着夜色，爬上铁丝网，眼看成功就在一瞬间了，没想到那个铁丝网不是一般那种平面的网，它的顶端是一个像蛋卷一样的突出状，还有像钉子一般尖利的钩，让人很难翻上去。大圈仔把鞋子脱下来，插在肚子上，以防止被铁钩刺到。他刚爬到一半，突然探照灯亮了，同时响起一片警犬声，几个边防军吆喝着冲了过来。他吓得头皮发麻，但并没有停止攀爬，一只狼狗猛扑上去，咬住了他的脚，把他拽了下来。就这样，他的第一次较脚失败了，而他那几个朋友却顺利地越过铁网，迅速地消失在对面的山峦之中。

大圈仔叹了口气，说：“要不是那只该死的大猫，我现在说不定正在香港的茶楼叹着乌龙茶，吃着烧卖虾饺，哪里还有时间跟你面对面吹水。”

“大猫”指的是警犬，偷渡者不直说警犬，而委婉地称之为“大猫”，这自有其妙处。广东人通常爱将丑陋不雅的事物美化，例如将鸡脚称为“凤爪”，猪舌因为舌与蚀同音被改成猪脷，而脷与利又同音，这样做的目的是降低心理的冲击力，听到“大猫”显然比听到狼狗少了几分恐惧。

项东方饶有兴味地听着他的叙述，既兴奋又紧张：“也许你的运气差了一点，不然你就不会在这里了。”

“是呀。”大圈仔应道：“不过，我不信我就这么背运，我还要试试。”

“所以你还想去？”

“当然，湿开了头，就一定要湿到脚，不到香港我死不罢休！”

大圈仔说得斩钉截铁一般，项东方被他的决心所感染，心里蠢蠢欲动，可是他还是觉得太难了，就问：“就像你所说的，哪道铁丝网那么难过，你有什么办法吗？”

大圈仔胸有成竹地答道：“现在我发现走陆路看起来容易，实际上更难，这次一定要走水路才是上策。”

“你是说督卒过河？”

“对！”

“督卒”是下象棋的一个术语，在粤语里的意思相当于“拱卒”。广东人常说“督卒过河当车使”，意思是卒子过了河就是一条好汉，当然也有过了河就是有去无回的意思。在当年，“督卒”已经演化为泅渡香港的特殊含义。

督卒少不了游泳，这难不倒自小就在贺江里打滚的项东方，只是他从来没见过大海，更没有在海里游过，不知道难不难，忙问：

“在海里游泳不知道行不行？”

“没事的，只要没有风浪跟河里差不多。我们可以从深圳的大鹏湾过去。”

两个人又谈了许多细节，大圈仔还跟他分析了上次失败的经验教训，还讲了这几年来所作的准备，说现在已经是万无一失了。

项东方还是没有拿定主意，说要回去考虑考虑，就告辞了。

回到宿舍，首先映入他眼帘的是那盆野百合。自柳丝雨走后，项东方慢慢地停止浇水，它便枯萎了，花瓣和叶子早就被风吹得七零八落，只剩下几根干枯的茎孤零零地立在破盆子上。很多时候，项东方对它已经是熟视无睹，也懒得把它搬走。今天不知怎的，一看见它又勾起了他无尽的思念。想起那些甜蜜愉快的往事，他的心就隐隐作痛，他固执地猜想柳丝雨一定不是变了心，而是遇上了什么无法控制的事情，有什么无法逾越的障碍，叫她无能为力。想到他们间那些信誓旦旦的诺言，想到离别前柳丝雨那悲痛欲绝的神态，他坚信她还是爱自己的。他试图说服自己一定要去找她。

走进房间，面对瘦猫腾空了的床铺，他感到一种难言的惨淡与凄凉。以往生活虽然艰苦无聊，但屋里只要有瘦猫在，就总是充满了欢声笑语。如今，人去楼空，看着那个床铺，他总是想起瘦猫的音容笑貌，想起小时候那些快乐无忧甚至浪荡不羁的日子。自从瘦猫出事以后，他常常自责，怨自己当时没能阻止他。

他呆呆地想了很久，终于说服了自己，为了自由，为了摆脱困境，为了找到柳丝雨，也值得去搏一搏，豁出去拼了，就算有天大的困难也要去闯一闯。年轻气盛的项东方被自己说服，决定不顾一切后果，踏上一条不归之路。

两天后，项东方再次见到了大圈仔。听完他的表态，大圈仔笑逐颜开地拍着他的肩膀说：

“兄弟，我很高兴你终于想通了！我是把你当作好朋友才跟你说的，不到走投无路的困境，是绝不会迈出这一步的。”

两个人详细研究了行动计划，然后就分头准备去了。项东方借了一辆单车，向场里请了个假，骑到十公里外的公社，走进了公社卫生院。他最近两天只吃过一顿饭，饿得脸色发黄，没有一点血色，整个人就像一只病猫。

当他右手按住右腹部、皱着眉头走进诊室时，那个中年男医生就问：“小伙子，看你气色不对，哪里不舒服啊？”

项东方小心翼翼地坐下来，有气无力地说：“我这里痛。”说着手指着自己的右腹。

医生伸手按住他的肝，用力压了几下，问：“是这里痛吗？”

“哎哟、哎哟，好痛！就是这里。”

“嗯，这是肝痛。你还有什么症状吗？”。

“口干，没胃口，小便黄。”

“嗯。”医生皱起了眉头，下意识地伸手把口罩往上扯了扯。

项东方神情焦急地问：“医生，你说我这是什么病？”

“呃，初步判断可能是急性肝炎，不过要检查后才能确定。”

“医生，这很严重吗？我不会死吧？”项东方急得像热锅上的蚂蚁。

医生淡淡地说：“没那么严重！肝炎的话，吃点药，多休息就好了。”顿了一下，又问：“多久了？”

“一个星期了。”

“怎么不早点来？拖延了会变成慢性肝炎，那就不好办了。”

“我最近吃了一些不新鲜的田螺，开始还以为只是肚子疼。再说我们哪到公社这么远，又借不到单车，所以挨到今天才来。”

医生抬头认真地打量了他一眼，说："嗯，我看你也不像本地人，你从哪里来呀？"

"我是农场知青。"

"果然我没看错！府上哪里？"

"贺西镇。"

"啊，你爸是谁？"

项东方愣了一下，心想你问我爸干嘛，跟你有什么关系？但见他的态度还不错，而且自己还有求于他，于是勉强报了自己父亲的名字。没想到医生一听，眼睛一亮，追问道：

"你爸就是县委的宣传部长吧？"

项东方又愣了一下，说："哦，是的。"

"我说呢，怪不得你一表人才，真像你父亲！"

项东方诧异地问："你认识我爸？"

医生兴高采烈地说："不止认识，我还跟他吃过饭，听过他作报告。哎，你知道吗？你爸可真是个人才，不用稿子就可以在台上滔滔不绝地讲三个小时，实在佩服！"

听到别人夸自己的父亲，项东方当然很自豪。可是，他没有忘记自己这次来的目的，他就是为了弄到一张医院的证明。他一面跟医生应酬周旋，一面想主意。医生很热情地跟他聊了好一会儿，然后说，你这病一定要注意休息，你等下去验血验尿，等结果出来后，你再来看我，到时候我给你开一张病假单。这正是项东方所要的结果，但是他明白自己的病是装出来的，等化验结果一出来，什么都拿不到了。于是他厚着脸皮说：

"医生，谢谢你！ 另外你能不能帮我一个小忙？"

"什么事？你说，我尽力。"

"也没什么事。我等下想写封信回家，告诉家里我的情况，我要到公社邮局把这封信寄了，你能不能给我几张信笺？"

医生大方地说："这等小事何足挂齿，应该的。"

说罢打开抽屉，随手拿出几张印有公社卫生院台头的信笺，递给了项东方。

项东方千恩万谢告别了医生，蹬上单车，一溜烟地冲到小饭馆，狼吞虎咽地饱餐了一顿。回到场里，他用从张子恩那里学来的技术，自己刻了一枚公社卫生院的公章，在那张印有公社卫生院函头的信笺上写下了一张病假条，向场部请了三个月的病假，兴冲冲地回到了家。

他开始了偷渡前的准备工作，最主要的就是锻炼身体，跑步和爬山，特别是长距离的游泳。他每天都泡在贺江里面练游泳，一点点地增加距离，不断地加大运动量，从一千米到两千米，一直到一万米。人晒黑了，身体更强壮了，信心也跟着膨胀了起来。

第二十章 偷渡香港

两个月后，按照约定，项东方踏上了征程，他拿着简单的行李登上了开往广州的红星号客轮。除了几件换洗的衣服，他的包裹里还带了地图和指南针、手电、电工刀，简单的工具，几斤饼干和拌了糖的炒米粉，令人意想不到的是，他还带了十几个避孕套。去药店取免费避孕套时，项东方是红着脸的，那店员问怎么要这么多，项东方支支吾吾地说要去探亲。那店员意味深长地笑了一下，项东方羞得无地自容，拿了东西低着头就溜了出来，仿佛偷东西被人当场抓住了一样。

这是他第一次出远门，离开家乡，没想到自己竟是以这种方式逃离故乡的。小时候，每当他站在西江边，看着来来往往的轮船，他就憧憬着自己有朝一日坐在一艘花尾渡上，一路顺流而下，直达广州，然后去看看大海。现在，当年那种花尾渡已经被淘汰了，换上了有动力的机动轮船，就是这种称为红星号的客轮。

汽笛一声长鸣，轮船缓缓地离开码头。项东方放好行李，来到船舷旁，眺望着渐渐远去的故土，眼睛有点湿润。他的心有点乱，想着今天孤注一掷地离开，也许这一辈子都不会再回来了，一股莫名的惆怅充满了心间。

第二天到达广州，他在大沙头码头见到了来接船的大圈仔。在回大圈仔家的路上，他们走过珠江边的白鹅潭，见江面上游泳的人熙熙攘攘、人头攒动，好像有几百人的模样，十分的热闹。大圈仔就戏笑道：你别以为这些人只是游泳戏水那么简单，其实广州人都知道他们跟咱们一样，锻炼身体，准备督卒。项东方听了啧啧称奇，不知怎的心中更添了几分胆气。

到了大圈仔家，放下行李后，大圈仔哪都不去，就带着项东方径奔动物园，进了园也不看动物，一路直奔老虎山而去。好不容易把饲养员找了出来，大圈仔便跟他称兄道弟，闲聊了一番，又介绍项东方跟他认识。然后，他给了这个饲养员朋友一袋番薯干。那朋友接过番薯干，不屑地揶揄道：

“又是番薯干？上次吃的时候差点没把我的牙齿给啃掉！”

大圈仔笑道：“这年头有番薯干就不错了，难道你还想吃鹅肝？”

“行，算你有心！你要什么？”

“给我一点老虎粪就好了。”

那朋友开玩笑地问：“要老虎粪干嘛？不是种兰花吧？”

“种你个头呀！这年头谁还有闲心搞这些玩意儿！”

那朋友又诡秘地一笑：“你以为我傻呀？鬼还不知道你要‘督卒’！”

“知道还问？画公仔还要画出肠来吗？真是的！”

那朋友哈哈大笑道：“我就开个玩笑，行呀，发达后别忘了我就好！”

“发什么发呀？能不能过去还是一回事呢。哎，你什么时候去呀？”

“咳，我就不去了！我哥和我妹都跑了，家里总得留个人守门吧？”

随后，他走进屋里，然后走出来，交给大圈仔一个小袋子，大家就告辞了。在路上一面走，项东方就一面好奇地问大圈仔要老虎粪干什么，大圈仔神秘兮兮地跟他耳语了一番，说得项东方连连点头称是。

第二天，大圈仔用一包“红双喜”香烟，拦下一辆开往汕头方向的货车，两个人坐上去，一直到了惠阳下车，然后开始步行，向着深圳香港方向前进。他们之所以选择这条最远的路线是经过深思熟虑的，当时准备逃港的人都知道有三条路线。第一条是西线：从深圳湾下水，渡过几公里的水面，即可抵达香港，这条线离广州最近，但防守严密，不容易靠近。第二条是中线：要越过深圳，进抵梧桐山沙头角一带，然后跨越铁丝网，这条线防守最严密，沿途布满岗哨探照灯，边防军带着警犬日夜巡逻，随时都有生命危险，这也是大圈仔第一次偷渡失败的地方。剩下的第三条就是东线：兜一个大圈绕到东边的惠阳，走过好多天的山路才能到达海边，然后要横渡宽达十公里以上的大鹏湾，才能上到对岸的香港，这边防守相对宽松，危险主要来自海上，风浪较大，除了考验游泳技术和耐力外，还要看天气和运气。

大圈仔对这几条路线的认识，除了来源于自己的经验和坊间的传说外，还得力于他偶然买到的一份路线图。有一年重阳节，他恰好回到广州。节前听到一个流传很广的传说，说是有一个知青多次督卒失败后，心灰意懒，爬上白云山去散心，走累了就躺在一块大石头上睡着了，在朦朦胧胧中做了一个梦，梦中飘来一位童颜鹤发的仙人，给他指点了一条偷渡的捷径，结果醒来后，他按照这条路线顺利地到达了香港。受这个谣传的影响，重阳节那天，十多万人蜂拥到白云山，一时造成拥堵和混乱，当时称之为“白云山事件”。据说当时登山的人大部分都是知青，许多人都是抱着“撞大运”的心态来的。在混乱的人流中，大圈仔遇到了一个兜售“棋盘”的贩子。他好奇地问棋盘是干什么用的，那人神秘兮兮地说就是督卒的线路图。大圈仔当即掏出两块钱，买了一份手抄的棋盘。后来他就比照着地图，详细研究了这份线路图，并且决定要走东线。他和项东方对自己游泳的技术都很自信，因此就选择了这条路线。

他们知道从这里开始就有戒备，沿途有许多武装民兵巡逻，村民们平时也接受过反偷渡教育，发现可疑人物会随时报告。因此当天他们并没有走太远，而是找了个地方隐蔽起来，待天黑以后才开始快步疾走，一路上尽量避开村庄，时常穿插在田野和小路上，一个晚上就急行军几十公里，天亮前进入了一个不知名的大山。

这里山深林密，人迹罕至，一条羊肠小道穿过密密麻麻的亚热带丛林，有时候小道被灌木丛截断，要用手把枝丫拨开，才能穿过。两个人好不容易来到一条小溪旁，累得实在不行了，就坐下来休息。小溪水很清澈，两个人忍不住捧起水来喝个痛快，然后，拿出炒米粉吃了起来。吃饱喝足之后，困劲上来了，他们掏出塑料雨衣，往地上一铺，整个人就躺上去，很快就睡着了。

睡到下午，就被树丛里吱吱喳喳的鸟叫声给吵醒了。他们睁开眼，明晃晃的阳光透过树叶的间隙照过来，很刺眼，东张西望了一会儿，见到一只画眉在一棵小树上跳来跳去。大圈仔刚想跑过去细看，项东方一把拉住他说别动。大圈仔问怎么了？项东方告诉他那棵树是漆树，有毒，人靠得太近会过敏，身上会起红疹，大圈仔吓得吐了吐舌头，止步不前。

两个人坐下来，吃了一点干粮，再把水壶灌满水。项东方从裤兜里掏出指南针，核对了方向，重新启程往南边走。他们打算走到天黑就歇息，明天再继续赶路。

走到一个山间谷地时，天色开始暗下来。这里大乔木和灌木丛少了许多，地面上长着一些低矮的岗稔子、岗松和铁芒箕等小灌木和蕨类植物，视野比较开阔。草丛中传出一阵鹧鸪欢快的叫声，在寂静的山谷中显得分外的清脆嘹亮，不久从山对面传来了另一只鹧鸪的响应声，声音听起来好像是：

“行不得也哥哥！”

项东方一听到这叫声就皱起了眉头，说：“这衰鸟叫得太不吉利了！”

大圈仔问：“怎么说？”

“你没听到吗？它说‘行不得也哥哥！’意思就是叫咱们不要走呀！”

“不对吧？我怎么听起来像是‘得不得都抓抓！’”

“哪是什么意思呢？”

大圈仔得意洋洋地说：“我跟你讲个故事。我们村有个老农曾经讲过一个黄色的笑话，说的是从前有个咸湿佬，碰到漂亮姑娘就喜欢调戏人家，还爱动手动脚。一天他走在山路上，碰到一个美女，就上去搭讪，姑娘不理他，恰好路边有一只鹧鸪突然叫了起来：‘得不得都抓抓！’那家伙灵机一动就对姑娘说：听到没有，它说‘行不行都要抓抓呢？’姑娘就说，好吧，你就摸一下好了。于是，那个咸湿佬就在姑娘胸前乱摸一气。”

“哈哈，真逗！瞎编的吧？”

两个人一起哈哈大笑了起来，把心里的晦气一扫而光，顿时觉得心情舒坦了许多，大圈仔轻松地哼起了一首粤语小曲：

“爷爷逼我离开广州返到农村，
参加生产第一线，
我本来在工厂搞核算，
今日担屎担尿耕返田……”

项东方顺手从路边摘下一片台湾相思树的嫩叶，把它夹在两只拇指中间，双手抱成团，然后嘴对着叶片吹气，竟然可以跟上大圈仔的节奏一起吹。大圈仔停下来，好奇地问这是什么东西，竟能吹出音乐来？项东方说这种嫩叶很薄很光滑，吹出声音来很好听，大圈仔说怪不得。于是，大圈仔又重新唱起来，项东方也继续吹他的树叶，寂静的山谷里回荡着他们愉快的歌声和哨音。歌里面说的“爷爷”并非指自家的爷爷，而是暗喻当今皇上，这首歌本来是唱出知青对生活的无奈，但他们现在唱却有了另一番意味，因为他们相信过不了多久自己就会脱离苦海，获得自由，重新开始生活，也许项东方还可以见到久违了的爱人。唱完歌，项东方停下脚步问：

“哎，你说还要走多久？”

大圈仔乐观地说：“如果不出意外，估计两天左右就可以到海边。”

“那太好了，咱们的干粮可以撑到那时候吧？”

“那没问题。下了这座山，路就好走了，关键是别碰到人。”

听到这，项东方心里踏实多了。一阵微风吹过，让他感到说不出的惬意。他以征询的口吻问道：

“过了这个山坳，咱们也该歇歇了吧？”

“对，走了半天实在也累了。”

月亮悄悄地爬上了天空，皎洁的月光铺洒在山上，照出黑黝黝的树影，像鬼魅一般。项东方抬头仰望天穹，刚入夜的星空好像洗过似的纯净透彻，满天的星星成片成片的，仿佛一条连绵不绝的星河。他试图在银河两岸寻找出牛郎星和织女星，但没有找到，便把目光移向北边，立刻就清楚地看到了北斗星。在满天的繁星中，北斗星就像一只巨大的勺子，异常清晰地倒挂在北方的天际间，那么神秘，令人神往。

当他把目光从天上收回到地下，却赫然看见两颗闪耀的小星就在他前面十几米之外！他吓了个一激灵，定神细看，没错，就在前面的路边，蹲着一只像狗一般的动物，两道绿幽幽的光就从哪里发出来。他的心猛地一抖，头发汗毛一下子倒竖了起来。他轻轻地说了声：

“糟了，有狼！”

大圈仔声音打着颤说：“我、我看见了！”

那只狼蹲在高出路面两米多的山坡上，一动不动，身子挺得笔直，两只耳朵尖尖的指向天空，在月光的照耀下活像一尊雕像，两道绿幽幽的眼光仿佛强力探照灯直射入人的心底，令人不寒而栗、毛骨悚然。它居高临下地俯视着脚下的小路，似乎已经守候多时了，只等俩人走近就一个猛虎下山直扑过去，将他们一个个撕得粉碎。

项东方早已吓得六神无主，前不能，退不是，要拼命手里又没有可以攻击的武器。他惊慌地问：

“怎么办？”

大圈仔努力控制住自己，说：“豁出去拼了！”

“怎么拼？”

“咱们一起大喊，把它吓跑！”

“好！”

项东方想起小时候玩的吹响哨，两个手掌弯起来抱着一团，两个拇指并排靠在一起，中间留一条缝，把嘴贴近拇指。

大圈仔说："我数一二三，大家一起喊。一、二、三！"

项东方猛地一吹气，原先按在右手上的左手指上下舞动着，发出一阵"呜——呜——呜呜——呜"的啸叫声，声音高亢尖利，如同一把锐利的尖刀。

大圈仔则用尽全力呐喊出："啊——呼"声，声音浑厚沉闷，震耳欲聋。

两个声音混合着一起，响彻整个黑沉沉静悄悄的山谷。

那只狼大概从来没有听过这种声音，先愣了一下，继而撒腿就跑，一转身斜着往山上溜走了。

两个人待狼消失得无影无踪后，撒开脚丫拼命往前跑。项东方一面跑一面想起小时候在水电站的事，那时他们在山上遇见一条青蛇，他和瘦猫肥猪一直跑到河边才停下。

跑着跑着，项东方被一个小树桩拌了一下，一个趔趄翻滚到几米下面的山坡下，脸上手上都被划破了。好不容易挣扎着爬到路上，又不顾一切地跑。不知跑了多久，两个人累得像条夏天的狗，上气不接下气的，身上的冷汗和热汗混着一起，把衣服都湿透了，再也走不动了，他们决定就地露宿。因为怕再遇到狼和其他野兽，他们找到了一棵枝桠多的大樟树，把自己捆在树丫上，提心吊胆地过了一夜。

第二天，他们在晨光中迷迷糊糊地醒过来，发现自己的衣服和头发都被露水打湿了。他们给自己松了绑，跳下树来，随便吃了点干粮。正准备上路，项东方却突然发现指南针没了，找遍所有口袋都没有，他一下子就泄了气。他想也许是昨晚摔下山时弄丢了。大圈仔说急也没用。他看看天，太阳已经出来了，按照太阳走的路径应该是往南边走的，所以朝着太阳那边走应该没错。

于是，两个人又继续向前走。没走多久，便进入到一片浓密的阔叶林，枝桠藤蔓遮天蔽日，阳光透过叶子投下的光线很微弱，根本无法辨认方向。他们走了两天还是没有走出这片丛林，好像只是在山里面兜来兜去打圈圈。他们不由得开始担心起来，摸摸包里的干粮，剩下的不多，再不走出这片丛林，余下的日子恐怕就得饿肚子了。两个人商量要一面重新找路，一面要节约干粮，先找到可以吃到东西来代替。

他们首先看到一丛卵形叶子的藤蔓，藤上长满了一串串红色的小浆果，每颗果实只有一颗红豆那么大，一串串长在藤上还真是挺诱人的。大圈仔问可不可以吃，项东方想都不想就说可以。大圈仔问他为什么这么肯定，他笑着答道从小就吃这种叫金刚藤的东西，不过味道不是太好。说罢伸手摘了一串，就往嘴里塞，味道有点酸涩。大圈仔也学他摘了一把吃起来，皱了一下眉头说，味道真的不怎么样，这玩儿怎么能吃得饱啊？项东方说，先摘一些备着，等找到其他再说。于是，他们摘了很多放在兜里，又继续赶路。

走了一阵，项东方发现了一丛金樱子，挂满了暗红色的果子，忙招呼大圈仔过来。大圈仔好奇地问，这东西满身都是刺，怎么吃啊？项东方掏出小刀，摘了一个果实，用刀小心地削去刺，递给大圈仔。大圈仔一面吃一面说，不错，比刚才那个好多了，个头又大。两个人摘了一大把，就坐在地上，慢慢地吃。

项东方吃着吃着，脑海里忽然浮现出了柳丝雨的笑脸，仿佛又看到了她那上扬的嘴角，勾起了他许多甜蜜的回忆。他想起了上次与她在山上一起吃金樱子的事，没想到一语成谶，当时自己自夸如果山上迷路一个星期都饿不死，现在可真是迷路了，如今前路茫茫，不知如何是好，心里突然泛起了一阵惆怅。

“底下有水！”大圈仔忽然惊喜地大喊道。

项东方仿佛如梦初醒，懵懂地问：“水在哪儿？”

大圈仔伸手指向山坡下茂密的灌木丛，说：“我想就在哪里。”

果然，一阵阵淙淙的流水声从四周的寂静中传来，给人一种甜美圆润的感觉。水在项东方的心里唤起的是一种温柔亲切的感情，他从小就喜欢水，只要一见到水他就无限的神往，非要去趟一趟方解心中的瘾。此刻，他忘掉了刚才的烦恼，站起身来，兴冲冲地说：

“走，咱们下去看看！”

两个人艰难越过一丛丛灌木和荆棘，下到谷底，见到一条小溪从茂密的丛林里穿过，溪里溪外都是长满青苔的巨石。见到这条清澈的小溪，项东方突然两眼放光，兴奋得尖声大叫。快到溪边时，他突然发现了一株三叶青。这是一根柔弱的藤蔓，三片叶子聚成一簇，娉娉婷婷地缠着一丛鸡血藤向上攀缘，模样煞是好看。项东方蹲下来就去挖它的根。大圈仔不解地问这个可以吃吗？项东方笑答说不能吃，不过这可是很好的解毒药。大圈仔不耐烦地说，不能吃你要他干嘛？项东方只是笑着说，我看这座山林密沟深，说不定有很多毒蛇，弄一点这玩儿没准用得上。才一会工夫，他就挖了几块黑黑的薯状般的块根，跑到溪边洗干净，塞进了衣兜。

在山里，项东方的眼睛总是很尖的，随时都能发现有用的植物。他刚转身走了两步，就发现了一棵七叶一枝花。它长在一片乱石之间，旁边全是些低矮的蕨类、菖蒲和铁线草，整株植物显得那么的鹤立鸡群。项东方毫不犹豫地就把它的根挖了出来。大圈仔见状调侃道，这不是蛇药吧？项东方说，你说对了，这个比刚才那个更好。大圈仔摇着头说，我眼下最关心的就是怎么填饱肚子，你那蛇药还是先放一边吧！

两个人继续沿着小溪往下走。过了一会，溪水好像突然停止在一个断层前，变成了一个小瀑布，底下形成了一个深潭。两个人走到潭前，见潭子并不大，倒不浅，因为光线较暗，水虽然很清，却显得很深，黑乎乎的看不见底。项东方眼前一亮说，这里肯定有鱼！

大圈仔半信半疑地问：“你怎么这样肯定？就算有鱼，你有什么办法弄上来？”

项东方也不啰嗦，只是叫他一齐动手往水潭里面扔石头。两个人在潭边捡了些石块，噼里啪啦往水潭里乱扔一通，水面上激起了一层层的波浪。项东方脱光衣服，跳进水里，沿着潭边的石壁摸索，一会弯下腰，一会又潜到水底。没过多久，他就抓到了一条巴掌大的鲫鱼，猛地扔到岸上，大圈仔抓住它，兴高采烈地说这下有鱼吃了。项东方又陆续扔上了几条鲫鱼和鲤鱼，然后上岸。两个人七手八脚把鱼洗净，去掉内脏，又生起了一堆篝火，正要把鱼架上去烧烤，大圈仔突然感叹道：在这深山老林能吃到新鲜的鱼实在是有口福，可惜少了油盐。这倒提醒了项东方，他停下手来说，我找找看，看能不能找到有用的东西。

他往沟外面走了一阵，碰见一株酷似香椿的树，树上开着一束束乳白色的小花，叶子上长着一层绒毛。他从这棵树上摘了一些嫩叶，还在溪边拔了几棵长在地表上的番鬼芫茜，就匆匆地跑回到篝火旁。大圈仔问他摘的是什么，项东方告诉他第一个叫盐肤木，味道咸酸，那个番鬼芫茜又叫洋芫茜，味道跟芫茜差不多，把这两样东西塞进鱼肚子里烤，鱼腥味便会淡化许多，说不定味道不错呢。

两个人一面烤鱼一面聊天，大圈仔问他刚才为什么往水里扔石头？项东方说，扔石头就是为了吓唬鱼，鱼害怕了就钻进石洞里面，伸手就可以摸到了。大圈仔啧啧称奇地问，你怎么学来这一手的？项东方告诉他是跟农场那个老职工张子恩学的。

不一会香喷喷的鱼就烤好了，吃起来真有一点又酸又咸的味道。两个人狼吞虎咽，很快就把鱼吃光了。项东方砸巴着嘴，不停地回味着，忽然，他觉得有点不对劲，就说：

“奇怪了，这深山老林怎么会有鲫鱼和鲤鱼呢？”

“也是呀，按理鲫鱼和鲤鱼应该在河里和池塘里才有的。”大圈仔也若有所思地说。

“难道这里靠近村庄？我怎么看着这个地方咱们好像来过似的？”

大圈仔四面看看，突然惊讶地说：“没错，这是咱们进山第一天睡觉的地方！我认得这棵漆树，那天那只画眉就是在上面把我们吵醒的。”

两个人几乎同时骂将起来：“丢，走了几天又回到了原点！”

骂了好一会，两个人都很沮丧，默默无语。最后，还是大圈仔先开口说：没办法，只好重新开始吧！

这次他们变得更加小心翼翼的，在一棵新近被人砍伐的松树桩上，他们找到了年轮，认真地核对了一遍，确认间隔较宽的那面是南方，就决定沿着小溪往上走。他们特别担心的是干粮所剩不多了，一定要省着吃，尽量吃野果，实在不行再吃干粮。小溪旁经常可以碰到火炭母、覆盆子和白饭子一类的小野果，他们一路走一路顺手就摘来吃，可是这些野果总是让人觉得越吃越饿，总想再吃。有一次，他们发现了一棵枳椇树，上面结满了万字形的果实，项东方爬上去，摘了一大把，两个人吃了个够，稍稍填了肚子。越往上走溪水就越小，再也没有发现鱼的踪影了。

走了一天，都靠野果充饥，胃里泛起酸水，腹中有种又空又涨的感觉，额头甚至冒出了冷汗，项东方不禁怀念起农场的伙食来。农场的伙食说不上丰富，但起码能够定时吃饭，好歹总能吃个饱。现在这种又累又饿的感觉实在是难受，况且前路漫漫，不知能否走得这个大山。他开始怀疑这次行程是否一个错误，甚至有点后悔的意思，但他没有说出口，怕影响大家的情绪。两个人坐在一丛半枫荷树影下，掏出炒米粉，往嘴里塞了一把。项东方眼尖，蓦然看见小溪对面有一棵心形叶子的藤蔓，郁郁葱葱地攀附在一丛箭竹上面。他忽然精神一抖，跳过小溪，跑过那棵藤蔓前细看，然后高兴地大叫道：

“哎，大圈仔，有好东西吃啰！”

大圈仔走向前来，问："这是什么东西？"

"这是野淮山，很好吃的。"

项东方说完，用小刀割了两根箭竹竿，把一头削尖，递给大圈仔一根。两个人先将附近的落叶和浮土拨走，然后用竹竿一点点往下挖，很快就看到一条薯状块根，竟有一个茶杯那么粗。挖了半天，已有半米深，两人又累又饿的，不想再挖下去了，干脆就把它给弄断了，提起来一看足有一斤多重。两个人高兴得不得了，一个人到小溪里去洗淮山，另一个人去生火。不一会儿，淮山烤好了，两个人狠狠地饱餐一顿，觉得好像是进山以来，第一次吃饱过。

肚子吃饱了，困劲儿跟着就上来了。项东方到溪边找了两块野芋头叶子，给了大圈仔一块，自己留了一块。两个人分别把雨衣摊在地上，脱掉鞋袜，躺下来。项东方把野芋叶盖在脸上，那块野芋叶子足够大，完全可以把整张脸给遮住。稀疏的阳光透过树林密密麻麻的叶子投下来，照在野芋叶子上，给他的眼睛罩上了一层黄绿色的光，朦朦胧胧的，恍恍惚惚的，催人入眠。

项东方迷迷糊糊的，觉得自己走进了一个茂密的热带雨林。在这个形态万千的原始雨林中，到处都有静谧的池水、蜿蜒的小溪、飞泻而下的瀑布，参天的大树、缠绕的藤萝、繁茂的花草交织成一座座绿色的迷宫。他与大圈仔两个人踩着地上的腐叶，双手拨开垂到脸上的枝条，艰难地穿过密林中的小径。身旁全是高耸入云的参天大树，粗大的野藤攀附着树干和枝丫，从一棵树爬到另外一棵树上，从树底窜到树顶，又从树顶倒垂下来，互相交错缠绕，仿佛一道道稠密的大网，数不清的藻类、苔藓、地衣、蕨类和兰花，吸附在乔木、灌木或藤本植物上，犹如一层厚厚的绿衣。

两个人一边走一边欣赏着奇妙的景色，忽然，前面的芭蕉树丛中闪出一只美丽的孔雀，它展开五彩缤纷、色泽艳丽的尾屏，还不停地做出各种各样婀娜多姿的舞姿。项东方被迷住了，不顾一切地追上去，那孔雀一闪身躲进了芭蕉树丛。项东方追到芭蕉树边，那孔雀跳出来，跑到小路上，拍打着翅膀，一溜烟逃掉了。项东方顺着小路往前追，大圈仔在后面慢慢地跟着跑。

走到森林的边缘，赫然见到一个风光旖旎的小湖，湖面上长满了一个个浴盆般大的王莲，那只孔雀动作灵巧地从一个王莲叶子跳到另一个上面，已经跳到湖中间了。项东方紧追不舍，学着孔雀的样子，在王莲叶子之间跳来跳去。刚跳到湖中间时，那只孔雀突然消失不见了，只见湖水中央有个女人拼命地大喊着"救命啊！"，双手不停地拍打着水面，身子在慢慢地往下沉。

项东方跑了过去，那女人已经不见了。在他左右张望的时候，那个湖却变成了一条小溪，小溪的两端横着一棵巨大的枯树，一条绿得可怕的竹叶青盘缠在上面。项东方吓得拔腿就逃，大圈仔尾随在后。那条竹叶青忽然变成了一条体型巨大、绿背白肚的大蟒蛇，紧紧地追赶着两个人。项东方跳过小溪，跑进了树林，大圈仔却被一根枯枝绊倒，摔了个狗啃泥，大蟒蛇一把缠住他，张开血盆大口一把将他的头咬住，慢慢地吞了下去……

项东方大惊失色，拼命地挣扎，睁开眼一看，迷迷糊糊地看见大圈仔的脚边有一条眼镜蛇，正悠闲地慢慢离去。

他清醒了过来，猛地跳起来，追了上去，伸出右手一把抓住蛇的尾巴，把蛇提了起来，用力抖了几下，那条蛇就软绵绵的没了力气。他左手顺势从蛇尾捋到蛇颈处，狠命地一掐，蛇张开了嘴。他从兜里掏出一把小刀，捅进蛇的颈部，一直拉到蛇尾，整条蛇就被开了膛，血流了一地。

大圈仔醒了，用手捂着左脚，痛苦地呻吟着。项东方扔掉那条蛇，跑过去一看，见大圈仔右脚面上有两个较深的牙印，浅浅的血慢慢地渗出来。大圈仔好像还不知道发生了什么事，项东方告诉他被蛇咬了，他立刻就紧张起来，担心地问会不会死掉。项东方要他别担心。说罢，从书包里找出一条绳子，将它绑在大圈仔的脚踝上，又用小刀在伤口附近划出一个十字形的创口，疼得大圈仔嗷嗷大叫。然后，项东方用力挤他的脚面，让带毒的血尽量流出来。最后，项东方拿出几天前挖的三叶青和七叶一枝花，到小溪边找了块石头捣碎了，敷到伤口上。

真没想到当初只是因为好奇挖的东西，现在居然被派上用场，项东方暗暗地庆幸自己的先见之明。虽然做了这些功夫，但他心里也没有底，上次他在深山伐木时被毒蛇咬伤，是张子恩用七叶一枝花为他治好的，这次他也用了七叶一枝花，还加上了三叶青，他不知道有没有效果。为了不增加大圈仔的负担，他也只好假装若无其事的样子，叫大圈仔放心。

也许是处理得及时，大圈仔脚上的毒液没有扩散得太远，也许是那些草药真的有效，大圈仔呻吟了一会儿，就安静了下来，慢慢地睡着了。项东方摸摸他的额头，没有发烧的迹象，呼吸好像也比较均匀，但他还是不敢掉以轻心，心里还是十分的忐忑。他担心如果毒力发作，大圈仔挺不住死了，自己一个人是绝不可能往前走的，而回头路也不是好的选择，到时候还真不知道该怎么办。一定要救活大圈仔，可是自己该做的已经做了，下一步也只好听天由命了。

这样胡思乱想着，好不容易熬到太阳快下山了。忽然听到大圈仔说："啊呀，好渴！"

听到大圈仔说话，项东方心里倒轻松了许多，他打开水壶，给大圈仔喝了几口，问他感觉怎么样了。大圈仔喘了口气说好多了，就是肚子有点饿。项东方找来吃剩的烤淮山，大圈仔只勉强吃了一口就不要了。项东方想他大概想吃点热的东西，可这荒山野岭的上哪去找啊。苦恼了一阵，他忽然想起那条扔在地上的蛇，他蹦起来，找到了那条蛇，到溪边洗干净，生起一堆火，就把蛇放上去烤。

过了一阵，大圈仔说，好香啊，烤的什么呀？项东方说是蛇。大圈仔狠狠地说就是咬我的那条蛇吗？项东方说是啊。大圈仔咬牙切齿道，他妈的狗杂种，竟敢咬我，老子今天把你给吃了！ 项东方见他说话中气挺足的，心里高兴得不得了，便附和道：对，把它给吃了，说不定就补回来了。

说完，就把大圈仔扶起来，切了一段蛇肉给他。大圈仔又滋有味地吃完还想要，项东方又给了他一块，一直吃到他饱为止。

第二天醒来，大圈仔的精神明显好多了，他急不可耐地说今天就要上路。项东方担心他身体还是太虚弱，坚持要他再休息一天，大圈仔无奈只好同意。项东方出去采了些野果，又挖到了一条野葛根。

待到天明，大圈仔虽然没有完全好利索，但可以走路了。项东方给他削了一根竹竿当作拐杖，两个人搀扶着慢慢地走。大圈仔动情地说，这次你救了我的命，大家就是难兄难弟，以后要有福同享、有难同当。项东方拍着他的肩膀说，那是一定的，咱们不分彼此、同捞同煲（有福同享）。

一路无话，俩人走走停停，沿路不时见到人类的尸骨，大约都是死在半路的逃港者，有饿死的，病死的，有被蛇虫咬死的，不一而足，那些尸骨就瘫倒在路旁，白森森的恐怖渗人。一次，他们还看见一个骨骼靠在一棵大樟树上，脑袋还戴着一顶已经退了色并且百孔千疮的绿军帽。一开始看到这些人体遗骸，他们还觉得晦气，不忍卒看，后来看多了，就变得熟视无睹、麻木不仁了。

走到第二天傍晚，来到一个高坡上，抬头一看，眼前视野一片开阔，没有了起伏连绵的山峦，山坡下是一片平原，平地的尽头有一片海，海的那端闪耀着一片辉煌的灯火。大圈仔手指着灯火阑珊处，兴奋地说：

“看，那边就是香港！”

项东方心头一喜，在深山老林里扑腾了多天的他，犹如突然看见天堂的入口那样，曾经快要熄灭的希望又被重新点燃了起来，双眼不由得湿润了。他揉揉眼睛，贪婪地眺望着那片映红了天际的灯火。他开始想象着，只要走下这个山坡，越过那片平地，跳进海里，游上几个小时，就可以抵达对岸，获得自由，在某栋亮着灯的房子里面就能见到自己朝思暮想的爱人。他不由得陶醉了，喃喃自语道：

“啊，太美了！”

“是呀，没准过两天咱们就会踏上哪片自由的乐土，等着吧，我来也！”大圈仔充满信心地应和道。

两个人一扫几天来的沉闷，突然精神百倍，如有神助，天亮前就冲下了山坡，来到了山脚下，找到一个隐蔽的地方躲藏起来。

他们知道虽然目标近在咫尺，但比起刚刚走过的大山，这里才是最危险的地方。附近有无数的武装民兵在巡逻，而那些村民虽然自己也可能有偷渡的打算，但遇到可疑的陌生人没准还是会举报的。更可怕的是，过了这片平地，在沿海一线边防军设下了五百米一个的岗哨，日夜都有人在守卫监视，而边防军的政策是，偷渡者没有触到海水之前都可以格杀勿论。因此，要越过这片平原进抵海边简直就是一场九死一生的赌博。

他们躲在一丛茅草堆里，顶着太阳的炙烤，忍受着蚊子叮蚂蚁咬，喝了就喝壶里剩下的水，到中午时已经把最后一把炒米粉吃完了，好不容易挨到天黑，早已饿得饥肠辘辘。等到太阳一下山，两个人就急匆匆地穿过一大片稻田，摸到一个村庄前，走了一圈也找不到可以吃的东西，只好继续往南走。在路上总算碰到了一片番薯地，他

们猫下腰，蹲在地里头，把番薯挖出来，生吃了一顿。吃完刚要起身离去，突然一道强烈的手电光照在脸上，根本睁不开眼，同时听到一声震耳欲聋的吆喝声：

“站住，别动！ 举起手来！”

完全没有防备的两个人早已吓得魂飞魄散，乖乖地举起了双手。三个持枪的民兵冲到他们面前，用手电把他们照了一遍，看见他们那副衣衫褴褛、身边大包小包的模样，就知道是偷渡客。三个民兵嘀咕了一阵，决定要把他们送到公社去收容。于是，他们用绳子把项东方俩人的手捆起来，一头抓在一个民兵手里，由这个民兵推着单车押送去公社，其余两个民兵留下来继续巡逻。

他们沿着田边小路走着，两个人心里实在不甘心就这样前功尽弃，不断地想办法摆脱困境。过了一阵，大圈仔心生一计，哀求道：

“民兵同志，我前两天被毒蛇咬伤了，现在脚疼得要命，实在走不动了，你让我们歇一歇行不行？”

那个民兵不客气地骂道：“你小子别想骗我！”

“哎，你这人怎么一点同情心都没有！”

“你别耍赖，惹恼了我，我可不客气了！”

“我走不动了。”

“走不动也得走，谁让你栽到我手里！”他四下张望，然后悄悄地说：“讲实话香港我也想去，不过也要看时机。”

“既然彼此彼此，你就放了我们吧！”大圈仔异想天开地说。

“你别做梦！放了你们我怎么交差？你就好自为之吧！”

大圈仔没了辙，只好磨磨蹭蹭的，装着脚不好，一瘸一拐地走。那民兵只当没看见，推着单车只管走。走到一片小树林旁边时，项东方与大圈仔走了个并排，悄悄地耳语了几句。项东方突然捂着肚子“哎哟哎哟”地大叫起来。

那民兵在后面骂道：“你这小子又耍什么花招？”

项东方又“哎哟哎哟”地叫了几声，然后有气无力地说：“大佬，我刚才吃了几个生番薯，肚子疼死了，我要方便一下。”

那民兵想这两个人刚才确实是吃了生的番薯，而且洗都没洗就吃，恐怕真是拉肚子吧。于是，他放缓语气说：

“那好，你就到路边拉好啦。”

“你捆着我的手，我怎么脱裤子呀？”

“我帮你脱。”那民兵极不情愿地说。

“哪你也帮我擦屁股吗？”项东方偷偷笑道。

“放你妈个屁，想得倒美！”

“哪就快帮我松绑吧，实在忍不住了！”

那民兵无奈地说:“好，我给你松绑。你可别耍什么坏心眼，要不然我一枪毙了你！听到没有？”

项东方唯唯诺诺，连声说："不敢、不敢，求你了，快点！"

那民兵架好单车，走上前来，给项东方松了绑。就在绳索松开的一刹那，项东方突然用尽力气猛地一推，那民兵即时被推倒在地上，项东方骑在他的身上，大圈仔也迅速跑过来，一屁股压在他身上，项东方腾出双手，用刚才捆自己的绳子捆住了他的双手。然后，扯下他的帽子塞进他嘴里，再为大圈仔松了绑。俩人把民兵推进树林，捆在一棵树桩上，把他的步枪藏到一个草丛里，就飞快地跳上单车，向着相反的方向疾驰而去。

快到海边了，隐约看到前面黑乎乎的红树林。两个人跳下车，正要走，大圈仔忽然说要把车胎卸下来。项东方一想觉得这是个好主意，于是，掏出包里的螺丝刀和扳手，把两个车内胎拆了下来。

现在他们面前只剩下最后一道关卡了，前面就是大鹏湾，只要越过这一片沙滩，悄悄地摸进那片红树林，就可以神不知鬼不觉地到达海边，一旦碰到海水，中国的边防军就管不着了，剩下就是香港方面的事了。

两个人静静地匍匐在地上，目不转睛地盯着前面的沙滩。在微弱的星光下，可以依稀看见边防军的哨兵在巡逻。他们之间大约相距五百米左右，隔一段时间，两个哨兵会相遇在一起，就是在这个空档里，是项东方他们最有利的时机，要趁着他们相会后刚分开之时溜过去，潜入红树林。

那两个哨兵终于走到了一块，因为距离太远，项东方听不到他们有没有说话，却见黑暗中有火光一闪，好像是点燃了香烟。然后，两个哨兵分别向两个不同的方向离开了。大圈仔见时机已到，果断地说："快走！"

两个人跃起来，向着海滩飞奔而去。刚靠近红树林，却听到身后传来一阵阵狗吠声，由远及近，令人毛骨悚然。两个人气喘吁吁地停下来，大圈仔掏出那包老虎粪，一面走一面往地下一点点撒下去，那些追上来狂吠的警犬碰到地上的老虎粪，竟吓得止步不前，最后乖乖的往后逃走了。两个人很快就钻进密密麻麻的红树林。

狗吠声戛然停止，天地间陷入一片沉寂。项东方高兴地说，没想到那老虎粪还真管用。大圈仔说，那是多少前辈屡试不爽的经验。项东方想起当初自己还曾怀疑过，不禁哑然失笑。两个人乘着夜色，在低矮的红树林中穿梭，很快就抵达了海边。当他们一只脚踏在水里时，悬了多天的一颗心终于松弛了下来。现在哪怕他身后追兵百万，哪怕他洪水滔天，已经没有什么可以阻挡他们的了，唯一的障碍只有面前这一片宽达十公里的海湾。

项东方此刻的心情既兴奋又紧张，兴奋的是如果一切顺利，再过几个小时就能跨越铁幕到达自由的彼岸；紧张的是能否游过这个海湾一切全凭运气，万一出了意外，就有葬身鱼腹的可能。事到如今，也没有什么可顾虑的了，唯有全力以赴。他们扔掉多余的物品，把单车胎带上，将余下的东西用塑料雨衣包好，再把那些避孕套用一条小绳子绑在头上。两个人一前一后地跳进海里，向着灯火通明的对岸游去。

仿佛天气也来帮助他们似的，天空黑漆漆的，只有远方的灯光指示着方向，微风轻抚，海面的浪不大，海水有点凉，项东方把单车胎和包裹用绳子捆在身上，拖着一起游，虽然这样有点累赘，但为了保险起见，还是必需的。开始时他们游得很轻松，心情也很好，过了几公里后，就有点疲倦，项东方就从蛙泳变成仰泳的姿势，双手伸直，脚轻轻地蹬水，借机休息一下。

他仰面看着漆黑的夜空，脑海里浮现出许多往事。他想起小时候在水电站，跟杨欧学仰泳，无论他怎么做，始终都没法像杨欧那样一动不动却能浮着不沉，一直到现在他都做不到这一点，每当他伸直四肢躺在水中，不到三秒钟他的脚就会往下沉，然后脑袋就跟着一起没入水里。所以，他一直都在纳闷，杨欧到底是怎样做到的。看来人跟人确实是不同的，别人能做的事你未必能做。杨欧那么好的人，后来不是成了审讯自己的敌人了吗？世事实在难料啊。

大圈仔游在前面，与项东方相距有个三四米，两个人有时会聊几句，更多的时候都是默默地游，一面想着自己的心事。项东方又从仰泳变回蛙泳，过了一阵又觉得累了，干脆钻到单车胎里面，这样速度自然就慢了。大圈仔感觉到了，回头问他行不行。他说还可以，就是想歇一歇。大圈仔于是也放慢了速度。

过了一会儿，项东方似乎看到在大圈仔右边不远处有一个像木头的东西，慢慢地迎面飘过来。他眨眨眼，定定神，想看清楚些，但光线太暗，他还是看不清。他便大声地问大圈仔。大圈仔声音有点抖颤地答道：是一个死人！

项东方顿时就被吓清醒了，瞪大眼睛注视着飘过来的那个物体，果然是一个浮肿得早已变形的死尸。他突然浑身发冷，身上起了一层鸡皮疙瘩，不由自主地想起在贺江木排底下遇见的那个死人，于是拼命往前游了几下，躲开了这个就要与他擦肩而过的尸体。可是，没过多久，他又陆续看到几具浮尸。他慢慢地变得麻木了，他一遍遍地回想起马骝三抛尸的场面，想起西江和贺江那些连绵不绝的浮尸，现在唯一能够刺激到他的是，这些浮尸让他联想到自己可能的命运。他知道这些人跟自己一样也是偷渡者，他们因为运气不好，死在汪洋大海之中了。假如自己在最后一刻遇上厄运，变成他们一样的冤鬼，那就跟他们一样飘浮在海面上，最后成为鱼食。最后，他忽然回忆起在水电站那次，自己被漩涡卷进水底，在生死之间的那一刹那所经历的，死就变得不那么令人恐惧了。死亡似乎并不是那么可怕的事情，真正可怕的却是对死亡的前瞻，所有因死亡而起的恐惧都是因为前瞻所引起的，而在死亡那一刻其实还是相当诗意的呢。也许身旁的这些冤鬼在临终前的那一刻也曾经历过那美妙的瞬间，于是，他们都坚信自己的灵魂已经进入了天国。这样转念一想，他不再恐惧，而变得坦然了许多。

不知什么时候，一艘香港水警巡逻艇突然出现在视野中，探照灯光柱一遍遍扫在海面上。项东方和大圈仔吓呆了，本能地把头潜入水底。算他们运气好，巡逻艇并没有发现他们，当他们从水中探出头来时，巡逻艇快速地开走了。

项东方已经累得不行了，他觉得自己好像越来越沉，手脚都僵硬得不听使唤了，单车胎似乎不够浮力撑住自己，时不时就要往下沉。他终于想到了那些避孕套，于是，他从头上扯下那十几个避孕套，反过身来，仰面朝天，鼓起劲把那些套子一个个地吹胀，再用绳子串成一个圈，套在自己的腋下。这样，他终于可以完全地浮起来了，不过，游泳的速度却因此变慢了。

这样游游停停，停停游游，他们已经越来越接近目标了，那片璀璨的灯火越来越明亮，项东方心里的希望也越来越高涨。其实，他并不知道自己的体力已经透支得很厉害，他已经出现了幻觉，一个声音在他耳边说：快过来，我带你去找你的女人，她就在前面那个灯亮着的地方……

他双手无力地拨着水，气喘得很粗，脑袋像塞满了浆糊一样麻木。他似乎感觉到身旁的水流有点异样，好像有股暗流在身边搅动，但他迟钝到似乎失去了知觉，根本没法顾及这些，他只恍恍惚惚听到大圈仔嘟囔着：

“真他妈玄了，明明看见就在眼前，怎么就是游不到呢？真是望山跑死马呀！”

项东方没有答话。没过多久，他好像听到大圈仔惨叫了一声：“糟了，有鲨鱼！”

随即，他觉得自己的身体被一股巨大的力量猛地一扇，身旁掀起了一股大浪，一下子就失去了知觉。

第二十一章 毒誓

第二天上午，项东方在沙滩上惊恐地睁开眼睛，看到一个背着枪的人正在踢自己。他被巡逻的民兵发现了，他们起初还以为他死了，结果他醒了过来，民兵把他送进了收容所。

当天，他再次醒来时已是晚上，他睁开眼发现自己躺在角落的地板上。整个小房间密密麻麻地塞满了人，有的席地而坐，有的直接躺在地上，另一个角落里放在两个便桶，人粪味、香烟味混杂着人的汗臭味弥漫着整个房间，咳嗽声、吐痰声、说话声，甚至吵架声此落彼起。

项东方迷迷糊糊地听到旁边两个人用广东话在交谈。一个人说：

“这次不好彩，碰上大猫，下次要醒目点才得。”

另一个人说：“出不出得去还是一回事，还有什么下一次？”

“大佬，这个你就不识了！偷渡以前是大事，处罚很严厉，现在因为太多了，所以在已经变成小事一桩，广东人被抓回来最多办两个星期学习班，外省人可能当叛国投敌会判十五年。”

“你系话办学习班那么简单？”

“就系这么简单！”

“诶，你点知噶？”

“丢，我又不系第一次啦，这系我二进宫了。到时候你只要说你系广东人就得了。”

“哪人人都会讲广东话啦？”

“谁讲的？讲真啦，一个北方捞头想冒充广东人，人家一下就听出来啦。上次听讲有个湖南人冒充广东人，被人罚到底裤都甩掉，判了十年监呢！”

“哪点解广东人就不重罚呢？”

“开讲有话，法不责众，广东人偷渡太多了，所以不敢重判，怕影响太大。我条村的支书同治保主任带住人走，全村差不多都跑光了，系我不好彩，被人捉了两次。”

“哦，原来系这样子。哪学习班做什么呢？”

“丢，还不系老一套！读报纸，还有就是念一些特制的小文章，话你知香港是个人吃人的资本主义社会，然后就讨论，最后要你表态以后不再偷渡。”

“哪你就表态啦？”

“系呀，表个态就同放个屁一样，一转身又开始准备下一次啦。哈哈！”

项东方听到他们的议论，头脑开始清醒过来，心里感到轻松了一些，还暗暗庆幸自己会讲广东话，不然恐怕就有大难临头了。他的脑袋还是有点痛，试图回想到底发生了什么事。当时只听到大圈仔说有鲨鱼，然后自己大概被鲨鱼尾巴狠狠地扫了一下就昏了过去，看来大圈仔十有八九已遭不测。想到这，他叹了口气，不由得悲从心来，十分的伤心。回想起一路来经过那么多艰难，最终还是功亏一篑没有成功，大圈仔还是葬身鱼腹。这条路好像是断了，以后的漫漫长路不知怎么走下去，真的只能像大圈仔说的那样，湿开了头，只能湿到脚，没有退路了吗？可是，一路来的遭遇实在是受够了，难道还要重来一遍？

事情果真像那两个人说的那样，收容所每天早上 7 点钟就点名排队，然后学习讨论，吃过午饭就要做苦工，到工地上挖泥搬砖运大石。对项东方来说，做这些苦工并不是最可怕的，因为这些他在农场时都做过，唯一不同的是有人在旁边监视着你，不时会吆喝或者骂娘。最让他难受的就是吃不饱，因为每天只有六两的定量，据说这是经过严格的科学论证的，既可以保证人的基本需要，又不至于饿死。在农场时好歹有一斤的定量，现在无端地少了四两，就等于少吃了一顿饭，关键是每天还有更高强度的工作量，还不能偷懒。项东方每天都饿得手发抖，做工时总是力不从心，晚上经常在饥饿中惊醒，做梦都盼望着赶快脱离这个苦海。于是，在学习班上他就积极表态说，以后再也不去偷渡了，还老老实实地报了自己的姓名和工作单位。两个星期后，他被戴上手铐押解回农场，就像当年大圈仔那副模样。农场开了批斗会，他不得不作检讨，还被打入另册，从此夹着尾巴做人。

就这样，日子一天天地过去，场里一起来的知青有的招工，有的上学，有的当兵，走得七七八八，只剩下一些表现不好或者没有门路的人。每当看到宿舍门前那一排晾衣绳上那几件稀稀落落的衣服，看着往日热热闹闹的走廊如今只剩下那些空落落没有人坐的长椅，项东方忍不住觉得一阵从未有过的凄凉和寂寞。他曾多少次萌生起破罐破摔的念头，打算再次偷渡香港，然而，一想到大圈仔的悲剧下场他就黯然神伤，再没有勇气鼓动自己。他觉得也许自己这一辈子就这样背负着一个罪名，永远不得翻身，就在这暗无天日的惩罚中终其一生。在痛苦迷惘中，他看不到一丁点的希望，他相信自己根本没有什么未来，年轻的他麻木地沉沦在日复一日、永无休止的劳作之中。

直到有一天，那是一个阴雨天，天空灰蒙蒙地下着小雨，他头戴一顶斗笠，挑着满满一担猪粪走着田间，忽然听到远处高音喇叭传来的声音。那是一个高八度的女声，中央台的声音，他早已听惯这种调子而麻木，但是今天这个声音似乎带来了一个令人振奋的消息，令他不由得停下来静静地细听。他放下担子，伸长耳朵去听。那个声音在说，从今年开始全国恢复高考。听到这个消息，项东方仿佛在黑暗的山洞摸索了半天突然看见前面的亮光一样，心里燃起了一线希望。

收工后，他回到宿舍就开始翻箱倒柜，其实他也没有什么东西，也就是一个红色的木箱子。他把衣服搬出来，终于在箱底找到了几本高中的课本，这是下乡时父亲特意叮嘱他带来的。箱子里其他的文学和哲学书他都看过了，唯独这些课本他可从来没有碰过，因为他根本就不相信会有这么一天。上次，在被审讯时杨欧提到父亲，让他想到这些，但随后他又忙着谈恋爱准备逃港等等，早就把这事给忘了。想想真是惭愧，白白地荒废了大好的时光。现在似乎终于机会来了，可是，当他想到自己目前的处境，心里不免有点黯然。他不知道，像他这样一个身上带着特别印记的人有没有资格参加高考。他不敢想象，感到气馁，后来他好歹说服了自己先准备好，到时碰碰运气，如果能够考上就算是脱离苦海、重见天日了。于是，他潜下心来复习功课。

没想到报名很顺利，没遇到什么麻烦。考试那天，他和上千人一道走进公社的中学，在一个破旧简陋的教室里考了两天，自我感觉良好。在随后漫长的等待中，他看着农场考上的知青一个个都走了，而自己却没有任何消息，他预感到也许自己真的就栽倒在政审这一关上了。这着实让他心灰意懒了好长一段时间。好在他生性还算是一个乐观的人，他相信事情总会有一个转机，只要耐心等待，没准机会就会出现。他是个永远向前看的人，总是相信好事即将发生，他又想起了普希金的诗，于是，他又重新捡起曾经压到箱底的书本。

大半年后，他回到贺西镇，再次踏进了考场，这次因为有充足的时间准备，他考得更好了。从省里传回来的消息说，他是全地区十县一市的文科状元，平均成绩 80 分，要不是数学分低拉低了平均分数，他的成绩会更好。他简直不敢相信这是真的，因为从小学到高中，他从来就不是一个好学生，成绩也从来都不拔尖。难道命运之神真的来眷顾自己了吗？他有点飘飘然不知所以了，因此在填志愿时，他毫不犹豫地选择北京大学作为第一志愿。但几天以后他就有点后悔了，想到自己的过去，他担心自己还是会过不了政审这一关。

他的担心还真不是多余的，不过，他真的不知道这背后曾发生的事情。当时，北大招生组的人员虽然有意录取他，但看到他履历上有“曾偷渡香港”这一条，就犹豫了。后来，他们拿着项东方的档案去找省招生办了解情况，招生办的人轻描淡写地告诉他们，偷渡香港在广东是小事一桩，根本无足挂齿。他们说在广东，特别是珠三角一带偷渡成风，尤其是宝安一带，由村支书带队全村壮劳力一起逃港的多如牛毛，以致于很多村落只剩下老弱妇孺，所以后来的政策也改了，不像以前那样把偷渡者视为“叛国投敌”，而是改为“非法出境”或者“非法探亲”。招生组经过慎重考虑，用最后一个名额录取了项东方。

项东方知道自己的未来操纵在别人手里，但他不知道老天爷究竟做了什么，竟使自己的命运在一夜之间发生了一个一百八十度的大转弯，从一个被人唾弃的偷渡客变成了一个万人钦羡的天之骄子。在等待录取通知这段时间里，他每天都在忐忑不安中度过，心情忽高忽低，以致于都有点麻木了。

那天，他走过那个三岔路口，就是当年打死老虎蟹那个地方。那个露天舞台已经拆掉了，在原地立起了一个布告栏，许多人正在围观。项东方抱着看热闹的心态踱了过去，看到的是一张大红榜，原来这是一张高考录取榜，人群发出一阵阵惊叹声：

“哇，不得了，北大呢！”

“前所未有啊，不简单！”

“真是山沟沟里飞出金凤凰。”

“这个项东方是谁呀？这么厉害！”

“听说他爸是宣传部长，真是有其父必有其子呀！”

“怪不得呢！”

项东方听到人们在议论自己的名字，禁不住脸上发热，凑上去一看，见到自己的名字赫然出现在榜单的第一名上。他睁大眼睛看了几遍，确信真是自己的名字，他的心一阵激动，脸忽然火烧般地红起来，好在没人注意到他。他转身悄悄地离开了人群，心里虽然泛起波澜，但他肯定自己不会像范进那样掉进池塘或者河里。

父亲已经从水电站调回县里，项东方的高中让他很自豪，但矜持的他并没有过多地表露出来。临别前，他脱下手腕上那只上海牌手表，递给项东方，说：出门在外这个你用得着。项东方默默地接过表，心里对自己说：一定不要辜负父母的期待，要学好本领，做个有用的人。

事隔两年，项东方再次踏上了开往广州的红星号客轮。家人和一大帮朋友都来送行，但人群中没有肥猪。他放好行李，步出船舱，来到船舷边，倚着栏杆，挥手与岸边的亲友告别。熟悉的景物慢慢地退去，江堤上那一排姹紫嫣红的紫荆花渐渐地虚化为一片七彩斑斓的色块，又一团团地变得模糊，一点点地慢慢消散融化。

他不由得想起上次匆忙离开的情景，那次他只告诉家里自己去广州找一个朋友，并且还说很快就会回来的。可是，当时自己心里早已打定主意再也不会回来了，只要偷渡成功，就会永远呆在香港，直到环境真的改变。当时的心情是灰溜溜的，像是逃亡一样，没想到结果却被人戴上手铐押了回来。如今不同了，他已经成了小镇的名人，每个人都知道他的大名，他带着一身光环，在众人群星捧月般的欢送下，踏上那充满玫瑰色的希望之路，开始了改变命运的角力，人生翻开了新的一页。他想起当年陈一鸣的预言，心里突然一阵激动，觉得自己就像一只大鹏，展开了双翅迎着强风搏击长空。

他不经意地看见江堤旁那个下水道口，当年他们几个人曾钻到里面去找蜘蛛 。现在他忽然想起了肥猪，他记起肥猪曾发过的那个誓：永远都不回贺西！虽然他与肥猪已经没有联系，但眼下他却更能理解当初肥猪的心情。这个生我养我的故乡固然美丽可爱，然而，也正是你让我看到太多的丑陋，碰到了太多可怕的事情，让我吃尽了苦头，摔得遍体鳞伤。一个奇怪的念头突然闯入他的心田：贺西呀贺西，我终于可以名正言顺地离开你了，这次一别将永远不会回来了，我再也不能忍受你，我不想再见你这样一个鬼地方！

他并没有为自己产生这样的念头感到震惊，他想到了那个漆黑的夜晚马骝三抛尸的情景，想起当晚自己做的那个噩梦，想起随后一连串可怕的遭遇，以及令人厌恶的一切，他觉得自己不会后悔这样一个决定。

轮船在江面上缓行了一阵后开始加速，故乡彻底地从他的视野中消失了。天色渐渐地暗了下来，他慢慢地走回到船舱，却迎面遇上一双热辣辣的眼睛。一个面容姣好的女人坐在大通铺上，正目不转睛地盯着他看，目光中充满了探寻和好奇。他长这么大从来都没有见过这样的目光。他认出那女人正是南风粤剧团的花旦焦玉颜，一个风韵犹存的半老徐娘。焦玉颜长着一张白皙的小脸，五官十分的精致，以致于人到中年依然看起来像个少女，只是举手投足间显出一个成熟女人的风韵。

项东方被她看得很不自然，有点害羞地低下头，避开她那咄咄逼人的目光，溜回到自己的铺位上。年轻的他从来都不知道在女人眼里，自己到底是怎么样的一幅肖像，他碰到的女人不多，而像柳丝雨那样含蓄的少女自然不会告诉他。但这个女人热辣辣的眼神似乎向他展示着什么，或许自己对女人真有点魅力？他从来没有在镜子里看过自己的全身，所以他不懂，但他的心情却被她给搅乱了。他想起小时候看粤剧《醉打金枝》的情形，她扮演的升平公主美得简直就像天仙一般，居然令年少无知的自己为之倾倒，把她视为心中的女神。然而，时过境迁，如今她已人老珠黄、风韵不再，真是此一时彼一时啊！他还想起当年她被批斗的情形，心里轻轻地叹息。更糟糕的是，这个女人让他不由自主地就想起柳丝雨来：不知道她在香港过得怎样，是不是还记得自己，也许就早就把自己忘得一干二净了吧？

船上的大通铺很窄，仅容人翻个身，轮机的震动催人昏昏欲睡，项东方想着柳丝雨，怎么都睡不着，躺在旁边的两个人早已鼾声大作，搞得他心情更加烦躁。他干脆爬起来，走出船舱，来到甲板上。

甲板上凉风习习，天空中月明星稀。他在船头站立了一会，感觉风太大了，有点凉飕飕的，他便转到船尾，见旁边有个人在抽烟，便走过去借了个火，顺便问人家这是什么地方。对方答曰：大名鼎鼎的羚羊峡是也。羚羊峡是西江河上的一道著名的风景，早在隋唐时期就已闻名遐迩。浩浩荡荡的江水奔流到此，江面突然收窄，左边的羚羊山与右边的烂柯山雄踞两岸、南北对峙，山高坡陡，紧迫江岸，两边峰峦叠嶂、怪石嶙峋，形成一条长达七、八公里的峡谷，峡口外江面宽过千米，一入峡道却陡然变窄，最窄处仅有两百米，湍急的江水像野马般奔腾而过，一出峡谷便又豁然开朗，河面再次拓宽，江流滔滔不绝地徜徉在珠江三角洲一马平川的平原沃野上。

听人一提到羚羊峡，项东方不由得肃然起敬，接着就想起了家乡贺西人常说的一句话：不过羚羊峡永世不得发。这句话流传在羚羊峡西边的土地上，意思是说住在这边的人如果不离开家乡，走过羚羊峡，那他一辈子都不可能发达。项东方睁大眼睛，全神贯注地凝视着两岸黑呦呦的群山，忽然想起儿时的梦想：坐上一艘大轮船顺流而下，直达海边，看一看外面的风景。一时间，他心中感慨万千，心想老子如今终于过了羚羊峡，就像一只逃出牢笼的鸟儿飞向更加辽阔的远空，再也不会回顾身后的大地。于是，他喃喃自语，对着漆黑夜空中的北极星发了一个毒誓：

“老天在上，我项东方在此发誓：贺西呀贺西，你这个令我又爱又恨的地方，我这一辈子都不会再回来了！”

第二十二章 初入北大

经过两夜三天的旅行，火车到达了北京站。刚一踏出站台，项东方就在心里对自己说：北京，我来了！我要看看你到底只是我路过的一个中途驿站，还是我最终的归宿？

他乘着学校来接新生的车从南大门进入北大，一看到大门牌坊上刻着的四个苍劲有力的金字："北京大学"，他就激动不已。他知道这是毛泽东的手书，只字千金。当年，毛泽东作为北大图书馆一个小小管理员，曾受过陈独秀、胡适等名人的轻慢。当时，毛泽东时常会碰到来图书馆借书的这些名噪一时的大人物，他总想找机会跟他们讨论时事政治，无奈人家对他根本就不屑一顾，推说很忙，不愿搭理他。据说，后来有记者采访胡适，问他毛泽东是不是他的学生，胡适答曰不是，他还不小心地加了一句：以毛泽东当时的水平是考不上北大的！没想到几十年后，毛泽东以一国之尊为北大写下了这个匾额，还发动了一场轰轰烈烈的批判胡适思想的运动。世事实在难料，北大就是这样一所神奇的学校，什么事都可能发生。在这一刻，项东方为自己能够成为北大的一员感到无比的自豪，同时他又觉得自己就像一条小鱼，从小池塘被冲进了大海，不知道能不能适应过来。

进了大门，车子经过一条笔直的林荫大道，两旁长满了国槐，树冠交织重合在一起，构成一条绿色的长廊。不一会，车子就来到了大饭厅。这是个外表很不起眼的建筑，灰墙黛瓦，普通而陈旧，里面可以容纳几百人同时进餐。饭厅里面靠西边有一个舞台，必要时这里可以变成一个礼堂，容纳上千人在里面开会。你别小瞧这栋不起眼的建筑，说起历史它可是大有来头呢。当年北大校长马寅初就是在里面的讲台上发表了有名的《新人口论》，从而轰动全国，后来国家的计划生育政策就是由此而来的。大饭厅东面那堵灰墙，当年曾贴出全国第一张大字报，点燃了文化大革命的烈火。

大饭厅外面有一片柿子林，稀稀落落地长了一些不高的柿子树，时值金秋十月，树上的柿子都已变成了橙黄色。在柿子林周围排开一长溜的帐篷，那是各系准备的新生报到处。项东方下了车，随着人流走向那一排帐篷。他肩上挑着一个皮箱和一个装被子的被袋，走得有点艰难。等他看到了哲学系的牌子，心里就犯了难，心想人这么多怎么挤进去呢？正犹豫间，忽然看见旁边柿子树下站着一个矮个子老头，手里推着一辆单车，正立在一边看热闹。那老头鹤发童颜，气质文雅，身穿一套深蓝中山装，脚蹬一双黑布鞋。项东方没工夫细看他，但直觉得他一定是个好人，于是就停下来问道：

“同志，能不能帮我看一下行李，我报完到马上就回来？”

老头很温和地笑了笑，说：“没问题，你去吧！”

项东方撂下行李，径直奔向哲学系的摊位，二十分钟后，他已经拿到了学生证、借书证和饭票，兴冲冲地跑回老头的身边，向老头道谢。他这时才注意到老头的脸很瘦，颧骨高耸，两颊低陷，眼窝很深，眼睛炯炯有神。他本想再跟老头多聊几句，却被一个声音从后面给叫住了：

“哎，同学！你是哲学系新生吧？”

项东方一回头，见一个身材不高的男生不紧不慢地走过来，便冲他点了一下头，说：“是的，你是？”

两个人面对面站住，那人没说话脸先红了。他身材瘦小，双肩外削，一个圆钝的大鼻子，白框的深度近视眼镜后是一双微凸的小眼睛，脸上还长着些青春痘。他扭捏地看了一下项东方，然后慢条斯理地说：

“跟你一样，也是新生，不过，比你早到一天。”

项东方依然很兴奋，脱口问道：“你从哪里来？”

“哦，我家在北京。”他依然不急不忙地说：“系里通知北京的同学早到一天，好帮助外地的同学。”

“是这样啊！”

“走吧！咱们住38楼，我带你去。”

“好的！”

项东方忽然觉得这个人挺有意思的，斯斯文文、不温不火，甚至还有点儿迂腐，说话拿腔拿调的，实在是像个饱读诗书的老先生。两个人边走边聊，穿过几排宿舍楼。项东方知道了他叫肖福之，二十出头的年龄，原来还是同房。

38楼是一栋俄式的筒子楼，楼中间有一条黑乎乎的走廊，两边都是房间。他们爬上三楼，穿过灯光暗淡的楼道，摸到了326房间，肖福之打开门说到了。进门一看，里面摆了四张铁架床，床的中间搁着两张方形的大桌子，每张桌子有四个抽屉。整个房间塞得满满当当的，要走到里面还得侧着身子。项东方一下子看明白了，这小小的房间竟要住下八个人，真是够挤的。

四个下铺好像都被人占领了，项东方只好选了个靠窗的上铺。放好行李，肖福之问你还没吃饭吧？项东方这才想起，自己真的是从昨天晚饭后一点东西都没吃过，因为一路来都很兴奋，竟然忘了肚子饿了。肖福之说学一食堂就在宿舍后面，很近的。说完，他又突然问：对了，你带饭兜了没有？

项东方愣住了，他还真的忘了这茬了。他什么都带来了，就是没有记得要带吃饭的家伙，他根本就没有想到还需要这东西。肖福之见他这样，就说如果没有，你可以先用我的。说罢，从门边的书架上取下一个用毛巾缝起来的布袋，从里面掏出一个浅绿色的搪瓷饭盘，递给项东方。

那饭盘还很新，大概是最近才买的。项东方看着还是有点不好意思，他可从来都没有用过别人的碗来吃饭，心里总有点别扭。肖福之看他有点犹豫，笑笑说：食堂不提供饭碗，先用吧。

项东方拿了碗，就独自下楼，走进了楼后面的学一食堂。吃饭时间已经过了，里面并没有多少人，只有一个窗口还开着，有几个学生稀稀拉拉地排着队。项东方先去水槽那里洗洗碗，然后站到队伍里面去。卖饭的是个块头挺大的小伙子，敦敦实实的模样，身穿白大褂，歪戴着一顶厨师帽，每见一个人近前就操着浓重的北京话招呼道："你，来点什么？"其实，里面除了窝头、馒头和玉米糊什么也没有，玉米糊每人都会给一大勺的，可选的只有窝头和馒头。项东方没吃过窝头，不过倒听说不好吃，粗糙难下咽，因此打定主意要馒头。轮到他时，那伙计机械地问道：

"哥们，你来点什么？"

项东方递上饭票和饭兜，说：

"我要慢头！"

项东方虽然聪明，但他其实基本上没有正式地学过普通话，他的普通话主要是从电影和广播上学来的，有好多词和用语他可是从来都没有听说过，特别是一些生活用语，因此他把"馒头"说成了"慢头"。

那伙计开始没反应过来，愣了一下，突然明白了："啊？我们这没慢头，块头倒是有，你要不要？"

他一面说一面嘻皮笑脸地拍着胸脯，后面排队的人都嘻嘻哈哈地笑了。项东方很困窘，不知道该说什么，默默地拿过馒头和玉米糊，转身走了。那伙计还在他身后大声地说：

"小伙子，好好学普通话，要么就甭上北大！"

背后传来一阵嬉笑声，项东方突然感到羞愧万分，恨不得赶快消失到空气中。他胡乱地吃着干巴巴的馒头，心里很不是滋味。也难怪自己从一个小地方来到首都，确实有很多东西要学。他想起了小学刚开始学拼音的时候，自己得了哮喘病住了院，等自己出了院，人家拼音也学完了，从此就再也没机会学，所以普通话总是半桶水的水平。

吃过这顿淡而无味的饭，回到宿舍，里面多了两个人。一个看起来三十出头，戴一副黑框眼镜，有种见过世面的样子；另一个个子不高，圆头圆脑，脸颊旁还有一对小酒窝，十七八岁模样，一看就是刚毕业的中学生。几个人正聊着天，项东方推门进来，年纪大的那位就站起来自我介绍说他叫谭志高，是云南来的北京知青。年轻那位也介绍说自己叫陆德彪，是福建人，果然是刚毕业的高中生。大家聊了一阵，项东方刚才还有点郁闷的心情慢慢就放开了。陆德彪说：早就仰慕北大的名气，今天终于进来了，真该去走走，看看北大长什么样。

谭志高说："你还甭说，我家就在西苑，每次进城都要经过北大，可我今天还是第一次进来。"

肖福之说他家就在北大，校内校外再熟悉不过，于是便自告奋勇地领着大家上了路。他们边走边聊，路过一条长满银杏树的小道，树上的叶子都变成了金黄色，地上也铺陈着一些落叶。这条路走到一堵矮墙前转了个弯，矮墙后面是一个很大的园子。肖福之说这里就是有名的燕南园。

一行人穿过一个小门，步入园内，只见林木苍翠、松竹挺立，巨树参天、芳草萋萋，几条清幽小径旁，错落有致地分布着大小十几栋中西合璧的别墅，多为两层小楼的青砖灰瓦建筑，还有中式的红门朱窗，附带一个精巧的小花园。

右边出现一座小楼，院内院外绿意盎然，一架四处攀援的紫藤，把整堵院墙变成了一件由叶片织成的蓑衣；阶前檐下、甬道两侧，娇柔的玉簪花开得如霜似雪般灿烂；屋角独立着一丛纤细苗条的翠竹，迎着初秋的微风簌簌轻摇，一副超凡脱俗的姿态；更有三株四季常青的油松，伸展着屈曲盘旋的虬枝，迤斜着婆娑的绿叶，把阳光揉碎成一地跳跃闪动的亮斑。

肖福之指着这栋小楼说，这就是咱们系著名哲学家冯友兰的寓所。冯先生早年留学美国哥伦比亚大学，后来以一本《中国哲学史》名震学界，他以独到的视野来阐发中国古典哲学，可谓独树一帜，只可惜在文革中被迫参加“梁效”班子，成了一个污点。

没走几步，又见左边一栋小楼，院墙边遍种冬青树，院墙上爬满了青翠的爬墙虎。肖福之说这是原校长马寅初的旧宅。

沿着小路往前，肖福之不时指指点点，经过一个右转弯，他指向右面两栋小楼说，远一点的那栋住的是经济学家陈岱孙，近的那栋住的是物理学家周培源。肖福之的博学多闻让项东方自愧不如，心中不免有些羞愧，肖福之说的几个名人自己都闻所未闻，不过，这个周培源他还是略知一二的，他记得在招生简章上说他就是现任的校长。

肖福之说周培源是中国人里面唯一听过爱因斯坦课的人，当年在美国普林斯顿大学跟随爱因斯坦研究广义相对论，是中国物理学界当之无愧的泰斗，也是世界公认的流体力学“四巨头”之一，两弹一星的元勋几乎十有八九是他的门生。

再走几步，左边一间是语言学家王力的居所。往前走了一段路，来到燕南园的西北角，迎面遇上两个大石碑。这两个石碑分立在路两旁，碑的底座是一个巨大的石龟趺，碑头上有精美的盘龙石刻，下面镌刻着“万古流芳”的字样和碑文。

大家聚拢过去细看，肖福之介绍说这是花神庙碑，据说它们原来竖立于圆明园花神庙旁，1860 年圆明园毁于英法联军的大火，这两块石碑辗转流落到了此地。这花神庙碑猛然一看，真有一种历史沧桑之感，大家纷纷赞叹不已。一抬头又见一栋两层小楼屹立身旁。院门前有一棵歪斜的国槐树，围墙上盘缠着茂密的常青藤。肖福之说起了一段典故，原来这曾是著名社会学家吴文藻和号称“文坛祖母”的作家冰心的故居。

当年冰心从美国留学回来，被母校燕京大学聘为国文系助教。几年后，吴文藻也学成归来，并被清华、燕大聘为教师，没多久两人结婚，当时燕大校长司徒雷登担任证婚人，并把这栋小楼分给这对新婚夫妇居住。爱美的冰心在院子里亲手栽下许多丁香、紫藤、红月季、白玫瑰，一时间满园春色美不胜收，让这里的一切都浸透了京派文人温雅闲适的生活意趣。正是在这里，她写下了《往事》、《南归》等作品。他们在此一住十年，只是好景不长。抗战时期冰心夫妇流落他方，这栋小楼被日本宪兵占领，吴文藻的书房竟成了拷问教授们的审讯室。待至抗战胜利回来一看，花与树早已香消玉殒，小楼也已面目全非，伤心的他们从此再也没有踏进过小楼。后来，美学家祝广乾住进了这个小院。

他们路过时，看见一个瘦小的老头正坐在门廊下，好奇地打量着他们，项东方觉得这个人有点眼熟，但一时想不起来。

肖福之一路上滔滔不绝地说个不停，等他刚一停顿，谭志高就打趣地说道：

“哎，肖福之，看你年纪不大，知道的倒挺多，真像一个老夫子！”

陆德彪也凑趣道：“人家年纪比你还小，叫老夫子不合适，还是叫小夫子的好！”

项东方虽然才认识肖福之一天，就已经感到他确实学识渊博，但却有点迂腐，那种劲头不是他这个年龄的人应该有的，于是，就附和着说：

“对呀，人家的名字本来就叫小夫子嘛！”

谭志高说：“也是哦，肖福之，小夫子，那我们以后就叫他小夫子吧！”

几个人哈哈大笑，肖福之并不气恼，只是羞红了脸说:“你们这些人哪，真够贫的！”

燕南园不大，但十几栋小楼住过的个个都是冠绝中华的学界耆宿硕儒，都是各自领域里顶尖的大师、学科奠基人或创建人，每个小院都曾发生过很多有趣的奇闻轶事，折射出时代的光彩。燕南园，是北大当之无愧的象征，是一个民族值得珍惜的精神家园，代表着北大的精华所在，像燕南园这样因名家荟萃而闻名于世的，实属少见、罕有其匹。世界上有无数著名的高等学府，论历史的久远，北大也许比不上牛津、剑桥，论学术影响，北大也许难匹敌于哈佛、耶鲁，然而，北大的精神魅力及其对国家民族的深远影响，在世界教育史上，恐怕都是独树一帜的。

漫步于这个静谧安详的小园子，刚从边陲小镇来到京城的项东方真的大开了眼界，相当震撼，感触很深，仿佛被大师们的气息熏染，感受到了一种神圣的精神氛围和浓厚的文化气息，不禁为北大感到骄傲，同时也为自己有幸成为其中一员而自豪。走过那些传说中的人物所走过的路，项东方内心涌起一阵崇高而又澎湃的激情。小夫子说，五十年代曾有一位北大学生发出这样的豪言壮语：“奋斗二十年，住进燕南园”，不料，此人后来却因为此话被划为右派。然而，这句话却在项东方内心引起了强烈的共鸣：既然进了北大就要做个出类拔萃的人！此刻，他不禁想起了当年在农场那个山洞里许下的心愿：要写一本有价值的书。是的，如果自己能够写出一本不同凡响的书，一举成名，哪也就不枉此生了！

几个人继续往前走，从北门出了燕南园，没走几步就迎面碰上了一个庄严巍峨的大楼。小夫子说这就是图书馆。项东方从招生简章上知道，北大图书馆当时藏书三百多万册，是仅次于北京图书馆的全国第二大图书馆。几个人怀着崇敬和兴奋的心情，走进图书馆，到处逛了一圈，想到自己以后每天都要在此看书阅读，心里无不洋溢着一种幸福的感觉。出了图书馆，他们又走到西门，从哪两个雕刻精美的华表中间穿过，然后，绕着风景如画的未名湖走了一圈。匆匆地一圈走下来，看到这个比公园还要漂亮的校园，项东方马上就爱上了这个学校。

当天晚上，宿舍里人都聚齐了，八个人来自天南地北，年龄参差不齐，有刚毕业的高中生，有像项东方这样下过几年乡、或者当过几年工人的，有还穿着军装的现役军人，还有已为人父的中年人。这是中国乃至世界历史上最为奇特的一群大学生，他们不仅聪明好学、成绩突出，许多人都是各省的高考尖子，而且普遍都具有底层生存的经历，成熟练达生活阅历丰富，亲眼目睹了天翻地覆的社会转变，并痛入骨髓地反思过那些曾经深信不疑的神圣教条。

在一阵南腔北调、乱哄哄的寒暄过后，大家开始慢慢地熟悉了，有的人坐在床沿，有的躺在床上，还有的就站在门边，天南海北地海聊起来。大家的普通话基本上还是可以的，但还是喜欢拿各自的地方口音来开玩笑。

李鸣宇来自四川，中等身材，皮肤很白，他身上最大的特征就是一张嘴唇薄薄的小嘴，一看就是个话多的人。他父母都是大学教授，他上的是英语中学，是当年四川的文科状元，身上有一股说不出的傲气。他一开口就说川菜最毫（好）吃，苏杰反驳说川菜除了麻就是辣。李鸣宇振振有词道：

“看来你没吃过水煮白菜吧？哪才叫一个宣（鲜）呐！还是国宴的必备菜呢！”

“到底有多宣？你该不是说玄吧？”苏杰不客气地问道，他是武汉人，湖北省文科高考第三名。

“反正就比你们武汉的热干面要宣。”

福建人陆德彪插话道：“你们四川湖北的菜都是一个辣，还是我们胡见的胡（佛）跳墙味道鲜。”

谭志高模仿陆德彪说：“对，你们胡见伦厉害。哎，我问你，你们胡见伦吃饭怎么说？”

陆德彪有点扭捏地说：“吃饭就是‘呷奔’啦。”

“我怎么听起来有点像‘驾崩’呢？”黄育文笑了起来，其他人也跟着一起笑。黄育文是北京人，算是屋里的老大哥，是个退伍军人，成熟而稳重。他等大家笑完，又继续说：“我听说过一个故事，说的是为什么福建人中从来就没有人当过太监的事。”

大家一下子来了兴趣，忙催他快讲。黄育文就一板一眼地讲道：唐朝时确实有一个福建人当上了太监。他第一天上班就伺候皇上吃饭，满满一桌菜摆好后，一切准备就绪，皇上入了座，正要大快朵颐之际，福建人在一旁殷勤地招呼道：“皇上，呷奔！”皇上一听脸色大变，好端端地吃个饭，你竟敢叫我驾崩，简直岂有此理！于是立刻下令推出去斩首，并下旨道从今以后福建人一律不得录用。从此以后，再也没有一个福建人当过太监。

所有的人一齐哈哈大笑。陆德彪是个应届生，在这一群见过世面、富有经验的人中间简直就是个小毛孩，显得有点幼稚，他的历史知识大概都是从教科书上得来的，可是他又爱说话，他终于可以在笑声过后插上话了：

“我觉得吧，古代的首都都在北方，南方大部分都是南蛮之地，南方人肯定没机会上京当太监的。”

“哎，你这就不对了。”项东方的历史知识大多也是从课本上学来的，但好歹野史传奇之类还是听过一些的，他知道唐朝太监高力士给李白挽靴的故事，于是他就反驳道：

“难道你没听说过高力士的故事吗？高力士就是唐朝有名的太监，而且他就是广东人。”

陆德彪讶异地问：“是吗，有这等事？”

“是地。他说的没错！”饱读古书的小夫子抢着答道。他有一个习惯，就是当他要强调一个东西时，他会把“的”故意说成‘地’，而且发音非常清楚。他振振有词地说道：

“当年给杨贵妃送荔枝的就是高力士，哪个高力士就是广东高州人。”

“听说广东人都不说普通话，那高力士怎么能听懂？”陆德彪还死撑着。

“据说，我是说据说，唐朝人说的话接近于广东话。”小夫子言之凿凿地说。

“太夸张了吧？广东话跟普通话一点都不沾边，唐朝人怎么可能说广东话！”李鸣宇很不以为然。

小夫子躺在床上，双手枕在头下面，他说话时旁人好像能感觉他在摇头晃脑：

“据考证，确实是这样地。秦始皇统一东方六国后，派赵佗率 50 万大军开拓当时的南越地区，那 50 万军队后来就与当地的越人通婚融合，他们讲的是中原当时的‘雅言’，也就是当时的国语。后来，历朝历代都有北方人到岭南避难。‘雅言’与当地土语结合就成了今天的粤语。中原地区因为连年战乱，与北方胡人混血，语言也受了影响，所以我们今天讲的普通话早就不是古人的语言，而岭南地区由于远离中原没有受到太大的影响，古代的音韵得以保留下来。”

“说得不错，不愧是咱们的小夫子！”谭志高笑道。

但李鸣宇显然不服气，抬杠道：“你说了这么多，到底有什么证据吗？”

“这个、这个……”小夫子被呛，一焦急口头禅就出来了，顿了一下才说：“这个嘛，证据当然是有地。比如说《切韵》是我国最早的一部音韵学著作，它成书于隋朝初年，所记录的就是南朝时期读书人的音系，也就是晚期雅言的音系。用《切韵》音系跟今天汉语七大方言进行对照，可以看出，保存这个音系最多最完整的就是粤语。再比如宋朝出版的《广韵》，里面记录的音韵与广东话就能够契合，而与普通话就差得十万八千里。嗯，还有你用广东话来念唐诗就比普通话押韵得多，也好听得多。”

“真的吗？我一个老广怎么都不知道？”项东方既惊讶又感到有点羞愧。

“项东方，要么你来朗诵一首唐诗看看。”章崇智提议道。章崇智来自河南，身材高大，胖乎乎的，一脸的憨厚。

项东方突然感到有点不好意思，推辞说:“不行、不行，本人才疏学浅，不敢露丑。”

大家起哄道：“就来一首吧，看看小夫子说的有没有道理。”

项东方看躲不过，只好说；“行，来哪一首？”

小夫子说：“来点简单的吧，就来王之涣那首《登鹳雀楼》。”

于是，项东方用粤语念了一遍：

“白日依山尽，黄河入海流，欲穷千里目，更上一层楼。”

在一班不懂粤语的人面前朗诵，项东方开始时还真有点不习惯，觉得怪怪的，不过，他还是煞有介事地把它念完了。有几个人说听不懂，要他再来一遍。他又重新念完了，大家觉得确实有点不同的韵味，铿锵有力抑扬顿挫的。有人说：虽然听不懂，但是还挺好听的。

小夫子得意地说："虽然我不懂粤语，不过，我能听出诗里面第二句和第四句结尾的字都是押韵的，'流'、和'楼'都押一个韵，而用普通话来念就不可能押韵。"

项东方不由得佩服小夫子的博学，看来身边高人真是不少。于是他说：

"你说得对，其实，'流'、和'楼'在广东话里面是同音字，只是调子稍有不同。"

陆德彪忽然较起劲来说："哎，我怎么听着他说广东话好像日语呢？"

"也是哦，真的有点像。"李鸣宇也附和道。

"日本人说'系'跟广东人说'系'确实是同音的，意思也是一样的。"项东方老实地承认道。他虽然不懂日语，但他从看过的许多抗日电影中发现了这个秘密，并直觉到两者之间似乎真有内在的联系。不过，他把"日本"发音成"一本"。

"你是说'一本人'，不是'日本人'？"陆德彪开始笑了。

"'一本人'就是'一本人'啊，难道我说错了吗？小伙子！"项东方真的发不出"日"这个音，绕来绕去还是"一"，一屋子的人都呵呵地笑了。

项东方还把"小伙子"的"子"发成了"计"的音。陆德彪刚才被他说得有点羞赧，看他发错了音，终于找到了反击的机会，于是，就故意揪住不放说：

"是呀，一本小火鸡，看来你的普通话还得好好练练！"

"小伙子"在他嘴里变成了"小火鸡"，项东方困窘得不行，刚要回呛过去，谭志高突然插进来说：

"对呀，这年头谁都得学好普通话，不是吗？普通话才是正统，方言土语全不入流！"

"所以说，小火鸡你还得多学习学习！"陆德彪又得理不让人地加了一句。

项东方确实有点心虚，但满嘴福建口音的陆德彪这样怼他，自然不会服气，于是，他就回骂道：

"我看你也好不到哪里去，五十步笑百步而已，你小子狂什么？"

黄育文似乎嗅出了俩人之间的火药味，忙出来打圆场："得了、得了，大家半斤八两的，谁也别说谁，大家好好说话行不行？"

苏杰也笑起来说："以前听外面的人说北大人很狂，看来真的这样，你们才来北大一天就狂成这样，以后还了得？"

小夫子听后"嘿嘿"一笑，语带神秘地说："我在北大附中时经常听人讲一句话，据说这句话在北大校内流传很广，不知大家听过没有？"

"什么话？说说看！"大家兴趣被勾了起来，有人催促他快讲。

小夫子摇头晃脑道："这句话说的是'北大一条虫，外面一条龙！'"

"这句话是什么意思？"章崇智憨憨地问了一句。

小夫子踌躇满志地说："意思是说，一个在北大普普通通的人到了外面都是一个顶天立地的好汉。"

“就是说牛！”谭志高说:“以前也听过这句话，当时还挺反感的，现在就不一样了，毕竟自己已经是北大人了。”

“没错，北大不敢跟牛津剑桥或者哈佛耶鲁比，至少说中国第一没人敢否认。”李鸣宇牛逼哄哄地说。

陆德彪也大言不惭地附和道：“是呀，不然怎么就称为‘中国最高学府’呢？”

“清华也很牛吧？以前总是听人说‘清华北大’什么的。”项东方怯怯地说了这么一句，平常听人提起清华北大，许多人都是把清华放在北大前面的，他不知道这究竟是习惯还是什么，因此心里没底。

小夫子不以为然地接口说道:“其实人们说‘清华北大’完全是因为音调的关系，‘清华北大’刚好按顺序是一二三四声，听起来比较顺耳，只是习惯而已，没有别的意思。”

“就是呀！”李鸣宇语气里充满了不屑，仿佛清华跟他有仇似的：“清华，哼！清华算个球？解放前还行，算个文理齐全的综合大学，还有梁启超、陈寅恪、王国维、赵元任四大名师，解放后早就变成了一个纯工科学校，连理科都没有，更别提文科了，把大学的精神都丢了。比教授，比藏书，比科研成果，还是比历史作用，比社会影响，什么都不行，不知道拿什么来跟北大比？”

毕竟，这里是北大，李鸣宇狂妄的话并没有惹起任何争议，相反大家都深以为然，你一言我一语，列举出北大的许多优点，还历数出一大批历史名人，例如严复、蔡元培、李大钊、陈独秀、胡适、鲁迅、毛泽东等等。

苏杰先冷笑了一声，然后一本正经地说道：“在我看来，全中国只有两所大学，一个是咱们北大，一个是清华，清华存在的意义只是因为北大太孤单了，要找一个伴读书童来作陪，于是就把清华建在了北大的旁边！”

他的话音一落地就惹起一片笑声，黄育文呵呵地笑道：“清华是不是北大的伴读书童我不知道，但是北京人都知道，清华以前是培养出国洋奴的预备学校，如今已经成了培养官迷的第三党校！”

又是一阵哄堂大笑，笑声过后，章崇智有点困惑地问：“这第三党校怎么说？”

谭志高解释道：“在北京人看来，北京有三间党校，第一间是中央党校，第二间是人大，第三间就是清华。”

“清华真的这么差劲吗？”陆德彪天真地问道。

“其实，那都是北京人的调侃，清华也没有那么的不堪。不过，在我眼里，清华确实是比北大差了那么一点点。”小夫子顿了一下，又长篇大论了起来：“李鸣宇刚才说的没错，北大在中国现代历史上的作用是清华比不了的。 美国著名教育家和哲学家杜威对蔡元培评价很高，他说，拿世界各国的大学校长来比较一下，牛津、剑桥、巴黎、柏林、哈佛、哥伦比亚等等校长中，在某些学科上有卓越贡献的，固不乏其人，但是，以一个校长身份，而能领导那所大学对一个民族、一个时代起到转折作用的，除蔡元培外，恐怕找不出第二个人来。”

李鸣宇表示赞许，并且还自负地说:“其实，何止蔡元培，我只弱弱地说一句‘没

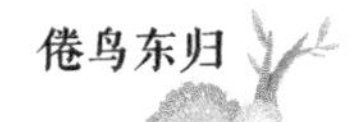

有北大就没有新中国’，这就够了！”

“哇，你这可是爆炸性的言论！从没听说过呢。”

“够刺激！”

“诶，哥们，你这话虽然有点道理，但是否有点过分了？”

大家都觉得李鸣宇的话虽然新鲜刺激，但似乎有点言过其实，纷纷表示异议。然而，李鸣宇却我行我素，坚持着说：

“我觉得一点都不过分。论学术，论历史地位，论对中国社会的影响，没有一所学校比得上北大。如果没有‘五四’，没有新文化运动，没有那一大批活跃于北大的历史人物，马克思主义就不可能传播得那么快，共产党就不可能成立，当然就谈不上新中国的成立。你们说对不对？”

李鸣宇一板一眼地说完，大家马上议论纷纷，一时间热闹非凡。项东方几乎没有机会插话，舍友们的高谈阔论让他实实在在地感受到了一种北大的气息，一种让你觉得环宇之小一掌可握、世界虽大一眼看透的气概，一种吞天吐地、四海为家的胸怀，一种睥睨天下的自信与洒脱。这种气息迅速传染到他的身心，在他的内心慢慢地发酵升华，在为北大感到骄傲、为自己置身其中而自豪的同时，他却又为自己的孤陋寡闻而羞愧，尤其是对自己那蹩脚的普通话感到自卑，他开始在心里对粤语感到厌恶，觉得说粤语土气，是没文化的表现。

自从踏入北大这一天起，这种矛盾的情绪就开始交积混杂在他心里。北大这个二十世纪中国的风向标，确实是庙小神灵大，池浅王八多，项东方就像一条小鱼游进了大海，视野开阔了，心胸宽广了，野心也跟着膨胀了；另一方面，他又慢慢地变得自卑，觉得自己这也不行那也不行。没到北京前，他的视野从来不曾超过贺西镇及所在的县，他的心似乎也不曾顾及到整个中国，而现在他开始有了一种全局观念，他开始学会根据自己过去的经历来反思中国的社会问题。其时的中国就像一个久病缺医的人，面对汹涌而入的西方思潮不加选择，不论是好药补药或者是毒药都囫囵吞之。

第二十三章 偶变

项东方的年级有两个班，但英语课却不按既定的班来上，原因是各人的水平参差不齐，有的人在高考时干脆就没有考英文，于是，在一次摸底考试之后，他们被分成快慢两个班。项东方讨厌英语，一直都把它当作美国的反动语言，心里非常地鄙视，因此从来都没有认真学过，高考时就选择不考。小夫子从小熟读诗书和古文，对英语也是不屑一顾，高考也没有考英语。所以，项东方和小夫子都被分到了慢班。

第一次上英语课那天早上，两个人在学一食堂吃过早餐，看时间不早了，项东方说得赶紧走，小夫子不紧不慢地说：别焦急，不就英语课吗，没什么大不了的。项东方觉得第一次上课还是注意点好。两个人背着书包，还拎着饭兜，就走到通往俄文楼的路上。

上次小夫子借饭兜给项东方用，当天，项东方就到学校南边的海淀镇买了一个搪瓷的饭盘，还学小夫子用毛巾做了个外套，把饭盘装进去，拎着就可以到处走。在校内随处都可以看到拎着饭盘的学生，这是北大一道独特的风景，因为校内几个学生食堂分布在不同的区域，校区太大了，教室也很分散，到了下课吃饭的时候不知身在何处，好在学生可以随意在每一个食堂吃饭，因此背着饭盘走到哪都可以吃，很方便。项东方很快就习惯了这种情况。

俄文楼在校园的北边，靠近未名湖，走路起码得十多分钟，路上不时有匆匆走过的学生。两个人从食堂出来，穿过几栋宿舍楼，然后直接进入了燕南园。不知道为什么其他学生一般都不走这条路，虽然这明显是一个捷径，他们宁愿绕着围墙走大路，也许他们不想打扰里面的人。走在园子里，项东方突然问小夫子高考时有没有考英语，小夫子也不觉得难堪，说考什么考？我最讨厌的课就是英语，像鸟叫一样，好端端一个中国人学什么英语，简直无聊透顶！

项东方觉得遇上了知音，就说："就是啊，我觉得英语听起来更像是青蛙叫。"

小夫子笑着问："哦，是吗？青蛙怎么叫的，我还真没听过。"

"就这样：哦、哦、哦……"青蛙叫项东方最熟悉不过了，他尽力模仿道。

小夫子却想到了一首诗，说："鹅，鹅，鹅，曲项向天歌，红掌拨清波……英语要真的那么好听，我就不反对学它了。我觉得它倒像乌鸦叫！"

"也对，啊－啊－啊！"

俩人大笑，笑声惊醒了一只躺在门廊下的猫，它"嗖"的一下跳上围墙跑掉了。

项东方突然想起这房子的主人，就问小夫子道：

“你上次说冯友兰就住这里，是吗？”

“是呀。听说现在还有两户工人同住在一起，挺可怜的。”

“老先生被整得够惨的。”

小夫子感叹道：“真是一世英名，晚年失足啊！他要是不参加‘梁效’班子，就能保住晚节，一生清白。可惜！唉，不过，搞哲学的在中国恐怕脱不掉这种命运吧？”

他好像突然想起了什么，问：“诶，你第一志愿就是报哲学系的吗？”

项东方不假思索地答道：“是呀。”

“你真的对哲学有兴趣？”

项东方觉得小夫子问得有点奇怪，没兴趣我来干嘛？不过，他还是礼貌地回答说：“我经历过许多事，有好多问题想不明白，也许哲学能帮我找到答案。我看过艾思奇的书《辩证唯物主义与历史唯物主义》，觉得里面有些东西有道理，但还是有很多疑问，所以就报了咱们系。”

“至于这个嘛，我可没你那么乐观，我也看过不少哲学书，越看越糊涂，因为每个哲学家都有自己的一套，谁都说服不了谁。所以，我干脆把哲学扔到一边，去看文学方面的东西了。”

小夫子原来念北大附中，其父是北大历史系教授，其母则是中文系副教授，他对古典文学特别有兴趣，几乎通读过从《诗经》到清末的重要诗集，许多文学和历史典故张口就来，稍微有点名气的诗词都倒背如流，对西方的东西则不感冒。他毕业后没有下乡，在街道工厂工作了两年，高考时报的是中文系，因为怕北大不收，他的第一志愿填的是北京师范大学中文系，第二志愿才是北京大学，大概是因为北大有优先选择的权力，不知怎么先被北大录取了，但却进了哲学系。

项东方觉得很惊讶，心想你不喜欢英语我能理解，但你不喜欢哲学，干嘛还来。于是他就问：“那你有没有考虑转到中文系？”

小夫子无奈地说：“这个，我曾经问过，但是校方说原则上要服从分配，转专业没有先例。所以，只好先呆着吧！”

俩人已经走到了园子的北边，抬头看见那两块立在国槐树荫下的花神碑，小夫子来了兴致，踱过去认真细看。碑文已经有些模糊不清，小夫子开始一面看一面吟诵那些碑文，摇头晃脑的样子。项东方对这些古董兴趣不大，看着小夫子陶醉的模样，觉得有点可笑。呆了一会儿，他看了一下手表，突然说：糟了，迟到了，得赶紧走！小夫子扶扶眼镜说别急别急，才快步去追项东方。

项东方小跑着冲出了燕南园，绕过一个球场，在图书馆前左拐，踏上一条几米宽的柏油路。路的左边是一个果园，苹果树上结满了成熟的果实。右边有几栋两层有着飞橡斗拱的中式建筑，围墙上爬满了青翠碧绿的常青藤，门楼顶上也倒垂着密密麻麻的紫藤。

跑到一个门楼前，项东方以为这应该就是俄文楼了，于是就停了下来，气喘吁吁地抬头看见两扇朱红的大门紧闭着，两只铜门环像两个巨大的牛眼静静地瞪着他。再定睛细看，原来右边几个绿字写着“哲学系”，一时傻了眼。

小夫子赶上来了，说：“不对，还得往前走。前面那棵白果树旁边就是了。”

项东方撒开腿又跑，等两个人进到教室时，已经迟到几分钟了。老师是个年轻女人，她倒没有刁难他们，只是说第一节课不熟悉环境，可以原谅。两个人忐忑地走到后面靠墙的桌子坐了下来。

喘过气静下来以后，项东方才有功夫仔细地端详老师。她的脸型不佳，肤色较黑，颧骨高，脸上还残留着一些青春痘疤痕，单眼皮下面是一双无神的小眼睛，下巴微微突出。看着她那张毫无吸引力的脸，项东方脑中不禁浮现出另一个姣好的面容，那是他的中学英语老师英姑。

那时候，“文革”血雨腥风的日子刚刚过去，项东方已经上中学了。在外面浪荡胡混了这么久，回到学校根本就心不在焉的。

这是第一次上英语课，全班同学静静地期待着新老师的到来。项东方心里在想：千万别来个又老又丑的老太婆。门忽然轻轻地开了，一个青春靓丽的女人迈着轻快的步子走进了教室，令大家眼前一亮。那女人的年纪似乎跟学生们差不了多少，她个头不高，身材苗条，白白净净的皮肤，圆圆的娃娃脸上长着一双水灵灵的大眼睛。全班看得都愣了。

老师把讲义放到讲台上，带着几分羞涩地介绍了自己。她有个很时髦好听的名字：姚超英。当天她穿了一件粉红色透明的确良短袖衬衣，袖口上露出一截像莲藕般白嫩的手臂，当她转身背对着大家在黑板上写字时，里面的内衣便隐隐约约地显现出来，刺激着那群刚刚开始发育的男生的无限想象，看得项东方脸红心躁，当她转过身来时，他赶紧把头低下，生怕被她发现了。

姚超英说了一些勉励大家要好好学英语的话。项东方虽然很喜欢她，但她说的话让他一下子转不过弯来。他想：英语是美英帝国主义的语言，我们为什么要认真学？心里有了疑问，他很想问问她，可是他又不太喜欢出头露面。于是，他写了张小纸条，递给了隔壁的瘦猫。

瘦猫是个天不怕地不怕的孩子，他看了条子，偷笑了一下，把右手高高地举起来，同时亮着嗓门说道：

“老师，我有个问题，能不能问一下？”

姚超英愣了一下，转过头来诧异地说：“你问吧。”

瘦猫开始一板一眼地说道：“毛主席说我们是共产主义接班人，是要干革命，消灭资产阶级反动派的，为什么我们还要去学英语？”

姚超英耐心地说：“学好英语才能更好地干革命，更好地建设共产主义啊。”

瘦猫辩解道：“可是，英语是资产阶级的话，美国鬼子的话，我们无产阶级怎么能要资产阶级腐朽没落的东西呢！学了英语只会污染腐蚀我们的思想和灵魂！”

“对啊！ 不学 ABC 照样闹革命！”许多人起来附和瘦猫，一时间课堂乱成一团。

老师竟一时语塞，白皙的脸上泛起了两朵红晕，引起哄堂大笑。这时，项东方才

觉得有点不安，他本来只是想问一个问题，没想到瘦猫却趁机把老师捉弄了一把。

整节课几乎变成了一个辩论会，基本没有时间学课文，到头来他们只学会了一句话：“毛主席万岁！”

老师带领大家把这句话大声朗读了许多遍。项东方怕记不住，用中文注了音。临下课时老师要大家复习一下，叫几个同学起来念哪句话，项东方生怕老师叫到自己，只好低着头，用书本把自己的脸遮住。没想到，到最后一个时，老师却从花名册上念到了他的名字，他犹犹豫豫地站起来，结结巴巴地照着注音读了起来：

“冷啦勿穿棉帽！”

他的声音很轻，因为紧张而带着颤抖。话音过去了几秒钟，没有任何反应。又过了半晌，一个男同学忽然阴阳怪气地说：

“老师，我不懂他为什么说天冷了不能戴棉帽？“

姚老师还没来得及回答，另一个男同学就插话道：“不对，他说的是不能穿棉帽，不是戴棉帽，难不成你把棉帽穿在裤裆里面吗？“

全班立刻爆发出一阵哄堂大笑。在乱作一团的哄笑声中，项东方先是跟着大家一起笑，过了一阵他忽然发现不对劲，觉得这好像是因为自己的愚蠢而起的，于是他低下头，羞红了脸，虽然没人注意到他，但在这一刻他恨透了英语，视英语为世界上最讨厌的语言，他还把自己对英语的厌恶迁怒于老师。

这节课后，他给姚老师起了一个花名：英姑。他解释说：这个花名的含义是她的名字就有一个英字，而且她还教英语，姑的意思是姑婆，就是不结婚的老女人。这花名经过瘦猫和肥猪等人的传扬，迅速传遍了全班，然后播及全校。英姑虽然漂亮，是全校公认最美的老师，可是她并不受欢迎，只因为她教的是英语，而那时候没人喜欢念书，更何况是英语呢！

项东方还给瘦猫出了个馊主意。下一次英语课前，瘦猫拿起长条形的粉笔刷，把黑板从头到尾擦了一遍，弄得粉笔刷上沾满了粉笔尘末，然后把门关上，只留下一条缝，再将粉笔刷搁在门框和门沿之间。上课铃声一响，英姑推门进来，粉笔刷不偏不倚地落在她的头上，弄得满头白发，引起全班一阵哄堂大笑，英姑当时就气哭了，狠狠地摔门而去，然后，有两个星期都不曾露面，由一个男老师代了课……

老师喋喋不休的话语打断了项东方的回忆。当年美貌的英姑尚且不能勾起他对英语的好感，眼前这个丑女人只会令他感到恶心，看着她那微微向前突出的嘴巴，项东方期待着里面吐出来应该是土不拉几的方言，没想到从里面竟然发出了一连串叽里咕噜的声音，叫人一点都听不懂。老师在上面装模作样地对口型，摆姿势，项东方不忍心看下去，把头低下来，只想着当年怎么作弄英姑的事，他还听到旁边的小夫子鼻孔“哼哼”地出着气。

这位老师显然没有唤起项东方对英语的兴趣，下课后他也没把这门课当回事，只是得过且过随意敷衍，结果，这个学期期终考试他只拿了 56 分。小夫子比他更惨，只得 45 分。他们的成绩是全班最差的，老师不得不登门造访，在宿舍里跟他们大谈英语的重要性，还警告说如果下学期再不及格，就有可能要重读一年。这件事让项东方有所震动，但他对英语还是提不起兴趣来。

新学期开始后的一天，项东方下课后，在食堂草草地吃过午饭，便匆匆地赶到图书馆，从一楼走到四楼，每个阅览室都走遍了，就是找不到空位置，最后来到四楼北端的期刊阅览室。这是他最后的希望了，如果还是没有他只好离开去找教室。期刊阅览室里面也是坐满了人，走到门前见一堆人围着阅报栏，他便凑过去看个究竟，原来栏上贴着几篇小说，正中的位置上是一篇叫做《伤痕》的短篇小说，似乎所有的人都是冲着这一篇而来的。项东方挤进人堆，手里还拎着饭兜。大家都很安静，能隐约听到一片此落彼起的呼吸声。

这是一个简单而动人的故事。在"文革"期间，一个女孩的母亲被错误地打成"叛徒"，这个十六岁的年轻少女无法接受这一残酷的现实，留下一封短信，声明坚决与母亲决裂，划清界限，然后毅然离开了家，到农村去插队。后来她与一个男知青相爱，一个偶然的机会她无意看到了男朋友的日记，上面写着他因为与她的关系有可能会失去上调工作的机会，于是，她不得不放弃了这段恋情。在长达九年的时间里，她从来不跟家里联系，母亲寄来的信几乎全部被她原封退回。有一次，她无意拆看了母亲的来信，母亲说自己已经平反了，要女孩回家。女孩依然不敢相信。直至收到一封印上公章的信函，她才终于确信事实。可是，等她满怀期待地回到家时，母亲已经病逝在医院里了。

看着看着，项东方很快就进入了情景，故事深深地吸引了他。他很自然地把自己代入到故事之中去，仿佛自己成了那个被女主人抛弃的男朋友。那个故事告诉他，像他自己那样的经历并不是个案，而是一个普遍的现象，只不过每个个案有不同的体现罢了。因此他能够理解那女孩的苦衷，知道她的无奈，他不由自主地就想起了柳丝雨，心里一阵酸楚。身旁不时转来一些轻微的叹息声，当他忽然听到旁边有人抽泣时，才仿佛如梦初醒，注意到自己右边站着的一位身材苗条的姑娘。

那姑娘穿着一件白色高领毛衣，外面罩着一件浅蓝色夹克，恰好能显露她姣好的身段，她的头发烫过，发端在肩膀处向上弯起，处身在一大堆穿着蓝黑两色肥大衣服的人群中间，她显得有点鹤立鸡群。那姑娘也许正看到伤心之处，掏出一条白色的手帕去拭眼睛。

项东方的思绪被她打断了，转过头注视着她的举动。他只能看到她的侧脸，但依然能感受到她高傲优雅的风韵。那姑娘也许感觉到了项东方热辣辣的凝视，转过脸来，四目相对，项东方看到了一双眼尾微微上翘的丹凤眼。他并不觉得她特别漂亮，只是看似古代仕女，有种奇特的韵味。她个子不高，但身材匀称。她那依然带着泪痕的眼眸里闪烁着一丝哀怨。项东方心里动了一下，不好意思地转头假装去看板上的小说。那姑娘飞快地瞄了项东方一眼，好像有点愠怒，仿佛怪他偷看了自己哭泣似的；又仿佛若有所思，似乎想从他眼里看出点什么来。总之，她的表情夹杂着惊艳、好奇和羞恼。

项东方被小说的情节、自己的回忆，还有眼前这位气质典雅的女孩搅得心烦意乱。他从人堆里抽身而出，走到二楼的文科借书处，借了几本小说和诗集，就离开了图书馆。

他步履轻盈地徜徉在图书馆东边的大草坪上，深深地呼吸了一口清新的空气。金秋十月是北京一年中最美的季节，万里晴空一碧如洗，没有一丝云彩，阳光照在身上不冷不热，十分的舒适。他越过草地，穿过第一教学楼旁边的迎春花丛，然后走上一个小山包，沿着一条羊肠小道一路往北。在杂草丛中，他不经意地发现了一些长满了果实的枸杞树，一簇簇红豆般的枸杞子在逆光的照射下像玛瑙一般晶莹剔透、分外诱人。穿过几棵依然青翠盎然的白皮松后，眼前豁然开朗，一个弯月般的小湖展现在他的面前。

这就是闻名遐迩的未名湖。项东方抬眼看看右边那座古朴厚重的高塔，开始沿着湖边的小路漫步。路边是一排依依翠柳，沿岸的国槐和银杏一片金黄，仲秋的湖水如同绸缎般平滑，对面湖心岛上几株枫树红得艳紫，与黛青色的松柏交相辉映，在宁静的湖水中垂下色彩斑斓的倒影，蓝天、绿树、黄叶将湖水染成一袭飘逸的彩衣，微风吹过，惹起一片涟漪，让这幅锦缎添上更加立体的质感。

项东方绕着湖岸走了一圈，然后找到一张长椅坐下来，他的心情变得舒坦多了。他从书包里掏出一本诗集，随意地翻了起来。他以前几乎没有读过什么外国的诗歌，除了俄国诗人普希金。他虽然喜欢普希金的某些诗，但总觉得他带有俄国人的那种阴郁沉重的气息，那也许是因为俄国漫长寒冷的季节使然。以前他只要看到是欧美的东西都很反感，对西方的文化也没有什么兴趣。刚才借书时，他要找的书都被借出去了，这让他非常的扫兴，正在失望时，他无意中发现了几本英美诗人的诗集，他是看着那些诗人的名字好听才勾起兴趣来的，他开始时还以为雪莱是个美丽的女人呢，于是，抱着试试看的心态借了出来。

他首先打开的是一本拜伦诗选，翻开扉页就是一张拜伦的肖像画，那幅画美得令人窒息：拜伦一头卷发，高耸挺拔的鼻梁，棱角分明而性感的嘴巴，还有微翘的下巴上那条深沟，也就是所谓的天使的指痕，纯净的眼眸里流露出孩童才有的无邪与天真，简直就像是一个天使。项东方觉得自己要是个女人，肯定会立刻爱上这个英俊的男人。他随意翻到一页，看到了《我见过你哭》这一篇，他就开始默默地在心里吟诵，一遍以后，他竟忍不住轻轻地读出声来了：

“我见过你哭，
那晶莹的泪滴，
从你的蓝眼睛里落出，
宛如梦中的紫罗兰滴下的露珠；
我见过你笑，
那蓝宝石的光芒，
在你身旁也不再闪耀，
因为它没有你回眸一笑的娇娆；
……”

“哇，太美了！”他在心里暗暗地赞叹：真没想到原来英国人写诗也可以这么动人，虽然没有中文古诗那样工整对称，但字里行间还是有一种浪漫意境的，读上去还有一种优美的韵律感呢！

在这般美景中读这些浪漫优美的诗简直就是一种享受。他沉浸在那种浪漫主义的情调里，看着眼前的美景，心里洋溢着一股浓浓的化不开的柔情。对面湖心岛的树丛中坐着一对恋人，他们依偎在一起喁喁私语，女生那鲜红的外衣就像一丛红枫，悄然无声地融化进身后那一片柔蔓如茵的柳丝中。此情此景让他艳羡，不由得忆起以往的甜蜜往事，又觉得惆怅不已。他无法排遣心中的愁绪，又把诗集翻起来，读到了《春逝》这一篇：

"……

久别已经年，

他日有缘再相见，

何以慰君颜，

默默无语泪眼浅。"

这首诗一下子击中了他的心中的哪根弦，说出了他的心里话，脑海里又浮现出苏轼那首《江城子》：

"十年生死两茫茫，不思量，自难忘。

千里孤坟，无处话凄凉，

纵使相逢应不识，尘满面，鬓如霜。

夜来幽梦忽还乡，小轩窗，正梳妆。

相顾无言，唯有泪千行。

……"

两行热泪不知不觉地滑下他的脸庞，他睁着泪眼注视着波光粼粼的湖水，一时竟无法自已。

他一下子就爱上这位英国诗人，发疯似的读了许多他的诗歌。他爱拜伦如此之深，以致于他觉得一定要了解他的一切，于是，他后来专门看了拜伦传。他发现自己与拜伦实在是有太多的相同点了，拜伦的敏感多疑，自卑又自负，自我中心等等，不正是自己的真实写照吗？他开始把拜伦视为自己的偶像。他实在是太喜欢书上那张拜伦肖像了，差点就把它给撕了下来，但突然醒悟到这是学校的书，才停下手来。好不容易等到星期天，他特意跑到王府井书店买了一本拜伦传，就把他的画像撕下来，贴到墙上，每天都看着它来给自己提神壮胆。

同宿舍的李鸣宇看到那幅拜伦像就问他，是不是喜欢拜伦的诗。他说是，李鸣宇又问他，读的英文原著还是中文翻译。他说是翻译版的。李鸣宇就非常不屑地说，诗是不能翻译的，读翻译的诗就像是吃中式的西餐一样，味道都变了，要读就必须读原著。他觉得李鸣宇太武断了，就跟他辩论了一番。李鸣宇巧舌如簧、滔滔不绝，终于让他相信语言中那些微妙的差异和美感是不可能翻译为另一种语言的。他觉得李鸣宇说得有道理，这让他下定决心学好英语，使自己有能力读遍英美文学和哲学名著。

没想到，丑陋的英语老师没有激起他对英语的兴趣，甚至是她的威胁都让他无动于衷，反倒是一个帅气的英国诗人不费吹灰之力，就为他打开了通往英语世界的大门。

从此以后他就爱上了英语。他开始觉得英语是一种高级的语言，只有高贵的人才配说，能说一口流利的英文既显得洋气，又表明身份的高贵，而说中文在世界上就是土气的，就像在国内说粤语是土气的一样。

他开始下苦功来学习英语。他没有死背硬记，而是善于找窍门。他发现英语虽然不同于汉语，可以用单字组合成许多词组，但它也有自己的构词规律，熟悉了词根和前后缀，就可以很容易记住新词。他去图书馆借来关于英语构词法的书熟读，他还开始尝试翻译一些英语原著，自娱自乐。很快，他的英文就突飞猛进，在班上名列前茅，令人刮目相看。当然，他还是一如既往地爱着诗歌，因为那些枯燥乏味的哲学书始终不能满足他那颗敏感多情的心灵。他后来真的发现自己当初读的拜伦的诗确实是在翻译方面做了修饰，比较符合中文的韵律和习惯，而与英文原著有着距离，但他已经能够阅读英文原著，所以也就无所谓了。

一天晚饭后，他在食堂旁边的书店买了一本惠特曼的《草叶集》，就踱到外面的三角地。见橱窗上贴着一张告示，是未名诗社招收新会员的启示，还说当晚七点在第一教学楼有一个诗歌朗诵会，有兴趣者可以自由参加。他看自己没什么事，想都没想就迈开脚步，向着第一教学楼走去。

走进一个大的阶梯教室，里面已经有许多人，他在后面找了个位置坐下来。讲台上有一个留着长发的学生在朗诵一首诗，他一会慷慨激昂，一会婉转低回：

“卑鄙是卑鄙者的通行证，
高尚是高尚者的墓志铭。
看吧，在那镀金的天空中，
飘满了死者弯曲的倒影。
……
我不相信天是蓝的，
我不相信雷的回声；
我不相信梦是假的，
我不相信死无报应……”

朗诵完了，教室里响起一阵雷鸣般的掌声。项东方因为进来晚了，不知道那是谁的诗，就问旁边一个学生，人家告诉他是北岛的《回答》。他从来没有听说过这个诗人，但是他能感到这诗有一种痛快淋漓的舒畅，仿佛道出了他自己的心声，诗中对那个变异社会表示的怀疑和否定激起了他的共鸣，那种对现实的强烈怀疑和否定精神让他久久不能平静。

他毫不犹豫地就加入了诗社，入社的唯一要求是要提交一首自己创作的诗，他就把那首写给柳丝雨的诗呈上。诗社的人看了他的诗说不错，还有点朦胧诗的味道，似乎有先知先觉的意味。他谦虚地说没有啦，这只是自己情急之下胡诌来的。晚上回到宿舍，他躺在床上仔细想想，发现那些诗歌除了让感情得以宣泄以外，并没有给未来指明方向，自己依然是感到彷徨，思想依然在徘徊，心中的疑团依然没有解开。

第二十四章 断旧情

晚上十点多钟，宿舍的人都回来了，是该熄灯睡觉的时候了，每晚的“卧谈会”马上就要开始。苏杰刚刚买了一部三洋牌砖头式录音机，全宿舍的人都知道了。苏杰上学前是个工人，工龄超过五年，因此他是带薪上学的，手头比较宽裕。他英语课上的是快班，开始还感觉良好，后来项东方的英语越来越好，整个年级无人不知，这让睡在项东方下铺的苏杰感到压力越来越大。为了学好英语，他省吃俭用攒了一笔钱，不知从哪里找的门路，花了比市价低几十元的价格买下这部从广州带过来的水货。灯刚熄，就有人起哄道：

“哎，苏杰，放几首好歌来听听，让我们也做个好梦！”

苏杰巴不得让大家试试他的新玩意，不过，他却卖了个关子：“放歌没问题，可是，如果有谁听完后春心荡漾、夜不能寐的话，哪可千万不能怪我呀！”

“没事儿，尽管放，我这还有足够的安眠药。”

回话的是胖胖的章崇智，他平时老实巴交的，难得还有这点幽默。不过，也许他真的有安眠药也不一定，因为最近他总是说失眠。大家都觉得奇怪，一个牛高马大、身强力壮的小伙子居然天天闹失眠，实属不可思议。于是，大家一窝蜂地群起围攻他，什么难听的话都说出来了，最刻薄的要数陆德彪了。他说：老章，我捉摸着你一定是被女朋友给甩了！甩了就甩了呗，担心什么呢？就你现在的条件还怕找不到漂亮的妞儿？性格温和的章崇智并没有生气，他只是叹了口气说：唉，你个小毛孩懂什么？事实上，这位已经二十八岁的大小伙子确实在河南老家有一个女朋友。没人知道他为什么失眠，也许他真的像大家说的那样失恋了呢？今天他和大家一样很期待听一些好歌，反正是睡不着的了。

“好！”苏杰见既然章崇智都这么说了，就不再啰嗦，伸手按下放音键，音乐随即从他的床头响起：

“我衷心地谢谢你，给我一番关怀和情意
如果没有你给我爱的滋润，我的生命将会失去意义，
我们在春风里陶醉飘逸，仲夏夜里绵绵细语……”

歌声温婉甜蜜，还带着一丝忧郁。大家静静地听，屋内只有歌声在飘荡回响，在每个人心里激起不同的感受。在第一段停顿时，有人问：

“这歌太好听，谁唱的？”

“邓丽君，台湾的。”苏杰答道。

第二段又开始了，歌声像闪电穿透人的心灵。项东方忧伤地睁大眼睛望着漆黑的天花板，眼前不断飘过柳丝雨的脸庞，他终于忍不住从枕头底下拿出她的照片，把手电打开，一遍遍痴痴地看。躺在对面的章崇智跟他一样，双手枕在头下，仰面望天，心里充满了思念和无奈。他看到电筒光，就关切地问：小项啊，你在看什么呢？项东方心虚地说：没有，找个东西。然后，无奈把地照片塞回枕头底下，并把手电关了。

歌曲播了一首又一首，大家都听不厌，听完一首《月亮代表我的心》后，章崇智受不了了，忍不住就说：

“把录音机关了吧！该睡觉了。”

谭志高悻悻地说：“哎，奇怪了，要开机的是你，要关机的也是你，不是触景生情又想起你女朋友了吧？”

大家一阵哄笑。苏杰问：“大家意见，关不关？”

李鸣宇调侃道：“还是关了吧？免得老章等会又要一个人‘二泉映月’了！”

这里面有一个典故。章崇智拉得一手好二胡，时不时在宿舍里拉上一曲。有一天，他回来得早，一个人在宿舍里拉起一首名曲，曲调非常悲凉忧伤、凄厉欲绝，他把曲子演绎得扣人心弦、催人泪下。有人问他曲名，他说是瞎子阿炳的《二泉映月》。他还说阿炳在月光下拉这首曲子，虽然两只眼睛看不见，但依然泪汪汪的像两个泉眼。大家就戏弄着说，原来二泉映月就是两只眼睛泪汪汪的映着月亮。从那以后，一说到二泉映月大家就明白什么意思：泪眼汪汪望月亮。

谭志高接过话头说：“说到‘二泉映月’，我现场作了首诗，大伙看看行不行：两眼泪汪汪，羞对明月光；举头望明月，低头思姑娘。”

话音刚落便惹起一片笑声，小夫子一本正经地说：“你这诗不诗词不词的，韵又押不好，连打油诗都不是，只能算个顺口溜。”

苏杰漫不经心地说：“得了，得了，小夫子，那么较真干嘛？人家也就起个哄凑个热闹。”

小夫子不以为意，继续说道：“如果把‘姑娘’改成哪个什么……”他一时想不到合适的词，卡住了。

陆德彪喜欢说话，可是憋了半天插不上嘴，等小夫子刚一停顿，他就急忙打岔道：

“今天去图书馆借书，在文科借书处碰到的那个女姑娘简直太漂亮了……”

他毕竟年纪小，在一帮大哥哥面前说话常常因为紧张免不了口不择言，他发现自己说错了话，突然煞住。大家一时也没发现什么不妥，还是谭志高反应快，他一把揪住他的口误调侃道：

“什么？女姑娘？你敢肯定那个姑娘是女的？”

“哎，难道姑娘还有男的吗？”李鸣宇又插上一杠。

“姑娘没有男的，但小伙肯定是男的吧？”黄育文觉得越来越好笑，也过来凑趣道。

谭志高没说话自己就先笑了："莫非你要说那个男小伙什么的？"

"哈哈哈！"

一连串狂放的笑声爆满了整个房间，苏杰乐得在下铺直擂床板，上铺的项东方已经从刚才的思念中缓过劲来了，他的笑把床摇得像条在波浪中翻滚的小艇。苏杰笑够了，喘着气说：

"诶，我说楼上的，你歇一会儿，你再摇我就该散架了，你别摔下来把我给砸扁啰！"

"你焦什么急呀，我还没笑够呢！女姑娘、男小伙，太他妈经典了！"项东方根本止不住笑，还在上面一股劲地摇。

小夫子也在笑，不过他没像大家那么豪放，他只是轻轻地抿着嘴笑，然后煞有介事地插话道：

"其实，陆德彪说得也没错，姑娘本来就是女的嘛！"

"是呀，谁不知道你妈是女人，放屁干嘛还要脱裤子？"谭志高阴阳怪气地说。

苏杰说："不对呀，他不是脱裤子，而是穿裤子。"

"怎么讲？"李鸣宇问。

"大家都知道姑娘是女的，他还加上'女'这个形容词，这不是多穿了一条裤子吗？"

项东方反应了过来："你是说他放屁前先多穿上一条裤子？！"

"哈哈哈！"这一下大伙笑得更加猛烈强劲，小小的房间似乎容纳不了那放浪的笑声，连纱窗都在摇晃，四张架床也在风雨飘摇中"咿呀"作响。

项东方的笑是很有节奏的律动，就像汽车驶过坑坑洼洼的沙土路那般，一摇一晃，一颠一簸，下铺的苏杰感受特别明显，突然有个东西砸到他的脸上，他嘟囔了一下：

"诶，这是什么东西呀？"

说罢伸手去脸上抹了一把，摸到了一张硬硬的小纸片，边缘还有些小锯齿。他觉得这应该是一张照片，可是太黑了，他看不清。于是，他就叫睡在门边的黄育文开灯，黄育文没好气地说：

"我说今晚你们这帮人闹个没完了，真不想睡觉啦？"

灯亮了，苏杰揉揉眼，看清楚了那张照片，忽然兴奋地嚷道；"你还想睡觉，等我让你看完这玩意，你睡得着才怪呢！"

"什么玩意？"陆德彪被大伙笑了半天，都抬不起头来了，这时才缓过神来。

苏杰跳起来，把照片递给对面的陆德彪。陆德彪虽然只有十八岁，但情窦已开，懂得欣赏女人了，他看完便感叹道：

"嚯，这姑娘真漂亮！"

"妈呀，真漂亮！"

"这是谁的女朋友啊？"

照片在房间里传了一遍，每到一个人手里都发出赞叹，只有传到小夫子那里他不置可否地"啊哦"了一下。等照片到了项东方手里时，他的脸一下子就红了，原来那是柳丝雨的照片。刚才他看完了明明就压在枕头底下的，没想到竟掉到了苏杰的脸上。

大家还在议论纷纷，有人说：这女孩太美了。有人说：她很有气质。谭志高干脆说：别说哲学系的女生没人比得上她，连全校最漂亮的英语系的女生都不见得有她漂亮。陆德彪则装模作样地感叹道：唉，如果有这样一个女朋友，这辈子也就死而无憾了。只有章崇智重重地叹了口气。谭志高突然若有所思地问：

“苏杰，这是你女朋友吧？”

“你也不动脑子想想，如果是我的，我会那么傻，拿给大家看吗？”苏杰不屑地说。

“为什么不？如果是我还巴不得让你看呢！”陆德彪大言不惭地说。

苏杰说：“行啊，把你女朋友的拿来看看！”

“唉，可惜啊，我还没有这个福气！”

“那说了也白说。”

谭志高还是紧追着不放：“哪是谁的呢？”

“是谁的我不知道！哪照片刚才从天而降砸到我的脸上，我还听过他半夜在梦中叫一个人的名字。”苏杰实话实说。

章崇智也附和道：“我也听过的，好像叫什么雨来着。”

“那一定是项东方的！”几个人异口同声地叫了起来。

项东方的脸一阵阵地发烧，恨不得找个洞躲起来，好在他躺在上铺，没人看得清他的表情。

有人开始起哄了，说：“项东方你真有能耐呀，找了个这么俊的人儿。”

“是呀，郎才女貌，简直就是天作之合！”

“诶，项东方，介绍一下情况嘛！”

项东方真的不知如何是好，总算急中生智地搪塞道：“那是我妹妹，不是女朋友。”

“别逗了，一点都不像你妹妹。”

“不是女朋友，怎么会半夜三更打着手电来偷看？”章崇智一针见血地驳斥道。

项东方理屈词穷，不吭声了。大家仍然不放过他，继续嘲弄他，他只好无奈地说：

“好了，你们别闹了，都吹啦！”

喧闹的房间突然安静了下来，过了好久，才有人叹息道：“太可惜了！”

陆德彪又唱起了高调：“散了就散，没啥了不起的，大丈夫何患无妻！明儿找个更好的。”

“你站着说话不腰疼，要是你会怎样？”项东方没好气地说，这句话他是刚学会的。

黄育文是已经结婚的过来人，他摆出一副老大哥的姿态，语重心长地说：“项东方，不是我说你呀，既然已经分了手，就要干脆利落，不要拖泥带水，免得后患无穷，自己害自己！”

这番话仿佛一记重锤砸在项东方的心上，让他没法平静。这一个晚上他彻夜难眠。他想了很多，回忆起小时候柳丝雨那轻蔑的眼神，自己对她的恶作剧，到后来救她又爱上她，又没有明确地说过分手，却从此天各一方、杳无音信。那个漆黑的夜晚，自己冒着生命危险，在大海里毫无希望地游，就是为了能见到她，差点没葬身鱼腹，而那个薄情的女人，尽管信誓旦旦要来信，却始终毫无音讯。

他突然间意识到自己的傻：柳丝雨已经消失了好多年了，自己还傻乎乎地在哪里等，简直愚不可及。以前，他从不这样想，他总是以为，她一定是遇上了什么不可抗拒的情况，使她自顾不暇。可是，现在他突然清醒了，人是会变的，环境变了，人的思想就会跟着变了，就像自己对故乡不也变得日益厌倦了吗？人家一个年轻漂亮的女人，到了香港那个花花世界，随便就可以找个比自己强十倍百倍的人，安安稳稳地过上富足平静的生活，又何必死守着你一个一名不文的穷知青呢！他悲哀地想到，如果她真有想到过自己，那她一定会认为自己现在仍然是那个农场知青。话又说回来，即便她知道自己现在已经是北大学生了，那又怎样呢？国内和香港差距如此之大，在她眼里自己不仍然是个土不拉唧的“大陆仔”吗？想到这，一种自怜自艾的自卑情绪充满了心间，他彻底绝望了。他想起了拜伦那首诗《春逝》，心里恨恨地想，如果重遇，我一定只有漠视，绝不会有眼泪。他的理性告诉他，现在应该对这事做一个了结了。

第二天黄昏的时候，项东方踏着夕阳踽踽独行，穿过大半个校园，来到了未名湖畔。他心事重重地绕着湖岸走了一圈，然后，坐到一张椅子上。椅子背后几乎靠着一棵柳树，倒垂的柳枝在他身旁飘来荡去。静静的湖水偶尔有鱼儿翻过，惹起一点涟漪。他本来想到此走走，散散心，彻底把柳丝雨忘掉。可是，那水中的涟漪跃入他的眼里，竟慢慢地幻化成了农场那口鱼塘，然后，一长串回忆便纷至沓来。夕阳的余晖飘洒在湖面上，荡起粼粼的波光，他的心一下子变得柔软起来，不忍心把那些美好的回忆统统埋葬。他顺着自己的思绪一遍遍地品味那些美妙又苦涩的记忆，直到太阳快要下山了，他才狠狠心把头抬起来，转身走向一个像拱门般的门洞。

这个建筑被人叫做花神庙，也称慈济寺，始建于清乾隆年间，原为乾隆宠臣和珅的私家寺庙，1860 年英法联军火烧圆明园时，作为圆明园附属园的淑春园未能幸免于难，这座位于淑春园中的花神庙被焚毁，只残留下一个庙门。如今，这座方不盈丈的山门孤零零地耸立在未名湖畔，背枕着树木葱茏的小丘，面朝着碧波荡漾的湖水，有着飞翘的屋檐、雕花的大理石拱门、赭红色的墙体，庙门做工精细，造型典雅，是未名湖必不可少的一个景点。不知从何时起，北大学生中就流传着这样的说法：花神庙主管燕园学子的爱情，恋人们在哪里盟誓特别的灵验。因此，学生们就把这座花神庙当做祈福爱情的圣地。

项东方走到门洞前，用火把柳丝雨的照片点燃，放到前面地上，一缕青烟袅袅地升起。他在心里默默地念道：我的初恋啊，咱们就此别过，你就像那烟飘散到空中，从此天各一方，我也不会再想你了！花神啊，请你在冥冥中为我祈祷，让我重新找到我那命中的佳人。

第二十五章 自恋

在农场时，项东方的衣着打扮就有点与众不同，他把那些衣服都带到了学校。他也有一套人人都有的蓝色的中山装，不过他穿得最多的还是从农场带来的反领文装。放假回广东时，他到广州高第街买了一条牛仔裤和一件T恤，成了北大第一批穿牛仔裤的人。那时候，T恤还被称为港衫，因为是从香港来的，与牛仔裤一样被视为奇装异服，穿的人很少，北京许多高校甚至还禁止穿着。但项东方已经穿习惯了，并没有什么特别的感觉，他不知道这在某些人看来总是有点异样。

同宿舍的陆德彪，平常喜欢看些人物传记，模仿一些大人物的言行，说点哗众取宠的话来引人注意，他经常取笑迂腐的小夫子和老实巴交的章崇智。上次他看到项东方贴出的拜伦像，觉得很有意思，就模仿项东方找来一幅德国哲学家尼采的黑白照片。那是一幅半身照，尼采侧身坐在椅子上，右手支住脸颊，鼻子底下留着浓密的胡子，眼睛阴郁呆滞地凝视着前方。陆德彪把照片贴在床头，三天两头对着照片顶礼膜拜。有一段时间他逢人就说尼采，说起尼采必谈超人，慷慨激昂地宣称中国太需要这样特立独行的人了。

星期六傍晚，几个人准备到大饭厅去看海政歌舞团的表演。项东方刚把那件T恤穿上身，就听到陆德彪阴阳怪气的声音：

“哎，项东方，你怎么总是穿得跟别人不一样，你不是想寒碜我们吧？”

项东方愣了一下，冷冷地说：“怎么啦你？什么寒碜不寒碜的？”

“大家都穿中山装，你偏穿个牛仔裤加T恤，哪不是摆明要鹤立鸡群，显得自己比别人威风吗？”陆德彪的话实在有点刺耳。

项东方没有生气，只是以玩笑的口吻说：“哎，你又不是我妈，我穿什么你还管着呢？”

陆德彪仍然不依不饶地说：“好在你是在北大，要是在清华早就被人剪了！”

“清华算什么呀？整个一老土，难怪人家说是个培养官僚的学校。”

项东方淡淡地说。他了解陆德彪喜欢抬杠的脾气，他今天心情很好，不想跟他吵。陆德彪看杠不起来，就顺势说：

“北大是够自由的了，像你这种奇装异服都能容忍。不过，说真的，我也很喜欢牛仔服，可惜我没有。”

项东方就笑道："你要喜欢我可以跟你换衣服穿，怎么样？"

"行了行了，我就开个玩笑。"陆德彪赶紧找个台阶下，"我可不敢穿小资的衣服，那出格的玩意你还是自己留着吧！"

站在一旁的小夫子早就等得不耐烦了，催促道："好了好了，快走吧！"

一行人走下楼，在校园里匆匆地走着。夕阳西下，金黄的阳光照在脸上，增添了几分青春的光彩。几个人一面走一面议论晚上的节目，小夫子走在左边，陆德彪在右边，中间夹着项东方。不时有人从对面擦肩而过，还不断碰到与他们面面相觑的女生。经过书店门口时，里面走出来三个人，两个是金发碧眼的外国男人，另一个是中国女人，她穿着浅色夹克烫着卷发，和老外说说笑笑，一副旁若无人的样子，他们一走出店门就引来了行人们的注意。那女生左顾右盼，眼角带着几分骄傲。大家都肆无忌惮地盯着她看。项东方觉得这女孩好眼熟，于是目不转睛地凝视着她，眼神专注而若有所思。那女生也好奇地对望过来，在擦身而过的一刹那，她还深深地瞄了项东方一眼。

项东方还在想在哪里见过这个漂亮的女生，耳边却传来了陆德彪酸不溜秋的话："妈的，我终于发现一个秘密了。"

"什么秘密？"小夫子好奇地问。

"反正我以后再也不敢跟项东方走在一起了，太亏了！"

"怎么回事？"

"你没看见吗？他那么帅，女生们都只看他，根本就不正眼瞧我们一下！"

小夫子鼻子哼哼两下，很不以为然。

项东方有点不好意思地说："你别介啊，根本就不是那么回事儿。"最近他的普通话开始带上点北京腔了。

陆德彪说："我已经观察很久了，也不是一次两次的。反正每次女生对面走过来眼睛都只瞟着项东方，根本就当我们不存在！"

项东方心里虽然高兴，却有点不好意思，便想岔开话题："这哪叫什么帅啊？要说帅拜伦绝对天下第一，没有人能比。"

小夫子本来就见不得别人的好，看他这样说便水推舟道："你是说那个英国诗人拜伦吗？"

"还有哪个拜伦？自从他出现以来还有谁敢叫拜伦吗？"

"你说他帅，你知不知道他是个瘸子？"

"当然知道，但不管怎样，他还是帅。"项东方看他扁自己的偶像，心中不悦，转而讥讽道："诶，小夫子，你怎么也会看外国的东西呢？你不是对西方不感兴趣的吗？"

小夫子被戳到痛处，一焦急就结巴起来了："这个，这个嘛，西方的东西还是要了解一下地。不然怎么能比较呢？是吧？"

陆德彪插进来说："你们说的都是老外，帅不帅跟咱们都没关系。要我说中国人里面最帅的就是汪精卫！"

"那是，毕竟人家是民国第一美男子嘛，连胡适这么帅的人都对他赞不绝口呢！"

小夫子表示赞同。

“哦，胡适怎么说的？”项东方很感兴趣。

“是这样地。”小夫子不自觉地卖弄道：“我是在徐志摩的《西湖日记》上看到的。1923 年秋天，徐志摩与胡适等一班中外名流到钱塘江观潮，同行的就有汪精卫。后来徐志摩在日记中写道：汪精卫真是个美男子，连胡适都说如果自己是女人一定要死心塌地地爱他，即便自己是个男人，还是爱他！你看看，徐志摩和胡适都是民国有名的美男子，连他们都这样赞美汪精卫，可见得他有多么的帅！”

项东方最近在一本书上看到过一些汪精卫的照片，确实非常的漂亮，特别是年轻的时候。但是他觉得汪精卫的鼻子不够挺，鼻翼太宽，脸太大，轮廓不够立体，尤其是中年以后。于是，他就不以为然地说：

“你说得不错，汪精卫在中国人里面确实是很帅，但中国人无论怎么看都比不上欧美人，论身高身材，论长相我们确实差了一个档次。”

“此言差矣！”小夫子很不满，滔滔不绝地驳斥道：“我告诉你吧，咱们的老祖宗根本就瞧不上白种人，唐朝人就说他们是‘赤毛绿睛，状若猕猴’，就是到了清代我们还是叫他们做鬼，简直就是没进化好的半野蛮人。嗯，我读过清朝时西方传教士的笔记，里面说当时国人还觉得洋鬼子很丑，凹眼窝凸鼻子加上下陷的脸颊，看起来就像骷髅，所以才叫他们为‘鬼’，而且清朝根本不许洋大人带洋妞到中国来，当然中国女人也不会愿意嫁给洋鬼子。”

“就是，满身是毛，跟猴子有得一比，还一身狐臭！”陆德彪嘻嘻地笑着附和道。

项东方不屑地说：“那都是老皇历了，人家什么都比你强，现在谁还敢这么说？”

“是呀，有钱就行了，母猪成貂蝉，猪八戒都可以变仙女！”小夫子显然很不服气。

“我觉得吧，这是一个心态的问题，环肥燕瘦各有所好，有人说牡丹最美，有人却喜欢玫瑰，就看你的心态如何。对不对？”陆德彪一本正经地说。

“所以呢，关键是现在大多数人都倾向于西方的标准，都觉得西方人漂亮，中国人不行！”项东方硬挺着。

陆德彪说：“这倒是事实，没办法否认。”

“哼，完全就是崇洋媚外，没出息！”小夫子气呼呼地骂道。

说着吵着一行人来到了大饭厅门口，随着人流走进了里面。晚会前面的节目水平只是一般，都是些老套的玩意，没有什么出彩的东西，到了最后一个节目时上台的是一位年轻女演员。她身材高挑，脸蛋不算很漂亮，可是她的演唱情真而质朴，有种深沉含蓄的独特风格，算得上国内演唱流行歌曲的先驱之一。她首先唱了一首《军港之夜》，立刻博得全场热烈的掌声，然后一口气又连唱了六首，这让那位躲在幕布边上的老女演员嫉妒得直跺脚。

这是项东方第一次听国内的歌手唱流行歌曲，实在是喜欢得不得了。晚会结束后，他提议去后台看看这位女歌手，陆德彪同意，但小夫子却摆摆手说：听歌就得了，还看什么人呐，还不是戏子一个！说罢自己先走了。

两个人来到后台，里面熙熙攘攘地挤满了人，走过化妆间的一面大镜子时，项东方看到了自己的身影：偏瘦的国字脸，浓眉大眼，一个顺直流畅的截筒鼻，身材中等而挺拔，颇有几分玉树临风的儒雅俊朗。他站定了，仔细地端详着自己的容貌，心里笑道：哈，原来鄙人竟然是这样的风度翩翩、一表人才，怪不得陆德彪要妒忌了！

他想起离开家乡时，在轮船上那个老女人焦玉颜盯着自己那火辣辣的眼神，似乎现在才明白过来，原来自己对女人还是那么有魅力的，难怪自己经常在路上，在图书馆，在食堂里碰到那么多女孩窥探的目光。前几天，在学一食堂吃饭，坐在那张十二个人的大圆餐桌上，桌上除了他自己还有两个女生坐在对面，没有其他人，当时他在默默地吃着饭，那两个女生你一言我一语地议论什么人来着。他听到其中一个问：

“你觉得他最有特征的是什么？”

“眼睛！我发现他的眼睛不仅大，而且带有一种忧郁气质，看着就使人心生怜爱。”

“男人忧郁的眼睛总是有一种强大的杀伤力，叫人无法抵挡！”

“难得的是他的忧郁里面还有一点倔强和不羁，这才显得高贵。”

“确实是桀骜不驯、高傲冷漠，有拒人千里的感觉，可是又令人无法抗拒。”

项东方以为她们是在谈论一个她们熟悉的人，可是，他抬起头来时，却瞥见她们的眼睛在他脸上扫来扫去，才知道她们是在议论自己。当他低下头继续吃饭的时候，两个女生以为他听不到，还在继续地窃窃私语：

“我喜欢他的嘴巴，棱角分明线条清晰，就像一只菱角。”

“我觉得他的上唇好像一张弓，听说嘴唇棱角分明的男人个性都很强。”

“他看起来就像是那样的人！”

“哎，你有没有发现他嘴唇上的唇珠好漂亮呢？”

“什么是唇珠啊？”

“就是人中下面那条线。你看他的上唇像不像一只飞翔的海鸥？唇珠就是海鸥的身体那个部分。”

“哦，是呀，真的很像，好性感啊！看着就想亲一口！”

两个女生肆无忌惮地捂着嘴“吃吃”地笑起来。项东方很享受她们的赞美，巴不得她们说下去，所以他依然低着头假装没听见，直到两个女生吃完站起来，她们还贪婪地扫了他一眼。

想到这一幕项东方咧开嘴笑了，镜子里的他露出两排整齐光洁的白牙。这是他第一次在大镜子里看到自己，这一看还真给了他一点自信。他对自己说：嘿，咱哥们好歹也算一个帅哥呢！比老外比不上，在国人之中还是不错的，起码也是中上吧！他竟沾沾自喜地沉溺在自己的幻想中不能自拔了。

陆德彪走过来，偏着头斜睨着镜子里面的项东方，还故意撞了他一下，揶揄道：

“哼，小子，还在臭美呢！”

项东方含笑不语，心里却像吃了一个蜜枣那样美滋滋的。

第二十六章 自惭形秽

星期二上午，项东方在第一教学楼的阶梯教室上《西方哲学史》。这门课是除了英语他最喜欢的课，他喜欢的是课的内容，但他却不喜欢讲课的教授，这确实是个矛盾。自从他喜欢上了英语以后，他对所有西方的文化都爱不释手，视中国的东西为幼稚土气，他觉得西方哲学史反映了西方人心灵的发展史，掌握了它就把握了西方文明的精髓，因此，他花了很大的力气来学这门课，不仅认真地备课，仔细地阅读教授指定的参考书，而且，他还自觉地去捧读哲学家们的原著。然而，这一切并不能让他对这个授课的教授有多大的好感。

这是个六十多岁的老教授，身材臃肿、体态疲惫，喜欢穿一身深蓝色的中山装，他说话啰嗦，讲的课总是很拖沓。第一次上课的时候，项东方热情很高，就挑了个靠前的座位，可是没过多久，他就发现自己失策了。老教授呆板地站在讲台后面，讲话不仅鼻音很重，口齿含糊不清，更糟糕的是，他一开讲不到五分钟，两个嘴角就堆满了白沫，而且越积越多。项东方看得有点恶心，就把视线转向黑板，可是，这让他分心，不能专心听讲，又把视线转回到老教授的身上，但他不敢再看他的嘴，他的视线越过老教授的脸庞，停留在他的肩膀上，却又发现上面星星点点地散布着一些白色的头皮屑，他受不了了，干脆低下头，不再听课，拿出一本德国哲学家费尔巴哈的《基督教的本质》，翻看起来。

过了一阵，他抬起头，正好看到老教授拿起讲台上的搪瓷茶杯，打开盖子，喝了几口水，然后，掏出手帕擦了一把嘴。这让项东方稍稍地觉得舒服了一点点。但从此以后，他就学乖了，每次上课他都挑一个靠近后门的位置，这样不仅不必看到老先生的嘴巴，而且只要他觉得课讲得不好，就可以悄悄地从后门溜走，跑到图书馆去看书。

当天，项东方坐在后排座位上，心里打定主意，如果老先生讲得没有趣味，就要半路开溜。谁知老教授一开头就宣布，今天课的后半节要请一位美国哈佛大学教授来演讲。为了要看一看这位名校教授，项东方耐住性子，一直等到老先生讲完。一位中年美国人踏进了教室，课堂上响起一片掌声。此人身材高挑，上穿一件花格子衬衣，下着一条蓝色牛仔裤，显得干练而潇洒。他在讲台后天花乱坠地侃侃而谈，讲到兴奋时干脆踱到讲台前面，一手插在裤兜，一手在半空比划着，好不自由洒脱。项东方被深深地吸引住了，没想到讲课也可以这样恣意纵横、自由挥洒，跟那个老教授比起来真有天渊之别。

这是项东方自上了这门课以来第二次没有逃的课。下课后，他刚步出教室，班长就从后面追上来，笑眯眯地说：

“哎，项东方，等等！有个好差事给你。”

项东方转过身问；“什么好差事？不是叫我收作业吧？”

班长把他拉到一棵白果树下，才放心地说：“当然是好事，别人还轮不上呢！咱们系要来一个美国的进修生，要在校内住一年。系里让我们班找一个英语好的同学去陪住，我想来想去觉得你比较合适，就看你自己的意见如何。”

项东方听完皱了下眉头，他一时不知道这是好事还是坏事。跟一个素不相识的美国人住一年，他可从来没有想过这样的事。班长见他不答腔，又说：

“留学生宿舍条件好，两个人住一个房间，比咱们强多了，你还可以跟他学英语，一举两得，搁谁不愿意呢？我是看你英语好，形象也不错，不会给咱班丢脸，才找你的。”

一听到可以学英语，项东方不再犹豫，马上就答应了。又谈了一会，班长最后交代他明天到系里去一趟，系主任有话要对他说。

第二天下午，项东方来到了哲学系。说来这还是入学以来他第一次到系里，上次上英语课迟到，他曾撞到这门边，但并没有进去。从那以后也没有什么事需要到系里办的，所以，虽然他经常在附近走来走去，但总是隔门不入。

哲学系位于静园四院，是一个精巧玲珑的三合院落，房间均为雕梁画栋的木制结构，古色古香、典雅美观，院前有一个古朴的灰顶红漆的门楼。项东方站在院门前，停住了脚步。那两扇朱红色的门给了他一种不祥的感觉，有意无意的让他联想到红色的棺材，尽管门楼四周和顶上爬满了生意盎然的紫藤和常青藤，但他还是止不住把这个院落和那些阴森森的古老寺庙联系起来。上次因为匆忙，他没有停留，所以没有这种感觉，可是，现在他幻想着推开这道门里面将会是一番什么样的景象，他不能确定，因此，心中有些忐忑。

随着时间的推移，由于西方文化的熏染，由于对不幸往事的重复回忆，突然有一天，项东方对学校里那些习以为常的红门红窗的楼宇产生了一种怪异的想法，他不明白为什么中国人会喜欢这种俗气甚至粗陋的颜色。红色在西方代表了鲜血和危险，而在中国却成为大喜的象征。他不能阻止自己去联想，每当看到这些大红大紫的东西，他自然就想到了家乡那个阴森恐怖的北帝庙，进而想到那些红色的棺材，然后，想到那些建筑背后遥远而昏暗酸腐的历史，他就会窒息得透不过气来。他一天天对那些东西厌倦了起来。

他轻轻地推开了那两扇沉重的木门，传来了一阵极不悦耳的“吱呀”声，他的心沉了一下。还好，院里面花木扶疏、春意盎然，种满了芍药和海棠。穿过庭院，来到办公室，还是红门红窗当头，又令他觉得郁闷。

系主任是个和蔼的老头，但他那满口的江南乡音听得项东方快要抓狂，好歹总算明白了他的意思。他说陪住是一个政治任务，不仅在生活和学习上要帮助客人，还要多长一只眼，不能让不利于国家的坏事发生。

主任的话让项东方觉得这好像事关重大，他有点忐忑。他从来没有接触过任何一个外国人，他的英文也没有好到能完全自如地与老外对话的程度。不过，主任也说了，那老美学过中文，双方沟通应该不成问题。过了几天，他搬到了留学生楼，条件确实是好太多了，同样大小的房间只住两个人，两张床，两张书桌，还有两个书架，显得很宽敞。一静下来，他就在心里想，这个美国人到底是什么样的人？好不好相处？他好像一个旧时的新郎在盼望着没见过面的新娘似的，心里总是惴惴不安。他脑海不停地翻过电影里看过的美国人的形象，但始终想象不出那个人到底是怎么一副模样。

搬过来的第二天，他正在房间里看书，听到有人敲门，他站起来把门打开，一眼看到一个身材高大魁梧的老外。那老外身高恐怕有一米九左右，宽肩长腿，脸部轮廓鲜明，鼻子高挺，蓝色的眼睛大而深邃。面对着他，项东方的第一感觉就像是在百米短跑冲刺时突然遇上一堵高墙，登时就吓懵了，他差点惊呼出声：天啊，世上竟有如此英俊伟岸的人！他从来就没有见过这么高大的人，更糟的是人家还那么的帅。站在他面前，项东方觉得有一种难以言传的压抑，他先是震惊，接着便是发呆，他忽然觉得此人的相貌很像拜伦。对方伸过来的手已经停在空中半天了，项东方仿佛梦中惊醒，犹豫着伸出手，无力地握了握人家的手。

“你好！我叫亚当。”亚当说的是中文，带有很重的美国口音。

“亚当？”

项东方又吓了一跳：好霸道的名字！他了解西方人的传统，他们喜欢以名人或伟人的名字来命名自己的子女，这与中国要避讳的传统完全相反，秦始皇出现两千年来谁见过第二个嬴政呢？天下还有人敢叫自己儿子李白的吗？项东方虽然从书本上了解西方人这种习俗，但当一个活生生的人站在自己面前，口口声声地自称是亚当，与那个被上帝创造出来的人类始祖同名，还是吓得不轻，愣了好一会才说出话来：

“你好！我是项东方。”他现在的普通话已经是字正腔圆，几乎没有了广东口音，也许这是他目前唯一的优势。

面对着陌生人，亚当也有几分矜持，何况项东方的表情也让他摸不着头脑，他犹豫着问：

“可以进来吗？”

“噢，请进！”

项东方慢慢地恢复了平静，把亚当让进房间。一阵手忙脚乱把行李暂时安顿好后，项东方给亚当泡了一杯绿茶。亚当也很客气，拿出一包速溶咖啡要项东方尝尝。项东方从来没有喝过咖啡，只是在书本和电影上看到过，好像是西方上流社会的东西，是高尚的象征。他知道一些西方名流的轶事，比如巴尔扎克每天要喝五十杯咖啡，伏尔泰少一点，就四十杯，而英国诗人蒲柏更奇怪，别人午夜都睡觉了，他却一定要在这个时候喝咖啡。项东方觉得，能让这些名人如此喜欢的一定是好东西，每次在书中看到人家喝咖啡就很羡慕，所以，他对咖啡充满了期待。亚当把泡好的那杯咖啡递过来，项东方就嗅到一股浓郁的香味，像是一种炒栗子的味道。他轻轻啜了一口，有点苦味，然后就有一种回甘转甜的口感，他马上就喜欢上了，于是就对亚当说好喝。

亚当见他喜欢，很高兴，就打开了话匣子。他说这是速溶的咖啡，在家的时候是不会喝的，平常喝的都是自己用咖啡豆磨的咖啡，味道更加浓郁和纯正。他知道中国人不喝咖啡，担心买不到，所以就带来了许多速溶的。他说这些并没有什么炫耀的成分，只是很自然的流露。

项东方很好奇地问他为什么会来中国，他就兴奋地侃侃而谈起来，说到兴奋处便会手舞足蹈、眉飞色舞，有时候中文表达不出来，他就中英文并用。他说他对中国的兴趣完全是因为一次偶然的事件。小时候与家人到旧金山旅游，正好碰上中国农历新年，在唐人街看到了盛大的春节游行。那时节，到处都披红挂绿张灯结彩，锣鼓喧天鞭炮轰鸣，生动活泼的舞狮舞龙扣人心弦。美国人喜欢安静，很少会碰到这样热闹的场面，那种异国情调一下子就引起了他的兴趣。从那以后，他就开始学中文，发誓一定要到中国来看看。

亚当的热情感染了项东方，两个人继续聊着。亚当说，当天他在唐人街听到很多人双手抱拳，然后说“Kung Hei Fat Choi”，他觉得很好玩就记住了发音，但始终不明白什么意思。后来上了中文学校，去问老师，老师是个台湾人，听了半天都不懂他说什么，所以他一直就带着这个疑问，百思不得其解。项东方听到那句话觉得有点耳熟，就叫他重复，亚当又说了几遍，虽然他的口音有点怪怪的，但项东方语言天赋不错，终于明白了这句话的意思。

于是，他笑着对亚当说那是一句广东话，说的是“恭喜发财”，是新年的祝福语。亚当恍然大悟，笑着问你怎么知道的，我的中文老师居然都不懂。项东方说因为我是广东人啊，你老师是台湾人，她不一定懂广东话的，中国是一个很大的国家，有很多方言，彼此都不能沟通。亚当感叹说太神奇了，原来以为学会普通话走遍中国都没问题，看来我也得学广东话了。项东方说这倒未必，倒是你学会广东话走遍美国都不怕呢。亚当眨眨眼说不明白。项东方说在美国的中国人多数都讲广东话，你去纽约旧金山和洛杉矶的唐人街，只要会广东话点餐购物就畅行无阻。亚当就说那看来我应该跟你学广东话了。项东方说免了吧，连我自己都要好好学普通话呢。两个人呵呵大笑。

说着就说到了彼此的家乡，项东方好像不太愿意提及自己的故乡，只是一笔带过，而亚当则极力赞美自己的城市。他说他的家在西雅图，那里风光明媚气候温润，除了冬季多雨外都很宜人，那里有世界最大的波音飞机制造公司，还有名闻全球的星巴克咖啡。他拿出一本精美的相册给项东方看，里面都是些五寸的彩色照片，项东方第一次看到彩色照片，非常的震撼。他看到了一栋栋高耸入云的摩天大楼，蔚蓝色海湾上停泊的豪华游艇，站在城里可以远眺的雷尼尔火山。最令他震惊的是亚当的家。它坐落在一条绿树成荫、花团锦簇的小街上，前后左右全是些单层或两层的别墅，门前无一例外地有着一片修剪整齐的草坪，还有各式各样的鲜花和果树。亚当家门前的车道上停着两部私家车，还有一艘架在拖车上罩着帆布的小游艇。

项东方一面翻着相册，嘴上一面不停地赞叹，心里却像翻江倒海般地犯酸，亚当则滔滔不绝地向他讲解。他说他家里有四个房间，三个浴室，两个车位的车房，客厅和厨房铺的是樱桃木地板，卧室则是纯羊毛地毯。说到浴室，项东方突然起了好奇心，问亚当美国人是怎么洗澡的，因为他记得在家时洗澡可是一件麻烦事，首先你要烧一锅热水，把热水倒进水桶里，然后兑上凉水，就在厨房里用毛巾慢慢地洗，夏天还好办，要是冬天就惨了，非得速战速决，否则非冻坏不可。亚当说洗澡简单得很，打开水龙头就有热水，然后躺在浴缸里慢慢地洗。这让项东方有点惊讶。不过还好，前一阵子他去过同学黄育文的家，黄育文的父亲是部长，住在木樨地的部长楼，他们家也有一个浴缸，但较小，好像躺不下去，只能坐着洗。而且，他们的房子是在一栋公寓楼里，装修简单，也没有地毯或者地板。

项东方心里生出许多感慨来，他想，亚当家一定是什么资本家之类的有钱人。于是，他就半开玩笑地问亚当：你们家一定是美国上流社会的吧？亚当连连摆手笑道：不不，我们家只是一般的中产阶级，父亲也就是一个普通的大学教授而已。亚当接着说家里有三部汽车，这让项东方张口结舌，半天说不出话来，他记得家乡整个县加起来也就二三十部车，除了几部破旧的长途客车外，就是解放牌或者苏式的嘎斯卡车，小轿车一部都没有。

这下项东方心里无法再平静了。他翻到另一页，见到一部黄色的小车，亚当说那是福特的野马牌跑车。那跑车方头方脑的，连座位都是黄色的，车头盖上有两个突出的口，看起来像是两只瞪大的眼睛，这让项东方联想到一只正欲跳起来的纤细修长的青蛙。看到这张照片，亚当的脸上现出了一丝惋惜的表情，说这是他的第一部汽车，那时他才十六岁。刚学会开车没几天就载着女朋友到海边去兜风。有一次参加了同学的一个派对，喝得醉醺醺的，把车子撞到路边一棵枫树上，车子就报废了，好在人没事，但是他很怀念这部车子，就像怀念自己第一个女朋友那样。

项东方想起了自己的十六岁，那年他和三十九个知青一起坐上一辆解放牌大卡车，车子行驶在颠簸不平的沙土路上，把人的胆汁都快要颠出来了，几个小时后到了农场，开始了多年艰苦的农村生活，最后差点没把小命丢在大海上。亚当的话让他怀疑自己在听一个天堂归来者描述天上的奇遇：世上怎么会有这么美丽的地方？天下竟有人过着如此富足的生活？这难道不是一个活生生的人间天堂吗？一瞬间在他心中有许多信念被颠覆了：原来美国人并没有活在水深火热之中，而是活得自由自在有滋有味；原来我们自己骗了自己几十年，却天天打肿脸子充胖子；原来我们为之奋斗为之牺牲的理想竟不过是天边虚幻的彩虹。

那天晚上，项东方失眠了，当天他所受到的精神打击似乎比以往任何时候都大得多。从第一眼见到亚当，他那好不容易建立起来的对自己形象的自信心顷刻之间就土崩瓦解了，犹如一条匆匆垒起的土坝被一阵突如其来的洪水冲垮了那样。面对着亚当挺拔健壮的身体，他忽然觉得自己就像是一个没有发育成熟的孩子，感到十分的自惭形秽。看着亚当英俊帅气的脸，他愈发觉得自己的丑陋。他恨自己的鼻子不够高，在黑夜里听着对面床上传来的亚当旁若无人的鼾声，他狠狠地捏着自己的鼻子，恨不得把它扯得更高。

更糟糕的是，他的自卑不仅仅限于自身，而是扩及到了整个国家和民族，他为中国的贫穷落后，为中国人的愚昧无知感到自卑。他睁着眼睛望着天花板，心里充满了怨恨。他自己还没有意识到，自己的自卑不仅表现在物质层面上，也深入到了精神层次，到了骨髓里面，甚至积淀到了灵魂深处。跟亚当在一起，他时常会自惭形秽，感到自卑。他不知道，就在百多年前这样的西方人在国人眼里依然是些不堪入目的蛮夷，丑陋自不必说，腿还不会弯曲下跪。其实，平心而论，几千年来西方人的体貌特征并没有什么改变，改变的只是中国人的心态，是自己看自己、看别人时的态度，当自己觉得自己丑陋时，自然就反照出对方的高大漂亮，民族自信心失落的同时，连审美的标准也发生了逆转。这也怪不得项东方本人。

过了一段时间，初来的兴奋过去后，亚当开始抱怨中国了。一天，他从外面回来，才讲了几句话，他就不满地说，中国生活太贫乏单调，走在街上全是潮水一般的自行车，不分男女老少都穿着清一色的衣服，就像一片蓝色的海洋，自己走到哪里都被人看猴子似的围观，人们没礼貌，随地吐痰，到处都是脏乱差的景象。项东方对此只能无言以对，学亚当那样耸耸肩，然后默默地生闷气。

有一天，项东方带亚当去参观故宫。游人并不多，走了半天，来到御花园前面，见很多人往回走，有的人还骂骂咧咧的。一个戴红袖章的中年男人见到亚当，便点头哈腰地把他让进门，项东方跟着要进去，却被这个人拦住了。他伸出一只手挡住项东方，粗暴地说："你不能进去！"

项东方愣了一下，问："为什么？"

"你没看见哪个牌子吗？"那人极不耐烦地指着旁边一个告示牌说。

项东方侧过头一看，果然牌子上写着："接上级通知，御花园目前只接待外宾，国内游客暂时免进。"

项东方指着亚当说我是跟他一起来的，让我进去吧？那人态度生硬地说不行，除非你能证明你是外国人。项东方涨红了脸，一时不知该做什么，心里却想到旧时候上海滩上挂着的牌子："华人与狗不得入内！"登时感到无比的愤慨。

好在亚当比较善解人意，他见项东方进不去，自己也溜了出来，说不看了，回去吧。他摊着手说不了理解为什么会这样。项东方苦笑着说，他们狗眼看人低。亚当更像是丈二和尚摸不着头脑地问，你是说他们长着狗眼？弄得项东方哭笑不得。

因为嫌生活单调，亚当经常在外面过夜，泡女人。回来后总是一面大赞中国姑娘性感，一面又说中国女人太主动，吃不消，搞得项东方心里又恼又恨的。一天下午，亚当带回来一个丑女人：黄黄的皮肤，扁平脸，塌鼻子大嘴巴，最难看的是一双细细的眯缝眼，眼尾上吊，眼皮浮肿，一副没睡醒的样子。跟项东方打过招呼以后，两个人就旁若无人地搂搂抱抱、卿卿我我起来。项东方看着恶心，无奈地离开房间，到外面找人打球去了。

等他打完球回来，那女人也走了。亚当见项东方识趣，大加赞扬，还为他泡了一杯咖啡。近来，他已经在友谊商店买到了咖啡，不再担心没得喝了，因此也更为大方了一点。项东方平常对亚当总是毕恭毕敬、客客气气的，这次实在是忍不住了，喝完咖啡，他就小心翼翼地对亚当说：

“亚当，你要泡妞，好歹也得找个漂亮的吧？”

亚当耸耸肩不以为然地说：“这个就很好呀，典型的东方美，特别是笑起来整个人都在发光！”

这让项东方笑得直不起腰来。

亚当却严肃地说：“这就是东西方不同的审美观的区别，所谓‘仁者见仁，智者见智’。”这家伙居然还懂这句成语。

项东方毫不犹豫地答道：“对，你说对了！这是我拒绝西方审美观的最后一个堡垒，我可以接受你们那种‘个体优先，集体靠后’的价值观，但你就是打死我，我也不会觉得她美！”

“也许有一天你会改变看法的。天知道？”

“我倒宁愿那一天永远不会来！”

“让时间来说话吧。哈哈哈！”

“咱们走着瞧！”

自那以后，亚当就更加得寸进尺了，隔三岔五就带些不三不四的女人回来鬼混。项东方避之唯恐不及，白天都不愿呆在房里，要么去图书馆看书，要么去打球。

一天，项东方和亚当去上《中国哲学史》课。其实，他并不喜欢这门课，他觉得凡是中国的东西都太肤浅迂腐，在他的意识里中国根本就没有哲学，与西方哲学比较起来，中国并没有研究宇宙本源的本体论，没有探讨世界本质的形而上学，没有分析人类知识的认识论，有的充其量也就是讨论人伦关系和道德的伦理学，加上一点讲求实用的政治思想。对他来说，上这门课只有两个理由，第一，它是必修的，他总得点个卯露个脸；第二，亚当非常喜欢中国哲学，时常拉着他一起来，为了不扫亚当的兴，他只好勉为其难地奉陪着。

课间休息时，许多同学跑来跟亚当搭讪。大家开始谈了一会中国哲学，亚当就得意洋洋地大谈他的泡妞经，说中国女人确实很漂亮，不过就是太贱了，总像灯蛾扑火一样自动来献身。几个同学当时就跟他辩论起来，说她们只是好奇，想尝尝异国情调的滋味，或者有点崇洋媚外，想傍个老外好出国。项东方更是气得有两天没跟他说话。

当然，除了喜欢泡妞和嘴贱这两个毛病以外，亚当其实人还是不错的。项东方本来语言天赋就好，现在他的普通话已经说得很溜了，几乎没有了广东口音，一般人都听不出来。在亚当的帮助下，他的英语更是突飞猛进，尤其是口语，他很快就学到了一口标准的美国口音，甚至比那些英文系的学生还要地道。亚当还像一个移动的图书馆那样，为项东方带来了许多新进的西方学术思想，介绍了不少哲学、文学、历史、政治学和心理学等等流派。他还不时地带来一些国外的杂志报刊，包括《争鸣》和《七十年代》等香港杂志。总之，亚当一方面成了项东方的知识宝库，里面有取之不尽的宝藏，另一方面又像是一面代表了西方的镜子，映照出项东方身上和心里的丑陋贫乏。

第二十七章 一见倾心

在各个宿舍楼之间有一些方方正正的空地，边上支着些挂球网的铁柱子，成了打排球和羽毛球的场地。项东方原来的宿舍里有几个比较喜欢打球的人，比如陆德彪和谭志高，项东方羽毛球打得好，排球则一般，而小夫子什么球都不沾。每天下午三四点钟，如果没有课，几个人就会约好其他人占个场地玩个痛快。他们平常最喜欢到37楼前面去打球，不仅因为那个场地好，而且因为那个楼是文科女生楼，好像住的都是英语系、中文系女生，谁都知道英语系的女生是全校最漂亮的，中文系的也不差。打球的时候经常有女生进进出出，还可以看看美女，何乐而不为呢？最近，项东方虽然搬到了留学生楼，但只要是有机会就跑回来打球。

有时候也有的女生会躲在房间里，透过纱窗偷偷地往外看。有一次，项东方和陆德彪对打羽毛球，陆德彪把球高挑到后场，项东方高高地跳起来，整个人好像定格在空中，右手将球拍拉得很后面，左手微曲伸向前方，看姿势似乎要狠狠地扣杀过去，陆德彪赶紧退到后场，谁知项东方突然轻轻地把球一吊，球稳稳地落在对方的球网后面一点点的位置上。陆德彪不知道这是一个假动作，已经根本没法去救了。正好打饭路过的几个中文系女生情不自禁地赞叹道："真棒！"当时谭志高也在场。

几天后的一个下午，几个人来到球场，谭志高忽然提起了这件事。谭志高现在是校学生会的学习委员，他对项东方说，他认识当天那几个的女生中最漂亮的一个，因为那女生也在学生会工作，那女生对他说项东方打起羽毛球来姿势优美、舒展大方。那女生还有意无意地暗示很想认识项东方。项东方听谭志高这么一说，心里高兴得不得了，随口就说好啊，什么时候你给我介绍一下。这件事让他偷偷地乐了好几天。

一天下午，一帮人打排球，双方势均力敌，玩得很过瘾。可是，每当项东方站到右后边一号位时，都感觉到好像有一双眼睛在注视着自己，他几次偷空掉头去看，都瞥见那扇纱窗后面有个影子轻轻地一闪就不见了。那扇窗离那个位置只有两米左右，窗前长着一棵不高的扁柏树，一些枝叶刚好挡在窗前，里面比较黑，从外面看进去不很清楚。

项东方总觉得那一双热辣辣的眼睛在盯着自己，没法集中精神，不时地分心。对方突然一个网前大力扣杀，球斜着向他飞来，他反应慢了点，伸出双手去垫球，球击中右手臂外侧，然后飞出界外，"啪"的一声穿过纱窗，落入房间内。

有人大喊了一声："糟了，球进去了！"

所有人都愣住了，过了一阵，才有人说："快捡球啊！"

项东方才醒悟到该自己去捡球，他虽然心里老大不愿意，但还是小跑着进了宿舍楼。进了楼道才傻了眼，不知道到底是哪一间房。他心里焦急，顾不了那么多，就顺手敲了旁边一个门，没有人答应，又去敲隔壁的门，终于听到一个不耐烦的声音说：

"谁啊？"

"我。"

"你是谁啊？！"

"不好意思！球打进了你的房间里，开门让我找找行吗？"

门似乎不情愿地开了，一个身穿白色高领毛衣的女孩站在项东方的面前。他忽然觉得这女孩好像在哪里见过。女孩面带怒容瞪着他：

"会不会打球啊你们？"

"对不起，实在对不起！"项东方真的不知道该说什么好，像一个偷糖吃被逮住的小孩那样，只能不停地点头哈腰，一脸的窘困。

"对不起就行啦？纱窗都打破了！"

项东方搔着头半天才憋出一句话："这，怎么办呢？"

"怎么办？我还问你怎么办呢！"

"要不我给你修？"项东方都不知道自己在说什么。

"得了吧你，还修！你怎么修？脸皮可真厚！"

这下项东方脸皮真的厚起来，不再低声下气了："我会木工，只有要工具就行。"

"吹牛都不用打草稿，骗谁呢你？"

她说罢又瞪了项东方一眼。项东方较起真来说："没骗你，我真会，下乡那会就学会了。"

女孩突然噗哧笑了一声，说："还摆谱，你可真逗！"

她一笑就没了刚才那狰狞，显得柔和多了，还原了她的本来面目，项东方也尴尬地笑了，然后问：

"我的球呢，可以还给我了吧？"

"我要你的球干嘛？自己不会去找呀？"她显然已经不生气了，只是顺着性子在说。

项东方连声说好好，走进房间，在床底下找到那个排球，抱着球走出房间，连声说"谢谢"。他当时穿着一件乳黄色的球衣，因为刚打过球，还因为与女孩的一番的对话，脸色红润青春勃发，身上散发出一种男人特有的气味。女孩一直注视着他，他走到门口与女孩擦身而过的一刻，女孩闭上了眼睛，深深地吸了一口气。

陆德彪看到项东方脸红红的走出来，就坏笑道："怎么样，挨骂了吧？"

项东方笑着回答："是呀，挺凶的！"他嘴上这样说，不过，心里好像还挺惬意的。

项东方刚离开，那女孩就后悔了。她骂自己怎么这么笨，怎么对他那么凶，心里明明喜欢他，却无情地将他赶走。他一定讨厌我了，好端端的一次机会就被你这个笨蛋给毁了。讨厌，讨厌！什么时候你才能改改你的臭脾气？

她知道那个男生还在外面，可是，她不再敢躲在窗后偷窥，她甚至不敢靠近那个窗户。她郁闷地坐到床上，绞着手指，脑子一遍又一遍地胡思乱想着。她想起了上次在图书馆看那篇小说《伤痕》的事情。当时，看到那个女孩满怀希望回到家，却发现母亲已经死在医院里，自己忍不住就哭了，正在擦眼泪的时候却感到好像有一双眼睛火辣辣地注视着自己，在向左回眸那惊鸿一瞥里，竟然看到一双明亮而忧郁的大眼睛，它镶嵌在一个轮廓分明的脸上。就是在那短暂的一刻，她从那双眼里看到了一丝伤感，里面散发出一种淡淡的忧愁，犹如秋天里的一个深潭，虽然清澈但却望不到底，深邃得仿佛蕴藏着无穷的秘密，轻易就把人的心吸引过去。她感到如果自己再多看他一眼就会被那个深潭吸进去，很快被淹没，然后就沉沦在里面，再也出不来了。然而，他却悄悄地走了，就像一颗彗星只闪烁了一秒钟，随即化作尘埃消失于夜空之中，在世界上没有引起任何反应，唯独在她心里留下了难以磨灭的痕迹，令她缱绻情思、一往情深。

从那以后，她总是在人群中寻找那一双致命的毒眼。在教学楼里，在图书馆，在食堂，在路上，她的眼睛越过人丛一遍遍地搜寻，校园虽然不大，但很长时间里她都一无所获。直到有一天她和两个老外从书店里出来，迎面碰上几个虎视眈眈的男生，她当时直觉到里面那个最帅的一定是他。在擦肩而过的一刹那，她忍不住深深地瞄了他一眼。然后，在某一天，她惊喜地发现这个男生频繁地出现在自己的窗外。于是，她就开始躲在房间里面偷看。她下午只要没课就尽量留在宿舍里，心神不宁地盼着他的出现。有时候如果房里有其他同学在，她会想尽办法把她们支走，好让自己独占观景的前台。如果某天他不来，她就会感到失落。他来了，她就会蹑手蹑脚地潜到窗前，透过薄薄的纱窗全神贯注地盯着他看，心情也随着他的动作而起伏。

他身材颀长，总是穿着一件乳黄色的球衣，脚上蹬着一双雪白的网球鞋，当他打球打到两颊通红时，便洋溢出一种青春的健美。他的身影总是那么飘逸潇洒，尤其是当他打羽毛球单打的时候，无论是他站在后场随意地挑个高球，还是在网前轻轻地拨球过网，又或者是在中场来个大斜线的扣杀，他都好像不是在打球，而是在轻松自如地表演。有一次，他跃起来像一位骑士跨在马背上，左手拉缰右手挥鞭，姿势美得令人目眩，他把球拍在身后举得高高的，她还以为他会猛力扣杀过去了，谁料到他竟然身子悬在半空，手臂狠狠地一挥，又戛然煞住，手腕只轻轻地一点，球就轻飘飘地落到对方的网前。哇，简直帅呆了！她差点就喊出声来，羞得她登时就脸红心跳，赶紧用手捂住了嘴，幸亏没有别人在旁边。

她又细细地品味着刚才的情形，抿着嘴笑了起来。一个看着那么酷的人，竟然在自己面前手足无措、语无伦次，简直就像是个单纯的孩子，犯了错被逮着了一样，真可笑！这真是个谜一样的男人，令人着迷。可是，我又搞不懂自己了，为什么人家送上门来，自己却又把他推出去。我真笨！如果当时我把球捡起来，送给他会怎么样呢？看来他不会再理我了。唉，唉，唉！她只有连连地叹气。想到外面那个飘逸可爱的身影，咫尺天涯的感觉实在令人难受。

自从读了拜伦的诗，项东方一发不可收拾地读了英国的雪莱、华滋华斯、科勒列支，德国的歌德、海涅、席勒，美国的惠特曼和弗罗斯特等等一大批欧美诗歌，开始喜欢上西方的东西，无论是文学、哲学、艺术、历史、音乐统统不拘一格都要看。在他看来希腊的雕塑美得叫人心醉，比起中国那些憨头憨脑、不成比例的雕塑，简直要好上千百倍。这种态度的转变似乎没有什么突兀，非常自然，秋水无痕，现在他言必称西方，凡是西方的东西都崇拜，他也没有对这种转变做出什么自我反省。他终于发现了小时候喜欢的那首《念故乡》，原来是美籍捷克作曲家德沃夏克的作品。小时候他觉得这首歌好听，所以喜欢，现在知道了这是美国的东西，就更喜欢了。眼下他最喜欢的课就是英语和西方哲学史。对不喜欢的课他就逃课，他情愿呆在图书馆里看自己喜爱的东西，甚至对着书本发呆也比上那些不感兴趣的课要强。只要有机会，他就整天呆在图书馆里面，只有吃饭时才出来。可是，图书馆虽然大，毕竟僧多粥少，去得晚了，或者去得不巧，就找不到位置。这确实是一件头疼的事，他开始学大家那样，早早地就去排队占位置。

一天早上，他六点多钟就来到图书馆门前，已经有好些人在排队了。他把书包放在最后一个人身后，就急匆匆地赶去食堂吃早餐。等他回来时，队伍已经有几十米长了。队伍里的人有的在轻轻地念外语，有的在默默地看书，还有的在聊天，地上的空位置上摆着书包、饭兜，甚至砖头和毛巾之类物品。

项东方回到自己的位置上，拿出一本英文版的《培根论说文集》，默默地看起来。他知道培根不仅是英国著名的哲学家和科学家，而且他的文章也非常出色，堪称英国文学的典范，文笔隽永而优美，为世人所推崇。他对这本书简直爱不释手，一有空就拿来捧读。最近为了更好地提高自己的英文，他开始尝试翻译书中的一些篇章。他很快就沉浸到书里面去了，有时还不自觉地念出声来。

开门的时间快到了，队伍开始骚动，后面的人拼命往前挤，项东方赶紧把书收回到书包里，随着人流往前涌。门刚一打开，队伍就乱了套，人流像洪水决堤一般蜂拥而入，“咣当”一声大响，一块门玻璃被撞得粉碎，碎片撒了一地。项东方突然感到左手臂一凉，然后一阵钻心的疼痛，低头一看，鲜血正从手腕上汩汩地冒出来。他用右手握住伤口，躲到旁边，避开仍然不停地涌进来的人流。

这时，有一个女生向他走过来，惊慌地说：“噢，天啊，你受伤了！”

项东方闻言抬起头，把眼睛从伤口移开，仿佛旱天遇上惊雷般目瞪口呆：“是你？”

他认出了她就是上次捡排球时骂他的那个女生。

“你不要紧吧？”她并不回答，只是焦急地追问他。

“没事！”他皱了一下眉头平淡地说，其实手腕上的痛依然钻心。

“你流血了，需要包扎一下。”她的声音很温柔。

“嗯。”

“把手伸过来！”她像个护士对着病人下命令道，顺手掏出一条洁白的手帕。

项东方乖乖地把手伸过去，她低下头，细心地将手帕缠到他的手腕上。项东方的手还是很疼，静脉在“扑扑”地跳过不停，但他的心却突然感到一阵温暖。想到自己的手被一个漂亮少女温柔的小手握着，他很感动，情不自禁地望着她的脸。

她包扎好了，抬起头来，正好碰上他幽幽的目光，她勇敢地迎上去，贪婪地直视着他那忧郁而专注的眼眸，仿佛要把它看透，要挖出藏在它背后的秘密。

眼神在对流，她都忘了自己的手仍然握着他的手，时间好像过了一百年，空气都凝固了。不知过了多久，她突然把手松开，脸上泛起一阵潮红，然后王顾左右而言他：

“你得去医院看看医生！”

“不用吧？这点小伤不碍事的。”他不是要在女人面前装硬汉，他平时对这些小伤小痛都是毫不在乎的。

“不行！要是破伤风就坏了。”她好像比他还要关心似的。

“太麻烦了，我最讨厌看医生的！”他不假思索就说了出口。。

“要不我陪你去吧！有什么事我还可以帮个忙。”她不知哪来的勇气，然后悄悄地观察他的反应。

“也好。”他想今天书是看不成了，有个美女陪着聊天也很好，何况自己还有那么一点喜欢她呢。他转而问道：

“哪你不留在图书馆看书了？”

“不啦，我看肯定没位置了，不如出去遛跶一下。”

“好。那走吧！”他尽量不动声色地说，忽然又好像想起了什么，问：“哎，你是哪个系的？”

“英语系，我是学英文的。”她边走边说。

“噢，太好了！我就喜欢学英语的，听说学外语的女生都很浪漫的。”

“是这样吗？我怎么不觉得呢！看人吧？”她嫣然一笑道。

项东方笑笑说：“反正大家都这么说。不过，我以前挺讨厌英语的。”

“真的吗？为什么？”她好奇地问。

“也许小时候抗美援朝电影看得太多了，特别讨厌那些美国鬼子，连带着就讨厌英语了。”

“你的联想太丰富了，又不是只有美国人才说英语。”她又宛然一笑。

“小时候哪懂这么多啊？那时候人都特别单纯，不是中国就是美国，不是忠的就是奸的，凡是坏蛋的东西都是坏的，就这么简单！”

“这倒是真的，我们小时候也是这样的。”

他点点头，随口就来了一段长篇大论：“人都活在自己的观念里头，而这些观念都是从各种渠道进入我们的头脑，有很多是从童年时代就潜移默化来的，其实里面包藏着许多偏见，我们却依据这些观念来认识世界，对环境和问题作出判断，从而决定我们的行动，并对此赋予价值判断。所以，我们就经常犯错误。要避免这样，我们首先就必须要有怀疑的精神，就像古希腊哲学家苏格拉底主张的那样，对一切已知的观念和信仰进行质疑和批判，经过深入的反思，才作出独立的判断。我现在最欣赏的就是法国哲学家笛卡尔，他通过怀疑作为个体的人、怀疑外在的客观世界、怀疑创造世界的上帝，最后才确立那个正在怀疑一切的自我本身。”

她很专注地听他讲，虽然有些地方不太明白，但还是不停地点头。项东方滔滔不绝地讲完，十分的得意，跟一个美女大谈哲学，还把人家唬得一愣一愣的，他的虚荣心得到了极大的满足。不知道为什么他觉得跟她好像有很多话要说，也许这就是趣味相投吧，他根本不需要无话找话，而是自然而然地总有说不完的话要对她讲。他想起小时候演那个话剧的事，当时自己扮演一个美军中尉，结果被瘦猫用木瓜当场砸昏。他顺口就把这个故事说给她听，她听后就开怀大笑，然后问：

“你真晕了？不是装的吧？”

“怎么会？估计我休克了至少有五分钟，那些人都吓坏了，我醒来就大骂瘦猫，从此以后就更恨美国鬼子了！”

他说得眉飞色舞的，不自觉地又把戏弄英语老师英姑的事抖了出来。她听完就情不自禁地似嗔非嗔道：

“你真坏！还有没有王管了？”

“你还别说，还真没人管，结果那个老师有两个星期都没来上课。”

两个人一起呵呵地笑了，她忽然觉得这个人真是有点坏，外表看着酷酷的一本正经，没想到还那么的皮。她心想他一定还有更多的故事，这越发勾起她的好奇心，于是就问：

“那你现在喜欢英语吗？”

“喜欢得不得了，我觉得英语是世界上最美的语言，不仅逻辑清楚、准确严谨，而且悦耳动听。我现在最喜欢的课就是英语，没有之一！”

他毫不掩饰自己的真情，她反倒觉得有点讶异：“你原来那么讨厌英语，怎么突然间就喜欢上了呢？”

“说实在的，我也不知道。自从第一次读了拜伦的诗，我就不知不觉地喜欢上了英语，然后就发疯似的读了许多英美文学和哲学的书，最后就彻底沦陷了。我现在觉得英语是高端的语言、贵族的语言，能说这种语言也是身份的象征。”

“哦，这么夸张？我承认英语是一门很好很有用的语言，但我不觉得它有多高级，它只是世界上使用最广泛的语言而已。”

他不想跟她争辩，就说：“高不高级另说，你既然选了英语专业，你应该很喜欢英语吧？”

“那当然，不过小时候我也不喜欢，都是我爸逼的。”

“是吗？”这下轮到他好奇了。

“我爸在外交部工作，常年满世界跑。小时候他老在我面前说‘学会英国话，走遍世界都不怕’，还经常在家里教我学英语。所以，后来我就慢慢地喜欢了。”

“看来多数中国人都是被逼着学英语的，要不然谁会喜欢这些外来的语言呢？”

“是呀，谁让咱们国家那么穷呢！我爸每次从国外回来就感叹中国比非洲好不了多少，起码比美国落后五十年！人家美国人家家住别墅，户户有小车，你看咱们！”

“这点我同意。我现在陪一个老美住，他给我看过他家的照片，那房子咱们国家的部长都住不起！可他们家只是一个普通老百姓呀！”他说得有点唏嘘：“还有啊，那小子十六岁就会开车了，他说所有的美国人跟他都一样，可我长这么大连小车都没坐过，想想都惭愧！”

“问题是咱们大多数人都不知道这些，还觉得自己生活多幸福，别人都吃不饱穿不暖，整天生活在水深火热之中。”

“实在是愚昧！中国老百姓都被愚弄了一辈子还毫不自知，搞了几十年革命，到头来什么都比不过西方国家，还自以为是天下第一。”他说得竟有点愤愤不平了。

说着就到了校医院，医生给他清洗了伤口，敷了药，还打了一支预防破伤风的针，交代他过两天回来检查一下。他走出治疗室，她还在外面等着他。她迎上来问：不要紧吧？他轻描淡写地答道：没事，就打了一针。她说：你有什么需要帮忙的，跟我说一声。他没反应过来，愣头愣脑地说：不用了吧？突然觉得不对，又转口说：我还不知道你的名字呢，怎么找你啊？

“哦，我叫林梦茵。”她正巴不得他问呢，心里一阵欣喜，脱口而出道。

“真好听！”他在心里对自己说，完全配得上她的人，真是名如其人。他接着说：“我叫项东方。”

林梦茵一边走一边问：“哎，项东方，你是学什么专业的？”

“你猜一猜？”他想逗她一下。

“不是哲学就是历史。”

“让你说对了，哲学系的。你怎么猜到的？”

“看你说话一套套的，还喜欢从小事概括出大道理，只有学哲学的人才会这样的吧？”

“你真聪明。其实也不完全，搞哲学的反而不应该以偏概全，只见树木不见森林，看到几个例子就随便下结论，而应该对尽量多地收集证据、掌握事实，尽量避免下一般性和普遍性的结论。”

“你说得对。有一个问题想请教你，上哲学课时，老师总是说这个主义是放之四海而皆准的真理，我就搞不懂了。”

项东方冷笑了一声，接茬道：“那纯粹是胡说八道，世上根本不存在什么绝对真理，要有的话那只有是上帝，可是上帝本身却可不能被证明。我学了哲学以后最大的收获就是不再相信任何绝对的东西，什么最大最好最正确等等都是胡扯，所有东西都是相对的，正所谓楼外青山楼外楼，高手之外有高手。就说物理学吧，普通大众的常识都觉得那是颠扑不破的真理，其实那完全是一种错觉。物理学只不过是一整套建立在某些假设之上的定理和规则，可是那些假设本身却是无法用经验和实验去验证的，因为它们不过是一些基本的理论假设。例如，物理学的一个最基本假设就是：宇宙万物的变化是遵循一个确定的规律的。这个假设已经变成了一个哲学命题，而不可能被人的经验和实验完全证实，因为人的经验是有限的，无法逐一验证无限的物质世界。”

林梦茵听得有点迷糊，她踌躇着说：“太玄了，我不是太明白。”

项东方沉吟了一会儿才说：“我举一个更具体的例子，或者容易理解些，就说中医好了。它虽然不能包医百病，但起码能治许多疾病，尤其是一些疑难杂症。但是，这是否就能证明中医的基本理论的正确性呢？不能！因为中医最根本的理论基础就是阴阳五行的假说，它假定世界万物包括人都是由金木水火土这五种元素组成，并依照阴阳相生相克的原理而运行。问题就在于这一套假设是无法证明的，它本身已经变成了一个哲学命题，只能用哲学的方法去讨论，却不能用经验去验证。说得具体一点，人的经验不可能证明世界是由金木水火土这五种元素组成的，也不能证明世界和人是依据阴阳相生相克的原理来运作的，中医作为一个理论假设的系统，在一定范围内可以适用于人的经验，但这个系统本身却不可能得到经验的完全验证。”

林梦茵依然似懂非懂，但却佩服得五体投地，她问道：“如果物理学和中医学是这样的不确定，那哲学呢？”

“说到哲学那就更离奇了。”项东方兴致勃勃地继续说：“如果说哲学有真理的话，那唯一的真理就是，所有哲学学说都是个人意见，没有公认的真理。哲学的对象都是抽象的观念，其方法则是理论思辨，根本没法验证，不要说没有客观的真理，连公认的东西都不存在，一个学说就是某个人或某个学派的主观思想，公说公有理，婆说婆有理，某一学说得以盛行只是因为它抓住了当时的社会心理，就像流行歌那样。所以，一个人读了一年哲学就可以去跟顶尖的哲学家辩论，而你学了十年物理，还得乖乖地跟在教授屁股后面一点一点地啃书本。”

这下真让林梦茵目瞪口呆了，在那个年代思想虽然慢慢开始解放，但气氛仍然相当保守，项东方的言论显然与流行观念背道而驰。林梦茵感觉到项东方是个很有见地、与众不同的人，她有点疑惑地问：

“你这些想法非常独特，是不是从老师那里学来的？”

“那倒不是。老师们只会照本宣科，一本通书读到老，都是我自己感悟出来的。”

“你真厉害，是不是因为你太聪明了？”林梦茵不由自主地赞叹道。

“其实我也没那么聪明。”项东方笑了笑，假装谦虚地说：“我只是不想跟别人一样，喜欢独立思考而已。”

林梦茵好奇地问：“哪学哲学会不会很枯燥啊？”

“一般来说是的。不过，我也很喜欢文学和诗歌，所以不觉得。”项东方顿了一下，继续说：

“我读了很多书，也思考了许多，慢慢地发觉连哲学也不能满足我心灵的追求了，因为我发现，古往今来无数圣贤哲人发明出来的思想体系，只不过是一些麻醉自己、糊弄他人的小把戏，无论他们说得多么玄乎、多么高深，目的都只有一个，那就是怎样说服自己在这个没有希望的尘世上心安理得地混下去。我原来指望哲学能解除我心中的困惑，但现在我已经有点失望了，因为哲学也救不了我，我还是有更多的困惑。”

林梦茵实在觉得不可思议，一个年纪轻轻的人竟然会说出这样的话来，于是就说："你这话挺有意思的，就是太悲观了，你是不是一个很悲观的人呢？"

项东方自嘲地笑道："对人的终极命运我是悲观的，因为我相信人是有限的生命，他的归宿就是虚无，但在日常生活中我却是非常乐观的，我相信任何困难都可以克服，可以得到你所想要的。"

林梦茵忍不住笑了："看来你是个自相矛盾的人，对吗？"

项东方也不否认："我本来就是一个矛盾的综合体，其实每个人都是如此，只是自己不自觉罢了。"

不知不觉他们又走回了图书馆，来到那片大草坪上。草地上有人坐着读书，有人躺着晒太阳，也有情侣偎依在一起卿卿我我，还有一些人在玩飞盘什么的。草地上绿草青青、阳光明媚，一片生机勃勃，洋溢着一股温馨而平和的气氛。草坪上有一些雪松树，一棵棵就像一座座绿色的宝塔。两个人一路走来，聊得很投机，来到一棵雪松树的阴影下，就自然而然地坐了下来。

他们并排坐着，中间隔着一段距离。默默地坐了一阵，看着草地上的人，两个人都没有开腔。过了好一会，项东方突然侧过脸看着林梦茵问：

"诶，林梦茵，我怎么老觉得以前在什么地方见过你？"

"是呀，在我宿舍里面吧。"林梦茵有点不好意思。

"不是那次，更早的时候……"他极力回忆着。

"真的吗？"她不知道他指的什么，心里也在乱猜。

"哦，对了，好像是在图书馆报刊阅览室，我记得当时在看那篇小说《伤痕》……"

"真的？那真是你？"她情不自禁地叫了出来，突然又好像被人窥破了心思，既惊喜又害羞，脸不自觉就红了。

"哈，原来咱们真有缘分！也算是不打不相识呢。"他自顾自地说着，并没有注意到她的尴尬。

她有点不自然地说："应该是吧？"

他瞥了她一眼，似乎看出了她的窘困，转而说道："我真喜欢这片草坪，看上去那么简洁空旷和开阔，令人心旷神怡的。"

林梦茵顺水推舟地应道："是啊，我也很喜欢！公园的草坪都是不让人踩的，这里那么大一块你可以随意走来走去，真是太舒服了。"

"我总觉得这种草坪是从西方引进的园林样式，不是我们固有的东西。中式的园林总是喜欢弄点小桥流水，弄点怪石假山，搞得曲曲折折、稀奇古怪，人工雕琢痕迹太明显，不如西式的简洁明快、自然大方。"

"确实是这样，哪你喜欢哪一种呢？"

"我不喜欢曲折繁复的东西，觉得很是压抑，以前不了解西方，但现在我是越来越喜欢西方的文化，我总觉得那比较符合我的天性。"

"哪你一点都喜欢中国的风格吗？"

“哎，怎么说呢？也不是都不喜欢，只是我现在一看到那些红墙绿瓦、飞檐斗拱的玩意儿就会反胃，就会不自觉地联想到许多古老阴森的东西，想到红色的棺材，想到人身上流下来的鲜血……”

他蓦然停下来，陷入了沉思，两只眼睛呆呆望着天空，眼神里流露出一种空茫和落寞，仿佛一下子潜回到了一个遥远的时空。林梦茵转过脸，她惊讶地发现，这个刚才还是那么有说有笑、神采飞扬的年轻人，倏忽之间竟变成了一个似乎经历了无尽苦难的老人，他的侧面看起来就像是一尊千年雕像，那么冰冷，那么沧桑和压抑。她的心像是掉落到冰窟骤然冷却了，她找不出话来说，只默默地看着他，好想穿透他那笼罩在荫霾下的眼睛，走进他的内心，去窥探他掩藏多年的秘密。但是她不敢，她刚认识他，她不想因为自己一句愚蠢的话而掀起一场无谓的风暴。于是，她跟他一样保持着沉默。

不知过了多久，他仿佛从太空旅行了回来那样幽幽地说：“算了，不说那些了，聊点有趣的吧！”

“嗯。”她显然还没有回过神来。

“喜欢诗歌吗？”

“喜欢。”

“我也是。以前我喜欢李白、苏东坡和辛弃疾一类豪放派的诗词，感觉它们更能抒发胸中那种冲天豪情。”

“我跟你相反，我更钟情于秦观和李清照那类温婉细腻、香软浓艳的婉约派，也许因为我是女人的缘故吧。”

“这很正常啊，不是说‘物以类聚，人以群分’吗？可是，看了一些欧美的诗歌以后，我发现中国的诗词里面太多无病呻吟、自怜自艾的东西了，有事没事就愁啊怨啊，整天不是风花雪月就是才子佳人的。照我看，那个南唐后主李煜简直就是一个得了忧郁症的怨妇，整天唉声叹气的，国不亡才怪呢！还有那个不识弯弓射大雕、只会舞文弄墨的宋徽宗，把个好端端的国家搞得人人手无缚鸡之力，怎么打得过孔武有力的金国人？”

项东方这一番话把林梦茵逗笑得花枝乱颤：“你以偏概全了，咱们不是还有岳飞和文天祥吗？”

他本来是一本正经地说那番话的，可是，林梦茵的笑也带动了他，两个人一起笑起来，笑完了，他又说：

“没错，当然还有王之涣、辛弃疾等等，但那些都是少数。也许你不同意我的看法，可我觉得中国诗词里面有很多都像是鸦片烟，使人消沉懒散、丧失斗志，不像多数欧美诗那样，似火般地燃烧着人的心，给人以鞭策和勇气。”

“是这样吗？我可从来没有这样的体会。”

“读过普希金的诗吗？”

“读过一些，不多。”

“哪你记不记得《假如生活欺骗了你》这一首？”

“记得呀，中学的时候曾经背过。”

“这首诗当年曾经救过我，如果不是它，也许今天我就不会在这里了……”

他的语气突然变得沉重，眼睛又蒙上了一层忧伤的云翳，仿佛一片白云投影到秋天的深潭，让它变得更加神秘莫测。看着他那明亮又忧郁的大眼睛，她的心好像被人用针刺了一下，隐隐地在作痛。她可以感觉到他心里一定有一个故事，她真的很想听他讲这个故事，也许他讲完了心情会轻松一些，自己也会对他更了解。于是，她恳求他，他就讲了。他把公安局的人怎么将他关在牛棚里，自己怎样苦闷彷徨，柳丝雨又怎样把那首诗塞进房间，使自己振作起来等等，一五一十地细细道来。末了，他还强调说，不仅仅是这一事件，就是在他的生活中他一直都把这首诗看作为一个座右铭，在遇到困难和挫折时鞭策和鼓励自己。

林梦茵静静地听着他的叙述，心里十分的感动。她不敢相信自己现在面对着的这个人竟然有着如此坎坷的际遇，真活脱脱的像一本小说。她觉得自己好像越陷越深，已经爱上了这个人了。她一开始只是被他的眼睛所吸引，她从来没有见过一个年纪轻轻的人，会有一双像他那样清澈明亮却又忧郁深邃的眼睛。听着他低沉而富有磁性的男低音在叙述一个忧伤的故事，她的心慢慢地就融化了。有时她只是想听到他的声音，他那略微带点广东口音的普通话简直令她酥麻，很阳刚很成熟，又很性感，无论他在说什么，都无关紧要，何况他还在诉说着一个动人的故事，他的声音像是一面低音鼓不停地在她的耳膜上重重地敲，又好似一股清泉在她的心上缓缓地流淌。她的心感到一阵阵陶醉，她觉得他的过去竟然如此强烈地吸引着自己，让自己一步步地走进他的生活。

过了一阵，她忽然想到他故事中的那个女主角，心里泛起了一丝醋意。她就急不可耐地追问他，他则冷漠地说：她走了，去了香港，永远消失了。于是，她一方面为他感到惋惜，另一方面又为自己感到庆幸。

项东方讲完这个故事，心里仿佛轻松了些，也许他只把林梦茵作为一个倾诉的对象，他只讲了那个片段，并没有把自己所有的故事都和盘托出。他刚刚认识她，他不会随随便便就把自己的过去一股脑地端出来，让一个陌生人去审视。当然，他更不可能这么轻易就爱上她，苦涩的初恋给他上了一堂课，他不能随随便便就爱上一个人。“得悠着点儿”，他不久前刚学会这句话，他觉得这有道理，但他知道自己是喜欢她的。

不知不觉聊了好久，林梦茵要去上课了，项东方也觉得手有些痛，要回宿舍休息，于是，两个人依依不舍地告了别。

第二十八章 夕阳恋歌

项东方从自己日益广泛的阅读里，从学校五花八门的讲座上，从与同学老师，尤其是与亚当的交谈中学到了不少东西，他知道了沙特和存在主义，也知道了弗洛伊德和精神分析学，他了解了许许多多现代西方的学术思潮，他试图把这些未经消化的思想作为自己认识世界和社会人生的工具。他自己根本没有意识到，一种看不见、摸不着的精神病毒悄悄地潜入他的内心，融化进他的血液，侵入到他的灵魂，左右了他的视线，影响着他的思维，无论他想什么它都会出来干扰他，无论他做什么它都会给出标准，他不能摆脱它。当他戴着西方的眼镜来看中国时，所有的一切都失去了原有的色彩，变得不堪入目丑陋无比。在他的思维中，自己已经丧失了独立的主体性，西方成了衡量一切的标准，只有从西方这个对立面中才能反照出自己的存在，当然，他本人并没有自觉地意识到这个问题，他也从来没有怀疑过哪些西方思想本身。

他开始渐渐地厌恶那种古老的东西，那些红墙绿瓦，那些弯弯曲曲的小径，那些遮遮掩掩的假山怪石，那些无病呻吟的唐诗宋词，无不让他想起家乡那个阴森恐怖的北帝庙，想起中国人那种九曲十八弯的心态，那种被漫长历史污染塑造的扭曲人格，到最后他甚至连自己中国人的长相都觉得那么的不堪。

可是，另一方面，这些理智上的追逐并不能满足他的精神，那些西方的东西让他把现实世界打得支离破碎，看到了一个凌乱不堪、贫困积弱的中国。况且，面对着亚当，他常常有一种突如其来的自卑，他会无端端的自惭形秽、顾影自怜，会觉得自己仿佛失去了一个男人的尊严。每当他跟亚当站在一起他就失去了自信，一下子就蔫了，觉得自己无端端的就矮了一截，人也变丑了，脸型太宽，没有立体感，他真恨不得脱胎换骨，变成一个美国人。

有时候，他实在是恨亚当，恨他为什么长得那样英俊魁梧，恨他为什么能够生活在一个富足又强大的国家。最后他恨上帝为什么要把人类分成不同的种族、不同的民族，又为什么把个人分成三六九等高矮肥瘦，为什么让世界存在着种种不平等。可是，恨归恨，他并不能改变现实，亚当照样每天在他身边游来荡去，照样每天在他面前喝着香喷喷的咖啡，大谈美国如何的好、中国如何的贫穷落后，照样每天有漂亮的中国姑娘灯蛾扑火般地前来投怀送抱。有时候，在漆黑的夜晚，听着对面床铺传来亚当旁若无人的鼾声，他会突然萌生出一个奇怪的念头：也许明天他就爬不起来了呢！

亚当的存在时常令他觉得压抑，他的胸口好像有块大石压在上面，感到气闷。他需要有个人陪，需要倾吐自己的心声，而且，他也需要在女人面前证明自己男性的魅力，以便重新拾回在亚当面前失去的自信。他想到了林梦茵。第一次碰面时的尴尬现在看来反而成了一个奇遇，她看起来并不像当初那样的盛气凌人，看她在为自己包扎伤口时那种关心和怜爱，就知道她是一个心地善良的女人，只是有时候脾气会大点而已。嘿，没准她还能够包扎我心灵上的伤口呢？也许她是上帝派来拯救我的天使？他不再犹豫，决定立刻去找她。

其实，林梦茵也在等他。自从上次在图书馆分别后已经两个星期了，项东方因为手伤不再来打球。她明知他不会来，还是傻傻地在等，每天都呆呆地站在窗前，痴痴地往外看。她总想着他伤好了一定还会来的。她好想去找他，可是又不敢冒昧。她不能确定他是否喜欢自己，从他的眼中她看不出来。他的心情变得太快了，一会儿艳阳高照，转眼又阴云密布；刚才还侃侃而谈，突然间却沉默如山。他是那样的神秘、深藏不露，真叫人难以捉摸，偏偏自己情不自禁地就被他吸引了去，天天朝思暮想欲罢不能。

终于，她看见他走过来了。她靠近窗前，心脏像小鼓一样砰砰乱敲。她拿不定主意要不要冲出去。他是来找自己的，她想。不，他也许只是路过。怎么办呢？冲出去抓住他，或者就这样让他走掉，失去一个好机会？犹豫了半天，她才身不由己地跑出房间，在楼梯口与他撞了个满怀。

“噢，你？要出去啊？”项东方被打了个措手不及，十分的愕然。

“是……啊……不！”林梦茵语无伦次，脸颊绯红如晚霞。

项东方在她脸上看到了一种女性妩媚的娇羞，仿佛喝了一口醇酒醉到了心头，禁不住如痴如醉地注视着她。林梦茵伸手掠了一下遮住眼睛的刘海，含情脉脉地凝视着他那洋溢着柔情的眼睛。一种道不明的情意在眼波对流中交融。过了好久，他才收起自己的目光，说：

“正要找你，陪我出去走走好吗？”

林梦茵欣喜若狂连连地点头。

两个人一前一后地走出宿舍楼，然后肩并肩地穿过宿舍区，徜徉在风景如画的校园里，绕着未名湖转了一圈。项东方提议去圆明园，于是，俩人又不知疲倦地穿过东北门，往北方走去。

圆明园与北大只有一墙之隔，出了校门，几分钟就到。项东方在小学时就知道了圆明园，当年老师在介绍完圆明园的历史后，说了一句这样的话：圆明园是中国人心口上的一道伤疤，是中华民族的一个耻辱！这句话就像一把雕刻刀，在项东方心里深深地划出了一条伤痕，常常令他如鲠在喉，思之心痛。刚进北大没几天，他就迫不及待地跟小夫子和陆德彪等人闯进圆明园，一窥其貌。从那以后，有时他与别人结伴，有时独自一人，常常跑到这里来凭吊，抒发一下思古之幽情。

两个人一面说着话，一面悠闲地走着路，路过一些民居，穿过一大片郁郁葱葱的芦苇荡，又越过许多小树林，抬头一望豁然开朗，面前出现一个湖泊，湖中开满了荷花。两个人眼前一亮，目不转睛地望着湖里的荷花。

林梦茵轻轻地感叹道：“哇，好美的荷花！”

“是呀，看着就赏心悦目，令人喜爱。”项东方不由自主地应和道。

林梦茵接着说：“我最喜欢荷花了，它没有牡丹的富贵，不如玫瑰那般华丽，又不像菊花那样隐逸，但是它超凡脱俗、清新高雅。看到那又大又圆的叶子烘托着那些清丽淡雅的花朵，我总会想起周敦颐那句名言‘出淤泥而不染，濯清涟而不妖’，我觉得荷花就像是一位气质不凡、傲然卓立的君子。”

她讲得太好了，项东方在心里暗暗地赞叹，顿时觉得她是一位有学识又有品位的女子，为自己有幸认识她感到高兴，于是就拐弯抹角地赞美道：

“我也特别喜欢荷花，我觉得它就像是一位冰清玉洁的少女，清新脱俗、亭亭玉立，我听说荷花就是一个美女变的，所以才那么美丽高洁。”

“是吗？快说来听听！”林梦茵来了兴致，催他快点讲。

项东方看着湖里的荷花，煞有介事地娓娓道来：“据说，王母娘娘有一个貌若天仙的侍女，名叫玉姬。玉姬在天庭呆得腻烦，偶尔听说人间男耕女织、成双成对，心生羡慕，起了思凡之心，有一天就跟河神的女儿一起，偷偷溜出天宫，来到杭州西子湖畔，玩到天亮也不肯回宫。王母娘娘得知此事后大怒，就用莲花宝座把玉姬打落湖中，并传令‘打入淤泥，永世不得再登南天’，后来，玉姬就在淤泥中生根，慢慢地长成一株亭亭玉立、冰肌水灵的鲜花。”

“噢，真是个凄美的传说，难怪古人叫荷花出水芙蓉呢！”林梦茵恍然大悟道。

项东方笑眯眯地看了林梦茵一眼，然后若无其事地说：“在我眼里花再美也没有人美，其实出水芙蓉也可以形容美女，比如哪个……”

他故意停了口，又悄悄地观察着林梦茵，林梦茵脸上露出困惑的神色，急不可耐地追问道：

“哪个谁？”

项东方一本正经地说：“我说了你不要生气啊？”

“我怎么会生气呢？是谁？”

“就是那个站在荷花池边开得像一朵灿烂的荷花的美少女！”

林梦茵先是一愣，接着脸上泛起了两朵红晕，伸出手来，本能地拍了一下项东方的肩膀，似嗔非嗔道：

“你真坏！敢情你是兜了半天来嘲笑我的吗？”

项东方依然板着脸：“没有啊，在我眼里你比那出水芙蓉更美！”

他的赞美令林梦茵受宠若惊，心里甜丝丝的，脸上笑得像一朵盛开的莲花，嘴里却言不由衷地骂道：

“你真贫！不是哄我的吧？”

项东方这才呵呵一笑，认真地说：“我哄你干嘛？说真的，你是我见过最漂亮最有气质的女人。”

“算你嘴甜！”

这时林梦茵不再害羞了，她不由自主地靠近项东方，情不自禁地伸出手，悄悄地去握他的手，可是，他浑然不觉，继续往前走，他的手刚好甩开，林梦茵没有找到他的手，两只手错开了。林梦茵一下子惊醒，马上把手缩了回去。

两个人快走到荷花丛的边缘了，项东方眼尖，看见一片荷叶上趴着一个青蛙。那张荷叶不像其他荷叶那样高出水面、凌空独立，而是刚好浮在水面上，叶片中间凹下去，形成一个深坑，积了一汪水，那只青蛙就趴在水中，青绿色的身子几乎隐没在荷叶的翠绿之中，唯独两只像探照灯一样的眼睛炯炯有神地瞪着他们。

项东方停住脚步，指着青蛙叫林梦茵来看，林梦茵看见了就说，以前只是在电影上见过青蛙，从来没有这么近地看到过。那只青蛙不知是听到他们说话，还是看到他们走近来，连着眨了几下眼睛。林梦茵就说，那青蛙好可爱，看起来很机警的样子。项东方嘿嘿地笑道，其实青蛙没脑子，笨得跟猪一样！林梦茵表示不相信，项东方就说，我给你讲个故事，听完后你就不得不信了。接着，他就用轻松诙谐的语调缓缓地说道：

小时候我们喜欢抓青蛙来玩，开始用的是比较笨和残忍的方法：就是用铁丝做一个锋利的叉子，镶在一根长竹竿上，晚上到池塘或者田头，听到青蛙叫，就用手电去照，青蛙一看到强光就发傻，不会动了，这时候就用叉子去捅青蛙，十有八九能叉到。这种方法要在夜间用，比较辛苦，我们不太喜欢，就想到了钓青蛙的办法，把一只蚂蚱勾在鱼钩上，到池塘边的草丛里不停地摇晃抖动，青蛙就会傻乎乎地跳上去咬住蚂蚱，把鱼钩一起吞进肚子里。这种方法虽然轻松简单，但有时候我们却找不到蚂蚱，只好想别的办法，后来我们发现既然青蛙那么的笨，我们总不能跟它一样笨吧？我们是人，总得比它聪明点，对吧？我想到了一个妙招，就跟伙伴们一说，他们都觉得不可能，还笑我跟青蛙一样傻，我坚持要试一试，就把一团白色的东西挂在鱼钩上，没想到一只青蛙一看见这玩意，竟像猛虎下山一样跳起来，一口把那东西吞进了肚子！

林梦茵听出了一丝疑惑来，不禁问道：“哪白色的东西究竟是什么？”

项东方不动声色地说：“你觉得呢？”

“不会是口香糖吧？”

“我们那时候哪有这么奢侈的东西？”

“哪一定是面团？”

“那也太不值了！对这么笨的青蛙根本不必浪费一块面团。”项东方开始笑了。

林梦茵更迷惑了：“哪到底是什么？”

“就一团棉花！”

“真的吗？这怎么可能？”

“所以说青蛙比猪还笨，这下你该信了吧！”

林梦茵突然爆发出一阵爽朗的笑声，项东方也跟着她一起笑，欢快的笑声响彻湖畔，没想到那只青蛙却被吓坏了，“啪”的一声从荷叶中跃起，“咚”的一下跳进湖水中，水面上掀起了一圈圈的涟漪。

项东方突然止住了笑，神经质地望着轻轻晃动的湖水，愣愣地出神，脑海里浮现出一幕幕往事，这些事都与水相关，眼前的湖水勾起了他无尽的回忆。

林梦茵也愣住了，不明白他为什么突然间沉默不语，她试探着问："哎，你怎么不说话了？"

项东方如梦初醒，喃喃地说："看着这片湖水，我忽然想起许多往事，水对我来说是个特殊的存在，我对水有着既爱又恨的复杂感情。"

他说完眼睛望着湖水，晚霞的光投射到水面上，又反映在他的眼眸里，他的眼里洋溢着一种柔柔的郁郁的光芒。林梦茵静静地看着他的眼睛，里面那些跳动的光波在撩拨着她的神经，勾起了她好奇心。她轻柔地问：

"这是为什么呢？难道……"

他抬起头又垂下，眼睛依然注视着湖水，用低沉雄浑的嗓音徐缓地说："孔夫子说过'智者乐水，仁者乐山'，我知道我不是智者，可是我喜欢水，因为我出生在一个水城，那里有两条美丽的河，这注定了我一辈子都离不开水。小时候我在河里嬉戏差点被淹死，在激流中再次经历过生死的大限，下乡时我在池塘里救起一位女子，可是后来她却离我而去，为了去找她，我在汪洋大海上眼睁睁地看着一个好朋友被鲨鱼吞噬••••••"

他突然停住了，双眸死死地盯着湖水，仿佛看到了农场里的那口池塘，看到了那个浑身湿透、奄奄一息的柳丝雨，又仿佛看到了漆黑夜空下的大鹏湾，看到了那个葬身于鲨鱼之口的大圈仔。他的身体前倾，眼神变得呆滞木讷，似乎那片平静的湖水埋葬着他许许多多的记忆。

"你说的都是真的吗？"

林梦茵震惊得目瞪口呆，项东方的话早就把她吓得花容失色，宛如一阵突如其来的冰雹劈头盖脸打来，使人无处藏身。他的表情让人怜爱，她还真担心他会跳进湖里去。于是，她情不自禁地伸出手去找他的手，刚一碰到又像触电一样马上缩了回来。项东方惊醒过来，一把抓住她的手，紧紧地握住，不放松。

他宽厚的手掌握住她纤细的小手，感到一股暖流涌进心田，令人陶醉。他侧过脸来，深情地看着她。她扬起头来，凝眸与他对望着。他心里那层坚冰开始慢慢地消融。她鼓励他说：

"说吧，把它说出来，也许你会轻松些，会得到解脱。"

"好！咱们离开这里，不看着湖水我会自在一些。"

说完，他牵起她的手缓缓地漫步在通往园子中央的路上。他们的脚步很轻，仿佛不忍惊醒脚下沉睡的精灵。路旁开始出现零星的碎石，这些都是当年那场大火留下的残迹，凝结着历史的沧桑，不知名的野草在它们周边冒出来，顽强地昭示着生命的力量。

项东方长吁了一口气，沉重地说："这些事我从来都没对人讲过，它们像一座大山压在我心上，时常又出现在我的梦里，把我压得透不过气来。"

"把它们说出来吧！我愿意做你忠实的听众。"林梦茵再次恳求他。

他挽着她的手，一边走一边说，他伤感又带有磁性的声音敲击着她的心灵，仿佛一首交响乐在她心中回响，他那充满幻想和无拘无束的童年，他那放荡不羁与跌宕起伏的生活，他那些残缺而不完美的故事，就像一幅色彩斑斓的画面在她脑海里展开。她虽然不能完全理解他所说的，她也不能解释他许多的困惑，但是她愿意倾听，她能够包容他，他的遭遇激起了她无尽的怜爱。她的胸中溢满了爱意，好想给他一个热烈的拥抱，好让他饱受折磨的心灵得到安慰。但是她矜持着，努力控制住自己的情绪。时间过了很久，一番倾吐之后，项东方感到一种前所未有的轻松与舒坦，那些像噩梦般堆积在他内心的经验暂时被压抑了下去。

他们终于来到圆明园的中央。眼前是一片废墟，巨大的石块像一截截被砍断的人体残肢，七零八落地散布在四面八方，杂草和灌木顽强地从中探出脑袋，断了半截的廊柱凄然地耸立在乱石堆中，雕花的拱门斜倚在旁边，残阳把余辉均匀地洒布在废墟的每一个角落，周遭散发出一种苍劲悲凉的美，凝重深沉得令人震撼。

他们停住了脚步，站在残垣断壁的旁边，眺望着废墟的景色。缓缓下坠的夕阳在废石堆投下一个个长长的影子，附近的树上还有不知疲倦的知了悠闲地唱着秋日的歌，微风轻轻地掠过脸庞，在人心里撩起一股郁郁的情愫。

林梦茵感慨地说：“圆明园来好多次了，还是傍晚来比较好看！”

项东方对此深有同感，缓缓地说道：“对，我也觉得是这样，在夕阳余晖的照耀下更能感受到那种苍凉辽远的历史感。而且，我觉得有些东西打碎了才能看到它的价值，如果圆明园只是好好的保持原样，那也不过是无数个中国园林中的一个，没有任何特别的意义，正因为它被毁坏了，我们才更加珍惜它。圆明园是中国的一个象征，英国人和法国人在她上面放的那一把火，永远都在炙烤着中国人的心，这个废墟是中国人心里面一个永久的痛，是中华民族集体意识中无法抹去的历史伤口。”

林梦茵喜欢听他讲这些富有哲理的话，但她更喜欢拉着他的手，感受着他的心跳，这样才不会被那些冷冰冰的话语所阻隔，才能感觉到两颗心的接近。傍晚的微风阵阵吹过，把项东方身上沁人心脾的雄性气息吹进她的鼻腔，她贪婪地吸着他那麝香般的男人味，不禁心荡神迷，激起了无限的柔情。

她扬起头，醉眼蒙眬般地凝视着他的脸。他那轮廓分明的脸披上了一层玫瑰色的霞光而更显得英气勃发。她内心涌动着柔情蜜意的波涛，她的脸色潮红，眼神流露出期待以及唯恐得不到而起的幽怨，那是没有任何男人能够抵挡的娇羞。项东方转过脸看着她，情不自禁地把她抱进怀里，低头吻住了她充满期待而微颤着的嘴唇。

空气中传出一阵阵她幸福的叹息，暮色把两个热吻的人融化到整个宏大的背景中，构成为这个崇高壮美景色的一部分。

晚上，项东方在日记中写下了这样一段话：……今天，我竟然情不自禁地吻了林梦茵。不是早就告诫自己要悠着点，不要轻易动感情的吗？为什么竟然这么冲动呢？我不知道！在那样一个优美而令人动情的环境和氛围下，谁又能够把持得住自己呢？在圆明园这样一个充满历史灵感的地方，我不知不觉就对她敞开了心扉，终于在这个民族的伤口上向一个可爱的人坦露了自己心灵的伤痕，在一片历史的废墟中暴露了自己精神上的废墟。这使我突然之间仿佛隐约地看到了一条历史的轨迹：鸦片战争以来的救亡图存运动，数代人的奋斗牺牲，都在自己身上体现着，我个人的经历只不过是整个民族多灾多难历史中的一个小小片段……她能够倾听我的过去，这比什么都重要，看来我真的爱上她了，她那温柔的小手把我领出了愁云惨淡的过去，融解了我心中的坚冰，我难以自拔地爱上了她！

写完日记，他意犹未尽，又情意绵绵地写下了一首诗《你红唇的烈焰》：

——献给我心爱的人

“我曾经虚度光阴多少年，
直到今天，
你红唇的烈焰，
燃烧了我的双眼。
你的眼睛是黑夜的流萤，
照亮了我忧郁的心灵，
你的声音像清晨的夜莺，
唤醒了我沉睡的爱情。
你是我头上的天，
你是我脚下的地，
你是我生命的血液，
你温柔的目光是我永恒的回忆。”

第二十九章 梦入迷途

夕阳西下，凉风习习，在一个风光迷人的地方，他紧紧地抱着她，热烈地吻着她的红唇，彼此嘴里鼻子里喷出来的气息带着潮湿的甜味。他呼吸急促，快喘不过气来了。突然，传来一阵急促的脚步声，跑过来几个背着包裹的人，奇怪的是，他们不论男女都留着长辫子，男的穿长袍，女的穿短袄。他们一面跑一面高喊着：快跑，洋鬼子来了！眨眼就跑得无影无踪了。他松开了她，跟着人群乱跑。她没有跟上来，他又跑回去找她，却找不到了。

来了一队凹眼高鼻的洋兵，他们戴着三角帽和高筒帽，端着上了刺刀的长枪，叽里咕噜地说着英语和法语。他很害怕，就躲在一棵白杨树后面，远远地看着那帮人。火烧起来了，噼里啪啦地响彻云霄，满天都是火焰。突然，传来飞机的隆隆机声，成千上万的炸弹在山上爆炸，树木都烧光了，志愿军们躲在坑道里吸着浓烟。一个背着步话机的士兵冲出了山洞，对着话筒声嘶力竭地大喊："为了胜利，向我开炮！向我开炮！"一阵密如雨点的炮弹飞过来，把整座山几乎炸飞了。

突然，一只黄毛小猫从他背后跳出来，爬上树梢，对着他发出惹人怜爱的叫声，他伸出手去抓它。小猫爬上窗台，"嗖"的一下跳到外面去了。他冲过去，抓住窗枝拼命地摇，身后传来一阵阵老鼠"吱吱喳喳"的撕咬声。一个青面獠牙的干瘪老太婆从后面抓住他的肩膀，声嘶力竭地咆哮道：你往哪里跑？你害死了我，我要你偿命！

他用力一推，窗枝断了，他回过身来把老太婆推开，然后跳出窗口。外面好热闹，一帮小孩在斗蜘蛛。一只圆滚滚黑油油光溜溜的蜘蛛在网上没命地奔跑着，它的身后有一只更大的蜘蛛紧紧地追赶着它，它跌到了网外面，只剩下一根细丝吊在半空，丝线终于被后面那只蜘蛛咬断，它从天上像颗流星般摔到密密麻麻的针头上，喷出一股鲜血，死了。

死蜘蛛被放进了一口巨大的红棺材，只占了一个小小的角落。过了一会儿，蜘蛛不见了，只有一个面部血肉模糊、少了一只胳膊的死人躺在棺材里面。棺材被抬起来，走在后面的那个仵作简直就像一只长腿瘦猴，他的脑袋活脱脱就是一只剥了皮的椰子壳。天下起雨来，雨水浸透了棺材，红色的液体从四边流下来，像水又像血。前面的石山上爆破声响了七下，像是送葬的礼炮，霎时硝烟四起、尘埃满天，一个敏捷的身影正向山坡跑去……

"别去，太危险了！"

项东方不由自主地喊出了声，被子也蹬掉了，浑身都被汗水湿透，他挣扎着打开了眼睛。黄昏的时候跟林梦茵讲了自己的故事，没想到半夜里竟做了这样一个奇怪的梦。

他的呼喊惊醒了亚当。亚当打开灯，问项东方发生了什么事。项东方努力控制着自己说：没什么，就做了个梦。亚当认真地说：这已经不是第一次了，我有好几次都被你这种惊叫吵醒，我觉得你心里可能很压抑，也许有某些东西没有得到很好的清理，需要安抚和宣泄，也许我们可以谈谈，没准我可以帮你。

项东方觉得他说的有道理，自己确实是太压抑了，昨天跟林梦茵讲过以后，心里是舒坦了许多，可是，林梦茵毕竟只能给自己情感上的慰藉，并没有从根本上对事实进行理性的分析，没有找到压抑的原因。因此，他决定要跟亚当好好谈谈，不仅因为亚当有这方面的理论素养，而且，对一个外国人讲那些事似乎不那么尴尬，况且亚当不久就会离开的。于是，他答应亚当明天大家坐下来好好地聊聊。亚当提醒他趁早把这个梦重温一下，不然明天就忘记了。

第二天，两个人都没有课，吃过早餐，回到宿舍，项东方泡了一杯绿茶，亚当泡了一杯咖啡，两个人就坐在椅子上聊开了。亚当先开口说：

“人是个奇怪的生物，往往身不由己，做的事有时候自己都不知道为什么。”

“是啊，那个德国人费尔巴哈不是说过‘人一半是天使，一半是野兽’吗？”

“每个人心里永远都有一个阴暗面，就像月亮有一面永远都是黑暗的一样，那是永远都不会示人的地方。那里面掩藏着许多原始的本能、情欲，埋葬着许多人所不愿触及的经验，它们就像是一座巨大的冰山潜藏在水底的部分，但是，这些东西不时会越过自我的禁制，跑出来干扰和主宰人的行为，成为人类行动的原始动力。”

“你指的是弗洛伊德所说的潜意识吗？”

“是的，但我所说这个不完全是弗洛伊德的，因为除了性，还有许多更可能成为人类行为原动力的因素，比如恐惧、安全感和自我防御等等。虽然潜意识不乐意，但总是被意识挤到海平面以下，使人很难觉察到它的存在，而梦是打开潜意识大门的钥匙，当你找到了潜意识，也许你就能够理解你自己的行为。嗯，你还记得昨天做的那个梦吗？”

项东方点点头说：“大概都记得。”

“能不能给我讲讲，尽量详尽点。”

项东方喝了一口茶，开始断断续续地把那个梦复述出来。亚当瞪着蓝色的大眼睛注视着他，非常认真地听他的话。项东方讲完了，亚当还在默默地沉思，过了一阵子，他才若有所思地说：

“真像一团乱麻，不是吗？不过，我找到了几个关键词，不知道它们之间有没有什么联系，比如小猫、蜘蛛、棺材、死人、大火等等。梦的开头你在吻一个女人，我想问你现实中有没有这么一回事？”

项东方有点不好意思，红着脸说：“确有其事。”

“什么时候？在哪里？”

“就是昨天傍晚，在圆明园。”

亚当最近去过圆明园，是项东方带他去的，而且，项东方也大略跟他讲了有关的历史。亚当似乎有点明白了，说：

“我明白了，你的梦起因于一个真实情况，黄昏的时候你在圆明园吻了你的女朋友，于是你想到了圆明园的历史，联想到了那场大火。然后，你又联想到了另一场大火，还有飞机大炮。在你的记忆中有没有这样的事实存在？”

项东方摇摇头说：“没有。我估计那是一些电影镜头，有关朝鲜战争的，我小时候看过很多那些电影。”他没说“抗美援朝”，只说“朝鲜战争”，因为怕亚当误解。

“嗯，看来你对圆明园很有感情，你对它所代表的历史很重视，当然这不是重点，这只是梦的起点，重点应该在后面。那只小猫、老鼠和老太婆是怎么回事？”

项东方一时没法回答，陷入了沉思，脸上现出一丝痛苦的表情。过了一阵，他才说：“我想不出老鼠和小猫有什么关联。我倒是隐约记得很小的时候，我被妈妈留在一个锁了门的屋子里面，然后听到床底好像有老鼠叫，我吓破了胆，想跳出去，最后我从窗户摔到了外面，昏了过去……”

“这个很重要！”亚当打断了他，“就是说你被关在一个封闭的房间里面，没有其他人，所以，你想逃走。是这样吗？”

“我想是的。主要是因为害怕那些叫声，我当时不知道那是什么东西，担心是人熊婆。”

“因为你被禁闭，缺乏安全感，所以你想逃离那个可怕的地方，回到一个安全的场所。禁锢是一种对自由的限制，你想要自由。这个很重要。另外，人熊婆是什么东西？”

项东方把人熊婆的故事讲他听。亚当表示明白，接着又问：“好，还记得那只小猫和那个老太婆吗？”

一种恐惧和内疚的情绪突然抓住了项东方的身心，他垂下脑袋，沉重地说：

“我记得，永远都不会忘记！那个老太婆诬赖我偷她的黄瓜，我心情很不好，因此杀死了一只小猫。后来，那个老太婆被人打死了，我还踹了她一脚。”

“就是说，你被人诬赖，你就把仇恨转移到那只小猫身上……”

“不，不是这样的！”项东方急了，极力辩解道：“当时我并没有自觉意识到，只是一时火起，就出手了。”

“但是，你的潜意识指使你做了，你只是没有知觉而已。你有没有后悔这么做？”

“我当时就非常的内疚，现在偶尔想起来还会十分的痛心！”

“然后，老太婆死了，你感到开心，因为你觉得自己报了仇？”

“对，是这样的！因为当时人们打她的理由就是她是一个地主，她是活该的。”

“你只是为自己找到了一个借口，让自己心安理得，其实你心里是内疚的。对不对？”

“也许吧？我不知道。”

“最后，说到死人和棺材，是指的那个老太婆吗？”

项东方脸上再次现出痛苦的神情：“不，那是我最好的一个朋友。我没能阻止他，他被炸死了。”

“那么，红色的棺材经常出现在你的意识中吗？”

“是的，我从小就怕棺材，只要看到或者想到棺材，我就有一种恐惧。我朋友被埋葬的时候，用的就是一口红色的棺材。那天正好下着雨，雨水淋湿了棺材，红色的液体流了下来，非常的阴森恐怖。”

亚当忽然觉得项东方的经历太复杂太可怕了，不是三言两语就能解释清楚的，于是他说：

“好了，我在你的梦里看到了许多东西，担忧，恐惧，内疚，焦虑，缺乏安全感，等等，它们都是些负面的因素，潜伏在你的前意识和潜意识之间，时常在你不注意到时候跑出来干扰你的思想，破坏你的情绪。你的压抑大概起源于你儿时的经历，心里有一些童年的阴影，例如禁闭这件事说不定就是你童年阴影的起源。你的经历太复杂了，单纯依靠弗洛伊德的精神分析法恐怕不能够解释清楚。也许你把你的经历讲出来，我们就能够更好地理解你的内心，也许压抑的能量就会得到释放，你就会得到精神的升华。”

项东方也觉得应该这样，因此他开始断断续续地把自己的故事讲出来，他讲得比昨天对林梦茵讲时更加详细，有时候他会做出许多解释，因为有些文化和历史的东西对亚当来说是陌生的。即使这样，他讲的也不可能是全部，总是挂一漏万，有些东西有意无意中就被疏忽或者遗漏掉了。

亚当听完故事，心里很震撼，他很难想象一个年轻人怎么有这样复杂可怕的经验：被人冤枉，报复杀猫，看到许多恐怖场面，还打人，被当作嫌疑人关押，不得不与爱人分离，好朋友被炸死，然后偷渡香港，最后看到自己另一个好朋友被鲨鱼吞噬等等。亚当确实难以体会这些苦难。他生长在一个富足与和平的国家，虽然他学过历史，知道美国历史上也有过许多黑暗的时代，例如野蛮的蓄奴制度，对印第安土著的种族灭绝，甚至二十世纪五十年代让两千多万人遭到审查的麦卡锡主义等等，他还听过美国国父华盛顿亲手活剥印第安人皮的传说，但那些只是书本上或者传说中的东西，离他的生活非常遥远。可是，现在他却亲耳听到了有人对他讲述自己的经历，他只有感到无比的震惊。

也许正因为他没有切身的体会，他才能更加冷静地进行理性的分析。沉思了好一会儿，亚当突然一拍大腿说：

“啊，我明白了，我终于明白了！你整个的梦都可以归结为一个字……”

“什么字？”项东方急不可耐地打断了他。

“囚！”

“囚？”

“对，就是囚禁的囚！中文字实在是太形象了，一个字就可以概括你整个梦的含义。”

“怎么讲？”项东方的兴趣被勾起来了。

亚当不紧不慢地解释道：“我记得开始学中文的时候，老师就说过汉字是一种表意文字，它是从象形文字开始的，虽然经历了许多变迁，但不少字仍然保留了原始的字形和含义，比如说这个‘囚’字。这个字拆开了有两个部分，分别是‘口’和‘人’，把它们合在一起就变成为‘囚’，意思是一个人被关在一个四面密封的地方，这就是囚禁的含义。”

“但这跟我的梦有什么关系呢？”

“我注意到了，在你的叙述中你多次提到红色的棺材，这是一个深藏在你潜意识中的隐喻，它意味着一种无形的禁锢。形象地看，那口棺材，再加上那个死人，不就是一个‘囚’字吗？”

“有道理！”项东方不由得拍案叫绝，佩服亚当独到的见地。

亚当继续滔滔不绝地说：“历史地看，你小时候多次被关在一个小屋子里，形成了你对禁锢的原始恐惧，经过多次的重复变成一种潜意识沉淀在你的心底。根据我的观察，你是一个很敏感的人，你会感受到一些许多人往往忽略的东西。在幼儿园面对着围墙和篱笆时，你就感到了这种恐惧与无奈，于是，你幻想着变成一只蝴蝶飞出那个有形的围墙。当公安局的人把你关在一个牛棚时，你的反应就更加的强烈，这最终导致你偷渡香港的实际行动。所以说童年的阴影一直陪伴着你，你的梦只不过是一种内心意愿的曲折表达，它的象征意义在于，你无时无刻都直觉到自己被笼罩在一种有形无形的禁锢之中，你想挣脱它，但往往徒劳无功，因此你就不断重复地做着类似的梦。”

亚当的分析令项东方既感到佩服，又觉得震惊，没想到自己多年来竟然是如此的压抑，而原因竟然是这些长久以来形成的心理阴影在折磨着自己。他情不自禁地喃喃而语道：

“也许你是对的。难道我就没有办法破解这个恶性循环了吗？”

亚当看了他一眼，然后郑重地说：“我不敢肯定，但我知道禁锢的反面是自由，也许自由是冲破禁锢的最好的手段。”

“你是说我需要自由？可是，我觉得比起以前现在够自由的了。”

亚当言之凿凿地说：“我觉得你需要跳出那口棺材，寻找一个无拘无束、自由自在的天空。”

项东方眨了眨眼，若有所思地问：“你是说我要挪个地方？”

“对！换一个国家，换一种活法。”

“出国？这我可想都没想过。”

“可以试试。”

“去哪儿呢？”

“美国！”

亚当顿了一下，继续说；“美国是全世界最自由的国家，到了哪里你就像鱼儿游进了大海，像小鸟翱翔在蓝天，自由自在、无拘无束！”

他的中文说得越来越溜了，话中居然充满了诗意。

项东方仿佛醍醐灌顶豁然开朗：啊，美国，美国！这真是一个自由的乐土、人间的天堂吗？我怎么从来都没有想到这个呢？一瞬间，他的眼前似乎展现出一幅美妙的画卷，看到了自己一直在追寻着的哪个理想的地方，只有哪里才可以安息自己那颗永远都躁动不安的心。他在心里暗暗地感叹，如果不是亚当的提点，自己恐怕再摸索十年八年都找不到出路的。

结束这次长谈后，项东方请亚当在校内的燕春园饭店吃了一顿饭，点了自己最喜欢的熘肝尖和四喜丸子。他怕亚当不喜欢猪肝，还骗他说是鹅肝，不过，亚当倒是吃得有滋有味的。吃完饭后，项东方才发现自己的口袋只剩下五毛钱，好在当月的饭票已经买了，不然恐怕得找同学借钱啰。

第三十章 共筑美国梦

天下有哪个妙龄少女会拒绝一首写给自己的情诗呢，尤其当哪首诗是来自心爱的情人？任何一个恋爱中的青春少女，在读写给自己的情诗时都不可能无动于衷的，对她来说还有什么比一首诗更动人更浪漫的呢？

林梦茵收到了项东方寄来的信，打开一看原来是一首诗，笔迹清秀端正。她既感到诧异又觉得惊喜。她先大略地看了一遍，心就砰砰地跳过不停，眼睛不知不觉就湿润了。然后，她又反复地看了几遍，心里感动得无法自持，一时间竟泪眼涟涟。她把诗贴在胸口，尽情地享受着那种幸福而浪漫的甜蜜感觉。

过了一阵，她稍微平静了，她就想他为什么不直接把诗给我呢，是自己不好意思，还是怕我当面看难为情？说真的，如果我当着他的面来读这首诗，我怕自己会像个傻瓜那样哭过没完。要是那样的话，他会不会帮我擦眼泪，来哄我，然后抱着我，拼命地亲？一定会的。她脸红了，不禁又想起前几天在圆明园的情景。这是她第一次吻一个男人，那种感觉真是美妙，真是销魂，让人感到两颗曾经陌生的心突然地融合在一起，一种无法言传的情意在胸中奔流激荡。还有，他身上的味道怎么会那么的香，闻着就陶醉，好像整个灵魂都要融化到他的怀抱里了，只有紧紧地抱着他，使劲地吸……

项东方的诗无疑让他们之间的爱情进一步发酵，她看他的目光都变得那么温柔了。星期五傍晚，他们约在学三食堂碰面，因为不想碰到熟人，学三食堂离宿舍比较远，去的人不太多，不那么引人注目。吃饭时，俩人情意绵绵地喁喁私语，实在艳煞旁边的许多人。吃过饭，他们携手去散步。他们穿过燕南园，绕过图书馆，经过俄文楼，在翠竹掩映的临湖轩附近拐了个弯，绕着未名湖畔徜徉。当天林梦茵穿着一件白衬衣和一条黑色的长裙，显得轻盈而飘逸。

项东方随意地问林梦茵今天上了什么课，她说是祝广乾的《欧洲美学史》。他又好奇地问，是祝先生亲自上的课吗？她说不是的，祝先生太老了，已经不上课了，是他的弟子讲的课，不过，我曾经在系里见过他。项东方就说祝先生学贯中西，博古通今，有深厚的学养，不愧为中国美学的开山鼻祖，他的《欧洲美学史》是美学界的扛鼎之作。

林梦茵问你也上过这门课吗？项东方说没有，只是翻过那本书，对祝先生挺崇敬的。林梦茵有点困惑地说，我可能选错课了。项东方看她好像有点忧心的样子，便关心地问为什么。林梦茵说，这本来是一门选修课，我以为是艺术史之类的东西，没想到里面全是哲学的概念和方法，我没有什么哲学的背景，许多东西很难理解。项东方就说，没错，美学本来就是哲学的一个分支，当然离不开哲学的方法，如果有一定的哲学史背景就好理解一些。然后，他就认真地问，还可以退课吗？林梦茵说不行，太晚了。项东方接着问她，你这门课期末要考试吗？林梦茵摇摇头说不要，只需写一篇文章、

项东方就轻松地笑了起来，林梦茵有点埋怨地问你笑什么？项东方继续坏坏地笑道：“你放心吧，只要你信得过我，到时候我可以帮你搞定。”

林梦茵一本正经地说：“哪好吗？这可是作弊啊！”

“你太认真了，有些课能混就混，没什么大不了的。我跟你说，上学期有一门课我只上了三次课，后来还考了个优。”

“真的？”林梦茵惊讶得张大了嘴巴。

“因为我不喜欢那门课，所以，我第一节课去拿了课程提纲，最后一节课去拿复习提要，然后第三次就去考试，结果还蒙了个优秀，这把那位借笔记给我的同学都气坏了，因为他只考了个良好！”

“这怎么可能？你是怎么做到的？这也太神了吧？”林梦茵发出了一连串的疑问。

项东方漫不经心地说：“其实这也没什么，关键是要找到对付这种教育方式的窍门。说来你可能不相信，那门课我连教科书都没买。”

“你太牛了！”林梦茵忍不住夸赞道。

项东方并不掩饰自己的得意：“虽然那门课是必修的，但我一点都不喜欢，我是拿到复习提要以后才去图书馆借了那本书，随便看了一下，然后用铅笔把重点标在书上，考完后就把笔迹擦掉，再还给图书馆。一分钱没花，还考了个优，看来还算值得！”

林梦茵被他逗笑了：“看来，你真是一个坏学生！”

“没错，我从来就不是一个好学生。我并不懒惰，但不太循规蹈矩，从大一就开始逃课。课堂上教的东西太教条死板，很多简直就是浪费时间，还不如我自己钻图书馆学的东西多。我很快就摸到了规律，并且用我自己的办法去对付它。”

“我觉得你就是一个天才，我可没你那么聪明，而且我还是喜欢这门课，我想好好地学一下。”

“那我也可以帮你呀，你放心没事的！”

两个人经过了花神庙，来到湖西边两棵柳树之间的一张长椅旁，肩并肩地坐下来。眼前有一条大理石雕的翻尾石鱼，它静静地立在水中，身旁环绕着一大片睡莲，像是天上撒下来的翡翠玉盘，密密地覆盖着水面上，花开得灿烂艳丽。沿着湖岸长着一溜飘逸的垂柳，树上垂下的柳丝在晚风的吹拂下轻轻地摇曳，像是美女飘飘的长发。湖的东边屹立着一座雅致的高塔。在他们的对面是林木葱茏绿树掩映的湖心岛，岛的旁边有一座船型的石坊。正值傍晚时分，湖边行人稀少，偶尔有人走过，都是脚步轻轻的。

林梦茵叹道：“未名湖真美，每次来都是流连忘返，舍不得离开的。”

这话说到了项东方心坎里去了，从第一次看到未名湖，他就毫无保留地爱上了她，他的足迹随着夏日的熏风和冬天的落阳一遍遍地印在湖岸的四周，荡漾的湖水和高塔

的垂影伴着春花秋月沉淀在他的心底，未名湖成了抚慰他灵魂的圣地。于是他感慨地说：

“未名湖就像是北大明媚的眼睛，映照出北大人澄澈的心灵。我第一次爱上拜伦的诗就是在这里，在这张椅子上。当时整个人浸润在这片美景之中，忽然读到那么浪漫优美的诗句，好像整个人的灵魂都升华了。相反，如果在一个坐满人的自习室读那些诗，美感恐怕就要大打折扣，甚至会荡然无存的。”

“是啊，这就叫情景交融吧。说到美感我总是有点困惑，祝先生书上说了很多美的本质的定义，我就是想不明白，有时候就算是理论上明白了，但面对具体的对象时还是不会分析。比如说，看着面前这片笼罩在暮色下的湖景确实很美，但不知道它美在哪里。”

项东方认真地说：“我自己的看法是，其实美是一种主观体验，跟语言无关，看到一个美的东西人就直觉到它的美，当你试图用语去言分析它时，它的美就分崩离析不复存在了。比如看见一个美人，如果把她的鼻子、眼睛和嘴巴分别开来，她的整体的美就没有了。再比如，这个未名湖谁一看见都觉得很美，它其实只能描述，而不能分析。”

“可是，人家不是要研究，要定义分析，然后建立起一套理论体系吗？”

“是的，没错，这是人的天性，总是要给任何对象找出道理来。美本质上不是客观的，它是客观对象在人心所产生的一种美好的印象，因此人们不可能得到一个客观的美的本质。这变成了一个哲学命题，就跟哲学一样有千百种美的定义，谁也不服谁。祝先生书上不是列举了从古希腊到现代西方各个美学流派的观点吗？”

“是啊，所以都不知道谁对谁错，越学越糊涂。”

林梦茵说着从书包里拿出那本《欧洲美学史》，随手翻来翻去，书里面划满了条条杠杠，还有很多蝇头小字的批注。

项东方笑道：“祝先生肯定说自己是对的啦，不然他的书就是白写了！”

“诶，年轻人，这书你们就不要看了，误人子弟的东西！”

一个老头的声音仿佛从天而降，把两个人吓了一跳，面前居然走过来一个矮小瘦弱的老头。他原来在路上散步，走到他们旁边时听到了他们的议论，就踱到他们面前，又看到了林梦茵手里的书，于是才说了那么一句话。

项东方话被打断，又见老头口出狂言，心中恼怒，嘴里就不客气地骂道：“你什么人，竟敢在此胡言乱语？”

林梦茵却已经站起来了，点头哈腰地对着老头说：“祝先生，不好意思，他不认识您，请您原谅！”说罢伸手把项东方拉了起来。

项东方登时就傻了眼：“你，您是祝先生？”

祝先生莞尔一笑：“祝广乾。”

项东方这才仔细地打量起他来。老头鹤发童颜，深眼窝，双目炯炯有神，一派仙风道骨的神态。项东方忽然想起来了，这个老头就是自己入学报到时帮自己看行李的人，那次和小夫子路过燕南园看见那个老头也是他，原来这位大名鼎鼎的学者竟然是这么平易近人的。他登时就觉得很惭愧，忙道歉说：

“祝先生，对不起！我不知道是您。”

祝先生仍然微笑道："没关系！你们刚才在讨论什么？"

林梦茵腼腆地答道；"祝先生，我们正在讨论您的大作呢。"

祝先生以略带自嘲的口吻说；"这书什么都不是，都是别人的思想，我只不过把它们串联了起来，没有自己的创见，人云亦云的东西，不值一看。"

"可是，我觉得先生您学问很高深，思想很精辟的。"林梦茵依然恭敬地说。

"咳，再精深也是人家的！"祝先生又自嘲道："我们中国人这一百多年来就只会照搬西方的东西，自己的传统丢了，又不会创新，只好拾人牙慧人云亦云。我的书也是这样的，虽然我在公开场合不会这样讲。当然，知道别人的思想还是有好处的，要看就拿原著来看。"

林梦茵由衷地说："祝先生，您太谦虚了！在我心里您就是我们国家的美学大师！"

林梦茵真诚的恭维显然没有产生效果，祝先生浅浅地一笑，然后极其严肃地说：

"这年头哪有什么大师，都是些鹦鹉学舌的二流匠人！"

他说话时语调并不高亢，声音也很轻，却对两个年轻人有着振聋发聩的功效。看着他们目瞪口呆的模样，祝先生笑了笑说：

"好了，年轻人，你们慢慢聊，不打扰你们了。"

说完就转身往前走去，剩下两个不知所措的人在默默地发呆。项东方细细地玩味着祝先生的话，开始时他觉得祝先生可能真是谦虚，但再仔细想想觉得还是有道理的。联想到祝先生书中那些用正统教条理论来阐释西方哲学和美学的方法，他发现祝先生还真是有自知之明，这在许多自以为是的学者中实在是难能可贵的。一想到这里，他就不由得为中国的学术界感到悲哀。他忽然想起在哪里看到过的一段挺有意思的话：人大了，世界就小了；心高了，天就矮了；小时候看着很大的东西，长大后发现都变小了，曾经觉得无比高妙的人物，在你的眼中突然变得渺小了，因为你自己的内心已经攀上了一个高峰，不再仰望以前的神了。看着祝先生渐渐远去的瘦小身影，项东方心里的那个赫赫有名的大师似乎也变得越来越渺小，然后，慢慢地消失于正在降临的黑夜之中。

等祝先生走远了，两个人才回过神来。夜幕悄悄地落在大地上，晚风吹得人有点凉意。项东方问林梦茵要不要回去，她说夜色这么好，怎么舍得走呢。不知道过了多久，月亮出来了，弯弯的像一把镰刀挂在高高的博雅塔旁边，塔身映在湖水中，岸边的垂柳变成一片片浓影，星星倒映在水面上，像天上撒下来的一大把碎银，湖岸的小径已经没有了行人的足迹，偶尔会听到夏虫的鸣叫，这梦幻一般的黑夜确实是为情人准备的盛宴。

项东方手搭在林梦茵的肩膀上，他们靠得更近，互相依偎着，默默无言地聆听着夏虫的鸣叫和自己的心跳。远处隐约传来一首小提琴拉出来的乐曲，曲调哀婉凄美，节奏舒缓轻柔，美得令人灵魂出窍。一阵阵震颤的弦音仿佛从幽暗的夜空深处飞泻而下，穿过他们的耳膜，流进他们的心扉，抚慰着他们的心灵，又在他们的心海里翻卷起一阵阵爱的涟漪。

月光如流银，音乐似流水，俩人头靠头依偎在一起，静静地听着，心中澎湃着一股郁郁涨满的激情。项东方忽然想起这是意大利作曲家托塞里的《叹息小夜曲》，情不自禁地哼起了歌词：

“往日的爱情，
已经永远消失。
幸福的回忆，
像梦一样的留在我心里。
她的笑容和美丽的眼睛，
带给我幸福，
并照亮我青春的生命……”

林梦茵胸脯一起一伏，呼吸变得急促。项东方握住她的手，这让林梦茵想到了他的那首诗，心头突然一热。项东方好像感到了，就说你的手真暖。林梦茵羞怯地说，因为我想到了你的那首诗。说完，她扬起头，含情脉脉地望着他，皎洁的月光在她的脸上投下一层奶油般的瓷光，美得令人心醉。

项东方低下头，对着她的耳畔，轻轻地把那首诗念了出来。

“写得真好！”林梦茵喃喃而语道。

“真的？你喜欢吗？”项东方喜不自禁地问。

林梦茵半认真半开玩笑地说：“如果不是什么地方抄来的，而是专门写给我的我就喜欢！”

“当然是我写给你的！你在哪里见过这样的诗吗？我花了一个晚上才写出来，还害我做了一个怪梦呢！”

“你梦到了什么？”

项东方嘴巴靠近她的耳朵，轻轻地耳语道：

“我梦见我在圆明园吻你，然后，就……”

林梦茵听着这窃窃私语，心头像有一只小鹿在奔跑。项东方还没说完就感到林梦茵的手一颤，然后一阵暖流传过来，他情不自禁地把她抱住，拼命地吻她的唇。

吻了一阵，他实在难以自制，伸出一只手插进她的浓密的头发里，轻轻地爬梳摩挲，柔柔地抚摸她的脸颊和耳朵，然后越过她细腻光滑的脖子，在她的后背慢慢地滑行。他感到胸口仿佛要爆炸了，偾张的血液直往脑门上冲，太阳穴“扑扑”地跳过不停。

他把手探到她的胸口，穿过了内衣。她娇喘着说：“不要！不要！”

他的嘴没有离开她的唇，喘着气嗫嚅道：“Honey, I want you！”

在情迷意乱中他竟然冒出了一句英语，一个人在如此情景下讲起外语无非两种情形：要么想掩饰自己的真实意图，要么他已经把那种语言当作一种可以表达内心诉求的手段，也许项东方两种情形都有。对林梦茵来说，她从小就在父亲的启迪下学习英语，英语早已深入她内心，英文小说里的那些求爱话可没少看，这句话的冲击力并不比中文弱。她非常挣扎，她何尝不想，可是她就是怕，不知道怕什么，于是只能紧张地说：“No，No！”

她欲拒还迎的态度更激起了项东方征服的欲望，他继续吻她，手不停地抚摸着，她浑身像触电那样轻轻地抖颤，一阵阵酥麻。她不由自主地呻吟了一声，呼吸越来越急促。他终于把手伸进了她的裙子里面……

突然，他的手僵住了，就像一滴水落在冰面上被冻住了一般。一道强烈的手电筒光照在他的脸上。他的眼睛本来是闭着的，那道强光却让他突然皱起了眉头，过了一会才睁开眼，恍恍惚惚地看到迎面走过来一个人。这让他想起了小时候偷看电影的情景。那人手臂上戴着一个红袖章，一面走过来一面吆喝道：

“走啦，走啦！”

项东方抽出手，站了起来，林梦茵也整理好了衣服。项东方一脸懵懂地问：

“怎么回事？”

那人已经把手电关了，黑暗中看不清他的脸，只听到他生硬的声音：“保卫部的。时间到了，快回宿舍去！”

“什么时间？”项东方不耐烦地发起牢骚。

“别啰嗦，这是学校的规定，十一点清场，赶紧走吧！”

项东方突然感到一种莫名的屈辱，强压住怒火。林梦茵早就羞得满脸通红，好在天黑灯暗。她拉起项东方就走，项东方气呼呼地骂了一句：

“简直岂有此理！”

“别嚷嚷！我没把你们当耍流氓抓起来就算了，还牛逼哄哄的！”

两个人灰溜溜地离开湖边，那人还跟在他们身后，直到他们上了大路，那人才放心地离去。天上那一弯新月仿佛突然间变得更亮了，一闪一闪地好像也在嘲笑他们似的。

项东方气鼓鼓的，恨那个家伙坏了自己的好事，又无处发泄。林梦茵拉着他的手劝他消消气。他却想起了亚当的话来，忽然觉得亚当说得很有道理，这里的压抑实在是太多了，到处都束手束脚，连恋爱都没有自由。他终于悻悻地说：

“真没劲儿，这个鬼地方！”

林梦茵想安慰他，温柔地说：“北大算好的了，其他学校恐怕更不行呢，清华哪边不是连牛仔裤都不让穿吗？”

“我是觉得这个国家烂透了，真不想再呆下去了。”

林梦茵有点惊讶：“你为什么这么说呢？”

“难道你不觉得吗？我可受够了。你还记得我给你讲过的我的故事吗？”

“记得。但是现在不是好多了吗？”

“我没觉得好到哪里去。上次我跟亚当去故宫，人家居然只让他进去，把我给拦住，硬不让进。你说这叫什么事？”

“亚当是谁？”

“就是我陪住的那个美国人。”

“你说他们不让你进去？”

“是啊，他们把我堵在御花园门口，说是只有外国人可以进去，你说气不气人？”

“这不是很正常吗？到处都一样的，宾馆酒店还有友谊商店不是都不让中国人进去吗？”

“我觉得这很不正常。凭什么自己人歧视自己人？这跟旧时候那种‘华人与狗不得入内’的做法不是一样吗？以前是洋人歧视我们中国人，现在是我们自己歧视自己人，这种事只有在中国才会发生。说什么中国人站起来了，我看中国人连在自己家门口都要跪着趴着，佝偻着身子对洋人点头哈腰，根本就直不起腰来！”

这番话像一把钢针扎进林梦茵的心里，自尊心犹如被人踩了一样，羞愧难当，她说不出话来。其实，项东方自己又何尝不觉得羞愧，他只不过发泄了自己心中的怨恨，他既不能改变现实，又不能改变别人的想法，而且，他本人还不是掉进自卑的怪圈而浑然不知。两个人都沉默着，气氛有点尴尬。过了一阵，项东方才悻悻地说：

“亚当告诉我这种事在美国根本不可能发生，因为美国是一个民主国家，崇尚人人平等的原则，因此他们对自己的国民优先，不会给外国人特权。我觉得这才是一个正常国家应该做的事。一个国家处处优待外国人，而对自己的国民却处处歧视限制，这才是极其愚蠢的行为！”

林梦茵缓过气来了，说：“对，我们确实应该改进。我觉得起码我们可以学习西方的先进思想，可以改造我们的体制和文化。这种事以前是不可能的。”

“正是因为学了那些西方的东西，我才发现中国是个千疮百孔的国家。你能理解我为什么要逃离故乡，为什么那么讨厌故乡吗？因为我缺乏安全感，觉得处处受到束缚，现在我对中国也是这种感觉，我一天比一天厌倦这个国家，它就像一艘在水中泡得太久的烂船，正在慢慢到下沉，终有一天完全沉没消失。”

“你太悲观了！”林梦茵有点担心地说。她感觉到了他有一颗躁动不安的心，就像一艘永远不会靠港的船。这让她非常担忧。

“也许吧！我以前其实是很乐观的人，只是经历了太多的苦难，看过了太多的黑暗，又接受了西方文化的洗礼，我对中国的前途再也无法乐观起来了。”

“你真的对中国没有一点信心了吗？”

项东方摇摇头，叹了口气说：“我发现这个国家没救了！不过，亚当说得对，我应该去美国。他说我在中国太压抑，要到美国那种自由的国家才会觉得轻松。”

“没准他是对的，不管怎样我也是要去美国的。我爸早跟我说过，学好英语就是要出去走走，无论以后呆在哪里，看看世界开开眼界总是必须的。”

“好啊，那咱们一起努力，一起去美国！”

“好！”

路上没有了行人，他们走到她的宿舍前面，路灯昏暗，他们停在一棵银杏树下，他挽住她的腰，她搂着他的脖子，俩人依依不舍地吻别。

第三十一章 跳出“酱缸”

亚当要回美国了，项东方带林梦茵来给他送行。一进房间，项东方就向亚当介绍林梦茵。林梦茵见过不少老外，于是主动地伸出手来，亚当握住她的手，眼睛发亮地注视着她，由衷地赞美道：

“噢，你真漂亮！”

林梦茵虽然知道西方人的习俗，但当面被人赞美还是有点突兀，况且项东方还站在旁边，不觉脸就有点红了。好在她反应很快，言不由衷地说：

“谢谢，你也很帅！”

“你是我见过的最美丽的中国女人。”亚当继续大胆地恭维道。

“瞧你说的！”林梦茵不由自主地娇嗔道。

她的脸更红了，心里却像吃了一口蜜糖那样甜。虽然，从小到大她已经习惯被人称赞，但像这样肉麻的赞美还是第一次，而且对方还是一个高大健美的外国人。

看着他们两个这样互相称赞对方，项东方竟有点吃起醋来了。亚当松开手，转头对项东方说：

“项东方，你赢了！”

“赢了什么？”

“你女朋友才是真正的东方美，上次那个就算了。”

“早就跟你说过了，中国美女遍地都是，什么时候也轮不到那个呀！”

“我算是见识了，以后我一定要找一个这样的人做真正的女朋友！”

“可惜你就要走了。”

“是的，不过我以后还会再来的。”

“那就祝你好运！”

两个人都笑了。林梦茵看着他们一唱一和，心里很有些得意。她虽然觉得亚当挺帅的，但她好像并没有太大的兴趣。从小她父亲就告诫她，学好英文只是要学习西方先进的科学和文化，至于要通婚之类那是万万不可的，中国人与西方人隔着一条鸿沟，永远都不可沟通。虽然学了那么久英语，但她并不特别地崇洋媚外，自然对亚当也就毫无感觉、无动于衷。

项东方帮着亚当把行李搬到宿舍外面的马路上，出租车已经等在哪里了。亚当说：

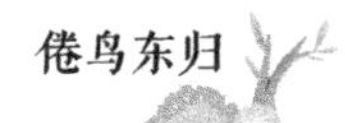

以后到美国记得一定来找我！项东方说：当然。大家道过别，车子就扬长而去。项东方长叹了口气说：

“唉，这个冤家终于走了！”

林梦茵不解地问：“你为什么说他是冤家呢？”

他不回答，只是问：“你觉得他帅吗？”

“确实很帅，不过他是老外。”林梦茵不假思索就说道。

“你会喜欢他吗？”

“你说什么呢？”她认真地说：“我有你一个就够了，哪里还容得了别人，何况他还是个老外！”

“老外也可以爱呀，而且他条件那么好！”

“没完了你，真讨厌！我不理你了！”

她含恼带怒地说完，就噘起嘴，气冲冲地往前走，鞋跟敲得地面“嘚嘚”地响。他追上去，死皮赖脸地说：

“好了，Honey，是我不好，以后再也不敢胡说了！”

他很少会开口向人道歉，也许现在是在热恋中，他倒是改了平时的脾气。他最近常常称她作“Honey”，她已经习惯了，而且很受用，她常常会想到蜜糖，很甜很腻，又很醉人，如果她在生气，只要听他一说“Honey”，她的气就会消掉一大半。

但是，今天林梦茵真的是生气了。以前，项东方时不时总会拐着弯来试探她，问她如果碰上一个帅气的老外会不会爱上人家。开始时，她以为他只是开玩笑，没当一回事，就轻描淡写地回答说不会，我对老外完全没有兴趣。后来又碰到几次类似的情况，她就有点烦了。有一次，两个人谈起去美国留学的事，说着说着，项东方不知怎样想起了那次她跟两个老外从书店走出来的事，当时林梦茵跟他们说说笑笑十分的融洽，他就变得敏感起来。想到她长得那么漂亮，英语又好，到了美国肯定会如鱼得水，心里不由得泛起一丝醋意，于是就旁敲侧击地提起这个话题。林梦茵当时就很认真对他说，你就放心吧，我是真心喜欢你的，不管别的什么人我都不会动心的，更不要说那些不同种族的老外，但是请你以后再也不要提这样傻的问题，否则的话我就跟你急！

今天，没想到他又不分青红皂白地说出这样的话，她实在忍不住就发起了火来。其实，她看不出他的自卑，因为他隐藏得很深，他总是让人看到他那坚强自信的一面，而把自己最脆弱最敏感的一面隐藏起来，他有两面的性格。她以为他说的那番话只是开玩笑或者普通的嫉妒而已，没想到那是连他本人都不曾自觉到的真情流露。何况，他心中忽然有一丝不祥的预感掠过，仿佛看到林梦茵被别人抓在了手里。

林梦茵没理他，继续怒气冲冲地往前走。项东方跟着她，不停地劝说。她根本听不进去，冲着他大声地吼道：“你烦不烦啊，别老跟着我，让我一个人静一静！”

项东方愣住了，他停下脚步，呆呆地看着她一步步地走进旁边的宿舍楼群中间，消失不见了。

当天下午，项东方搬回了原来的宿舍。晚上，他从图书馆回到宿舍，陆德彪一看见他就阴阳怪气地说：

“欢迎美国朋友到我们中国来访问，啊不，欢迎老朋友从美国回来！”

“你瞎掰什么呀？”项东方笑道。

“你不是刚从美国回来吗？”

“你小子够无聊的，什么玩意儿嘛？”

陆德彪本来就嫉妒项东方长得帅，后来项东方被班长选去陪亚当住，他就更多了几分醋意，现在项东方回来了，他还不加紧时间嘲弄一番，以发泄心中的积怨。项东方了解他的个性，不想跟他计较，于是就说：

“早就想搬回来了，我是受够了，那边可没有你想象得那么好！”

“你不是得了便宜还卖乖吧？那么好的条件，还可以免费学地道的英语，谁不愿意啊？”

“有些事情要自己经历过才知道，反正下次有机会的话，我一定让给你！”

“你哄我呢？我才不稀罕！”

正说着，李鸣宇手里拿着一本书走了进来，见到项东方，他也语调夸张地调侃道：

“哎哟，咱们的驻美大使回来啦？”

项东方给了他一拳，大家嘻嘻哈哈地笑完，项东方问：“哎，手里拿的什么好书啊？”

李鸣宇眉飞色舞地说：“你还别说，这真是一本好书，我已经看两遍了。”

“什么书嘛？”

李鸣宇把手一扬，说：“《丑陋的中国人》”。

项东方也看清楚了那几个醒目而刺眼的字，眼前一亮，心里却充满了疑惑，于是问道：

“好耸人听闻的书名，到底写的什么呀？”

“这是本新书，一出来就洛阳纸贵轰动一时，简单地说就是揭露中国人的民族劣根性的。”李鸣宇一开口就停不下来，滔滔不绝地说：“作者认为，中国人有许多民族劣根性，比如脏、乱、吵、自私、猜忌、不团结、死不认错、喜欢窝里斗等等，其根本原因就是因为中国文化是一个巨大的发酸发臭的酱缸，中国人就像是生活在这个酱缸里面的蛆虫，浑身上下沾满了这个酱缸的腐败气质，以致于自己的思想和视野都跳不出酱缸的范围，一代代中国人都在这个酱缸里打滚，变得越来越丑陋，越来越不可救药。”

“深刻，太深刻了！”项东方不由得赞叹起来，“了不起，这年头谁敢写这样的书呢？”

陆德彪插话道：“作者叫柏杨，台湾人。”

“哦，你也看了？”项东方问，其实他一点都不惊奇，他知道陆德彪是个喜欢赶时髦的人，这么一本轰动的书，他自然不会放过的。

“看了，挺好的一本书，不看简直不可饶恕！”

“这么夸张？看来我也得看看了？哎，李鸣宇能不能借我看看？”

李鸣宇不置可否地说：“书是黄育文的，你找他借吧！”

正好黄育文洗漱完从外面走进来，项东方就开口问他，他说可以，但要快点看，因为书不是他的，而是一个朋友从香港带过来的，他星期六就要还给人家。项东方从李鸣宇手里拿过书，对黄育文说明天晚上就还给他。老成持重的黄育文并没有像他们几个那样兴奋莫名，他淡淡地说，这本书确实有些见地，但也并没有外面吹的那么厉害，有很多片面偏激的地方，不要盲目地附和，要用批判的眼光去看。

陆德彪对黄育文保守的看法不以为然，慷慨激昂地说："我觉得这本书简直就是一个杰作，柏杨眼光独到，思想深刻，看问题一针见血，颇得鲁迅的心传。"

"这点我同意！"李鸣宇说："柏杨和鲁迅是一脉相承的，柏杨继承了鲁迅的传统，对中国腐朽的文化传统展开无情的剖析和批判，深挖出中国人的民族劣根性，确实十分的发人深省。"

项东方虽然还没有看这本书，但从他们的介绍和评价中，他大略了解了书的内容，这些看法与他一直来的思考有很多相通的地方，因此，他也和他们一样很欣赏柏杨的思想，于是他就说：

"中国人确实很丑陋，不仅人长得丑，心灵也扭曲，表面上仁义道德，背地里男盗女娼，一天到晚唧唧歪歪的，心里头九曲十八弯的黑得像无底洞，这都是我们的吃人礼教培养出来的。"

"你这话说的，我就不爱听！"一个压抑着愤怒的声音从门角落的床铺传过来，把大伙吓了一跳。

说话的是小夫子，他原来一直躺在床上，悠然自得地看着一本古书《文心雕龙》，大伙的一番议论打断了他，但他一直听到实在忍不住了，才突然插进来。他坐起身，继续说道：

"我同意你们说的一点，那就是柏杨和鲁迅是一伙的，但我觉得这两个人都不是好东西。柏杨步鲁迅的后尘，但也只会拾人牙慧、哗众取宠，而鲁迅整个就是一个尖酸刻薄的奸佞小人，一个疯狂地挖自家祖坟的不肖子孙！"

项东方下乡时就熟读鲁迅的文章，对他可是佩服得五体投地的，还曾暗暗发誓要像他那样，有朝一日写出一些发人深省的文章来，眼见小夫子口出狂言，猛损自己的偶像，心中恼怒，不由得针锋相对地驳斥道：

"你这样说也太狂妄了吧？鲁迅毕竟是我们国家难得的伟大思想家和文学家，这是世所公认的，几百年才出一个，你凭什么这样贬低人家！"

小夫子哼哼地冷笑一声，说："鲁迅算个什么东西？充其量也就一个二流作家，要才气没才气，要思想没思想，混了这么久也没见他写过一部长篇，简直徒有其名，我看他也就会搬弄是非、骂人揭短，整天就干些上房揭瓦、下地挖坟的活，尖酸刻薄得就像一个典型的绍兴师爷！再说了，他那种结结巴巴、佶屈聱牙的文笔也就三年级的水平，实在不忍卒读。说到底，鲁迅就是一个自卑到连自己是父母所生的都不敢承认的小人。像他那样把中国人骂得一无是处，你们觉得很自豪是吧？你们不想一想自己是这样的人吗？自己打自己是不是很痛快啊？"

小夫子痛快淋漓地讲完这番话，一点都不像他平常那样文绉绉的，大伙竟愣住了，一时无言以对。刚入学时，项东方与小夫子因为同样讨厌英语，两个人走得比较近，后来，项东方英语越来越好，小夫子对英语依然无动于衷，对西方文化也毫无兴趣，两个人开始渐行渐远，经常话不投机。小夫子平常说话总是咬文嚼字、斯斯文文的，今天不知为什么这样的火辣，实在令大伙愕然。过了半晌，黄育文才出来调和道：

“其实小夫子说的也有点道理，鲁迅确实是心胸比较狭窄、言语尖刻，不过，他其实也道出了一些实情。我们看问题还是要历史地看，在当时的背景下，鲁迅写那些东西也是有原因的，即便放在今天，他所说的许多东西还是有现实意义的。”

李鸣宇顺着黄育文的杆子爬：“我觉得鲁迅的出发点是好的，他就是要唤醒国人，要人们注意自己的缺点，要深入地批判旧文化旧道德，揭露中国人国民性的弊端，为建设新文化新文明扫清道路。当然，鲁迅说话比较狠毒，大概是恨铁不成钢，有点矫枉过正了。”

小夫子依然不以为然：“不管怎么说，我最看不惯的就是鲁迅否定一切的态度，什么‘吃人礼教’、什么‘人肉馒头’、什么‘骗人的中医’，还有，居然大言不惭地高喊什么‘汉字不灭，中国必亡’，把中国几千年的灿烂文明说得一无是处，恨不得统统连根拔掉，完全就是一副败家子的嘴脸。如果真像他说的那样，中国文化吃人，为什么吃了几千年人越来越多？假如我们听信了他，把汉字废掉，今天的你我就只好去读那满纸满页的拼音，你觉得你真能读得懂吗？要知道，废掉了文字，就丢掉了老祖宗的遗产，还铲掉了我们文化的根。大家静下心来想一想，如果我们真的像鲁迅说的这么不堪，哪为什么我们的文明可以延续几千年而不衰？”

陆德彪一直以来都觉得小夫子是个年轻却迂腐的老古董，对他时有嘲讽，无论小夫子说得如何慷慨激昂，还似乎有些道理，但他依旧无动于衷，他自然而然地反驳道：

“哎，小夫子，你这就钻牛角尖了，我反问你，如果我们的文明那么好，为什么我们会那么落后，那么贫穷，为什么我们不断地被外国人欺负，为什么我们会长时间的动乱、内斗不止？”

李鸣宇表示赞同：“就是。我们落后了就要承认，如果我们一直呆在这个酱缸里，看不到自己的丑陋，那我们永远都不可能认清自己的缺陷，永远都不会进步，我们的国家也就永远陷于落后贫弱的境地。摆在我们面前的只有两条路，第一，跳出这个酱缸，洁身自好；第二，把这个酱缸打碎，重造中国文化。”

小夫子不客气地说：“我知道你们要说什么，无非就是胡适全盘西化那一套玩意儿。在我看来，胡适也不是一个好东西，不过是一个黄皮白心的假洋鬼子，美国人的狗腿子，美国文化的买办。胡适要卖的是国家祖传的珍宝，要买的是外国的洋垃圾。假如跟着这个卖国贼走，你就等着做美国人的傀儡吧！”

“没你说的那么不堪！”项东方实在忍不住了，义正词严地驳斥道：“胡适什么都没卖，还够不上卖国贼的名号。我倒真的觉得我们必须像胡适所主张的那样，全盘西化才能走出原地踏步的怪圈。鸦片战争以后的一百多年里我们什么办法都试过了，军事的、政治的、经济的、和制度的，为什么总是失败，就是因为没有全面彻底地铲除腐朽落后的文化传统，没有全盘接受西方那一套被历史证明行之有效的社会文化制度和价值体系。也许我们只有像李鸣宇说的那样，把中国文化这个藏污纳垢的大酱缸砸碎，用西方优秀的文化把自己彻头彻尾地洗干净，我们才能得救，脱胎换骨变成一个新人，中国文明才能再生。”

“说得太好了！”李鸣宇和陆德彪纷纷鼓掌表示赞同，黄育文已经上了床，坐在上面含笑不语，舌战群儒的小夫子似乎独力难支，但他却依然顽强地抵抗着：

“你们就别做梦了，中国根本就不可能全盘西化，中国文化和西方文化根本就风马牛不相及，西方那套价值体系根本就不可能嫁接到中国来，就算你们这些所谓精英想这么做，老百姓也不会答应的。我可以负责任地告诉你们，在我的有生之年，我将还是一个地地道道的中国人！我照旧吃我的炸酱面，看我的中文书，娶我的北京妞！你们愿意说英语，做西方人和美国人，悉听尊便，反正本人绝不奉陪！”

小夫子说得斩钉截铁一般，众人似乎奈何他不得，气氛有点尴尬。正在此时，章崇智手里提着一把二胡，推门进来。他刚才一直在走道尽头的活动室里练二胡，拉完了最后一首《空山鸟语》，就走回宿舍。一进门他就憨憨地问：

“吵什么呢，这么热闹？”

小夫子说完那番话一开始挺痛快的，可是见大伙都不言语，又觉得似乎有点过火了，心里颇有点不安。他觉得自己有点孤单。平常他与章崇智趣味相投，走得比较近。看见章崇智进来，他仿佛遇到了救星，对着他问道：

“老章，又去拉二胡啦？”

“是呀，拉了几首曲子。”

“哎，老章，你觉得小提琴好听还是二胡好听？”

小夫子顺着自己的思路谆谆善诱，章崇智按照自己的性子老实直道：“两个都好，不过，说实在的，我还是觉得二胡更好些。”

“为什么呀？”

“我从小就拉二胡，都拉了十几年了，感情很深，它就像是我的灵魂伴侣一样。”

“可是，人家觉得你这些国粹都是腐朽落后的老古董，必须统统抛弃掉！”

“谁说的？”平常温和的章崇智禁不住有点恼怒了，“别人喜欢什么我管不着，但你不能因为喜欢面包就禁止我吃馒头吧？我爱二胡也没碍着谁吧？小提琴好听也不能代替二胡呀！”

“你说得有理。”小夫子继续火上加油：“不过，人家就是觉得你老土，没出息！”

章崇智悻悻地说：“胡说八道，吃饱了撑的！”

小夫子得意地笑了，章崇智并不知道小夫子在拿他当挡箭牌，但项东方却看出他的用心，有点酸酸地笑道：

“哎，小夫子，你也不必拐弯抹角，你不就是想拉一个同伙来垫背吗？好啦，算你赢了，这个问题吵不清。就算不能全盘西化，那惹不起我还躲不起吗？我走还不行吗？”

“走，往哪走？”李鸣宇和陆德彪异口同声地问道。

项东方毫不掩饰地说：“出国啊！这个鬼地方是人呆的吗？只有出去了才有自由。”

“说得对！不能砸碎那个酱缸，那就只有跳出去，各奔前程。”李鸣宇也斩钉截铁地说。

陆德彪附和道：“是呀，与其困在这里等死，不如出去闯一闯，不出国枉为人一生！”

小夫子不以为然地说：“哪你们就走吧，我就不送了！”

章崇智如梦初醒，搞了半天才明白他们在吵什么。

第三十二章 去意弥坚

亚当回到美国后写了一篇稿子，题目叫做《一个中国青年的心灵挣扎》，以项东方的故事为蓝本，描绘了中国社会的丑陋现象，极力渲染文革的灾难和对人性的扭曲等等。这篇文章在《纽约时报》上发表后引起轰动，影响也传回到了国内。

一天，项东方被传到了系里。天空阴沉沉的，凛冽的寒风吹得人心里直发毛。来到门庭前，看到那两扇掩映在紫藤下的朱红大门，他就有了一种不祥的预感。他老早就不喜欢这种大红大紫的装饰，它们总会带给他狰狞丑恶的印象，这种感觉随着他对西方文化了解的加深而愈益增强。眼下已是冬季，围墙上的爬墙虎和门庭上的紫藤已经落了叶，只剩下些秃枝残茎攀附在墙头和门边，这让那两扇红门显得更加的狰狞丑陋。

望着那些伸到他头顶上的枯藤，还没有推开门，他就突然想起了一个关于紫藤的传说。据说，从前有一个美丽的女孩非常渴望一段难忘的情缘，于是，她每天诚心诚意地祈求天上的红衣月老，成全自己的愿望。红衣月老被女孩的虔诚感动了，托梦给她说："来年春天，在后山的小树林里，你将会遇到一个白衣男子，那就是你期待已久的情缘。"女孩牢牢地记住了这个梦，好不容易盼到春暖花开的日子，便欢天喜地去到后山的小树林，紧张地等待着，一直等到天快黑了，那个白衣男子还是没有出现，女孩在失望之时，一不小心反而被草丛里的蛇咬伤了脚踝。女孩不能走路了，家也回不得，夜色下，女孩心里开始害怕恐慌。就在女孩感到绝望无助的时刻，白衣男子终于出现了，女孩惊喜地呼喊着救命，白衣男子飘然前来，用嘴帮她吸出脚踝上中了蛇毒的血液，女孩得救了，从此便深深地爱上了白衣男子。可是，白衣男子家境贫寒，他们的婚事遭到了女方父母的强烈反对。女孩心意已决，发誓非白衣男子不嫁，最终两个相爱的人双双跳崖殉情。后来，在他们殉情的悬崖边上长出了一棵树，那树上居然缠着一棵藤，藤上开出一串串花朵，紫中带蓝，灿若云霞，美丽至极。后人便称那藤上开出的花为紫藤花，紫藤花需缠树而生，独自不能存活，人们便说那女孩就是紫藤的化身，树就是白衣男子的化身，紫藤为情而生，为爱而亡。

这个传说使项东方想到了中国人的一个习俗，就是每见到一个景点或者一个好东西都喜欢穿凿附会地编一个故事，极力美化那些本来平淡无奇的东西。他觉得这简直就是俗不可耐的做法。可是，讨厌归讨厌，此刻，他却实实在在地感觉到了，那些以红色为背景而纠缠在门廊上的枯藤仿佛真的带有精灵，幽幽的有一种瘆人的气息。更糟糕的是，这让他突然联想到了当年偷渡香港途中大圈仔被蛇咬的往事。他的心变得惴惴不安，好像忽然觉得特别的冷，他把身子缩了缩，在裤兜里握紧了拳头，努力让自己平静下来。

他推开门，听到一声凄厉的噪声，心里越发忐忑。穿过树木凋零的院落，随着一阵突如其来的冷风，他闪进了系主任的办公室。系主任坐在办公桌后面，不像上次那样和蔼可亲，而是板着一副阴沉的脸，就像当天的天气那样，好在室内有暖气，要不然项东方难保不冻个发抖。主任示意他坐下，然后扔给他一张英文报纸。项东方战战兢兢地坐下来，拿起报纸飞快地把提要浏览了一遍，大概知道了怎么回事，觉得好像跟自己有关，但他不认为有什么大不了的事，于是，心情稍微放松了些。

主任隔着桌子盯住他说："项东方同学，看清楚了吗？"

依然是浓重的江南乡音，好在项东方是听懂了，他点点头说："大概明白了。"

"知道为什么叫你来吗？"

"不知道。难道就为了这篇文章？"项东方有点心虚，但却觉得是小题大做。

"就是为了这篇文章，你惹大事了！知道不？"

"有这么严重吗？不就一篇文章，而且又不是我写的。"

主任严肃地申斥道："现在全国都在清除精神污染，抵制西方资产阶级反动腐朽思想的侵蚀，中宣部有令要整顿学校的思想。你可好把那么多虚假不实的东西透露给外国人，让他们可以恶意污蔑我们国家，攻击诋毁社会主义……"

项东方觉得很憋屈，心里很反感，耳边嗡嗡地响着主任那喋喋不休的江南口音，他根本听不进去。等到主任讲到口干舌燥，端起茶杯喝了几口水，项东方才怯生生地插话道：

"其实，我只不过讲了自己的经历，又没有做出抹黑国家的事。难道我们国家就这么脆弱，一篇文章就会让我们颜面尽失吗？"

主任被他无所谓的态度激怒了，提高声调训斥道；"你太幼稚了！事情没你想的那么简单，你还记得我当初怎样跟你交代的吗？不要做不利于国家的事情，你为什么不记住，为什么要信口开河？"

"我……"项东方觉得这简直就是毫无道理的上纲上线，他不想争辩。

主任继续说："本来这件事是要严肃处理的，好在这是北大，如果发生在别的学校，我看你够受的。校党委的意见是口头警告，不予处分，以后要好好吸取教训。明白了吗？"

项东方不置可否地"嗯"了一声，心情变得十分沉重，灰溜溜地走出了办公室，身后那扇阴沉的红门"吱呀"地响了一下，让他直有逃出地狱的感觉。

他很郁闷，心里憋着一股气，就想到未名湖去散散心。他默默地往前走着，天空就像他的情绪那样阴沉沉的，一路上那些灰不溜秋的房子让他觉得更加的压抑，寒风一阵阵吹来，路边的果园里苹果树都落光了叶，俄文楼前那棵高大的银杏树也凋零得只剩下几片黄叶，正在萧瑟的北风中寂寞地摇曳着。

他刚走到临湖轩附近就走不动了，原来狭窄的路上挤满了学生，熙熙攘攘的有好几百人，人声鼎沸、热闹非凡，许多人手里还举着五星红旗和日本国旗，大家好像在等待着什么。

项东方呆在人群前，就近拉住一个瘦高个的男生问怎么回事，人家告诉他日本首相要到办公楼礼堂演讲。办公楼礼堂离这里大概不到一百米，项东方不明白大家为什么不进去，而是呆在路上。于是，他就继续问那个男生，为什么大家都聚集在路上，而不进去。人家说进去是要门票的，早就坐满了，进不去的人才在路上看热闹。项东方又问，为什么那么多人都拿着中国国旗和日本国旗，人家说那是校团委组织的欢迎队伍。

项东方听后很不以为然。他从小就看过许多抗日的电影，对日本人没有什么好感。他以前只在电影里见过日本国旗，今天是第一次在现实中看到，感觉并不好。他刚从系里出来，心情本来就差，现在一看到日本国旗，就更像吞了只死青蛙那样恶心。于是他就没好气地对那个男生说：

“这小日本的国旗太难看了，看着就别扭，直想吐！”

那男生笑着回应道：“是很难看，看着就像一块狗皮药膏。”

“照我看更像女人刚用过的卫生巾！”项东方放肆地笑出了声。

两个人会心地大笑起来，没想到，他们肆无忌惮的笑声却惹恼了旁边一个举着日本旗的男人。这人五短身材，戴着一副黑色的粗框眼镜，脸上的胡茬刮得铁青。他一直在听着项东方与那男生的对话，脸色一阵青一阵红，此刻早已憋得满脸通红，他终于控制不了自己，阴沉地喝道：

“够了，简直岂有此理！”

项东方吓了一跳，止住了笑，诧异地望着他说：“哎，奇怪了，我们说话碍你什么事？”

“你就碍我的事了！”矮个子依然很激动，结结巴巴地说：“什么小日本，你，你说话放尊重点！”

项东方被惹火了，他并没有注意到对方奇怪的口音，气冲冲地说：

“你说什么？你叫我尊重小日本？你还是不是中国人呐？”

“什么中国人？就是一群支那猪！”那人不客气地嚷道。

这下项东方顿时觉得受了莫大的侮辱，不由得大骂道：“你这个民族败类！竟敢骂自己是猪！”

对方冷笑了一声：“哈哈，谁跟你一个民族了？你们的民族才是败类，我可是比你们优越百倍的大日本国民！”

项东方愣了一下，突然明白过来这个人原来是个日本人！一时间，他的脑海翻飞起一连串抗日电影的片段，那些穷凶极恶的日本军人形象杂乱无章地塞满他的大脑，上下跳跃、左右奔突，搅成了一团没头没脑的浆糊：《地道战》那个戴着圆眼镜、留着仁丹胡子的山田，《红灯记》里面那个的阴险狡诈、凶残成性的鸠山，《平原游击队》中那个有着饿鹰一样眼神、随时会露出吃人神情的松井……他不由得怒火中烧，气呼呼地骂道：

“嗬，原来你就是个小日本，怪不得像一坨屎那样矮！”

日本人恼羞成怒，咄咄逼人地反骂道:“我们日本是小，可是我们什么都比你们强，你们是地大人多，但还不一样是我们的手下败将！”

“你脸皮真厚，明明是你们败在我们手里，竟然还敢胡说八道！”

“哼，到底是谁输了甲午战争？谁在东北屁都不敢放一个就逃走？为什么上海三个月就沦陷，南京怎么……”

日本人越说越来劲，项东方气得两眼直冒金星，急不可耐地打断他说：“你他妈的简直就是放屁，我问你，到底谁最后举手投降了？”

日本人却不屑地说：“别以为你们有多了不起，没有美国人的原子弹，你们早就完蛋了，还傻乎乎地自以为是战胜国呢！”

项东方好像突然噎了一下，顿了一会，才气急败坏地骂道：“你他妈的真不要脸，输了还嘴硬！”

日本人也恶狠狠地回敬道：“支那人都像你一样愚蠢无知，就会骂人！”

“我就骂你这个小日本，我还要日你这个狗日的日本人！”

项东方已经怒不可遏了，他一连说了几个“日”字，发音都十分标准，再也不像刚入学时那样“一”“日”不分了。

日本人怒目圆睁，再也忍不住了，猛地扑过来，一巴掌扇过去，项东方躲避不及，右脸颊中了一掌。他忍住痛，挥起拳头，一拳击中对方的眼部，眼镜摔到了地上。两个人你一拳我一脚地扭打在一起。围观的人群靠拢过来，场面十分混乱。

这时，几辆闪着警灯的摩托车缓缓地驶近，后面跟着十几部轿车，中间夹着一部黑色的红旗礼宾轿车，所有的车上都插着中日两国国旗。围观的人群急忙散开，退到路边，有几个人上去把两个打架的人拉开。日本人捂着肚子，骂骂咧咧地叫嚣着，项东方抹了一把嘴角的血迹，恶狠狠地对日本人骂了几句，然后，朝着缓缓驶过的车队吐了一口带血的唾沫。

两天以后，项东方再次被传到系主任办公室。系主任和校外事办主任等有关人员都在场，几个人对他轮番训斥了一通，他们严正地告诉他，眼下正是提倡中日友好的时期，任何破坏中日关系的言行都是不能接受的，你个人骂人打人的行为差点就引发一个外交事件，为此，校里决定给予记大过处分。

项东方默默无言地离开了系办公室，心里却打定了主意，坚定了去美国的决心，再也不想久留了。

第三十三章 飞向彩虹

然而，事情却没有他想的那么顺利。经过一年多的准备，他去考了托福和GRE，成绩都不错，好几所美国大学录取了他，还有奖学金，其中包括耶鲁大学。与此同时，李鸣宇考进了普林斯顿大学，陆德彪去了加州大学伯克利分校，小夫子则分配到北京一所中学当政治老师，项东方因为上述事件，办手续时遇到了一些障碍，耽误了很长一段时间，好不容易才打通关节，最后拿到护照。

他选择了美国西海岸的华盛顿大学，这也许有些先入为主。自从上次亚当向他介绍了西雅图，他就无可救药地爱上了这座未曾涉足的异国城市。正如他对自己了解的那样，他十分喜欢有水的地方，在北京这个干燥的城市他可真是受够了，所以他经常要去未名湖转一转，让那一池碧水来温润他干涸的灵魂。他约略知道西雅图不仅是面对大海的海滨城市，而且还背枕着一个浩大的华盛顿湖，湛蓝的湖水像蓝天一样澄澈透明，湖岸四周围绕着鳞次栉比的别墅，帆樯林立的游艇和船屋散布在岸边，成群洁白如雪的海鸥一会飞翔在蓝天，一会又降落在你的面前。站在湖岸边上，你还可以远眺南边不远处白雪覆盖的雷尼尔火山。听亚当说那座山是一个有名的国家公园，里面不仅有万年的冰川，有常流的瀑布，有四季常青的针叶林带，还有山间谷地铺天盖地的野花。

项东方爱水如命，这样一个山环水绕的城市自然就是个不二之选。比起国内那些古老陈旧，尤其那些充满历史陈迹的城市，他更爱这个贴近自然的地方。那些灰头土脸的老房子，那些红墙绿瓦的旧建筑只会让他昏昏欲睡，甚至恶心厌倦，而一看到蔚蓝的海水，踏着一平如毯的草地，闻着芳香扑鼻的野花，他就会眼界大开、神清气爽，仿佛休眠了一个寒冬的土拨鼠突然看见了明媚的春天,他就想张开双臂拥抱大地。当然，这部分的只是他的虚构，是亚当的照片和描述在他心里激起的梦想。正是这个梦想让他毫不犹豫地选择西雅图，作为他走入新大陆的第一站。在这个他心目中的理想国里，他在遥远的东方为她加入了许多自己的美丽幻想。

当然，坐落在西雅图的华盛顿大学也是一个不错的学校，他还得到了其他美国大学的录取，包括耶鲁大学。可是，他却执意要去华盛顿大学。这其中还有一个缘由就是亚当。虽然亚当是一个让他又爱又恨的人物，但毕竟他是自己认识的唯一的美国人。人总是自相矛盾的，有时候不得不与自己又爱又恨的人生活在一起，在那个遥远彼岸的异国他乡，他巴不得有一个熟人来带路。不是吗？当然，林梦茵也在哪里，这才是最重要的原因。她已在一年多前去了西雅图，已经安顿下来了。还有一个连项东方自己都不曾意识到的原因，他喜欢李小龙，曾看过李小龙主演的《唐山大兄》和《猛龙过江》等电影，知道李小龙曾在华大哲学系念过书，他对此很感兴趣，不知不觉地爱屋及乌，就把西雅图看着为一个福地。

决定了以后，他就去美国大使馆办签证。那天上午，他焦躁不安地等在大厅里，忽然听到广播里叫自己的名字，他站起来抖擞了一下精神，三步并作两步走到五号窗口，见窗口后面坐着一个年轻的白人帅哥，正低着头翻看着文件，好像没有注意到他的到来。他壮了壮胆，用一种轻松平和的语调问候道：

“How do you do?”

那帅哥显然没有料到这一着，立时愣了一下，神态讶异地瞥了他一眼，然后才茫然地应了一声：“嗨！”

这位签证官在大使馆工作多年，平日见到来签证的中国人，不管男女老少、高矮肥瘦，大多都战战兢兢，或者点头哈腰紧张兮兮，很少有人会主动打招呼的，都只会呆呆地等着被问问题。因此，项东方一上来就主动跟他打招呼，这种美国方式真令他一下子反应不过来。当然，项东方的自信和从容确实给了他一个很好的第一印象，接下来一切便是水到渠成的了。他只简单地问了项东方几个问题，项东方都简短而明确地予以了答复。

当听到叫他下星期来取签证时，项东方的心情一下子就松弛了下来。后来到了美国以后，他才知道当时他说的那句英文“How do you do?”是多么的老土，这是他在大学里学到的第一句英语，那个丑女人当时就是这样教的，而且全中国人大概都是这样学的，谁知道这样的说法是不是十九世纪维多利亚时代英国人的习惯呢，因为在美国从来就没有听人这样说过。他虽然跟亚当相处了一年，但他们之间的问候语多数都是中文，他也从来没有对亚当说过这句话，当然亚当也就没有机会来纠正他了。不管怎样，就是凭着这句老土的英文，加上他当时那种盲目的自信竟然征服了那个帅气的美国签证官。

项东方现在对自己的个性都把握不准了，他不知道当时自己怎么竟能那么的自信，没有半点怯场，好像早已胜券在握的样子。他现在好像才发现，自己自负起来老子就是天下第一，上天揽月下海捉鳖无所不能，要是自卑起来，连街头那些衣衫褴褛的乞丐都可以怜悯自己的。他的心情在一天之内会大起大落，早上起来想着当天要做的那些琐事，情绪会像太阳没出来前的阴霾，半天都闷闷不乐，到了下午，说不定碰上一个好人或者做成一件小事，整个人突然好像又活过来，变得精神饱满意气风发。活了半辈子，他还是不知道怎么控制自己的情绪。

一个月后，他登上了香港飞往西雅图的美国联航班机，飞机上那些穿着蓝色制服的空中小姐给了他不佳的印象。严格来说那些人只能叫做空中大妈，都是清一色的中年妇女，身材臃肿皮肤起皱，而且行动迟缓，不过态度倒是挺和善的。这与项东方想象中的那些身材高挑、眼睛水灵的金发美女简直天差地别，但这并没有妨碍他美好的心情。他就要去到一个人人羡慕的人间天堂了，谁还管路上碰到的那些是空姐还是空嫂呢？

飞机就要起飞了，项东方头靠在舷窗上，想起当初离开贺西前往北京时的心情，不禁唏嘘：北京果然只是自己人生的一个中途驿站。自己从一个小镇到了首都，作了短暂的停留，然后，又马不停蹄地赶往一个全世界都为之瞩目的国家。现在，对他而言，美国俨然成了人间天堂，那是他一直以来不断追寻的理想，他确信自己终于找到了这样一个令人神往的地方，从此可以自由自在地生活，不会再受到任何的禁锢和压抑。他相信自己这一走肯定不会再回来了，因为他好像再也没有什么可以牵挂的了。

飞机正在热身，机舱内响起隆隆机声，他突然想起了一个月前的事。

他出国前先回了一趟家。也许上天有意要成全他，没有让他自食其言，自从他到北京上学没多久，他父亲就上调到了地区，离开了贺西镇，因此，他真的像他当初发誓的那样没有再回过贺西，每次他回家就是回那个离贺西有一百多公里的城市。这次回家，是跟家里告别的。一个月后他就要离开中国，因此他心急火燎地回到了家里。

项东方回到家，一家人都十分高兴。当年项东方由一个穷极潦倒的知青考上全国最高学府，立刻成了小镇家喻户晓的名人，全家人都为之自豪。如今他再接再厉，即将进入一个美国名校留学深造，虽然在这个城市里没人认识他，但全家人依然以他为傲。

吃过晚饭，一家人坐在客厅里闲聊。项东方掏出一包进口的良友牌香烟，递给父亲一支，父亲没要，说外国烟太冲了，还是抽国产的好，自己拿起了一包双喜。项东方忙给他点了火，然后自己叼上一支良友，再递给弟弟一支。一时间客厅里升起了袅袅云烟。

在腾腾的烟雾中，父亲想起了许多往事。项东方这个儿子可没让他少操心，他从小就跟别的孩子不一样。四岁那年他从窗口摔伤，差点把我给吓死。本以为幼儿园能把他的心给锁住，可是他后来却把窗户弄坏，跳窗去游泳。他爬墙去看电影那次可让我的老脸丢尽了。更没想到的是，九岁那年，他竟然抽起烟来，还发展到去偷邻居的钱。那次，他差点没让水淹死，要不是杨欧的一番话，我对这小子可是不抱任何希望了。他想起了杨欧的话来：你这个儿子与众不同，假以时日他会有大作为的。如今他已经从全国最高学府毕业，又将进入美国名校深造，等待他的将是一个无比辉煌的前程。他狠狠地吸了一口烟，轻松地吐了出来，仿佛往日的担忧已随着口中的轻烟飘散于空中了。

项东方此刻所想的也是跟烟有关的事。自己第一次抽烟是在一种不知不觉中被诱惑的。也许那时候是自己一生中最自由的日子了，外部的禁制是那么的松弛，而内心的自制几乎等于零，谁能抵得住外面的诱惑呢？正是因为抽烟让自己认识了杨欧这个有趣的人，正是杨欧的一席话让自己对自己刮目相看，重新认识了自己。世上的一切纷纭复杂，在机缘巧合中偶然蕴含着必然，别人一句不经意的话有可能就会改变另一个人的方向，改变他的一生。

其实，他与父亲总是聚少离多。下乡后自己重新抽起了烟，但只要父亲在就不抽。有一年春节，他从农场回家过节，在街上与一班朋友抽烟聊天，被路过的父亲撞见了。在第二天一个家庭聚会上，还有二姨妈和二姨父在场，父亲突然就当着大家的面指责他说：年纪轻轻就抽烟，留长发，穿奇装异服，衬衣不系纽扣，完全就是资产阶级的生活作风等等。项东方当时羞愧得低下脑袋，心里非常的憋屈，可是又无法反驳，因为父亲不仅是父亲，而且他说的也是当时正统的观念，自己确实是太另类了。好在二姨父善解人意，极力为他辩护说：年轻人爱漂亮赶时髦很正常，不必太苛求。二姨父好歹也是县里的头面人物，父亲不想伤了和气，没有再说什么。从那以后，项东方就开始觉得自己是一个独立自主的成人了，他本来就不太听话，现在就更是我行我素，他不仅当着父亲的面抽烟，有时还厚着脸皮给父亲派烟。父亲没有再责怪他，而是默默地接受了他这种无声的挑战，承认了他的自主地位。及至他考上大学，父亲就完全不再管他了，不过，跟他的话倒是比小时候多了，不再是那么严肃了。

父亲并不了解他这几年在学校是怎样度过的，然而，他能够出国留学这就是一个明证，说明他没有辜负自己和全家人都期望，他成功了，他知道自己要什么，知道该怎么做，不再需要为他担忧什么了。母亲絮絮叨叨地对项东方说：一个人到国外，人生地不熟，一定要自己注意才好。项东方笑着说：

“妈你就放心吧，我十六岁就下乡，自己独立惯了，不管到哪里都会过得好好的！”

父亲接口就说：“美国是一个资本主义国家，社会制度和文化都跟咱们不同，你要有思想准备，不要被他们的糖衣炮弹腐蚀了，你只要学那些科学和学术的东西，千万不要变色了。”

弟弟跟项东方打了个眼色，笑道：“老爸又要开展路线教育工作了。”

项东方只是笑着说：“没关系，我有免疫力，再听听也没关系，不然以后就没机会听了。”

父亲没有生气，而是郑重其事地说：“不是开玩笑，国家培养了你多年，要记得学成以后回来报答国家和人民才是。”

项东方嘴上没说什么，心里却不以为然，听不进去，他只想自己该怎样，什么国家人民之类早已消失于他思想的地平线以外了。在他看来个人的自由和实现才是最重要的，国家和社会应该为了个人创造条件，让每一个人都能实现自己的价值和理想，如果一个政府不能做到这一点，那它就应该解散重组。但他不想和父亲争论，他知道他们那一辈人已经定型了，不会再重新反思过往的理念，就算是他们曾经碰过壁，走过弯路，他们也不会回头反顾，而是永不服输，抬起头继续往前走，只有这样才能对得起自己年轻时立下的目标。他不敢想象等自己老了时，是否有勇气来承认自己在年轻时选择了一条错误的人生路。

父亲语重心长地对项东方说：“记住你是中国人，你的根在中国。不管以后怎样，千万不能忘了自己的根！”

项东方没有答腔，无动于衷地猛吸了一口烟，然后匆匆地吐出来，让迷蒙的烟雾把自己包围起来。

父亲见项东方沉默不语，就给他讲了他名字的来源。项东方听后若有所思。父亲踱进房间，然后走出来，手里拿着一张泛黄的黑白照片，并把照片递给了项东方。项东方拿过来一看，就忍不住哈哈地笑出声来。弟弟妹妹凑过来问你笑什么？项东方指着照片上的那些人说：你们看这些少年人一个个都像小老头，还不够可笑吗？

弟弟妹妹一看到那张照片，也都不由自主地笑了起来。照片上有六个年龄介于 10 到 16 岁之间少年人，可是照片上他们却显得一副老气横秋的模样，他们或坐或站着，清一色的唐装上衣加西式长裤，脚蹬尖头的西式皮鞋，头戴一顶瓜皮帽，看不出是否留着辫子，一副不中不西、土里土气的怪模样。

父亲看他们笑个没完，就严肃地说你们不要笑，里面有一个人可是你们的曾祖父呢！

大家停止了笑，问父亲哪个是曾祖父。父亲指着照片上那个坐在沙发上，左手撑着脸颊，身子斜倚在扶手上的少年，说这就是你们的曾祖父。这个人看起来一脸的疲惫，没精打采，像是刚大病过一场的模样，瘦弱的身躯在宽大的上衣的笼罩下凸显出一副骨架。

这勾起了大家的兴趣，于是，父亲开始给他们讲述了那个在家族内流传了一百多年的故事。听完故事，项东方问，为什么以前从来都没有听过一点消息呢？母亲插进来说，以前因为环境不好，再说你们年纪小，怕你们守不住秘密，怕出意外，现在情况不同了，也该让你们知道了。父亲说，让你们看这张照片的目的，就是要你们记住自己是中国人，你曾祖父出过洋，但后来还是回来报答祖国的。父亲还特别对项东方强调说，美国那边也有一张一模一样的照片，有机会你可以去核对一下。

这个故事不仅勾起了项东方的好奇心，而且，也在他心里留下了一个极大的疑问，他仿佛看到一条隐约的心理轨迹，它像一根看不见的线，从那张一百多年前的老照片传下来，将自己与祖先捆绑在一起。有些东西过了一百多年依然如故，没有什么改变。他想要破解它，他觉得只要破译了它就能更好地理解自己。他忽然直觉到自己与曾祖父竟然在某一点上十分的相似，除了那些来自血缘上的联系，还有某种说不清东西。是呀，哪到底是什么东西呢？

伴随着一阵“格登”的声音，飞机离开了地面，他的思绪被打断了。飞机很快爬上了天空，越过厚厚的云层，飞翔在一望无际的蓝天上。

他知道十几个小时以后，自己才会到达目的地，但是，他的心比自己的身体先抵达了彼岸，他想象着在那个美丽而自由的国土里，林梦茵会给自己一个怎样热情的拥抱呢。想到这他就先醉了。好想她呀，分别一年多了，他无时无刻不在想她。他打开圆形的窗户盖，把脸贴在玻璃窗上，看到了脚下翻滚着一片无边的彩云。这片无边无际的云海，幻化成了贺西镇江堤畔那些五彩缤纷的紫荆花，仿佛预示着一个辉煌的未来在等待着他。他感到自己真像一个鸟儿，一只鲲鹏，展开翅膀飞向蓝天，进入天堂。

第三十四章

坠落云端

项东方是第一次坐飞机，不知是因为太兴奋，还是机舱太嘈杂，整个航程里他几乎没有睡过，经过十多个小时的飞行，他早已疲惫不堪。然而，当他听到机舱里响起“咚”一下清脆的声音，他的心就被火点燃了。伴随着那个声音，喇叭中响起了一个圆润甜美的女声：

“女士们、先生们，我们的航班已经顺利到达终点站——西雅图！”

项东方兴奋得像喝了一杯酒，浑身的疲乏仿佛一扫而光，立马变得精神抖擞。他能不兴奋吗？他已经踏足这个令全世界钦羡的第一强国，他将会永远呆在这里，过上千千万万人嫉妒的好日子。当然，近在眼前的是，那个分别一年多的情人就在外面不远的地方等着自己，再过一阵子自己就会拥抱着她，给她深深的一吻，然后，把郁积多时的思念一股脑地倾吐给她。

他站起身，伸展四肢，长长地吁了一口气：“噢，我终于自由了！”

他随着人流往前走，很快就取到了行李，过海关的时候，他碰上一个态度和蔼的中年男关员。那人问他到美国来干什么？他毫不犹豫地答道来念书。人家又问他在什么学校，他自豪地说华盛顿大学。那人一听马上笑逐颜开说：太好了，我儿子也在哪里上学，这是个好学校，小伙子，你前途无量啊！几句话说得项东方心花怒放，堆起笑脸连说了几个“谢谢”。

他心情轻松愉快，脚步也变得轻盈。路过洗手间时，他拐了进去。里面宽敞明亮、一尘不染，没有一丝异味，他可从来没有进过如此干净高级的厕所，想起国内那些臭气熏天的厕所，他不禁摇头叹息。

厕所里全是座厕，座厕边上毫不例外地挂着几卷手纸。坐垫看起来挺干净的，他刚要坐下去时，突然转念一想，这个座厕不知有多少人坐过，肯定不卫生吧？正在他犹豫着要不要坐下去的时候，他看见了靠墙那边有一个小箱子，里面装着些薄薄的白纸。他伸手扯了一张，发现原来竟然是一张坐垫纸，整个形状就像一个座厕，中间还开着一个洞。他不由得感叹：哇，简直太厉害了，这美国人就是不一样，真会享受。

从洗手间出来，人流已经变得稀薄。想到林梦茵在外面要等急了，项东方赶紧加快脚步，向出口走去。到了接机口，只见稀稀落落的人，都在往里面焦躁不安地张望。项东方抬眼扫视了人群一眼，并没有发现林梦茵的身影，连一个中国人都没有，全是些金发碧眼的美国人。再定睛细看，确实没有。他的心立刻就凉了半截，脑子里飞快地想着：难道她没来？也许她等不到我，已经走了？奇怪了，她最后一封信明明说好要来接机的，而且几天前自己还特意发了份电报，告诉她航班的信息。他开始在想各种可能情况：她可能太忙了，又要上课又要打工，也许真的抽不出空；是不是她出了什么意外？

然而，一切都是猜想，不能解决问题。接机的人已经走光了，他还傻乎乎地站在原地。过了一会，他终于想到要给林梦茵打个电话。他匆忙地从挎包里掏出一本通讯录，找到了林梦茵的号码。林梦茵以前在信中曾教过他怎么打投币电话的，问题是他手里只有大额的美元钞票，没有硬币。他忽然灵机一动，踱进了旁边一家快餐店，买了一个汉堡包，顾不上吃，就找到一个电话。拨通以后，却没有人接。这下他的心更凉了。他的手在发抖，脸上冒出冷汗，一种恐惧突然抓住了他的心。他不敢再想下去。忙乱中他想起应该给亚当打个电话，请他帮帮忙，也许他还知道林梦茵的情况呢。于是，他就拨通了亚当的号码，电话倒是通了，但等了好久都没人来接。他愣住了，一时没了主意。

他惶恐不安地找了一张椅子坐下来，开始默默地吃着汉堡。做梦都想不到刚来美国第一天就碰到了这样倒霉的事，心情就像刚坐完云霄飞车那样，从天上摔到地下，刚才还是那样的神采飞扬，现在却变成了一只被骄阳晒了半天的茄子，彻底的蔫了。

等他吃完了汉堡，他还是拿定了主意，自己打出租车去找林梦茵。他想一个大活人怎能给尿憋死呢？虽然是第一次到美国，但自己英文还可以，而且以前学过怎么在美国搭出租车的课文。就这么干，我就不信找不到林梦茵。

他拉着行李，忐忑不安地往外走。突然间，他想到林梦茵最近来信的语气好像跟以往有点不一样，似乎没有以前那么的亲密了，只是当时自己沉浸在那种即将来美国的如梦一般的狂喜之中，没有觉察出什么端倪来。莫非是自己多心了？眼下他想起这些细节，再联想到目前的处境，似乎突然有了一种预感，莫非她真的不待见我了吗？不，不可能！她不是那样的人。他想起了一年多前，他们在首都机场离别那一幕。

本来他们约好一起去美国的，美国方面倒好办，他们几乎同时拿到了学校录取通知，林梦茵所有的手续都办得很顺利，但项东方因为被记大过那档子事，护照一直都办不下来。结果，林梦茵只好独自先行。在首都机场候机楼的长椅上，项东方拥着林梦茵，心情复杂情绪低落，忧心忡忡地说：

“我真不放心你一个人在哪边。”

林梦茵茫然地答道：“你放心吧，我等着你来，希望我们明年就能再见。”

项东方认真地说：“如果有什么事可以找亚当帮忙，毕竟他是美国人。”

林梦茵点点头说：“Darling，我会照顾自己的，你也要好自为之！我到了美国马上就给你写信。”

两个人紧紧地抱在一起吻别，项东方还舔到了她带咸味的眼泪。

正在胡思乱想之际，项东方突然听到一个叫自己的声音，他惊愕地抬起头，看到一个高大英俊的白人男子迎面而来。他愣了一下，惊喜地喊出了声来：

“嗨，亚当！”

亚当跑过来，握住他的手，连声说：“不好意思，我来晚了！”

俩人寒暄了几句，亚当告诉项东方说林梦茵得了急性阑尾炎，刚动过手术，现在还在医院留医。项东方急于看到林梦茵，催促亚当快走。亚当开着车子离开机场，一路飞奔，沿路不断地给项东方介绍街景。项东方心急如焚，根本无心听他唠叨，只是礼貌性地跟他打哈哈。

车子经过碧水连天、风景如画的华盛顿湖，亚当指指点点的说个不停。要不是心里惦记着林梦茵，项东方一定会好好地欣赏这片美景的，毕竟这是多少次出现在自己梦境里面的地方啊！可是，他瞪着的双眼看到的却和心里想到的完全是两个不同的画面：洁白的游艇从他的眼中缓缓地驶过，但心里浮现的却是林梦茵那美丽而苍白的脸；蓝天上飞翔的海鸥，竟幻化成她那因为长久期待而憔悴无神的眼。

好不容易到了华大医院，项东方跟着亚当走了进去。这是一栋现代的建筑，装修得气派豪华，要不是时时见到许多穿着浅蓝色衣服的医生护士，以及不时有轮椅和担架车走过，人们一定会误以为这是一家星级酒店。在三楼的一个双人病房，项东方终于见到了阔别一年的爱人。

林梦茵躺在一张可以升降的病床上，对面墙上挂着一部小电视，正在播放着一出肥皂剧，最显眼的是病床右边的床头柜上，有一个玻璃花瓶插着一束鲜红的康乃馨。

项东方进来时，林梦茵正在百无聊赖地看着电视，一看见项东方，她便侧过脸来勉强地笑了一下，淡淡地说了声：

“你来了！”

她的声音很轻，不带任何感情，项东方听来觉得有点冷漠，但他没想那么多，他觉得也许她身体太虚弱，不适合说话。他在床边坐下来，一边温柔地说：

“Honey，好点了吗？”

他伸出手去握她的手，她试图缩回手来，但他的动作很快，一把抓住了她的手，轻轻地握着。她的眼睛突然噙满了泪水，他掏出纸巾轻柔地帮她擦去脸上的泪痕。亚当见此情景，识趣地悄悄离开了病房。

两个人默默地相对着，项东方先前藏于心底里的千言万语竟说不出口。不知是时光和距离冲淡了感情，还是林梦茵的病况压抑了心情，项东方觉得俩人之间似乎有了一种隔阂。他找不到话来说，闷闷地发呆。林梦茵眼睛偏向一边，不看项东方，气氛相当沉闷。

隔了半晌，项东方忽然注意到了床头柜上的康乃馨，禁不住就说：“这花好漂亮！谁送的？”

林梦茵一愣，脸涨得通红，支支吾吾承认是亚当送的。项东方脸上掠过一丝不快，心里起了很大的疑问。他突然站起了身，在房间内急躁地踱着步，似乎在努力地压抑自己的愤怒。

这时，站在门外的亚当急匆匆地走进来，对项东方说林梦茵身体还没好利索，需要多休息。他还说，已经帮项东方找到了住处，现在就带他去办理手续。项东方心神不宁地告别了林梦茵，跟着亚当离开了医院。

亚当把项东方带到学校附近一栋两层的小楼，办过入住手续，又带他去买了些锅碗瓢勺等生活用具，然后交代他一些日常生活事项，就独自走了。

项东方住的是一种叫四合间的房子，是一种结构独特的建筑，外表与一般的公寓没两样，每一套房子都有四个房间，每个房间有独立进出的门，而厨房和浴室则是公用的。项东方花了三百美元租下其中的一个房间。第二天，他又花二十美元买了一辆二手的变速单车。

安顿下来后，他坚持天天骑车去医院看望林梦茵。但是，每次他都感觉到她对自己的冷淡，让他很失落。那束摆在床头柜上的康乃馨总是出现在他的脑海里，每当想到这一点，他就像喉咙里卡着一根鱼刺吞不下甩不掉那样，分外的难受。

林梦茵的冷淡仿佛给了项东方兜头一瓢冷水，从头凉到脚，令他的情绪一下子跌到低谷。自己初来乍到这美国，一切都是那么的陌生，本来指望林梦茵能给自己一点温柔，慢慢地度过最初的艰难时期，没想到她对自己竟然不理不睬，仿佛就跟个路人似的。他现在浑身上下都不自在，情绪很低落，每当情绪低落时他就容易自卑，一自卑情绪就更加的低落。

他呆在房间里不想出门，直到学校报到的最后期限临近，再不去就来不及了，他不得已才心情阴郁地出了门。

他无可奈何地骑着单车来到了校园，见到了那个立在校园前面巨大的“W”字雕塑，这个“W”字代表着华大。接着，他路过大片的绿茵茵的草坪，经过一个大喷泉，又越过翠绿的樱花树丛，看到那栋矗立在湖边的哥特式大楼——电子工程楼。校园很美，既有欧式的古典建筑，也有现代化的高楼，鲜花绿草遍地，清澈的湖水里甚至有许多野天鹅在悠闲地游弋。

太美了！他不由自主在心里赞叹道。这就是他一直以来想要看到的东西，比起北大那些灰暗古老的建筑和园林不知要好多少倍。巨大的反差形成强烈的对照，他暗暗庆幸自己脱离了那些沉闷而压抑的环境。

可是，优美的风景并没有舒缓他沉重的心情，反而使他愈发忧郁。身旁走过的、草坪上躺着看书的、坐在湖边的晒太阳的，全是些金发碧眼的美国人，他们一个个都朝气蓬勃、自信十足，悠然自得地做着自己的事。这令他嫉妒不已：他们生长在一个美丽富足的国度，没有经过苦难，自由自在地生活，不像自己历尽千难万苦。再转念一想，他忽然又觉得自己好孤单：你并没有落入一个杳无人迹的孤岛，而是陷身一个与自己熟悉的社会完全不同的国度，人们说着不同的语言，穿着不同的衣服，吃着不同的食物，做着不一样的事情，自己犹如被包围在一个陌生的环境里，完全就像一个局外人，根本不属于这里，什么都不是。

他莫名其妙地产生了一种疏离感，这种感觉加重了他的自卑情绪，加深了他的孤独意识。他原本指望有林梦茵做伴，可以抵御这种孤独。可谁曾想到，她不仅住进了医院，而且似乎还有什么难言之隐，对自己若即若离，使自己的孤独感更加的强烈，心情更加的沮丧。

他心情沉重地来到了报到处。办公室里面宽敞明亮，挤满了来自世界各地的学生。项东方排在队伍里头，百无聊赖地想着心事，渐渐地等得不耐烦了。忽然，站在他前面的一个高个子白人回过头来问道：

“Excuse me, do you have time?”（“对不起，几点了？”）

项东方正在发呆，一时没反应过来，过了片刻才木然地答道：

“没有！我在排队，等我报到完了没准有时间。”

他显然误解了人家的问题，那人用手指了指左手腕问：“几点了？”

项东方尴尬地笑了一下，低头看了一下手表，然后说:“不好意思，我的英文不好！十一点四十五分。”

他本来以为自己的英文很好，现在才发觉其实连三岁小孩子的水平都达不到，不免又懊恼起来。

“谢谢！”那人又继续肯定地说：“你的英文很好，真的！”

“哪里，哪里！”项东方习惯性地说出这种中国式的谦虚话来。

“人真多啊！”看来这人也觉得烦，想找个人聊天呢。

“是呀。”

“今天是最后一天了，所以这么多人。”

“怪不得。”项东方其实不想说话，但不得不礼貌地应付着。

那人饶有兴趣地看了项东方一眼，然后礼貌地问：“你是日本人吗？”

项东方本想立刻否认，但却没有控制住自己，只模棱两可地答道：“啊哈！”

那人突然变得兴高采烈的，说：“难得你英文说得那么好，没有一点日本口音！”

项东方不自觉地红了脸，不由自主地问：“难道日本人都有口音吗？”

“不仅有，而且很浓！”那人开始喋喋不休地说:“我有几个日本朋友，个个都这样。不过，日本人真是聪明能干，做什么成什么。你一定是在美国呆好久了，不然英文怎么会这么好呢。”

项东方本想纠正他，告诉他自己不是日本人，但已经来不及了，那人自顾自地又长篇大论起来，说了一大堆日本文化怎么特别，自己又怎么喜欢日本文化，有机会一定要去日本考察一下等等。

项东方真恨不得马上离开，躲得远远的，不再听对方啰啰嗦嗦的聒噪。他从来都不喜欢日本人，小时候他就看过许多抗日电影，对日本人有一种本能的厌恶，那次在北大时就跟一个日本人打了起来，结果被警告处分。当时，他并不觉得后悔，反而感到自己出了一口恶气，十分的舒坦。然而，现在他却有点迷惘了，他搞不明白，自己刚才为什么不否认，而是模棱两可地支吾其词，让人家误以为自己是日本人。

“真他妈的丢脸！”

他在心里狠狠地骂自己可耻，恨不得打自己一个耳光。他深深地自责，问自己为什么一个中国人居然厚颜无耻地自认是日本人？这虚荣背后究竟隐藏着什么？明明憎恶日本人，却又冒充日本人来撑门面，实在是恶心。他对自己还是不很了解，事实上，他自卑起来总会觉得自己一文不值，全世界所有人都比自己好，他会因此愈加的自怜自艾，让情绪沉落到谷底，一整天都闷闷不乐。

他心情太坏了，就把脑袋偏向一边，不再看着对方。那人似乎看出了他的不悦，马上停了嘴，正好轮到他了，于是他说了声："再见！"就向柜台走去。项东方努努嘴勉强回了句："拜拜！"

过了一会儿，终于轮到他了，他麻木地上去填了几个表。照相的时候，那个漂亮的白人小妞叫他笑，他怎么都笑不起来，结果，他的学生证上就留下了一张苦瓜脸。看着学生证，他郁闷地想，这张丑陋的照片就要陪着自己好几年呢，我还能有好运气吗？

他神情黯然地离开了报到处，骑车往回走，走了一阵觉得肚子饿了，正好旁边就有一个小餐厅。他锁好车，心不在焉地踱了进去。排队的人还挺多的，他的前面刚好站着几个身材高大的男生，个个都金发碧眼、高大威猛，穿着校篮球队服，帅气得令人嫉妒。他们旁若无人、手舞足蹈地说着话。

项东方站在他们身后，有一种泰山压顶的感觉，这令他想到了亚当，一下子泄了气，又陷入到自卑的深渊。以前在亚当面前的自卑还算好，毕竟在自己的国家，只要离开亚当就好，现在身在美国，满眼都是这样的人，犹如绵羊落入狼群无可逃遁。

那几个人点好菜就找座位坐好了。项东方站到服务员前面时，他的心情还是很坏，挂在墙上的菜谱恍恍惚惚的竟看不明白。等了半天，人家问他要什么，他支支吾吾说不上来，服务员脸上露出了奇怪的表情，夹杂着疑问、嘲弄和探寻，这使他格外敏感，觉得人家在歧视自己。

最后，他胡乱地要了一个热狗、一杯咖啡，和一份炸薯条，端着托盘转了一圈，没有找到座位。等了一阵，刚好有两个人离开，他想都没想就坐上了那个座位。他一面吃着这些无味的食物，一面自己跟自己生闷气。他想起刚进北大时那个厨师嘲笑自己的广东口音，接着，他又联想到几年前读过的郁达夫的小说《沉沦》，心情变得更加的灰暗，忽然觉得做一个中国人好可怜啊。

他完全沉浸在自己的思绪中，没有注意到旁边的人。隔了半晌，突然听到旁边有人提起李小龙的名字。他抬眼望了望，发现原来是刚才那几个运动员在讨论，他们正议论着李小龙到底能不能打败拳王阿里，几个人争论得热火朝天、不可开交。

项东方停止了咀嚼，全神贯注地听他们的谈论。一个人说：阿里身高 191、体重 95 公斤，李小龙只有 173 体重 64 公斤，俩人相差太悬殊，李小龙根本不是对手。另一个人反驳说，李小龙一拳能击出 400 磅的力，跟阿里相同，腿力达到 1650 磅，而且速度极快、爆发力强，一秒可以打 9 拳，踢 6 次，真比起来阿里不一定打得过他。第三个人说，李小龙是一头豹子，阿里就像一只猩猩，如果在拳击场地按规则比赛，阿里可能会赢，但如果在街头自由搏击，李小龙说不定会在五秒之内将阿里打趴。第二个人接着说，李小龙完全就是一个武术天才，关键是中国功夫实在了得，不得不服。第三个人表示同意，他还说自己的弟弟正在跟一个香港师傅学截拳道，现在身手越来越厉害了。

项东方不敢直视那几个人，只是低着头，竖起耳朵仔细地听，听着听着，就入了迷。他也是个李小龙迷，曾看过好几部李小龙的电影，每次看完他都被震撼住了，他特别佩服李小龙那种不屈不挠、坚韧不拔的真男人气概。

那几个人还在你一言我一语地议论着，项东方沉郁的情绪慢慢地缓解，就像突然打了一针鸡血那样，精神开始抖擞起来。他想起了李小龙原来就在华大念哲学，死后就葬在西雅图，于是，他暗暗发誓要尽快去看看李小龙的墓地。

第三十五章 当头一棒

林梦茵出院了。她在宿舍了又静养了几天，因为耽误得太久，餐馆的工作丢了，这样她才终于有时间来陪一陪项东方。星期六上午，两个人约好去公园玩。林梦茵开着她那部灰色的丰田花冠，项东方很兴奋地坐上车，心想今天总算可以一起轻松地开心一下了。

说起这部方头方脑的小车，林梦茵并没有太多的好感。像大多数刚来美国的中国女人一样，她对车子不感冒，甚至害怕开车。但是，她最后还是被亚当给说服了。亚当说美国跟中国不一样，不开车等于不会走路，而且你迟早都得开，晚开不如早开。林梦茵想想也觉得有道理，自己是有男朋友的人了，老是麻烦别人，特别是亚当，是有点不合适，时间长了就怕搞出点什么事来，那就麻烦大了。于是，她就在亚当的帮助下，花了两千美元买下了这部个头小小的二手车。然后，亚当还手把手地教会了她开车。

这一切项东方自然一无所知，可是，病床边那一束鲜红的康乃馨，总像一个噩梦在他的脑海中挥之不去，他隐隐约约地感到林梦茵与亚当之间一定有不可告人的事已经发生了。这一段时间林梦茵与他总是若即若离，说话总是吞吞吐吐、心不在焉的。他开始时把这归咎于她身体没有康复，心情不好，但后来却觉得她好像有满腹心事，有什么东西对他隐瞒着。他抱着侥幸的心理想等她出了院，俩人要好好谈谈，解开心里的疙瘩。

车子漫不经心在路上前行，林梦茵和项东方有一搭没一搭地说着话，两个人之间没有了以往那种无话不谈的融洽，气氛很沉闷。项东方掏出香烟，正要点火，林梦茵生气地制止他说：你抽烟怎么不先问问我？车里不能吸烟！她的语气很生硬，这让项东方感到不快。他立刻想起当年在北大第一次接触她的情形，那时她不分青红皂白地把他骂了一通，两个人不打不相识。也许这才是她的真实本性。他沉默着不说话，心里很难受。

车子下了高速公路，车速依然很快，在匝道上以八十公里的时速滑行，路边围墙上的爬墙虎像一张墨绿色的地毯迎面飞来。项东方在国内很少坐车，更没有坐过这么快的车，感到很不习惯，禁不住大声叫喊：太快了，开慢点！林梦茵鼻子哼了一声，努努嘴没吭声，嘴角上挂着一丝不屑。项东方能感到她无声的轻蔑，心中十分的恼火，他尽力压抑着自己怒火，没有发作。车子下到郊外时，他忍不住叫林梦茵停车，气急败坏地跳下去，连门也忘了关。

他胸中憋着一股怒气，气冲冲走上一片草地，站在篱笆旁，掏出香烟，点燃了，狠狠地吸了一口，猛地吐出来，似乎要把胸中的闷气一起吐个痛快。他并没有留意到篱笆上挂着的一块牌子。那牌子隐没在一片翠绿的常青藤之中，四边都被绿叶遮住了，但白色底板上的黑体字依然清晰可见：私人领地，非请莫入，违者必究！

他自顾自地闷头抽着烟，根本没有注意到这块牌子。林梦茵在车上拼命地按喇叭。他把烟头扔到地上踩灭了，回头往车里走。还没走到车旁，就转来了林梦茵劈头盖脸的叫骂声：

"你疯了吗？下车也不关门！你没看到那个牌子吗？等下被人抓走还不知道怎么回事呢！"

"什么牌子？"他一脸的懵懂地问。

"那是私人的地方，不可以随便进去！"

他很不以为然地反问道："我就站一会儿怎么啦？"

"这是美国，不是中国！你懂不懂？"林梦茵越说越气。

项东方本来就一肚子气，被她这样一抢白，气就更不打一处来，他较起真来说：

"我就不信他们能把我怎样？"他话一说完，就爬进车里，狠狠地把门一摔。

"简直不可理喻！"

林梦茵说完，不再理他，发动车子就往前走。车子终于七拐八拐爬上了一片高地，来到了一个叫做湖景公墓的地方。这是一片坡度平缓的山坡，坡上长满了青松翠柏，樱花过了季节，绿茵茵的草地上错落有致的分布着各式各样的墓碑，一片宁静肃穆的气氛，让人踏足其间不知不觉就会沉静下来，变得心平气和。

两个人跳下车，缓步走在一个个墓碑之间。天空一片晴朗，远处蔚蓝的湖水辉映着飘忽的白云。徜徉在这一片郁郁葱葱的花草树木之中，让人很容易产生一种错觉，仿佛这不是埋葬亡灵的墓地，而是彰显生命的牧场。

走了一阵，项东方慢慢地从刚才的狂躁中平静了下来。他不由自主地想起了当年在圆明园与林梦茵拍拖的情景。那时候两个人是那么的心心相印、一往情深，仿佛要把两个独立的个体交融在一起，然后一起融入到那片埋葬着中国人历史记忆的废墟中间。可是，为什么到了美国这一切都似乎成了泡影了呢？难道旧梦不能再续了吗？

他转头看看林梦茵，她漫不经心地走着路，依然心事重重的样子。她突然问他：

"我不明白你为什么想要来这个地方？"

项东方说："因为我喜欢李小龙。"

"就因为他会功夫？"

"不止这个，因为李小龙是中国的民族英雄！"

"有这么夸张吗？"林梦茵冷冷地问。

项东方不顾她的冷淡，坚持着说："我觉得一点都不过分。他单枪匹马一个人在西方世界中闯出一片天地，为中国人扫除了'东亚病夫'的恶名，树立了中华民族的自信心，到目前为止，还没有一个人能做到这一点。”

林梦茵以不无揶揄的口吻说：“我记得你以前对中国是没有一点信心的，你说过中国人一无是处，文也不行武也不行，没有一样拿得出手的。”

林梦茵这样捅他的痛处，项东方不免气恼，但也不便发作，只好无可奈何地说：

“我是说过那样的话，但那是在国内，如今身在美国我不可能再骂自己人，就像你在家里可以随便吵闹，到了外人面前总不能骂自己家里人吧？”

林梦茵没好气地说：“你真是一出国就爱国，变得也太快了吧？”

项东方见话不投机，就不再吭声，两个人默默地往前走。绕过一棵高大的柏树，在一株开满粉红花朵的山茶花树旁边，他们找到了李小龙的墓地。

李小龙的坟墓位于园区的一个制高点，墓地不大，位置和视角却很好，向西可以眺望群山环抱的联合湖。墓碑由绛红色的花岗岩刻制，上部有一张李小龙的照片，他长发盖耳，坚毅的侧脸对着镜头，一双大眼目光如炬睥睨一切，紧闭的嘴唇和有力的下巴显露出刚强，整幅照片散发着一股凛然不可侵犯的正气。墓碑的下方是一块黑色的大理石雕，类似一本翻开的书，左面一页刻着道教的黑白太极图，图两侧用中文镌刻着李小龙的名言：“以无法为有法，以无限为有限”；右边一页用英文写着：“你的精神不断引领着我们走向自由”。墓碑下面摆满了百合花、郁金香、向日葵，和各色菊花，墓碑的对面有一张石凳和一块石雕。

这个墓园很大，有很多高大的纪念碑，但并没有什么人前来瞻仰，而李小龙的墓并不起眼，却有很多人来参拜，常年游人如织、鲜花不断。项东方他们来到时，墓碑四周已经围着一堆人，白人、黑人、亚洲人、墨西哥人，各种肤色不同国籍的人都怀着崇敬的心情，静静的瞻仰着，有的人放下鲜花，有的人插上香烟，有的人在照相。

待所有人走后，项东方对着李小龙的肖像鞠了三个躬，然后双手合十，闭着眼睛，嘴里念念有词。此时此刻，他记起当年亚当带他到友谊俱乐部看几部李小龙电影的情景，最让他震惊的不是李小龙那盖世武功，而是他身上那股我谁也不怕、老子天下第一的英雄气概，是他那种睥睨天下的强大气场。这些精神是项东方在前辈和同辈人中间都没有见过的，那时候他正被自己那种不知何来的自卑折磨得身心疲惫、精神萎靡，李小龙的形象仿佛给他打了一支强心针，让他得以暂时超越自己的自卑情结。他当时就许愿，有机会一定要来瞻仰这位在国内还鲜为人知的民族英雄。今天，他终于如愿以偿，来到了自己心目中的英雄面前，亲身感受一下他永不消逝的伟大精神。其实，他想到这里来还有一个不为人知的目的，那就是因为他觉得李小龙不仅可以给他壮胆，而且说不定还可以帮他挽回林梦茵的感情。

项东方从自己的沉思中回过神来，转身看到林梦茵正坐在那张石椅上。林梦茵并没有看他，她双眼放开，越过墓碑，茫然地远眺着山下的湖水。她对他的行为不理解，心里很不以为然。她其实也不想来这个地方，只是拗不过他的坚持，最后不得不陪他来一趟。她眼下最关心的是怎样跟他说清楚他们俩的关系，可是，她一时又不知道该怎么开口。

游人陆陆续续散去了，墓园沉寂了下来，天空还是那么澄澈湛蓝，阳光照得人身暖暖的。项东方没声色地坐到了林梦茵的旁边，两个人靠得很近，似乎是项东方来到美国以后靠得最近的一次了。不知道是墓园本身那种肃穆的气息，还是俩人之间那些看不见的隔阂，两个近在咫尺的恋人之间笼罩着一种怪异的气氛。项东方心中翻腾着憋了一年多的情绪，他好想像从前那样抱紧她，在她耳边悄悄说："Honey, 我想死你了！"可是，他说不出口，因为林梦茵的表情是冷漠的，她像是一朵带刺的玫瑰拒人千里，她的目光茫然、嘴唇紧闭，他的心随之就冷却下来了，气氛沉闷得就像这个墓园本身那种惨淡渗人的气息。他止不住回忆起当年跟林梦茵从相识到热恋的情节，而林梦茵则在想着来美国后所发生的自己都没法控制的事情。

话说当年在北京，亚当第一次见到林梦茵时就感叹说"你真漂亮！"。这句话当真不是客气的恭维，而是他发自肺腑的赞美。如同那句'恭喜发财'的广东话让他困惑了十几年那样，对古典中国美人的疑虑也一直在折磨着他。自从他开始学中文以后，他看过许多古代的仕女图，画面上那些女人都长着鹅蛋脸、丹凤眼和樱桃小嘴，陶瓷般的皮肤像奶油一样细腻光滑，黑色直发编起的云鬓高髻像瀑布一般。这些中国古典美人总是让他暗暗惊奇，看惯了欧美高鼻大眼的女人，他很难相信天下竟有人会长成那个样子，他以为那一定是画家用故意夸张的艺术手法才把人画成那样，因为他知道中国古典绘画都是写意的，与西方绘画的写真手法完全不同。

到了中国后，他就开始寻觅这种人，对那些中国人普遍认为是美的女人，例如大眼睛高鼻梁的，他没有什么兴趣，只是一心要寻找那种长着丹凤眼的女人，遍寻不着的时候，他遇上了一个被项东方蔑视的丑女，他认定这就是中国古人的模特，但被项东方一否决，他心中也有点动摇了。这种困惑积于心底，充满了能量，以致于当他一眼看见林梦茵就惊为天人，不由自主地发出了感叹。在回美国的飞机上，他就发挥想象天马行空地胡思乱想一番。像林梦茵这样的古典美人，一看就是知书达理、温婉可人的女人，虽然有时难免有点小刁蛮，可那不正是男人们所喜欢的吗？比起美国哪些五大三粗、自以为是的女人，特别是哪些满脑子女权主义思想的女人，那简直要好上千百倍！这样一个娇小玲珑的女人，浑身上下散发着迷人的东方色彩，那种说不出的异国情调简直令人神魂颠倒、无法自拔。可是，他转念一想，林梦茵已经有了男朋友，而且，这个男朋友还是自己的熟人。为此他深深地哀叹自己生不逢时，生错了地方。无奈之下，他暗暗发誓一定要再去中国，要找到一个像林梦茵那样的古典中国美女。

回到美国不久，他就接到项东方的来信。项东方告诉他，他和林梦茵正在联系美国的学校，希望很快就能来美国留学。他高兴极了，极力游说他们来西雅图，还帮他们联系学校，上下沟通。他自己也不知道这到底是要拉项东方一把，还是打起了林梦茵的小算盘，反正他就是想再次见见林梦茵。要在美国找到像林梦茵这样一个中国美人几乎是不可能的，眼下她就要来了，终于可以看到这个朝思暮想的人儿，他能不兴奋吗？当然，他并没有太大的奢望，只要能看看她的脸，听听她说话就心满意足了。他与东亚系主任史密斯教授很熟，就极力向他推荐项东方，说项东方聪明好学，理解力强，英文又好，而且还有复杂的人生经历，是块做学问的料。这些先入为主的推荐无疑给史密斯教授留下了深刻的印象，及至看到项东方那几乎无懈可击的申请材料，他毫不犹豫就拍板录取了项东方，还给了他相当不错的助学金。

过了一段时间，项东方又来了一封信。他首先感谢亚当的帮助，然后无奈地通知他，由于系里的一些原因他今年暂时不能去美国了，但是林梦茵会自己先去。项东方在信中还再三拜托他照顾一下林梦茵，因为她从小到大连自己的城市都没有出过，现在孤身一个人要去美国，肯定会有许多不便和困难，所以一定要请老朋友帮帮忙。项东方的言辞非常的恳切，他还不断提到亚当在中国时俩人的友好关系。亚当把信一掷，仰天长叹了一声：噢，这是上帝送给我的一个礼物！于是，他就瘫在沙发上做起了白日梦来。

林梦茵还没有到，他就帮她找好了住房。等到林梦茵来了，他开车到机场去迎接她，然后还带她出去买菜吃饭。开始时，林梦茵还有点不习惯他这样的殷勤，她担心这样依赖他最后会出什么问题，就劝他不要老来。亚当开始时也是挺有分寸的，他只是想帮助一下这个初来乍到的美丽女人，等她安顿好了，就不打扰了。然而，世事总是难料，人也无法控制自己的行为。一来二去的互动多了，两个人慢慢地就产生了感情，几天不见就互相地想念起对方。于是，每次说再见时都认定以后就不要再见面了，但过不了几天彼此又在一起了。

开始那几个月，林梦茵思乡的情绪特别强烈，因为功课重，还要打工，独自面对陌生的异国环境，文化的冲击与生活学业的压力都让她感到非常的孤独和寂寞。她每个月都要给家里写信，给项东方写信就更勤了，每星期都要一封，倾吐相思之情。她常常在半夜里哭醒，爬起来给项东方写信，尽管泪水簌簌地往下掉，但她总是报喜不报忧，说什么都好，就是想念他，其他都没什么，叫他别担心。亚当很理解她的心情，当初他刚到北京时也有过类似的思乡病，只不过他一个大男人，性格开朗路子活，喝喝酒，泡泡妞，今天跑个俱乐部，明天见个朋友，一年时间很快就过去了。可人家一个文静娇弱的东方女子，在这个举目无亲的异国他乡该是多么孤独难耐啊。

他很想陪她，这不是被迫的，而是自愿的，因为他太喜欢她了。每次见到她，他就如沐春风，整个人都神采飞扬，见不到她时，他就拿出她的照片左看右看，还亲过不停。他给林梦茵照了很多照片，每一张他都要留一份给自己。他经常开着那部红色的福特野马跑车，带着林梦茵沿着湖边兜风，他爱把车篷敞开，突然加大马力，让疾风把林梦茵的长发吹乱，因为刺激而发出尖叫，而他自己就得意地哈哈大笑。几乎每个周末他都带林梦茵出去玩，他们登过那座西雅图地标建筑太空针塔，乘坐家里的游艇穿过风光旖旎的普吉特海湾，还在弗农山那个一望无边的郁金香花田上徜徉流连。

时间过得很快，林梦茵的乡愁在亚当的陪伴下倒是渐渐平息了，而她对项东方的感情也因此慢慢地淡薄下来。她给他的信少了，短了，语气也变得生疏了。她自己倒好像没有觉察出什么来，一切来得那么自然，了无痕迹，不知不觉中自己的感情发生了逆转。亚当虽然希望天天都陪着她，但毕竟工作忙，没有太多的时间，于是他就撺掇着她买车子。有了车，他就自告奋勇地教她开车。星期天上午，他们把车开到华大山下的停车场，偌大的场子只有稀稀落落的几部车子，实在是学车的好地方。他们互换了位置，林梦茵坐上驾驶座，发动机仍在运转。亚当叫她踩住煞车闸然后挂挡。林梦茵右手握住挡杆，就是无法移动。亚当笑道你要捏住那个开关才行。林梦茵还是一脸茫然。亚当乘机用自己的手握住了林梦茵的手。林梦茵脸“唰“的一下就红了，想把手抽出来。亚当反而用力握紧，林梦茵有点气恼，刚要开口说话，亚当就抱住她的头吻上她的嘴唇，他身上浓烈的香水味差点把她给闷死。

下一个星期六，亚当带林梦茵去爬雷尼尔火山，他只带了一个露营的帐篷。在半山腰看完日落，他们就在满天的云霞中喝啤酒聊天。入夜后，林梦茵才傻傻地发现只有一顶帐篷的事实，当然也许她已经不再介意了。当他们躺在凹凸不平的地上时，林梦茵说有点凉，亚当就乘势把她抱入怀里。于是，林梦茵就在高山之巅彻底地沦陷，从此以后再也离不开他了。

在没有得手以前，亚当非常识趣，从来不在林梦茵面前提起项东方，以免她产生抵触情绪。当林梦茵成了他的人后，如果林梦茵说起项东方，他就会先把项东方称赞一番，说他是个好人，很聪明很有才华，然后话锋一转，又说他有双重性格，心里有着挥之不去的童年阴影，而且个性孤僻，酷爱自由，不愿受束缚，谈恋爱时可以很浪漫多情，一旦认真起来要步入婚姻的殿堂，很可能就会逃避，因为婚姻对他来说也是一种禁锢。这种先扬后抑的评论并没有引起林梦茵的反感，相反还令她信服，因为从她与项东方的交往中，她也观察和体会到了类似的倾向，只是她没有像亚当那样做过深入的理性分析。这样的说法同时也使她减轻了自己的内疚和负罪感，她用这些理由来给自己的变心开脱。今天到这里来她就是准备跟他摊牌的，一路上她都在考虑该怎么向他开口说出这些真相。

这些事项东方当然一无所知。他侧过脸来，神情复杂地望着林梦茵。她马上掉开眼去，不敢看他的眼睛。那双眼睛曾经如此强烈的吸引过她，让她为之深深地着迷，她曾经那么想穿透它们进入他的心灵，如今她害怕它们，里面除了自己熟悉的东西，还有那么多的疑问和怨恨，她怕那双眼睛射出的电光会穿透自己虚弱的内心，将自己照得体无完肤。

最后，还是项东方忍不住先开了口，他沉重地说：“林梦茵，我觉得你一定有什么东西对我隐瞒着，到底为什么？”

沉默了半晌，林梦茵终于怯生生地说：“既然你提到，我也不想再隐瞒了。我爱上了亚当！”

项东方虽早有思想准备，但林梦茵的话仍然给了他狠狠的一击，仿佛被人突然在心口扎了一刀，一时间心绪紊乱，脸上气得青一块红一块的，半天说不出话来。过了很久，他才有气无力地说：

“我早料到了！难怪你对我这么冷淡。”

林梦茵鼓了鼓勇气说：“我也没料到事情会这样，我也不想这样。可是……”

“可是那不是你的责任，你是不是想这样说？”项东方忍不住打断她说。

“你没有经历过我当初那些痛苦和无奈，你无法理解我的苦衷！”林梦茵委屈地申辩道。

项东方虽然来美时间不长，但也开始体验到种种艰辛和困苦，而且还有一大部分是林梦茵的冷漠给他造成的伤害，他的委屈比她更大。于是，他愤愤然地质问道：

“你为什么要这样？难道我对你不好吗？”

“我知道你以前对我很好，可那只是花前月下的浪漫，没有经历过生活的磨炼，在我最困难的时候你在哪里呢？当我最需要人陪、最需要安慰的时候，你不在我身边，而他却给了我最大的帮助。”

“这说了不等于白说吗？你明知我出不来，如果我在这边我肯定会跟你共患难的。”

“也许吧！但是我了解你，就算我们能够在一起，那也不会长久的，因为你太自我。”

“我承认我很自我，但我是爱你的，我会一辈子爱着你！”

“不，你不会的！我需要的是一个稳定的港湾，不要无风起浪，一辈子不得安宁，而你却有一颗不安定的心，你永远都不会停下来。你知道吗？连亚当都这么说。”

最后这句话把项东方激怒了，他生气地说：“亚当是上帝吗？他根本就不了解我！”

“亚当其实很了解你，他知道你的事比我还多，他给我分析过你的性格。从我对你的了解来看，他确实说得很对。”

“你现在跟他好了，当然相信他了。这不过是借口而已！”

项东方越说越激动，刚要提高嗓门说什么，一部汽车缓缓地驶过，卷起一阵刺耳的噪声，他不得不停顿了一下，接着面带不屑地问：

“你不是说过不会跟美国人好的吗？”

林梦茵脸上闪过一丝困顿，似乎心中有所愧疚纠结，但随即坚定地说：“我现在总算是明白了，不管他是什么人，只要他对我好，我就跟他。”

“哼，我看你不过是喜欢白人而已！人家高大魁梧，有钱又体面，人人抢着要！”项东方不知道他说的话有多么的酸。

林梦茵赌气地反驳道：“你说什么呢？你只是嫉妒罢了！说真的，我就发现人家确实比中国人好！”

“他光天化日抢我女朋友，我嫉妒还不行吗？你还帮着他来骂我，简直太过分了。你说他好，好在什么地方？”

项东方越说越来气，一迭连声地责问道，林梦茵被逼急了，口不择言地说：“人家就是比你好，温柔体贴，会照顾人……”

“你是不是要说他会做爱，床上功夫很好？”项东方听不下去了，气急败坏地打断了她。

林梦茵不自觉地羞红了脸，硬邦邦地怼过来：“随你怎么想，反正人家就是比你强！”

项东方觉得这简直就是一种天大的侮辱，心里十分的憋屈。他想起了未名湖畔那次未遂之爱，仿佛哑巴吃黄连有苦说不出，他真后悔当初没有机会证明自己的能力。此刻，他很不服气，愤愤不平地分辩道：

“你根本没爱过我，怎么知道他比我强？”

林梦茵看出他已经愤怒得像一只将要爆炸的鞭炮，她不想过分地刺激他，马上冷静了下来，尽量用平和的语气说：

“不管怎么说，一切都太晚了，我已经爱上他了，我们已经回不去了！”

项东方绝望地问：“你真的这么绝情，真的把我们旧情统统都忘了吗？难道就没有挽回的余地了吗？”

“我也不想这样，可是我没有办法，求你放过我吧！”泪水突然涌上林梦茵的脸庞，她的声音在发颤。

项东方没有再说话，他是个骄傲倔强的人，很少会求人，即便是曾经爱过的人。他站起身，脚步沉重地往前走去。林梦茵远远地跟在他后边，身后是一排排寂寞凄凉的墓碑。

从墓园回来的那个晚上，项东方喝了很多酒，烟抽了一根又一根，他又困又乏，躺在床上就是睡不着。他双手捧着自己的头，感到脑袋快要炸裂了。他忽然觉得自己怎么那么傻，竟然把女朋友交给这样一个帅气花心的人，真是蠢得要命。他想起第一次介绍林梦茵认识亚当的情景，当时看着他们眉来眼去的样子，自己就有种预感。尽管林梦茵信誓旦旦说不会爱上美国人，但女人的誓言能信吗？信女人还不如信一个三岁的小孩子，女人根本就靠不住，柳丝雨不是一样骗了自己这么多年吗？还有，这个亚当恐怕在当时就起了歹心了吧？这个花花公子看到林梦茵这样一个古典美人还能不垂涎三尺吗？我真他妈的笨，为什么不相信自己的直觉呢？

他尤其气恼的是自己最终输给了一个美国人。他承认亚当长得高大帅气，有气质有文化，还有稳定的工作和收入，有房有车，关键在于他是一个美国人，是全世界女人都争着抢的香饽饽，连林梦茵这样自以为不会受外国人诱惑的人，最终都拜倒在他的胯下。他再一次感到了深深的自卑，叹自己不如人家。当初为了逃避亚当的压力，自己迫不及待地找上林梦茵，以期证明自己也是一个顶天立地的七尺男儿，没想到今天林梦茵竟然搬起亚当这块大石砸在自己的身上！悲哀啊！他恨林梦茵的背叛，更恨亚当的横刀夺爱，他感到了一种撕心裂肺、心如刀割的疼痛。

这一夜，他再次体验到了孤独的滋味。小时候，即便被父母关在黑屋子里，他也没有真正清楚地意识到这种孤独，因为他的自我意识还没有成熟，还不曾主动明确注意到自身的存在。他第一次自觉到孤独感是在农场时，那时他被关在一个牛棚里，与外界完全隔绝，叫天不应叫地不灵，没有任何人可以帮助自己。后来，就是在逃港期间睡着大樟树上，置身于莽莽苍苍的大山之中，听着野兽的吼叫时，也没有这种孤独感，因为那时身边还有个志同道合的大圈仔。今天，那种孤独感再一次无情地袭来。他刚来到这个陌生的国度，周围全是格格不入的东西，陌生的人，陌生的文化，偏偏自己唯一的爱人又抛弃了自己。这让他突然感觉到自己犹如被抛入一片渺无人迹的沙漠，茫然四顾苍茫无边，不见人影，自己就像一只迷途的羔羊，朔风劲吹前路茫茫，不知走向何方。这是一种彻头彻尾的孤独，是失去了任何皈依的孤独，它齿咬着他的灵魂，侵蚀着他的骨髓，仿佛要把他整个淹没在没有依靠的海洋，推入绝望的深渊。

第三十六章 觉 醒

这学期，项东方选了东亚系主任史密斯教授的课《比较文化概论》。史密斯早年毕业于哈佛大学历史系，后到英国剑桥大学攻读博士，拜师于首屈一指的科学史权威李约瑟门下，取得博士学位后，到德国海德堡大学做博士后研究，最后去了台湾大学做了一年访问学者。他可以说学贯东西、知识渊博，他在华大执教多年，桃李满天下，如今美国许多大学东亚系的知名教授都是他的学生。

开课的那天，在一个小教室里，十几个学生围坐在一张大桌子旁，里面有一个法国人、一个日本人、一个韩国人，一个意大利人，还有项东方一个中国人，其余全是美国人。史密斯教授随意地坐在桌子的一端，他两鬓有少许白发，戴着一副深度近视眼镜，镜片后面是一双锐利的绿眼睛，偶尔会闪烁出一丝调皮甚至狡谲的光芒。他讲课很有特点，不像一般人那样上来就谈课程大纲之类，而是先讲一通奇闻逸事，绕一个大圈，最后才回归主题。他才华横溢、口才极佳，他的侃侃而谈常常引来满堂喝彩。他说，自己对比较文化产生兴趣完全是因为读了李约瑟那本划时代的巨著《中国科学技术史》。他问大家，李约瑟本来只是一个年轻有为的生物化学家，对中国和中文一窍不通，他怎么能够写出一部洋洋七大卷的中国科学史著作，并且轰动全球呢？大家都摇摇头说不知道。史密斯诡秘地一笑，然后煞有介事地说：

“我告诉你们，这完全起源于一次伟大的出轨事件！历史上因为爱情失败而写成名著的实例真是数不胜数，例如歌德因为失恋而写《少年维特的烦恼》，但因为出轨而写出名著的好像还不多见。有趣的是，李约瑟之所以会写这本书完全是因为风流韵事的激发。”

学生们听毕，开始交头接耳、议论纷纷。史密斯继续讲起故事。

李约瑟天资聪颖雄心勃勃，二十四岁时就通过了博士答辩，剑桥大学凯斯学院当即授予他院士的荣誉，他不但可以享受各种特权，而且还在学院里拥有一间寝室，那就是著名的 K-1 号房间，十多年后，就是在这个小房间里上演了一出浪漫的旷世奇缘，从而改变了西方世界对中国文化的看法。

在这之前一年，李约瑟已经与自己的同事、比他大五岁的多萝茜结婚，俩人志同道合、伉俪情深。几年以后，李约瑟出版了三卷本的《化学胚胎学》，奠定了他在学术界的地位，那一年他才三十岁，如果不出意外，他将是一位德高望重的生物化学家。然而，七年之后的某一天，上帝派来了一位使者，她就是娇小玲珑、面容端庄的中国姑娘鲁桂珍。

鲁桂珍是南京一个富裕药商的女儿，曾在金陵女子大学学生理学，后来到上海一家医学研究所专攻生物化学。抗日战争开始不久，她那个飞行员未婚夫不幸阵亡，鲁桂珍万念俱灰，决定终身不嫁，献身科学，于是，远赴英国剑桥。相貌姣好、聪明伶俐的鲁桂珍对作为胚胎学之父的李约瑟景仰已久，她要去拜他和他妻子多萝茜为师，不过，她一直都把李约瑟想象为一个头发花白、老态龙钟的学究。当她怀着忐忑的心情叩开李约瑟实验室的大门时，她真的大吃了一惊，因为她看到了一个身材高大、肌肉发达、四肢修长匀称的男人站在自己的面前，他相貌堂堂，浑身散发着一股专注的帅气，一缕漆黑的长发不时地滑落到额前，迫使他不停地拨回去。更要命的是，他还有着一副粗犷的嗓音，但说起话却又轻柔无比，一下子就俘获了鲁桂珍的心。

李约瑟当时身穿着一套朴素的白色工作服，衣服上满是硫酸烧出的小洞，他与这个娇小玲珑的中国姑娘一见钟情，俩人迅即坠入了爱河。他们相约到剑桥镇共进晚餐，晚上一起去看电影，手挽手在白雪覆盖的后院散步谈心，有时候就沿着冰冻的剑河岸一直漫步到格兰特切斯特，甚至还远赴法国阿瓦岛短暂度假。后来，他们就在 K-1 号房间初试云雨。

有意思的是，他们这样出双入对的举动并没有瞒着李约瑟的妻子，相反，多萝茜不仅对他们的行踪了如指掌，而且还恣意纵容，甚至还参与其中，演出了一幕幕令人侧目的三人行。多萝茜是个逆来顺受、谨小慎微的女人，在婚前就跟先生签订了婚前协定：无论何时，只要愿意，各自可以与别人寻欢作乐，不必受贞操观念的束缚。因此，她并不介意自己先生与鲁桂珍的异国情缘，而且她本来就喜欢鲁桂珍，钦佩她的勇气和智慧，后来当鲁桂珍成为她先生的情人后，这种喜欢并没有减弱。三个人时常一同出游聚餐，一起谈论科学和人生，甚至同居一个屋檐之下，几十年一直乐在其中。

在做了李约瑟情人的同时，鲁桂珍也成为他的中文老师，“李约瑟”这个名字就是她给起的。从那时起，李约瑟对中国语言文化和科学技术的痴迷就像对鲁桂珍的爱恋那么的炽热，并因此改变了他的一生。一天，在 K-1 号房间温存过后，李约瑟突然问鲁桂珍：“为什么中国在近代科学发明上明显落后西方，无所成就？”自尊心极强的鲁桂珍当时就生气说：西方能够在科技取得那么大的成就离不开中国的经验。但是，这并不能阻止李约瑟继续追问下去：为什么在十五世纪以前，中国在掌握自然知识造福人类方面远远超过欧洲？但又为什么近代科学和工业革命并没有在中国发生呢？这两个问题就是世界著名的“李约瑟难题”，后来李约瑟耗费了毕生的精力想去解决它，写下了七大卷的《中国科学技术史》，引起了世界范围的大讨论。

李约瑟认为，古代中国对世界文明的贡献，远远超过所有其他国家，然而，这些成就并没有得到足够的承认。他这本书第一次全面系统地向全世界展示中国古代科技成就，用无可争辩的事实证明：中国人为人类文明与进步，作出了不可磨灭的巨大贡献。但是，他不得不承认，在研究中发现，中国与西方在科技方面的差距，主要是由于社会和经济方面的原因造成的。由于中国技术上的发明主要起于实用，往往知其然而不知其所以然，缺少了西方科学史上的特殊精神，即长期而系统的、通过数学化的方式来探求宇宙奥秘的精神。所以，中国历史上虽有不少合乎科学原理的技术发明，但并未发展出一套体用兼备的系统科学。

针对李约瑟的问题，世界上许多学者指出，中国古代只有零散的科学知识，偏重技术方面，缺乏理论研究，中国没有产生逻辑化的、系统的科学体系。爱因斯坦就明确表示，由于中国既没有产生形式逻辑也没有产生实验方法，所以中国是不可能产生科学的。

在哈佛大学活跃着一个号称“美国头号中国通”的人物，他就是大名鼎鼎的费正清。费正清这样来回应李约瑟的问题：中国无法从应用技术中发展出理论科学，原因在于两个障碍：第一个障碍，中国学者倾心于研究人与人之间的关系，以及人与社会的关系，他们更重视人的伦理道德规范的探讨，而忽略了对人类征服自然能力的探讨，也就是忽略了对物质、对技术，乃至对科学发展的研究。第二个障碍，中国人的思维方式是一种原始的经验的直观思维，缺乏理性和逻辑，中国人没有建立起一整套完整的逻辑思维体系，缺少对思想和概念的基本界定，他们没有能力通过一种概念来证明另一种概念，用一种思想来证明另一种思想，甚至于在整个思维过程当中，他们的表述是缺乏系统性的，他们都认为自己的思想是无需进行推理证明的。这显然是与现代科学背道而驰的，因此，在中国文化内部，根本不可能自发产生出近代意义上以理性逻辑思维为工具和特征的科学理论。

史密斯说到这，端起咖啡喝了一口，接着，他问大家：“我讲了这么多，你们有没有发现什么问题？“

那个韩国学生举手说：“我觉得，在李约瑟和其他学者的思想中，好像潜伏着一个隐含的前提，那就是他们都是站在西方文化的立场上，去评判中国和东方的文化，他们都用西方的价值观来衡量东方的价值。”

这提醒了项东方，他也隐隐地感到了这种倾向，只是还没有很明确。史密斯听罢，很高兴地说：

“你说得对！在西方学术界这是一个普遍的共识。费正清解释中国近代历史时就用了一个“冲击——回应”的模式。这个模式完全就是以西方历史观和价值观来探讨东方的一个研究模式，它首先假设西方资本主义是一个动态演进的近代社会，而中国社会则是一个长期处于停滞不前状态的传统社会，本身缺乏自我发展的内在动力，当近代西方人以巨大的优势君临中国时，强烈的刺激才迫使中国人克服惊人的惰性，中国传统社会才有机会摆脱困境，获得发展。毫无疑问，这是一种西方中心主义的思路。

“说到底，这种西方中心论的观念其实在古希腊时期就开始萌芽了，亚里士多德在《政治学》一书中提出，亚细亚人比欧罗巴人更具奴隶性， 他们更能忍受专制统治而无怨恨。这种观念已经有了西方中心与西方人优越的思想萌芽。到了 18 世纪的欧洲启蒙时代，法国思想家孟德斯鸠在他那本《论法的精神》中，进一步重申了亚里士多德的观点：由于亚洲属于温带， 这使得亚洲人生性软弱而甘于被奴役，中国一直是一个专制国家，中国人是不带枷锁的奴隶， 而专制的原则是恐惧， 恐惧则导致了忠孝观念的流行。

“1791 年，德国学者赫尔德出版了他那本影响深远的《人类历史哲学的观念》一书。

他认为，全部人类历史就是一个从野蛮状态开始，逐渐走向完全理性和文明的社会的有机发展过程。他把欧洲视为这个人类有机体中的最高的类型，而中国、印度、或者美洲的土人根本就没有真正的历史进展，只有一种静止不变的文明，缺乏那种稳定的积累和发展。在赫尔德这里，欧洲文明比东方文明先进、西方民族比东方民族优越的西方中心观念都已经出现了。

“十九世纪中期，达尔文发表了《物种起源》，宣称自然界遵循着优胜劣汰，适者生存的规律。几乎与此同时，英国哲学家斯宾塞进一步把生物进化论的原则应用到社会领域，变成了鼓吹物竞天择、适者生存规律的社会进化论。然后，德国哲学家黑格尔从逻辑上也提出了人类演进的普遍规律，而把欧洲置于这个演进的制高点之上。

“与这些思想同步发展的是西方的殖民主义，两者相得益彰、互为支撑。十八世纪的工业革命为西方国家积累了雄厚的经济力量和军事力量，它们开始了世界范围的殖民征服，牢固地奠定了欧洲和美国在全球的霸权地位，其他民族都必须顺应这个历史潮流，顺之者昌、逆之者亡。到了二十世纪，不管在理论上还是在实际上，西方都成了世界的中心，西方中心的观念也成了世界上大多数人的普遍共识，因此，当代的比较文化研究也不可避免地要围绕着这个中心来开展。”

史密斯刚讲完，同学们就热烈地议论起来，大家几乎一边倒地同意他的说法，肯定西方中心论的事实。项东方默默地听着大家的讨论，心情忽上忽下，难以平静。史密斯的高谈阔论让他颇为震惊。当史密斯说到李约瑟的出轨时，项东方马上就联想到李约瑟就是亚当，鲁桂珍就是林梦茵。他变得非常敏感，心里不停地诅咒这几个人。他还对自己说我可不愿意做多萝西，不会演出什么三人行的卑鄙勾当。当然，史密斯所描绘的西方中心主义更让项东方警觉，他往深里一想，觉得只要把这个理论再往前推论多一步，就会发现里面隐藏着的种族优越论的观点：既然欧洲是世界的中心，西方人天生就有理性和智慧，只有他们才能驾驭历史的发展，那当然他们生来就比其他种族优越。当年希特勒在纳粹德国不就是这样干的吗？这个推论让他特别不爽，因为这会使他的自卑心理加重，还只能把这种自卑看成是理所当然的。

项东方在北大时就读过李约瑟，还时常和同学们讨论争辩，议题从为什么中国古代没有发展出现代科学，变成了为什么中国文化落后于西方。但当时他并不知道李约瑟的风流韵事。现在，如同李约瑟与鲁桂珍的异国情缘刺痛他的心一样，史密斯的西方中心论同样使他如鲠在喉。

下课以后，项东方一直都在思考这个问题，甚至到了晚上睡觉时还是放不下。虽然李约瑟给了中国很多肯定，然而，他与鲁桂珍之间的纠葛，总让项东方想到亚当与林梦茵的背叛，他在感情上无法接受这一事实。况且，李约瑟的观点竟然成了西方中心论的重要依据，这似乎是李约瑟本人都不曾意识到的。同学们的议论让项东方很难堪，他忽然发现，自己作为一个中国人是那么的孤单，他突然产生了一种强烈的抵触情绪。在国内的时候，他是个言必称西方的人，坚决主张全盘西化，厌恶一切中国的东西，他自己并没有意识到，其实当时自己就是一个十足的西方中心论者，只不过自己没有知觉而已。那时候，身边除了亚当全是自己的同胞，鼓吹西方优越论除了有点标新立异外，并没有突显出自己的民族自卑心理，这种自卑只是面对亚当的时候才特别突出。如今不一样的是，自己陷身在一片西方人的汪洋大海之中，如果还要自轻自贱，那岂不是自己否定自己，否定自己的祖先，否定自己的民族？他仿佛突然之间醒觉了：不能再这样下去了！这样会彻底毁掉自己的意志、自己的精神，甚至自己的生命！

他躺在床上，睡不着，翻来覆去不停地想。他受过多年的哲学训练，理论思维能力不错，因此他很快就理清了思路。他发觉支撑着西方中心论的无非是两大依据：第一是西方国家事实上的世界霸权地位，这是无法否认的事实；第二是从达尔文生物进化论到斯宾塞社会进化论这一派发展历史观。作为反论，第一个事实其实根本不需反驳，因为李约瑟本人就曾证明了，截止到十五世纪，中国无论在科技在物质财富，还是在文化社会生活各方面都优越于西方，西方的优势只不过才出现了几百年，没有谁能保证它永远都强势下去。存在于人们意识中的西方中心论观念，是伴随着西方国家日益强大而增强的一种盲目自信，在背后支撑着它的则是从生物进化论演变而来的社会进化论思潮。因此，要否定西方中心论首先就必须摧毁进化论，找到了否定进化论的依据，西方中心论就不攻自破了。

一想到这，项东方脑子里突然灵光一现，一骨碌跳起来，点燃了一支烟，然后坐到书桌前，把自己的思想写下来。他写得很快，字迹很潦草，他的手甚至不停地在发抖。他兴奋不已，几乎彻夜难眠。第二天他爬起来，随便吃了点早餐，就匆匆地跑到图书馆，查阅了许多资料，终于发现学术界早就对进化论有疑问，许多学者已经找出这个学说的诸多缺陷和漏洞，从而证明达尔文的生物进化论这个一直以来被人们奉为金科玉律的学说，充其量就是一个错漏百出的理论麻袋，里面装的都是一大堆没有验证过的思想假设，离真理还差那么十万八千里。项东方如获至宝，他为自己的发现兴奋不已，接着，用了三个星期的时间，把有关资料整理好，形成了自己思想。

下个星期三上午，是讨论课。许多同学围绕着李约瑟、费正清，西方中心论和比较文化等方面谈了自己的看法，他们大多数都同意史密斯的意见。那个叫本田的日本同学操着满口日本口音，煞有介事地强调说，美国作为世界上最发达的国家，代表了西方文明的最高成就，是世界历史的终结者，就是说美国代表了西方发展的最高峰，美国的制度和文化是人类社会的最高成就，世界上所有国家都应该以美国为榜样，向美国学习，向美国靠拢。那个韩国人也频频点头，表示赞同，许多同学也都随声附和。史密斯颇为满意，他看着项东方说，你来自中国，说说你的看法，那或许代表着中国人对这个问题的意见。

项东方此时的心情相当紧张，他一则担心自己的英文，在家时虽然自觉不错，但如今面对的几乎全是土生土长的美国人，自己的口语是否过关，实在没有什么把握。好在他有所准备，已经把基本内容都写了下来，只要能随机应变，应该能对付过去的。他更担心的是自己的观点，他怕自己与众不同的思想会成为异端，被大家怀疑和攻击。

自这门课开讲以来，项东方几乎就守口如瓶，没有怎么发过言，以致于人家都以为他与大多数中国学生一样，惯于接受“填鸭式”的教学，不会表达自己的意见。确实，他从小就不爱出风头，像这种场合一般都是能躲就躲的，今天虽然他心里装满了感想，但他还是犹豫着要不要开口。然而，史密斯注视着他的目光带有挑战的意味，所有同学也都目光炯炯地盯着他，他再也没有逃避的空间了。于是，他声音有点颤抖地开始了自己的发言。

“今天我要说的是，西方中心主义是西方人的一个迷梦，一种类似于宗教的盲目自信，它骗过了许多西方以外国家的人，包括我本人。我成长在中国一个偏远的小城镇，从小并不了解西方文化，但我看过许多反美的电影，对美国人有着很深的敌意。‘文化大革命’时，我目睹了许多野蛮残酷的事件，使我对我的故乡和祖国非常失望。当我上了中国最好的大学以后，我有机会接触到各种各样的西方文化，认识来自美国的人，我开始发现西方国家确实比我们国家发达，比我们好。于是，我也有意无意地接受了西方比中国优越的观念。为此，我很自卑，我为自己，为我的祖国感到自卑。我来到这里，就是想看看美国是如何的发达，如何的先进。我确实看到了。但是，直到最近我才突然发现，即便这样我们也不能把这看作为西方一直就是世界的中心，李约瑟早已说明中国文明曾经领先于西方十多个世纪，西方的进步只有几百年的时间。我现在想说的是，西方中心论赖以存在的理论依据是根本不成立的！”

项东方的声音已经从微微的颤抖渐渐地恢复平静，教室只有他的声音在回荡，大家都全神贯注地听着他的发言，史密斯若有所思地望着他。他又开始侃侃而谈道：

“西方中心论的理论核心就是进化论，而进化论本身只是一个无法也没有证明的假设，所以，西方中心论根本就靠不住！”

他的话音还没落地就惹起了一片哗然，有人低声叹息，有人摇头，一个满脸稚气的美国小伙子忍不住打断了他：

“为什么你说进化论只是一个假设，而不是一个真理？”

项东方看了他一眼，从容地答道：“你知道，进化论有两个基本的假定，而这两个假设都从来没有得到过证明，这就说明进化论始终就是一个类似于宗教的猜想。”

史密斯双眼炯炯地盯着项东方，眼神里满是疑惑地问:“你说说看，是哪两个假设？”

项东方瞄了一下笔记本，抬起头来说：“第一个假设是生命起源的化学进化论，这个假设认为生命起源于无机小分子，从无机小分子到有机高分子物质，然后演变为原始生命。然而，到目前为止，大量的模拟实验并没有发现无机小分子能够生成有机高分子物质，生物学家们也观察到，从杂乱无章的有机物自然地构成高度复杂、有高度严整结构的原始生命的概率几乎为零。

“第二个假设是物种起源的进化论，它假定地球上的所有生物，都是由一个共同的祖先经过漫长时间逐渐演变而来的，因此，各种生物之间有着或远或近的亲缘关系。事实上，这个推测并没有得到任何的证明，最关键的一点是物种之间如何突变的问题。达尔文认为，生物是在微细的、连续的变异中经过自然的选择而产生新的物种。这种看法已经被现代分子生物学证明为错误的，因为基因不会改变。我们知道，物种取决于基因，但基因根本不进化，不同个体的遗传密码会有差异，但差异绝对不会超出物种的范围，例如，老虎的后代永远是老虎，它不可能生出狮子来，尽管它们都属于猫科；再比如，人类和黑猩猩的基因很像，遗传基因解码证明人类染色体是 23 对，黑猩猩染色体是 24 对，据说相似率达到百分之九十九，然而，那百分之一的差异就是物种之间绝对不可能逾越的界限，黑猩猩的染色体根本不可能变成人类的染色体，所以，人根本就不是从猿人演变而来的。这就证明了物种起源的进化论是站不住脚的。”

项东方讲完，全场静默，过了好一阵才有人感到不可思议，有人觉得惊讶，还有人表示忧虑。那个叫卡斯帕的法国人说：

“我记得中学时学生物学就知道，物种之间存在着一些中间过渡类型的生物，例如，始祖鸟就是一种介于爬行动物和鸟类之间的动物，这说明它是进化的一种中间状态，从而证明生物进化是一个事实。”

项东方笑了笑，不以为然地说：“说来大家可能不相信，始祖鸟本身就是个骗局，世界上一共发现了六个始祖鸟化石，有五个被证明是伪造的，最后一个还被拒绝做出验证。所以，始祖鸟根本不可能作为证明进化论的证据！关键在于，到目前为止，所有化石记录都显示，并不存在一个所谓的中间过渡类型的进化物种，真实的情况却是，一个物种突然消失，而新的物种不期然地冒了出来。”

一个戴眼镜的美国女生不满地说：“我们在自然界确实看到生物界从低级向高级的进化，通过自然的选择，产生更优越的物种，要不然，我们人类跟其他低等动物不就没有区别了吗？”

项东方不加思索地答道：“如果自然真的倾向于选择最优的品种，那为什么不进化出一种会搬家的植物呢？这样的话，植物不是就有更好的生存空间了吗？还有，我们知道，天上飞的有鸟儿，水里游的有鱼儿，地上跑的有四只脚的动物，而且，我们知道陆地上跑得最快的是汽车，但为什么我们从来没见过一种长着四个轮子的动物呢？”

“哈哈，太逗了！”

听众爆发出一阵哄堂大笑，有人说：真是奇思异想，这样的问题都能想出来。有人问：四个轮子的动物怎么爬山？碰到沟坎怎么过去？还有人说：就算有四个轮子的动物，世界上也没有那么多高速公路给它们去跑啊！

大家一时议论纷纷，场面非常热闹。项东方反而有点窘困，四个轮子的动物这个说法他以前也没有想过，只是一路讲来越说越兴奋，说到忘乎所以时突然脱口而出，属于临场发挥，并没有深思熟虑，没想到却是个站不住脚的比喻。他本来对自己的理论是颇为得意的，现在被大家一笑，似乎也有些动摇了，他变得有点心虚，一时说不出话来。

史密斯等大家笑完，严肃地说：

“项东方，我承认你的观点有见地，值得探讨，但大家都知道，进化论是我们时代的信仰，是我们理解自然和社会发展规律的一个重要理论基础，抽掉了进化论，许多理论和学说将会崩塌。这不能不慎重。”

史密斯的话让项东方清醒了不少，又开始恢复了自信，不再纠缠于四个轮子的动物，而专注于自己的思想，他平静却坚定地说：

“是的，否定了进化论，生物学、心理学、社会学、历史学等等学科就要改写，我们对人类对世界的看法就要更新，而其中一个最直接的后果就是，西方中心论的思想就不攻自破。”

那个名叫萨尔瓦多意大利学生煞有介事地问道：“既然你认为进化论是错误的，那是否意味着你相信神创论的说法？”

项东方坦然地答道：“我并不相信上帝创造世界和人类的学说，对我来说神创论和进化论一样，只是可供选择的两种假说而已，人们还可以提出其他可能的假说，例如天外文明播种说。”

“你是说天外文明播种说？”一个美国学生好奇地问道。

项东方说：“是的，社会上确实有一种很流行的说法，认为地球上的生物和人类都是外星人播下的种的后代。”

“哪你到底相信哪一个理论呢？”

“我不相信任何一种。”

“就是说你没有任何信仰？”

“对！在未知的事物面前，最理智的做法就是保持沉默。我宁愿像苏格拉底那样承认自己的无知，也不想狂妄自大地以为无所不知。”

“看来你是一个怀疑论者！”

“你可以这么说。”

“这太奇怪了，人怎么可能没有信仰？”一个美国学生摊开双手，诧异地说。

史密斯看了那个学生一眼，平淡地说：“其实，这一点都不奇怪，在中国这很普通，因为大多数中国人都不信神。可以这么说，中国文明是这个世界上最奇特的文明，世界各大文明圈都有自己的宗教，唯独中国付诸阙如，他们也有佛教、伊斯兰教甚至基督教，但那些都只是小众的信仰，从来都没有在社会上取得过主导地位，也从没有成为官方意识形态，他们没有宗教，没有忏悔意识，没有超越现世的信仰，所以，他们不会为了某种特定的宗教信条走火入魔，没有为了理想而献身的先知和圣贤，也没有为了信仰而发动的战争。该奇怪的是，在一个面积这样巨大、人口如此众多的国度里，他们没有统一的信仰，却为什么能够整合在一起，并且延续几千年而不衰竭，这才是令人着迷的地方。”

史密斯的话让项东方想起小夫子来了。那时候，小夫子说出一番类似的话时，项东方是根本不以为然的，因为他早把中国看低了。可是，现在他忽然发觉小夫子也许真的有些道理：为什么中国文化绵延发展几千年而不衰竭，其中是否有什么秘密，也许里面正蕴含着某种积极的意义？这个问题他从没有认真想过，思想不成熟，因此他暂时不敢发言，却听到许多同学一个个地发表意见：

“无神论真是不可思议，魔鬼才没有信仰，不相信神，人就可以自己作主、为所欲为。”

“没有信仰怎能决定自己的价值，决定人生的方向？活在世上就像是行尸走肉一般。”

“我觉得，没有精神生活，没有灵魂的追求，他们的人生体验一定很肤浅！”

“我的理解是，他们是一个世俗的社会，他们更关注现世的幸福，却不谈论人生的终极关怀。但是，我不能理解的是，他们是怎样处理个人对有限人生的超越性需求的？难道他们就不会想到人死后的归宿问题吗？莫非他们只关心活着的事情，而对身后却一点都不在乎吗？”

……

史密斯待大家说得差不多了，就伸手示意大家安静一下，然后接着说：“大家说得好。确实，中国人跟我们西方人很不同，中国文化更多关注社会和整体，重视人伦关系，却忽视作为个体的人，因此他们不关心个人的命运，更无视个体的存在和终极的需求，所以，他们不需要一种以个体超越为目的的宗教。

“经过多年的比较研究，我发现了一个有趣的现象，就是西方文化是以个体化为根本倾向的，而中国文化则是以普泛化为基本特征的。个体化的终极要求就是个人的灵魂得救，回归上帝；而普泛化则将个人虚泛化到人伦和整体关系中，所以，中国人不需要神的救赎，也就没有建立宗教的必要。

“在古代中国，这种普泛化的观念也许行之有效，然而，到了近代似乎就行不通了，当西方文明居高临下地闯入中国时，他们不得不改变自己的传统，但是却没法做得彻底。比如说，他们也想确立人道主义的原则，但是，他们无法把个人从社会和整体中独立出来，因为他们不明白只有上帝才可以这样做。

“基督教是西方社会具有两千多年的信仰，至今大多数美国人仍然信奉上帝，所有的价值观和道德观都是建立在这个信念之上的。没有上帝，我们就不能说：上帝面前人人平等;没有平等的观念，也就谈不上什么自由和人权，而法律也就失去依据。但是，现代中国人始终不明白这样一个道理，就想凭空在一片荒地上建立一整套人道主义的价值观，这就是为什么他们屡屡失败的原因，因为他们一直都没有把上帝迎进他们心灵的庙堂……”

项东方耳边轰鸣着史密斯慷慨激昂的话语，让他如坐针毡一般烦躁不安。同学们有意无意的评论和史密斯自以为是的断语，犹如一把把飞刀劈头盖脸地甩过来，将自己砍得体无完肤。没想到，自己本来只是想批驳一下西方中心论的偏见，却惹来了如此多的攻击和责难，而他们的批评其实又都是从西方中心论的立场上展开的。看来，自己确实是触了雷了，西方中心是全世界都接受的一个事实，自己却偏偏唱反调，这不是自讨苦吃吗？他突然间发现自己陷入了四面楚歌的包围之中，有口难辩，无力突围出去。他深深地体会到了一种不被理解的压抑，觉得自己就像一个长着四个轮子的怪物。

第三十七章 怒打情敌

林梦茵的背叛让项东方生不如死，而课堂上的冷遇同样使他气闷，接二连三的打击弄得他萎靡不振，他把自己关在房间里，几天几夜都不出门，连课也不去上。过了一阵，感恩节到了，这是美国人一年中最重要的节日之一。学校放了假，邻居们都回家或者找朋友过节去了。这几天他心情非常郁闷，他一会翻翻书，一会看看电视，烟抽了一支又一支。

到傍晚时分，他感到肚子饿了，打开冰箱一看竟然空空如也，邻居们早把各自的东西清空了，而他自己这几天总是心不在焉，东西吃完了都一点没觉察。他狠狠地骂了一句，使劲把冰箱门“砰”地一甩。他自忖道：真他妈够黑的，倒霉的时候喝凉水都硌牙！恨归恨，恼是恼，肚子饿了总得吃饭。他无奈地披上一件羽绒衣，骑上单车就出了门。

十一月底的天气已经很冷了，正是西雅图的雨季，昨天刚下了一场大雪，路上还堆着厚厚的积雪，寒风吹来，不时把树梢上的残雪刮下来，飘落到地面，也落到项东方的头上和衣服上。

骑了十多分钟，来到那家他平常买菜的平安道超市前，停车场空落落的，几乎看不到一辆车，更没有一个行人，只有还没融化的积雪。店里面倒是亮着灯，外面也装饰着五颜六色的彩灯，让人误以为生意红火。项东方有些迷惑，把车停到大门口，向门口走去。以往这扇门都是自动打开的，可现在它却纹丝不动。他伸手推了一下，门并没有开。他愣住了，透过玻璃往里面一望，里面倒是灯火通明，但就是不见一个人影。“见鬼了！”他不由得骂了出声。再定睛细看，原来门上贴着一张告示：“感恩节休息一天，明天恢复营业。”

“妈的，这不是故意跟我作对吗？过年过节还关门，什么玩意嘛？”

骂完了，他又蹬着车子在马路上乱窜，不一会儿就拐到了大学街上。街两面到处都披红挂绿、张灯结彩，挂满了节日的彩灯，商店大都灯火通明的，街上偶尔驶过匆匆的车辆，只是总看不到一个行人。他形单影只地骑着车，耳边掠过呼啸的寒风，他饿得实在受不了，胃在咕噜咕噜地翻腾。他不禁想起下乡时情景，那次因为肚子饿，跟着烤番薯的香味，认识了大圈仔，最后两人去偷渡香港，在路上饿得要靠野果充饥。没想到，如今人在美国，这个号称世界最富裕的国家，还得忍饥挨饿，这叫什么事呢！

过了一阵，他远远地看见了一个金黄色的拱门，在一片灯火阑珊中这个巨大的灯显得鹤立鸡群，分外的显眼。这不是麦当劳吗？他心头一喜，赶紧猛踩几下。他并不喜欢汉堡包，虽然跟中餐和其他餐馆相比，麦当劳很便宜，但几个月来他吃得太多，早已腻味透了。可眼下哪管得了这么多呢，只要能填饱肚子就行。当他走近门前一看，顿时又傻了眼：门是关着的！

这下他差不多要绝望了，只是还不曾完全死心，他已经饿得手指发抖，身体也疲乏不堪，整个人软绵绵的没有力气，只凭着惯性继续往前骑行，想再碰碰运气。路过一家肯德基，灯箱里那个戴眼镜的慈祥老头仿佛在向他微笑，他似乎闻到了一股炸鸡的香味，他咽了口唾沫，把单车往路边一扔，就跳起来去推门，门关得死死的，根本推不开。他这才发觉，那炸鸡的味道其实只是他自己的幻觉而已。

他一下子泄了气，对能否买到食物已经不抱任何希望了，心想着先回家，找一找犄角旮旯，没准还能找到吃的东西，再不济喝口热水也比空着肚皮强吧！今天就饿着肚子睡一觉，反正我又不过什么狗屁感恩节，一顿不吃还不至于饿死，明天再说。

他一面想，一面垂头丧气地推着车往回走。这时，他颓丧到了极点，心里一遍遍诅咒着：这个狗屁美国，找个吃的地方都没有，简直害死人了！这他妈的还是美国吗？怎么有钱都吃不上饭啊？

忽然，他的脚踢到了一个半软不硬的东西，低头一看，好像是一个钱包，再仔细看看，确实是一个黑色的钱包。他放好车，弯腰把钱包捡了起来，颤巍巍地把钱包打开，看到里面有一张驾照、几张信用卡，还有整整八十美元现钞。他突然眼睛发起光来，心想：哈，是不是我的好运来了？黑灯瞎火的竟然捡到钱包？不对呀，现在要钱有什么用，连饭都吃不上，这钱还不等于废纸？再转念一想，这钱还真不能要，这是不义之财，不可以贪。

一时间，这个无意捡来的钱包竟然成了个烫手山芋，他在脑中展开了激烈的思想斗争：到底该怎么处理这个钱包呢？自己是肯定不能要的，那么去找失主，找警察？找什么啊，我都快走不动了，谁还管得了那么多？要不把它扔了吧，就当没看见？这也不行，如果被某个贪心的人看见，捡了去，失主就惨了。他就这样忍着饥饿，不停地思考着，分外的纠结。

就在他左右为难、六神无主的时候，突然他眼前一亮，他看到不远处的马路边上停着一部警车，车顶上红蓝两色的警灯闪烁个不停。以前，他只在好莱坞大片上看到过美国警车，那大多与犯罪和暴力相关联，总有一种威严与吓人的感觉，令人不敢靠近，可是，眼下他竟然觉得那是如此的亲近，仿佛那就是救星一样。他不顾一切地骑着车，向着警车冲去。

到了跟前，他停止在警车前几步远的地方，因为他看到两个身材高大、全副武装的警察，正在训斥一个看似流浪汉的男人。那人穿着邋遢的衣服，胡子拉碴，头发蓬松飘散在肩膀上，双手扶着一部从商场偷来的购物车。两个警察轮番地跟那个男人说着什么，那人只是不停地点着头。项东方不敢靠近，只远远地观望着。

隔了一阵，终于有一个警察注意到了项东方，冷冷地问，先生你有什么事？项东方趋前两步，毕恭毕敬地说，警察先生，我捡到一个钱包，我想交给你们处理。

“啊，你捡到钱包？”

随着这一声诧异的惊叹，项东方在那警察的脸上看到了一种他永远都不会忘记的表情：一开始是目瞪口呆的凝滞，然后，是紧皱眉头的沉思，最后，是无法理喻的迷惘。有那么一刻，项东方失落了自己，他无法理解对方眼中所表露出来的情绪，他不明白人家为什么会有如此这般的神态，他甚至在心里问自己：莫非他们以为我是偷来的？

那警察终于回过神来，看了他同伴一眼，对方也跟他一样，刚刚从困惑中苏醒过来，俩人相视一笑。然后，第一个人接过项东方犹犹豫豫地递过来的钱包，打开来飞快地看了一下，还把现金认真地点了一遍，嘴里喊出了声：

“八十块！”

一边还向他的同伴使了个眼色。这次，项东方在他们脸上看到的是轻蔑和嘲弄的眼神，他彻底地迷惘了。

警察开始一本正经地向项东方要身份证和电话号码，项东方说没有驾照，就把学生证给了他。那警察看完就说：

“哦，华大的学生呀？刚来的吗？”

项东方努努嘴“嗯”了一下。

另一个警察说：“唔，怪不得！”顿了一下，又面无表情地说：“这事我们会处理的，谢谢你！”

项东方一块石头终于落了地，但是，一个疑问却留在心间，挥之不去：他们为什么这样奇怪地看我？难道我做错了什么？

警车开走了，身后飘过那两个警察莫名其妙的笑声。项东方刚要跨起沉重的腿，坐到单车上，却听到那个流浪汉叫他的声音：

“诶，先生，请等一下！”

项东方愕然停止，回过头来，看见流浪汉向他走了过来。刚才发生的一切，让他完全把这个人给忘了。现在，警察走了，蓦然又见到这个衣衫褴褛的流浪汉，心里不由得一阵紧张。流浪汉却恭维着说：

“先生，你真是个好人！捡了钱包还交给警察，要是我早揣兜里了。”

项东方对这个陌生人还是有点戒备，就苦笑着说：“咳，别提了，不明不白地捡了这个东西，真不知怎么办好，好在碰见了警察。”

“先生，其实你不用交给警察的，如果你怕麻烦，最好的办法就是把现金自己留下，再把其他东西扔掉。”

项东方天真地说：“这不好吧？别人的东西怎能窃为己有，这不道德。”

流浪汉笑道：“先生，你是刚来的吧？我们这里不兴哪一套，我们的规矩是谁捡到的东西就是谁的，特别是现金又没有写谁的名字，它在谁手里就是谁的。”

“真的吗？这太奇怪了。”

“不，先生，一点都不奇怪，在我们这个国家这再正常不过了。”

“哦，怪不得，领教了！”其实，项东方心里没说出的话是：你是个乞丐，当然多多益善，可人家警察是为人民服务的，难道他们也是这样想吗？他想起了刚才那个疑问，就直截了当地问：

“为什么刚才那些警察表情那么奇怪，好像把我当成了一个嫌疑犯那样？”

流浪汉情不自禁地哈哈大笑道：“你还不明白吗？人家觉得你就是个大傻瓜，不要说我没见过有人把捡到的钱包交出去的，恐怕连警察都觉得稀奇呢！哈哈哈！”

项东方被他笑懵了，好半天才回过神来：哦，敢情我还真是傻呢，这可是美国，不是中国？

流浪汉看到他一脸难为情的样子，反而安慰他道：“其实也可以理解，毕竟你是外国人，不了解这边的习惯。不过，我看你确实是一个好人。”

项东方心情稍微轻松了一点，同时，又感到肚子更饿了，一面走一面随口说道：

“美国真是个奇怪的国家，过年过节到处都关门打烊，害得我半天都找不到吃的！”

流浪汉跟着他走，一边谦卑地说：“咳，感恩节嘛，商店餐馆都会关门的，每年都这样，见怪不怪了。”

“怪不得呢，走了半天都找不到一家开门的店，够扫兴的。”项东方说完这句话，本想快点把他甩掉，没想到流浪汉却认真地说：

“你可以试试加油站，哪里兴许能买到小吃。”

“真的吗？”项东方突然兴奋起来了，仿佛眼前出现了一个巨大的汉堡包，马上就能填饱自己的肚子了。

“先生，前面有一家雪佛龙加油站，去看看吧！”流浪汉恳切地说。

项东方感激地看了他一眼，流浪汉笑眯眯望着他，眼神里满是祈求，项东方不明白他到底在想什么。流浪汉又谦卑地说：

“先生，你行行好，给我点零钱吧！”

项东方这才不由自主地掏出两块钱，诚心诚意地递给他。流浪汉拿了钱，满脸堆笑着说：

“谢谢！你真是个好人，愿上帝保佑你！感恩节快乐！”

流浪汉的祝福让项东方感到一阵温暖。真想不到，折腾了半天，最后还是一个陌生人给了自己一个美好的祝福，当然，流浪汉的指点也鼓舞了他。于是，他用力地蹬着车，向前飞驰而去。

没过多久，他终于望见了那家雪佛龙加油站，仿佛在黑暗中看到了曙光那样欣喜若狂，他扔下车子，飞一般跑到店门前。店门已经在里面上了锁，只在侧面有一个小窗户开着，橱窗里面似乎有个人影在晃动。他走到窗前，隔着玻璃窗，他看到里面那个店员。那人长着一副亚洲人的面孔，呆呆地坐在窗前。项东方猜他可能是中国人，于是，就客气地问：你说中文吗？对方没有任何反应，只是冷漠地问你要什么。项东方急切地说，我要吃的，什么都行。店员拿出两个甜面圈问他要不要。他两眼发光，连声说要要。

他还要了一杯咖啡。然后，不顾寒风，就站在旁边一番狼吞虎咽，三下五落二就把两个甜面圈干掉了。吃完以后，为了预防万一，他最后还买了些饼干薯片之类的小吃。

回到宿舍，他的手都冻得发僵了，不由得慨叹自己到美国的第一个感恩节竟然这样度过，实在是有说不出的悲哀。他越想越气，觉得这一切都是亚当这个骗子引起的，他把我骗来这个鬼地方，害我受了这么多苦，他可好连我的女人也拐跑了。想着亚当这个浑小子现在说不定正搂着林梦茵，在黑暗中翻云覆雨，他就恨得牙齿格格响:妈的，一定要给他点颜色瞧瞧！

那一夜，他这样就带着怨恨度过了。

过了假期,又要回学校上课了。从宿舍到教室的路并不远,可是,他宁愿兜一个大圈，多绕一点路，拐到那条长着许多枫树的罗斯福大街。他不知道为什么，也许只是无意识的。他当然知道林梦茵就住在这条街上，虽然他现在对她恨之入骨，可不知为什么心里偏偏总想见她一面。有时候,他在心里骂自己贱,都已经分手了,还纠缠她干嘛呢?然而，他就是控制不住自己欲望，每次经过林梦茵的宿舍，他都紧张不安地望着她的门口，盼望着她的出现。他已经这样好久了，就是没有碰到过林梦茵。

这一天早上，他又路过罗斯福大街，他一面骑着车，一面朝林梦茵的房门口张望，惴惴不安等待着她的出现。蓦然间，他终于看见那扇门打开了，一个高大的身影闪了出来，跟着是一个穿睡衣的女人，两个人抱在一起，热烈地亲吻着。

项东方听到那男人温柔地说：

“Honey，回去吧！”

那女人慵懒又甜腻地说：“Darling，好了，上班的时候可不要想我，知道吗？我在家里等着你哦！”

两个人又腻歪歪地亲在了一起，项东方听得真真切切，那女人就是林梦茵，他也看清楚了那个男人就是亚当，一瞬间一股热血直往他脑门上冲。他心里狠狠地骂道：妈的，Honey 是你叫的吗？你这个不要脸的混蛋，抢了我的女人······他本想着赶紧离开，不愿看到这个恶心的画面。可是，他没能控制住自己，他把单车一扔，几步就冲到他们面前，开口就骂道：

“亚当，你这个婊子养的！”

两个人松开手，目瞪口呆地看着他。他又骂了一句：“你们真不要脸！”

亚当反应过来了，冷冷地说：“项东方，别骂人，你冷静点！”

“冷静？你叫我冷静？”项东方冷笑道：“你抢了我的女人，我能冷静吗？”

亚当摊着手说：“项东方，我们需要好好谈谈。”

“没什么好谈的，你把林梦茵还给我！”

“你知道这不可能！”

“为什么不可能？”

“因为她不爱你了，她爱的是我。”

“她是被你骗的，她一直爱的都是我，是我！”

“你别做梦了！她是个成年人，她知道要什么，她自己有权决定去爱谁。”

项东方突然语塞，说不出话来。过了一会，他才又愤怒地吼叫道：“是你勾引了她，你早就知道她是我的女朋友，你为什么还要去引诱她，你是个不折不扣的混蛋！骗子！”

亚当耸耸肩说：“不，不，不是这样的。只要你们还没结婚，我们就可以公平竞争，不是吗？现在你输了，你不能怪我！”

“你这是强词夺理，没你这么不要脸的！”

亚当突然冷笑道：“这是在美国，有本事你把她抢回去吧！”

“我操你妈！”

项东方忍不住了，挥手向亚当的脸扇过去。亚当用手挡住项东方的手，项东方一急挥拳砸在亚当的腹部，两个人扭打在一起。

林梦茵一直都在尴尬地看着两个男人争吵，脸涨得通红，本想转身躲到房间里面。后来看到他们越吵越凶，她急坏了。看到项东方突然动手打人，她想起亚当平常跟她讲过的遇到类似的事就要报警。于是，她想都没想就拨通了 911 的报警电话。没几分钟，一辆警车来到了现场，把项东方带走了。

第三十八章 失乐园

项东方被关在拘留所里，一开始他挺气馁的，他有点后悔自己一时没管好自己，惹下一个大祸，如今不知如何是好。后来，再转念一想，他又释然了。一直以来，亚当在他心里就像是一座大山，压得他透不过气了，他本来挺敬畏亚当的，但今天暴怒过头，控制不住出了手，居然打了他，终于出了一口气，打过以后反而不再怕，转而就有点蔑视他了。他仿佛第一次感到，自己推倒了那座压在自己身上的大山，心里竟觉得无比的舒坦，尽管这舒坦让他付出了沉重的代价，不仅丢了林梦茵，还面临着严厉的处罚。有那么一刻，他觉得值了，至少让自己解除了一个精神负担。从此以后，亚当在他心目中不再是一个值得敬重的人物，而沦落为一个惯于偷鸡摸狗、专在别人背后挖墙脚的小人。

两天后，项东方被带上法庭。法官宣布项东方关押三天，罚社区服务一百小时。又过了一天，他从拘留所出来，跟着一帮同类人一起来到了五号高速公路旁，换上橙黄色的工作服，戴上安全帽，拿着一根长长的铁夹子，去捡路边的垃圾。这帮人中有白人、黑人、墨西哥人，只有他一个中国人，还有一个长得娇小玲珑的年轻白种女人。他们犯的都是跟项东方差不多的轻罪，有的打老婆，有的吸毒，有的打架，还有的就是乱扔垃圾没钱交罚款而宁愿做社区劳动的，总之，都是些鸡毛蒜皮、无足轻重的小案件。

第二天早上，组长点过名后，大伙各自散开，低着头弯着腰，用夹子一点点把高速公路边的垃圾捡起来，然后，放到一个橙红色的塑料袋子里面。太阳越来越高了，项东方没干多久，就累得有点难受，身上也出了一身大汗。他想起了下乡时插秧的经历，心想本来以为早就摆脱了这种繁重的体力劳动，没想到，来了美国还要受这种洋罪，何苦来呢？心里涌起一阵阵的懊悔。

临近傍晚时，组长宣布休息一会。项东方孤单地坐在一块石头上吸烟，望着公路上疾驰而过的车辆，思绪万千，哀叹着自己的倒霉。那个身材苗条的金发美女走到他身边。她与多数美国女人不一样，个子比较矮，身材像东方人那样小巧玲珑。她没戴安全帽，一头金色的长发像玉米须那般飘散在肩膀上，美丽的脸庞上散布着点点浅色的雀斑。她走到项东方面前，客气地问他有没有烟。项东方站起身，诧异地打量了一下她，然后爽快地掏出一包万宝路，递给她一支，还帮她点了火。金发女郎吸了口烟，向项东方道过谢，就缓步走到一棵白桦树底下，自顾自地吸开了烟。项东方的思绪被她打乱，好奇的视线禁不住一直追随着她的倩影。

夕阳西斜，轻风阵阵吹过来，金发女郎迎着阳光，背对着项东方，落日的余晖打出她优美的剪影。她栗色的长发被微风轻轻地吹起，又被强烈的逆光照得熠熠生辉，她吐出一缕青烟，那柔和的烟雾飘散在她的头顶和发端，显得那么的虚无缥缈、令人神往，简直就像下凡的仙女。“哇，真美！”项东方看得两眼发直，不由得心里发出一声赞叹。

从小项东方就对吸烟的女人有一种特殊的感觉，那主要源于他的二姨妈。二姨妈、大姨妈和他妈妈都一样，长着一双深黑色的杏仁眼，漂亮而有神，项东方大概就是遗传了母亲这边的特征，也有着一双大眼睛。二姨妈由于没有生育，所以身材保持得很好，是三姐妹中最有风韵的。她的先生是位南下干部，当时是教育局长，而她自己则是机关幼儿园的老师。由于没有小孩的负担，俩人生活虽然有点寂寞，但却很优渥。别人烧饭都用木柴，他们却从来都只烧又贵又干净的木炭，他们家的地板砖总是擦得一尘不染的，夫妻俩除了喜欢对酌以外，还喜欢抽烟。每次项东方到他们家作客，总是看到他们俩你一口我一口地吞云吐雾，满屋子雾气腾腾的。看着二姨妈那纤纤玉手夹着一支雪白的纸烟，看着风韵犹存的她嘴里优雅地吐出片片白雾，他感到了一种特有的韵味：吸烟的女人真美！正是这种情结让他对香烟没有任何抵抗力，因此，当年瘦猫一诱惑他，他就乖乖地举手投降了。

金发女郎仍在前面吞云吐雾，晚风把烟的香味吹进项东方的鼻子。看着面前那个沐浴在夕阳中的剪影，他却突然想到了农场那个山洞，想到了暮色中与柳丝雨的拥吻。然后，他的思绪又转回到圆明园，仿佛看见那个未曾变心的林梦茵。他是学哲学的，长期的职业训练告诉他，不能轻易地从一些个别事例中抽引出一般性的结论，但两次刻骨铭心的失恋仿佛冲昏了他的头脑，让他不由自主就得出结论说：爱情是上帝惩罚人类的手段，爱情是变幻莫测的，女人是靠不住的，恋爱最初的甜蜜最后总会转化为钻心的疼痛；女人是带刺的玫瑰，是有毒的美酒，是蜜糖里面的纰霜，千万不要碰。他现在充满了对女人的怀疑，对爱情的绝望。他对自己说女人只可以远远地欣赏，就像观看一幅没有血肉的油画一样，不能靠近，不能拥抱，不能亲吻，否则只会死无葬身之地。现在，他觉得自己就是带着一种欣赏艺术品的目光来看那个金发女郎的，然而，他还是不太了解自己，他不知道，自己的目光中依然带着男人发自心底对女人的那种爱恋，那是上帝造人之初就植入人体内的情欲基因。

第二天收工时，金发女郎又来到项东方身边，大大方方地掏出一包骆驼牌香烟，要请项东方抽。项东方反而愣了一下，有点不好意思。女郎说这种烟柔和点，不妨试试。项东方就不客气地点了一根。女郎开始自我介绍说自己叫依娃，项东方也报上自己的名字。两个人随意地聊了几句。后来，依娃问项东方开不开车，项东方说自己没有车，每天都骑单车。依娃漫不经心地说，如果你不介意，可以坐我的车。项东方开始想推辞，不知怎的却鬼使神差般地答应了。

周末项东方呆在家里，哪也没去。星期一上午，依娃开着她那部福特小轿车来了。车里面一片凌乱，衣服、鞋子，和手纸塞满了座位，到处都散布着烟灰，车内飘散着浓烈刺鼻的烟味。依娃欠着身子把一个挎包拿起来，扔到后座，说不好意思，随便坐吧！项东方有点忐忑地坐到了副驾驶的位置上。坐在这样一个陌生女人的车上，项东方实在有点不习惯。依娃却没有半点扭捏，她问项东方想不想抽烟，这正中他的下怀。两个人各自点了一根烟，车内立刻就升腾起浓浓的烟雾。一抽开烟，项东方就觉得自在多了。

依娃吐了口烟，打开了话匣子。闲扯了几句以后，她就问项东方怎么被整到这里来的。项东方简单地说了原因。依娃就骂了一句扯蛋，说就这点小事也值得，简直小题大做！这个国家什么都好，就是狗屁法律太多了，什么事都管！这话好像说到项东方心坎里去了，他很有共鸣，于是他附和着说：这你说对了，我没来美国以前以为这里很自由，什么都能做，没想到根本不是那么回事，现在我才有点明白了。

依娃笑着说："现在我才知道，为什么我们的监狱人多得住不下，原来他们把所有无关紧要的人都关进去了。"

项东方也笑了，然后就好奇地问依娃是怎么来到这里的。依娃说跟你差不多，不过我没打人，因为男朋友爱上了一个中国女人，两个人大吵了一架，然后自己就酗酒吸毒，结果就被弄进来了。

听她一说中国女人，项东方就敏感地想到了林梦茵，不由得问道："你是说你男朋友爱上了一个中国女人？"

依娃不屑地说："是的，我只见过那个女人一次，个子不高，很瘦，眼睛小小的，眼尾还微微上吊，我真不懂我的前任怎么会喜欢她！"

"哪女人叫什么名字？"项东方已经疑心哪女人就是林梦茵了，迫不及待地追问道。

"我不记得她的名字，也不想记，反正奇奇怪怪的。"

"哪你前男友叫什么？"

依娃面对项东方突然咄咄逼人的追问有点抵触，不悦地说："你问得太多了，你有必要知道吗？"

项东方怔了一下，忙道歉说："对不起，我实在很好奇，因为我的前女友就是一个像你所描述的人，所以我太想知道了，如果你不介意，我真想知道！"

"哦，是吗？他，他叫亚当。"

"亚当？我没听错？"项东方的脸部表情十分夸张。

"是，亚当。你认识他？"

"哪个在华大哲学系当讲师的亚当？"

"没错。"

"噢，我的天啊！"项东方一巴掌拍在扶手上，仰天长叹了一声："真是冤家路窄，这个魔鬼，怎么是他！"

项东方的话在依娃心里引起了一阵骚乱，她惊讶又好奇地问："怎么回事？"

项东方掏出烟来，点燃了一根，狠狠地吸了一口，让自己尽量平静一点，然后，才缓缓地讲起他与亚当之间的故事。依娃听完后，连声说“不可思议！”

两个受害者忽然产生了一种同病相怜、惺惺相惜的感觉，似乎找到了更多的共同语言，你一言我一语地数落起亚当和林梦茵来。发了一通牢骚以后，两个人慢慢地觉得好像靠近了一点，项东方对这个女人有了一种很独特的感受，觉得她在不温不火、但有时有些过激的言辞下面，其实掩藏着一股说不出的野性，那是他在中国女人身上从来都没有经历过的。当然，他接触过的中国女人也不多，他也说不上喜欢依娃，他总觉得与她隔着很远的距离，除了文化上的差距，也许还有一些种族上的界限。他说不清楚，但有一点他很肯定，那就是他绝不会爱上她。

当天收工后，项东方坐上了依娃的车。走到半路，依娃突然问项东方要不要去自己家里喝杯咖啡，项东方想着回到宿舍也是无聊，就答应了。依娃身上似乎有一种说不出的吸引力牵着项东方的心，让他不由自主地跟着她走。

依娃住的是一间带有厨房和浴室的工作室，房间挺大的，不过，跟她的车子一样的乱七八糟。一进门有一个鞋柜，旁边堆满了各式各样的鞋子，角落里摆放着一个画架，一张长沙发上放着几本没看完的书，最显眼的是墙头挂着好几幅摇滚歌手猫王的照片，无论你从那个角度都能看到猫王那梦幻一般、勾魂摄魄的眼睛在凝视着你。

项东方一进门就闻到一股香烟、颜料和老地毯等混合的气味，皱了皱眉头。依娃没注意到，叫他随便坐，他就往沙发上坐了下去。依娃到厨房里很快就弄来了两杯咖啡。喝了几口咖啡以后，依娃问他介不介意她去洗个澡，因为今天出了点汗。项东方表示不介意。于是，依娃走近衣橱，拿了套睡衣，然后踱进浴室。

项东方觉得有点无聊，就抬起头看墙上猫王的照片。看着看着，他竟迷迷糊糊地觉得，猫王有点像那个英国诗人拜伦，就是那个在大学时自己的偶像。过了一会，他突然一惊觉，觉得他应该更像亚当，尤其是哪个像轮船底部向前突出的下巴，简直太像了。一想到这，他的心里突然充满了怨恨：这个可恶的骗子，该他有报应！

浴室传来一阵阵哗啦哗啦的水流声，不断地刺激着他的神经。他把眼睛盯紧浴室的门，恨不得将目光穿透过去，看见哪个一丝不挂的金发美女。他觉得自己的脑袋发起热来了，他摇摇头，用手拍打着脑门，想使自己冷静下来。可是，他的心却不听他的指挥，依然自顾自地幻想着哪具沐浴在水中的女人胴体。他有点恨自己，脑海中突然生起一个疯狂的念头：他妈的，女人到底是什么鬼？为什么总是害得自己这样神不守舍、痛苦不堪？不行，一定要报复她们，出出这口恶气！他想起了尼采的名言：到女人哪里去吗？别忘了带上你的鞭子！

依娃从浴室轻飘飘地滑了出来，光着脚丫，身上只穿一件带条纹的长睡袍，头上包着毛巾，手里还拿着一个电吹风。她像只小猫那样跳到项东方的旁边，坐了下来，身上散发的香味熏得项东方春心荡漾。依娃取下头上的毛巾，然后用那双无邪的大眼望着项东方，笑眯眯地问他可不可以帮她吹吹头发。

项东方突然间脸臊红得像傍晚的彩霞，足足愣了几秒钟，他可没想到这个女人竟然如此的直率。他总算缓过神来了，于是就硬着头皮问，我可以吗？依娃向他抛了个媚眼说，为什么不？项东方生硬地拿起风筒，打开开关，将风口对着依娃那一丛半干的秀发，依娃的手不断地撩拨着自己的头发。吹风机在呜呜地轰鸣，项东方的心也在怦怦地乱跳，一股混杂着体香、乳液和洗发精的香气在他四周飘荡，搅得他的心旌动荡、难以自持。尽管他内心早已蠢蠢欲动，表面上仍然装得像个正人君子。

他好想一把抱住依娃那诱人的胴体，但是他不敢，他并不了解这个异族女人，他不仅怕她突然扇过来的耳光，而且也怕美国那种无处不在法律，他努力控制着自己。依娃背对着他，并没有看到他眼睛里燃烧着的欲火，但她隔着后背似乎就能感受到他的煎熬。

头发吹干了，依娃站起身来，甜甜地说了声“谢谢”，然后，以征询的口吻问项东方想不想吃点东西？项东方仍然没有回过神来，只是含糊地答应着。依娃很快就去厨房弄来了两盒速食的意大利面，还端上一瓶加州红葡萄酒和一袋炸薯片。项东方心不在焉地吃着饭，心里还在想着刚才的情景，于是就拼命地喝酒，很快他的脸就红得像个关公。依娃也喝得有点微醺的样子，看着脸红耳赤的项东方，似醉非醉地挑逗他说：

“噢，宝贝，你真可爱！”

借助着酒劲，项东方的胆子也慢慢地大起来了。他夸张地说：“依娃，你真美！我只有在电影上才看到过你这样美丽的女子，我不是在做梦吧？”

他发现用英文来讲这些话并不感到肉麻，对这个刚认识不久的陌生女人，如果要他用中文来讲，恐怕还真说不出口，而讲英文就好像没有任何的尴尬，一点都不难为情。

依娃见他赞美自己，自然很高兴，她也大言不惭地恭维道：“我也没见过像你这样帅的中国男人，你跟我们那些美国男人不一样，有种东方人特有的气质，许多人都不喜欢，但我觉得很迷人呢！”

“你说说看，是什么气质？”项东方被她捋得很舒服，认真起来问。

依娃喝了一口酒说：“我也说不上，反正很特别，特别优雅温和。”

“是吗？哪是你没看到我打架的样子！等你看到时，你就不会这么说了。”项东方爽朗地笑了起来。

“哦，你打架很凶吗？”

“凶猛像狮子，快捷像豹子，你信不信？”

“我信，中国人都像李小龙那样的，会打架的男人更有魅力呢，所以，我才喜欢像你这样的中国人，能文又能武，既斯文又刚强。”

依娃说这话一点都不脸红，因为她喝了好多酒，她的脸本来就红了，根本就看不出来。其实她的话一半是真的，一半是假的。也许她并非真的对中国人有兴趣，只是林梦茵夺走了她的男人，让她一方面对中国人好奇，她很想知道到底他们有什么样的魅力；另一方面，她有一种朦朦胧胧的敌意，就是想报复中国人，你抢走了我的男人，我也不让你们好受。第一天见到项东方时，她并不知道他是林梦茵的前男友，她只是觉得他很有魅力，她喜欢他，于是就决定勾引他，一则能够满足自己的好奇心，二则又可以发泄自己对中国人的怨恨，即便知道了项东方的身份后，她也没有改变这种态度。

俩人已经吃完了，各自端着半杯没喝完的葡萄酒，坐落到沙发上，肩并着肩。项东方神态有点迷离恍惚，对面墙上的猫王照片在他眼前晃来晃去，几张照片上猫王的眼神各不相同，有的迷惘，有的无辜，有的忧郁，还有的疯狂。

项东方靠在依娃身上，忽然觉得她就像一只波斯猫那样可爱，他恍恍惚惚地想起猫王的风流韵事，依稀记得在一本杂志上看到过，这个浪荡公子曾经睡过三千个女人。奇怪，这个家伙是怎么脱身的呢？难道真像尼采说的那样，带着鞭子，见一个抽一个？哪些女人怎么那么贱，不顾一切地扑上去，然后又被一脚踹开？想到自己依然还是个处子身，他觉得有点惭愧，他尤其气恼的是，自己碰到的女人全都是害人精，把自己坑得遍体鳞伤、心底流血。

依娃身上的香气把项东方熏得神魂颠倒，他脑子迷迷糊糊的，身体软绵绵的，嘴里呢呢喃喃地不知说些什么。依娃轻轻一推，他便顺势地倒在沙发上。依娃俯下身来，要吻他的嘴唇。她嘴里吐出一股烟酒混合的气味，项东方厌恶地把她的头推开。依娃顾不了那么多了，脱下睡袍摔到地上，胸罩和内衣扔了一地。她心急火燎地去扒项东方的衣服，项东方并不抗拒，任由她肆意抚摸。过了一会，他摸到她手臂上的汗毛，似乎比自己的还粗，有点突兀奇异的感觉，心里不免有些抵触，但欲火中烧的他不能抵挡自己，也没法顶住依娃的进攻。

二十分钟后，项东方从依娃身上翻下来，呼呼地喘着气，无法从第一次做爱的兴奋中平静下来。他心情有点难受，有点尴尬，觉得愧疚，似乎欠了谁什么似的，他不知道是对依娃愧疚，还是对做爱这件事本身愧疚。他真搞不懂自己了，明明是抱着报复的心态去干的，为什么到头来反而感觉不爽？

他不愿意看她，偏头去看猫王的照片。依娃从茶几上摸了一支烟，点燃，吸了一口，斜睨着问他：

“第一次吗？”

“是的。”

项东方觉得有点丢脸，但还是承认了。他突然想起了那次在未名湖边的未遂之爱，脸颊就红了。从那次以后，他自己就收敛了不少，而林梦茵也突然警觉，始终没有了机会。

“怎么可能？”依娃惊讶地问。

“在我们国家，这很平常。”

“真的吗？不过，你还是很厉害的，完全出乎我的意料之外。”

项东方心里没底，因为他没有任何经验，他心虚地说：“你不是故意恭维我吧？”

“不，我就喜欢你这种外表斯文，实际上很能干的男人！”

“谢谢你，依娃！”项东方高兴地说：“你让我认识了自己，我喜欢你。”

依娃吐了一口烟，淡漠地说：“你也别太认真了，我警告你，别爱上我，不然你会吃亏的！”

项东方疑惑不解地望着她问：“你为什么这么说？”

依娃狡黠地冷笑了一声说："男女之间的事我可是看透了，谁认真谁吃亏，你只有把它当作游戏才不会上当！"

项东方愣了好大一会，才恍然大悟：她说的没错，自己以前就是太认真，才上了女人的当。自己实在太幼稚了，竟然还想着怎么报复眼前这个素不相识的美国女人，人家才是你的人生导师，不服不行！

对这个突然闯入自己生活的陌生异族女人，项东方是没有任何思想准备的，她在他心灵最苦闷的时候乘虚而入，成了夺去他童真的女人，又成为他报复其他女人的精神导师。

接下来的几天，两个人天天厮混在一起，但项东方结束了被他称为劳动改造的社区服务后，就再也没有找过依娃，当然，依娃也没有找过他。短暂的鱼水之欢使他见识了女人的肉体，他也记住了依娃的话，在很长一段时间以内，当他和女人寻欢作乐时，心底里对她们敬而远之，不再投入真心。

第三十九章 困惑

重新回到学校以后，生活对项东方来说太枯燥乏味了，每天的路程都是宿舍——教室——图书馆——宿舍，循环往复、一成不变，尤其烦人的是每天都要自己做饭这件事。他虽然有助学金，但那并不足以让他天天在外面吃哪怕最简单的快餐，只能自己做饭。做饭的时候，偶尔会碰到同一个四合间的邻居，简单交谈几句，又各吃各的。

一天下午，项东方正在厨房里做饭。说起做饭，他是门外汉，小时候家里有保姆，根本不需自己动手，下乡和上大学时吃的是食堂，唯一看过别人做饭是与柳丝雨谈恋爱的时候。那时候他们偶尔开个小灶弄点宵夜，柳丝雨很会做饭，但她不要项东方插手，因此他总是站在旁边看着她做，聊聊天。眼下人在美国，什么都得靠自己，他只好把当年看到的东西如法炮制了。他正手忙脚乱地做着一个红烧茄子，听到一阵沉稳的脚步声，一个中等个子的美国人走到他的旁边，嘴里语调夸张地喊着：

"哇，好香啊！"

项东方抬起头，含笑跟他打了个招呼。来人叫汤姆，是华大电子工程系的研究生。俩人寒暄了几句。汤姆就问他是不是中国人，他说是的。汤姆就笑道怪不得你做的菜那么香。项东方问他为什么这么说，汤姆就说中国人不是都很会做菜的吗？项东方就笑了说，我可是最不会做菜的中国人。汤姆也打哈哈说你不会做菜都弄得那么好，那我可不得哭死了？说完，从冰箱拿出一盒速冻披萨，随手放进了烤炉。

项东方本来打算菜做好后拿回房间吃的，现在他改变了主意，他很无聊，想跟人聊聊天，于是，他就坐在餐桌旁吃起来。他还拨了一点菜给汤姆，汤姆尝过以后大赞美味。两个人就有一搭没一搭地聊了起来。

汤姆说他是个退伍军人，参加过越南战争。项东方一听他说到这，顿时就来了兴趣，问了他许多问题，汤姆好像不太愿意提起战争的事情，总是轻描淡写地回答他的问题。这令项东方有点扫兴，他很想了解美国人到底是怎么看韩战和越战的，如果这些话从一个亲身参与者口中说出来，那岂不是更有意思？他想套他的话，于是，他跟他讲了自己小时候扮美国鬼子的事。汤姆听完他的故事哈哈大笑说：你们中国人真的那么恨我们美国人吗？项东方耸耸肩说：那时候确实是那样的，我们把美国人看着为到处欺负人的侵略者，是世界人民的头号敌人。汤姆翻着白眼说：我们本来是为了帮助当地人民的，谁知道被人误解了。项东方说：那只是你们自己这么想，别人可不。

汤姆无奈地说美军本来是战无不胜的，到目前为止就输过两场战争，一个是朝鲜战争，另一个是越南战争，两次战争都跟中国有关，朝鲜战争确实是输给了中国，而越战我们是输给了自己，因为国内强大的反战浪潮。他说，令他耿耿于怀的是，自己没能参加像二战那样的伟大战争，却参与了一场失败的战争。他沮丧地表示，他最不能理解的是，那两场战争的对手都不如美国强大，但却打败了美国这个世界头号强国。

项东方笑道，很多时候战争的胜负并不取决于武器的强大，而取决于人和精神，只有当自己觉得自己是为正义而战时才会有高昂的士气，并且不怕牺牲，当年全中国人民都支持中国的志愿军，因为他们都坚信他们站在正义的一方去打击侵略者。

汤姆摇摇头说，这有点玄，有点不可思议。其实，当年在朝鲜战场上，美国要停战主要是国内舆论的压力，因为美国人珍惜生命，不想再打了，你也可以说他们怕死。不过，曾经听参加过朝鲜战争的老兵说，中国军人不怕死，越打越多，这确实是非常可怕的。

项东方想起了他看过的抗美援朝的电影，就问汤姆："你知道上甘岭战役吗？"

汤姆困惑地摇摇头反问道："什么战役？"

看到汤姆一头雾水的样子，项东方这才意识到自己刚才说上甘岭战役是直接用的拼音"Shangganling Campaign"，也许汤姆不明白，于是，他想了一下，终于想起这个战役的英文说法"The Battle of Triangle Hill"，就重复说了一遍：

"我是说三角山战役，你听说过吗？"

一种莫名的恐惧和困惑爬上汤姆的双眸，他的脸瞬间耷拉了下来，过了片刻，他才喃喃地说：

"噢，太可怕了！世上竟会发生这样的事，人间竟有如此勇敢的人！"

汤姆的表情让项东方惊讶不已，他的话更使项东方觉得他话里有话，他便好奇地问："那么说你是知道的？"

汤姆一转身，跑到冰箱前，打开门，取出一瓶米勒啤酒，灌了两口，才缓缓地说："我当然知道。我从小就听这样的故事，每一次听我都觉得毛骨悚然，因为讲故事的人就是我叔叔，他就坐在我前面，我能看见他的两条假肢在裤管里面瑟瑟地发抖。"

项东方的兴趣被勾起来了："啊，那一定是个悲壮的故事？"

"是的。我叔叔叫克里斯，他长得很壮实，但我从来都不知道他到底有多高，因为我从懂事起就看到他已经剩下两条断腿，走路要靠两支拐杖来辅助。十九岁那年，他告别了女朋友，被派到了朝鲜战场。"

汤姆接着讲了那次战役的基本情况，这些项东方都知道，所以并没有太在意，唯独他讲到他叔叔的片段引起了项东方无比的兴趣。

当时，克里斯叔叔所在的连负责进攻志愿军一个重要的高地。开始时上头的人夸口说，这场三角山战役只是一场小规模的阵地攻防战，最多打六天，伤亡也会很少。没想到，打了三十多天，根本就没有停止的迹象，连队伤亡几乎过半，如果最后再有严重伤亡的话，这个连队就会撤出战斗去换防。到了最后那一天，他们在飞机、大炮和坦克的掩护下，攻上了那个高地，阵地上留下几十具志愿军的尸体，他们只找到了一个活着的人，那是一个看起来还没有成年的小个子。他已经身负重伤，血流满面、衣衫褴褛，他斜靠在一棵只剩下半截树干的枯树上，眼睛里充满了仇恨与恐惧，正“叽里咕噜”地不知在说些什么。队伍里没有人懂中文，不知道他在说什么，但从他的眼神中看出那绝不是求饶乞降。当时，我叔叔举起冲锋枪瞄准他，正要扣扳机，却听到一个战友说：“别开枪！他还是个孩子，手里没有武器，我们包围他，捉活的。”于是，我叔叔放下了枪，随着队友们一起把这个人团团围住。这时，大家才突然发现，他身上背着一架步话机，嘴里还在“哇啦哇啦“地怪叫个不停。大家还没有反应过来，身边就炸开一连串猛烈的炮火，结果，冲上阵地的一百多人全部阵亡，只剩下三个幸存者。这三个人中，一个被炸掉了左腿，一个双目失明，耳朵震聋，第三个就是我叔叔，他双腿被炸断，右手残废。

听到这里，项东方似乎明白了什么，他想起了电影《英雄儿女》，正要插话，汤姆却继续讲道：

“我叔叔给我们讲过很多次这个故事，每次我都能感觉到他对这件事心有余悸，而且每次他都会喃喃自语地问：不明白那个中国军人当时在说些什么，为什么炮火会突然降临到自己身上。这对他来说始终是一个解不开的谜团，其实，对我来说，这也是一个有趣的迷。”

汤姆终于停了口，喝了一口啤酒。项东方微笑着说：

“我知道他在说什么。”

“啊，你知道？这怎么可能？”汤姆不以为然地说。

“我们有一部电影，全中国人都看过，都知道。”

“他说的是什么？”

“他是在步话机上呼唤：‘我是851，我是王成，为了胜利，向我开炮！’”

汤姆脸上现出了一种难以掩饰的惊讶：“不，不，这只是电影，不是真的！”

项东方言之凿凿地说：“这虽然是电影，但它却是根据真人真事改编的故事。”

“啊，太可怕了！真有这样的事，你们中国人太恐怖了！”汤姆不禁发出一连串的惊叹。

“这对我们来说是很自然的事情，一点都不奇怪。”

“我无法理解。”

“在那种情形下，你觉得他还有别的选择吗？”

“为什么不投降？生命是宝贵的，而且他也无路可逃了。”

“不，在我们的文化里没有这个习惯，投降是一种耻辱，我们要的是舍生取义为国捐躯。”

汤姆摆摆手耸耸肩：“不可思议，不可思议！”

项东方说：“这是一种视死如归的精神，一种中华民族的传统。”

汤姆不以为然地说:“我觉得这是古时候才会有的行为,现代人还是应该以生命为重。”

项东方知道自己无法说服汤姆，一个人的价值观是很难改变的，但他仍然觉得有必要跟他说明一下，于是，就认真地说：

“如果你对中国近代史有一点了解的话，就比较容易理解这种精神。从1840年鸦片战争开始到1945年二次大战结束，中国不断遭受外国列强的侵入，饱受了失败的痛苦，尤其1895年甲午战争的失败几乎使中国人的精神彻底崩溃，从上层精英到底层百姓都畏惧洋人如畏虎，骨子里自卑得不堪，即便是抗日战争中国胜利了，中国人依然硬不起来，许多人都认为中国人是靠了美国人和苏联人才能打败日本人的。因此，中国人一直都憋着一股气，要找机会打败西方列强，所以，当中国志愿军开进朝鲜，就极大地激发了中国人民的爱国热忱，他们是绝对支持这场战争的，他们都盼望中国能够打赢，打出国威，打出民族精神。他们把这场战争看作是现代中国的立国之战。我想这就是为什么中国人在那么艰苦和恶劣的条件下能够和美国打个平手的缘故。”

汤姆听完项东方的长篇大论，若有所思地说：“我对中国一点都不了解，中国对我来说说一个遥远而神秘的国家。你说的爱国主义精神我能够理解，但是在战争的过程中，遇到不可抗拒的情况下选择保存生命还是理智和文明的行为。也许你知道，二战时期，乔纳森·温莱特中将在弹尽援绝的情况下率领八万美国大军向日本投降，战后他回到美国，仍然被美国人民视为英雄，还被晋升为上将。”

项东方是第一次听到这种事，禁不住想起西汉大将李陵因投降匈奴而被满门抄斩的事，他惊诧不已，错愕了好一会才说：

“这超出了我的理解范围，这在我们国家是完全不可能发生的事。也许这就是中国人与美国人的区别，在战争中我们有太多的人为了胜利和荣誉选择自动牺牲自己，我可以列出一长串名单：例如，抱着炸药包冲进敌阵的杨根思，用自己的身体堵住碉堡枪口的黄继光，被烈焰焚身却纹丝不动直到牺牲的邱少云……他们为什么会这样做？我觉得是因为他们身上有一种为了理想和荣誉而自我牺牲的精神！”

汤姆似乎有点无动于衷，莫名其妙地喃喃道：“有趣，有趣！”

项东方现在已经知道美国人的习惯，当他们说“有趣”但又没有下文时，就表示他们不想再谈论这个话题了。于是，他就停了口，考虑着要换个什么话题。

汤姆突然问项东方当过兵杀过人吗？项东方笑着摇摇头说：没当过兵，也没杀过人，倒是看过人被杀。汤姆问怎么回事？项东方就讲了当年老虎蟹被人打死的故事。汤姆说这更残酷，一枪毙命总比活生生地打死人好些。这让项东方想起了当年武洪平那支蹩脚的左轮手枪，就说当时有人确实想开枪杀他的，只是那支枪太烂了，打不响。汤姆就好奇地问难道中国人都没有枪吗？项东方说确实没有，枪都在军队和民兵手里，私人是没有枪的。汤姆表示这不可思议，没有枪怎么能保护自己和家人呢？

说完，他就兴致勃勃地叫项东方随他到自己的房间。他打开衣橱，拿出一支乌光锃亮的手枪，不无自豪地向项东方炫耀起来。他把枪反过来又复过去，还拉动枪栓，把子弹退出来，又装回去，动作十分熟练，一看就是当过兵的人。项东方看得两眼发直，羡慕极了。他想起当年邻居李老头提起他那支驳壳枪时，一大帮小孩那贪婪的眼神。枪在他心里唤起了一种男人的情怀，他觉得那可是个好东西，什么时候一定要弄它一把来玩玩。汤姆见他两眼放光的呆样，又继续吹嘘说家里还有好几把步枪和冲锋枪，足够装备一个班了。项东方无法掩饰自己的惊讶，好奇地问一个人要这么多枪有什么用呢？如果人人都有枪岂不很危险？汤姆笑道，首先我喜欢枪，拥有枪让人感觉自己更强大更安全；其次，我们国家的宪法规定人民可以拥有枪支，这是我们的天赋权利。

汤姆滔滔不绝地议论着，项东方表示自己虽然也喜欢枪，但还是无法理解一个国家允许私人拥有枪支。两个人正说得起劲，突然传来一阵敲门声。汤姆停住了嘴，不耐烦地走到门边，弯下腰，从猫眼上往外看，然后转身走回项东方旁边，摇摇头说：

"是我妈。"

项东方诧异地问："哪你为什么不开门？"

汤姆耸耸肩说："我干嘛要给她开门？"

"她是你妈呀！"

"没错，她是我妈。但她没有事先预约，她不尊重我，我也可以让她吃个闭门羹！"汤姆说得振振有词，没有一点愧疚。

项东方直翻白眼，难以理解他的言辞，但却委婉地说"你就给她开下门，会怎样呢？"

"噢，不不，她会打扰我的生活。"

项东方有点犹豫地说："这点我难以理解，我只能设想你们的关系有点问题。"

汤姆平淡地说："其实，我跟我妈关系很好的，就是因为这个，她有时候就忘乎所以，越过界限，我经常要提醒她。"

"哪她也住在西雅图吗？"

"不，她住波特兰。"

"那挺远的！"

"两小时的车程。不要紧的，她等下应该会打电话来的。"

项东方带着一脸的迷惘回到自己的房间。他见识了美国人的自我中心，深深地震惊。一直以来他都觉得自己是个相当自我的人，今天他才知道跟美国人比起来真是小巫见大巫了，自己虽然冷漠，但像这种事是绝对做不出来的。

今天这次谈话让他感到相当的震撼，心情平静不下来。他泡了一杯茶，点起一支烟，坐在桌子前，默默地回想着刚才的话题，他想得最多的不是关于美军投降和枪支泛滥的问题，而是朝鲜战争对中国的意义。小时候看过许多抗美援朝的电影，那时候只是觉得过瘾解气，从来都没有想过那场战争的意义，刚才自己不经意地脱口而出，道出了那是一场立国之战的想法。这些不经意的想法也许早就深藏在自己的内心里，只是一直都没有明确。确实，中国人压抑了一百多年，终于有了一次机会打败以美国为首的西方联军，打出了国威，打出了民族精神，增强了中华民族的自信心和自豪感，同时也逐步消除了部分人的崇美与恐美心理，自己当年不正是感染了那种蓬勃昂扬的志气吗？可是，后来为什么这种精神没了，我们中国人，包括自己都变得自卑起来了呢？到底发生了什么呢？他想了很多，他想到了国内几十年来发生的事，也联想起一连串发生在自己身上的事，隐隐约约地感到其中或许有某种关联，但一时没有什么答案。

第四十章 露水鸳鸯

那天与汤姆的谈话虽然时间不短，但并不投机，俩人说得越多差异就越明显，然而，即便是这样的对话也是可遇不可求的，平常邻居间见面的机会很少，因为大家的作息时间都不一样。

就这样孤独成了家常便饭，常常要与自己的影子做伴，这让项东方时常怀念起在北大的日子。那时候虽然住宿条件很差，八个人住一个小房间，可是只要一回到寝室，马上就能感受到那种热闹气氛，大家嘻嘻哈哈、东拉西扯，从来都不觉得寂寞。有时候，偶尔也会觉得这样没有个人隐私，想起法国哲学家萨特那句名言“他人就是地狱！”，然后就感慨一番，时不时想逃离这种被他人所包围的环境。每当他渴望自由的时候，项东方就喜欢找机会独自一个人徜徉在未名湖和圆明园这样一些景色优美的地方，逃离人群，免除别人的打扰，静静地欣赏风景，让春花秋月和夕阳晚霞来抚慰自己的心灵。当然，这种偶尔的出逃最终总是要回归到人群之中，在他人的嘻笑怒骂中忘却自我，大家混为一团。

现在情况完全不一样了，整天都是自己孤零零的一个人，想找个说话的伴都不容易，只好自己对自己发呆。项东方觉得现在自己可真是彻底自由了，自由得无牵无挂，没有他人的羁绊，一切都随心所欲。这时候，他才体会到，自由是有代价的，孤独总是自由的伴侣。当你面对上帝时才发现自己是一个个体的人，因为没有一个人可以救得了你；当你面对着外国人时，才知道自己是一个中国人，因为他们都与你不一样；当你面对着自我时，才明白你是孤独的，因为没有人可以了解你。在孤独中他终于发现自己除了身体以外一无所有，没有信仰，没有依归，中国已经远离了他，美国只是一个临时寄居地，除了孑然一身的自由，到处碰壁的自由，他真的一无所有。现在，他真的好害怕这种自由。

他忽然想起上次去李小龙墓地的情景。他当时跳下去吸烟，没有看到旁边的篱笆上的告示“私人领地，非请勿进，违者必究！”后来，这样的告示他看得太多了，到处都是，开始的时候，他还觉得震惊，仿佛看到许多看不见的界限，划在人的心里，不能逾越，让人觉得压抑。后来他就不再惊讶，反而觉得这代表了美国特色，是美国人际之间的一种符号：人与人之间有着非常清晰的界限，时时处处告诉你这是我的领地，别靠近我！他仿佛突然明白了，为什么西方人、美国人需要宗教，因为他们内心有着别人无法触摸的孤独，没有任何人可以帮助消解这种灵魂的寂寞，只有一个身外的虚拟之神才能救得了他们，上帝就是个人自我意识的异化与扩大化，一个自己拯救自己的精神虚构。

尽管他万分的孤独，但他那依然清醒的理性，或者说他身上残存的中国文化精神，总是时不时地跳出来，阻止他去走火入魔。有很多次，他路过教堂，都止不住想走进去，把自己的心交出去，甚至忏悔自己的罪过。每当这个时候，那只被他射杀的小猫就会在他眼前晃过，搅得他心如乱麻。然而，他最终还是控制住了自己的脚步，转过身大步离去。汤姆也曾拐弯抹角地问过他信仰的事，还曾暗示他如果有兴趣，可以带他上教堂，但都被他拒绝了。

当然，他还是希望有身外的第三只手来抚慰自己孤独的心灵。在最寂寞的时候，他曾想起那个与他有过云雨之欢的金发美女依娃。他想去找她，但没有她的电话，她告诉过他以后不要找她，所以，他当时也没要号码。他以前去过几次依娃的家，但都是依娃开车带他去的，因此，他根本不知道她住在什么地方。他自己也曾发誓不会去找她的。可是，他实在是太想她了，那难忘的鱼水之欢就像一幅春宫画刺激着他的神经，令他陷入到一片无边的幻想之中。他现在才明白，自己被她害苦了，虽然她没有像亚当那样，在自己的胸口捅上一刀，但她却把一种慢性毒药撒在自己的身上，让自己在不知不觉中遭受折磨。他恨恨地想，人为什么会有情欲这种折磨人东西？达尔文这位老先生可没有解释为什么会有两性生殖的必要，这可不是什么进化的结果，相反，这一定是上帝的诡计：他把那些什么荷尔蒙、多巴胺和肾上腺素植入人的脑中，每隔一定时间就发作一次，让人陷入情欲的深渊无法自拔、备受煎熬。

他躺在床上，眼中飘过那沐浴在夕阳中的丝丝长发，宛如看见萦绕在她发端的缕缕轻烟，似乎触摸着那带着金黄色汗毛的肌肤，他甚至嗅到了那混合了体香和洗浴液的味道。他闭着眼睛，一只手不停地撸动着，呼吸越来越急促，忽然，来了一阵仿佛洪水决堤般的颤动，一种腾云驾雾的感觉溢满了全身。

他翻起身来，坐在床沿，点燃了一支烟，袅袅的轻烟并不能减轻他心里沉重的懊恼。这不是第一次了，每一次，他都告诫自己这是最后一次了，可是，到头来还是一次次的重复。他恨自己的软弱，然而，他又总是一次次地原谅自己。他也知道这样下去自己的意志就会崩溃，自己就会毁了自己。他想要找到一个办法来拯救自己。

第二天下午，他正在厨房做饭，碰到了邻居李路遥。李路遥是新加坡人，在华大念图书馆系。项东方住进来以后只看过他几次，每次都是打个招呼，简单聊几句，然后各干各事，并没有太多的交集。项东方正在做一个五杯鸡，那只鸡是他在附近的美国超市买的，个头很大，煮了半天还是没好。李路遥看见了就笑着说，这些美国鸡太大，肉太松，不好吃。项东方也笑道，是呀，没办法，因地制宜吧，谁让我们在美国呢？李路遥说，其实你可以去中国城买那些走地鸡，个头小肉结实。项东方一拍大腿说，哎，我怎么从来都没想到过中国城呢？随后，他就问李路遥到中国城有多远。李路遥说开车就半个小时。项东方听完沮丧地说，算了，太远了，我没有车子。李路遥爽快地说，你如果有时间，星期六上午我可以带你去一趟。项东方高兴地答应了。

星期六上午，项东方坐上了李路遥那部乳白色的凌志。李路遥一边开车，一边说他们祖籍广东台山，在新加坡也保留了吃广东菜的传统，所以他几乎每星期都会去中国城买点菜回来自己做。半个小时后，车子到达了中国城。在一片高楼大厦的包围下，半英里范围内伸展着十多条百米左右的小街，街内有众多的中餐馆、礼品店、古董店、中药店、土特产店，和书店等商铺。

当项东方看到那些飞掾斗拱、红墙绿瓦的中式建筑时，情绪突然就激动了起来。在国内时，他很不喜欢这些东西，因为，这总让他想起许多不幸的往事。可是，现在他却有了不同的感受，不知为什么他就是觉得很亲切。尤其是当他看到一排排熟悉的汉字招牌时，他眼前浮现的是当年他逃港时的情景，那时他在深山老林里扑腾了好多天，突然看见对岸闪烁的万家灯火，仿佛刚刚逃出地狱望见了天堂那般欣喜若狂。他已经有好几个月没有看到过中文字了，每天看的都是些弯弯曲曲、歪歪扭扭的英文字，没有半点感情，猛然一见那些中文招牌确实非常的震撼。

两个人走进一家中国超市。店面虽然不大，品种也没有美国超市那么多，但都是自己熟悉和喜欢的东西，而且价格更便宜。项东方买了足够一星期吃的食物，他特别挑了一只两斤左右的三黄鸡，还买了他最喜欢的芥兰和通心菜。结账的时候，他发现柜台上摆着几叠报纸，低头细看，有《星岛日报》、《世界日报》和《侨报》等等，他毫不犹豫拿了一份《星岛日报》。买完菜肚子饿了，李路遥提议去喝茶吃点心，这正中项东方下怀。这几个月来，他早就被那些千篇一律的牛奶面包搞得胃口全无，今天一定要打打牙祭开开荤。

走过几个街区，在一个拐角处他们找到了翠苑酒家，只见沿着红色的遮棚底下已经排起了一条人龙。等了二十分钟，总算找到了座位。两个人点了乌龙茶，服务员推着装满点心的小车，一面走一面推销着。他们很快就要了虾饺、蒸凤爪、牛肉肠粉，还有皮蛋瘦肉粥。项东方就像个几天没吃饭的老饕，三下五落二就吃个精光。结果又要了一份叉烧包、一个干蒸蟹黄烧麦和一个酥皮莲蓉包，直吃得他们都快站不起来了。结账的时候，李路遥说我请你吧，项东方坚决不肯，说今天你带我出来见了世面，我应该请你。两个人推让了几回，最后还是项东方付了钱。

项东方心满意足地回到家，这是他来美国以后最开心的一天。他坐下来，拿起报纸认真地读起来。报纸用的是繁体字，但这难不倒他，在大学的时候他就看过许多50年代以前的旧版书，对繁体字一点都不陌生，倒是几个月来沉浸在英文的环境下，突然接触到中文有一种异乎寻常的新鲜感。他什么都看，一张报纸看了几个小时，最后连广告也不放过。在广告中，他发现当地华人出租的房子比较便宜，但是距离学校比较远，于是，他想到自己也该买一部车了。

一天，他在学校一个布告栏里看到一条广告，就打了个电话过去，然后，找了一个同学一起去看车。那是一部有七八年车龄的本田思域，车身到处都有被撞过的痕迹，后面一个门还开不了。项东方也不介意，心想反正我就一个人，后面开不开都无所谓。

试过车后，没发现机器有什么毛病。他很喜欢，就跟对方谈价钱。车主是个法国人，他开价 2500 美元。他说这车子他已经用了四年了，从来没有出现过什么问题，只是现在快毕业要回国，所以才想卖掉它。项东方说车子是挺好的，但车身太烂了，而且还有一个门没法开。谈到最后，双方以 2000 美元成交。

然后，他请汤姆教他开车，教了几次，他自己又练习了一阵，很快就考了驾照，他觉得自己就好像多长了两条腿，高兴得不得了，就请汤姆去翠苑酒家吃了一顿早茶。有了车子，生活发生了翻天覆地的变化，活动半径变得更广了，很多原本看来很麻烦的事儿也变得容易起来。项东方的心也更活泛了，他在《星岛日报》上找到了一个出租公寓的广告，一个两居室的一个房间只要 200 美元，比他现在住的便宜很多，虽然离学校有二十分钟的路程，但离中国城只有十分钟。于是，他就搬了过去。

他的行李不多，只有两个大旅行箱，一些锅碗瓢勺，还有一部 15 美元买来的旧电视，所以，很快就安顿好了。房间比原来的小一点，里有一张单人床，一个小书桌，重要的是有一个公用的客厅，客厅里有一套布沙发，一张茶几，一张简单的餐桌，靠墙壁摆在一部比他的大一点的电视机，大概是现在的房客的。

他挺满意的，随后就开车到中国城买了些菜。傍晚时分，他做了一个白切鸡，炒了个通心菜，一个人喝着啤酒，慢慢地吃着饭。他开始想那篇学期论文。史密斯教授的《比较文化概论》这门课不需考试，只要交一篇期末论文就好。基本思路他已经有了，就是要讲清楚西方中心论是现代西方人的一种迷思，它是伴随着西方国家征服全球的历史而起的盲目迷信，这种崇拜西方的信仰对西方以外的国家是有害的，因为它妨碍人们真正了解自己国家的文化，甚至产生自卑心理，盲目地追随西方，从而在自己的文化和社会中制造混乱。他想增加一个重要的观点，就是要证明世界文明并不是从一个共同的地方开始，然后按照社会进化论的思路，从低级到高级演化到现代的文明，相反，各个大的文明都是在一个相对孤立的环境下，各自沿着自己的路子走下去，当然，各个文明之间存在着相互影响和相互冲突，从而不断地改变自己的方向。他觉得这样说起来，就比较全面和充实。

他的厨艺并不太好，白切鸡做得老了点，炒通菜倒还不错，他先用油把蒜头爆香，再下通菜，加了点水，然后加盖，过了几分钟再放点辣椒和腐乳，就做成了一盘香喷喷的炒通菜。这盘菜他吃得很快，他的思绪也从那篇论文转到了眼前，他很好奇那个还没碰面的室友到底是个什么样的人？到底好不好相处？

他呷了一口酒，刚把一块鸡腿塞进嘴里，忽然听到门锁“咔嚓”地响了一下，他的心跟着突然紧了一下，抬眼一望，门开了，闪进来一个年轻的女人。

项东方顿时惊讶得目瞪口呆，鸡肉停在嘴里。那女人身材略为丰满，脸微胖，眼睛不大，总的来说既不好看，也不难看，是个普普通通的年轻女人。项东方一脸困惑地问：

“哎，你找……”

那女人也是一脸惊慌失措的样子，结结巴巴地说：“不、不，我住在这里。”

项东方足足愣了几秒钟，像条刚出水的鲤鱼，张大着嘴巴，里面还含着那块刚吃了一半的鸡腿。他慌张地把鸡肉吐出来，站起身，向女人点点头说：

“你好！”

“你好！”

两个人寒暄了几句，那女人转身回到自己的房间。项东方赶紧收拾好餐桌，也回到了自己的房间。他的心情有点恍惚。真邪门了，怎么会这样？这个该死的房东，怎么事先也不说明一下！以后，这孤男寡女在一个房子里该怎样相处呢？他脑中闪过一连串的问题。以前也听同学讲过，这种事在美国实在是太常见了，房东们只想快点把房子租出去，根本不管你什么男女。既来之则安之，一个大男人还怕她吃了你不成？想想他又释然了，她长得太普通了，我绝不会爱上她的！当然，如果她是个大美女，我还求之不得呢！

他在哪里胡思乱想着，听到厨房传来炒菜的声音。他把电视机打开，声音盖过了厨房的噪音。又过了一阵，隔壁传来水流声。隔壁就是浴室，那“哗啦哗啦”的流水声刺激着他，就像当初在依娃屋里那样。他眼前浮现出了一具女人的胴体，他想象不出她的面容，只有那淋在水中的身体，也是朦朦胧胧的，水从发端流下来，漫过颈脖，翻越两座小山，滑落山脚，然后趟下平坦的腹地，最后汇聚在一片黑色的森林里，消失不见。他放纵自己的想象，任由它漫无边际地游荡，均匀的流水声不断地撩拨着他的神经。他把电视机声音关小一点，还将门开了一条缝，使他能够看到外面的情景。

终于，水停了。隔了一会儿，一阵轻微的脚步声传过来，门缝里闪过一件粉红色的睡衣，随即一缕淡淡的香气飘进房内。项东方屏住呼吸，竖起耳朵，然后，听到“砰”的一下关门声。他失望地摇摇头，心里七上八下的。他也不知道自己是怎么了，怎么这么敏感。整个晚上，他书也读不进去，电视也不想看，脑中总是哪个陌生女人的影子，虽然他连她长成什么样都不记得了。

第二天他起来的时候，那女人已经走了，她的房门关着。他今天的课很多，完了还去图书馆借了几本书，一直忙到傍晚，到麦当劳吃了个晚餐，回到宿舍已经快九点钟了。客厅和厨房里一切还是原样，唯一的区别是，那女人把自己的电视机搬回到自己的房间。项东方想也许她怕尴尬，不好意思。

接下来的两个星期里，他们见过几次面，两个人都是匆匆忙忙地干着自己的事，随意聊几句话。项东方约略知道，她叫陈晓诗，是四川人，目前在华大读商业管理，来美国已经两年了。他也看清楚了她的相貌，她其实身材并不胖，只是有点丰满，还能看出玲珑的曲线，五官也不难看，脸是圆的，眼睛稍稍有点突出，有时候看起来不是那么有精神，其实看惯了，还是蛮顺眼的。

因为接触多了，项东方也没有开始时那么的尴尬了，陈晓诗也渐渐地放松了警惕，又把电视机搬回到客厅。一天傍晚，项东方回来得比较早，看到陈晓诗正在厨房里做菜，抽油烟机呜呜地响着，满屋子都飘散着炒辣椒的香气。

项东方走过来问她做什么菜，她说是回锅肉，说得项东方直咽口水。他用锅烧了水，简单地做了一个云吞面。俩人一前一后把饭端到餐桌上，各自吃了起来。项东方盯着她的菜说：

“我真羡慕你，天天都可以吃这么好的菜！”

陈晓诗微笑着说：“没有啦，回锅肉就是很普通的菜，今天回来早了所以就做了一个。”

“你随便做一个菜都那么香，哪你要认真做起来岂不是更馋死人了？”

“你们广东人不是不喜欢吃辣吗，怎么你也觉得这个菜香呢？”

“别人我不知道，反正我喜欢吃辣的，当然没有你们四川人那么辣。”

“哦，原来是这个样子啊，那你来吃点嘛！”

她说完夹了一点菜到项东方的碗里。项东方吃完就感叹说，好久没有吃过这么香的中国菜了，然后，他给她几个云吞，她也不推辞，直接放进嘴里，吃过了就说这云吞鲜是鲜，就是太淡了。项东方说，刚吃过辣的当然觉得它淡。两个人一面吃一面闲聊，话题也多了起来。陈晓诗看了项东方一眼，突然问道：

“哎，你有女朋友吗？”

项东方苦笑了一下，答道：“没有。”

“我不信！你那么帅，怎么可能没女朋友！”

“你爱信不信。曾经有过，人家后来跟一个美国人跑了！”

陈晓诗沉吟了一下，叹息道：“太可惜了！不过，这种事也太多了，见怪不怪的，我们系有一个比我早来一年的师姐，也是跟一个美国同学跑了，她男朋友好可怜呐！”

项东方不想谈这个话题，就开玩笑说：“哎，你不会也找一个美国人吧？”

“找什么美国人？你真会开玩笑！我有老公。”陈晓诗有点嗔怪的意思。

项东方就笑道：“哪怎么不见他人呢？”

“哼！”她不屑地骂道：“他太怂了！来过一次就跑回去了，说是不喜欢美国，要回去继续自己的研究。”

“他研究什么专业？”

“考古学。”

“哦，是有点冷门。”

“他呀，就书呆子一个，硕士毕业都四年了，才刚刚评上一个助理研究员，结婚时连个房子也没有！”

“这应该很正常吧？”

“我不喜欢这样，所以就出来了。”

“哪你以前学的什么专业？”

“历史。这个专业跟你们的东亚系一样很冷门，毕业后很难找工作的，所以我才转学商业管理。你知道，商业管理在美国是最热门的专业之一，不愁找不到工作，好多国内出来的都转学这个专业，为的就是将来找个大公司。”

“哦，是吗？”项东方显然对这不感兴趣，他现在更关心的是怎么写那篇论文，才不被史密斯教授打回来。

陈晓诗认真地说："你才来不久，等时间长了你就知道了。在美国没有钱是万万行不通的，学一个好专业比什么都重要。"

项东方不置可否地笑了笑，俩人收拾碗筷，各自回房间，一夜无话。

一个月后的某一天，项东方被史密斯教授招到办公室。史密斯的办公室在走廊里的最后一间，并不大，书橱里堆满了书，英文的，德文的，拉丁文，还有不少中文的。项东方在办公桌对面坐了下来，他能够看到史密斯身后的书橱上摆着的几本中文书，《论语》、《庄子》和《道德经》等等。史密斯看着项东方严肃地说，你的论文我看过了，应该说是很大胆、很有见地的，不过，这跟主流思想不合拍。我们做比较文化研究必须要有一个立足点，就是站在西方文化的制高点上审视其他不同类型的文明，找出让这些不同文化如何发展融合进世界文化的方法。你的观点显然抛弃了这样一个中心，没有了一个立足点，这势必引起不必要的混乱。

项东方倔强地表示不同意史密斯的意见。史密斯见无法说服项东方，就一本正经地说，如果我给你的论文好成绩，这恐怕是害了你，因为你这样的思想对你以后很不利；如果我给你不好的成绩，你知道直接的后果是什么吗？如果这门主课你不及格，你将失去助学金。所以，你最好回去把论文改一改，我给你一个机会。

项东方沉吟了一会，坚决地说，史密斯先生，谢谢你的好意。可是，我真不知道怎么去改，我的思想就是这样，没法改。史密斯摊开双手说这我就没办法了。

项东方昏头昏脑地离开了史密斯的办公室。回到家里，饭也不想做，拿了袋炸薯片，打开一瓶红酒，咕噜咕噜地灌了几口。不一会儿，脸也红了，身子也发起热来，便把外衣脱了，只剩下内衣和内裤，他好像已经忘了这屋里还住着一个女人。客厅里很安静，电视机静静地呆在墙边，陈晓诗似乎还没有回来。

他闷闷地喝着，很快大半瓶就喝完了，他感到有点头昏，站起来想回到房间躺一会儿。路过陈晓诗的房间时，好像听到里面有人的声音，他一看原来房门开着一条缝，女人的呻吟声一阵紧一阵慢地传出来。他脑筋还有点迷糊，不经意地推开门，看到床上躺着一个一丝不挂的女人，她的下身正好对着门口，她正不停地往下面拨弄着一个玩具。

项东方一股热血直往脸上冲，本能地转身想离开。陈晓诗色迷迷地望着他，像只摇着尾巴讨好人的哈巴狗一样，可怜巴巴地恳求道：

"求求你，帮我一把！"

项东方再也控制不住自己了，借助酒劲跳上了床。二十分钟后，他从陈晓诗身上翻下来，不停地喘着气。他双眼望着天花板，不敢看陈晓诗，因为他忽然有一种莫名其妙的愧疚，好像小孩子偷吃了糖担心被人发现一样。他不知道为什么会这样，就是感到心虚，他担心一看她就会露出内心那种犯罪的感觉。还好，陈晓诗并没有注意到他的眼神，她满意地发出一阵淫荡的笑声，然后说：

"你真棒！你怎么会这么厉害？"

项东方为了掩饰自己的心虚，半开玩笑着说："厉害什么？说我是个处男你肯定不相信。”

“我信你个锤锤！”陈晓诗一急家乡话就随口而出。

“什么是锤锤？”

项东方从她的语气听出，她肯定不信自己的话，但什么是锤锤这着实让他摸不着头脑。

陈晓诗把手伸到他下面，轻轻地一捏：“这就是锤锤！”

“哎哟，你轻点！想掐死我呀？”项东方忍不住哈哈地笑了。

“谁让你说谎来着？”

“没有啊。”

“哪你干嘛这样骗我？第一次做怎么可能那么棒？”

项东方想起了依娃，她真的手把手教过他的，当然这可不能说，于是，他就扯开了话题：

“因为我有胸毛呀。”

“怎么讲？”

“你没听过‘胸口有毛杀人不用刀’这句话吗？”

“没有。什么意思？”

“小时候我常常听人讲这句话，我以为是说人家很野蛮，现在我才明白这原来说的就是一个人很棒的意思。”

“怪不得你那么厉害！我结婚三年来，这是第一次同时来高潮。”

他见她说得那么直白，心里挺高兴的，就故意笑着问道：

“你先生也很厉害吧？”

“厉害个球！简直就是一个大怂包，什么都不行，我现在正跟他办离婚呢。”

听见她讲粗话，项东方倒没有太大的反感，可是她提到要离婚，这却让他有了几分警惕。现在，他身上的酒气已经挥发了不少，人也清醒了许多，他告诫自己，跟她也就是逢场作戏，是因为在这个陌生的异国他乡大家都需要对方的安慰，属于同病相怜，这只是暂时的生理上的满足，千万不能投入感情，否则后果不堪设想。他已经被伤得太多太深了，不会轻易动真情的。他在心里给自己画了一条三八线：做戏可以，千万不能动真格的，不能越过这条线！

他站起来穿衣服，陈晓诗想留他在房里过夜，他执意要走，陈晓诗依依不舍地恳求，他还是坚决地走了。

第二天是星期六，项东方起得很晚，记起了昨夜的事。走到厨房，见陈晓诗的气色很好，显然昨晚睡得不错。她已经做好了早餐，不是项东方吃腻的那些牛奶面包加果酱，而是一个皮蛋瘦肉粥，还有几个叉烧包，粥是自己做的，包则是超市买来的。

陈晓诗见项东方睡眼惺忪地走过来，就笑着招呼他一起吃早餐。项东方看见那些早点，馋得像只饿猫，一屁股坐下来，张嘴就吃。这些都是他最喜欢的食物，他吃得特别香。他一边吃一边问陈晓诗怎么会做这些广式的早餐，她说是跟上次那个房客学的，那是个从广州来的妹子。他觉得她真是很会做人，心里感激她，但他又想起了昨天晚上的忧虑，于是，就很认真地跟她谈了。最后，两个人同意约法三章：生活上的费用大家共同分担；到外面不能互称男女朋友；在家里不能叫老公老婆。

吃过早餐，俩人坐上项东方的破本田，去中国城买了一个星期的菜，回来后就一起做午饭，开始了正式的同居生活。这个临时的老婆给了项东方家的温馨感觉，两个孤独的海外游子就这样相互依靠，共同抵御那无处不在的空虚与寂寞。

随着时间的推移，两个人虽说不上如胶似漆、心心相印，但也经常出双入对、形影不离。他们有时候一起去学校，周末一起去买菜吃饭，去野外郊游，过得有滋有味，项东方甚至还长了几斤肉，不再感到那么孤单了。他在金钱上很大方，不会跟她计较，总是在各方面都多付钱。陈晓诗觉得也许这是他爱自己的缘故，因此也不动声色，乐得个顺水推舟。其实，她真的慢慢地爱上了他。她觉得他不仅人长得帅，心眼又好，不斤斤计较，关键是床上功夫了得，总是让她销魂蚀骨，所以她特别喜欢他。只是有一样东西总让她高兴不起来，就是有时候两个人正在兴头上，他会突然说出几句让人扫兴的话来，一下子把好端端的气氛败坏了。她真的没法摸清他的心思，为此十分的烦恼。

有时候温存刚过后，俩人相拥着，激情还没有退去，她情不自禁地说：老公你真棒！不管她的声音是多么娇滴滴、多么惹人怜爱，他却会硬邦邦地甩出一句话来：跟你说过多少遍了，不要叫我老公！她的心一下子就像进入冰箱凉了半截，老半天都提不起劲来。而他却继续冷冷地说：你千万别爱上我，我随时会说走就走，因为我的心装不下任何一个人。每当这时候，她也只好顺着他的意思，苦笑着说：咱们只是露水夫妻，哪天太阳出来了，露水就干了散了。她心里真的是喜欢他的，只是碍于他的态度她从不敢表露出来，她怕他真的一拍屁股就走掉，还不如就这样若即若离，过一天算一天。

有一天，他回来得较晚，一进门就看见满桌都是自己喜欢的菜。陈晓诗跑过来抱住他，兴高采烈地说：我离婚了，今天要好好庆祝一下！他亲了她一下，然后说怪不得那么多好吃的菜。两个人坐下来，边喝啤酒边吃菜。陈晓诗说：我终于自由了，以后就可以开始新的生活了。项东方说：你没想过自由的代价是什么？自由了你就孤独了。陈晓诗满怀期待地说：

“不是还有你吗？只要有你我就不孤独。”

项东方笑道：“可是，你怎么那么肯定我永远跟你在一起？”

陈晓诗红着脸说：“我不管，反正我喜欢你，我就一直跟着你。”

“哪如果我失踪了呢？”

“无论你跑到哪，我都要去找你！”

项东方暗暗吃惊，只好拿些无关紧要的话来敷衍她。俩人吃饱喝足，又看了一会电视，就上床休息。亲热了半天，项东方突然觉得有点不对劲，就停了下来，发现原来保险套掉了，就问怎么回事？陈晓诗说可能自己掉的吧。他不相信，觉得不可能，继续追问，陈晓诗不得不承认是自己扒掉的。他粗鲁地责问道，你为什么要这样？陈晓诗嘤嘤地说，我就是想要一个孩子，想生一个像你一样漂亮又聪明的儿子，你就不能帮帮我吗？项东方冷漠地说，不是想用小孩子来捆住我的心吧？咱们不是有约法三章吗？根本就不要谈什么小孩的事。陈晓诗突然泪流满面说，我承认我爱上了你，我不能没有你。项东方把她推开，断然地说这根本不可能，我不会爱上任何人的。她不死心地追问为什么？项东方没好气地说，因为我被女人害得太惨了，我不会再对任何女人动心的。接着，他跟她讲了两个前女友怎样抛弃自己的故事。听完他的故事，陈晓诗信誓旦旦地说，我跟她们不一样，我是真的爱你的！项东方冷冷地笑道，我这辈子再也不会相信什么誓言了。陈晓诗沮丧得说不出话来。

发生这次事件以后，两个人的关系冷淡了许多，陈晓诗有一个星期都不敢接近他。项东方也特别的小心，他担心陈晓诗真的缠上自己，到时候脱不了身麻烦就大了。他其实并非不喜欢她，他只是不愿意为她付出真心，他只想与她保持着若即若离的关系，到了过不下去的时候可以一刀两断、清清楚楚。

史密斯教授果真给了项东方的论文不及格，这样，他下个学期的助学金就没有了。项东方早就有所预料，但知道消息后还是相当的懊丧。他开始为下学期的学费和生活费犯愁，想来想去没有什么好主意。回到宿舍，陈晓诗见他垂头丧气的样子，便关心地问怎么回事。他说明了原委。陈晓诗就责备地说他太死脑筋，为什么不顺着老板的意思，这又不难做。他看她不理解自己，心中不悦，就不再理她。

他现在已经明确地感觉到系里面弥漫着的西方中心主义气息，看来自己的观点和思想不适合在这里，他感到了束缚，这与他爱好自由的性格格格不入，他开始萌生了离开的念头。也许陈晓诗说得对，东亚系没什么前途，毕业后最好的前景就是留校任教，不行的话找个图书馆做个没劲的管理员。这些都跟他的天性不合，他感到自己不喜欢卖嘴皮子，也不喜欢那种朝九晚五的办公室工作，他考虑着要换个专业。

还有一件事让他一直耿耿于怀。自从与林梦茵分手后，他在学校里见过几次亚当，都是远远地看见，然后扭头就走。他最怕见到林梦茵。有一次，他借了两本书，刚迈出图书馆大门，就瞥见林梦茵挽着亚当的手悠然地走过，林梦茵一副小鸟依人的模样，俩人十分的亲密，惹得路人纷纷驻足侧目。项东方一时生起满腔醋意，恨恨地望着他们的背影，他突然意识到不能再这样下去了，唯一的办法就是离开这个是非之地，眼不见为净。

经过一段时间的准备，他找到了另一个学校。这一切陈晓诗并不知情。临走的那天，陈晓诗要去系里办事，他把她送了过去。回到家，他给陈晓诗写了封信，大意是：

“晓诗，原谅我的不辞而别！我走了，我不能再呆在这里，因为我觉得我与这里的环境和气氛格格不入，我要去寻找一个新的地方，一个能够让我安定下来的地方。我跟你说过我是一只不安分的小鸟，总想着要飞，在没有找到可以让我栖息下来的归宿以前是不会止步的。

“谢谢你一直来对我的照顾和关心！你在我一生中最孤独的时候拯救了我。我曾经以为美国是一个自由自在的国家，生活在这里的人们都很幸福快乐，没有忧愁，但现实告诉我人间的悲欢离合同样会在此上演。我刚来到这里就碰上了数不清的倒霉事，我差点就丧失了活下去的勇气。幸好老天让我遇上了你，你的温柔体贴化解了我的孤独和寂寞，给了我重新出发的信心。为此，我衷心地感谢你！

“我知道你喜欢我，但我告诉过你许多次，我不值得你去爱，因为我经历过太多的苦难，我的心已经死了，我不可能去爱任何一个人。如果你真的爱上我，你会吃亏的，你会一辈子都不得安宁，生不如死。与其这样，倒不如一刀两断来得干脆。我不想看到你为了我神不守舍，惶惶不可终日。千万别去找我，我将消失于茫茫人海，你就把我当作一颗流星，消散在茫茫的太空之中了。忘了我吧！去找一个真正爱你的人，幸福地过一辈子。

“再见吧，我曾经的朋友！”

他把信放在餐桌上，收拾好简单的行李，跳上自己那部破旧的本田，轻轻地一踩油门，绝尘而去。

第四十一章 寻找病根

一下子离开那个临时的家，一个好歹也算安乐的窝，项东方并非没有一丝的留恋。事实上，他非常的感伤，他想起了陈晓诗各种的好：是她每天清晨早早地起来，为自己做喜欢的早餐；是她帮自己洗脏衣服；是她在自己不开心的时候，搂着自己的脖子，又是亲又是疼，使自己很快就忘却了烦恼……想到这些，他感到内疚，他甚至有点恨自己的狠心，他不知道她会怎样面对自己的逃遁，他寻找各种理由为自己开脱：毕竟我不爱她，长痛不如短痛；她会找到更好的人的，没有我也许她会过得更好。想到如今自己又重新孤单一个人，前路漫漫不知，心里不免生出一种莫名的凄惶。

离下学期开学还有两三个月的时间，他手上还有一点积蓄，他想利用这段时间去散散心，然后再回到学校。其实，他还有一个心愿，就是要去解开那个折磨了他很久的心中的谜团。他要穿越整个美洲大陆，到达东部，去探索一个未知的世界。

他那部旧车性能挺好的，一直来也没给他制造过什么大麻烦，只是刚出发不久，他就感觉车子震动得很厉害，方向盘像个筛子般抖个不停。他吓坏了，赶紧停在路边，打开车头盖，看见发动机像筛糠一般在摇晃。由于他一点都不懂车子，就特别的紧张，勉强把车子开到附近一家很小的修理店。店主是个和善的越南老头，见他像个学生模样，又是个亚洲人，就叫他不要急，先检查一下。老头好像胸有成竹的样子，打开车头盖，用一把尖嘴钳将高压线圈一根一根地拔出来，每次都能看到蓝色的火花在汽缸中均匀地跳动，并发出“扑扑”的声音，拔到第四个线圈时火花比其他几个更大，声音也更响，整个发动机也抖得更厉害。

项东方一直紧张不安地看着，他担心如果车子有大问题，这趟行程就不得不终止。一想到这，他的心情马上就暗淡了下来，仿佛一片乌云笼罩在眼前，看不见明天。老头停了手，轻松地对他说，没什么大问题，就是这条高压线圈破裂了。说罢，他让项东方看那条高压线，果然上面有一条很小的裂缝，蓝色的火花不停地跳出来。老头说按常规，四条高压线要一起换，不过，如果你想省钱，换一条也可以。项东方这才放了心，说自己是一个穷学生，就换一条吧！老头花了一分钟就换好了，车子果然不再震动。项东方不由得感叹太神奇了。不过，他还是有点担心这车子能不能开到东部去。老头看了下里程表，顺便帮他把车子大概地检查了一遍，说你的车子才开了十五万英里，这种车子开个二十万英里都没问题的，放心吧！项东方一下子就安下心来，突然变得精神百倍。他问要多少钱，老头说三十就好。

他谢过老头，心情轻松地上了路，高兴地哼起歌来。他很快就进入高速公路，路上的车辆越来越少，窗外风驰电掣地闪过原始森林的美景，头顶上蓝天白云在回旋，飞驰的汽车让他有离开自己的感觉。他摇下一点窗户，让强劲的风吹进来，实在是太痛快了，他的心情像车子一样欢快地飞了起来。

突然，一个念头闯进他的脑海：为什么我的心情总是大起大落、一日三变？刚才老头一句不经意的话就让自己像车子那样轻快得要飞起来。如果他不那样说，自己的心情没准就沉沦到谷底了吧？看来自己缺乏信心，总是不能把握自己，要依赖别人的鼓励。是的，一定有什么东西在主宰着自己的行为，而自己对此仍然是不了解的。一定要找到这个东西，才能更好地发现自己。说不定这个东西就是自己一直以来想要解开的谜团。他已经问过自己好多遍了，他很想分析清楚自己的性格，可每次总是不了了之。以前亚当曾经指出他有童年阴影，这个阴影迫使他不停地逃避压抑、不停地追逐自由，但似乎并没有触及另一层次的问题，为什么自己总是无缘无故地自卑。

在理论上，西方中心论或者西方优越论已经被他驳倒了，他认为那根本不屑一顾。然而，要在感情上、心理上去清除它们的影响可没那么容易，生活中碰到的点点滴滴依然会勾起他自卑的情绪，啮咬他的神经，时时令他的心情跌落到低谷。他觉得这样下去就算不会自我毁灭，也会患上抑郁症的。近来，他慢慢地发现了，如同那个潜藏在心底里的童年阴影那样，有一个东西总是像鬼魅一般缠着自己，无论自己看什么，想什么，那个东西总会跳出来左右自己的思想和判断。它就像一副有色眼镜，让你看到的所有事物都带上同一种颜色。他不知道那是个什么东西，它隐藏在意识甚至潜意识底层。以前，亚当通过分析自己的梦，找出来自己潜意识中的童年阴影，也许通过深入的理性分析，能够发现什么蛛丝马迹，找到那个令自己总是自卑得要发狂的心理原因。

在大学时，他就读过奥地利心理学大师阿德勒的名著《自卑与超越》，当时，他还曾试图根据书中的理论来剖析自己，但每次都无法贯彻到底，有时候他是羞于承认自己的弱点，有时候则是不敢突破什么界限，反正通常都会不了了之。到了美国以后，他的情绪波动得更加频繁，自卑感经常地折磨着他，最终达到了非解决不可的地步了。今天，这个念头再一次冒了出来，他决心要彻底地做一个了结。于是他一面开着车，一面思考着。

也许小时候的经历确实有影响。从小到大就没听过大人夸奖过自己，所有的老师都对自己不满，每学期家庭报告书都说自己是“自由散漫、个人主义，不可调教”，这些确实影响自己对自己的观感，也许这就是自己最初的自卑的来源。但后来，在水电站时，杨欧的一番话点醒来自己，令自己对自己刮目相看。后来虽然考上了北大，但自卑的心理并没有真正清除。也许人就是这样奇怪的生物，特别是生性敏感的人。上了大学以后，对了，自从被人笑话自己的普通话以后，好像就开始厌恶自己的地方口音。然后就迷上了英语，接触了大量的西方文化，又碰到了来自西方国家的人，特别是那个可恶亚当，以致于连自己的长相都要怀疑。也许，那个时刻影响着自己的东西还与西方有关，而且还历史深远。他忽然想起了临出国时父亲说的那个故事来。当时，讲完了那个在家族里流传了一百多年的故事后，父亲就把那张两寸大的黑白照片给了他，还说在美国东北部的康涅狄格州哈特福德也有一张一模一样的照片。他一直珍藏着这张照片，心想着有朝一日能和另外一张对照一下。现在，他正走在前往哈特福德的路上，也许很快他就可以找到谜底了。

他开上了 90 号州际高速公路，离开华盛顿州，一路穿州过县，走过爱达荷州和蒙大拿州，几天后，到了怀俄明州的黄石公园。在这个世界第一个国家公园里，他独自一人游遍了葱茏的森林和陡峭的峡谷，倚着栏杆看气势磅礴的瀑布飞泻而下，蹲在蒸汽腾腾的温泉旁洗一把脸，在黄石湖边的草原上遇见几头觅食的麋鹿，他的车子还被一大群野牛挡住了去路。挨近傍晚时分，他来到了举世闻名的间歇喷泉——老忠实喷泉。他的运气很好，刚停好车不久，就听到“噗”的一声巨响，一股几十米高的水柱冲天而上，周围笼罩着一团水蒸汽，身边飘过一股浓烈的硫磺味。

一路来，为了省钱，他都没有住旅馆，每天晚上他就躺在自己的车上。当晚，他还是如法炮制。他把车子停在喷泉旁的一个停车场，前面是一大片开阔的荒地，周边长满了野草，荒地的中央就是喷泉的出口。停车场附近有几家旅馆、餐厅和商店，后面就是莽莽苍苍的原始森林。他将一个窗户开了一条小缝，锁好门窗，把副驾驶座位放低，就躺下去。

天黑以后，天气就凉了起来，温度下降得很快，一直降到十几度左右。项东方不敢怠慢，把毛衣和外套都穿上，下面还穿了条秋裤，再裹上一床厚棉被。车外万籁俱寂，只有旅馆那边发出微弱的灯光，空旷的原野上偶尔会传来几声野兽的嚎叫。他一开始睡不着，不停地想起当年偷渡香港时的情景。那时候，他们也睡着深山野岭中，有时候甚至睡着大树上。现在好多了，起码在车子里面，至少是安全的。座位底下还放着几只苹果，那是出发前在西雅图买的，吃了几天还没吃完，都有点干瘪了，车内弥散着一股苹果的香味。没想到，这香气竟还有催眠的效果，项东方闻着这甜腻的苹果味，慢慢地就睡着了。

到了半夜，他被一阵“噗噗”声吵醒，睁开眼一看，外面黑乎乎的什么也没有。他有点纳闷，到底是什么东西呢？想了半天，终于明白这是那个喷泉又喷发了，不禁哑然失笑。外间的气温又降了几度，感觉更冷了，他在被窝里紧了紧身子，蜷缩成一个刺猬状。过了好大一阵，他才又迷迷糊糊地进入梦乡。

他们一大帮人在河里游泳，他们站在木排上打开了水仗，一个似曾相识的少年人被项东方击中，双手拼命搓着眼，项东方继续攻击，那人只好躲进水底，过了一会又突然从水中冒了出来，嘴里吐出一团血水，惹得大伙哈哈大笑。他们又转到了一个池塘里去，里面水很清，但很冷。游了一阵，瘦猫先爬上岸，擦干身子，就抽起烟来。过了一会，他急得大声嚷嚷说手表没了，哪都找不到。有人说不会掉进池塘了吧？于是，大伙便纷纷潜到水底，帮他去找。项东方憋足了气，在水下摸了半天，终于在几块小石头中间看到了一个发着白光的东西，伸出手一把抓住它，脚猛地一蹬，迅速浮出了水面，打开手一看，还真是一块手表，而且手里还握着几个田螺。大伙一看，高兴极了，便又都潜进水底，没过多久，就捞了半桶田螺。正要上岸，回去弄个炒田螺当宵夜，却听得隔壁池塘有人大叫“救命！”大伙一起往那边猛跑，项东方一个猛扎子跳进池塘，在水底里找到了一个女人，好不容易把她拖到岸边，大伙七手八脚地把那女人架在项东方背上，不停地拍她的背，她吐出一团脏水后就醒了……

项东方忽然觉得背脊凉飕飕的，同时，还听到一阵“嘭嘭”的敲击声，他猛地睁开眼，借着微弱的灯光，模模糊糊地看到一个黑影趴在窗户上，心里“咯噔”一下，彻底地吓醒了，定睛细看，原来是一头大黑熊！他一下子屏住了呼吸，毛发倒竖。那黑熊又用力猛敲了几下窗户，项东方想都没想，本能地掀掉被子，一骨碌跳起来，爬到了驾驶座上。

黑熊缩回身子，低下头，用整个身体拼命地去拱车子，嘴里气喘吁吁地发出“嗷嗷”的叫声。车子被黑熊拱得摇来晃去的，项东方手忙脚乱地掏出钥匙，颤巍巍地插进钥匙孔，转了几次都没能把车子发动起来。那黑熊发疯似的猛撞车身，好几次差点就把车子掀翻，项东方急得满头大汗，肝胆都快蹦出来了。

忽然，他脑子一个激灵，意识到自己刚才竟然忘了踩离合器，怪不得车子发动不起来。他告诫自己要冷静，否则必将大祸临头。他左脚踩住离合器，右手猛地一拧，发动机“轰”的一声启动了，他一阵激动，赶紧挂上后档，车子“呼”的一下向后一倒，黑熊吓了一跳，闪到一边。项东方马上挂了前挡，车子发出一阵怒吼，“簌”地往前飙去，剩下大黑熊呆在原地，呼呼地喘气。

脱离险境后，项东方心有余悸，心想自己这条小命当年没被水淹死、没被鲨鱼吃掉，今天可差点就进了大黑熊的口里，实在是太险了。他不敢停下来，就只好继续往前开，走了一阵，抬起手一看，才五点半，四周还是黑乎乎的一片。

这场惊吓败坏了他游玩的兴致，原本要去犹他州看拱门公园的计划也取消了，只是顺路经过南达科他州时，参观了总统雕像山，然后绕过五大湖区，最后进入东北部的康涅狄格州。他换到了 44 号公路，继续从西向东前进，途中不期而遇一个小镇子，名字居然与广州的英文旧名“Canton”一模一样。这勾起了他的好奇心，决定下去看看。

这是个只有几千人的镇子，风光并没有什么特别之处，跟普通的美国小镇大同小异。可是，它的名字却让项东方觉得很亲切，隐隐约约地感到一种神奇的吸引力。他开着车在镇子兜了一圈，最后找到位于前街 11 号的历史博物馆。在博物馆里面，他终于了解到这个小镇的名字是有大来历的。原来，广州自汉代以来就是海上丝绸之路的主要港口，在唐宋时期就成为中国第一大港，到了清末，由于清政府闭关锁国的政策，广州遂成为全国唯一的通商口岸，垄断了全中国的对外贸易，因此，广州在国外一直都名闻遐迩，是世界上唯一两千多年来长盛不衰的大港。

项东方忽然想起当年看大仲马小说《基度山伯爵》的事。在第四十章中，作者曾提到基度山伯爵就是在广州买的鸦片，这就从侧面印证了广州在世界上的名气。当时还有个小插曲，他开始看的是中文版，然后又看了英文版，英文版说的是，基度山伯爵是在 Canton 买的鸦片，这本书原著是法文，不过用作地名的 Canton 在英文和法文应该是一致的，但中文版却把 Canton 翻译成了广东，项东方觉得这显然是译者的错误，因为不了解 Canton 指的是广州，而不是广东，一字之差铸成大错，实在贻笑大方。其实，这也不奇怪，因为上海的崛起，广州的地位就没落了，再后来，由于拼音的使用，当 Canton 变成 Guangzhou 后，国外就没有几个人认识她了，她那辉煌的历史渐渐也被人遗忘，以致于连许多中国人都不知道 Canton 就是广州。当然，还有一点项东方根本不知道的是，拼音的发明和应用其实也是当年国人崇洋媚外、缺乏文化自信的一个结果，尽管它对扫盲和推广中国文化还是功不可没的。

离这个小镇不远处的哈特福德，是十九世纪美国一个重要的工业和贸易中心，大量的货物从这里源源不断地输往欧洲和中国，常年有许多船舶往来于美国与广州之间，广州的繁华令美国人印象深刻，于是，当地人在开发这个小镇时，便把它命名为 Canton，随后全美各地竟然一窝蜂跟上，二十几个城镇都用上 Canton 这个名字，其中最著名的是俄亥俄州的 Canton 市。项东方看完这段历史后，心潮澎湃，没想到原来广州跟美国有如此紧密的联系，而且居然还影响了这个城镇的命名，他作为一个中国人，尤其是作为一个广东人，心中不由得生出一点自豪感来。

项东方余兴未尽地离开了广州镇，继续往东行，一个小时后抵达了终点站——哈特福德。哈特福德曾经是美国最富有的城市，它坐落在美丽的康涅狄格河畔，沿着河两岸耸立在许多现代建筑，其中参杂在一些古老的维多利亚式尖顶房子，景色非常的迷人。一看见清澈的河水，项东方立刻精神大振，他跳下车，沿着河边走了一大段路，欣赏着沿途的风光。然后，他驱车去了位于法明顿大街上的斯陀夫人博物馆。斯陀夫人就是小说《汤姆叔叔的小屋》的作者，曾经在此地居住过，这个博物馆就是为了纪念她而建的。她的那本书曾经对美国历史产生过影响，项东方在大学时读过它，有很深的印象。他在博物馆转了一圈就离开了，因为他还有更重要的地方要去。

在斯托夫人旧居后面不远的一个高坡上，项东方看到了掩映在绿树浓荫下的一栋红色建筑。那是一座维多利亚哥特式的豪华别墅，楼高四层，暗红色的砖墙，里面是硬木结构，灰色的尖屋顶，不对称的圆形窗，六角形的塔楼，门前长长的回廊有点像甲板和船舷，远远看去整栋楼房极像一艘船，漂亮又气派。原来这就是美国大文豪马克・吐温的故居。

成名之前的马克・吐温几乎就是一个流浪汉和冒险者，一个挣扎在生活最底层的苦力。他出身贫寒，十二岁时父亲病故，不得不出去打工，做过印刷厂的小工、密西西比河上的水手、加州的淘金矿工和报社记者，他阅历深厚、观察力敏锐，加上一支生花妙笔，到了三十出头的年岁，凭着他那机智幽默的文风就已在文坛上崭露头角。1874 年 36 岁那年，他邂逅了一位富商千金，结婚时岳父赠送给他们这栋豪宅。从此他在此一住十七年，生下了四个子女，更孕育了多个享誉世界的鸿篇巨制，例如《汤姆・索亚历险记》和《哈克贝利・芬历险记》等等。马克・吐温的著作在美国文学史上具有划时代意义，他被后世美国作家海明威和福克纳等人尊崇为美国文学之父。后来，马克·吐温由于投机失败，被迫卖出这栋房子，直到 1962 年才被指定为国家历史地标，并于 1974 年翻修后建成现在的马克·吐温博物馆。

当天是星期一，游客不多。项东方穿过回廊，先登上五级台阶，然后进门入室。正厅里面光线暗淡，只开了一盏 50 瓦的电灯，稍稍定神之后，室内的一切才渐渐看得清楚。厅中间围绕着柱子设了一圈的圆周沙发，贴金的墙纸、咖啡色的家具，还有厚重的波斯地毯，把整个客厅装修得富丽堂皇，具有浓郁的中东和亚洲风格。从客厅转入到餐厅，只见餐桌上摆着古色古香的中国陶瓷杯盘，挺括的金色餐巾，还有银质的餐具。项东方可以想象出，当年志得意满的马克·吐温端坐在餐桌正中，脖子上围着金色的餐巾，手握银质的刀叉，一副英国贵族派头，一边享受着仆人的侍候，一边与来自各地的尊贵客人高谈阔论着奇闻逸事。

出了餐厅就是书房。宽阔的壁炉上安放着一个巨大的橡木壁炉架，靠墙一圈立着一排矮书架，架上整齐地排放着一色精装的书本，架的上面放在来自世界各地的古玩器皿，贴金的墙纸上挂着欧洲名画，茶几和沙发上铺着柔软的金丝绒。在书房的南边还有一个日本式的半圆形玻璃花房，里面有喷泉流水，种植着各式花草，四季常青花红草绿，看着就让人赏心悦目。其实，这个书房只是名义上的，主人并不在此写作，只是读书和讲故事的地方，马克·吐温经常在这里给几个女儿讲述许多各种各样惊心动魄的故事。

按照指引，项东方漫步上了四层的阁楼，这里有一个较小的房间，这才是马克·吐温写下那些震惊世界的名著的场所。一张很小的书桌摆在靠南面阳台的顶端，紧挨着书桌有一张硕大的桌球台。当年马克·吐温每每写下一页文稿，便把它随手扔到那张大桌球台上，等待着他的夫人前来收拾。就是在这个小小的房间里，他创造了许多鸿篇巨制。项东方站在书桌后面，不禁浮想联翩，从马克· 吐温笔下的人物，联想到自己年少时那些顽皮与放荡不羁的往事。

项东方下到大厅时，讲解员刚送走一批游客。讲解员是个老太婆，两鬓斑白，戴一副金边眼镜。她转身看到项东方便打招呼，因为暂时没有其他的访客，老太便热心地跟他聊了起来。她说了许多马克·吐温的趣事，项东方听得很入迷。然后，老太忽然问项东方是不是从中国来的。他回答说是的。于是，老太突然就兴奋得手舞足蹈，兴高采烈地说：虽然到此地的中国游客不多，但这个城市与中国有着很深的渊源。

接着，她语带神秘地说："你知道吗？一百多年前我们这里来了一批中国少年，清一色的男童，他们还留着及腰的长辫子，头戴瓜皮帽，他们分散地住到当地的人家里，开始学习英语和其他知识……"

她的话勾起了项东方的兴致，他来这里原本就是有目的的，可是他无从入手。他知道，清朝末年这里曾经来过一批中国的留学幼童，不过，他所掌握的材料只有他父亲跟他讲过那个故事。父亲的讲述总是断断续续，不太完整，当然，这个故事本身就是一个在家族内部流传的口头传说，经过许多人的口，难免有遗漏和失真的地方。他来哈特福德目的就是要做个实地考察，获取第一手资料，解开心中的谜团。于是，他十分耐心地倾听老太太的叙述，还不时地问了一些问题。

老太太望着他，认真地问："你听说过容闳吗？"

项东方点点头说："知道一点点。"

"这可是个了不得的人物！他带来的那批中国小孩不仅轰动了整个哈特福德，让人们对中国充满了好奇心，而他也成了马克·吐温的朋友……"

老太太喋喋不休地讲了半天，项东方专心致志地听着，等她一停顿，他便插话说："其实，我的曾祖父就是这批小孩中的一个。不过，我对这件事了解不多，我到这里来目的就是想了解有关的事情。"

"噢，真的？"老太太非常惊讶："这太有意思了！你想了解什么，我尽力帮助你。"

项东方掏出一张泛黄的黑白照片，老太太认真地看着。项东方问她有没有见过类似的照片，老太摇摇头说，没有什么印象。项东方说，听父亲讲过在这边还有一张一模一样的照片，我这次来就是想核对一下。老太太思索了一会儿，然后说你可以去哈特福德高中找找看，因为那些孩子后来都进入了那所高中。老太太给了项东方地址，他就告辞了出来。

哈特福德高中是美国历史上第二古老的中学，创建于1683年，美国金融大亨约翰•摩根也曾是这所学校的学生。原来的那座巍峨的哥特式建筑已不复存在，旧址上只剩下一个石碑，以资纪念，新建的校舍搬到距离马克·吐温故居不远处的地方。

项东方没走多远就到了这个学校。他走到校办公室去询问，人家告诉他可以去学校的档案室找找看。他在楼道里东拐西拐，最后在一个角落里找到了档案室。他忐忑不安地敲开房门，迎面看到一个络腮胡子的中年人，顶着个秃脑袋，神情有点忧郁。档案室并不大，靠墙四周排满了文件柜，房子中间也堆满了杂物和各式各样的箱子。项东方简短地说明了来意，他特别强调说自己的曾祖父一百多年前很可能就是这个学校的学生。那人听完他的话显得相当诧异，他说，我们学校确实来过几批优秀的中国学生，这是本校历史上非常光彩的一笔，可惜时间太久了，人们渐渐地把这件事遗忘了，更糟糕的是，校内曾经发生过一场大火，把许多资料烧掉了。

说完，他转身走到一个文件柜旁边，从里面拿出来一本很厚的成绩册，回到项东方面前，他一边翻阅一边说，这是那次大火剩下的有关那些中国学生唯一的东西了。成绩册外皮是一片很厚的硬纸板，有烟熏过的痕迹，翻开封面，几乎所有的纸张右下角都有被火烧过的不规则的痕迹。成绩册上的人名用的是拉丁字母，中国人的姓名很容易认出来，但却与普通话的拼音很不一样，所以，项东方都念不出来。那个馆员一边翻一边问他曾祖父的名字，项东方把曾祖父名字的汉语拼音讲给他听，但他找了半天都找不到，正要放弃之际，项东方突然醒悟到，曾祖父那时候根本就没有汉语拼音，他们应该用的是粤语拼音。于是，他灵机一动用粤语念出他曾祖的名字。那馆员又重新翻开成绩册，翻到中间时，看到了 Hong Gwong-Yu 这几个字，他就停下来，问项东方这个是不是？项东方虽然说广东话，但他其实也没有见过粤语拼音，只好硬着头皮念了几遍，越念越顺，终于大声地叫了出来：

“项广宇，就是他！”

那馆员闻言十分的高兴，他用手指划过成绩册上的那一行。那记录显示项广宇那学期英语和希腊语考了全校第一名，可惜，后面的内容被火烧毁了，没法看出其他的成绩来。那馆员告诉他，这个学校要求是很严的，入学前必须通过拉丁文、希腊文、英文和科学考试，作为一个公立学校那是不多见的，你曾祖父成绩这么好，他一定是一个好学生。

他忽然又想起来什么似的，转过身走到刚才那个文件柜里取出一个小盒子，从里面拿出几张小黑白照片，给项东方一一过目。前几张照片都保存得很好，很清晰。最后一张中间有一条白色的裂痕，显然是曾经折断过被人重新粘贴起来的。照片里面那个少年人头戴瓜皮帽，身穿长马褂，眼皮有点浮肿。项东方觉得好眼熟，便掏出皮夹，拿出那张珍藏了一百多年的老照片，那是临出国前父亲交给他的。他仔细一核对，果然是自己的曾祖父。

“噢，就是他！”他情不自禁地喊出了声，一时激动得手都在发抖。

那馆员见他那么兴奋，情绪也受了感染，接着跟他谈了好长时间。项东方无法掩饰自己的喜悦，美中不足的是，他还是没有找到那张和自己手里的照片一模一样的副本。那馆员见他似乎心愿未了，就建议他去附近的库布鲁克看看。

项东方谢过他，就离开了哈特福德高中，把车开上了 44 号公路。几十分钟后，他拐下一条林间小路，库布鲁克的指示牌在车窗外闪过，经过一座教堂和几间陈旧的房子，他把车停了下来。这个叫库布鲁克的小镇只有一千多人，房子零星地分布，镇上只有唯一的一家商店，自 1830 年到今天一直就是这个模样，既卖日用杂货，也卖食品。

项东方跳下车，踱进那家小店。他买了一包烟，随便跟店员聊了几句。那个老店员很好奇地问，他一个中国人到这里做什么，因为平常很少有外国人到这里来。项东方就简短地告诉他，自己是来寻找当年曾祖父的足迹的。老店员就建议他去当地的历史学会看看，说不定里面的人会知道一些东西。另外他还告诉项东方，镇上的公共墓园里有一个中国人的墓碑。

从商店出来，项东方就开车到了镇子的边上，找到了那个公共墓园。墓园很安静，到处杂草丛生，墓碑七零八落地分布四周，偶尔能听到小鸟在附近丛林里啁啾。不知为什么，在国内的时候，项东方特别怕见到墓地，一看到那些半圆形的坟茔他会联想到棺材，一想到棺材就会想到死人，想到鬼魂，然后心里面就会发抖。可是，到了美国以后他就很少有那种恐惧。在美国很多旧墓园都坐落在住宅区旁边，墓园里通常都只看到墓碑，很少会有突出的坟茔，一排排墓碑就像是些雕刻的工艺品，叫人无从生出恐惧感来。

他在纵横交错的墓碑中穿行，认真地寻找着，走了老半天，最后，他的目光停留在一块刻着汉字的墓碑上。那是一块普通的花岗岩石板，一米多高，灰白色，上圆下方，因天长日久有些地方已经发黑，风化的表面依然可以看出一排雕刻的汉字：“大清国香山县官学生谭耀勋之墓”。

项东方眼前马上浮现出那个穿着西服，一脸憨厚又有点倔强的少年人的面容。他想起来了，那个馆员给他看过谭耀勋的照片，还讲了他的事迹。谭耀勋应该就是与他曾祖父同住在一个美国人家庭的小伙伴。当年谭耀勋因为擅自剪掉辫子，被清廷提前召回国，但他抗命不从，在其他留美幼童和房东的帮助下，进入耶鲁大学学习，毕业后三个月，却因突然急病回到库布鲁克房东家，不久就病逝了。看着这个一百多年前的墓碑，项东方眼前飘过曾祖父的面容，许多东西一点点地变得具体起来，他忽然觉得背后似乎飘过一丝阴风，叫人有点不寒而栗。

他快步地离开了墓园，又折回那家杂货店，随便吃了点东西。然后，他走到街对面，经过邮局，又经过那个由大谷仓改造而成的镇公所，最后踱进了库布鲁克历史学会。那是一栋两层的白色小楼房，外观看起来就是一个稍大一点的普通民居，实际上是当地的历史博物馆，专门收集该镇的历史文物。

由于游客稀少，里面的工作人员对前来的访客都很热情。项东方一进门就碰上了一位自称为理查的老头，他介绍说自己原本是耶鲁大学的历史教授，退休后回到家乡做义工，他对小镇周边的山川林木和历史典故了如指掌。一听说项东方是留学幼童的后裔，理查十分的兴奋，和他谈了好长时间。项东方掏出那张老照片，理查一看就喜出望外，高兴地说，我这里也有一张的同样的照片，原来保存在房东司各特家，后来他们的后裔捐给了历史学会。理查去抽屉里找出那张照片，俩人一比对，果然一模一样，项东方一时激动得难以复加，他终于可以确认自己的曾祖父原来就是住在此地的司各特家。

理查又把原来房东的两本日记递给项东方，说你可以认真地看看。项东方连声道谢，然后，找了张椅子坐下来，翻开日记本，仔细地浏览那些用铅笔写下来而字迹依然清晰的日记，不时还做些摘录。

看完以后，项东方把日记本还给理查，理查主动地问要不要到周边逛逛，项东方很高兴地同意了。于是，老头子开起他那部福特皮卡，带着项东方走遍了四周的山间小路，寻找点点滴滴的历史遗迹，参观了房东司各特家留下的住屋，巡视当年那些留学幼童们游玩过的地方，每到一处地方他就滔滔不绝地讲个不停。

项东方告别了理查后，自己又特意开车到了司各特家留下的住屋前面。那栋两层的木头房子坐落在一处幽静的丛林之中，白色的墙体在高大的枫树和桦树的簇拥下显得异常鲜明突出，典型的新英格兰房屋结构，新刷的油漆掩盖了百年历史的沧桑。站在房前的回廊上，项东方仿佛看见，百年前自己的曾祖父拖着长长的辫子，就在这里和外面那片绿茵茵的草坪上，与他那些小伙伴还有房东的孩子们一起嬉戏游玩。走过旁边的牲口房和工具房，他又似乎看到他们在帮助房东整理和堆积干草堆的画面，听到他们的欢声笑语。

太阳快要下山了，项东方爬上车，慢慢地往回开。吃过简单的晚餐后，他找了一家小汽车旅馆住下来。这一段时间他经常睡在车上，弄得自己很累，今天事情好像有了一个着落，心情突然放松了，他想好好休息一下。他洗了个热水澡，靠着床头坐着，点了一根烟，脑子就忙活开了。他拿出那张旧照片，再次认真地端详着。

这张一百多年前的旧照片保存得还算好，只是有些泛黄。照片上有六个刚从中国广东来到美国的小留学生，他们的年龄介于 10 到 16 岁之间，可是，照片上他们却显出一副老气横秋的模样。他们或者坐着或者站着，清一色的唐装上衣加长裤，脚蹬尖头的西式皮鞋，头戴一顶瓜皮帽，看不出是否留着辫子，过于宽大的衣服让他们显得更为瘦削。不知是因为刚刚历经几万里的长途旅程显得疲惫，还是由于新来乍到一个陌生的国度而感到羞涩，一个个表情呆滞木讷 ，没有一个人笑，根本不像是一群天真烂漫的儿童，倒像是一批未老先衰的小老头。那个坐在沙发上、左手撑着脸颊、身子斜倚在扶手上的少年，就是项东方的曾祖父。他看起来一脸的疲惫，没精打采，像是刚大病过一场的模样，瘦弱的身躯在宽大的上衣的笼罩下突显出一副骨架。

临出国那一次，项东方刚从父亲手里接过这张照片，就忍不住哈哈大笑，他无法想象这群土里土气、萎靡不振的小老头中间有一位竟然就是自己的祖先！父亲给他解释说，那时候曾祖父是平生第一次照相，面对着照相机和强烈的灯光很不适应。再说，他们坐了一个月的船，在大洋中漂泊，然后搭上横跨美国东西两岸的火车，颠簸了一个礼拜，实在累得疲惫不堪，哪有什么心情照相呢？那时候，项东方很好奇，他们小小年纪为什么要出国留学呢？父亲便详细地给他讲述了曾祖父的事情。今天他在哈特福德走访了一整天，脑子中的印象渐渐地丰满了起来，他已经对这件事有了一个比较完整的概念。他开始像过电影一般，在脑中把父亲的叙述和采访中听到看到的东西串联组织起来，然后，一个清晰的故事就栩栩如生地在他眼前展开了。

曾祖父名叫项广宇，生于广东香山县南屏村（今珠海市南屏镇）。南屏村离澳门只有几里之遥，两地隔着一个狭窄的海峡遥遥相对。晚清时期，这村子里出了个大名鼎鼎的人物——中国留学生之父容闳。少年时，容闳家贫读不起书，只得到德国传教士在澳门开办的教会学堂去上学，后又随学堂转到香港，然后跟着美国传教士布朗到了美国。经过七年的艰苦奋斗，容闳获得了耶鲁大学的学士学位，成为第一个受过美国高等教育的中国人。美国的生活与教育，让容闳看到了美国的强盛和中国的落后。在戴上学士帽那一刻，他心中生起了一个伟大崇高的念头：要让中国的青少年来美国，学习美国的先进的文化与学术，改造中国落后的文明。于是，他回到了国内，经过多年的迂回辗转，终于得以接近洋务大员曾国藩，抓住机会向他进言，和盘托出自己的留学教育的理想。曾国藩看出这有利于洋务，于是联合他的门生李鸿章上书清廷，得到朝廷的批准。当时计划陆续分批派出 120 名年龄为 10 至 16 岁的幼童，到美国主要学习洋务急需的军事、科技和工程，容闳被委任为负责督办的副委员，并负责招生事宜。

容闳本人在美国呆过，自然知道美国的环境和生活比中国优越，况且幼童留学计划从学英文到大学毕业，前后十五年经费全部由政府负担，学成后回国由国家安排工作，实在是一趟光宗耀祖与个人前程一举两得的美差，前途无量，条件诱人。他原来料想报名者一定十分踊跃，谁知道，布告在全国各大埠头报纸上刊出，响应者竟寥寥无几，根本就招不到几个人。原来那时候民智未开、民风闭塞，国人皆视中华之外为化外之地，野蛮落后且不论，民间还有谣传说:美国人见了中国人会剥了他们的皮套在狗身上。所以，绝大多数人都视出洋为畏途，更别说要将十来岁的小孩送出国，而且一别就是十五年！还要签字画押，生死各安天命，这实在让一般家长难以接受，其结果便可想而知。

幸好容闳没有气馁，他回到家乡香山县，使出浑身解数，用自己的亲身经历说服乡亲，动员他们报名。其实，容闳的事迹在村里早已是家喻户晓、尽人皆知，大人们佩服他，觉得他是喝过洋水、见过大世面的人，如今连朝廷那些督抚大人都要对他言听计从呢。小孩们简直就把他当作为英雄般的传奇人物，人家小小年纪，孤身一人就敢飘洋过海、出生入死，简直让人羡慕死了。容闳往村头的大榕树下一站，用乡音侃侃而谈，他不仅讲救国图强的大道理，也讲美国的好处，“上可报国利民、下可光宗耀祖”，为什么不干？底下聚拢着的乡亲或点头称赞，或高声喝彩，反应非常的热烈。年仅十二岁的项广宇听得心里头跃跃欲试的，回到家缠着父亲就要报名。父亲也听了容闳的演讲，他与容闳是小时候的玩伴，如今人家早已学成归来，功成名就，自己除了羡慕就是惭愧，既然他作得，为何我就做不得？自己没钱供儿子读私塾，如今朝廷出资，自己不拔一毛，何乐而不为？只是转念一想，此去远涉重洋，一别十五载，骨肉分离相隔万水千山，要有什么差池，不定就是天人两隔了呢！因此，他只是皱着眉头，一时没答应。项广宇急了说：爹，怕什么？你看人家闳叔不是好好的吗？他去得，凭什么我就去不得？他爹其实心里早就愿意了，见项广宇这么坚决，也就不再犹豫了。

经过严格的甄选，项广宇成为三十名入选的男童之一。根据规定，家长送幼童出洋，都必须亲笔具结，还要画押，向政府作出一种免责的法律保证。项广宇父亲郑重地签署了这份类同卖身契的“保证书”：

“兹有子广宇，情愿送赴宪局带往花旗国，肄业学习机艺，回来之日，听从官府差遣，不得在外国逗留。倘有疾病，生死各安天命……童男项广宇，年十二岁，身中，面方白……”

离别时，小小年纪的项广宇神情凝重，什么也没说，只是跪在地上，向父母叩了三个响头，然后一步一回首，抹着眼泪往前走。

那一年是1872年，鸦片战争结束后的第三十年；那一年他刚十二岁，他出生那年，英法联军火烧了圆明园。差不多半年前，曾国藩逝世，没有看到这批幼童的成行。在他病逝前七天，他的学生李鸿章给他写信，里面提到：中国当下的时局，是三千年未遇的一大变局也！ 在那个年代，慢说芸芸众生，就连李鸿章的恩师、洋务派的首领曾国藩，也只是把入侵的西方人看着为一群拥有坚船利炮的海盗，只要掌握了他们的军事技术，就能反败为胜，致他们于死地。即便是颇有世界眼光的李鸿章，也仅仅从军事防御的角度去看待这个局势，他显然没有那么深刻的历史洞察力，看出这是一次千古不遇的触及文明根底的历史大变革，比起周公改制、始皇统一还要深刻和剧烈，因为那不是简单的改朝换代，不是社会革命，而是东西方文明的彻底较量。他恐怕也看不出一点端倪，预示着中国在未来几百年里，社会秩序政治制度将被打乱而重组，文化理念生活习俗出现断裂，甚至语言都会裂变，一切都将经历脱胎换骨的巨大痛苦，人心也将在无休止的动荡中备受煎熬，数代人都将生活在一个巨大的文化阴影之下。

至于年纪小小的项广宇，对这一切根本就没有任何知觉，对他而言，这不过是一趟漫长而好玩的旅程，一次富有异国情调的探险。一踏上路程，从没有出过远门的他就欣喜若狂，样样新鲜。

项广宇和小伙伴们途经香港到上海，望着轮船旁边巨大的轮子缓缓地转动，卷起白花花的浪，他们兴奋地跳起来欢呼。吃着船上的牛排沙拉，喝着香甜的新鲜牛奶，他们一时间就忘了家乡的白米粥和咸菜萝卜，很快就爱上了西餐。在上海，经过短期的培训之后，他们坐轮船横跨太平洋，在海上整整飘荡了一个月后，才抵达美国西岸的旧金山。这群中国幼童头戴锦帽，脚踏缎靴，身着蓝铍夹衫和酱色铍长褂，他们一抵埠就引起了轰动，成群结队的美国人簇拥在码头和街道上，争相一睹他们的芳容。当地英文报纸这样形容道：

“这群来自遥远中国的学童穿着与我们不同的服饰，头戴着小圆帽，留着长及腰部的辫子，他们有的风度翩翩、一表人才，有的娴淑典雅、温柔妩媚……”

多数美国人都没见过中国人，幼童们的长辫子无疑令他们困惑，不辨男女，报纸才会闹出如此的笑话来。

幼童们在旧金山稍作停留，再搭乘火车穿越刚开通三年、横贯美国东西岸的铁路。途中的七天，他们不仅领略了美国国土的辽阔与美丽，也领教了近代化工业的厉害。他们看到身穿奇装异服、插着羽毛的印第安人，也见过成群的野牛在山谷中奔跑，喷着浓浓黑烟、“呜呜”地鸣着长笛的火车更使他们欢呼雀跃。路途中，他们遇到强悍的劫匪，把火车的引擎破坏了，铁路人员一封电报，招来维修工，很快就解决了问题，这又让这群少年深为美国的先进而折服。七天后，他们终于来到了东北部的康涅狄格州哈特福德。

这批幼童被分成两三人一组，入住当地的美国人家庭。这些家庭都是精心挑选出来的富裕人家，例如律师、医生和小业主等等，条件优越。项广宇和两个小伙伴被分到司各特太太家里。刚见面时，项广宇吓了一跳，他还从来没有这么近距离地见到一个西方人，看着金发碧眼身材高大、一袭长裙曳地的司各特太太，他瞪着好奇又惊讶的眼睛发愣。面目慈祥的司各特太太却笑眯眯地说着："噢，我的小宝贝！你真可爱！"一边将他揽入怀里，热情地亲他的脸颊，弄得项广宇立刻羞红了脸，他的两个小伙伴却在一边哈哈地大笑。要知道，这可是他第一次被人亲吻！在中国时可从来没有人，包括他的父母，与他这样亲近过呢。

司各特先生是当地有名的医生，有钱又有地位，他们家住的是一栋两层的大别墅，有很多个房间。项广宇等三人的到来并没有增添什么麻烦，反而为这个家庭带来了欢乐。他们家有三个与项广宇年龄相仿的女儿，个个长得美丽又可爱。经过一段时间的相互探寻和观望，大家就慢慢地混熟了。他们经常坐房东家里的大马车一起去学校，周末和假期一起去逛集市，去郊外踏青和野餐，过着神仙一般的日子。但是，他们从来都不愿意去教堂。负责监督留学生的清廷官员特意交代幼童们，哪里都可以去，就是不能去教堂，不能信洋教。每次当主人邀请他们时，他们便找各种理由推脱，有时不得已去了，半途还借机逃走。

司各特家的小女儿叫芭芭拉，长着一双深邃的蓝眼睛。项广宇每次看着她的眼睛，就觉得好像在注视着一泓秋水，或者一片碧蓝的天空，似乎里面蕴藏着无穷的秘密。芭芭拉性格直爽，时常会问项广宇一些有关中国的事情。对于她来说，遥远的中国就像是一个不可企及的国度，那里有着许许多多神秘而不可知的东西。每当项广宇用断断续续的英文向他讲述自己的家乡，讲自己与小伙伴们怎样在田头涌边捉泥鳅抓小鱼，又怎样漫山遍野地乱窜打鸟捕鼠，芭芭拉总是睁大着她那双清澈透明的蓝眼睛，羡慕地说："真好玩！"

慢慢地俩人就变得无话不谈了。然而，有一次芭芭拉却让项广宇无地自容了。虽然，美国家庭从小就教育孩子不要去问别人一些敏感的私人问题，但年幼的芭芭拉确实按捺不住自己的好奇心，有一天，终于鼓起勇气悄悄地问项广宇：

"大卫，为什么你留着一条像女孩子一样的大辫子，比我的还长？"

项广宇当时就怔住了，他的脸突然涨得通红。他不由得想起刚到哈特福德时，坐马车在大街上走过，一群白人小孩冲着他们喊：

"中国女孩，真难看！"

"猪尾巴，丑八怪！"

那时他们虽然刚到美国，但在上海集训时毕竟还恶补了一下英文，所以这些话幼童们都听懂了，因此都怒不可遏，有的人还羞得哭了出来，项广宇当时狠狠地往车外"呸！"地吐了一口唾沫。后来，这样的事情还不时地发生。想到这，他拿眼睛恶狠狠地盯住芭芭拉，好久才怒气冲天地说：

"不知道！ 我从小就有了！"

芭拉拉吓得赶紧道歉，委屈的眼泪簌簌地掉下来。为这事，项广宇几天不跟芭芭拉说话。好在小孩子不记仇，过了一阵子俩人又和好如初了。

除了这件事，项广宇在司各特家里过的简直就是神仙般的日子。与家乡简陋的小瓦房相比，这大别墅完全就是一座宫殿。煤气，暖气，地毯一样不缺，每个房间都有宽大明亮的窗户，房子外面有大片碧绿青翠的草坪，还有各式各样的鲜花，他们常常大块大块地吃着牛排，在家里从来没有喝过而无比金贵的牛奶，在这里可以像水一样地喝。刚开始的时候，他也曾怀念过家乡的饮食，还曾和小伙伴们一起偷过领队从国内带来的咸菜黄瓜酸豆角，但毕竟年纪小，很快就爱上了美国的食物。说起来，即便是当地大部分美国家庭的小孩也没有他们这样好命，不少人要卖报剪草挣钱，帮家里干活，更别提许多贫穷人家和黑人家的孩子了。美国的食物滋养着他，他的身体变得日益强壮，一天一天地爱上了美国的文化。

幼童们个个英俊潇洒、仪表堂堂，原因是当初在挑选时，李鸿章特意加上了一条标准：长相一定要体面好看，不能辱没我大清的国威。所以，这些百里挑一的幼童们不仅聪明机敏、勤奋好学，而且都长得风度翩翩、一表人才。经过几年的努力，项广宇早已过了英语关，用比当地学生短得多的时间进入了初中，各科成绩优异，英文和希腊文比赛获得全校第一名，同时他与其他美国同学一样热爱体育运动，划船、棒球、橄榄球样样拿手。到了高中时，他的学业依旧出类拔萃，体育场上又光彩照人，社交场上更是优雅洒脱，让美国男孩嫉妒得心碎，却深得美国女孩的青睐，引来了爱慕者的追求，班上一个身材高挑的漂亮女生蒂芙妮开始和他约会。那时候，马克・吐温偶尔邀请中国学生到家里做客，大厅里有一个巨大的八音盒，上满发条后，就可以完整地演奏一首圆舞曲。项广宇每次就带着蒂芙妮到这里，一起唱歌跳舞，气氛十分的融洽。俩人出双入对，书来诗往，实在艳煞班上的同学，也招致了别人的嫉妒。

隔壁班有个叫迈克的男孩，长得非常帅气，一头卷发，脸上有些雀斑，鼻子微翘。他本来喜欢蒂芙妮，现在眼睁睁地看着她跟项广宇如胶似漆、形影不离的样子，实在是心有不甘。

一次，学校进行橄榄球比赛，项广宇像往常一样，把长辫盘在脖子上，抱着球躲过对方几个队员的围堵，快速地向球门冲去，三十米、二十米、十米，眼看就要接近球门了。场外的观众大声地呐喊着"加油！"项广宇似乎都能听到蒂芙妮的声音，神情为之一震，抖擞起十二分精神，拼了命往球门上冲。

在这千钧一发之际，他的辫子忽然从脖子上松开，滑落到身后，一摇一摆的晃动着。他犹豫了一下，却并没有停下来，一股劲继续往前冲，突然迎面碰上了迈克。迈克身材高大、肌肉结实，他不顾一切地冲向项广宇。项广宇灵巧地左冲右突，试图绕过迈克，但迈克死死盯住了他，扑过来一下子把他给抱住，然后伸出右脚，拌住项广宇的后腿，右手用力猛拉项广宇的辫子，项广宇猝不及防，身子往后一仰，就势摔倒在地上。他忍住痛爬起来，照着迈克的脸狠狠地揍了一拳，接着，俩人便扭打在一起。双方队员迅速围过来，不分青红皂白地展开一团混战，场面一片混乱。

打斗停止后，项广宇已经鼻青脸肿、浑身酸痛，他坐在球场边，仍然气愤难平。蒂芙妮一边给他疗伤，一边不停地安慰他。她还无意地提到，是迈克揪了项广宇的辫子，才致使他摔倒的。项广宇一听就火冒三丈，狠狠地骂道：这个婊子养的，我恨不得把他给宰了！

回到司各特家，因为伤痛，更因为心情太坏，他几乎彻夜难眠。他想了一整夜，忽然意识到，自己的辫子正是这个奇耻大辱的根源。多少次了，就是因为自己的辫子，让自己蒙羞。为什么会有它，为什么美国男人没有辫子，而中国男人会有？多少次了，正是由于辫子，让自己感到自卑，在人前抬不起头来。它实在是万恶之源！他突然之间恨起了自己的辫子，并且冒出了一个大胆的念头：要把辫子剪掉！

第二天，他把这想法跟同住的伙伴们讲了。大伙都赞同，但还是有点担心，因为剪辫子是与上教堂一样，被列为两件不许做的事情之一，你可以着西装打领带穿皮鞋戴礼帽，就是不能剪辫子！这是清清楚楚地列在留学章程里面的，监督也是三令五申过的。不过，大家还是觉得这辫子非剪不可，几年来因为这辫子，大家受到的欺凌和窝囊气实在是太多，已经忍无可忍了。大伙一致同意，先剪了再说，到需要的时候就用假的来代替。

于是，大家一起动手把辫子剪掉了，三个人互相看了看，忽然欢呼了起来：哦，太好了！太漂亮了！他们这才感到真的人在美国，真的享受到了自由的空气。

过了几天，又到了规定回留学中心学国学的日子。三个人把假辫子戴上头，到了留学中心，像往常那样，首先脸朝着中国向清朝皇帝朝拜，然后，再给孔夫子的画像叩头，给面前的师长请安。教中文的老师竟然没有发现他们的秘密，下课后，几个人再也忍不住得意地大笑起来。后来，其他学童也慢慢地知道了消息，许多人模仿他们也把辫子剪了。

事情终于传到了学监那里，全体学生受到了一次严厉的训斥，剪掉辫子的学生都被打了二十大板。只有容闳理解他们，因为他毕竟是在美国受的教育，他力图劝说监督吴子登睁一只眼闭一只眼，放学生们一马。然而，吴子登思想保守、态度僵硬，根本不听容闳的建议，俩人狠狠地吵了一架。吴子登连篇累牍地给清廷发奏折，也不停地给李鸿章写信，讲留美幼童如何“美国化”，如何不听管教，历数幼童们诸多的不是，说他们不守规矩，上教堂信洋教，剪辫子辱祖宗，自由无度不敬师长，还有与当地美国女孩谈恋爱等等一大堆罪名。容闳却不谙中国官场那一套，自始至终没发过一份奏折，也不曾给李鸿章写信讲明情况，只知在美国人中周旋，希望美国方面给清政府施加压力。无奈远水救不了近火，朝廷终于听信了吴子登的说辞，将幼童们全部撤回，导致整个留学计划半途而废，几乎没有一个人能够完成学业。

那时，项广宇刚在耶鲁大学上一年级。被遣返的学生到了旧金山，脱下美式服装，换上当地中国裁缝做的中式衣衫。在茫茫大海上，项广宇整日愁眉苦脸、闷闷不乐，他没有想到的是，离家去国 10 年之后的归来，等待他们的不是荣耀，而是令人心碎的耻辱和排斥。船抵上海后，他们没有看到一张笑脸，没有受到一个热情的拥抱，也没有发现一个亲戚朋友，场面倒是人山人海，但那是前来看笑话的人群。只有一个姓陆的小人物到船上来接他们，他是管理他们信件的工人。这个人为他们准备的交通工具是独轮车，他们抱着行李，坐在“吱扭”作响的车上，身旁跟着一队荷枪实弹的水兵，这并不是要保护他们，而是为了防止他们逃跑。他们缓慢地行进在大街小巷中，一路上都有大批的市民围观，人们像看耍猴一样观看他们的狼狈样，还有许多时髦的上海人嘲笑他们老土的装束。最后，他们被押送到上海道台衙门后面的一间书院。这所书院已经废置了十年，大门十年从未开启过，院里面墙壁剥落，地板肮脏，台阶满布青苔，门窗早已潮湿腐烂。一踏入院门立刻霉气扑鼻，满眼都是颓败凋零的气息。他们被当作囚犯一样，关在书院里，让他们倍感屈辱。

不久之后，没有人问过他们的兴趣爱好，也没人关心他们的专业特长，整批人全都被分配到上海电报局，去学习电报技术。项广宇虽然心里很不满，但依然全力投入到新的岗位，兢兢业业地工作。社会上对留学幼童出现了许多指责和批评，令他如哑巴吃黄连有苦说不出。一天，他在大名鼎鼎的《申报》上看到了一篇谴责留学幼童的文章，该文以居高临下的姿态、不分青红皂白地对中国第一批留学生严词责难：这批人出身寒微，禀赋低劣，性情乖张，国家耗费巨资送他们出洋留学，却不知洁身自好，有用的西学技术没学到，一味迷恋和模仿西洋之陋习，早已成了一群黄皮白心的假洋鬼子，怎能指望这些人担当国家的大任！

一开始看这篇文章，项广宇非常的愤怒，随之便陷入迷茫与沮丧。他无法理解国人为什么像对待叛徒一样的对待他们，他们怀着满腔的爱国热忱，努力学习，准备学成回来报效祖国，谁知道却被人扣上大逆不道的帽子。他很不服气，但又想不通。后来有一天，他突然想到整个幼童被遣送回国的事件都跟自己有关，是自己剪掉辫子的主意害了大家。一想到这，他就再也不能平静了，他深深地自责，怪自己逞一时之快铸下大错。这种内疚的心结变成了一个心理阴影，长时间地折磨着他。尽管他与他的同侪们受到了不公的待遇，但他们没有放弃，在漫长的岁月里，不屈不挠地在各自的领域作出了骄人的成就，其出类拔萃者有民国第一任总理唐绍仪、中国铁路之父詹天佑、清华大学校长唐国安、北洋大学校长蔡绍基等人，不过，很多人都碌碌无为默默无闻，有的甚至沦落到社会底层。项广宇本人也自强不息，一直做到了省电报局长，然而，在其短暂的一生中，每当他想起这件事就良心不安，郁郁寡欢，以致于抑郁成疾，年仅四十九岁就含恨而终了。

项东方像过电影那样捋清了曾祖父的故事，他吸了口烟，长出了一口气，把思绪拉回到目前。这个故事像个梦魇，纠缠在他的脑际，已经好久了。当初父亲给他讲这个故事的时候，他就觉得自己与曾祖父在某一点上十分的相似，但他百思不得其解那究竟是什么。对扯辫子这个事件，当时他并没有觉得有什么特别的，认为这不过是小孩之间的恶作剧而已，只是个人的行为。现在他却忽然看到了另一个东西，那就是辫子的象征意义：辫子其实只是一个隐喻，它代表了落后和丑陋，意味着被人揪被人笑。当曾祖父来到美国，就像当初自己遇上亚当那样，那种自惭形秽的情绪就跃上心头，突然变得敏感，时刻都等着受虐。

"噢，我明白了！"项东方脑子灵光一现，突然闪过一个念头：今天虽然中国人头上没有了辫子，但在心底里却残留着一条鞭子，一条西方人鞭打中国人的鞭子，不，应该是中国人自己虐打自己的鞭子，说得更明确一点，就是中国人自己用西方这条鞭子来鞭打自己，总是打得自己抬不起头来。这分明就是一种心理阴影，或者是说一种深层的被虐心理和受害意识。就像自己心里那个童年阴影一样，这种西方阴影也存在于自己心中，两个阴影重叠交织在一起，左右着自己的思想和行为。更深一层看，中国人的集体记忆中就笼罩着这个浓重的西方阴影，曾祖父和自己只是个别特例罢了，自鸦片战争失败后，它就开始出现，在一系列的挫败中，这个阴影日益强化，而我们的教育和舆论更进一步推波助澜，过度渲染了国耻，极端地进行文化自省和批判，最终将它变成了中国人集体意识中的自卑情结，崇洋媚外就是它的外在表现。

项东方现在心里亮堂堂的，仿佛发现了一个天大的秘密那样，找到了自己与曾祖

父一脉相承的病根，解开了折磨他很久的谜团。他想起了大学同学小夫子，这小子虽然有些迂腐，但确实有点先见之明，像鲁迅、胡适、柏杨那种下猛药的偏激做法，确实只会加重中国人的自卑心理，犹如被人扒光了衣服，露出残缺的肢体那般。再说，为什么自己总是喜欢在圆明园流连忘返，就是因为它总让自己记起这个民族的伤痕，唤起一种悲天悯人的情怀，然后在一种自虐的意淫中释放出内心压抑的能量。

他觉得这种自卑心理像一颗毒瘤，一直传到了自己的身上。在国内时还没有那么清晰，现在，人在美国感觉更加明显了。他终于把自己分析了个透：童年阴影让我渴望自由，不断地逃遁，而西方阴影却让我无端地自卑，既看轻自己，也看衰中国。他深切地意识到，从今天开始必须清除自己心里的西方阴影，即使这是一个漫长的过程，也一定要去做。在理论上，他已经说明西方中心论不值一驳，现在要做的是一点点地克服自己的自卑心理，不断地树立起自主自为的自信心。他知道这很难，正如自己逃避陈晓诗，究竟是因为自己心里害怕束缚的童年阴影作怪？还是因为自己被依娃警醒，被林梦茵和柳丝雨整怕了，或者两者兼而有之？这实在很难说清楚。要清除西方阴影恐怕也是非常困难的，毕竟现在西方什么都比中国好，但不能因为难而不去做，只要一步一个脚印地去做，直至做到对所有人都一视同仁的地步，把每个人都看作为一个个体的人的时候，才能逐渐地肃清自己心里的西方阴影。当然，如果有一天中国超越了美国、超越了西方，成了世界第一，那么这种西方阴影也许会自动消失，全体中国人都会变得异常的自信甚至自负，但自己也许等不到那一天了。

那一夜，他心情很宁静，在小旅馆里睡得特别的香。

第四十二章 外卖帅哥

短短一天的游历让项东方爱上了哈特福德这个小城。他喜欢有水的地方，这座小城虽不像西雅图那样繁华，但她的宁静会让你沉静下来，就像那条蜿蜒清澈的康涅狄格河一样，没有什么波涛，千古流淌，悠然自得。还有一样东西让项东方确定要留下来，他觉得在这块自己祖先呆过的地方，有一种亲切感，也许会得到他在天之灵的庇护。没来之前，他就联系了康州大学和耶鲁大学的商学院，康州大学商学院就在哈特福德，而耶鲁大学离这里也不远。耶鲁大学回信说要进商学院必须考GMAT，没有成绩不予考虑。康州大学却很爽快，回答说根据他的条件可以录取，但入学后要补考GMAT。项东方是个很随性的人，没有多想就定下来要入康大。

助学金暂时是没有了，学费和生活费全得靠自己了，项东方想着要赶快安顿下来，然后找一份工作。他到学校附近租了一个小房间，又去书店买了几本考试用的复习资料。第二天，他就急不可耐地开着车在市区内乱窜，一看见中餐馆就进去问人家要不要招工。找了几家都被回绝，他就有点气馁。他垂头丧气地走在大街上，路上行人稀少，天气有点闷热，身上大汗淋漓，他禁不住就想打退堂鼓，回家歇一会。然而，他突然想起前几天自己的誓言，怎么能不战而败呢？对，一定要坚持，决不能放弃。

走过几个街区，他发现了一家门面不大却有着红墙绿瓦装饰的餐馆，门框上写着“东方花园”的字样，门两旁蹲着一对石狮子，还摆着几盆竹子。项东方壮了壮胆，迈步走了进去。

中午吃饭时间还没到，柜台后面有个俊俏的女人在忙着。项东方走过去，那女人问：要吃饭吗？一口台湾腔的国语。项东方客气地问，你们老板在吗？我想问问你们要不要人帮忙。那女人说，我是老板，我们现在不缺人。项东方还是不死心，恳求道，我做什么都行！只要有活干，钱少点都没问题。老板娘还算有耐心，说：你是学生吧？我们暂时不要人，你留个电话，等我们需要人手时我就找你。说罢眼睛望着项东方，神情明摆着就是要他赶快离开。项东方刚要说：我刚来，还没电话。突然，老板娘的目光移向了旁边，眼神变成了惊诧和恐慌。项东方随即闻到了一股酸腐的酒味，扭头一看，旁边来了一位衣衫褴褛的流浪汉。

此人个头很高，披头散发，脸色因为喝过酒而通红，蓬乱的胡子上还挂着些面包屑之类的东西。他旁若无人地往柜台前一站，满身混浊的气味熏得项东方不自觉地向旁边退了几步。那流浪汉从兜里掏出一把硬币，“啪”地往柜台上一拍，嘴里含糊不清地嘟噜道：

“哎，老板！我只有这点钱，我要吃一顿饭，行不行？”

老板娘数了数柜台上的钢币，只有七毛五，就不耐烦地说：“先生，你的钱不够，请你到别的地方去吧！”

“你想赶我，我还偏不走，这顿饭我吃定了！”

流浪汉双手撑着柜台，眼睛直勾勾地盯着老板娘，眼眸里满是挑衅的神色。老板娘脸色大变，由红色转成铁青，手不住地发抖，有气无力地说：

“先生，我们最便宜的菜也要三块钱。”

流浪汉开始发火了：“老子饿了，我不是不给钱，看见了吗，这是我的钱！”

他抓起那把硬币，狠狠摔回到桌子上。

老板娘已经吓得不行了。项东方本来想转身离开，反正人家又不准备请他，但看样子要出事了，看着老板娘可怜的样子，他又有点不忍心。他不知哪里来的勇气，决定要管一管这事。他开始也挺怕这个流浪汉的，但现在他告诉自己要冷静，他突然有了一个主意，转过身对着流浪汉，一边做着手势一边平静地说：

“安静，先生，安静！让我跟老板谈谈，看能不能帮到你。”

流浪汉停止了叫嚣，瞪着血红的眼睛望着他。项东方转头用中文对老板娘说：

“你们的米饭多少钱？”

老板娘本来已经拿起了电话机，正准备报警，听他一问便说：“五毛钱。怎么啦？”

“哪你就给他一碗白饭，你看行不行？”

“我怕他得尺进尺，闹个没完。”

老板娘很无奈地说。正在这时餐馆里走进来几个客人，都看见了这边的情况。项东方抓紧机会对老板娘说：

“你现在报警肯定会影响你的生意，客人有可能跑掉，外面的人也不敢进来了。你看这样行不行？让我跟他说说，不行你再报警？”

老板娘不想把事情闹大，就点了点头。项东方转头用英文对流浪汉说：“先生，老板本来是要报警的，我说服了她，她答应可以给你一碗白饭，你也不要挑剔，你的钱也就够那碗饭的价钱，你没有选择的余地。你看怎么样？”

美国人最怕警察，流浪汉也不例外，无论多闹腾的人，一见到警察都得乖乖地闭嘴收声，听候差遣。项东方的话把流浪汉给镇住了，酒也醒了大半，不再那么的咄咄逼人，而是马上换了另一副嘴脸，顺水推舟地说道：

“我本来也没想要太多，就想弄点东西填一下肚子。行呀，你们随便吧！”

老板娘跑进厨房，端来一碗白饭，还加了一个春卷，把流浪汉带到一个角落的位置。项东方跟了过去，对流浪汉说你可以加点酱油，味道更好。流浪汉拿起桌上的酱油瓶，嘟噜嘟噜地洒满了那碗白饭，然后用筷子夹起点饭，有滋有味地吃起来。吃了一口，他便竖起大拇指对项东方说：

“味道不错，你也是个好人！”

项东方笑笑说：“你慢慢享用。”

老板娘瞟了他一眼，脸居然微微地泛起点红晕来。这时她对项东方早已刮目相看了，没想到本来有可能演变成一桩暴力事件的，却被他平和地解决了。她发觉项东方不仅冷静，而且英文也相当不错，她改变了主意，想让他留下来，先帮忙送外卖，等一段时间再重新安排。更意想不到的是，她现在才发现，项东方原来是一个风度翩翩的大帅哥，心里竟有一种相见恨晚的感觉，过了片刻，她才问：

“你叫什么名字？”

“我叫项东方。”

“送外卖你干不干？”

“干！”

这时正好有一个男人走过来，老板娘便招呼他道：“哎，小庄，你过来一下！”

老板娘对他说：“小庄，他叫项东方，新来的，我让他送外卖，等一下你跟他说说该怎么做。”

“行。”小庄点头答应。他叫庄子明，在康大念电脑专业。

老板娘转过脸对项东方说：“我叫朱丽叶，你以后可以叫我的名字！”

“啊，不叫老板娘吗？”项东方有点拘谨，叫不出口。

庄子明笑道：“老板娘人很随和，叫名字更亲近点，是不是老板娘？”

“是呀，叫老板娘太生分了，再说我又没有老公！”朱丽叶一面说，一面拿眼睛在项东方身上扫。

项东方有点不好意思地躲开她的目光，迟疑着说：“哪我叫你老板吧？”

“哎，你这个人怎么这么呆呀？让你叫名字就叫名字，哪里来那么多废话！”

项东方从没见过这么泼辣的女人，愣了一下，才尴尬地一笑：“好吧，听你的。”

朱丽叶看他那副窘态，就打趣着说：“诶，大帅哥，结婚了没？”

项东方呆头呆脑地答道：“结什么婚啊？女朋友都没有。”

朱丽叶脸上闪过一丝喜悦，若无其事地继续逗乐道：“哪你还有大把的机会，是不是？”

项东方见她没有什么架子，便也渐渐地放开了说：“咳，谁会看上我一个穷学生啊？”

“那很难说呀！”庄子明突然插了一句。

朱丽叶忽然话锋一转：“好啦好啦，不开玩笑的啦！你要愿意干，明天晚上就可以来。记住要穿白衬衣黑裤子哦！”

项东方很高兴，满口答应，两个人谈了一会儿，把事情说好了。庄子明把项东方带进厨房，交代了一些事情。两个人从后门走到停车场，庄子明拿出一包万宝路烟请项东方抽，两个人站着聊了老半天，庄子明忽然没头没脑对项东方说：

“你小子艳福不浅呐！”

“怎么说？”项东方感到莫名其妙。

“老板娘看上你啦！你还不知道？”

“哎，你别胡扯了！刚见面，谁看上谁呀？再说了，人家是老板，我只是打工的。”

“咳，你甭不相信！那个大厨暗恋她好久了，她都没正眼瞧过他。可是她看你的眼神很不一般呐！”庄子明说完意味深长地笑了。

项东方跟着他一起笑：“你就瞎掰吧你！”

“我真没瞎掰，听说老板娘半年前跟老公离了婚，现在独守空闺，说不准有多寂寞，天天想男人呢，看她色迷迷的眼神就能猜到几分。”

“哪你怎么不去追她？”

“咳，我没戏！我有自知之明，要不早上了。”

“说实话，如果只是玩玩我无所谓，要是认真起来我可受不了！女人都是祸水，得防着点。”

“啊？这是经验之谈吗？”

“哈哈！”

项东方跟他还不熟，不想多说，只有打哈哈。

第二天傍晚，项东方如约到了餐馆。他上身穿了一件白衬衣，由于找不到合适的，他穿了一条紧身的黑裤子，一双黑皮鞋。

朱丽叶一见他这身打扮，眉头一皱，语带讥讽地说：“诶，大帅哥！你这是去参加派对呢，还是来打工呢？”

项东方经她这一说，也觉得不妥，忙不迭地道歉说：“不好意思，朱丽叶！我实在是一时找不到合适的裤子。”

朱丽叶见他那狼狈样，“噗哧”地笑了一声：“好啦好啦，你只要给我把东西准时送到，我才不管你穿什么呢！“ 说完，拿眼角瞥了他一眼。

项东方依照她的吩咐，先打了卡，然后走进厨房。里面烟雾弥漫，两只炒锅冒出的火苗有半米高，大厨和二厨穿着短袖衫，汗流浃背地翻动着炒锅，锅铲碰撞的金属声、抽风机的呜呜声，还有抓码念菜单的吆喝声响成一团。两个司机正站在狭窄的过道上，查看着墙上的大地图，然后，那个大个子的斯拉夫人拎起一个红色的大型外送袋，步履蹒跚地往后门走了出去。

剩下的那个年轻人见到项东方，便自我介绍了一番。他叫于学军，也是国内出来的，现在是康州三一学院的学生。他说刚才走的那位司机是俄国人，名叫卢文，因他长得像斯大林，也留着一撇像螃蟹般的胡子，大家都叫他“斯大林”。这家伙特狡猾，每次都专挑地方近的大单子。如果别人有意见，他总是笑着说：别担心，下一个单子一定更好！

项东方表示不解。于学军说：这不明摆着吗？大单子小费多，地方近走得快。项东方很感兴趣地问：怎么才算是大单子？于学军一五一十地跟他解释说：通常超过十二美元的单子才外送，超过五十的可以算大单子，我送过最大的一单有四百多块，那是一个公司的聚餐，拿了五十块小费，不过这种事不多。项东方听了吐了吐舌头，心想：

五十块可不是个小数目，轮到我该多好呀！

于学军的单子好了，他把几个装满了饭菜的小纸盒用塑料袋装好，再放进一个大纸盒，抱起纸盒，跟项东方说了声："回见！" 就急匆匆地走出了后门。

又有几个单子陆陆续续地做好了，项东方想起于学军刚才的叮嘱：新来乍到，情况不熟，一次不要拿太多单子。于是，他挑了两个单子，拎起袋子，顺手拿上一张地图，就走出后门，开上车子一溜烟地上了路。他刚才查过地图，这两个单子靠得很近，离店也不远，估计半个小时就能送到。按规矩从下单到送达，一个单子应该在 45 分钟到一小时完成。

天已经黑了，夜幕笼罩下的城市景色跟白天完全两样，白天看起来清清楚楚的东西，现在看来却变得朦朦胧胧的，要找到一个地方，对于像他这样的新手来说并非易事，好在他的方向感很强，看过地图，他就能认准个大概。他花了十五分钟，把第一个单子送到目的地，那客人满面堆笑地给了他两块小费，这令他信心大增。

第二个单子按地图显示就在隔壁的一条街上，只有几分钟路程。他信心满满拐入那条街，开始寻找号码。这是条很老的旧街道，许多房子并不临街而建，而是隐藏在一片浓密的树林之中，离街面有十几二十米远。虽然路边上漆着号码，但因为时间太久了，有些字迹已经模糊，难以辨认。庄子明曾提醒过他要带上手电筒，他下午专门买了一支。此刻，他一面开着车，一面用手电不停地照着路边。

街上灯光暗淡，路面非常安静，他已经在同一地段兜了几圈，硬是找不到那个号码，心里暗暗焦急。

忽然，对话机响了起来，传来老板娘不耐烦的声音："哎，你到了没？客人已经打电话来催啦！赶快的啦！"

他赶紧回话说："已经在附近了，马上就到。"心里越发焦急。

终于，他发现一棵大橡树旁立着一个信箱，上面的号码像是他要找的。他停了车，再次确认订单上的号码"2011"。然后，拎起外卖包，跳下车，三步并作两步冲到门口，用手电照了照门边的号码，那号码有点模糊，但看起来像是"2011"。于是，他伸手敲了敲门。

门开了，一个大块头美国人探出头来。借着昏黄的灯光，项东方看到这个人头发很长，满面胡子拉茬，身穿一套花格子睡衣，态度不甚友善。那人用低沉的嗓音问：

"什么事？"

"请问你是不是订了外卖？"项东方礼貌地问他。

"没有！"他开始不耐烦了。

"请问这里是不是 2011 号？"项东方继续礼貌地问他。

"不是！ 2017 号！"他变得恼怒起来。

项东方心里有点害怕，但他还想核实一下，就耐住性子问："为什么这上面写的是 2011 号呢？"他伸手指着门边上的号码。

"我他妈的怎么知道？"那人突然咆哮起来："滚开！这是我的地盘！"

项东方吓得仓惶地飞奔回车里。那人依然在背后骂骂咧咧道："妈的，半夜三更跑来捣什么乱，再啰嗦我一枪崩了你！"

跟着门"砰"的一声重重地关上，院子里的一条狗也随即"汪汪"地狂吠起来。

项东方一踩油门，没命般地逃离了现场。忙乱中他想起一条新闻：有一个日本留学生去参加一个派对时，因为走错门，被人一枪打死，开枪者并没有受惩罚，理由是正当防卫。想到这，他心有余悸：万一那家伙真的开枪，我也是有冤无处伸的！

等他缓过神来，一想：不对呀，外卖还没送到！他忽然灵机一动：会不会那家伙果然是在 2017，只不过那"7"字因为模糊了，看起来就变成了"1"？他又折了回去。终于在附近找到了 2011 号，心里别提多高兴了。等他敲开门，那客人可不高兴了，他说：你来得太晚了，我不能给你小费！

回到餐馆，朱丽叶板着脸数落了他一顿："我早说过，你一个公子哥儿，哪里是干活的料！客人都催了三次啦！"

项东方赔着笑脸道歉道："对不起！那个地方实在太难找了。"

于学军刚好也在，忙打圆场："第一次难免生疏点，以后会好的！"

"好啦好啦，这次就算啦，下次可要小心啊！"朱丽叶发过脾气，也不想再为难他。

第四十三章 爱上老板娘

开学前，项东方去考了 GMAT，就是管理专业的研究生考试。这对他来说并不太难，他的成绩完全满足学校的要求。入学后，他就一头扎进学校，另一方面还继续在餐馆打工，他不得不调整自己的时间，以便两面都能兼顾，因此忙得不亦乐乎。

一天早上，他的车子出了问题，震动很厉害。他第一时间就想到，是不是高压线圈坏掉了。他想起上次那个越南师傅给他修车的情形，就如法炮制。他打开车头盖，伸手就去拔一根高压线圈，突然他的手猛烈地抖动起来，一阵强烈的电流传遍全身，高压线圈自动地跌回到汽缸中，发出“噼里啪啦”的跳火声。他足足愣了几秒钟，才反应过来。他终于回忆起来，原来人家用的是一把有绝缘套的钳子，而且还戴着胶手套，这样才不会被高压电击中。他心有余悸地感叹自己太鲁莽了，于是，熄了火，重新把高压线插回去。然后开着还在乒乓作响的车子，去找汽车零件店。他买了一些简单的工具，还买了一套高压线圈，就在店门外把四条线圈都换了。一拧钥匙把车子发动起来，发动机运转得比较正常了，但还是有点轻微的晃动。他就纳闷了，怎么还是不行呢？

他本想就这样算了，但是又担心车子很快就会坏掉，到时候没车子开麻烦就大了。可是，他又不想花钱进修理厂，因为他知道车子一进去没个三两百块是出不来的。他突然想起那天去书店买书时，曾经见到一些有关汽车原理和修理的书。于是，他灵机一动，不如去图书馆找几本书研究一下，看能不能解决问题，如果确实不行再说。

当天是星期天，他不用去餐馆，他兴冲冲跑去图书馆，找到了几本有关汽车原理和修理的书，埋头钻研了一番，似乎找到了问题所在。他便再去零件店买了一套火花塞，还有一个换火花塞的套筒扳手，花了二十分钟，就把四个火花塞换好了，发动机运转起来跟以前一样的平顺，不再有一点震动。不过，他好像闻到一股轻微的汽油味，但左看右看，并没有发现什么可疑的地方，也就算了。他高兴得不得了，心想：哈，我也会修车了，真棒！他总共花了不到五十块钱就解决了这么大的问题，觉得非常自豪，看来自己可不是个文弱书生，动手能力还挺强。这实在是得益于小时候和下乡的锻炼。为了犒劳一下自己，他去肯德基大吃了一顿炸鸡。

餐馆那边，他也越干越顺手了。那活儿其实也不难，只要会开车会认路就行。他的方向感比较好，看过地图，凭着感觉就能找到地方。只要不上课，他就尽量来上工，每次做四五个钟头，工钱每小时五块，不多，因此小费成了重要的收入，但这要看运气，碰到好的客人多拿一点，碰到不好的甚至一分钱都没有。有一个在康州大学医院做护士的黑女人，几乎每星期都叫一两次午餐。项东方每次送到那里，那女人接过东西，说声“谢谢！”转身就走人。有一次，项东方实在忍不住了，以开玩笑的口吻问她道：“没小费吗？”结果，从此以后，再也没见过此人。

餐馆里有五个送外卖的司机，除了于学军、庄子明和项东方，还有两个俄国人，一个就是外号“斯大林”的卢文，另一个叫阿历克谢。平日里，司机们相处得还算融洽，在一起时也会开开玩笑，中国人之间还会谦让，可那两个俄国人一见到好单子，就跟换了个人似的，毫厘不让、斤斤计较。由于都来自前社会主义国家，相互间似乎有些共同语言。项东方有时会跟他们讨论苏联的文学和历史，谈谈契诃夫和托尔斯泰，或者普希金和叶赛宁等等。

有一次，项东方当班，正好两个俄国人也在，三个人说着说着，竟唱起了苏联歌曲《莫斯科郊外的夜晚》。项东方唱中文，他们唱俄文。他们虽然小声地唱，但都很投入，仿佛是早已熟悉的老朋友那样。项东方有时候就模仿苏联电影《列宁在十月》里列宁的口吻，称呼卢文为“斯大林同志”，卢文总是欣然接受。他常常称赞斯大林是苏联的民族英雄，他使苏联成为世界一流强国。

说到这些，阿历克谢深有同感。他年纪四十多，在苏联原本是个土木工程师，有房有车，生活无忧无虑，移民美国后找不到工作，租住在政府补助的廉价屋，基本靠免费的粮食券过日子，打餐馆只是为了多挣点外快。他愤世嫉俗，平日里脸色阴沉，难以捉摸。

一天中午，项东方刚送完一个单子回来，进到厨房，只见朱丽叶吃力地端着一个半米长的铝箔托盘，里面装满了热气腾腾的菜肴，既重又烫手。她试了几次，想把它塞进大外送袋里面，但每次那个外送袋总是跟着不停地晃动。她的脸已经涨得通红。项东方见状忙跑来帮忙，他将外送袋推到墙边，然后从朱丽叶手中接过托盘，顺势塞进了外送袋。

朱丽叶抬起头，喘了口气说：“没想到，大帅哥还蛮会做事的嘛！”

“咳，小菜一碟，不值一提。”项东方笑着说。他能感觉到最近朱丽叶对他的态度越来越好了。

朱丽叶说：“你来得正好，这个一百多块的大单子就归你了。等最后一个菜炒好，你就可以走了。记住快去快回啊！”说罢飞了他一眼。

“好嘞！”项东方高兴地应道，然后一转身去了洗手间。

等他走出洗手间，就看到俄国人“斯大林”手里拎着那个外送袋，正在跟朱丽叶争论着什么。

朱丽叶说：“这个单子应该是项东方的，他先来。”

“可是我没看到他啊，应该归我！”“斯大林”理直气壮地说。

“不，不，他在你前面，他只是去了洗手间而已。”

“我不管，我先看到就应该归我！”他有点强词夺理的样子。

项东方走到“斯大林”旁边，笑着说：“斯大林同志，我确实比你先来，不信可以问问其他人。”

大厨二厨，抓码的，和洗菜的都异口同声地证明项东方是先来的。

正在这时，阿历克谢从后门走了进来。“斯大林”看见他就像看到了救星，便用俄语“叽里咕噜”跟他讲了几句，阿历克谢立时就说：

“你们仗着人多欺负我们人少，明明就是种族歧视！这太不公平了！”

“种族歧视”在美国可是个不小的帽子，真的惹上了那可就是吃不了兜着走的大官司，一般的美国人对此都小心翼翼的。项东方觉得事情搞大了，他倒不是怕吃官司，心想不就几块钱小费吗，没什么大不了的。于是，他说：

“行了行了，我不跟你争，你去吧！”

朱丽叶却不买账：“不可以！我说谁去就谁去。有本事你告我啦！”

“斯大林”一听火冒三丈地说：“妈的，老子不干了！”

说完“啪”地一声把外送袋往地上一摔，转身走出了后门，阿力克谢也愤愤然地追了出去。

过了两天，那两个俄国人果然不来了。朱丽叶才开始紧张起来，她央求项东方快找些人来顶替。项东方把刚认识的同学陈锋拉来凑数，而自己就一个顶两个，加班加点。朱丽叶对他另眼相看，给他加了工资。

有一天，项东方接了一个一百多美元的单子，地点较远，在郊外的丛林里。他穿过市区，开了一段高速，然后拐入一条林间小路。一路上风景很美，路两旁林荫密布，车辆稀少，几只觅食的野鹿跳过公路，消失在密林里，这令他心情特别舒畅。

走过几里山路后，他的面前出现了一个大铁闸。他停了车，找到闸边上的对讲机，通过话后铁闸自动地打开。他回到车上，沿着私家小路往前开了几十米，来到一幢豪宅前，从里面走出来一个和蔼的老者，他与项东方打过招呼，并简单交谈了几句，然后随意给了项东方二十美元小费。

项东方回到路上，心情很愉快，他打开收音机，电台正好播放一首熟悉的英文老歌《该怎样就怎样》，他便随着音乐哼唱起来。

很快，他就接近市区，突然，收音机的声音变成了一片“吵吵”的杂音，他似乎还嗅到某种东西烧焦的味道，他急忙朝车前盖看去，只见一股青烟正缓缓地升起。他迅速将车停到路边，熄灭引擎，然后打开车前盖，一股火苗“呼”的一声冲天而起，引擎四周正在燃烧，由于车盖已经打开，火势越来越大。

他可从来没有见过这种阵势，心中充满了恐惧。他跳着脚地狂奔，试图找些水来灭火。不远处有一家便利店，他心急火燎地冲进去，对店员说车子着火了，向他讨些水救火。那个店员是个中东人，他冷冷地对项东方说：这些水恐怕救不了火，最好还是报警，不过，你要是愿意可以买那些大瓶装水试试。项东方顾不了那么多，扔给他两块钱，抱起一瓶水就飞奔着跑回车前，把水洒向冒火的地方。无奈杯水车薪，刚被浇灭的地方马上又死灰复燃。火势变得越来越猛，车盖底下凡是能够燃烧的东西都已经着了火，呼呼的火苗直冲车头盖。

项东方终于放弃了扑救的念头，他抄起所有能拿得动的东西，然后跑回到那家便利店。那个中东人告诉他，已经报了警。项东方谢过他，便焦急地等待着。十几分钟后，一辆警车和两部消防车呼啸而至。消防车喷洒出大量的泡沫，很快就将火扑灭了。

望着仍冒着烟的车子，项东方心如刀绞，这部承载了他的美国梦的爱车顷刻之间就化为了乌有。过了一阵，他忽然想起上次修车时曾闻到汽油味，会不会这车子真是漏汽油呢？他有点追悔莫及：也许当初花上一两百块钱修好它，就不至于今天这个样子了。看着路上滚滚的车流，再看看自己那瘫痪在路旁的车子，他欲哭无泪。

一个消防队员走过来，要他在一份表格上签名确认。然后，一个警察过来对他说这车子必须尽快拖走，否则将被重罚。警察帮他叫了拖车，便随着消防车开走了。不一会儿，一辆黄色的拖车来到他身边。司机问他往哪里拖，他一时愣住了，反问司机该怎么办。司机不耐烦地说：你如果不想要这车，我就帮你拉到废车场；你如果想修好它，我就拖它到修车店。项东方看到车子已经破成那样了，根本不值得修，就狠狠心地说，这车子我不要了，你帮我拉到废车场吧！

这部两千块美金买回来的车子，只开两年多，顷刻之间就消失了。他一下子没了车，感觉就像是被人砍断了腿，动弹不得。他心里充满了绝望，没有车不仅不能上学，也不能打工，手里的钱肯定不够买一部车子，向人借钱一时还开不了口，再说有谁肯借你那么一大笔钱呢？他思前想后，一时没有什么主意，最后还是决定先回餐馆再说。

他用步话机要通了老板娘，朱丽叶开着黑色的奔驰来到废车场。项东方刚一爬上车，朱丽叶就喋喋不休地骂开了：

“你真够笨的，好端端的车怎么就烧了呢？车没了我看你怎么办？你说！”

项东方愁眉苦脸地说：“我也不知道怎么办，我还没想好，反正我手里的钱恐怕不够买一部车。”

“没车怎么送餐？”

“我再想想办法。”

朱丽叶不耐烦地说：“算啦算啦，想什么办法！我先借给你三千块吧。你不要以为可以无限期不还，我每月从你的工资扣五百，半年还清。怎么样？”

“哪太好了！”项东方喜出望外，没想到老板娘这么大方，心中的隐忧顿时减了大半。

其实，朱丽叶比他更紧张，如果项东方不来上班，她一时还不知道找谁来顶替。再者，她如果不是心里头喜欢他，也不会贸然地借这么一大笔钱给他。

第二天，项东方拿着朱丽叶借给他的三千美元，与庄子明去买车。在报纸上看到一部红色的本田序幕跑车。那跑车尖头扁身，轮距宽重心低，并带有一个天窗，那四个三叶形的合金轮动感十足，如果把天窗向上掀开，从侧面看，整个车子给人一种会飞翔的感觉。

项东方很喜欢它，他买东西从来都不挑剔，只要喜欢，价钱等等都不在乎，非常的干脆。卖主是个保险经纪，他说刚买了辆新车，实在舍不得这部已经用了好多年的爱车。他开价三千五美元，项东方说确实喜欢这车，但只有三千块。卖主不肯降价，沉吟了一会儿后说：三千块可以，但要把四个轮子拆掉，换回原装的普通轮子，因为那些轮子曾花了他两千多块。项东方觉得无所谓，于是成交。

这车子保养得非常好，不用担心有问题。有了新车，项东方似乎一下子又活过来了。他对这车子简直就是爱不释手，每当他风驰电掣地飞奔在马路上时，他常常会想到朱丽叶。他对她充满了感激，如果不是她的帮助，如今自己还不知沦落到什么境地呢。当然，以他的敏感，自然能感觉到朱丽叶对他特殊关照背后的用心。

这些关照近来变得越加频繁了。有时候，他值完午班，要去上晚上的课，临走时，朱丽叶便要厨师给他炒一两个小菜，作为晚餐带走。碰上是二厨当班，二话不说就给做了。可正好是大厨的话，总会有点小别扭，他要么一声不吭，要么“叽里咕噜”嘟哝几句，做好的菜有时或者太咸，有时或者没放盐。开始时，项东方觉得莫名其妙。慢慢地他想起庄子明的话，明白人家没准儿真的在妒忌他呢。他并没有告诉朱丽叶这些事，而是委婉地劝她不要再给自己开什么小灶，可朱丽叶是个直性子的人，依然我行我素，他也只好听之任之。

平时，项东方值日班时，总是 11 点直接到餐馆打卡。有一天，才上午 9 点多，朱丽叶就打来电话，催他提早半小时到店，说是有一个四百多美元的大单子。通常，遇到这样的大订单，都要动用餐馆专送外卖的面包车，老板娘也会亲自压阵，当然，小费还是司机独得的。项东方自然高兴得屁颠屁颠的来了。里里外外忙活到 12 点，总算准备就绪，项东方坐到司机位置，朱丽叶坐在旁边，向着目的地驶去。他们按时到达那家公司，人家很高兴地给了他四十美元小费。

项东方第一次拿这么多小费，实在太高兴了。做了一笔大单子，朱丽叶当然也很开心。刚才因为赶时间，俩人都很紧张，现在任务完成了，大家的心情都放了松。项东方一面开车，一面对朱丽叶说：

“谢谢你啊，朱丽叶！”

“谢什么谢？跟我客气什么！”朱丽叶笑道。

“你给了我这个大单子，我当然要谢你。”

“这是你应该的！”她很干脆地说完，又好像随意地问道：

“肚子饿了吧？”

“是呀，真的饿了！”项东方这才想起自己忙了半天，肚子真的饿得咕咕叫了。

“吃过越南粉没？”

“没有。”

“那我带你去吃吧！前面就有一家。”

“不，不，怎么敢麻烦你呢？”

“麻烦什么？刚好顺路的啦！”

“要不我请你吧？我今天刚拿了个大单子。”

“不行！哪有员工请老板的？你最近帮了餐馆很大的忙，就当是我感谢你吧。”

朱丽叶说完要项东方将车子拐入前面的一个购物中心。这个中心有十来家超市、餐馆、药店等商店。朱丽叶让项东方把车子停在一家叫“西贡牛肉粉”的越南餐馆前。因为已经过了吃饭时间，里面的人不多，俩人挑了个靠窗的桌子面对面地坐下。项东方从来没有吃过越南菜，看着全是英文的菜谱，他还真不知道从何下手。

朱丽叶见状，笑着说：“你也不必点啦，就要一个特别牛肉粉，一个越南春卷，加一个法国咖啡就可以了！”

“好吧，听你的！”

点完菜，俩人面面相觑，一时不知说什么好。朱丽叶似乎有点局促不安，白皙的脸庞微微泛红，益发显得妩媚动人。

项东方起初只敢拿眼角瞟她，有几次俩人目光相遇，都赶紧移开。朱丽叶脸上的红荤越来越浓，眼神也变得羞涩。项东方心中暗暗称奇：没想到平日里泼辣大方的老板娘，居然也有娇羞妩媚的时候！

自从第一天见到朱丽叶，庄子明无意提起朱丽叶看上自己，项东方心中确实有过幻想。可他从未想过朱丽叶真的会喜欢他，因为他觉得人家不仅是一个有钱又漂亮的富婆，而且还是自己的老板，俩人间的差距实在是太大了。有时，从朱丽叶的话语和表情中，他隐隐约约能感觉到她是喜欢自己的，但似乎俩人之间总隔着那么一层若隐若现的薄纱。今天，忽然之间，他觉得他现在面对的只是一个女人，一个俊俏而需要温存的少妇，而不是一个只会发号施令的老板。

当他跨过心中这道坎以后，他便不再扭捏不安。他双眼牢牢地盯住朱丽叶的脸庞，朱丽叶瞟了她一眼，飞快地低下头，嘟囔道：

“看什么看？”

“你那么美，我能不看吗？”

“你胡扯什么？”朱丽叶说完拿脚轻轻地踢了项东方的脚一下。

项东方能感觉到她心中的喜悦，她其实只是试图掩饰而已。他用双脚夹住朱丽叶的那只脚，说：

“你真的很漂亮，每个男人见了都会喜欢的！”

朱丽叶想挣脱他的双脚，但他把它们脚夹得更紧。她嗔怪道：

“哎，你很无赖呢！”

“是你先踢我的，我只是自卫反击而已！”项东方调皮地笑道。

朱丽叶扑哧一声笑了起来：“你就会耍贫嘴！”

这时候服务员端来了菜，有两大碗热气腾腾的牛肉粉，两盘生的豆芽和九层塔，还有一盘越南春卷。两个装汤粉的碗一人一个，朱丽叶帮项东方要了个大号的，自己只要个小号的。牛肉汤散发着浓郁的香味，几块薄薄的生牛肉片漂浮在米粉上面，颜色依然鲜红，并在滚烫的汤中慢慢地变熟。

项东方看着碗里的东西，觉得很新鲜，但不知如何吃法。朱丽叶告诉他，将豆芽和九层塔加到汤里，压在米粉下面，再挤一点柠檬汁下去就好了。项东方照着做了，豆芽和九层塔一会儿就熟了，加上柠檬汁以后汤就更加香气扑鼻。

饥肠辘辘的项东方很快就把一大碗粉吃完，弄得他满头大汗。朱丽叶慢咽细嚼地吃着，不知是因为汤太热，还是心中情愫泛动，她的脸蛋红扑扑的。项东方目不转睛地注视着她，她不时抬起头与他对视，眉眼里脉脉含情。

服务员送来了法国咖啡。那咖啡盛在一个漏壶里，正在一滴滴地漏到下面的杯子中。等咖啡滴完了，项东方往里面加了点糖，慢慢地喝起来，一边和朱丽叶聊着天。

朱丽叶大学毕业没多久，经人介绍认识了回台湾相亲的前夫。在她眼里，他是个呆板木讷、不解风情的男人，除了他的电脑程式，加上柴米油盐，一天也没几句话，更未曾说过一句让她脸红心跳的话。当初她只是因为想来美国而嫁给他，不曾在乎这些。后来，随着生活越来越稳定，钱越来越多，她的心反而越空落。终于有一天俩人分了手，一直单身到现在，内心异常的空虚寂寞。自从项东方来到餐馆，她的心似乎忽然有了依傍。她每天都悄悄地悉心打扮自己，暗地里注视着项东方的一举一动。她慢慢地爱上了这个与众不同的男人，只是碍于女人的矜持，她始终不敢捅破那层纸。她总是把自己的情意隐藏在嬉笑怒骂中，令项东方捉摸不透她的心思。

吃过饭，朱丽叶说想去看电影，项东方自然很愿意。进了电影院，里面有好多间放映室，一票在手可以随便进任何一间，他们挑了一间走进去，里面放映的是爱情旧片《魂断蓝桥》。故事讲的是：一次世界大战时，英国陆军上尉罗依在滑铁卢桥上偶然邂逅芭蕾舞女郎玛拉，俩人一见钟情并互定终身，正当他们准备结婚时，罗依突然奉命开赴前线，俩人来不及道别。不久，玛拉从报纸上得知爱人战死沙场的消息，同时她也因故被舞蹈团解雇，在伤心绝望和生活的重压下，玛拉沦落风尘。没想到，战后的某一天，玛拉火车站拉客时，又与罗依意外地重逢，玛拉自惭形秽，不愿继续这份恋情，跑到在俩人初次相遇的滑铁卢桥，一头撞死在急驰而来的军车上。

电影非常的感人，朱丽叶几次拿手去擦眼泪，项东方在黑暗中握住她的手，剧情的发展也让俩人的感情不断地升温。自从离开陈晓诗后，项东方已经很久没有与女人靠得这么近了，他的心需要女人的安抚。当那首悠扬隽永的插曲《友谊地久天长》第三次响起时，项东方看到朱丽叶闪着泪光的眼睛，他差点就吻了她，但最终还是忍住了。电影结束后，俩人之间已是心照不宣了。车子上路后，项东方伸出右手去找朱丽叶的手，她躲了几次，还是被他抓住了。他轻轻地抚弄她的手指，他摸到她尾指那长长的指甲，便用那指甲来磨自己的手指。朱丽叶嗔怪道：

“小心开车的啦！”

他满不在乎地说：“开车一只手就够了，另一只手是留给你的。”

他掉头去看朱丽叶，她的脸微微泛红。她把手抽回来，从包里拿出一颗糖，说要给他吃。项东方故意说要开车没手剥，她便剥了糖纸，将糖塞进项东方的嘴巴，项东方觉得那简直就甜到了心。项东方一面吃着糖，一面对朱丽叶说：

“这糖真甜，都甜到心里去了。”

朱丽叶看了他一眼，说：“那就多吃一颗。”

“不了，再吃我就腻歪啦。”

“什么是腻歪？”朱丽叶从来没有听过这个词，好奇地问道。

“哦，这是北方的方言，意思是腻味。”

“为什么要说腻歪，蛮奇怪的。”

“是啊，语言这个东西就是习惯，没什么道理的。”他又继续不动声色地说：“其实，这两个字反过来念更有意思！”

“你是说‘歪腻’？”

“对，不过你要拉长一点声调，你试一下。”

“歪——腻！”

项东方“扑”地笑出了声：“我怎么听到你说‘我爱你！’？”

“哪有？”

“你再说一遍。”

“歪——我爱……哎，你真讨厌呢！”

她伸手在他脸上拧了一把，项东方吃吃地笑道：“哎，你手下留情，不然我就不歪腻了！”

朱丽叶又扯住他的耳朵，用力一拧：“你简直坏透了！”

俩人嘻嘻哈哈地笑个不停。车子快接近前面一条岔道了。这是一条小路，一直通到江边上，路旁全是高过人头的蜡烛草。这里平常很少人来，项东方有时送外卖会偷懒跑到这儿来，抽支烟，歇歇脚。

项东方拐入小路，然后把车停在草丛傍，朱丽叶忍不住问他:“诶，到这里来干嘛？”

“我要出去一下。”

说完，他跳下车，走到前面，侧身对着车头。他忽然掏出小弟弟，撒起尿来。他那小弟弟呈现出鲜嫩的粉红色，像一只没长毛的雏鸟，一股清亮透彻的液体从它嘴里喷出，在空中划出一道弧，然后落到地上。

朱丽叶一直目不转睛地看着他，她从没有见过男人尿尿，心里一直充满了好奇。如今一个让她心仪的男人竟然当着她的面干这事，看得她脸红心跳，血液直往脸上涌。

项东方跑回车来，假装糊涂地问：“Honey，你在看什么？”

朱丽叶脸色潮红，羞答答地呢喃道：“没看什么，你这个小傻瓜！”

“为什么叫我小傻瓜？”

“因为你又傻又坏！”

“好吧，那我就做你的小傻瓜！”

此时的朱丽叶已经被他撩拨得春潮澎湃、难以自制，如同一匹发情的母马。看着朱丽叶含情脉脉的眼里充满了期待，项东方一把拉她过来，抱着她拼命地吻，亲了又亲。他们迅速脱光衣服，车子随着他们的节奏摇动着，发出咿咿呀呀的响声。

几米开外的地面上有一只松鼠，它用后脚撑起身体，两只前爪凌空弯曲着，瞪着一双惊奇的眼睛，看着那摇摇晃晃的面包车。

第四十四章 转 折

与朱丽叶的亲近，使项东方暂时摆脱了难耐的寂寞，但他心里还是清醒的，他知道这只是逢场作戏，他不可能全心全意地去爱朱丽叶，他把她当作一个同路人，因为各自的需要暂时地走到了一起，哪天路走到尽头时，就该分道扬镳了。朱丽叶的条件无疑比陈晓诗强太多了，不仅人更漂亮，更有风韵，而且事业有成，有家有产，跟她在一起至少可以使自己少奋斗好多年，这可是多少人梦寐以求的事情啊。

项东方经常到朱丽叶家中幽会。自从离婚以后，朱丽叶的前夫就搬了出去，她就一个人住在这栋三房两浴的别墅里。这房子很大很宽敞，一个人住在里面显得空空荡荡，冷冷清清，缺乏生气，而且采光极差，前院后院有好几棵大树，浓密的树荫屏罩着整个房子，主卧室的窗外不到两米处竟然长了一株高大的冷杉树，一些叶子就伸到窗前。大白天进到屋内，光线昏暗，令人昏昏欲睡，还隐隐约约能嗅到一股霉味，使人很不舒服。项东方曾认真地告诉过朱丽叶，这房子的风水不好，应该好好地整理一下。朱丽叶说工作太忙，而且她也不懂这些。她那前夫更是懒惰，从不操心这些事情。这也是她不喜欢他的一个原因。项东方说这也正应了坏风水坏命运，所以才会离婚。其实，只要稍加整理，把几棵大树修剪一下，这房子立马就会变成一栋光线充足、温馨可人的爱巢。

每次温存过后，朱丽叶都忘不了拐弯抹角地提到，这座大房子就缺一个男主人了。项东方却总是对她的暗示无动于衷 ，因为他毕竟是个骄傲的人，不屑于被人看作为吃软饭的小白脸，不想被人指着鼻子骂是个靠女人发达的人。其实，真正他让踟蹰不前的是，他心底里总有个声音在警告他：女人都是靠不住的，别跟她走得太近，否则必有身败名裂的危险。

朱丽叶的态度却不一样，自从跟他好了以后，她就处处关照他，先是把他调到外面当了服务员，没过多久又让他做了领班。这份工作比起送外卖要轻松得多，工资和小费也更加丰厚。朱丽叶正在悄没声色地布置一个温软的罗网，一步步地把项东方抓在手里，最终与自己结成秦晋之好。她好几次提到，让他当经理，他推说学校那边太忙，不能全职在餐馆工作，一直都没有答应。

这些特殊关照大家都看在眼里。项东方与朱丽叶的恋情，在餐馆早已是不公开的秘密。大家表面上什么都不说，但都心照不宣。有时，他们明明在议论他，但他一靠近，议论便戛然而止，并迅速转移话题，明眼人一看就明白有什么事在隐瞒着。然而，纸终究包不住火，各种流言蜚语还是传到了项东方的耳畔。有人说：他是个小白脸，自己没本事，就想靠女人。又有人说：他想走捷径，傍个富婆，一步登天。

项东方自己心知肚明，与朱丽叶只是两情相悦，情投意合，从来没想过要靠她做什么，况且，自己从来没有考虑过结婚的事，至于朱丽叶是否有意，他管不着。这种事从来都是有口难辩，越辩越乱的。因此，他也懒得跟他们解释。有一次，庄子明委婉地劝他：如果两个人真好，干脆把婚结了，这样也好把别人的嘴巴堵上。项东方不以为然地答道：我压根就没想过这事，嘴巴长在人家脸上，他爱说什么我怎么管得着？庄子明一时无言以对。

除了这些闲言碎语，项东方明显地感到了来自大厨的敌意。这大厨是马来西亚华侨，五短身材，一张方脸总是通红的颜色，蒜头鼻子下长了一双厚嘴唇。他平日少言寡语，一有空就踱到后门，狠命地抽上一支烟，以缓解繁重工作带来的紧张。他来美国十多年，一直在餐馆里打工，从洗菜刷碗开始，做到抓码，再到二厨大厨。朱丽叶深知大厨在餐馆中的重要性，他就像是一个灵魂，没有他还真不行。一旦大厨不在，有些做开的菜式就无法再做，即便勉强做来，味道一变，熟客自然能感觉到，很可能就纷纷转移阵地。因此，她对他总是毕恭毕敬、小心翼翼的，轻易不敢得罪。

这大厨四十多了，依然光棍一个，在美国这个冷清的地方自然寂寞难熬。不知从什么时候起，他就暗暗地喜欢上了老板娘。每次和朱丽叶说话，总是瞪着一双色眯眯的眼睛，嘴巴却笨得说不出一句好听的话，只会吭哧吭哧地打哈哈。老板娘自然看不上他，但又不想惹恼他，对他总是若即若离，保持距离。如今，看到项东方与朱丽叶打得火热，大厨实在是恨之入骨，把朱丽叶对他的冷淡归咎于项东方的横刀夺爱，从而迁怒于他。项东方刚来时，碰上大厨有时还会聊上几句。现在他一见到项东方，只有横眉冷对，有时鼻子里“哼哼”几声，以表示厌恶。

春节上午，项东方刚回到餐馆，朱丽叶就说，要去买晚上聚餐的菜，让项东方跟她一起去。项东方自然很高兴。平日里，餐馆吃的都是那些给客人吃的菜，不是咕噜肉，就是酸甜排骨，全都是些糊弄美国人的东西，不是太甜，就是太咸，在家里是绝对不会吃的。每天都吃这些垃圾，搞得人大倒胃口、食欲不振。一年到头，只有感恩节、圣诞节和春节，餐馆会加餐，换上真正的中国菜，犒劳犒劳大家，老板娘还会给每个人分发红包。

俩人跳上朱丽叶的奔驰，驶离了餐馆，前往上次吃越南粉的购物中心。他们俩近来爱得如胶似漆，一路上卿卿我我、分外甜蜜。他们先到超市买了鸡鸭鱼肉、海参和青菜，然后到烧腊店买了一只烧鹅。把这些东西放回车上以后，朱丽叶问项东方想吃什么。项东方说：越南粉就可以。朱丽叶说：今天我们换个口味，吃羊肉怎么样？男人冬天吃羊肉壮阳补肾。项东方便开玩笑说：怎么你也懂这个？难得！朱丽叶有点羞怯地说：当然懂，以前我妈经常做给我爸吃的。说完脸就红了。他们进到超市旁边一家老北京餐馆，吃了一顿丰盛的涮羊肉。

在回程时，项东方一面开车，一面把玩着朱丽叶那长长的指甲。朱丽叶不知是吃火锅太热，还是什么缘故，脸上红扑扑的。快到那条河边小道时，项东方问她要不要出去停一停。她说好啊。于是，项东方把车子拐出小路，走过蜡烛草簇拥的小道，最后停在上次那个地点。此处依然静悄悄的，杳无人迹，他们拥在一起翻云覆雨，又上演了一幕车震的好戏。

回到餐馆，俩人忙把菜搬进厨房。大厨看见项东方和朱丽叶一起进来，狠狠地瞪了他一眼，"呸"的一下往地上吐了一口唾沫。项东方看在眼里，不动声色，忙自己的事去了。

忙到晚上十点多，餐馆打烊后，大伙儿七手八脚地收拾好一张大桌子，摆上菜肴酒水，一顿丰盛的晚餐就准备就绪了。老板娘，几个服务员，几个司机，加上大厨二厨和厨房其他人，十几个人团团围坐在一起。朱丽叶站起来招呼大家，她端起一杯红酒缓缓地说：

"今年一年，辛苦大家了！今天大家一定要多吃一点。这一杯酒我敬大家！"

说完一饮而尽。她平时虽然泼辣，但场面上的话并不擅长。大伙儿随着她喝了一杯。她很快从皮包里拿出一大摞红包，逐一分发给每一个在场的人，一面说着：

"大家新年快乐！"

大伙儿拿了红包心里高兴，嘻嘻哈哈地道谢，气氛开始热烈起来。

二厨是个最会闹的人，他端起酒杯嚷嚷道："老板娘，让我来敬你一杯！祝你生意兴隆，财源滚滚，年年有今朝！"

"当然，我们也年年有红包！"庄子明附和道。

大伙儿开怀地大笑，朱丽叶笑得合不拢嘴："好好好！我说大家菜要多吃，酒还是少喝。等一下还要开车呢，要悠着点，是不是？"

"悠着点"是地道的北京话，她以前没有听人说过，最近才跟项东方学的。项东方听她这么一说，会心地一笑，但他没有说话，因为他的眼角瞥见大厨正低头喝着闷酒。

大伙儿都兴高采烈的，没有人注意到大厨。他从一开始就板着脸，一口接一口地喝着酒。他的脸本来就红，此刻就红得像个关公，眼睛也布满了血丝。

二厨虽然会闹，可是酒量不行。庄子明几个人灌了他几杯，他就有点唧唧歪歪、迷迷糊糊，话也越发多起来了。他喝了一口酒，稀里糊涂地说：

"哎，我说老板娘！你一个美如天仙的人儿，整天守着个餐馆，实在是够辛苦的。什么时候帮我们找个老板回来，就享福啰！"

"是呀，是呀！"有人随声附和，有人嬉笑。

有那么一刹那，笑声戛然而止，空气仿佛凝固了一般。二厨睁着蒙眬的眼睛，傻傻地问：

"怎么都不吭声啦？"

过了好一阵，才似乎醒悟自己说漏了嘴，忙不迭地道歉："都怪我胡说八道，我该死！"

只听"啪"的一声，大厨用力将酒杯往桌子上一顿，狠狠地骂道："你就是该死！"

二厨一下子被吓懵了，大伙儿也都面面相觑，不知如何是好。

于学军试图调解说："他喝多了，说漏了嘴，就当是胡话算了！"

项东方知道大厨是在指桑骂槐，他已经忍了很久了，终于忍无可忍地对着大厨叫道："你凶什么凶？有本事冲我来好了！"

大厨闻言脸涨得像个鸡冠，布满血丝的双眼射出一股凶光，结结巴巴地骂道："妈你个……小白脸！"

"你他妈的光棍王老五，你骂谁呀你？"项东方不甘示弱地回敬道。

"我就骂你——你个不要脸的——吃软饭的家伙！"

"就你？吃软饭都不够资格，还想吃天鹅肉？先撒泡尿照照自己的酒糟鼻子吧，丑八怪！"

大厨被彻底地激怒了，他一声不吭冲进厨房，抄起一把菜刀，飞跑出来，一步步逼近项东方。

看着大厨举着刀向他跑来，项东方心里确实害怕，但他死要面子硬撑着："来呀，给你个水缸作胆，谅你也不敢！"

大厨把菜刀高高地举起在项东方的头顶上，咬牙切齿地说："我先砍了你的头，再去报警！你看我敢不敢？"

说罢手起刀落……

在这千钧一发之际，庄子明和于学军跳了起来，抓住大厨的手，把刀夺了过来，然后把他推进厨房。

项东方脸色煞白，手脚僵硬地站在原地。朱丽叶呆呆地坐着，无言地啜泣起来。众人一直在目瞪口呆注视着这一幕，不知如何是好，一场欢宴最后终于以悲剧收场。

这场悲剧给项东方和朱丽叶的关系蒙上了阴影。项东方跟她深谈了一次，决定暂时离开她一段时间，朱丽叶也想先静一静，也就同意了。过了一阵子，项东方彻底地清醒了，既然跟她没有将来，还不如就此一刀两断。于是，他就再也没有回去找过朱丽叶。朱丽叶知道项东方确实无意跟她结婚，也就不再纠缠于他。俩人最终和平地分了手。项东方另外找了一家餐馆，继续送外卖。

一年以后，他顺利地从康州大学毕业，就在当地的保险公司找到了一份年薪不错的工作。哈特福德是美国保险业的发源地，还是世界保险业的中心，有很多保险公司。项东方的工作也是轻松但无趣。他租了一个一室一厅的公寓，还买了一部新的本田雅阁轿车。他没有像许多人那样，把自己那部老本田序幕抵给新车行，而是自己处理掉。

他将车子收拾干净，去买了一个售车招贴，写上资料和电话号码，贴着车窗上。然后，把车子停在一条繁忙的马路边上。

几个小时后，来了一通电话，对方说想看他的车。他高兴地满口答应，并约好了时间。到了停车的地方，就见到已经有三个白人在围着车子左看右看。他上前去跟他们打过招呼，并且开始介绍车子的状况。他老实地告诉他们，他是二手车主，自己很喜欢它，只是因为买了新车的原因，不得不忍痛割爱。他们显然是一家人，很憨厚的样子。那男人说，买车是件大事，所以要全家出动。他们相信他说的话，而且，那车子确实挑不出毛病，他们决定要买，不过，还是有点不好意思地问：能不能减点价？项东方开价四千三百美元，见他们人实诚，乐得个顺水推舟，减了五百，最后以三千八百美元成交，皆大欢喜。

双方都很高兴，尤其是项东方，他算了一下，这车三千块买来，已经开了两年多了，减掉车辆的维修成本，还赚了五百块。不仅赚了钱让他高兴，与那些人的互动交流，看着他们全家兴高采烈地把车开走，也使他感到非常的愉快。他没有想到的是，多年以后，这件事会成为他人生的一个转折点。

第四十五章 西漂加州

哈特福德位于美国大陆的东北部，新英格兰地区偏南，属于温带大陆性湿润气候，四季分明，不仅冬季寒冷潮湿，夏季也相对的炎热潮湿。项东方在此住了几年，渐渐地就有点厌恶这样的天气。有几次他到加州出差，发现加州的气候特别的好，属于亚热带地中海气候，冬天不冷，夏天不热，一年四季艳阳高照，阳光充足，非常的宜人。而且加州地大物博，物产丰富，风景优美，还是美国最富裕的州，更有种族多元、风气自由的特点。项东方很快就发现自己非常喜欢加州的环境。再加上他在公司里也开始觉得厌倦了。虽然看不见明显的种族歧视，但公司里人事太复杂，升迁的机会不大，关键是他特别讨厌那种日复一日不断重复的工作，觉得束手束脚，没有自由。这对于酷爱自由的他来说，可真是太难受了。

于是，他就萌生了移居加州的念头。好在他是个单身汉，只身一人无牵无挂，可以说走就走。他向公司辞了职，把房子退掉，家用物品能卖的就卖，不能卖的就扔掉。然后，拍拍屁股，跳上那部本田雅阁，踏上向西迁徙的路途。这次，他走的是与上次来时不同的路。他先往南抵达纽约，然后沿着80号州际公路一直向西。这条路不仅更近，而且也能领略不同的风光。对他来说，也是今时不同往日，上次来时，他几乎两手空空，除了那部百孔千疮的破车，还有兜里那一千来块钱，连最便宜的汽车旅馆都不敢住，还差点在黄石公园跟一头大黑熊亲了个嘴。现在他已经工作了几年，手头宽裕了，车子也好多了，可以尽情地享受一个人独自旅行的乐趣。

在漫长的旅途中，有时候他风驰电掣地开着车，会突然觉得自己简直就像一个流浪汉，总是不断地游荡，从一个地方到了一个地方，没有一处能呆得太久的。他庆幸自己还没有被女人捆住手脚，还能自由自在的到处漂泊。想起陈晓诗和朱丽叶，他感到有点遗憾，两个人其实都挺好的，无奈自己就是没法爱上她们。这怪不得自己，因为自己被别的女人伤得太深了，已经失去了爱人的能力。

对未来他是充满信心的，他相信自己的能力，无论做什么，自己一定会成功的。几年来的经历，让他变得越来越自信了，他已经不是初来美国时那个过分敏感、动不动就自卑的小伙子了，他知道自己要什么，也相信自己一定能够达到既定的目标。他在路上就考虑着到了加州要怎样开始新的生活。他不想再到公司上班了，他打算自己出来创业，干出一番名堂来。他好像认定了这样一个理：打工永远都是为别人作嫁衣裳，只能养家糊口，不比做生意，可以发大财、当老板。更深一层地看，他骨子里头酷爱自由，不愿受束缚。到公司上班，无论职位多高，薪水多丰厚，依然是受制于人，只有自己当老板，才可以随心所欲，爱干什么就干什么。因此，他拿定了主意，一到加州就要跳出来，不管三七二十一，做自己想做的事。

庄子明比他早毕业，在康大拿到硕士学位后，到旧金山一家电脑公司上了几年班，后来自己跳出来开了家名叫“中国花园”的餐馆，生意非常的好，逐渐地积累了不少身家。项东方一直和他保持着联系。去年庄子明来信说，想让项东方来帮忙，给他百分之三十的股份，大家一起合作，把生意做大。他还说与其在公司里帮别人打工，还不如自己出来做老板，既有自由，又能赚大钱。项东方一直都没有拿定主意，拖到了现在。辞了职以后，他给庄子明写了封信，说很快就到旧金山湾区来，到时面谈。

浩瀚的东太平洋在旧金山一带撕开了一个口子，海水越过世界闻名的金门大桥，一部分向东汇合沙加缅度河，一直逆溯一百多英里到加州首府沙加缅度；另一部分向南流到硅谷的心脏圣何塞，这一部分的水域形似一个布袋，东西两岸不间断地分布着大大小小上百个城镇，它们密密麻麻地连成一片，方圆近两万平方公里，号称旧金山大都会区，也泛称旧金山湾区。

硅谷，主要指的是南湾圣何塞为中心的圣他克拉拉县，及与之相连的北边的弗里蒙市，这是一片夹在山海之间的谷地，最早是研究和生产以硅为基础的半导体芯片的地方，因此得。如今的硅谷早已成为世界著名的科技中心，这里簇拥着众多全球闻名的大企业，来自世界各地的科技精英汇聚一堂，互争短长。科技的发展带来了经济的繁荣、高收入和高物价，在交通繁忙的高峰期，你会看到单向六车道的高速公路塞得水泄不通、寸步难行。

项东方到了旧金山市区，找到了“中国花园”。这家餐馆开在中国城附近，装修跟原来那家“东方花园”差不多，门前也摆了一对石狮子，放着几盘竹子。俩人相见，寒暄了一番。庄子明说，想到南湾硅谷的心脏地带开一家分店，地点选在圣何塞市中心附近，因为那里有很多高科技公司，人流很大，特别是午餐时许多餐馆都要排队，生意非常红火。他想让项东方去管这家新开的分店。项东方听完，跃跃欲试。他当然想自己出来创业，但一则自己从没做过生意，缺乏经验，贸然下海，风险很大；再则自己没有足够的资金来启动一盘生意。现在不用自己出资，又有一盘现成的生意，何乐而不为呢？俩人很快就谈妥了。

项东方把家安在圣何塞，尽量靠近餐馆，每天早出晚归，早上九点就回到店里，忙里忙外，一直呆到晚上十一点才回家，每周只有星期一休息一天，整个人似乎都被困在餐馆里了。以前在康州的餐馆打工时，他就做过洗碗、抓码、服务员和送外卖等等，平时也很留心餐馆里的各道工序，除了不会炒菜，他对经营餐馆已经心中有数。因此，进去做了一两个月，一切就都得心应手、熟门熟路，很快就走上了正轨。一两年里都没有出过什么问题。有一次，政府卫生部门来检查，外面大堂一路查过来，都很顺利，谁知到了厨房，打开冰箱时竟然有一只老鼠跑出来。那个检查员当即就开了一张罚单，还要求餐馆停业五天，做出整改。项东方被吓了一跳，从此就更小心翼翼的。

生意越来越好，项东方手里的钱也越来越多。有一天，他好像突然发现自己并不真正地喜欢美国文化。在国内时那是一种猎奇心理，只是对从没接触过的西方文化很好奇，有一种新鲜感，想领略一番，实际上是叶公好龙式的痴迷，一旦置身于真实的美国就原形毕露了。他不喜欢西餐，不喜欢摇滚乐，不喜欢傻乎乎的说唱歌，更不喜欢那些无厘头的电视脱口秀，就连在国内时热衷的好莱坞大片他都没了兴趣，他只生活在自己小圈子里面。每当夜深人静的时候，他就觉得寂寞难耐。美国的城市就像一个大农村，缺乏夜生活，一到晚上大多数商店餐馆都早早的关门打烊，人人急着回家。项东方认识的人大都有家室，像他这样的单身汉实在是有家归不得，他又不愿意出去找个以结婚为目的的对象，就越发显得寂寞。

一个星期一的中午，他在外面餐馆吃过饭后，感到百无聊赖，就踱进一家中文书店。转了一圈，没发现好的书，正准备离开，忽然瞥见角落里另外还有一个小区，里面摆满了成人杂志和色情录像带。这就好像哥伦布发现了新大陆一样，让他无比的兴奋。那些杂志封面虽然热辣辣的诱人，但都用塑料纸封住，不能翻看。他实在是按捺不住蠢蠢欲动的心，就买了两本杂志，还租了一盒录像带。回到家，急不可耐就放开了录像，越看越难受，浑身上下仿佛有无数的小虫子在咬，让他再也无法控制内心的狂躁。经过一番痛苦的挣扎以后，他忽然记起庄子明说过，美国的报纸是有召妓广告的。美国是个十分奇怪的国家，明明是禁止卖淫的，但报纸上随便就能找到召妓的广告，还美其名曰言论自由。报纸的观点是，你付钱我就登你的广告，你卖淫是你的事，与我无关，因此，卖淫嫖娼的事也屡禁不绝。

于是，他翻出一份中文报纸，从广告上找了一个电话号码，立刻打过去。接电话的是个声音沙哑的男人，他说有个刚来的台湾模特，身材一流、长相甜美，价钱也合适。项东方从来没有干过这种事，只是寂寞难耐，才出此下策，在电话上他就有点忐忑不安，说话也是结结巴巴的。人家给了他地址，他开车走了二十多分钟，到了一个公寓楼下。他走到铁闸前，按了几个号码。对讲机传来一个甜美的女人声音，问他是不是项先生，说的是台湾腔的国语。他答说是的。然后，铁门就自动地开了。

项东方的心情非常紧张，一来这是他第一次干这种事，觉得似乎有点不光彩，二来他们搞得有点神秘，他担心遭人暗算。他有个习惯，紧张的时候喜欢咳嗽咽口水，在楼道里走着时，他就一直不停地咳嗽。当他敲开那个房门的时候，他的手还在发抖。

门一开，他看到了一个身材曼妙的女人站在自己面前，只是看不清她的脸庞，因为屋里所有的窗帘都关着，大白天都显得昏暗，什么都看不清，他只能朦朦胧胧地看到人的轮廓。那女人身穿着三点式的比基尼，似乎是一个非常性感的妙龄少女。她一见项东方，就热情地拥抱他，还娇滴滴地向他问候。项东方孤寂的心立刻就融解了，警惕的戒备也随之松懈。他伸出一只手轻轻地抚摸她的脸。她就调皮地说你还没摸我底下的宝贝呢！项东方竟然不好意思地红了脸。女人抓住他一只手，放到她下面，项东方突然就像触了电一般，浑身一震，小弟弟也不顾一切地抬起了头。

那女人帮他把衣服一件一件脱下来，然后拉着他走到浴室。里面也只亮着一盏暗红色的小灯，就像是个洗照片的暗房。俩人嘻嘻哈哈地洗完澡，就回到卧室。他光着身子躺在床上，那女人开始抚摸他，一面还说：

"小弟弟饿了吧？要不要小妹妹弄点牛奶给他喝？"

项东方早就耐不住了，说："小妹妹也饿了吧？给她吃根大香肠怎么样？"

俩人一起发出淫荡的笑声。那女人熟练地给小弟弟穿好衣服，然后一屁股坐到他身上。过了一会儿，他翻过身来，一边吻她的乳房，一边像只活塞不停地猛烈地抽插。她在下面不住地呻吟，他却还没有要上天的迹象，她终于忍不住地哀求道：

"哎哟我的妈呀，你快了吗？"

他还含着她的乳头，从牙缝里挤出一句话来："还早着呢，你妹妹就慢慢地吃着吧！"

"哎哟，受不了啦，快点的啦！"

过了好半天，他终于山洪暴发，一股摧枯拉朽的爆发力将她推到几近崩溃的边缘，声嘶力竭地喊了一连串的"啊啊啊！"

完事后，俩人就躺在床上聊开了。模特小姐心有余悸地说，你太厉害了，搞得我腿都发软呢！项东方笑着说，没这么夸张吧？她说，没骗你，现在我下地肯定都站不稳。项东方就得意地笑了。他忽然想起林梦茵说过亚当很厉害，这件事憋在他心里很久了，总让他觉得窝囊，一想起这他像吞了一只苍蝇那样恶心。他从来没有真正得到过林梦茵，她当然根本不知道他的能力，凭什么就说那个家伙厉害，他实在是不服气。一直以来，他心里藏着一个难以启齿的疑问：难道美国人都很厉害吗？今天既然自己彻底地征服了模特小姐，就像以前征服过陈晓诗和朱丽叶那样，说明自己还是不错的，他对自己充满了信心，同时他也充满了好奇。于是，他装着漫不经心地问：

"哎，你经历过那么多人，有没有睡过美国人？"

"有呀，还不少呢，我什么人没见过？"模特小姐平淡地答道，没有一点羞耻。

"听说美国人都很厉害，是真的吗？"

"看人吧，有的确实厉害，很多也是不行的。"

"美国人不都是牛高马大，那玩意儿也大，一定很了得吧？"

"不一定都大，而且大不一定就是好的，起不来还不是一堆烂肉！"

俩人肆无忌惮地狂笑起来，项东方忍不住拍了一下她的屁股，得意地说：

"人家没那么不堪吧，你是不是故意贬低人家？"

"他们有的人真的很差劲，就像一块豆腐，抓都抓不起来！不像你，还没碰到就自动地跳起来，一突一突的比高射炮还厉害！"

"你见过高射炮吗？真的那么厉害？"项东方乐坏了，故意逗她道。

"电影上看过的啦，一开炮就突地一震，就像你那家伙。"

项东方被她逗得很开心，说："你不是哄我吧？别等我一走你就在背后骂我孬种。"

"我骗你干吗？"她似乎有点愠怒的样子，说："前几天还碰到一个变态佬，差点没把我折腾死。"

她接着就讲了一件事。那天来了一个大个子，起码有一米八几的身高，除了脖子满身都长满了毛。模特小姐伺候了半天，用尽了各种办法，那家伙就是起不来，像死蛇那样抬不起头。模特小姐也累坏了，那家伙说要吃颗药丸，她只好等他。吃完药后半天还是没动静，那家伙只好放弃了。临走时，那家伙只给了一半的钱，说是没完工，只能给一半。

模特小姐讲完故事，还有点气呼呼的，项东方早就笑得弯起了腰。模特小姐缓过气了，就说：

“听说那玩意儿硬得快的人心肠也很硬，不知是真的假的？”

项东方认真地说：“没听人这样说过，倒是有人说手掌硬的人心肠也硬。”

“哪你手掌硬不硬？”

项东方伸出手去抓她的手，她的手非常的柔软细绵。她摸着他的手就说你的手很硬，心肠一定也很硬，怪不得小弟弟也那么硬！项东方哈哈地笑道，没准你说对了。

当天，项东方玩得很开心，模特小姐不仅验证了自己的实力，而且也破解了美国人都很厉害的迷思。他的心情格外舒畅，临睡前他在日记中写道：我为什么会做这件事，是否太无耻了？这不是我的错，小姐做是因为她愿意，我做是因为我需要，这样各得其所，至少不会伤害别人，不需投入感情，没有纠缠，干手净脚，因此也不会伤害自己。我不是坐怀不乱的圣贤，不是不食人间烟火的和尚，我只是一个有七情六欲的凡人，就这样吧！天知地知自己知。

写完这些，他又在另一个日记本上记下一笔，并把这本日记称为“野战笔记”。以后这变成了一个习惯，只要碰到新人他就记上一笔，以资纪念。他这个做法是受了他以前的偶像——英国诗人拜伦的启发：拜伦风流倜傥，一生情人无数，每征服一个女人必剪下对方一根阴毛，夹在笔记本里以作留念，在这本他自称为“小黑书”的笔记里，仅仅在两年多的时间内，就记载了两百多个女人的名字。在大学时，项东方看到这段记载，觉得简直就是天方夜谭，不可思议。如今，他对拜伦多了几分理解。他不敢自比拜伦，因为他不认为自己是个风流的人，只是环境和情势所逼，如果当初能跟柳丝雨或者林梦茵好下去，何至于沦落到如此不堪的地步呢？

当天晚上他睡得很香，他很喜欢这位身材好又善解人意的模特小姐。几天后，他又去找她缠绵。在交谈中她无意中提到喜欢吃螃蟹。于是，下一次来时，项东方就特意买了两只一磅多重的大螃蟹给她，他并非有意讨好她，而是出于自己善良的天性。她高兴得亲了他的脸颊好几回。待到下次见到他时，她还兴高采烈地告诉他，她的姐妹们看见她吃螃蟹都羡慕死了。看见她这么开心，他心里也很高兴。

可是，后来她搬了个新公寓。他去找她进不去，就打电话跟她约好时间，她出来接他进去。这次他终于看清了她的真面目，原来长得很一般，比起她的温柔和善解人意的个性，她的相貌令他失望，破坏了她在他心里美好的形象。结果，之后他就再也没有去找过她，应了她说的心肠硬的说法。只有项东方自己知道，这种硬心肠是多年的经历磨炼出来的。

他的心态平衡，不因为别人做鸡就歧视，他只是不再喜欢她了而已。不过，他倒是被别人给实实在在地歧视过一回。离开模特小姐以后，他就转战各处，再也没有碰到一个像她那样温柔可人的人了。有一次，他打了一个电话去问行情，对方是个说地道英文的女人。她一开始很热情，说我们这里有来自各国的美女，谈好了一切东西以后，那女人突然问他是哪国人，他毫不隐瞒地说了。结果，那女人当即把电话挂断。项东方登时觉得仿佛被人打了脸，气就不打一处来：妈的，卖比还挑人，分明看不起我们？他继续打过去，无奈人家不接。他气呼呼地留了一通言：你们这些人是不是要搞种族歧视？再这样我就要报警，说你们卖淫！

他的犟脾气被挑起来了，心想你不让我来，我还偏要去。上次不知道是不是自己不注意，说话时露出了什么中国口音。他的英文本来就不错的，在保险公司工作时，在电话上根本没人能听出他有外国口音，有时候有人会猜他是爱尔兰人，有好多次还有人问他是不是黑人。不知道那个女人是不是真的很厉害，居然能听出自己的口音，还是因为他们习惯了要问人家的国籍。第二天，他又打电话过去，还是那个女人接电话。这次他学乖了，非常注意自己说话时的措辞，尽量不露出破绽。条件谈妥了。她绕着圈子说，你的英文真好，是不是爱尔兰人。他回答道，你说呢？她说那你就过来吧。

做了几年餐馆，项东方又开始觉得厌倦了。钱是没少赚，可就是太困身了，每天都早出晚归，晚上回到家，洗个澡就已经半夜，一躺上床立刻就睡着了。第二天一爬起来，草草吃过早餐，又急匆匆地赶回餐馆，开始忙碌的一天。这样日复一日、年复一年，搞得人都像一台机器，变得麻木不堪。他又萌生了拉倒不干的念头。他跟庄子明提过几次，可庄子明每次都劝他再坚持一下，还说好不容易做到目前的地步，随便就放下岂不可惜，而且你要做别的事也未必那么容易上手，没准还碰得头破血流呢。随着年岁渐长，项东方是越来越了解自己了，他确实是不喜欢固定不变的东西，许多东西做了一段时间就会感到厌倦，就像对那些露水一般的女人，都只有三分钟的热度，从来不投入感情，完事就走人。

一天早上，项东方刚回到店里，布置好工作，就坐在柜台前。电话铃声响起来，他接过电话，原来是庄子明打来的。庄子明都没有问候，一开口就说：出事了！项东方还没问他，他就絮絮叨叨地说开了，语气非常的焦急。他说，移民局的人刚走，他们带走了一个在厨房打杂的墨西哥人。他说他担心会有大事。项东方并不了解这种事会有什么后果，就安慰他说，也许没什么大不了的，顶多就罚点小款什么的。庄子明忧心忡忡地说不知道。

项东方确实是太天真了，接下来发生的事情不仅让他大跌眼镜，也彻底地改变了他的生活。那个被带走的墨西哥人是个非法移民，庄子明因此被起诉，罪名就是雇佣非法劳工。庄子明请了律师为自己辩护，极力证明自己既不知道有这条法律，而且更不知道那个墨西哥人没有合法身份，请求法庭从宽处理。法官义正词严地驳斥说，不知法并不是犯法的理由，鉴于他只雇用了一个非法移民，情节还不算十分严重，因此判缓刑半年，罚款二十万美元。庄子明听完判决，整个人都蔫了。随后的一段时间里，他都萎靡不振，决定把餐馆给关了。项东方一面庆幸这事没有牵连到自己，一面为庄子明感到惋惜。他向庄子明表示，既然自己是合伙人，所以愿意出那百分之三十的罚款。庄子明见他那么慷慨，十分感动，不过他说这事跟你无关，我自己认了就是了。项东方坚持要给。俩人推来推去，最后庄子明勉强收了他三万美元。俩人闷闷地喝了一杯酒，就告别了。

项东方回来后，一面张罗卖餐馆的事，一面考虑以后的出路。他本来就不想再做餐馆了，正好老天爷帮他脱了身，不过，没想到的是竟会以这种悲剧性的结局来收场。事情来得太突然了，他一时间陷入到一片迷惘之中，不知道该做什么。他想过开咖啡店，开花店，做房地产等等，又都一一否决了。有一天，他突然心血来潮，投了十万美元，买了一只股票。过了几天，那只股票忽然急速上升，账面上显示他已经赚了一倍。他不为所动，一直在等它继续上涨。谁知道两天后，它却突然掉头下跌，势头比过山车还快。他不想赔钱，就继续等。半个月后，他的股值只剩下买进时的十分之一。这时他才彻底傻了眼，赶紧清盘卖掉剩下的股票。

几天以后，他开着车在马路上漫无目的地游荡，在一个高中的停车场旁边，看见路边有一部白色的跑车，车窗上贴着一张售车广告。他平常很喜欢这款车，于是，就停下来，近前细看。这是一部马自达的美雅塔，车子小巧美观，简直就像是一个小精灵，开蓬双座，只能坐两个人，据说这种车能在原地转一个三百六十度的弯。项东方绕着车子转了一圈，两眼放着光，仿佛蓦然撞见一个从天而降的美人。再看车窗上的告示，价格价钱低得相当诱人。

他忽然想起当初在康州卖掉的那部本田，一个念头跃上心来：哎，为什么不把它买来，然后再卖掉？说不定还能赚不少钱呢！对，就这样干。他立刻打定了主意。他抄了电话号码后，赶紧跑回家，立刻打过去，和卖车者约定好时间。

一个小时后，他又回到了那个高中，见面的是一个年轻的ABC（土生华人）。那部车的状况堪称一流，车内的皮椅一点破损也没有，项东方实在挑不出半点毛病来。那年轻人说：这车属于他爸，只因他爸过世不久，他妈妈不想睹物思人，才决定卖掉它。没等项东方跟他讨价，他自己就把价钱降了下来。不过，他定的价很奇怪，不是一个整数，而是两千三百八十八块。项东方觉得这个价钱很合理，但仍然止不住好奇地问他：为何定这样一个奇怪的价格？年轻人说：只是为了取一个好意头！项东方笑道：没想到身为土生土长的华裔，仍然摆脱不了中国传统的影响。年轻人说：他父母是香港移民，中国文化的影响肯定是有的。而且，现在很多美国商家也受中国人的影响，会用数字8来定价的，所以，一点都不奇怪。

项东方很快就买下这部车。那年轻人把车送到他的家，项东方再送他回去。和一个素不相识的陌生人的互动，有时会碰到有趣的人，听到有趣的事，他喜欢这种过程。这不仅是一桩买卖，也是一种交流。

项东方把车子弄得干干净净的，还给车身打了蜡，整个车子容光焕发，给人耳目一新的感觉。车子收拾好以后，项东方把它停在上次那个地方，贴上售车招贴，就等愿者上钩了。几天后，来了一个中年的白女人。她一见到这车，就兴奋不已，喋喋不休地说：她等了好几年才发现这一辆车，以前有的要么太贵，要么车况不好，一直攒着那笔钱舍不得用，就等着这么一天！许多美国人就是这样率真，喜欢一个东西就毫不掩饰，根本不考虑正在做一桩交易，精明的卖家会因此而不肯落价。不过另一方面，这女人似乎还挺老练的，她问项东方可不可以把车子拿到马自达车行检验一下，看看有什么要修理的。

项东方没有什么异议，不过他倒是很好奇，一个女人怎么会这么有经验，便问那女人。女人说：多少懂一点，因为从小看老爸摆弄车子，而且老爸经常提醒买旧车最好找修车店检验一下。项东方才恍然大悟。验车报告很快就出来了，说是这车有些零件要换，但只是正常的保养，大约五百美元左右。项东方并不是一个贪婪的人，见她如此喜欢这车，便自动减了五百块，就当作是维修的费用，最后以五千五百美元成交。

项东方把车送到那女人家里，女人开着刚买的车送他回去，车子刚一上路，她就高兴得手舞足蹈起来，像个小孩那样大声叫嚷道：

"哇，我终于有一部美雅塔了！"

说着两只手突然离开方向盘，高高地举起来。

看到她如此开心，项东方心里美滋滋的。除了被她的情绪所感染外，他还为丰厚的利润所陶醉。这部车足足赚了三千多美元，这成了他的第一桶金，令他信心大增。他似乎看到了光明的前景，如果按这个比例来算，每月卖五部车就能赚一万五千美元，按平均算保守点每月也能弄个万把块，一年下来岂不是就有十来万美元？他越想越兴奋，似乎隐约看见了发大财的好运在向他招手。他几乎掩饰不住自己狂喜的心情：哎哟我的妈呀，这一部车就赚了三千块！太好赚了。实在比在餐馆里没日没夜地干强太多了。再转念细想，我何不把这作为一门生意来做呢？这样不仅来钱快，而且利润丰厚。他一下子就陶醉在美好的前景里面。就这样，折磨他多时的问题终于在无意中迎刃而解了。

第四十六章 意外重逢

项东方就是这样一个人，一旦决定了要做什么事，不会再三心两意，而是一干到底，直到成功或者碰壁，否则决不回头。他开始每天都买几份当地的报纸，浏览上面的卖车广告，开车时也特别留意路边摆卖的车子，只要看到有合适的车子，他就第一时间去买下来，回来后迅速整理好，就摆在马路边上卖掉。

一天，在麦当劳吃过早餐后，他一边喝着咖啡，一边随意翻看刚才买来的当地英文报纸《水星报》。在广告栏里，他看上了一部本田思域轿车。人实在是奇怪，第一次喜欢上的东西，总是如初恋情人那样令人念念不忘。那部本田思域是他来美国后买的第一部车，也是他人生中第一部车，虽然，那车子破破烂烂，还有一个门开不了，但这部车子陪伴着他度过了来美的最初岁月，在他心里有着难以磨灭的痕迹，就像其初恋情人柳丝雨那样。每次他看广告，一定会多留意这款车。很长时间以后，他才知道本田思域在美国旧车市场上是最畅销的车子之一。那个广告上说，那部车各方面都不错，价钱也挺合理。于是，他抄下号码，拨了一个电话过去，约了个时间去看车。

中午时分，他按照地址开车过去。那地方在海湾西边的半山坡上，景色与东湾截然不同。东湾的山峦大多林木稀少，除了沿着山谷有水的地方长着稀疏的树木外，大片的山坡都只长野草，每年冬春季时漫山遍野碧绿青翠，到了夏秋之间全都枯萎变干，留下一片金黄。与此相映成趣的是，西湾的山上长满了密密麻麻的杉树、松树和橡树，一年四季郁郁葱葱。

项东方把车子开到了山坡上，路边的房子越来越少，路也越来越陡。没多久，他就进入一条林荫密布的私家小路，然后达到一座掩隐在浓荫中的大房子前。一个中年美国人正在车房前洗着那部本田车。他看见项东方到来，便上前打招呼，并自我介绍叫罗杰。项东方见此人面目和蔼，不像商人，倒像个学者，便放下心来。

罗杰说他是个有营业执照的车商，他会帮客户办过户手续，所以不必担心。俩人站在车旁聊了一会儿，罗杰把车钥匙交给项东方，他并没有看项东方的证件，便独自回到屋里。项东方因为刚才聊得太兴奋了，竟忘了系上安全带，一踩油门便把车开上了路。

穿过一片住宅区，很快就上了高速公路。他一面开车，一面想：这美国人怎么就这样轻易相信别人？证件也不看，什么都不问，就让一个陌生人把车开走，难道就不怕人一去不回吗？要是在国内，这是根本不可能的事。一种被人信任的感觉让他感到前所未有的骄傲。车子的性能很好，没有什么毛病，他决定要买。他心情开始松弛下来。

从高速公路下来转弯时，他看到一个警察戴着头盔，脚蹬长马靴，坐在一辆摩托车上，正停在弯道旁。只一闪，车子便过去了，项东方并没有太留意。谁知道，没走几步，那摩托车就闪着警灯追了上来。项东方只觉得莫名其妙，心想：我又没有超速，追我干嘛？但他不敢怠慢，乖乖地把车停到路边。

警察走到他的右边，客气地说："先生，你违章了！"

"是吗？为什么？"项东方一头雾水地问。

"你没戴安全带！"

"哦，我的天啊！"

他这才注意到自己真的忘了这茬儿。于是，他连忙向那警察解释说："这车子不是我的，我现在试车，打算要买它呢。"

警察依然板着脸斩钉截铁地说："这还是你的错！不管是谁的车，开车不戴安全带就是违章！"

项东方知道多说也是白搭，干脆闭了嘴。警察把一张黄色的罚单递给他，说：

"你有两个选择：要么交钱，要么上法庭抗辩。"

项东方接过这张当地华人俗称"黄牛票"的单子，还不忘说了声："谢谢！"然后，赶紧离开现场。回到罗杰家，他把这事跟罗杰说了。罗杰真是个好人，当即写了一封信，解释了事情的经过。他把信交给项东方说：如果你上法庭，把这信交给法官，说不定他会格外开恩，免了你的罚款，至少也会减半。项东方很感激罗杰，生意做成了。不过，罗杰说：这车还要做一次废气检查，明天才能交车。于是，项东方留下二百块押金，就回家了。

第二天上午，罗杰开着那部本田来到项东方的住处。车子洗得干干净净，还喷过香水，比昨天漂亮多了。以前，项东方从私人手里买车，只需要一张车主证，然后自己拿去车管局过户。现在，既然从车商处买，手续便有所不同，要签几份文件，并授权车商代理过户事宜。签名时，罗杰还忘不了夸赞项东方的签名漂亮，在适当的时候恭维别人一下，这种典型的美国方式项东方已经领教多了，并不以为意，只淡淡地说了声："谢谢！"

办完手续，要送罗杰回去，因为他熟路，还是他开车。俩人一路上不停地聊着天。正如项东方所猜测的那样，罗杰不是一个单纯的车商，他还是州立大学的体育教师，卖车只是他的业余爱好。工作之余，他喜欢捣鼓那些老爷车，拾掇好了以后，就把车子带到爱好者车市去展览，如果有人肯出好价钱，就卖掉。他强调他主要是爱玩车，买卖只是附带的。他也不介意透露内幕说，这样赚得很多，当然，等待的时间很长，有时一两年都卖不出去一部。

项东方好奇地问他：那这部本田是怎么来的呢？罗杰解释说：一个人买了他的老爷车，便把自己的旧车抵给他。当然，很多时候他会去拍卖场买车。

说着说着，项东方忽然想起试车时的疑问，便问罗杰："为什么不看证件，也不陪同，就让我一个人去试车呢？"

罗杰笑了笑说："信任是生意的开端，你信任别人，他也相信你，这是一种美德，也是做生意的一种手段。"

"难道你对每个人都是这样吗？"项东方仍然好奇地追问。

罗杰有点诡诘地笑道："那可不一定哦！还是因人而异的。我看你也不像个偷车贼，对吗？"

俩人一起哈哈大笑。项东方心中依然有一个疑问，因为不管他去买别人的车，还是别人来买他的车，都是有人坐在旁边的。笑完了，他便接着问罗杰：

"哪你有没有丢过车子什么的？"

"这倒没有。我看人很少会走眼的。"罗杰得意地接着说："你一看起来就是一个好人。"

"哈哈，你真有眼光！"

项东方不知是该佩服他的眼力，还是该感叹自己给外人就是那样一种印象。

车子停在掩隐在浓荫之下的大房子前，俩人就告辞了。

第二天是星期天，项东方在家吃过午饭，正在门外捣鼓着那部刚买回来的本田车，旁边忽然停下一部黄色的出租车，一个亚洲女子迈出车来，手里提着一个大旅行包。项东方停下手，抬起头，仿佛白日见了鬼，眼神霎时凝固，眼睛像死鱼一般瞪了足足有几秒钟，嘴巴半张着，然后，本能地一转身，刚要迈步逃开，却听得那女人一声大叫：

"项东方！"

那声音夹杂惊喜与愤怒，项东方双脚像灌了千斤重的铅，就是迈不动，他慌张地转过身，脸上挂满了尴尬的苦笑：

"晓诗……"

"你躲什么躲？还没躲够吗！"

陈晓诗火辣辣地骂道。她还是那模样，只是略为瘦了点，人比较憔悴。项东方搓着双手，不知所措地说：

"怎么是你？"

"没想到吧？你这个没心没肺的东西，总算找到你了！"

她一说完眼圈就红了，委屈的眼泪"簌簌"地流下来。项东方木然地站在原地，狼狈地说：

"你干嘛要找我？"

陈晓诗又控制不住自己，啜泣着说："你为什么要躲我，一句话不说就逃走，你还是个男人吗？"

"对不起，晓诗！我只是想让你死心，要你忘了我。"

"你说得轻巧，怎么能说忘就忘？"

"咱们不是有言在先吗？"

“哪你也不能屁不放一个就走啊！你知不知道我找你找得有多苦？”

项东方忽然满脸的羞愧，不知说什么好。愣了一会，他才说：“是我不好，请你原谅！”

他走上前去，把旅行包从陈晓诗手里拿过来，把她让进屋里。他让陈晓诗坐到沙发上，去拿了一瓶水，递给她，然后，在她旁边坐下来。气氛缓和了一点，项东方开始小心翼翼地问陈晓诗的近况，陈晓诗情绪激动地讲述了自己的故事。

当天下午，陈晓诗回到家，看到项东方留下的信，一开始她非常生气，把项东方骂了半天，后来就默默地流泪，整个晚上都没有睡觉。第二天，她到了项东方原来的东亚系去问，系里的人说项东方已经退学，大概转到别的学校了，但具体并不知道是什么学校。她不死心，去问项东方在华大的几个熟人，人家告诉她听说项东方要去东部，至于是哪个地方就不清楚了。她认识项东方原来的邻居李路遥，就找到了他。但李路遥支支吾吾，说好像听项东方提过耶鲁大学，不知道是不是要去哪里。她急不可耐地打电话到耶鲁东亚系问，对方说根本就没有这么一个人。不过，对方还算是有耐心，告诉她现在是假期，还没有新生报到，要不你等开学以后再来问。开学以后，她再次去问，人家告诉她确实没有这个人。她终于死了心，发誓再也不理这个没良心的人了。

毕业后，她在西雅图一个公司找到一份工作，还和一个美国人同居。那个人对她总是时好时坏，好的时候把她当成心肝宝贝捧上天，不好的时候就当你是奴隶，恨不得把你往死里整。他的做爱方式千奇百怪、五花八门。她最怕的是，被他绑在椅子上，嘴里塞上毛巾，用烟头去烫她的肚脐，让她叫都叫不出声。她实在受不了他的虐待，时不时会想起项东方的好来。她也听自己的朋友说起过，许多美国人都有那种变态的行为，所以她打定主意再也不找美国人了。最后就跟那人分了手，一直单身着。

有一天，她在中国城的超市里偶然碰到了李路遥。在闲谈中，李路遥不经意地说出项东方现在呆在加州硅谷。她正要追问下去，李路遥发觉自己说漏了嘴，就推说自己只是听别人说的，并不清楚项东方到底住在哪里。这勾起了她的欲望，她说不清自己到底要干什么。难道还要死皮赖脸地去找这个负心的人吗？天下男人那么多就非得去找他呢？其实，在美国的中国人都知道，没几个人可以给你选择，毕竟中国人太少了，特别是像她这样离过婚的。况且，自己了解他，他什么都好，就是不辞而别这点令人痛恨。她心里很矛盾，即想他又恨他。她知道项东方虽然不讨厌自己，但也不爱自己，可是她就是忘不了他。她总幻想着找到他以后，俩人还能像以前那样虽则平淡但也还算和气地生活在一起，这也是许多在美国的中国人所能期望的平常生活了。知道了项东方在硅谷，目标就缩小了，陈晓诗心中有了个盼望。她后来找到一个私家侦探，付了几百美元，终于找到了项东方的住址。

陈晓诗声泪俱下地讲完自己的故事，冷漠的项东方真的被打动了，他既感动又惭愧。他没想到自己的逃跑带给陈晓诗这么多的痛苦和困扰，他同情她，又很内疚。他原以为自己走后，过不了多久，她就会忘掉自己。现在他才知道她对自己一往情深，想到自己被柳丝雨和林梦因抛弃了那么久，还是念念不忘，他能够理解陈晓诗对自己的感情。他起了一股怜悯之心。他温柔地替陈晓诗擦掉泪水，抱住她的肩膀，连连地道歉说对不起。陈晓诗终于破涕为笑，紧紧地抱住他，问你不会赶我走吧？项东方肯定地说不会，你就留下来吧。

项东方已经不像年轻时那样任性，可以说走就走，他早已厌倦了飘泊的日子。这些年来，他孤独寂寞一如既往，那些露水鸳鸯只能满足他的情欲，丝毫不会给他任何慰藉，他只能跟她们嘻嘻哈哈寻欢作乐，连嘴都不肯亲，更不要说会讲点什么亲近的话了。他实在需要一个能陪伴自己的人，起码还能说说话，必要时可以支应一声，不至于那么孤独，反正就凑合着过吧。当然，还有一个理由，就是他不喜欢做家务，特别讨厌煮饭，这些年他都是胡乱地吃自己做的饭，更多的时候是到外面餐馆对付，时间长了，难免腻味，陈晓诗的厨艺不错，这他是深有体会的。于是，他终于交出了自由，甘愿与她在一起，虽然他依旧留有一手，就是只同居，不结婚。

陈晓诗住了下来，俩人又恢复了同居的关系。项东方虽说不上有多爱她，但他飘泊多年的心总算暂时安顿了下来，这时候，他那本记录野战史的“野战笔记”上写下的是第九十九号。陈晓诗很快就找到了一份工作，他们也搬出了原来的地方，换了一个较大的房子。那是一个有两个房间的小别墅，有一个不大的后院。陈晓诗在院子里种满了番茄、黄瓜、黄花菜，还有其他蔬菜，春夏之间繁花似锦、果实累累，使这个新的家充满了温馨的气息，也慢慢地锁住了项东方总是动荡不安的心。

第四十七章 出师不利

从罗杰手里买来的本田很快就转手了，当然，利润没有预想的高。项东方已经了解到，利润取决于很多因素，包括进价、车况、市场，甚至买家的为人性格，跟不同的人打交道就必须有不同的办法，当然也就有不同的结果。他很快就学到了一个诀窍，就是只要有钱赚，就赶快出手。他对汽车本身也有了更多的知识，他从图书馆借来一些关于汽车的书籍，认真阅读。即便从客人，卖车者，还有修车师傅的嘴里，他也吸收了许多新名词新知识，这对于他的生意有很大的帮助。这段时间以来，他脱手的车没有一部赔钱的，这得益于他对汽车日渐增加的知识和累积的销售经验。

一部车从到车管局办理过户手续，到收到车主证，通常要两个星期。这意味着，一部车从买回来到投入市场，至少要等两个星期的时间。这是影响生意进度的关键。他想到的解决办法，就是增加资本投入，多买一些车，这样就能一部接着一部地做，加快流通。问题在于，他虽然赚了些钱，但要付房租，付保险，加上生活上各种杂费等等，并没有太多的余钱。

直到一天，他终于发现了一个可能的解决办法，就是用信用卡预支现金。他向银行寄出了七八份申请信用卡的信件，没想到居然全部都被接受了，信用额度从五百美元到八千美元不等。一下子有了这么多的信用卡，似乎自己突然间身价倍增，项东方感到很自豪。那天，他收到上次那张交通罚单的催账单，里面提醒他必须在一个月内把罚款交了，或者通知法庭要去上庭抗辩。他一看罚款才二十三块，心里一捉摸：就这点钱还上什么法庭？交了得了。他曾在法庭上见过等待上庭的人排到大门外，那阵势相当吓人，他可不想为了这区区二十块钱去排上半天的队。于是，他立刻按着账单上的号码打了个电话过去，就用信用卡把账给付了。临了还自鸣得意了好一阵子，心想：嘿，有卡就是方便！大门不出，二门不迈，一通电话账单就搞定！

他这一招果然管用，他以信用卡预支的现金多买了几部车，很快就脱手，又赚了一笔。然后，又不断重复，越干越顺手，短短几个月，他就卖掉二十部车，利润当然没有当初预想的那么高，但兜里的钱逐渐的多起来了，手里总算积累了一笔可观的资金，信心也跟着膨胀，以致于有点粗心大意了。

一天，来了一对菲律宾人，他们看好一部本田雅阁，留下三百美元押金就走了。第二天再来时，不知何故，他们开始嫌这嫌那，横挑鼻子竖挑眼，希望取消这桩买卖。

项东方被他们搞得很烦，不耐烦地说：不买可以，但押金按规矩不能退。双方争执了很久，最后他们勉强地买下了车子。临走时，那菲律宾男人不动声色地说：他叔叔在车管局工作。项东方不明白他的意思，只当是耳边风吹过，没有引起注意。

没过多久，项东方收到一封来自加州车管局的公函。信里说：根据我们的记录，你今年卖了几十部车。法律规定，每个人每年只允许卖五部车，超过者便被视为以营利为目的的商业行为；而经商必须有营业执照。现在你有两个选择：要么立刻停止售卖活动，要么申请营业执照，否则必将受到严厉的惩罚。

看完信，他整个人都傻了。他反复将信看了几遍，确信没有错误。他愣愣地发呆了好一会儿，完全没法集中精神。以前，他也听说过私人卖车不能太多，但没想到真的还有这条法律。他也曾像别人那样，变着法地用他人的名字来卖车。没想到，还是被逮着了。他翻来覆去就是想不明白，怎么露馅的。

终于，他记起不久前那对菲律宾人，那男人不是说他叔叔在车管局工作吗？说不定就是这家伙告诉他叔叔，他叔叔又上报局里的有关部门，然后才开始有关的调查。当然，这仅仅是他自己的猜测，真实的情况怎么样，已经不重要了。

基于自己的猜测，他有点追悔莫及：假如当初退还押金给他们，这事就不会发生。事到如今，将如何是好呢？生意本来进行得好好的，越做越顺手，钱也越赚越多，如果一下子中断，自己还能做什么呢？显然，走开的路还得继续走下去，只是不能像当初那样走野路子了，而必须堂堂正正开门做生意。走野路有许多好处，最明显的一点，就是不必交营业税和少交所得税，因为没人知道你在做生意。可是，拿了执照，挂起牌子，就容不得你不交税了。

项东方是一个不会轻易放弃的人，除非他认定事情没必要继续，否则他会一直走到彻底碰壁为止。眼见这条生财之道出了岔，他实在是心有不甘。他决定立刻申领执照，但他一时不知从何下手。想来想去，他终于想起了罗杰：哎，他不是正式的车商吗？干嘛不问问他呢？于是，他打了个电话给罗杰，说明了缘由。罗杰还是很热心，满口答应会帮忙。

第二天上午十点钟，俩人在一家星巴克咖啡店碰面。走进店里，俩人见面寒暄了一番，每人要了一杯浓咖啡，找了一张桌子坐下来。项东方往咖啡里加了很多牛奶，还放了两包糖。罗杰只加了一包假糖。罗杰喝了一口咖啡，就开始大谈起“汽车经”来。他说：世界上的人都知道美国是一个在轮子上的国家，完全是一个汽车化的社会，汽车的普及率非常高，一般家庭有两三部车很正常，许多家庭甚至人手一车，因此汽车市场非常大；而且美国人的民风很实在，人们不在乎用别人用过的东西，旧车转手买卖十分盛行，每年二手车的交易量远远超过新车，所以，做旧车生意还是大有可为的。

项东方听了这番话，很受鼓舞。罗杰接着语气严肃地问项东方：是否真的想从事汽车买卖？项东方不假思索地予以肯定。罗杰说：如果你真的要做，我有两点意见供你参考。第一，旧车销售是个竞争非常激烈的行业，市面上有太多的车行，它看起来简单容易，但有许多人在开张第一年就关张，所以弄得不好，会赔大钱的。第二，做这一行的人社会形象不好，普通人对车商的印象基本是负面的。

项东方好奇地问为什么？罗杰说：大概人们觉得车商贪婪狡猾，会做手脚等等。项东方闻言笑道：咳，我们中国有句俗语说“无商不奸”，意思是说凡是做生意的没有不奸狡的，只要自己好自为之就行了。罗杰也笑起来说：看来，天下乌鸦一般黑。他接着给项东方分析了车商的构成：白人占三成，中东人最多，占四成以上，其余有墨西哥人、黑人和印度人，亚洲人很少，中国人就更少。最后，他告诉项东方如何去开公司办手续。项东方谢过罗杰，俩人就告别了。

依照罗杰的指点，项东方先报名参加了一个学习班。交了两百块钱后，就上一个四个小时的课程，学习汽车买卖相关的法律和条文。这种班每月一次，项东方进到教室以后，里面已经坐了十几个人，看来想入行的人还真不少。四小时课程讲完后，进行了一个模拟考试，然后发了一个结业证书。

过了几天，项东方拿着这张证书来到车管局，找到了地方检查员办公室。接待他的是一个胖胖的中年女人。她拿出一迭试卷，让项东方在一个小时内做完二十道题。项东方就坐在她的对面，开始答题。他的英文很好，题目又都是学过的东西，所以他很快就通过了考试。胖女人把一摞申请表递给他，里面指明了申请执照所需的材料和步骤。

根据指引的要求，他首先去了趟警察局，打过指模，作了背景调查，证明没有犯罪记录。然后，要去租场地，这是最难的一关。他几乎搜遍了当地所有报纸，硬是找不到一个适合做车行的地方，因为市政府对每个区域的用途都有严格的规定，适合卖车的地点极少，总是一腾空即被租出。为了找到一个能被批准的地方，他开着车每天走街串巷，结果还是令人失望。

眼看计划就要半途而废，他急傻了眼。他想起罗杰曾告诉过他，只有做零售才需要场地，而做批发则只需要一个办公室就可以了。他思前想后，觉得目前也只有这样一个折衷的办法了。费了九牛二虎的劲，他终于找到了一个办公楼，楼内的租户多是保险公司、房地产经纪等等。签下租约以后，他凑齐了所有文件。他带着这些文件加上申请表再次来到车管局，胖女人看过他的材料后，认为可以了，她最后说剩下的就是要验收办公室。

项东方便忙着回去买办公桌椅，安装电话，布置招牌等等事宜。几天以后，胖女人来到办公室，拍了照片，认为一切满意，于是当即发给他一个临时的执照。这意味着，他当天就可以正式做生意了。他没在国内做过生意，不知道办证是否很难。他在这里，前后忙活了两个星期，感觉还算顺利。

一道坎算是跨过来了，但拿到了执照只是表明你在法律上可以开业而已，能否真正做得了生意还有一大堆事情要做呢。挂起了招牌，似乎就不能像从前那样，去买私人的车。根据罗杰的指点，项东方先后去了旧金山湾区几家大的汽车拍卖场登记，成为他们的会员，以后就可以进去买车了，这样，拍卖场成了他的存货的来源。

这拍卖场对项东方来说可是一个极其神秘的地方，以前只是在电影里见过零星的珠宝古董拍卖的描述，似乎是个非常刺激的场所。第一次进拍卖场的那天，他兜里揣着两万美金，怀里提着颗忐忑不安的心，进得场来，一下子就给镇住了。

只见一个两面通透的大建筑下，一字排开十条车道，每个车道旁立着一个高过人头的拍卖台，上面坐着一个拍卖员和一个书记员，拍卖员的声音通过扬声器播放出来，十条车道同时有十部车在拍卖，十部扩音机将十个拍卖员的声音同时放出来，汇合在一起，变成了一片闹哄哄令人亢奋的噪音，几百个车商围着自己喜欢的车子周围，每部正着拍卖的车子后面都跟着一长串等着上场的车子，实在是热闹非凡，每一个置身其中的人都难以把持自己，静下心来认真地思考，从而在激烈的竞争中有可能做出错误的决定。

项东方虽然带着钱，但他拿定主意只是先看看，因为自己对这里的一切都不熟悉，不想造次，当然，如果看到确实有合适的，就要买下来。在震耳欲聋的噪音中，他注意到里面确实如罗杰所说，有来自世界各地的人，白的、黑的、黄的，但确实有太多的中东人和墨西哥人，几乎就没见到中国人。而且，除了拍卖员旁边有个女的书记员，和偶尔有陪老公或男朋友的女人外，很少有女人出现。这种纯男性的氛围使得本来就十分粗犷的场子变得更为粗犷和野性。场子里的一切又都是流动的，一部车子停在拍卖台前只有短短的几十秒钟到一两分钟，在拍卖员连珠炮似的吆喝声中，立刻就被卖掉，然后开走，换上另一部车。买车者在如此短的时间内，是无法考虑什么的，如果不是胸有成竹，心中早有自己的定见，要么立刻出局，要么糊里糊涂买了高价。

在进场前，项东方就认真看过拍卖场的规则。进去后，他在人群和车流中往来穿梭，眼观六路耳听八方，慢慢地看出了一点门道来了。一部车子停在拍卖台旁，坐在台上的拍卖员就开始用几句话介绍车子的年份、厂家、牌子、使用过的里程数、是否有报废的历史等等，然后，他会根据卖家是否给予车子质量保证，而分别打开绿灯或红灯，绿灯代表有保证，红灯代表没保证。以红灯卖出的车子不管有什么问题，统统由买家自己负责；绿灯车则有一天的保证，买家可以把车交给拍卖场的仲裁部去验车，一旦发现有重大问题，例如维修费超过五百美元，买家可以把车退还给卖家，拍卖场还会收取卖家一定的仲裁费。接着，拍卖员就开始叫价。 项东方当时并不知道，这里通常对不明就里的新手会变成一道陷阱。卖家其实有一个底价，但只有拍卖员知道。关键是他从来不从这个底价起叫，而是先开出一个比底价高许多的价钱，看有没有人响应，如果有人举手、点头，或者眨眼表示同意，拍卖员一声“成交”，你便成为一个冤大头。他会从高阶一直降下来，等到有人应标后，他就会一步步把价格提高，只要高过底价就可以卖了，但他通常会争取一个比底价高很多的价钱。 项东方后来还真的见过上了大当的二百五，不过，当天的他还算是警觉，没有掉进任何一个陷阱之中。听着拍卖员那像机关枪一般快速的英文，他一时还不习惯，因而他不曾轻易出手。

他此时还没有完全体会到里面的风险。首先，这里卖的不是新车，质量没有保证。旧车的车龄从几个月到十几二十年，甚至更老，车况参差不齐，即便很新的车子，如果有过事故或者保养不善，车况也会很差，更何况是旧车了。一个不小心买到烂车，要投入大笔钱去修理，通常就是稳赔不赚的买卖。要在短短的几十秒到一两分钟的时间内判断出车子的状况，没有很高的道行是办不到的。因此，这通常都是一种赌博。第二，拍卖的过程中也存在着许多陷阱。比如，卖方也可以参加竞投这条规矩就让人有机可乘。卖方自己本人，或者与他串通的熟人朋友，在拍卖中不动声色地把价格哄抬起来，买家在不知情的条件下还以为在跟其他买家在竞投，不知不觉中买到品质又差价格又高的烂货。

通过激烈的竞投标得一部车，有一种外人想象不到的快感。当拍卖员喊过一连串数目，最后喊出“成交”时，作为赢家的你会有一种复杂的情绪，因为你不知道你买下来的车子是否值得，这种情绪要等到你验过车子以后才能平定下来。有时候，一部明明看起来好端端的车子，买到手里后，竟发觉它不是这坏就是那坏。有时候，你击败所有对手，赢得了标，心里却七上八下地想：怎么这么便宜？肯定有什么问题？但最后发现真的是捡到了便宜。这就是竞投令人刺激的魅力所在。如果有足够的经验，这并不是单纯的赌博。

当天，项东方虽然两手空空地离开了，但他真实地体验到了拍卖场的刺激，他很享受这种令人兴奋的感觉。一直以来，他都觉得自己是一介文质彬彬的书生，这点就连罗杰这个初识的老外都能看出来，他以前只知道，自己素来喜欢李白、苏东坡这类豪迈狂放的诗词，根本没有发现原来自己天性中竟然还有这么一种喜欢冒险的资质，如今拍卖场的体验反而让他对自己有了更深的认识。

第二天，项东方又去了另一个场子。在旧金山湾区，有好几个较大的汽车拍卖场，它们都是全美国连锁的。它们的拍卖日每星期一次，由于竞争的关系，它们都把拍卖日期互相错开，不至于摆在同一天。这次项东方到了一家湾区最大的拍卖场，里面有十二条车道，每次卖一千多部车，最多时有超过两千部车被卖掉。

进得场来，他就被震耳欲聋的叫卖声所蛊惑，心里按捺不住跃跃欲试的烦躁。穿过几条人头攒动的车道，他一眼看见一部蓝色的马自达美雅塔，正停在四号拍卖台前，那正是不久前他卖得好价钱的那款车。自从上次他转手赚了三千美元后，他就认定美雅塔是个有利可图的车子。于是，他紧赶慢赶跑了过去，站到了那部车旁边。

那车子外表看起来很光鲜亮丽，但拍卖员已经在叫价了，他没有时间去细看，有好几个人在竞投。他听到拍卖员喊“两千！”一个长着络腮胡子的中东人随即举起了手。拍卖员继续喊“两千一！”另一个中东人也举起手，眼神有点怪异。项东方一看价钱还可以决定要跟进。当拍卖员叫“两千二！”时，他及时地举起了手。

然后，价钱一路飙升，项东方的头脑也跟着发热，几个来回之后，价钱上到了三千三，他控制不了自己仍然举起了手。只见站在对面的那个络腮胡子中东人伸出右手食指，在空中画了个圈，项东方还没来得及反应，拍卖员随即清脆地喊道：“成交！”项东方紧绷着的神经即刻松弛了下来。

那两个中东人迅速溜开，消失在人堆里。那个在地面上帮忙起哄的工作人员，随即应声念出项东方贴在胸前的号码，这个号码代表了他的公司，已经储存在电脑系统里了。

在人群里，有许多一直不动声色地观看的人，此时纷纷露出各种异样的表情，有的讶异，有的不屑，有的怜悯，不一而足。只听到有人说：

“可怜的家伙！”

项东方自己的心情还没有完全平静下来，顾不了这么多，踱到拍卖台旁边，签过名，拿起收据就往外面走。他看了一下收据，标价三千三，加上两百块手续费，一共三千五。他觉得价钱还可以，不明白那些人到底为什么反应那么奇怪。

一个皮肤黝黑的印度人走到他身边，笑着问：“哎，伙计！新来的吧？”

“是呀！”

“你上当了！”

“你说什么？开玩笑的吧？”项东方疑惑地反问印度人。

印度人表情严肃地说：“说真的，这部车最多值一千块！”

“为什么？”项东方觉得印度人是在作弄他，心里有点反感。

“你没看到车内的皮椅全都烂掉了吗？天花板也是破烂不堪的，还有机器性能还是未知数呢！”印度人一板一眼地说。

项东方心里一抖，一种不祥的预感令他十分不安，像个泄了气的皮球。他模棱两可地对印度人说：

“如果那是真的，谢谢你的提醒。不过，我但愿那是假的！”

印度人讪笑道：“伙计，你一个新来的要学的东西多着呢！里面的陷阱够你瞧的！”

项东方开始变得有点心虚了，他忽然想起那个中东人的手势，便问印度人那是怎么回事。

印度人答道：“那家伙就是车主！他打那个手势就是告诉拍卖员，价钱到了可以卖了。”

“哦，原来是这么回事！”项东方恍然大悟：敢情大家都知道，只有自己新来乍到的被蒙在鼓里，怪不得那些人的表情那么奇怪！

他谢过印度人，便继续穿行在车流和人群中，心情有点郁闷。他掂摸着：就算这部车要赔钱，总得弄几部能赚钱的吧！于是，他继续物色合适的目标。十号车道聚集了很多车商，那条道上全是丰田车。他从自己的经验中知道，日本车因为经久耐用和省油而最畅销，尤其是丰田和本田。可是，这早已不是什么秘密，旧车业内人人皆知。

他来到十号车道时，两旁已经簇拥着几十个人，竞投正在热烈进行中。他看定了一部白色的丰田花冠（卡罗拉）轿车，心中立下志在必得的念头，心想这种车随便都能脱手。谁知拍卖员一开麦，应价的人就此落彼起，价格一路攀升，很快就超过他心里预定的底线，仍然没有停下的势头。他一时头脑发热，仿佛跟谁赌气似的，不肯罢休，一直追逐着飙升的竞价，应标的人却越来越少，许多人都摇着头走开了。

项东方也记不清自己到底举了几次手，最后他终于赢得了这部车。可是，当他拿着收据往外走时，心里怎么也高兴不起来。碰巧看见那个印度人踌躇满志地向他迎面而来，他便跟他打了个招呼。印度人随即问他：

“又买到了？”

“是呀，买了一部花冠。”

“多少钱？”

“五千。”

“太贵了！”印度人说完，顺手掏出几张收据给项东方看。

项东方大略地浏览了一下，果然这家伙买的车价钱都很便宜，其中一部同一年份的花冠居然才三千二！他心里忽然觉得有点不平衡，又很好奇，便止不住地问：

“你怎么能买到怎么便宜的车？不会都有问题吧？”

印度人得意地笑道：“没问题！ 这些车我昨天都已经看过，还试开过。有一点很重要，就是人多的时候别跟着去抢！”

项东方明白了，原来这些车是可以提前检查的，试过了心中就有数了。但他心里依然有个疑问，便问印度人：

“为什么刚才我那条车道有那么多人在抢车？”

“因为那是大银行的车，质量可靠，没有猫腻，不像小车行的车有太多的手脚！”

“怪不得！”

项东方刚才并没有看到有人做手势，示意拍卖员。他开始觉得这印度人还算靠谱，正要跟他说些什么，印度人却忽然看到有一部他感兴趣的车已经开到了拍卖台前，他对项东方说了声：“有空再聊！”就匆匆地跑了过去。

项东方灵机一动，想看看这家伙到底是怎么买车的，于是便跟了过去，站在印度人的对面。那是一部银色的凌志（雷克萨斯），相当漂亮，四周围了大堆的人。拍卖员语带夸张地说：

“这么漂亮的一部凌志真是人见人爱呀！大家看好了，这是凌志，不是林肯！”

在美国旧车市场上，日本产的凌志车非常抢手，而美国产的林肯车则没人要。于是，大家听罢拍卖员的话便一阵哄笑。接着，拍卖员开始叫价：“一万！”

人群又爆发出一阵讪笑声，接着是一连串的“No，No！”否定声。

“九千！”

回答他的依然是“No!”

“八千！”

项东方期待着应该还是没人应标的。谁知，一个站在他对面的黑人忽然举起了手。此人身材高大，比旁边的人足足高出一个头，站在哪里就像一座山一般，他的头发编成几十根小辫子，脸上一副满不在乎的表情。印度人见状，一转身离开了人群，刚才还是乱哄哄的人群突然一哄而散，只剩下几个白人在和那老黑在继续竞投。

项东方也随着人群离开了，身后还传来拍卖员连珠炮似的声音：“八千一，八千二，八千三……”

当项东方追上那印度人时，印度人回过头狠狠地骂了一句：“他妈的傻逼！”

项东方知道他在骂那老黑，便附和着他说："实在是够笨的！"

印度人停下脚步说："这部车就值六千，顶多六千五，只有笨蛋才会出更高的价。"

接着，他又说："老黑们是最容易上钩的二百五，只要他想买一部车，不管三七二十一乱投一气，他们根本就不动脑子。我只要看到这个老黑一举手，就得走人。"

项东方觉得很有意思，就对印度人说："不管怎样，总得有人举第一下吧？"

"没错，关键是什么时候举第一下。时机很重要，因为那决定最后的价钱。"

项东方听得似懂非懂，正要问他，他却说："对不起！我去看看那部现代车。"

说完三步并作两步赶到了五号车道。项东方今天已经买了两部车，似乎都不划算，因此他决定先停下来，多观察一下再说。于是，他就跟了过去。

五号车道旁的拍卖台前已经停着一部现代索纳塔，印度人走到那部车旁边，

绕着车子转了一圈，走到车尾伸出手掌，在排气管后抓了一把汽车排出的废气，放到鼻子前嗅了一下。然后，让司机把车头盖打开，他手脚麻利地抽出机油标尺看了看，又拧开机油盖子端详了一会儿，再用手拨了几下气门，引擎随即发出有力而平顺的"呜呜"声。这一切都在极短的时间内完成，最后，他退到旁边，左顾右盼地打量着周围的人。项东方一直都在目不转睛地盯着他的一举一动。这部车在他看来状况一般，前后保险杠都有撞瘪的地方，车顶和车头盖的漆已经氧化。他估计最后的售价应该在三千左右。

拍卖员介绍完这部车的情况后，按惯例先抛出个高价："六千！"

没人回应。

"五千！""四千！""三千！"

大家还是沉默，没有人应标，印度人头摇得像只拨浪鼓。

"两千？"拍卖员开始以征询的口吻问道。

人群里响起一片"No, No!"声。这时，印度人见时机成熟了，将中指和食指交叠在一起，并举向空中，嘴里念念有词。由于太吵，项东方听不见他在说什么。

"你说八千吗？"拍卖员逗着乐子说道："八千太多了，我只要两千！"

印度人也笑着大声说："不，不，两千太少了，我给你八百！"

拍卖员突然改用认真的口吻说："好，八百就八百！九百有没有人跟进？"

很快有人举起了手。然后，价钱一路升到一千七，突然又慢了下来，一个墨西哥人犹犹豫豫的，不知要还是不要。

那个在旁边专门帮忙起哄的工作人员跳到他面前，一股劲地怂恿他道："来吧，来吧！一千八？"

老墨脸涨得通红，不由自主地点了一下头，然后，摇摇头走开了。

拍卖员立刻穷追猛打："一千九！"

没人理睬他。

他又喊了一遍："一千九！"

还是没人跟进。正当他喊第三遍时，印度人及时地向他眨了眨眼。拍卖员本以为可以乘胜追击，刚要喊："二千！"

谁知印度人一转身，假装不耐烦地向场外走去。一个阿富汗人一直躲在柱子后面，此刻急忙伸出食指在空中画了个圈，拍卖员见状，只得无奈地宣布：“成交！”

这部在项东方看来可以卖到三千块的车子，居然让印度人花了一千九就买到了。虽然其中不乏运气的成分，但那家伙确实有两下子。这一切项东方都看在眼里，真正学到了东西。

他追上印度人，赞赏地对他说：“干得好！”

印度人洋洋自得地说：“雕虫小技而已，重要的是要用脑子！”他说着用手指了指自己的脑袋。

项东方心中有些疑问，便向他请教道：“怎么买家也可以起价吗？”

印度人被他称赞了一下，心里高兴，不免话多了几句：“可以的，通常都是在没人应标的时候。这就是关键的时刻。你给他开了一个低价，几个回合以后，大家就会觉得价太高，就不会跟进了。”

项东方终于明白了其中的奥妙，但看来这个桥段只能跟聪明人玩，只要有一个傻冒就玩不起来了，例如刚才那个黑人 。他又想起了印度人刚才将中指和食指交叠在一起做的那个手势 ，忙问他是什么意思。印度人解释说：那代表数字 8。他还进一步说明：五个手指分别代表从 1 到 5 几个数字，手握拳头拇指向上表示 6，四个手指合在一起伸出弯曲的食指代表 7，9 则与 6 相反，拇指向下。

项东方觉得很有意思，谢过印度人以后，他就去找自己买下来的那两部车。停车场有几个足球场那么大，虽然规定要按着车道号码来停车，但实际上经常被弄乱，因此，要在一两千部车里找到自己的车可不是件容易的事。

等他费了九牛二虎之力找到了车，他真的傻了眼。那部花冠倒没什么，只是价钱贵了点，但那部美雅塔就惨了，前后座椅全都烂掉，他仰起头一看，天花板被狗抓得七零八落，惨不忍睹，金黄的狗毛散落在各处，车内散发着一股令人恶心的臊味。他不得不忍住恶臭，把车开上试车道，结果令他更加失望：发动机倒还可以，但变速箱停在二档怎么都上不去。他的第一个念头就是，这部车彻底完蛋了！果然给印度人说中了。修理变速箱，换座椅等等，没有两三千块下不来，弄好后满打满算也卖不了五千块，赔钱无疑。

他的心情沮丧到了极点，跳下车，赌气地想：这车做下去也是白做，不如不要了吧？但钱却不能不交，否则会影响到自己的信用。他垂头丧气地去把两部车的钱付了，将那部花冠提了出来，美雅塔则没有动。

第一次买车就成了冤大头，对他的信心似乎有所影响，好在他从印度人那里学到一些东西，使他觉得万事开头难，假以时日，一定会好起来的。他就是这样一个人，只要是他想干的事，总是往好的方面去想，即使屡屡碰壁，他还是一样乐观。于是，眼下要做的就是处理那部花冠。

第四十八章 落入陷阱

从拍卖场回来，项东方很快就把那部花冠收拾好了，在登广告定价钱时颇费了些周折。他先查阅了蓝皮书，那是一本供旧车买卖的价格参考书，像一本《新华字典》大小，按季度出版，车商们几乎人手一册，就像是业内《圣经》一样。然后，他又参考了其他人的广告，比较了他们的价格。他发觉自己进货的价格确实太高了，如果把价格定得太高，必定无人问津；定得低了，只能赔本。思前想后，一时拿不定主意。

他决定先放一放再说，因为他还有一个更为重要的事情要处理。他的营业执照只能做批发，就是说只能卖给其他车商。那就意味着，你以批发价买回来的货物，又用批发价卖出去，那是没有任何意义的，因为那几乎完全无利可图。好在法律是死的，人是活的，坊间自有对策。罗杰曾告诉过他一个行内的秘密：当你有了客人以后，你便可以把车名义上卖给一个零售车商，由他转卖给客人。这种转个弯打擦边球的做法并不违法，零售商通常会收取一定的手续费。眼下，项东方必须立刻解决这个问题，否则生意无法进行下去。罗杰曾给他打过包票，如果找不到合适的人，可以找他。但此刻他想到罗杰既然不是全职，万一急起来找不到他，岂不耽误生意？所以，他决定还是要找到一个更稳定的搭档。

他一开始以为这事应该很简单，零售商只需要做一下文件，顺便到车管局过户，就可以赚取一定的手续费，何乐不为呢？于是，他专门来到那条有很多旧车行的大街，挑了一家门面不大的车行。停车场只有十来部车，生意冷清。走进办公室，只有一个墨西哥人在。像一般老墨那样，此人也很热情，一见面就打哈哈。他以为项东方是越南人，说好呀，越南人老实。项东方告诉他自己是中国人，他又继续称赞道：中国人更好。俩人寒暄过后，项东方简短地说明了来意，老墨欣然同意，不过他要价每部车三百美元。项东方心想太贵了，推说回去想想再说，就告辞了出来。

走了一阵，看到一家稍大点的店，里面有三个中东人，正在聊天。项东方把要求说了一遍，那个坐在办公桌后面，年龄较大的人像是老板，他用疑惑的眼光看着项东方，冷冷地说没兴趣，你另请高明吧！接着，一个年轻的家伙爬到桌子底下，像一条狗趴在地上，拧着脑袋扮了个鬼脸，揶揄道："我可以帮你啊！"项东方心里来气，真想踢他一脚，一跺脚走了出门，身后传来那几个家伙的狂笑声。

他情绪变得低落，转了几个街区，又发现一家小车行。走进去后，见到一个美国老头，胖乎乎的身材，满头白发的脑袋戴着一顶窄沿草帽，通红的脸上长着一颗硕大的圆头鼻子，看起来一副老派绅士的模样。看见项东方踱进来，他以为是来买车的，就笑眯眯地问：有什么可以帮忙？项东方见他虽然笑容可掬，但因为刚才的不愉快经验，他变得有点小心翼翼的。他尽量简单清楚地向他解释说：自己刚拿到批发执照，需要有人帮忙做零售转手文件，不知能否帮忙？没想到，老先生一听到这，立刻就变了脸，他勃然大怒地吼道：

"我们不做这种事！马上给我滚出去！"

项东方以为他误解了要他干偷税漏税的事，所以才生气，还想继续解释一番。但老头儿一股劲儿毫不留情撵他出去。他始终弄不明白老先生为什么要发这么大的火。一天下来，碰了几个钉子，心里实在气结。他回到车上，点燃了一支烟，尽量使自己平静下来。在他这半生里，还从来没有受过如此的羞辱，但那又能怎样呢？为了生存，为了明天，咬咬牙把苦水往肚子里咽，没有时间去感伤，也没有必要去自艾自怨。他把最后一口烟吐到挡风玻璃上，看着烟雾慢慢地飘散，情绪稍微地缓和下来。 接着，他按灭烟头，一踩油门，车子重新上了路。

走到两个城市交界处，在一个三岔路口，他发现了一家规模很小的车行，十几部车密密麻麻挤在一个角落里，一个老头儿正在往车上贴着招贴。项东方走过去问他老板在哪儿，老头儿指了指几步开外一个秃顶的小老头说："哪个就是！"

项东方顺势一看，只见一个五短身材、年纪五六十左右的美国人站在一间小办公室门口。他的脑门几乎全秃，留着八字胡，看样子挺随和的。项东方心里有点忐忑，但仍然装着若无其事的样子迎了上去，跟他打招呼，并且自报了姓名。果然，小老头儿人如其貌，很是和善，他自我介绍说他叫霍华德。项东方将准备好的台词背了一遍，紧张不安地等着霍华德的答复。令他意想不到的是，霍华德满口答应道：

"没问题！我可以帮你，只收你手续费一百五。"看样子，他不是第一次做这种事了。

"太好了！谢谢你！"形势突然间豁然开朗，项东方掩饰不住心中的狂喜，脱口而出道。

接着，俩人讨论了一些细节，然后就说定了。告别了霍华德，项东方的心情由阴转晴，先前所受的窝囊气仿佛一下子烟消云散。一道坎总算迈过来了，可以堂堂正正地做生意了。

回到家，他给报社打了个电话，让他们把广告登出来。过了几天，拍卖场打来电话说：那部留在场子里的美雅塔超过了时间，必须赶快处理，要么拿走，要么就在里面卖掉，否则就要按每日三十美元的价钱来收储存费。他听着电话，觉得实在没太多的选择，如果要拿出来，就得叫拖车把它拉走，然后再投入大笔的钱去修理，到头来说不定还是赔本。因此，他便跟对方说：就原地卖掉吧！对方问他：打算开个什么底价？他说：我三千三中的标，加上手续费，就是三千五了，总不至于让我赔大钱吧？对方听后笑道：你可能是买高了，这部车在全美连锁拍卖场的平均参考价才一千五，况且你的车状况并不好。项东方有点泄气，问他：那你说多少合适？对方说：那你就开一千五吧，到时候看情况再说。

第二天，他来到拍卖场，心里牵挂着自己那部美雅塔，便无心再去买车。左等右等就是不见它出来，正好碰到那个印度人，就问他。印度人告诉他可以去问销售部。他到销售部拿到了号码，原来自己的车在十号车道，号码是 231。他跑到十车道，一看正在叫卖的是 56 号，离自己的车还早着呢。等了将近两个小时，才见一辆拖车拉着自己的美雅塔排在车队后面，慢腾腾地往前挪。他心里“格登”一下：那天自己明明还开过这车，怎么现在就不会动了呢？忙走过去问司机，司机说：我们试了很多次就是没法启动，只好拖着它来了。

项东方一下子就懵了，心想：这样半死不活的车子还有人要吗？轮到这车停在拍卖台前时，旁边冷冷清清的，连他本人一共才三个人，拍卖员居然从一百块起叫，只有一个墨西哥人跟他竞投，老墨一标到五百转身就走人，项东方本想再举下去，见状只得收手。拍卖员便问那老墨是否愿意开个价，老墨点点头。项东方知道车子没卖掉，因为自己开的底价是一千五。

过了几个小时，销售部打来电话说：有人给你的车出价五百，要不要卖？项东方心里没准备，一下子有点措手不及，胡乱地问道：能否再高点？对方说：人家不愿意，如果不卖，可以留到下一次，不过每次要收三十元手续费。项东方一下子没了辙，勉强答应卖掉，可心里头却隐隐作痛：三千五买回来的车，到头来扣掉手续费才拿回来三百多，整整蚀了三千多块！

五天以后，霍华德帮他卖掉了那部花冠，不赔不赚，打了个平手，总算没有彻底惨败、全军覆没。这第一次出师不利，仿佛在他心里投下了阴影。惨痛的教训令他体会到，这门生意确实不是那么容易做的，他这才想起罗杰当初的警告，看来那不是空穴来风。在拍卖场面对面的激烈竞争中，还要提防无处不在的陷阱，确非易事。

自从霍华德帮项东方卖掉那部花冠，他们已经合作了有一段时间了。项东方也从中学到了许多东西 ，特别是学会了填售车报表和报税。但是，因为他自己不能做文件，必须把客人带到霍华德的车行，不仅费时又很麻烦，有时还会因此丢了生意。

一天下午，天空下着滂沱大雨，项东方约了一个客人到加油站试车。那人是刚从中国出来的，比较小心谨慎。他开过那部丰田车，表示非常喜欢。谈好价钱后，他要一手交钱一手交车主证。项东方跟他解释从车商手里买车不需要交车主证，只要到车行签一些文件就可以了。那人满脸的狐疑，便给朋友打了个电话，对方只是根据自己的经验说一定要收车主证才行。项东方明白他担心受骗，极力说服他到车行，一切就会清楚。那人问到车行有多远？项东方回说二十到三十分钟。那人一听，推说天雨路远，就走掉了。

这件事使项东方认识到，中间转手这个环节必须去掉，就是说自己必须变成零售商，才能更顺利地做生意，而要成为零售商就必须要有场地。于是，他开始四处物色场地。终于，功夫不负有心人，他在一条车行林立的繁忙街道上找到了一栋楼。这是一栋三层的楼宇，有大小二十来间办公室，除了保险和房地产经纪外，还有几家微型的车行。所谓微型车行，是指有两个以上的停车位，满足车管局的最低要求。

项东方看到这栋楼时，正好有一间腾空的办公室。他按着电话找到了楼主，那是一个韩国人。项东方跟他说自己要申请零售车商执照，需要两个停车位。韩国人说没问题。于是，俩人签好了租约。

项东方拿着这份租约来到市政府，找到市政府规划办公室，要求他们签发一份公函，证明那个地方是可以用作车行的。接待他的工作人员翻出一大叠规划图，研究了半天，终于说这栋楼已经有几家车行，只要有空位，就可以。他很快在那份公函上签了名。项东方心中一块石头总算落了地。

第二天，他带着这份公函去了车管局。在狭小的接待室登记后，要等着里面的人叫才能进去。他心情忐忑不安，旁边放着的椅子也不坐，来回地踱着步，突然注意到靠门边的墙壁上贴着一张告示：威胁州政府工作人员是犯罪行为，请小心！上次他来时并没有注意到它。他觉得好生奇怪，难道他们这些人经常受到别人威胁吗？怪不得如此戒备森严。

忽然，里面的人叫他的名字，他走到门边。开门的正是上次那个胖女人。俩人问过安后，那女人便随手把门关上。他随着那女人走过这间开放式大办公室，来到一个小隔间，又坐在上次那把椅子上。那女人接过项东方递给她的公函，看了一眼那个地址就皱起眉头，语带讥讽地说：

“这个地方我太熟识了，里面已经有好几家车行，根本就不可能有足够的停车位！”

项东方分辩道：“楼主说没问题，而且，市政府也批准了，为什么不行？”

那女人说：“楼主只管租屋，市府只问税收，他们那些花招我还不清楚吗？”

项东方心里很憋火，真想骂娘，这才明白门外的告示不是无缘无故的。他压住怒火，尽量平静地问：“哪就是不行了吗？”

那女人说：“也不是不行。你要楼主写一个保证，说明他保证给你两个位置，你再来找我。”

项东方虽然生气，但也无奈，他也不知道人家是否故意刁难他。他只好再去找屋主，谁知那韩国人竟去了度假，等了一个星期才见到他。韩国人一见到他，便没好气地骂道：

“这个八婆几乎每次都来一手，实在讨厌！”

骂完了，他随手写了封信，交给了项东方。

项东方再次去到车管局，那女人看完信说：“你还必须让市府同意才行。”

他憋着一股气又去了市府。最后，那女人总算点头了，她还不忘叮嘱他要在停车位上竖立一个公司的招牌。

几经波折，总算拿到了零售执照，项东方很开心。过了几天，那女人来验收项东方的地方。她前脚刚离开，隔壁一个中东裔车商就过来自我介绍。他告诉项东方，这栋楼里的车商大都是打游击战的，就是平时呆在家里，一有客人才把车开过来。有些人干脆就在家里卖车，原因是第一这里没有足够的停车位，第二很多人不喜欢到车行去买车。

项东方从自己的经验也知道，许多人不愿意从车商手里买车，可能表面上是觉得车商在车上做手脚，以次充好，其实更重要的原因在于人们不想交税。法律规定，任何人不管在哪里买车，都要向政府交纳一定比例的销售税，在加州大部分地区税率通常高达百分之八到九，也就是说一部五千美元的车就得交四百五美元的税。交税的途径有两个，第一，办过户手续时直接交给车管局；第二，在车行处买车时，交给车商，由车商转交给政府部门。问题在于，许多人想钻空子，千方百计地逃税或者少缴税，他们喜欢在私人手里买车，然后把价格报得很低，一部五千块的车可能只报一千甚至五百，或者当作礼物完全免税。政府其实也知道这种猫腻，但也无可奈何，每年不知因此流失多少的税收。在车行这种做法几乎行不通，所以很多人宁愿买私人车而避开车商。知道个中奥秘，项东方也觉得在家里卖车有许多好处。买车人会感到没有车行所遇到的那种压力和紧张，使他们觉得更容易通融。

有了零售执照，就不需要经过中间环节了，项东方给霍华德打了个电话，感谢他一直来的帮助。现在他终于可以独立自主地做生意了，他呆在家里，等客人的电话，如果客人喜欢他的车子，就直接到家里签文件，十分的方便。碰到不愿意交税的客人，他便采取灵活的手法，一口价连税一起包了，双方皆大欢喜。这种顺风顺水的日子延续了一段时间，直到一个意外的发生。

项东方家左边隔着一条马路的邻居是墨西哥人，他们人口多，三个房间住了七八个人，这种情况在老墨中相当普遍。这家人除了人多外，还特别吵闹，邻居们早就有所不满。偏偏他们自我感觉良好，不知检点，还在家里经营旧轮胎生意，平时家门口摆了一大堆废旧轮胎。他们有一辆装满轮胎和工具的卡车，有人要换轮胎时，压缩机一开，“呜呜”的噪音弄得半条街都能听到。

一天半夜，项东方好不容易睡着了，却忽然被一阵机器的轰鸣声吵醒，接着还听见嘻嘻哈哈的欢闹声此落彼起。第二天正好是美国独立节，项东方迷迷糊糊地醒过来，就觉得有点不对劲儿。一打开窗帘，就看到六七部警车围着老墨的房子，几个警察站在门口。不一会儿，两个警察押着一个老墨上了警车。旁边站着些邻居，在驻足观看，议论纷纷。项东方心想肯定是跟昨夜的事情有关，老墨被人告发了。

他正要出去看过究竟，忽然他的手机响了。一个女人说想来看他一部车子，他不假思索就答应了，还把自己的地址告诉了她，然后就回到饭厅吃早餐。当时，那些警察陆陆续续地离开了，只剩下一个正站在项东方的车房前的车道上，跟邻居在聊着天。项东方与这位白人女邻居并不熟，平常偶尔见面只打个招呼，从没交谈过什么。也是项东方的运气太差，正当那个警察要走时，那个看车的女人来到了。警察问她有什么事，她说到这里买车。那女邻居插话说项东方这家人经常在家里卖车。警察二话不说，径直走到项东方家大门前，用力敲了几下。

项东方打开门，不期然地看到一个大块头的警察站在自己面前，心中一惊，不祥的预感闪过脑海。那警察板着脸严厉地说：

“早就有人投诉你在家卖车，我因为太忙没来得及过问。”

项东方忙分辩说:“我有店面，只不过今天是节日，我没开门，刚好有人要看我的车，就让她来了。”

那警察并不听他的解释，继续凶巴巴地说：“你知道在家经营生意是犯法的，如果下次再让我碰见，我可以立刻逮捕你。今天算是一个正式的警告！”

项东方听完吓出一身冷汗，他根本不知道在家卖车是违法的，不由得感叹：美国法律太多了，不知什么时候你违法了还蒙在鼓里呢！实在是太可怕了。没想到老墨那边失火，却殃及这边的池鱼。

他只能自认倒霉，总是被环境逼着一步一步往前走，本来刚刚稳定下来，可眼下他又一次面临抉择。他的公司名义上有两个停车位，但那韩国人已经心照不宣地暗示他，他几乎不可能把车摆在那里，因为位置确实有限。这意味着他要么找到一个新的车行地址，要么搬离目前住的地方。他选择了后者，因为找到适合售车的地点比登天还难，而且，他还确信人们不喜欢到车行买车的偏见。这样做显然有一定的风险，弄得不好，真的会锒铛入狱。这是目前没有选择的选择，他只好知难而上。

几经周折，他在邻近的城市找到了一间镇屋，就是一排连体的房子，左右都有邻居，但有车房和后院。这镇屋坐落在一个小区内，是一个死胡同最后的一间，还算安静，小区外面可以停放许多车子。关键是这个城市属于另一个县管辖，不会再碰到那个警官。项东方因为找房心切，没有注意到房子的许多细节。房子的整个结构并不方正平整，而是呈现出三尖八角的怪形状。屋主或者经纪人是个胖胖的女人，是印尼华侨。她巧舌如簧般地解释说，这种独特的设计是西班牙式风格，很多人都喜欢的。项东方没有顾及那么多，很快就确定要租这个房子。那女人也不问他的收入，只要了他的社会安全号码，以此可以查到他的信用。

第二天，屋主就来电话说他的申请被接受了，项东方匆匆地就要搬过去。陈晓诗看着后院已经长出花蕾的黄花菜，依依不舍的。项东方说那咱们把它们挖出来，带到新居去吧。谁知道那个院子的围墙边长着一行密密麻麻的树，采光不足，种的东西都长不好，这是后话。

自打搬到这个地方以后，项东方就感到生意处处不顺，没有什么起色，似乎越来越难做。由于设计不佳，这新居采光很差，尤其是客厅，大白天都难见到阳光。一天，项东方坐在光线昏暗的客厅里，苦思冥想了半天也没有什么好主意。

突然，电话响了起来，把他吓了一跳。他接了电话，从对方纯粹而地道的口音来看，他判断这是一个土生土长的白人。项东方有很好的语言天赋，来美国时间这么久了，他的英文虽说不上炉火纯青，但却也相当标准了，没有一般老中所独有的中国口音。在电话里没人能知道他是哪国人，有人把他当成是黑人，有人把他想象为意大利人、爱尔兰人等等，但从没有人猜到他是中国人。而他自己已经能够区分黑人白人，欧洲人墨西哥人，或者越南人日本人，至于中国人根本不必猜，一听那中国腔，就八九不离十准没错。

挂了电话，他开着那部雪佛兰越野车，到了附近一个壳牌加油站。没多久，就看到一个留着小平头，五短身材的年轻白人迈着结实的步子，向他的车走来。项东方跳下车，跟他打过招呼。那人介绍自己叫约翰。项东方注意到约翰圆圆的脸，一双大大的豹眼，上唇留着几根稀疏的胡须，右耳带着一个金耳环，口的正中缺了一颗门牙，这使他讲起话来有点漏气。项东方脑中忽然闪过家乡的一句童谚："讲大话，甩大牙！"在广东话里，意思就是撒谎的人会甩掉大牙。项东方为自己这个联想感到好笑，差点就笑出了声，他连忙用手捂住嘴，假装咳嗽了一下。

约翰和项东方说了几句话后，就把那部雪佛兰里里外外看了个遍，然后开着车兜了一圈，动作很娴熟。从这些征象，加上言谈举止，使项东方觉得他不是一个普通的买车人。果然，成交以后，约翰知道项东方是有执照的车商，很感兴趣，表示可以合伙做点生意。项东方开始不置可否。约翰便继续说服他。他说自己虽然没有执照，但在街头卖车已经很多年，非常有经验，而且整个家族都是做汽车生意的。他还特别提到做大型旅行房车利润丰厚，非做小型车可比，他的一个叔叔在加州中谷一带开一个旅行车行，去年一年就赚了二十五万美元！

项东方是个很容易相信别人的人，约翰的话令他心动，但他表示自己并没有太多的资金，也没有场地。约翰随即说他认识一个洗车店老板，是个香港人，很有钱，也有兴趣做旅行车生意，可以跟他联系。

过了几天，约翰又来项东方这里买了一部车。随他一起来的是他的表弟。项东方怎么看都不觉得那人像他的表弟，因为他的长相有点像印第安人，或者像亚洲人，与白种人根本八竿子打不着。果然，交谈中他自己说出他被美国人收养的韩国人，从小跟约翰一起长大，行为举止完全美国化了。

约翰又谈起合伙的事情。项东方最近考虑过这事，既然生意没起色，又没有别的门路，不妨试试，说不定真是条生财之道。约翰说已经跟洗车店老板谈过，他很愿意做。于是，他就带项东方去见那老板。

到了洗车店，项东方见场地虽然不算太大，但摆放十来部旅行房车绰绰有余，取得车管局批准应该没问题。这老板姓卢，来自香港，最近洗车的生意比较清淡，也有意开拓点新路子。因此，三个人一拍即合。谈了半天，最后商定由卢老板出场地，用项东方的执照，三个人各出资三分之一，利润按三份均分。签好合伙协议后，三个人在附近一家墨西哥餐馆吃了个晚餐来庆祝。

这次项东方很顺利地通过了市政府和车管局的审查，拿到了执照。约翰帮项东方把公司搬到了洗车店。第二天，约翰就急不可耐来找项东方，说要趁热打铁，赶快去买几部旅行车，赚它一笔再说。又过了一天，他找来几个司机，和项东方一起驱车前往加州首府沙加缅度，因为那里能买到便宜的旅行房车。

两个小时后，到了那个旅行房车行，看到几十部大大小小的旅行房车和旅行拖车，令项东方大开眼界。他以前只是在公路上见过那些像巴士一样大小的旅行房车驶过，从来没曾进到里面。当他爬上一部叫做南风牌的旅行房车后，他简直大吃了一惊，没想到里面如此宽阔豪华。驾驶室上面是一张配备了席梦思的床，床的下面，也就是司机座位右边悬挂着一部十六寸的彩电。对着门口的地方有一张餐桌，餐桌可以放下来与两张餐椅合成一张小床。餐桌斜对面，即门口左边摆放一套煤气炉灶，紧挨着的是一个冰箱。冰箱对面是装有花洒的浴室和一大排储物柜。最后在车尾还安放一张更大的床。项东方直看得目瞪口呆，一下子竟忘了自己是来做生意的，而不是买来自用的。

约翰看起来是个行家里手，一切都是那么驾轻就熟，很快就选好了八部不同牌子的旅行房车，也谈妥了价钱。由于是初次交易，车行要求他们付现金支票。项东方不得不跑到银行去开了一张现金支票，再回到车行。办完了手续，他们便回程，项东方没有开过这种车，所以还是坐约翰的车，其余各人人手一车，组成一个车队浩浩荡荡地行进在公路上。项东方看着这支车队，心中油然生起一股莫名的成就感。

车子开回来后，约翰不需项东方插手，他与表弟带着一帮人七手八脚，该修理的修理，该清洁的清洁，很快就把几部旅行房车收拾妥当。没过多久，全部都卖掉了。项东方结算了一下，果然利润丰厚，即便分成三份，依然比做小车好几倍。卢老板似乎比项东方精明得多，这合作成功的第一笔生意刚做完，他就主张先把钱连本带利返还给个人，下次买车时再合资。其余俩人并不反对，但项东方并没有将自己的钱提出来，而是留在了约翰手里，让他碰到合适的车子就可以继续进货。

初战告捷，项东方心里有点飘飘然的。善于察言观色的约翰自然见缝插针，他想尽千方百计去讨好项东方。他时常买些廉价礼物送给项东方，有时候把老婆做的菜和点心送来让项东方一家人品尝，味道虽然不怎么样，但项东方依然很受用。约翰还提到他是希腊人的后裔，这让项东方由衷的多了几分敬意。项东方是学哲学出身，自然知道希腊在西方文化里的分量。希腊不仅是欧洲哲学的发祥地，也是整个西方文化的源头，那些脍炙人口至今仍被人津津乐道的希腊神话，那些与苏格拉底、柏拉图和亚里士多德齐名的大哲，在项东方的心里有很重的分量。在大学时代，他曾是个言必称希腊的人。因此当他得知约翰的希腊背景，便自然而然地把自己对希腊的敬仰部分地投射到他的身上，或许这也是人类的通病之一吧。

事实上，项东方不是没有看出约翰并非一个有文化的人，虽然他不曾问过约翰，但从约翰的言谈举止，他能估摸到他最多也就是初中毕业的水平。最令项东方感到意外的是，约翰时不时在适当的时候，似乎不经意地帮自己提公文包。当项东方为此感到不好意思，并将提包拿过来时，约翰总是态度谦恭地说没关系。看来拍马屁并非中国的专利，原来美国人也会干这种事。项东方对此并没有反感，倒是对他愈加信任。有一天，俩人开车去办事。在闲谈中，约翰提到，他叔叔因为太过信任一个销售员，而让他卷了一笔巨款逃之夭夭。他说所以在经营生意时一定要注意管理等等。项东方听到这，不由得对他大加赞赏。

在随后的一段日子里，他们乘胜追击，接二连三地卖出几批旅行房车，获利甚丰，账面上的收益很高。项东方觉得约翰是个难得的销售人才，对他信任有加，对旅行房车这一摊生意几乎从不插手，而让约翰单独主理。当然，项东方还是一个谨慎的人，从来不会把所有鸡蛋统统放在一个篮子里，他腾出部分资金来经营他所熟识的小轿车生意。这样两条腿走路的方式，一则可以多增加收入，二则在出现危机时能够有回旋的余地，不至于鸡飞蛋打、全军覆没。

第四十九章 美梦成泡影

项东方虽然没有跟陈晓诗结婚，但俩人在一起相处倒也算和睦，他的心态也没那么僵硬，不像以前那样处处防着她，担心她弄出个人儿来，他采取顺其自然的态度。于是，一切就水到渠成，不知不觉中他们就有了一个儿子，如今已经三岁多了。

考虑到儿子以后要上学，必须找一个好的学区，他思忖着是时候买一个房子了。这几年做生意也积累了一些资金，当然，大部分还在约翰手里。如果拿出一部分来做头款，买个价钱中等的房子应该不成问题。

于是，他找到了一个房地产经纪。对方一听说他能拿出十万美元作首期，马上和颜悦色跟他说：没问题，买一个三四十万的房子绰绰有余。接下来的一段日子，该经纪带着项东方和陈晓诗看了许多房子，直看得他们眼花缭乱、疲惫不堪，总算选定了一个俩人都满意的。那座别墅坐落在一个好学区内，占地 5000 英尺，建筑面积 1200 英尺，有三间卧房两间浴室，前院绿草如茵，后院宽大，长了几棵果实累累的果树，最令他们喜欢的是还留有大片的空地，能让他们种上自己喜欢的蔬菜水果。俩人心里都满怀着期待。

那经纪说，眼下要做的有两件事。第一，要把作首期的钱拿出来，存在银行里。第二，开始申请贷款。项东方有点担心地问：像我们这样自己做生意的，收入不稳定，不知道能否贷到款？经纪人非常自信地说：没问题！现在贷款不是很严，有的银行甚至不查收入，而且你头款超过百分之二十，肯定没问题！不过，由于这需要一段时间，所以，等你们拿到贷款，那套你们今天看中的房子有可能已经卖掉了。项东方忙说不要紧，房子那么多，只要有贷款，再找一个合适的应该没问题。经纪说：那当然。

项东方听罢，满心欢喜，对即将到手的大房子满怀着憧憬，心想多年的打拼就快有结果了，那个从一开始就伴随着他的美国梦眼看就可以实现了，还有比这更令人高兴的事情吗？他琢磨着，等有机会就跟约翰谈这件事，从旅行房车生意上抽出十万美元，存到银行里，然后就等着一切水到渠成吧。

回到家，陈晓诗心情愉快，特意做了一道项东方最喜欢的豆豉蒸排骨。晚饭时，他们兴奋地谈着买房子的事。项东方觉得今天的这道排骨与以往的有所不同，有点甜酸的味道。陈晓诗说：我今天心情特好，在里面加了点酸梅酱。项东方夸赞她说：怪不得别有一番风味呢！

听到项东方的称赞，陈晓诗心里洋溢起一种幸福的甜蜜。他们吃着菜，便又聊到了黄花菜。陈晓诗说：

“哪些从旧房子移过来的黄花菜都长不好，不知道是怎么回事？”

项东方说：“估计是采光不足，整个院子都被大树包围着，大白天都阴沉沉的，难怪所有的东西都长不好。”

“今天看到的那个房子的后院太棒了，光线充足，一定能种好。”

“绝对没问题！等咱们搬了新家，你就尽情地种上你喜欢的东西，好好地享受生活的乐趣吧！”

“到时候，你就不愁没有自家种的黄花菜吃了！”

“还有黄瓜番茄和四季豆！”

项东方本来就是个清心寡欲的人，在美国这个金钱万能的社会里混了这么多年，多少改变了他的人生态度。然而，他所要求的也不过就是一栋属于自己的房子，空闲时能在自家后院养花弄草，种点自己喜欢的蔬菜水果，过着一种田园般的简单生活，仅此而已。

陈晓诗对物质的要求也不高，在国内时没有条件，自打搬来与项东方同住那一天起，她就爱上后院那块地，几乎天天都会在里面呆上一段时间，没多大工夫就种满了各式各样的花草菜蔬，一片碧绿青翠，到了开花时节繁花似锦、蜂萦蝶绕，还有许多小鸟飞来喝水吃虫子，十分的热闹，这让在大城市呆惯了的她感到分外的新鲜。更有趣的是，家里因此常常都有吃不完的新鲜蔬菜。开始她种了几株番茄，当时还嫌少，谁知等果子长出来才发现根本吃不了，因为每株都结满了大大小小上百个番茄，今天刚把熟的摘了，明天又有一批熟了，结果很多就烂在枝头上，成了鸟儿和松鼠的食物。最为可惜的是，那些黄花菜刚长出花蕾，他们就不得不搬走。没想到，自从搬进现在的房子以后，什么都长不好，这委实让陈晓诗沮丧不已。现在好了，等新房子买到手，一切又将恢复原样，甚至会变得更好。这怎能不令他们俩兴奋和渴望呢！

自从与约翰等合伙以后，项东方生意兴隆、顺风顺水，家里面也是和和美美、春风得意，项东方心情轻松，在一个长周末时，就决定带上一家人出门去旅游。他订了三张洛杉矶－拉斯维加斯－大峡谷七天游的车票。

临行前，项东方给了约翰几份空白的表格和文件，以便在出游期间约翰能够继续卖车。项东方还特意跟约翰说：等我旅游回来，要从资金里提出十万美元，用作买房子的头款。约翰大大方方地说：没问题，那是你自己的钱，你随便处置，再说里面的钱足够继续运营下去。约翰嘴上说得干脆，眸子里却闪烁着一丝难以捉摸的眼神。项东方倒是没有注意到他异样的表情，满意地告别了约翰。

第二天一早，他们一家子坐飞机抵达洛杉矶，找到了旅行社来接他们的小巴，展开了为时一周的甜蜜之旅。

一个星期后回到了家，项东方顾不得旅途的疲倦，给约翰打了个电话。约翰的手机似乎关了机。他没有太在意，心想过明天再联系吧。

过了一天，他再次给约翰打电话，还是不通。他就打到他家里，只听到一个电话录音说：这个电话号码已经停止使用。他知道这是电话公司的录音，说明这个电话已经取消了。他预感到不妙，匆忙赶到洗车店，见到了卢老板。卢老板说：最近几天都没见到约翰。项东方问他最后见到他是什么时候？卢老板说，你出门两天后他还来过一次，那天他卖掉了三部旅行车，不过这批车我都没有参与。从那以后就再没有见过他。项东方问他没有说什么吗？卢老板说，他什么也没有说，会不会是出门了呢？项东方还是满腹狐疑地说：为什么他把家里的电话停了呢？这太奇怪了吧？卢老板忙安慰他说，应该没事的，再等等看。

接下来几天，项东方天天都打约翰的手机，却总是没人接。终于有一次电话通了，传了约翰那略为漏气的声音，项东方一时激动，顺口用英文骂了一句：

“What the hell is going on?”（“到底怎么回事？”）

约翰听罢，不急不忙地说：我去了赌城雷诺，现在正在回家的路上。项东方正想问问他最近的情况，约翰却说:他正在翻越一个大山，手机讯号很差，很快就会断线的。接着电话真的断了，项东方越发感到有问题。

他整天坐立不安，想到了许多可能，他最不愿看到的就是约翰卷款潜逃的可能性，因为约翰手里握着自己几年来辛苦积累起来的大部分资金，没了这笔钱麻烦可就大了，不仅生意难以继续，而且恐怕生活都有问题。他翻出所有与约翰有关人员的电话，一个一个地打过去。约翰老婆的电话成了空号，他表弟接了电话，却说已经两个星期没有和约翰联系了。他抱着最后的希望打给约翰的父亲，老家伙在电话那头不耐烦地说：你是谁呀？朋友？我不知道约翰在哪，帮不了你！

所有的希望都落了空，他最后被迫跑到约翰租住的小别墅，他看到的情景更令他大吃一惊。房子已经人去楼空，一张招租启示贴在玻璃窗上，原本宽大的院子里总是停放着几部旅行车房，如今空空荡荡的只剩下一片茂盛的野草。他按招租启示上的号码打了个电话过去，对方还算好心，一五一十地告诉他:约翰一个多月前就通知要搬走，听说是在加州中谷翠西市那里新买了房子。

这下子他总算明白了，原来约翰这小子早就有预谋，而自己出远门正好给他提供了一个良机，可以神不知鬼不觉销声匿迹。事实已经铸成，项东方心里一阵慌乱，一时之间变得六神无主。他回到洗车店，去跟卢老板商量。他说想去报警。卢老板说，这种事属于民事纠纷,警察不会管的。他分辩道那是诈骗。卢老板建议他去找私家侦探。

项东方无可奈何，他在电话黄页上找到了一个私家侦探。按照地址，他来到那个地方。那是一栋单层办公大楼，里面有几十家规模很小的小公司，什么保险房地产经纪等等。他在一间小办公室里见到了那个侦探，那人听完他的介绍，便拍着胸脯夸口说:这事好办，我帮你找到他，只需要两百五十美元。于是，俩人签好了合同，项东方开了一张两百五十美元的支票，就回了家。

几天以后，那侦探来电话说找到约翰了。项东方再次来到那个地方，侦探先生把地址给了他。侦探先生还说，从约翰的姓氏来看他是个吉普赛人。项东方一下子没反应过来，忙问：什么人？侦探先生说：就是那些祖祖辈辈坐着大篷车四处飘泊游荡的吉普赛人。项东方终于听明白了，心中对约翰仅存的一点点敬意立刻荡然无存，难怪他骗人骗得如此彻底！

按照侦探给的地址，项东方驱车一个小时，来到位于加州中谷的翠西市。在那栋房子前守候了几个小时，根本没见到约翰的影子，住在里面的是一家黑人。他跑到市政府的财产登记处，翻出那个地址，却发现登记的屋主并不是约翰，而是别人。这意味着侦探给的信息是无用的。他回去问侦探，那人告诉他鉴于条件的限制，他只能做到这里。其实项东方也明白，在美国由于对个人隐私的严密保护，很多资料是难以接近的，即便是警察，如果没有法庭的搜查令也是寸步难行的。再说了，如果一个人有意要躲你，你是很难找到的。

线索断了，项东方心里再也不抱什么希望了。原本还打算回来后从约翰手里取出一笔钱，用作买房子的头款，如今那笔钱就算是掉进海里喂了鱼，一切都成了泡影，当然，还有更大的一笔钱也被约翰卷走了，总的损失估计有三十多万美元。他的心情沮丧到了极点。陈晓诗安慰他说，事情已经发生了，重要的是看看怎么补救。这时，项东方才暗暗庆幸，自己没把所有的钱都压在旅行房车生意上，还有一笔钱仍在小车上面，否则真的全军覆没了。

他一面想方设法打听约翰的下落，一面继续做着小车生意，希望尽快把损失补回来。两个月后的一天，他接到一个叫依莲的女人的电话。依莲说，她从约翰手里花了两万美元买了一部旅行房车，但是第二天因为不满意就把车退还给了约翰，约翰当时只还给她五千元美元，并说好每个星期还五千美元，一个月内全部还清。到现在已经两个多月了，根本就没见过约翰的踪影。

项东方一听到这，心里“格登”地颤抖了一下，但他转念一想，便问依莲：你的车是从他私人手里还是从公司那里买的。依莲不客气地说：当然是从你公司买的，你作为公司老板理当要负责。项东方说：这事我还真的不清楚，公司里所有的旅行车生意都由约翰负责，现在他已经卷款潜逃了，我根本就找不到他。依莲把欠条传真过来，项东方看到约翰真的用公司的函头写下那欠条，还附带了一张约翰的名片。

依莲看来还算是善解人意，她说：也许你说的都是真的，从我最近与他打交道的经过来看，约翰确实是个骗子。他一会儿接电话，一会儿又不接电话；他一会儿说来给钱，一会儿又说支票在路上寄丢了，从来就没有个准。

说到最后，依莲就不再客气了，她说：约翰写的欠条是用你公司的名义，你项某人作为公司的老板始终逃脱不了干系。我不知道你与约翰之间的问题，我只想要回我的血汗钱，无论如何你要协助我把这一万五千美元弄回来，否则只好诉诸法律了。

话说到这份上，项东方明白如果上到法庭，自己必输无疑，到头来不仅要还这笔钱，还得付上庭的费用，没准还要请律师，付这费那费的，不如私下了了，可以省下许多麻烦。于是，他试着跟依莲解释：自己与约翰只是合伙人关系，这有文件为证，而且，我也被他骗了许多钱。如果上了法庭，说不定我不必负责，或者最多只负责部分的款项。

所以，如果你愿意减低债额，也许我可以把钱还给你。

依莲开始不肯答应，强硬地说：凭什么我要损失这么多钱！后来，她咨询了律师。律师告诉她：如果对方能证明他只是合伙人，那么他最多也就负责他所应当负责那部分，所以你最后得到的肯定不是你所要求的全部。依莲的态度终于软了下来，俩人商定项东方赔偿依莲一万美元，期限是一个月。

协议虽然签好了，但却留下一个难题给项东方。他的现金几乎都让约翰卷走了，如今一下子让他去那里筹措这么一大笔钱呢？他的小车生意并不好，两个星期才卖了几部车，要交房租和公司租金，还有一大堆的账单要付，实在是捉襟见肘，一时没了主意。

一天，愁眉苦脸的他从信箱拿回来一大堆信件，里面不是广告就是账单，水电煤气电话，还有信用卡等等，没有一个是好东西，其中有一封是人寿保险的账单。以前，他虽然也很讨厌看到这些账单，但毕竟他有能力去还它们。如今，正当他急于用钱之际，这些账单一个个都变成了野兽，张着血盆大口，虎视眈眈地看着他。他气得一下子将它们扔到地上。

他点起一支烟，闷着头抽了起来。屋里很快就烟雾缭绕，透过浓密的烟雾，他不经意地瞥见那份人寿保险账单，它静静地躺在地毯上，依然是那么冷漠狰狞，但忽然一个念头闪过他的心间：有了！他想起了另一个依莲来，脑海里浮现出那个白白胖胖、一脸富态的保险专员。当年，他刚到加州开餐馆的时候，一个上海女人登门拜访，连说带哄地让他买了一份二十万美元的人寿保险。

于是，他拿起手机，找到她的号码。电话拨通以后，传来了一个带着吴侬软语腔调的女人声音。平时项东方只是按时付账单，很久没有跟她联系了，但听着那甜得发腻的嗓音，他依然记得她就是依莲。他向她说明了缘由，要取消保险户头。依莲一听忙劝他说：你已经存了这么多年了，贸然关掉它实在是太可惜了！项东方说：急着要用钱，没有办法。依莲继续劝道：你这样做会有很重的罚款的。项东方问：罚多少？依莲说：可能高达百分之四十！项东方愣了一下，仍然坚持说：只有这样做了。依莲无可奈何地说：好吧，不过要等几天才能拿到钱。项东方这才一块石头落了地，也没有工夫去惋惜失去的罚款了。

过来几天，他收到了保险公司寄来的支票，足够还给依莲的钱了。他暗暗庆幸，当初要不是碰到那个依莲，今天还不知道怎么应付这个依莲呢！虽然损失了那么一大笔钱，但毕竟度过了一个难关，也算是不幸中的万幸了。

他已经几天没有回公司了，一到办公室门口，看到门缝里夹着一张名片，他拿起来一看，是车管局刑侦处一个探员的，心中便有点纳闷：这些人来干嘛？跟我有什么关系？他没有在意，随手将名片放进抽屉，然后开始翻看信件，一封批发商的来信引起了他的注意。信里面说：你公司最近买的三部旅行车只付了一半的款，另一半早已过期了，总数是四万八千美元！他脑子“轰”的一下，差点没昏过去。

等他缓过神来，再定睛细看，里面确实写着欠款四万八！顿时气得他七窍生烟，不由得用中文夹着英文骂将起来：

“他妈的Fucking guy（狗日王八蛋）！真不是盏省油的灯，要让我找到你，非一枪毙了你不可！”

不知过了多久，他才冷静了下来。他决定要核实一下，便拨了个电话给那边的销售经理。那人他见过，他第一次与约翰去沙加缅度买旅行车时就是他接待的。当时，那人看他们一次买了八部车，高兴得不得了，满脸堆笑地说：下次再来时一定会给九折的折扣。

打过招呼后，那人在电话上一五一十地告诉他：约翰上次来买车时，说好过两个星期就会全部付清的。我们当时本以为大家合作一段时间都相安无事，才允许他把车子开走。没想到，过了这么久，他却不曾付款，打电话他也不接，所以才发信给你们。说到最后，他特别强调说：他们并没有把车主证给约翰。

项东方一面在电话里跟对方哼哼哈哈，一面在心里思忖：约翰把车子弄走了，恐怕早就卖掉了，钱也到了手，扔下一个烂摊子让自己来收拾。批发商拿不到钱，自然来找他要，而他却不能不管，因为车卖掉了，没有车主证他不能办理过户手续，客人收不到车主证就会到车管局投诉，到头来车管局就会来找麻烦。权衡左右，他觉得这事自己恐怕又赖不掉了。他只好跟对方说：自己也被约翰骗了，已经损失了许多钱，但现在还没有找到约翰的下落，当然这笔钱总是要还的。

挂掉电话，他瘫坐在椅子上，头脑一片混乱，完全理不清头绪，只好闷着头抽烟。他吸了口烟，努力使自己的思绪集中。那约翰既然已经把车卖掉，又不去过户，客人们肯定会去车管局投诉，那车管局一定要来调查的。他们要来，麻烦可就大了。他有一种不祥的预感。突然，他猛地一惊：坏了，他们已经来过了！也许就是昨天！他想起了那张被他扔进抽屉里的名片，赶紧拿出来细看。果然，名片上清清楚楚地写着“车管局刑侦处探员”，姓名地址电话历历在目。但是，他此刻还是不清楚哪些人到底是什么样的人，他们会干什么。他开始运用自己的想象力去描绘那些人，脑海里不住地闪过好莱坞电影那种神探的形象：帅哥配美女，双双武艺高强，能力超群······莫非这些真的会出现在我的面前吗？

“笃，笃，笃！”

突然，传来几下有力的敲门声，一下子把他从胡思乱想中惊醒。他定定神，站起来去开门。门外站着一对白人男女。男的长得高头大马，虽然穿着一身便服，但依然难掩其威严。女的有着普通美国女人的高挑身材，却并不肥胖，浑身散发出一种难言的干练。在门开并看到那对男女的一刹那，项东方眼前出现了一个幻觉：他们一定就是车管局的探员！

果然不出他所料，那男的一见到项东方，迅即从怀里掏出一枚金属警徽，冷冷地说：

“车管局刑侦处探员！”

项东方闻言心中大惊，头脑一片空白，愣了好一会儿，不知如何是好，等缓过神来后，才请他们进入办公室。项东方回到自己的椅子上坐下，那俩人靠墙面对着他站着。

那男人开始冷冷地发问道：

“项先生，认识约翰 ·格里哥里吗？”

“当然认识，他曾是我的朋友。”项东方不假思索地回答道。

“仅仅是朋友那么简单？”

“就是一个旧朋友，仅此而已。”项东方耸耸肩说。

他虽然很紧张，但他不想说太多，因为他不知道他们为何而来，又到底知道多少。他从过去看过的那些电影里学到了一点，面对警察最好少说为佳，因为你说的每一句话都有可能在提堂时成为对你不利的口供。当然，他并不知道这两个男女到底算不算警察。

忽然，一直不动声色的那个女人插话道：“我们是警察！我们掌握了一些证据，足以证明你与约翰的关系。”

她说完便从口袋掏出一张约翰的名片，期间有意无意地露出了别在腰间的手枪。

项东方并没有因为她的枪而害怕，倒是那张名片让他不寒而栗，因为上面清清楚楚地印着约翰是自己公司的销售经理，而那名片竟是自己去印的。那一刻，他真的后悔自己当初为什么要印这样一张名片，实在是自讨苦吃。要是没有这张名片，他们说不定真没有什么证据来证明自己与约翰的关系。现在是跳进黄河也洗不清了。他觉得没办法隐瞒这点，便主动地坦白道：

“其实，约翰是我的合伙人。”

“好！知道我们为什么来找你吗？”那男探员用锐利的眼光盯着项东方问。

“不知道。”项东方已经乱了方寸，声音有点打颤。

“有三个人投诉约翰，他卖了三部旅行车，至今未曾办理过户手续。”

这倒证实了项东方心中的猜测，于是他愤愤不平地说：

“约翰骗了我！我一点都不知道这件事。他从批发商那里买回来的三部车钱都没有付清，车主证还在批发商手里呢！”

那两个探员以怀疑的目光看着项东方，根本不理会他的抱怨，那男的继续严厉地说：

“那是你们之间的问题，这我们不管。作为车行老板，你要负全部责任！”

“那我该做什么呢？”项东方无可奈何地问。

男探员斩钉截铁地说：“一个月之内，你必须把这三部车的手续办妥，不得拖延！”

项东方惊讶得睁大了眼睛：“一个月？”

“对，你只有一个月！如果你办不到，你就会有大麻烦！”

项东方明白自己已经没有什么退路了，他唯有盼望，办完过户手续就没事了，他们就不再追究了。于是他有点天真地问：

“如果我做完了这些，是否就没问题了呢？”

那女探员不置可否地说：“这可就不归我们管咯。我们等你做好，就往上报，他们要怎么处理，我们无权过问。”

项东方在心里骂道：卖什么关子？此刻他活脱脱像只斗败的公鸡，没精打采地耷拉着脑袋，那俩人什么时候离开的，他全然没有知觉。他心里充满了愤慨、怨恨和懊悔。他后悔自己为什么这么笨，竟然会搭上那么一个大骗子，为什么竟把一切让他来打理。他特别后悔在出门前不该把售车的表格和文件交给他，让他能够为所欲为。然而，一切都晚了。现在所能做的就是先把批发商的欠款还掉，拿到车主证，然后把过户手续完成。

眼下要做好这件事实在比登天很难。不久前刚还掉依莲一万块，付了租金和各种账单，手里又所剩无几了。一个月的时间怎么才能筹到四万八呢？如果生意没有进帐，就是不吃不喝，半年都弄不到这个数，更何况一个月呢？他曾想到向人借钱。他想到了庄子明，但庄子明自从餐馆被罚以后，一蹶不振，再也不想做生意了，他重新去学了网络设计，找了一份工作，人家手上不一定有那么多现金。再说了，在美国谁会借钱给别人呢？门都没有！项东方想来想去，找不到合适的人。他怔怔地发呆，绝望透了，坐也不是，站也不是，脑子有一股疯狂的欲望，他要出出气。

他关上办公室的门，跳上车，一踩油门车子“嗖”的一声窜到了路上。他心里憋着一股窝囊气，两眼直直地瞪着前方，手还在微微地发抖，漫无目的在马路上乱窜，心里闪过许多杂乱无章的念头。

走到一个十字路口，红灯亮了，他居然没看见，依然一股劲地往前直冲。对面马路的车子正在左转弯，一辆超大型的货柜车突然间横着他的面前，等他发觉时已经没路可退了，他一个急刹车，车子发出刺耳的噪音，一下子撞在那货柜车的前轮上，他趴在方向盘上昏了过去。

第五十章 破产

项东方躺在医院的急诊室里。陈晓诗坐在旁边，眼睛已经哭红了，她心里不断地嘀咕：万一项东方有个三长两短，我们孤儿寡母的，该如何是好呢？想到这眼泪又刷刷地流了下来。

躺到半夜，项东方终于醒了。医生说：好在撞车时车速不快，只有轻微的脑震荡，休息几天，再慢慢疗养一段时间就可以了。

他出了医院，回到家里，脑子怎么也闲不下来，整天就想着怎么还账那回事。陈晓诗给他出了个主意：先用信用卡付账。

他一拍脑袋说："怎么早没想到这一招？真他妈的笨蛋！"

脑袋经他这么一拍，"嗡"地一下痛了起来。他自我解嘲道："早知道这一招，就不至于遭这洋罪了！"

陈晓诗说："当局者迷，旁观者清，人陷进死胡同有时是很难走出来的。"

"可不是吗？"

项东方暗暗庆幸如今有陈晓诗在身边，迷糊的时候可以给点醒一下。他顾不得身体的不适，给那个销售经理打了个电话，把大部分的欠款还掉。又过了几天，他的身体稍好了一点，他便拿了两部车到拍卖场，以批发价卖掉。当然，这让他赔了点钱，好歹总算还清了所有的欠款。很快就收到了车主证,办好了过户手续。他这才松了口气，心想总算暂时躲过了一劫。

过了两个星期，他身体恢复得差不多了，他觉得必须加倍努力，把损失给扑回来。时间悄悄地流走，生意却没有任何起色，各种账单雪片般地飞来，项东方感到了日益加大的压力。没有现金，唯一能做就是继续用信用卡付账，采用挖东墙扑西墙的办法，将一个卡的欠款转移到另一个卡上，然后又将这个卡的再转到下一个卡上，就这样来回折腾。可是没过多久，所有的卡都已经刷爆了，到了山穷水尽的地步。他开始尽量节省开支，首先停掉了保险，每天开车都提心吊胆的，如过独木桥一般。他关掉了公司和家里的电话，只保留下手机。所有能够削减的费用他都减了。整天忧心忡忡的，就盼着生意能够好起来。

一天，吃过晚饭没多久，电话铃声响了起来，他接起来一听，原来是信用卡公司打来的。最近，他已经接到许多类似的电话。那人在电话里说：你已经两个月没有付账了！项东方试图跟他解释，自己现在经济上遇到了困难，没办法。对方继续说：你起码应该付最低数额，如果不付，罚款会很重，而且，这会影响到你的信用，以后要贷款什么的就很难了。项东方经他这么一说，心里越发烦躁不安，止不住大声地嚎叫道：我没钱怎么还账！说完狠狠地把电话给挂了。

陈晓诗刚从外面进来，手里拿着一叠信件，见项东方情绪激动，忙问怎么回事。项东方不耐烦地说：催债的。陈晓诗忧心忡忡地望着他说：你先冷静下来，再想想办法。项东方愁眉苦脸地叹口气：有办法早就想出来了，还等到现在！说罢伸手拿过陈晓诗手里的信件，一看又是几封银行和信用卡公司的账单，随手就扔到茶几上。

正好电话铃声又响了起来，项东方吓了一跳，他对陈晓诗说：你去接电话吧，如果又是讨债的，你就说不懂英文。陈晓诗苦笑着接起了电话，对方是个女人，她先是用英文问项东方在不在。陈晓诗用英文问你哪里？她回答说银行的。陈晓诗一听到是银行的，马上紧张得发抖，结结巴巴地说：不会说英文。谁料到，对方竟忽然改用地道的普通话说：没关系，说中文更好！一下子把陈晓诗吓得目瞪口呆，说不出话来。那女人接着说了一大堆利害关系等等，慢慢冷静下来的陈晓诗急中生智地搪塞道：我不是项东方，什么都不知道！那女人无奈地说：那请你转告他。

挂掉电话，俩人面面相觑，一时无语。电视台正在播放连续剧，项东方心不在焉地盯着电视机，却什么也没有看进去。过了一阵，一条广告却引起了他的注意。广告画面上出现一个漂亮的女人，她振振有词地说道，我们这个减债公司已经成功地帮助成千上万的人减掉他们大部分信用卡债务，最高减到百分之九十！项东方看到这，精神为之一振，赶紧抄下电话号码。

第二天，他打通了那个电话，对方是个女人，她只说英文。项东方问她怎么可能把债务减掉？她说：你只要授权我们与银行直接打交道，我们将以律师的名义给他们发信，警告他们不要再骚扰当事人，他们就不得不停止给你发信和打电话，因为有这方面的法律规定。他们转而就会跟我们联系。我们有很多与银行谈判的专家，银行知道你没钱，所以他们通常愿意接受减债的计划。

项东方还是有点不放心地问她，难道银行不会告我吗？那人信誓旦旦地保证说：不会，他们明知你没钱，告了也白告，所以他们不至于那么笨。

项东方想想她说得也许有道理，再说自己已经到了山穷水尽的地步了，不妨试一试。但是还有一点让他犹豫不决。对方说如果愿意，要先签合同，并且先交三千美元，然后才开始进行。陈晓诗唠唠叨叨地说：会不会是骗子呢？什么都没干就要付钱，万一拿了钱跑了怎么办？项东方也迟疑了半天。后来还是咬咬牙，跟他拼了。用三千块说不定把十万减到一万，就算是两万三万也值得。陈晓诗也没有异议。他签好合同，开了一张三千元的支票，立刻就寄了出去。

果然，两个星期以后，骚扰的电话没了，账单也少了。项东方的眉头慢慢舒展开来，心中燃起了希望。他共有八张卡，他最近算了一下，欠款接近九万美元。如果按常规来还，加上利息，即使在生意好的时候没有几年也下不来，何况目前生意惨淡，不知要猴年马月才能还得清，很有可能变成一个无底洞，越陷越深，或者变成一个雪球，越滚越大。如果他们愿意降低债额，没准事情就会有转机。

银行和信用卡公司的信件陆续来了，多数都确实降低了总债额，从三分之一到一半不等，但并没有超过一半的。无论如何，总算是一个小小的胜利。项东方心里唯有盼望生意有起色，慢慢地还债。他注意到了，有两家大银行还没有来信，而属于这两家银行的卡欠的债最多。他自我安慰说，再等等看吧，也就没有太在意。

一天下午，他在二楼外面阳台上抽着烟，看见一辆白色小车从外面驶进小区，速度很慢，司机在不停地东张西望。这勾起了他的好奇心。那车子一直向着他这边开过来，然后停在他的门前，一个年轻人跳下车，往大门这边走来。项东方正要转身下楼去看个究竟，那人却迅速地离开，跳上车一溜烟走掉了。项东方觉得很蹊跷：到底是什么人这么神秘兮兮的？他百思不得其解，心里预感什么事可能要发生。过了一阵子，什么事都没有发生，也就忘了此事。

过了一个月，一天，项东方刚从公司回到家里，听到有人敲门，他打开门，看见一个不认识的年轻人站在门口，好像在哪里见过，一时想不起来。那人礼貌地问：

“请问你是项东方先生吗？”

“是的。”项东方不假思索地答道。

“这有一份文件，请你签个名。”

项东方没有任何戒备地签了名，那人便把一封挂号信递给他。待那人走后，项东方打开一看，顿时吓了一大跳：原来，这是一份法庭的传票！他急不可耐地打开细看，竟是那家大银行告他的诉讼书。他原来就觉得奇怪，为什么这么久没有这家银行的来信和账单，原来人家早就打定主意要告自己了。他立刻联想到上次那辆小白车，终于回忆起那个神秘的司机，那次他一定是在核对自己的地址，他正是今天送传票的年轻人。眼下一切都明白了。

这张卡他欠了一万一千多美元。诉讼书上明确地说：收到该诉讼书后三十天之内必须以书面的形式做出回复，否则就算败诉，法庭将授权对方从他的工资、存款，或者其他财产中扣除诉讼所要求的数额。

他怔怔地看着那诉讼书，想到那减债公司的保票，气就不打一处来。他们不是曾经信誓旦旦地保证，人家不会告自己的吗？如今人家已经告到家门口了。他拿起电话打到减债公司，原来跟他联系的那个女人不在，另一个男人接了电话。他说：这种事是不能保证的，有些银行仗着实力雄厚，不在乎请个律师来兴讼，能捞回多少是多少。再说我们不是已经帮你把大部分户头摆平了吗？

经他这么一说，项东方的火也发不起来了。莫非自己还真的去告他们不成？放下电话，项东方努力使自己平静下来。眼下自己实在是焦头烂额、不堪一击。那些卡虽然获得了减额，但要还的总数还是巨大的，再加上这张一万一千多，就是四五万美元的数，以目前的状况，自己根本没有能力去还。与其一点点地没有希望地还债，不如想一个能一次解决问题的办法。过了几天，他又收到一封挂号信，那是另一家银行告他的诉状。这更让他感到了问题的紧迫性，他决定找个律师咨询一下，看能否有更好的出路。

于是，他翻遍了中文电话黄页，又查看了一些中文报纸，发现律师简直多如牛毛，光是说中文的在当地就有几百人，不必说其他语种的人了。也难怪美国这样一个诉讼成风的社会，事无巨细都要靠法庭来解决，律师自然就鱼得水。律师们在广告上都吹嘘自己如何了得，好在他们还列出自己的专精范围，让人还能看出他是否与你相关。费了九牛二虎之力，他总算找到一个自称擅长公司和个人债务这方面的律师，从那人的简历上看，好像还是北大的校友，这点让项东方觉得更踏实些。

他很快拨了个电话到律师行，接电话的小姐说：咨询律师按小时收费，每小时60美元。项东方和她约好了时间。第二天，他依约来到律师行。他坐电梯上到三楼，进入办公室后，接待小姐叫他稍等几分钟。很快，律师就出来了，他皮肤白皙，戴着一副金丝眼镜，眼神精明却冷漠。俩人寒暄了几句后，律师把他领进办公室，对面而坐。项东方心情有点紧张，想缓和一下气氛，便说：

“听说你是北大毕业的？”

“是啊。”律师面无表情地答道。

项东方还想跟他套套近乎，继续说：“我也是北大的校友。”

律师只是淡淡地“哦”了一声，没有表现出任何兴趣来。项东方觉得有点自讨没趣，不再说话。

俄顷，那律师冷冷地说：“按照规矩，我们的谈话以分钟算，一分钟一块钱。”

项东方虽然早已知道价钱，但听他再次强调一分钟一块钱，心里仍然止不住骂道：真他妈的坑人！在自己最没钱的时候还要被砍一把，这律师跟棺材铺老板一样，都在别人紧急的时候捞上一笔。话虽这么说，但事关重大，这血是出定的了。

那律师拿过一个时钟，调好了后继续说:“好了，你有什么问题，现在就开始问吧！”

为了节省时间，项东方尽量简短地把自己情况介绍了一番，然后问有什么最好的办法。律师听完问：

“我只问你一个问题：你有没有能力还这些账？”

项东方老老实实地答道：“照目前的情况，没有可能。”

“那你有没有大的财产，例如房子什么的？”

“没有，只有一些存货。”

“那就简单了。”律师冷静地说“你如果应讼准输无疑，他们会把一切看得到的东西都没收，直到差额满足为止。而且，这个官司会变成一个公开的记录跟着你一辈子，任何人都可以查到你这个纪录。将来你要做什么事情，别人一看这个纪录，事情就难办了。另外一条路会更直截了当些，那就是申请破产。如果你破产了，不仅这个官司可以不管，其他的一切债务都可以一笔勾销。”

项东方也知道这叫做破产保护，但他还是有点担心地问：“那破产对我以后有什么影响吗？”

“当然，破产记录会保留在你的信用历史里面七年。它的好处是，所有的债务立刻在你眼前消失。我只能给你指出可能的出路，要怎么处理，得你自己拿主意。”

当着律师的面，项东方也无法思考什么，倒是时钟的“的答”声在提醒他时间在飞快地流逝。一小时很快就过去了，他付过钱就离开了律师行。那律师虽然冷漠无情，倒也从专业的角度给出了可能的办法。他坐在车里，反复地思考着，觉得破产没准就是唯一的选择。申请了破产，说不定可以从头再来。破产毕竟记录时间比败诉要短。说到财产，他现在好像没有太多的担心，自己什么都没有了，它要拿就随他去好了，反正光脚不怕穿鞋的，破罐破摔又怎样？想到这，他的心反而变得坦然。他忽然觉得庆幸，幸亏有这么一条法律，不然自己还不知怎么渡过这个难关呢！虽然，对那些债主们来说，这有点不公平，但这确实保护了那些深陷在财务危机里面的人，使他们不至于倾家荡产、家破人亡。

回到家，项东方跟陈晓诗商量，陈晓诗有气无力地说：“你自己拿主意吧！”

他很快就决定申请破产，办好了有关手续。果然，好处立刻就显现出来了，追债电话账单统统消失，他也从以前整天提心吊胆、草木皆兵的状态中恢复过来，不再那么忧心忡忡地过日子。他试图反省一下，这段时间以来的经验教训。无疑，最直接的原因就是，自己过于轻信他人，让约翰这个小人钻了个空子，造成一连串的恶果。要纠正这点，以后自己多注意就是了。但是他并不满足于这样的解释，他还想找出更多的原因，特别是外在的因素。想来想去，他觉得风水可能有问题。自从搬进这个房子以后，就处处不顺，怪事一桩桩的发生。

这房子的地基明明是方正的，可是房子却被设计成三尖八角的怪形状。主卧室在二楼，却与楼下客厅共用一块天花板，就是说主卧室有一边墙并没有直抵天花板，而是在中间被留空，令这卧室与客厅完全连通，卧室成了完全没有隐秘的空间。而且，卧室里面竟然有一根粗大的横梁，被漆成深沉的咖啡色，泰山压顶般地跨在床顶上。除此之外，还有许多大大小小的毛病。整套房子的采光极差，大白天都显得阴沉沉的、了无生气。

项东方回忆起当初自己由于急着要换地方，没有认真细看周遭的环境和风水。而那个经纪显然也是急于租出，连他的收入都不曾问，其中的玄机恐怕也在这。住进来不久，项东方就已经开始感觉到问题的存在。如今，一连串不幸的事情发生之后，他知道这已经到了必须解决的时候了。

于是，他又一次去翻查中文黄页和报纸。这硅谷一带活跃着一些风水命理师，他们大多来自港台澳或东南亚地区。项东方找到了一位叫李俊豪台湾人。他开车到李家去接他过来看自己的房子。进到李家的小客厅，只见里面挂满了他与许多名人政要的合影。一路上，李师傅便大谈他当年在台湾如何的风光，还说最近就要跟中文电台合作，开办风水讲座云云。项东方抱着虚心的态度，不住地应和着他。

到得家来，李师傅捧着罗盘房前屋后、楼上楼下看了个遍，最后得出一个结论：这是一座凶宅！他说：这房子坐落在窄巷无尾路的尽头，路不通运难行，房内三尖八角多煞气，财运艰难小人多。他站在大门口，指着几米开外的一根正对着大门的电线杆说，那是一个明显的顶心煞。项东方忙问什么是顶心煞。李师傅叫项东方伸出一根指头放在眼前一匝远的距离，然后问你觉得舒服吗？项东方说觉得有点头晕眼花甚至心慌。李师傅说这就像顶心煞一样。顶心煞的存在，会令人脾气暴躁、思考错误、易发生血光之灾，多病痛、多官灾及是非。项东方说住进来后，确实发生了许多类似的事情。但当初自己却从来没有注意到这根灯柱的存在，原因是自己一直都是从车房进出房子，很少会走大门的。

说到车房，李师傅便叫项东方打开车房，他一眼就看到立在中间的一根方形的小柱子。那柱子刚好立在两个车位中间，平常他们进出都特别小心。李师傅说这也是一个煞，要挂一个中国结来破解，至于大门则要挂一个八卦凸镜。他还帮项东方调整了主卧室的床的位置。他告诉项东方，所做的这些都是治标不治本的手续，要真正解决问题，必须搬家。其实，这也正说出了项东方心中的愿望。

也许这房子本身就是风水不好，也许李师傅还真有点眼光，他的建议正中项东方的下怀，他打定主意要搬出此地，一切重新开始，收拾残局，东山再起。他很快就找到了一个房子。这房子方正平整，坐南向北，所有的房间都光线充足，而且房租还比原来那家便宜了几百块。这次他学精了，看过房子以后，他就找李师傅来看了一下风水。李师傅说，整体上这房子不错，美中不足的是，房子大门外对着一面墙，没有开阔的明堂，似乎有束缚手脚、难展宏图的约束。项东方觉得鉴于目前自己的条件，难以找到更好的了。在租房子的时候，他的信用报告上虽然开始出现一些因欠款迟交的记录，但破产的记录还没有出现，使他还能顺利到租到这房子，倘若再晚几个月，一切就会完全两样。

第五十一章 引狼入室

搬了新家以后，项东方也搬出了洗车店。因为经济不好，市面上空置的办公楼很多，他很轻易地找到了一个既大又便宜的办公室，离新居也更近，关键在于，那里有足够的停车位，可以摆放许多车子。这地方坐落在该市最繁忙的大街上，把车子摆放在路边的停车位上，路过的车子很容易看见，这等于是免费的广告。

生意开始慢慢有了起色，项东方的信心也逐渐得以恢复。一天，他突然接到读华大时的邻居李路遥打来的电话。他们已经有好多年没有联系了，不知这小子混得怎么样。他把自己办公室的地址给了李路遥。

第二天，李路遥来找他。一见到李路遥，项东方就觉得他好像变了个人似的，没有了往日那种从容淡定，而是一副心事重重的落魄样子。他握着李路遥的手问道：

“哎，哥们儿，怎么会想到这里来找我的？”

李路遥神色凝重地说：“咳，别提了！”

他沉吟了一会儿，便一五一十把他的情况大约地说了一番。他从图书馆系毕业后，在西雅图工作了一段时间，后来搬到一个小城市，一直都在一个大学图书馆服务，最近因为经费紧张被裁了员。因为一时找不到别的工作，他想硅谷这边是大城市，机会多些，说不定容易找到工作，于是就过来了。他还说来之前把车子给卖掉了，听说项东方在做汽车生意，就过来看看能否帮忙买一部车。

项东方听罢，想帮他一把，就慷慨地说：“我手里有一些车子，你可以随便挑一部，我照原价卖给你得了。”

“不，不！我怎么好意思，那是你做生意的。”

项东方想了想说：“要么，我带你去拍卖场买吧！里面车又多又便宜。”

李路遥一听立刻就来了劲，忙说：“好啊，我还没有去过那种地方呢！”

星期三上午，项东方带着李路遥到了拍卖场。他跟李路遥说：里面保安很严，你暂时不能进去，在外面等一下，我一会来接你进去。过了半个小时，他自己买了一部车，交了支票拿到收据和出车通行证，出来找到李路遥，并把通行证交给他，俩人便一同往里面走。门卫见李路遥拿着取车的通行证，就把他当成是司机，没有阻拦他。

他们一进去，李路遥就被喧闹的气氛所感染，呆呆地站在一号车道旁，瞪着惊奇的眼睛注视着周围的一切。项东方拉着他往里面走，一边说：“你愣在这干嘛？你要的

车在里面呢？”

俩人穿过车流和人丛，径直往里走。李路遥在震耳欲聋的噪音中大声嚷道：“他们的英文说得太快了，根本听不懂！”

“慢慢就好了。”项东方简短地应道，实在太吵了，他不想声嘶力竭地吆喝。

他们来到六号车道站住了。项东方附着李路遥的耳朵告诉他，那部丰田佳美（凯美瑞）就快到了，估计价格会在五千左右，等下如果超过这个范围你还想要，就拍我的手，我就明白，然后就会继续应标。

昨天下午，他们已经提前到了拍卖场，看好并试开了几部车，包括这部佳美。刚才在路上时，项东方已经跟他解释过，投标的过程太快，又太吵，根本没有时间说话，所以李路遥明白项东方的意思。

那辆白色的佳美缓缓地驶过人群，停在拍卖台旁。这款车在旧车市场上是最抢手的车之一。此时，两旁已经站满了车商，还有人从别的车道跑着过来。拍卖员照例先从高价起叫，然后一路降到三千，有人应了标，接着，价格一路攀升。项东方举了几次手，标价已经到了五千，便停住去看李路遥。

李路遥虽然听不清拍卖员那连珠炮似的英文，但他能看到对面电视荧屏上显示的价格。他觉得价格还可以接受，便拉了拉项东方的衣袖，项东方会意把手举了起来，价格已经升到五千五。应标的人依然此落彼起，很快就冲破了六千大关，并没有停下来的迹象。项东方拉起李路遥就往外走。李路遥仍然依依不舍，一步一回头，看着那部佳美。

走到外面，安静了许多。李路遥问：“这价格还可以，怎么就走了呢？”

项东方说：“咳，照我看，这车没六千五下不来，不值得。”

“你开始说大概五千左右，差太远了。”

“这拍卖场的价格很难估得准，受很多因素影响。其中之一，经济不好的时候，有很多人以为卖旧车好做，纷纷入行，他们不懂市场，乱投一气，反而把价格推高，把市场搞乱。”

“你是说有很多新鲜人加入到这一行来？”李路遥饶有兴趣地问道。

“是啊，上个月就有一个老中做不下去，关了门。”

在美国的中国人爱把自己称为老中，与老美、老墨等相对。李路遥听项东方提到老中，更勾起了好奇之心，追问道：

“哦，怎么回事呢？”

“这家伙我认识，英文名叫詹姆士。他原来是惠普公司的电脑工程师，被炒了以后，不知听谁说做旧车生意很容易，于是，投了一笔钱进来。谁知道做了三个月才卖掉三部车，赔了许多钱，最后只得关门大吉。”

“没准他不是做生意的料吧？”

“有可能。那人看起来就有点迷糊，整个一书呆子，不知怎的会陷了进来。”

正说到这，那个印度人走了过来。自从第一次进拍卖场，项东方就认识了这个印度人，慢慢地就熟识了。印度人每次都故意把项东方的英文名字“Doug”夸张地念成

“Dog”，还加上先生的称号，变成了“狗先生。”印度人的英文名字叫Gill，后来，项东方终于找到了回敬他的方法：他在印度人名字的中间加上一个字母“R”，变成了“Grill”，也就是烤肉，于是，印度人便顺理成章地成了“烤肉先生”。

项东方看着印度人，便微笑着跟他打了个招呼：“你好，烤肉先生！”

“你好，狗先生？”

“怎么样，昨天晚上换了几次机油？”换机油暗指做爱，他们之间经常以此来取笑对方。

“老实说，换了两次，其中一次是变速箱油！哈哈哈！”

“完事以后，那部车子有没有跑得更快点？”

“那当然啦！”

俩人笑完，项东方给烤肉先生介绍李路遥。烤肉先生握着李路遥的手问：

“又是新来的吗？”

项东方忙说：“不是。他是我的朋友。来买一部车，自己用的。”

“那就好。没事可千万不要来掺乎，这生意可不好做！”

李路遥不置可否地说：“你们不是做得挺好的吗？”

“我们做好久了，要有经验才行。那个詹姆士不是三个月就不干了吗，狗先生？”烤肉先生原来也认识詹姆士。

“是呀。”项东方刚说完，就看到一部绿色的三菱走在隔壁车道上，快接近拍卖台了。于是，他告别了烤肉先生，拉着李路遥走向哪里。

这车也是在李路遥的候选名单里的。昨天，项东方就跟李路遥说：这里有一个奇怪的悖论，越是你看好的车，你越是买不到。因为，你知道它有什么毛病，估计要花多少钱去修理；问题是许多人并不知道这些，尤其是一些在网络上投标的人，他们只看到照片，并不曾见到车子本身，他们往往会把价格推得很高，高到你下不了手。所以，他说：除了找那些丰田本田性能可靠的车外，还要选一些较为冷门但性能也不差的车，于是，他们就选了这部三菱。李路遥把这部三菱排在名单的最后，前面还有几部丰田日产。项东方跟他解释：在拍卖场要见机行事，不能等到最后，碰到合适的就立刻买下来，如果把宝押到最后，买到的往往都是价高的，因为你志在必得，便会和别人硬碰硬，弄得个头破血流。

他们一面走，项东方就一面说：“如果价钱合适，就买下来吧。我看今天那些丰田日产都够呛！”

“行啊，五千到五千五左右，你就看着办吧。”李路遥赞同地说。

果然，来投这部车的人不多，只几个回合，项东方便以四千五的价钱拿到了。李路遥十分地高兴，欢天喜地地请项东方吃了一顿夏威夷牛排套餐。吃饭时，李路遥兴致勃勃地说：

“这拍卖场太刺激，太有意思了！比赌场还好玩呢！”

“是啊。不过弄得不好，可是会赔大钱的！”项东方笑着回他道，他把自己第一次买车赔了三千块的故事说给李路遥听。

“怎么会这样呢？”李路遥好奇地问。

“一言难尽！里面太多陷阱和猫腻，不深入其中很难体会。我做了这么多年，有时还是会上当。”

“听起来挺可怕的。”

“是啊，如果输不起，千万别碰这玩意儿！”

不过，李路遥好像并没有被吓住，他脑子一转忽然问：“你说，我刚买的那部三菱在市场上能卖多少钱？”

“看你怎么卖了，六千来块应该没问题。”

李路遥突然来了兴致说：“那挺好赚的嘛！干脆我跟你一样卖车算了，也不要去找什么工作了。”

“哎，哥们儿，你不是开玩笑吧？”项东方盯着他问。

“我也不知道，就是突然间有了这个想法。不知道行不行？”李路遥虚心地说。

项东方想起当初自己要入行时罗杰的忠告，自己那时虽然没有执照，但却早在这一行里摸爬滚打了一段时间。而如今这李路遥恐怕连车子都不太懂，贸然就要做起生意来，风险可想而知。不行，应该要阻止他，不然到头来怪自己就糟了。于是，他严肃地说：

“这事你可要想清楚了！这玩意儿进去容易，出来可就难了，弄得不好会血本无归的。”

“是得考虑。你能不能给我分析一下大概。”

“好。首先你得交钱去学习，通过考试后，要买抵押金，然后租场地，通常都要签一年的合约，再就是要买商业保险。这些都只是先期投入。等你开始以后，还有一大堆数不清的费用。”

李路遥不明白什么是抵押金，项东方跟他解释说：抵押金是车管局要求的，相当于某种保险。保险公司根据你的信用和财务状况，决定你要付多少钱去买这个抵押金，你如果没事就好，如果有事车管局就会没收这个抵押金。

李路遥明白了，他表示回去后会认真考虑。项东方以为他只是随便说说而已，并没有放在心上。谁知道，过了两天，李路遥又来找他说：他决定要做这门生意，豁出去跟它拼了，总比替人打工强。 项东方知道再劝他也没用。李路遥还拍着胸脯信誓旦旦地打包票说：

“你放心，我保证不会跟你抢生意！”

项东方是个很容易相信别人的人，这点他根本没有想过，所以，他也不怀疑李路遥的誓言。在项东方的帮助下，李路遥很快就办妥了一切手续，他的小车行就在项东方公司同一座建筑里面，停车位也在项东方的旁边。

过了几天，俩人坐项东方的车子前往拍卖场去买车。进去以后，俩人就分开了，各自去找自己喜欢的车。李路遥走到二号车道时，就看到一部小巧玲珑的日产四门轿车。他想：日产车质量虽说比不上丰田本田，但还算不错，而且现在经济不好，大家都想节省开支，这小车省油，一定好卖。于是，他打定主意要买这辆车。项东方曾经交代过他，要买一部车前，一定要尽量多看看车子内外的状况，对车子不熟悉，最好买那些有保证的绿灯车。

可是，当他站在人堆里，面对着那部车子，听着震耳欲聋的吆喝声，早把项东方的叮嘱忘到九霄云外了。他双眼一会儿盯着台上的拍卖员，一会儿又盯着显示屏，心里七上八下地兴奋得难以自制。拍卖员“吱哩咕噜”说了一通话后，就打开了绿灯，然后就出了一个高价：“五千！”这下李路遥倒没有上当，他倒还记得项东方的话：这是个坑，不能自己跳进去。项东方还跟他说过：不明就里时，千万不要第一个举手。终于，叫价下到两千时，一个墨西哥人应了标，价格开始攀升，李路遥跟着举了几次手。当他举到三千二时，听到拍卖员清脆地喊道：“成交！”他的心差点没从嗓子里跳出来。他亢奋得不知如何是好，心想太便宜了，第一次就这么好运，真是老天有眼啊！

他抑制着狂喜的心情，跑到停车场去找自己的车。好不容易在车丛中发现那白色的小精灵。他绕着那车转了几圈，喜欢得不得了。然后，他打开车门，坐了进去，东摸摸西看看，实在是爱不释手。然后，他心急火燎地一拧钥匙，车子一点声音都没有。他第一个念头就是：糟了，有问题，怪不得这么便宜！再试了几次，还是一样。他更懵了：难道是没电？再认真细看，怎么换挡杆跟自己熟识的不一样？他突然醒悟到，这原来是手排档的！完了，自己从来就没有开过手排档的车，这如何是好呢？

项东方自己买了两部车，相当满意。在排队交钱的时候，他碰到了李路遥。李路遥愁眉紧锁，见到项东方就像见到了救星。他郁闷地说：

“今天够倒霉的，买了一部手排档的车！”

“手排档一样可以卖呀，只是不那么抢手而已。”项东方试图安慰他说。

“可是我根本就不会开呀？”

“你不是开玩笑吧，哥们儿？”

“我没开玩笑，真不会！”李路遥一脸的沮丧。

“哪你干嘛要买它？”

“实在惭愧，我没看清楚。”

“嘿嘿，你小子真有意思！上次那个詹姆士也干过这种事。”项东方不由得笑个不停。

李路遥没有笑，一本正经地问：“哎，你说这部车我不要行不行啊？”

“不行，绝对不行！你如果不付钱，他们会通知其他拍卖场，以后你在哪儿都不能进去买车。”项东方斩钉截铁地说。

“哪怎么办呢？这车我真不知道拿它怎么办。”

“这样吧，”项东方略一沉吟，接着说道：“你把先钱交了，然后你就按原价卖给我，让我来处理好了。”

李路遥紧拧着的眉头终于松开，感激地说：“哎呀，太好了！你真的帮了我个大忙。”

“咳，没事，咱们是哥们嘛！”

从那以后，李路遥在项东方的帮助，生意开始一步步地走入正轨。

第五十二章 横祸飞来

转眼到了年底，又是许多证件重新续期的时候，项东方申请破产的后遗症逐一显现出来了。先是他的抵押金出了问题。那个越南裔经纪打来电话，寒暄一番之后，便问为什么你的信用突然间变得这么差？项东方耐心跟他解释说：因为遇人不淑，被搭档骗走了钱，没法还债。那经纪“哦哦”地支吾了几下，态度立刻冷淡下来说：你的抵押金可能没法继续办了。项东方恳切地说：你加收一点不行吗？因为按照惯例，抵押金的费用应该是逐年下降的，所以他以为多收点钱还是可以做的。谁知对方不置可否地说：这事我作不了主，看上头怎么说吧，不过我看够呛！

项东方一时不由得感叹人怎么这么快就变脸，世态炎凉，实在可怕。不知道是什么人发明了这一套信用制度，令多少陷入困境的可怜人雪上加霜，一朝落难，永世不得翻身。

他当然明白没有了抵押金，他的车商执照就会被吊销。那经纪既然话已经说到那份上了，他也不抱什么希望。于是，他开始发疯似的寻找其他保险公司。好不容易找到一家愿意接受他的公司，但价钱却比原来的高了近十倍。他咬咬牙转到了这家公司，才算保住了自己的执照。

由于现金短缺，他想申请拍卖场的信用额。如果有了这个信用额，就可以直接去买车，不需付任何钱，只要在规定的时限内，把钱还上就行，人家也不管你有没有把车卖掉。也就是说，不需要用自己的钱，就可以做生意。他接连申请了几家拍卖场，人家一看他的信用分数那么低，全部客气地回绝了。

虽然拿不到贷款，但毕竟没有什么债务缠身，只要细水长流，总能休养生息，喘口气。项东方以手头仅有的现金，慢慢地恢复了元气。只是因为开销不小，收支勉强平衡，无法扩大生意。他也没有什么办法，心想一切顺其自然吧！

俗话说，人生之事不如意者十之八九。这对项东方来更是如此，好事求不得，坏事自然来。一天中午，他坐在办公室里，正在修改网络上的广告。听到敲门声，开门一看，见到一个邮差，肩背着一个挎包，手里拿着一叠信件。项东方觉得有点奇怪，因为平时邮差只把信件送到大门接待厅，再由接待小姐分发到各个公司的小邮箱。邮差走来敲门那一定是有什么重要的东西了。自从上次接到那银行挂号的传票，项东方就非常害怕挂号信，只要一听到有挂号信，他的心就会止不住地发抖。

果然，那邮差说：先生，这有一封挂号信，请你签个名。项东方按捺住紧张不安的心，用微微抖颤的手签上自己的名字，然后对邮差说声“谢谢！”待邮差一转身，他就急不可耐把信打开，一看顿时就傻了眼，原来这是车管局告他的传票。

这封信有十几页长，他一开始根本没法集中精神去认真看它，他的心扑扑地跳个不停，拿信的手不断地发抖，只模糊地看到“原告：州车管局；被告：项东方”这几个字不住地向他闪烁着。他干脆把信摊在桌子上，点燃一根烟，尽量慢慢地细看，好不容易看明白了。原来，车管局法务处将他告上了州行政法庭，里面列出了他的三条罪状：第一，雇佣没有执照的销售员；第二，在公司所在地以外的地方非法卖车；第三，车子售出后没有在规定时间内完成过户手续。里面说，鉴于以上的情况，车管局向法庭提议要取消项东方的执照，并要求他在一个月答复，安排出庭的有关事宜。

看完信，项东方试图让自己冷静下来。这三条罪状都是因为约翰而来的。本来，他以为这事早已结束，钱还掉了，过户手续也办好了，一切应该了结了。没想到人家依然紧紧揪住不放。他这时才想起当时那个女探员那模棱两可的话来。事已至此，唯有应招。他十分清楚，如果自己败诉，不仅执照会被吊销，而且这官司也会成为一个公开的记录，跟随着自己一辈子，以后要做什么都可能有负面的影响。别的不说，光说申请汽车销售员执照，车管局就可能拒绝。因此，事关重大，不能掉以轻心。

他第一个想到的是，要找律师。但是，以前接触过的律师显然都没有与政府打官司的经历，和车管局有过招的更是难以找到。费了好大工夫，他最后找到一个美国律师。据说，他们与政府许多部门都打过交道，并且赢的几率很高。项东方在律师行见到了这位身材不高有点偏瘦的美国人。那人看过他的讼词，听完他解释事情的经过，便详细地给他分析了这个案子。他说，根据相关法律，你的三条罪状足以让他们吊销你的执照，但是他们不可能自己做出一个行政命令，直接这样做，而必须经过行政法庭的审理，由法官最后作出裁决。这就给了你这个当事人一个申述的权利，使他们不能为所欲为。

听到这，项东方点头应和。律师继续分析道：“三条罪状中最为关键的是第一条，因为后面两条都是由它而起的。虽然，你说自己受了约翰的骗，是个受害者，但他们是不会轻易相信的。”

项东方急忙插话道：“我当时确实要求约翰去车管局申请销售员执照，他也应承过几次，但始终没有办，而且，我们之间只是合伙人的关系，并没有雇佣他。”

律师耐心地说：“问题在于，约翰实际上的角色就是一个销售员，而且，他还有销售经理的头衔。这在法律上构成了一个既定事实，那是你无法否认的。所以，一句话，如果真的要上庭面对面硬拼的话，实在没有多大的胜算。”

项东方十分焦急地问：“哪还有什么办法吗？”

律师坦白地说：“我尽最大的努力，说明你是个受害者，并愿意接受有关惩罚，尽量争取庭外和解，如果确实不行，再上庭最后一搏。”

听他这么一说，项东方觉得这似乎是没有选择的选择了。很快两人便签了授权合同，让该律师代理一切有关事宜。当然，代价是高昂的，律师的收费是每小时 300 美元，他所做的一切，包括打电话，发传真，上庭应诉等等，全部都算时间。签完合同，项东方必须马上开出一张五千美元的支票，存在律师的户头上，律师根据自己的计算，每月从里面扣除他所得的数额，如果钱不够了，你还要往里面补钱，到结案时再结总账。

项东方心情郁闷地从律师行出来。既然交给了律师，只好听其自然，操心也没有什么用，过了一阵，他也就慢慢忘了这事，把心思用在生意上。 两个月后，他接到了律师的电话。律师说已经跟车管局的代表谈过， 达成了一个庭外和解方案，内容主要是项东方的公司要停业五天，罚款六千美元，外加两年的察看期。律师说，如果同意这个方案，就请在文件上签名。项东方想想也没有什么讨价还价的余地了，就签名同意了。没过多久，车管局的人来到项东方的店里，贴上停业的封条，还发给他一个新的营业执照，那上面用硕大的红字印着“试用执照”。看着这些，项东方的心都凉了半截，他暗暗地告诫自己，以后得小心点，别再惹麻烦了。

这件因为约翰而起的事件前后经历了几年，总算是了结了，项东方因此不仅损失了大部分资金，还落下个破产记录， 惹下一个官司，留下惨痛的教训，大大地伤了他的元气。

他的儿子项英华已经上了小学，陈晓诗白天要上班，接送儿子上下学的重任就撂到了项东方的身上。他除了照看生意外，有时还要买菜做饭，接送儿子上下学，每天忙得不亦乐乎。

一天吃过晚饭，已经八点多了，陈晓诗加班要十点钟才回来。项东方洗过碗筷，到浴室放了一缸水，叫儿子项英华来洗澡。像其他小孩一样，项英华也特别喜欢洗澡，每次都带上一些玩具，在浴缸里泡上半天。

他给儿子洗净身子后，就让他泡在水里玩，特意叮咛他不要洗太久了，项英华心不在焉地答应了他。他回到客厅，一面看着电视，一面却想着白天那桩没做成的生意。

中午时分，店里来了两个一高一矮的白人男子。项东方一看那俩人，心里就预感到他们肯定不好对付。这么多年来，他接待过的客人可以说来自世界各地，几乎每个说得出名字的主要国家的人他都见过，因此对他们的行为举止习惯方式也都有所了解。美国人的矜持，墨西哥人的豪爽，印度人的锱铢必较，还是黑人的一根筋般的执拗，他全都了然于胸。从外表上看，项东方猜那两个人像是俄国人。

果然不出他的所料，跟俩人打过招呼时，听他们的口音他就肯定他们真是俄国人。寒暄过后，那俩人便从自己的车里取出来一个活动千斤顶，和一把手电筒，然后问项东方能否把车子架起来检查一下。平时，对于不同客人的不同要求，只要不是太离谱，他都尽量地满足。因此，为了使生意能够顺利地完成，他同意了。

他们把车子架了起来，拿着手电钻到车底，查看了半天，再把车子放下来。那个大个子把双手按在挡泥板上，整个人跳起来，车子跟着他的节奏摇动着，但并没有发出杂音。他又分别在另一个挡泥板和行李箱外的两个角做了同样的动作。接着，另一个人把车头盖打开，检查了各种机油和液体。然后，开始问了一大堆问题：机油什么时候换的？时规皮带换过没有？电池已经用几年了？

项东方一直在默默地看着他们做这些事情，心里已经有点不耐烦了。平常，有些墨西哥人来看车，随便看看车子内外，坐上去到外面兜一圈，便给你一个价钱，如果你同意，他就拿出现金立刻成交，前后过程甚至不到30，40分钟。而有些黑人更有意思，一来到连车都不试就跟你谈价钱，然后就签合约文件，第二天觉得不满意时，便打电话来骂一通。而那些美国人，如果他自己拿不定主意，就会客气地问你可否把车拿到外面修车店去检查。像今天这样当着自己的面，事无巨细的通通细看一遍，并且问一连串问题的，还真不多见。

他试图耐心地向他们解释：自己只是个车商，车子都是从拍卖场买来的，手里并没有维修记录，你们那些问题我确实没法回答。俩人摇摇头，一个坐进车里，发动起引擎，然后一脚猛踩下去，发动机随即发出沉闷的“呜呜”声，接着，又连踩了几下。项东方忙去看转速表，那指针已经跳到了六七千转之间，再多一点引擎就会烧掉。他终于忍不住地制止他们：

“哎，先生，你不能这样做，马上停止！”

那人神情尴尬地说了声：“对不起！”然后问能否出去试车。

项东方的心情已经很烦躁了，本不想继续下去，但转念想想现在生意惨淡，能抓住一个机会就是一个，于是就勉强同意他们。自从在罗杰那里买了那部本田车后，项东方也试着模仿罗杰，客人试车他都让他们自己去，自己并不坐在车里，多年来从未出过问题。他见这俩人虽然啰嗦，但也不像是会偷车的人，便让他们把车开走了。十多分钟后，还没有回来。他肚子饿了，坐在办公桌旁把午饭吃了，还是不见他们的人影。他开始有点担心。查看了一下手机，并没有他们留下的号码，心里暗暗焦急，想着再过半小时不来就要报警了。

正想着，那俩人却敲门走了进来。项东方一见他们就心中不悦，问：跑哪儿去了，都一个多小时了？他们轻描淡写地说：去找我们的修车师傅了。项东方又问：怎么不通知我一声？他们耸耸肩说没有手机。然后，他们开始喋喋不休地抱怨说：你的车子有很多要维修保养的。说着递给项东方一张维修估价单。项东方拿过单子一看，上面列出了许多要修的项目，包括换时规皮带、新电池、两个轮胎、两个避震弹簧，换机油和变速箱油等等一大堆，最后一项令人可笑地写着汽油箱没油了！像这种验车报告项东方可是见多了，许多往往是莫须有的，或者夸大的，有的客人还会与修车店串通，胡写一通。那报告上列出的维修费是一千五百多美元。

项东方看完报告后不吭声，其中一人便煞有介事地说：你如果愿意减价一千五，我们就买这车。项东方耐住性子跟他们说：报告里面许多项目都是不必要的，例如轮胎就很好，电池还很强，避震弹簧也没有发出响声，根本就不要换，我的车就是按照目前的状况卖的，而且价钱也是按车况定的，只能减几百块，不能再减了。

另一个人接着说：“我们的预算就这么多，车子买了后，我们就要花那笔钱去修理。”

项东方心想按他们的价钱，自己已经赔几百块了，这桩生意没必要再做，便说：“不能再低了。”

那个大个子立刻就生气了，说：“我们花了几个小时，什么也没做成。你的车又破又贵，不买也罢！”

项东方听罢，忍不住反击道：“谁让你来的？不喜欢拉倒，干嘛说的那么难听！”

那俩人满面怒容地走了，一面走一面嚷嚷道：“怎么这样做生意啊？太操蛋了！”

项东方终于忍不住怒喝道：“不买就滚蛋，别在这瞎嚷嚷！”

这是第一次项东方对客人发火，他见过形形色色的人，碰到过千差万别的情景，但还没有一次让他如此暴怒的。

他坐在沙发上，回忆起白天的情景，心里依然无法平静下来。其实，他也明白，对大多数人来说，买车是除了购房以外最大的一笔开销，谨慎一点是应该的，尤其是在经济不好的时候。不过，今天那两个人实在是有点过分了。他因为沉浸在自己的思绪里，并没有注意电视在播什么，直到陈晓诗开门进来，他才如梦初醒。

陈晓诗见只有项东方一个人在，忙问：“儿子呢？”

项东方愣了一下，大叫一声：“糟了，还在浴缸里面呢！”

“多久了？”

“不记得了。”

“你怎么回事嘛？”

俩人一面说着，一面心急火燎地奔向浴室。项英华听到妈妈的声音，连忙爬起来，由于焦急过头，在迈出浴缸时，一脚拌在缸沿上，“扑通”一下摔倒在地板上，“哇！”地一声哭将起来。俩人跑进浴室，把儿子抱起来，只见他的下巴和手脚关节都有损伤，还有微量的鲜血流出来。项东方赶紧找来一瓶跌打万花油，给他涂抹伤口。陈晓诗心疼地责备项东方的粗心大意，项东方自己也很自责。

第二天，项东方打电话向老师请假，项英华在家休息了几天，总算没事了。回到学校后，老师看到他下巴仍然没痊愈的伤疤，忙问怎么回事？项英华老实地说：洗澡时摔了一跤。老师又继续问：谁伺候你洗澡呢？项英华答：是爸爸。老师问：后来发生了什么事？项英华摇摇头说：不知道。老师觉得事关重大，于是按照惯例报了警，警察来把项英华带走了。

项东方正坐在办公室里浏览网上的新闻，忽然接到警察局打来的电话。一个女警在电话告诉他：你儿子因为有伤在身，现在已经被警察带到医院验伤，具体结果我们会告诉你。项东方急忙问：是不是出了什么事故？女警说：没有，他自己说洗澡时摔了一跤。项东方说：这事我知道，已经好了，没什么大不了的。女警说：等我们调查完再告诉你。

到了下午，那女警又打来电话说：你儿子下巴和四肢都有不同程度的损伤，我们调查的结果是，你没有照看好他，让他独自在浴缸里呆了很长时间，他出来时滑倒了。你作为监护人要负完全的责任。我们决定把他送到临时护理中心，你们可以去看他，但不能把他带走。

项东方因为太紧张，没有听清楚，忙问道：“你说我们不能带他回家吗？”

“是的！”女人肯定地答道。

“为什么？”

“这是法律！”

“什么法律？”

女人不耐烦地说：“我没有义务解答这个问题，你的律师会跟你解释。”

“哪我们要做什么？”

“你儿子将呆在临时护理中心，直到法庭判决为止。你会收到通知，告诉你要做什么。”

项东方拿电话的手一直在发抖，现在更是出了一把汗。电话挂断后，他便愣愣地发呆，欲哭无泪。他想不明白，我自己的儿子摔了一跤，我又没有打他，凭什么把他扣押不还？这是哪门子狗屁法律？简直不通人情！很快，他的愤怒变成了恐惧，儿子要在那里呆到什么时候？会不会一去不回呢？他不敢想下去，整个下午都在提心吊胆和惶恐不安中度过。最后，他忍不住打了个电话到陈晓诗公司，叫陈晓诗赶紧回家。

陈晓诗提前回到家，一进门就紧张地问：“出什么事了？”

项东方神色黯然地告诉她：“英华被警察送到了临时护理中心，回不来了！”

“什么？你说什么？”陈晓诗瞪着惊异的眼睛叫道。

项东方尽量平静地把事情经过告诉她，还没有听完，她就情绪激动哭了起来。项东方抱着陈晓诗，拍着她的背，试图安慰她。过了好久，项东方才想到要去看儿子。

俩人心急火燎地赶到那个中心，验明身份后，一个胖胖的女人态度友善地领着他们来到一个大房间。里面摆满了各种儿童玩具，几个小孩正围坐一起玩耍，项英华孤零零一个人呆在一个角落里。那女人说：你们儿子刚进来时大吵大闹要回家，后来就一声不吭，情绪很低落。

项英华看见父母向他走过来，跳起来跑到陈晓诗身边，一把抱住她的大腿，哭着喊道：

“妈妈，我要回家！我要回家！”

陈晓诗抱着他声泪俱下地说：“好孩子，你暂时不能回家，先好好呆在这里……”她哽咽得说不下去了。

项英华依然一股劲地嚷着：“不，我就要回家！”

项东方一直伤心地注视着这一幕，最后他硬着心肠拉住陈晓诗说：”还是走吧！”

那女人过来把项英华分开，他依然歇斯底里般地叫道：“不要，不要！”

陈晓诗和项东方一步一回头看着那女人手里哭作一团的儿子，伤心欲绝地离开了，身后传来儿子一阵阵声嘶力竭的呐喊：

“我要回家，我要回家！……”

一个星期后，项东方和陈晓诗忐忑不安地坐在法庭里，等待着法官的裁判。接到地检署的传票后，项东方本想为了省钱，自己上庭辩护。但陈晓诗不放心，担心万一出了差错，反而把事情搞砸了。于是，他们咬咬牙聘请了一位律师，这个律师擅长儿童监护方面的官司。经过一番听证和辩护，法庭最后裁决：项东方作为父亲疏于照顾，致使项英华摔伤，因此要负全部责任；鉴于项东方并没有直接蓄意伤害的企图，予以从轻发落，将项英华交由第三方监护半年，在此期间，项东方及其家人不得接近项英华。

听完判决，陈晓诗已经哭成了泪人一个，回到家里，茶饭不思，整天躺在床上愣愣地发呆，项东方怎么劝她都听不进去。过了几天，她才开始讲话。她一开口就诅咒美国的法律：

“这是什么狗屁法律！为了那么一点小事就搞得人家破人亡，有什么好的？”

项东方开始还想冷静地跟她解释:“美国的法律把每个人，不论大人小孩，甚至胎儿，都当作一个独立的个体，赋予每个个体同等的权利，谁要是侵犯了别人的权利，就会受到惩罚。”

“可是他是我们的儿子呀！而且，咱们又没有怎么了他。如果你问英华，他当然是要回家，而不是呆在什么监护所！”

“理论上，大概法庭假定他年纪小，还不足以自我决定自己的命运，所以代替他决定吧！他们认定我们有过失，造成他的伤害。”

“这我不管，我只要我儿子回家，我讨厌这种狗屁法律！”

项东方知道再怎么劝她也没有用，到最后，他的感情战胜了理智，便和陈晓诗一起大骂美国法律的愚蠢和不人道。

从此以后，陈晓诗整个人完全变了样，整天郁郁寡欢，情绪低落，有时候无缘无故地眼泪就悄悄地流下来。项东方不得不带她去看医生。诊断的结果是，她得了抑郁症，无药可医，家里从此再也不得安宁。

第五十三章 反目为仇

不知从哪天开始，项东方渐渐发现李路遥好像不是盏省油的灯，俩人之间出现了些间隙。

他的睡眠一直都不太好，睡觉最怕人打扰，只要一醒过来，就很难再入睡。一天晚上十一点多，他刚睡着，突然手机铃声大作，他跳起来去接，传来的是李路遥焦急的声音：

"哎，项东方，不好意思！能不能借你的应急电池用一下？"

项东方觉得奇怪，半夜三更要电池干嘛，便耐住性子问："这么晚了，你还要那玩意儿？"

"有一个客人要试车，碰巧那车没电了。"

"不能等明天吗？"

"明天恐怕就没了。拜托了！"

"好吧，你等一下，我马上过来。"

项东方披了件衣服，就急急地开车往公司里赶，好在并不远，十来分钟就到了。等他到得公司，只见李路遥正在收拾东西，要准备离开的样子，见到项东方他略带歉意地说：

"不好意思，客人已经走了。"

"哪你怎么不跟我打个招呼？"项东方有点生气。

"我正要打你就来了。"

"我就不明白了，半夜三更谁还会买车，你不是有病吧？"

"有些人晚上下了夜班很晚还会来买车，我最近就卖了几部。"

"你小子得悠着点儿，别为了钱连命都不要了！"

"我刚开始做，不像你，要玩命点才行。"

项东方一时无语，他开始感到李路遥跟他不是一路人，是个认钱不认人的人。几天后的一件事更加深了他的这种看法。

那天，他停在马路最旁边的那部车卖掉了，那个位置空了出来。等他整理好文件从办公室走出来，发现空位上已经停了一部车。这种事以前从没发生过，因为大家都知道这是他的位置，不会随意乱停。他左看右看，那车就是李路遥的车。他走到李路遥的办公室，门锁了。他打通了他的手机，李路遥在那边说：我不知道那是你的地方，我下午回来把车移走。

项东方并没有把这些事放在心上，很快就忘了。他们这个办公楼的后面，有一个活动的办公室，里面有两个单间，原来就是一个车行的店面，离马路有五六十米远，而它的停车场和项东方的则连成一片，中间只有一条铁链隔开，里面少说也能停个七八十部车，在它的左边还有一个修车店。由于经济不好，这个地方已经空置了好多年了。野心勃勃的李路遥很快就看上了这块地，但他当时的实力还不足以把它整个租下来。于是，他撺掇项东方跟他一起合租。项东方开始时并没有什么兴趣，因为他手里的资金有限，用不了那么多停车位。李路遥好说歹说，硬是让他分了三分之一的份额。

李路遥不知哪来那么大的本事，没多久，整个场子都停满了他的车子。有人说他有富亲戚，有人说他老婆开什么店可以资助他，又有人说他找到了国外的合伙人等等。项东方曾经问过李路遥，而他则神秘地笑笑说：那都是胡扯！总之，李路遥后来居上，摆开架势要大干一场。望着停车场里那几十部车子，项东方不由得想起不久前那个李路遥还是倒霉落魄的失业者，没想到转眼间麻雀变凤凰。

李路遥干起事来似乎有股不顾一切的劲头，他不仅让修车的人在停车场修车，还买了一些事故车让修车身的工人在停车场修理和喷漆。谁知道，在美国像喷漆这种会污染空气的活儿不是随便可以做的，喷漆工必须要有专业执照，还要在指定的地方，才可以干这种活。

那李路遥不知天高地厚，约了个半路出家的喷漆工，来到停车场给他修理几部碰撞过的车子。那喷漆工是个刚从国内来的新移民，本来只会修车，并不懂钣金喷漆，为适应环境，才半路出家，技术只是一般。更要命的是，此公根本不懂英文，对有关法律法规更是一窍不通。李路遥急于求成，要喷漆工限时交工。那人本来技术就差，经他一逼，更是焦急，于是，连夜赶工赶料，就在停车场上乒乓乒乓地敲打一番，压缩机不停地轰鸣，一直干到凌晨一两点钟。刚好旁边就有一栋公寓楼，噪音干扰到了楼上的人。

项东方并不知道这件事。第二天上午，他刚从银行出来，开车走在回店的路上，忽然接到李路遥的电话。李路遥气急败坏地说：“出事了，你赶快过来！”

项东方问他什么事，他只是说市政府的人来检查，恐怕有大问题，听他的口气似乎有天塌下来那么严重。项东方被他催急了，忙说：正在路上，要二十分钟才到。没想到，李路遥沉不住气，接二连三打来四五个电话，每次都重复同样的内容：“快点来！”项东方被他弄得快发疯了，干脆不接他的电话。

赶到现场，看见男男女女四五个人，有的正在和李路遥说着话，有的在四处查看着什么。一个男人见到项东方走过来，便自我介绍说是市府环境卫生部的，并问项东方是否李路遥的搭档。项东方不知道发生什么事，不想揽事上身，只如实回答说：自己只是与他分租这个停车场而已，与他并无瓜葛，说罢递给他自己的名片。那人说：看来此事与你无关。

项东方好奇地问他究竟发生了什么事。那人说：昨夜住在旁边公寓的人投诉说这里有人连夜在喷漆，所以，我们连同市府规划办和消防队的人一起来检查。

李路遥见到项东方，就大大地松了一口气，忙跟其他人说：我和他是一起的。项东方明白，他的弦外之音就是有责任也要俩人一起负。在这一刻，项东方终于看清了李路遥的为人：他自己做的事不敢负责，临死也要找个垫背的。于是，他决定要跟他划清界限。他对那些人说：我们各自做自己的生意，我分租了部分停车场，他干什么跟我并无关系，说实在的我也不知道他究竟做了什么。最后，那些人说他们找到了李路遥喷漆的证据，这是违法的行为，决定给予两千美元的罚款，并严重警告说如果再犯会加重处罚。

李路遥虽然吓得脸色煞白，一面却仍唠唠叨叨地说："我这是初犯，能不能从轻发落？"众人不屑地摇摇头扬长而去。李路遥反过来对项东方说："你应该和我分担一半才行。"

项东方已经对李路遥拖人下水的小人行径十分反感，便生气地说："自己做的事自己负责，干嘛把我给扯上，太不够意思了！"

"大家朋友一场，帮帮忙也不过分吧？"

"我已经帮你够多的了，再说也没有这样帮法的吧？"

项东方说完转身就走了，这件事成了俩人不和的开端。

一天下午，项东方接了一个电话，有人要来看他的车。十分钟后，他来到店里，顺利地卖掉了那部车。客人很满意，临走时顺便提到一件怪事：他比项东方先到店里，在停车场见到一个自称是项东方的搭档的亚洲人，那人说项东方今天病了，不能来。客人觉得奇怪，明明几分钟前才与项东方通过电话，怎么就不来了呢？客人没有相信那人，坚持等待项东方的到来。项东方听完客人的话，心里已经明白了怎么回事：那是李路遥在抢他的客人。想起当初李路遥信誓旦旦地保证，项东方不禁不寒而栗：人怎么可以这样出尔反尔，为了利益不惜背叛自己的诺言。他开始对李路遥警惕起来。

不久，一个电话让他对李路遥彻底地失去了信任。一个女人在电话里向项东方叙述了这样一件事：一天她来到项东方的停车场，本打算要买一部三菱车，刚好项东方不在，李路遥走过来对她说他与项东方是合伙人，那部三菱有问题，然后，靠着死缠烂打的功夫，硬是骗她买了一部他的现代车。她其实并不喜欢现代车，回到家里总觉得不舒服，因此，她征询项东方的意见，是否可以把车退回去，再来买那部三菱？项东方这时候虽然对李路遥的做法十分反感，但还不想拆他的台，况且从法律上讲，售出的旧车也是不能退的。他如实地对那女人说：生米已经煮成了熟饭，奈他无何，就是告他也是白搭。

从此以后，项东方处处防着李路遥，俩人的龃龉不断加深，从争夺客人发展到争抢货源。拍卖场虽然是一个竞争激烈的场所，但通常熟人之间还是会相让的，如果一个人正在投一部车，其他与他相熟的人就会退避三舍，不会无端端将价格推高。开始的时候，项东方和李路遥之间也是这样，互相的谦让。但自从上面的事情发生以后，俩人之间脸皮已经撕破了，彼此成了陌路，在拍卖场上看见就当不认识，各买各的。有时候，俩人还故意斗意气，各不相让，最后弄得个两败俱伤，谁都没有讨到便宜，反而让别人得了渔翁之利。项东方其实也不想做这种窝里斗的把戏，只是他实在是气不过李路遥的小人行径。

一天，项东方在拍卖场看到一部马自达轿车，车身油漆暗哑，还有一些大大小小的撞痕，车内笼也显得肮脏，唯一的好处是里程数较低。他在心里盘算着：如果两千块买下这部车，再花几百块整理一下，还是有钱赚的。于是，他站在人堆里等着叫卖开始。他没想到李路遥正躲在一根柱子后面，非常紧张地看着整个场面。

拍卖员介绍过情况后，就起价叫道："三千！"，一直降到一千五，都没有人应标。

项东方见状，伸出一根指头，嘴里叫道："一千！"

拍卖员接道："好，一千！谁出一千一？"

陆陆续续有一些人举了手，李路遥躲在一根柱子后面，不动声色地眨了几次眼。价格攀升到了一千七，项东方跟进到一千八。拍卖员叫了几次一千九，停住了，再也没人响应。项东方心想：这价格应该卖了吧？拍卖员不住地拿眼睛瞟向李路遥躲藏的那根柱子。项东方觉得蹊跷，便大步走到柱子跟前，一眼看见李路遥躲在柱子后面，表情相当的怪异，有点踟蹰不前的样子。项东方立刻明白了，这车是李路遥的！于是，他一转身走出了拍卖的区域。

正巧，印度人烤肉先生碰到了他，便揶揄着问他："狗先生，你没毛病吧，这车你也出一千八？"

"挺便宜的，为什么不？"

"你知不知道那车变速箱有问题？"

"哦，真的？我没试过这车。"

"好在你没买。不然我包你赔两千块！"

"看来上帝在保佑我呢！多谢你的提醒。"

"我看你是昏了头了，以后少换点机油吧！哈哈！"

"好，省钱省力，哈哈哈！"

烤肉先生前脚刚离开，李路遥后脚就赶到项东方的面前。他气急败坏地责问道：

"项东方，你太不是东西了！干嘛压低我的价钱？"

项东方觉得莫名其妙，反问道："哎，奇怪了，我怎么压低你的价钱了？"

"你干嘛起价一千？"

"每个人都可以起价，再说了，不是我先举手，根本就没人要，何况我压根就不知道那是你的车。"

"那你也不能开那么低的价格啊！"李路遥越说越生气了。

"我可以开任何价格，只要有人跟进。"

"你是存心跟我捣乱！"

项东方冷笑了一声说："哼，你这个忘恩负义的小人！我跟你捣乱？你干了多少坏事，我还没跟你算账呢！要不是我帮你，到现在还不知道呆在那个角落喝西北风呢！”

李路遥愣了一下，转而又恼羞成怒地说：“你骂谁呀？”

“哎，我就骂你怎么了？简直就是个认钱不认人的王八蛋！”

李路遥被骂急了，一个箭步冲上来，一记直拳打在项东方的脸上。项东方忍着痛，飞起一个勾拳打中李路遥的腹部。接着，俩人扭打在一块。许多人围过来看热闹，烤肉先生好不容易将他们分开。保安员闻讯赶来，问要不要报警。俩人依然怒目相对，但烤肉先生笑着给他们解围说：

“没事，他们是朋友，闹着玩的。”

保安员走了，围观的人也散了，但两个华人打架却变成了一件糗事，在拍卖场传开了。在美国，公开场合下成人之间吵架打架的事极少发生，要有的话恐怕也会演变成真刀真枪的杀人事件。后来经济渐渐好转，陆续有新的车商搬进同一栋楼里，时间长了，互相之间也出现了些摩擦。李路遥和一个约旦人竟然为了争夺客人打了一架，一时被传为笑谈，看来这个李路遥确实非同小可。

自从那次打架以后，项东方再也不租李路遥的停车场了。他在旁边的修车店租了一些停车位，每月多花五百块。修车店主是个阿富汗人，身材高大、皮肤黝黑，满脸络腮胡子，手上和脸上长了些疑似白癜风般的白斑。他的停车场有很多空位置，平常都停不满。一听到项东方要租他的场地，他就高兴得不得了，几句话就谈妥了，也没签什么合同。项东方当即开了一张支票给他。那阿富汗人接过支票，伸出右手要跟项东方握手道别。看着他手上那些白斑，项东方很是犹豫，最后只是轻轻握了一下就走了。

这些停车位其实与项东方原来的都在同一个停车场内，是相邻的，因此，项东方很快就把车子挪到那些位置上。现在同一个地点上已经云集了五六家小车行，所有的车都摆在同一个停车场上，一两百部车放在那里，客人来了根本分不清谁的车，当然他们也不在乎这些，他们只挑自己喜欢的车，还有好的价钱。所以，客人们通常会在场子里转一圈，看到合适的车，价钱又好的，就会联系车商，进一步安排试车等等。在这样的环境下，明里暗里的竞争是免不了的。李路遥就是在这种情况下，和那个约旦人干了一架的，据说是那约旦人抢了他的客人。可是，在如此复杂的条件下，谁又能分得清谁是谁的客人呢？除非你确定那个客人是在电话里约定好的人。即便是那样，客人只是在广告上看到你的车，于是就跟你约好来看车，并不表明他就会买你的车。等他到了现场，看到一两百部车子，一下子花多眼乱，马上改变了主意，这也再平常不过了。

因此，要在这种竞争中不败，就必须要有自己的本事。除了要有合适的品牌，好的质量，还要有低廉的价格，才能把客人吸引过来。项东方的销售策略是薄利多销，价格定得比较低。之所以能这样做，关键在于他能买到比别人便宜的车子。自从第一天进拍卖场，他就从烤肉先生那里学到了一些高招，经过多年的观摩和实践，他已经摸索出一套买车的诀窍，让他在拍卖场激烈的竞争中以较低的价钱买到合适的车子。这点是不久前李路遥还不得不承认的。既然进价较低，他就可能在控制其他成本的条件下，以很低价钱投放到市场上。他在这样做时，并非存心和其他车行作对，只是觉得这样才能卖得出去。很多时候，一些客人并不知道他的车的存在，他们来看其他人的车子，在现场转了一圈以后，发现了他的车子就不走了。这样，他慢慢地引起了其他车商的不满，尤其是李路遥。

自从项东方搬出那些停车位以后，李路遥就觉得项东方好像处处跟自己作对似的。李路遥车子多，客人在他的场子里停留的时间自然就比较长，他领着客人逐一介绍自己的车子，可是有时转了半天，客人突然间问起停在旁边的属于项东方的车子。这种时候，李路遥要么一脸的尴尬，要么随口撒个谎说：这些车有点问题，所以才那么便宜！客人有时会被他唬住，乖乖地买了他的车。有时一些聪明的人不信邪，拿起手机，照着贴在车窗上的号码给项东方打个电话，自然就变成了项东方的客人。李路遥开始把项东方视作眼中钉肉中刺，必欲拔之而后快。

有一天，项东方接到修车店主阿富汗人的电话，请他过来一下。进到他的办公室，阿富汗人也不招呼他坐下，只是面无表情地对他说：

“对不起，下个月开始停车场不能再租给你了！”

“为什么？”项东方十分惊讶地问。

阿富汗人支支吾吾地说：“最近生意比较忙，停车位不够用。”

“不对吧？很多位置都是空的！”项东方知道他在撒谎。

阿富汗人显得很尴尬，脸上的白斑因为血液涌动而变得白里透红。稍待片刻，他恢复了平静，漠然地说：

“好吧，我就实话实说了吧！有人出一千块把它包下来了，一年的合约。”

项东方本能的反应是：这一定是李路遥捣的鬼！他压下怒火，问：“能不能告诉我是谁？”

“不，不，这是商业秘密！你要是愿意，一年以后可以出更高的价钱把它租回来。”

项东方在心里骂道：租你妈个球！那块地就值五百块，干嘛要花双倍的价钱？他也知道自己奈何他不得，因为彼此并没有签合约，他可以随时变卦。不能怪阿富汗人的唯利是图，怪只怪那个背后捣鬼的人。他心情复杂转身就要离开，阿富汗人伸出手说：

“再见！祝你好运！”

他那只手长满了像金钱豹一样的白斑，那些白里透红、光滑的斑点长在那只皮肤黝黑的手上，分外的显眼。看着这只向他伸过来的手，项东方感到万分的恶心，一跺脚，悻悻地说了声：“拜拜！”转身扬长而去。

他心情郁闷地走过停车场，刚好碰到李路遥阴阳怪气地瞟着他。他的气便不打一处来，开口骂道：

“你小子够阴的。咱们走着瞧，你会有报应的！”

李路遥冷冷地“哼！”了一声。

项东方必须在一个月的时间内把停在那里的十几部车处理掉，否则期限一到就不好办了。这谈何容易，车子本身不是说卖就能卖的，你越是焦急它就越是难办。他不断地降低价钱，勉强卖掉大半。眼看期限就差几天了，不得已，他把剩下的几部车搬回到拍卖场，以批发价卖掉，当然赔了钱。

一下子少了十几个停车位，他只剩下五个位置，生意大受影响，有力无处使。但李路遥仍然觉得他是个威胁，不肯放过他，又玩起了阴招。他竟然和与他打过一架的约旦人联合起来对付项东方。约旦人有个亲戚想入行做生意，这栋楼里还有一间空置的办公室，但停车位已经占满，按规定是不能再做车行的。但李路遥心眼多，脑筋一转就想出了一条毒计。

一天下午，管理办公楼的墨西哥裔小姐走进项东方的办公室，以征询的口吻说：有一个人要租用那间空置的办公室，为了要通过车管局的审查，取得车商的执照，必须要两个停车位，所以，能不能腾出两个位置，先借给他，等他通过车管局的审查，再还给你。她特别强调这是暂借的。项东方知道这种猫腻，这是糊弄政府部门的花招，因此他不介意。而且，平常跟那小姐也挺熟的，不好驳回她的面子，于是就大方地同意了。

项东方腾空了两个位置，约旦人的亲戚很快就在上面安上自己公司的招牌，获得车管局的审核通过。几天后，项东方要求那人把停车位还给他，这个矮墩墩、秃脑袋的家伙却理直气壮地说：这是我的地方，怎么可以给你！

项东方气愤地与他吵了起来，然后拉着他去找秘书小姐。没想到，这小姐一下子翻脸不认人，理直气壮地说：他需要这些位置，不然怎能保持他的执照呢？项东方据理力争说：大家明明说好是借给他的，怎么能不还呢？小姐从保险柜里翻出项东方当初签的原始租约，一板一眼地说：你本来就只有三个位置，现在刚好是三个，没什么好说的。项东方顿时语塞。当初签约时，楼主确实给了他三个位置。后来，他要求给他多加两个，每月多付额外的租金，但没有另签合约。这下他只好哑巴吃黄连，有苦自己知了。

这件事，表面上李路遥好像并没有参与，但项东方能感觉到他是幕后主脑，他想用调虎离山之计将项东方逼走。事已至此，项东方觉得留在此地也没有什么意思。其实，自从一开始跟李路遥闹翻，他就感到此地不宜久留。两个曾经的朋友脸皮已经撕破，每天还要低头不见抬头见，实在是别扭，他早就想走开。如今，是别无选择，他也顾不得什么脸面不脸面的，三十六计走为上计。决心既下，他一条心要搬出去，越快越好。

第五十四章 有理说不清

项东方早就知道，适合作车行的地方是很难找的，一般的商业区不一定适合，那几乎是百里挑一的难度。不过，他既然决心已下，就只有全力以赴了。他将自己的搜索范围不断扩大，最后在几十英里外的圣何塞找到了一个地点。那是一个更正式的车行，有两间办公室，加上一个颇大的停车场，足够摆放几十部车子，四面还有铁丝网围起来，非常安全。

做出决定之前，他专门蹲点考察了周围环境，发现这里车流量很大，比原来的地方繁忙得多，而且，这里靠近市中心，人来人往的很热闹。当然，他也发现这里作为旧城区，街道狭窄，房屋破旧，住的多是穷人，周围聚居着大量的黑人和墨西哥人，再往外一圈是号称“小西贡”的越南人的地盘。在这样的地方做生意，自然得适应环境。他想到的对策就是以烂对烂：在烂区就卖烂车。意思是要卖更加便宜的车子，这也符合他当时的条件，因为他现金短缺，只能少花钱多办事。

拿定主意后，他打电话约见屋主。那是一个白人老太太，身材较矮，已经七十多岁了，头发花白，身板却很硬朗，神采奕奕、声音响亮。在停车场上，项东方第一眼见到老太太时，从她眼中看到的是满腹的狐疑。老太太的眼神仿佛在告诉他：一个中国人，一个书生模样的中国人，怎么可能做好这盘生意？

这样带有歧视的目光他已经见得多了，根本不以为意。他坦然地和老太太交谈起来。老太太絮絮叨叨地说了一大通，他才终于明白她开初为什么对自己疑虑重重。原来，这个场子不到一年半的时间内，已经换了四个租客！这些人不是拖欠租金，就是被客人告上法庭，或者被政府追讨债务，几乎是几个月一换，没有一个能做久的。老太太被这种走马灯式换人搞得很厌烦，希望能找到一个能长期稳定的租客。明白了个中奥秘，项东方要老太太放心，他说自己做这一行已经好多年了，经验丰富，只要大环境没有什么，我会好好的。老太太方才放心和他签了一年的合约。

刚搬进来没几天，一个穿制服、全副武装的警察走进了店里。项东方正在停车场上，第一眼见到他，愣了一下，心想没什么事吧？那警察中等个头，看见项东方，便笑眯眯跟他打招呼。项东方有点纳闷：以往与警察打过许多交道，警察们虽然还算礼貌，但通常都板着脸，很严肃，今天是咋回事呢？打过招呼后，那警察说：知道你刚搬进来，想认识一下，以后有什么事好联系。俩人客客气气地闲聊了几句，项东方给了他一张名片。警察走后，项东方就琢磨开了，想了半天总算弄明白了。原来警察穿着制服就表明他在执行公务，如果没什么事情又没有得到允许，是不能随意进入私人领地的，以前就听说过警察被人轰走的事情。难怪他态度那么好。再转念一想，以前从来没有警察主动上门示好的，看来这地方治安恐怕有问题，因此要多加小心。

自从认识罗杰后，客人去试车时项东方再也没有跟随，而是让他们自己去。这样做不仅自己省事，而且也使客人感到放松，因为没有咄咄逼人的销售人员跟着，他们可以放心地试车。很多时候，他连客人的身份文件都不看。多年下来，从没有出过问题。一次，一位刚从国内出来的人来买车。项东方根本没看他的驾照，就让他自己把车开出去兜了一圈，客人买了车以后，发了一通感慨说：这样的诚信实在是难以想象的！项东方平淡地对他说：这再平常不过了，诚信是美国社会生活的润滑剂，靠着它商业和人际关系得以运行。他的这种信念自然没错，但后来却经受了严峻的考验。

一天下午，店里来了一个二十来岁的白人男子，样子看来挺体面的。他并没有电话预约，而是径直走进来的。他指定要看一部现代车。项东方本来打算直接把钥匙交给他，让他去试车。但临时还是多了一个心眼：新来乍到，对当地情况不是很熟悉，还是谨慎一点为妙。他用笔抄下那人的驾照号码，就让他把车开走了。过了半个小时，那人不见回来。项东方并没有太焦急，客人有时把车直接开到修车店去检查，或者开回家让别人看看，也是有的。谁知又过了半小时，还是不见踪影，他开始不安了。心情烦躁地又等了一个小时，他终于忍不住了，拿起电话就拨到了警察局。对方告诉他，像这种情况要等四个小时才能报警。好不容易再等了两个小时后，他拨通了警察局的电话。

半个小时后，一部警车开进了店里。警察在办公室里，一边问情况，一边填报告。然后，他让项东方在报告上签了名。他拿着报告回到他的车上，大概是用电脑查找资料。过了一会，他回到办公室对项东方说：你真不走运，这个偷车贼是个瘾君子，上星期才刚刚假释出狱。送走了警察，项东方只好自认倒霉。他的车子被偷，不是第一次了，不过以前都是车停在路上或者停车场上被偷的，当着自己的面把车子偷走这可是第一回。这算是给了他一个下马威，引起了他的警觉。

在他们的权限范围内，美国警察还是很有效率的。过了几天，项东方就接到了警察局打来的电话，告诉他说：他的车子找到了，在一百多英里外的北湾。项东方拿起警察报告，驱车两个多小时，来到那个小城市，找到了那家拖车公司。

他与这些拖车公司打过多次交道，很熟悉。这类拖车公司与普通的拖车公司不同，它们是警察部门指定的公司，大凡警察要拖的车子，都由它们处理，什么违章停车、牌照过期、吸毒犯罪的等等，警察一个电话，这些拖车二十四小时全天候随叫随到。它们几乎是垄断性的，又是暴利的行业，一趟两三英里的活，项东方如果找熟悉的拖车，最多四五十块钱，可是这类公司通常会收你两三百块，另外储存费每天五十到八十美元不等，如果你不及时把车取走，后果会十分严重。这些价钱是没有任何商量余地的，它们是如此暴利，以致坊间有人说：警察局会分到部分的利润。这到底是真是假，没人知道。不过，拖车公司大多戒备森严，监控录像自不必说，门窗都加上铁栅栏，以防有人报复捣乱。

项东方隔着铁栅栏，从窗户底下的缺口把警察报告递上去。里面一个壮汉看完后，面无表情地说要核对身份，项东方又把驾照递上。壮汉说一共欠款七百七十五美元。项东方虽然早有思想准备，但听到这数目还是愣了一下，忙问：怎么算的？壮汉说:拖车费两百五，储存费每天七十五，共七天。项东方没话说，把钱付过，走到外面。过了一会，车子开到他面前，他把车子检查了一遍，还好车子完好无损，只是里面弄得很脏，塞满了杂物。看来这个贼偷车只为了自己方便，弄部车来开开，并没有别的目的。项东方却无端端地赔了七八百块钱，他本来也可以报保险，但考虑到保险公司来年会涨保费，还是自己消化了。

自从这件事发生以后，项东方开始改变策略，凡是试车的人一律要复印身份证件。然而，还是防不胜防，盗车事件还是发生了几起。经济开始好转，他的生意也逐步走入正轨，他“以烂对烂”的对策产生了成效。以前，他从来不知道美国社会居然还有那么多的穷人，现在他才深有体会。据说，曾有权威部门统计过，美国百分之七十的家庭拿不出1000美元的应急现金，项东方从自己的经验中发现这可不是空穴来风，应该是相当真实的。他卖的车价格范围从一千五到五千美元左右，即便是如此便宜的车，还是有很多的顾客要求贷款，甚至一部一千多块钱的车子也有人要贷款，首期放下三五百，月供一两百。那些穷得叮当响的人就靠着这部去车找工作，养家糊口，没有了车，他们可能就丢了工作，一家人就跟着去喝西北风。这些人大都信用极差，到处欠债，不是欠学生贷款，就是欠水电费，或者欠医疗账单等等。他们通常很难找到地方买车，因为，太便宜的车没有什么利润，大多数车行都不愿做，银行也不愿贷款。有时候，他们好不容易找到一些小车行，可是当人家一看到他们的信用报告，马上就拒绝了。

项东方将自己主要的生意定位于这些人，一方面自己的条件有限，只能卖便宜的车；另一方面，便宜车的买主多是没有钱的人，所以一拍即合。有些人到这里买到车后欢天喜地的，日后尽力还款；有些则不然，选择破罐破摔，既然信用那么差，一时半会无法改变，干脆就让它烂下去，他们买到车后或者交了几次款后就销声匿迹，或者干脆一次款都不交，直接失踪。这让项东方吃了许多苦头。

某天，店里来了一个高个黑人，二十来岁模样，一副运动员的身板。他试过几部车后，选定了一部福特轿车，那车子够大，适合他的身材。项东方要了他的个人资料，在电脑上一查，发现他的信用分低得令人难以置信，几乎是垫底的份，有许多被追债的记录。奇怪的是，他的工资单上显示他一个月赚三千多块，一个单身汉本应够用的了，何至于这么困窘呢？项东方于是便问他怎么回事。老黑有点不好意思说:自己像女孩子那样，喜欢买东西，特别是衣服和鞋子什么的。项东方细看他的银行月结单，果然发现他在许多大商店和远动用品店有大量的消费，还有就是在外面餐馆吃饭，每天三餐就用掉几十块钱。这样大手大脚地花钱，实在不可思议。

项东方一边看材料，一边跟他聊了起来。老黑说：自己原来是加州大学戴维斯分校的学生，是橄榄球员，球打得好，书却读不好，觉得念书太辛苦了，才读了三年就退学出来打工。项东方一边为他感到惋惜，一边跟他解释信用对于一个人有多么重要。老黑如梦初醒地说：原来这样啊，我从来不知道有这回事。项东方看着这样一个看起来似乎憨憨的年轻人，开始不大愿意把车卖给他。老黑不断说服项东方把车卖给他，说没有车就不能上班，并保证会如期还款。经不得他的劝，项东方想起自己当初被人追债时的心情，心就软了下来，最后，老黑交了五百块美金的首期就把车开走了。

过了一个月，不见任何动静，老黑没有还款，也没有主动联系。项东方翻出他的电话，打过去。老黑说：最近太忙了，星期五一定来交钱。到了星期五，还是没有动静。项东方再打电话过去，对方电话已经停掉了，他这下才焦急起来。他找出老黑所有的材料，认真研究了一番，终于发现老黑给的地址完全是假的，那条街根本就不存在，无论是在地图上还是在市区里，都找不到！老黑用他驾照上的旧地址（那是在另一个城市的街道），他只改了一个号码，把这个地址照搬到这个城市里来。项东方当初居然没有发现这个漏洞。他接着又翻出一张老黑手机公司的账单，老黑也是用这个假地址，但账单上清清楚楚地标明此地址无法核实！那家手机公司是全美最宽松的公司，不查信用，它的政策就是如果不按时交款就停机，所以它也不怕你作弊。项东方还发现，老黑居然在自己工作的公司的工资单上也用这个假地址。也就是说，这老黑已经骗倒了许多人。因此，项东方觉得这完全是诈骗，是有目的地用假信息来骗取利益。

他气愤地打了个电话到警察局，接电话的是个女人。听完项东方的叙述，那女人说：这应该属于民事纠纷，警察不管。项东方觉得好笑，明明是诈骗，怎么变成了民事？他只得耐心再解释说：他用虚构的地址来骗取生意，从一开始就有意作案。女人沉吟了一下，接着说：如果是这样，你就来警察局立个案吧。

项东方并不想去警察局，他讨厌跟警察打交道，他们自以为是、傲慢固执，有时偏执得愚蠢。但是，为了讨回公道，他又不得不去。这警察局离他的店并不远，就在市中心，是一个三层楼的建筑，并不大。项东方以前已经来过无数次了。每当他来到这里，他就时常纳闷：这么一个上百万人口的城市，就只有这样一个小小的警察局，既没有什么分局，更没有什么派出所，怎么能管好这个城市的治安呢？

他走进狭小的接待厅。这是一个长条形的小房间，大约只有二十平方米，近门口的两边摆放着两张长椅，厅的尽头就是接待来访的柜台，一面大玻璃上开了三个窗口，分别坐了三个警员，负责处理居民问询和报案，左边还有两个窗口，处理被拖车辆赎回手续。项东方进来时只有两个人坐在椅子上，不知在等什么。他便径直地走到尽头右边的窗口，里面坐着一位年轻的白人警察。那警察问他有什么事，项东方将嘴巴对着玻璃上几个小孔，简短地把事情经过讲给他听，一面把文件给警察看。警察并没有认真地看那文件，没听完就不耐烦地说：

“这属于民事纠纷，不关我们的事。”

项东方愣了一下，但还是礼貌地说：“我昨天跟一个女警通过电话，她叫我来报案的。”

那警察依然态度生硬地说："你现在是在跟我说话！我说管不着就是管不着！"

项东方觉得很憋屈，但依然耐住性子说："你知道，那家伙伪造了一个假地址来买车，那个地址无论在地图上还是在城市里根本就不存在，这难道不是诈骗吗？"

警察态度有所缓和地说："既然他给了你他的真实姓名、驾照和社会安全号码，我觉得那不是诈骗。"

项东方仍然搞不懂，于是坚持道："但是，地址是伪造的，是有目的地逃避追债的可能。"

"哪他有没有付月供款？"

"这才是问题的关键。他不仅没付款，还把电话停了，人也不可能找到，因为根本就没有那个地址。"

那警察转头跟旁边一个女警嘀咕了几句，然后对项东方说："如果是这样，你先给他寄一封挂号信，等十五天，如果他不回复，你再来这里。"

项东方知道这是脱裤子放屁多此一举的事情，真不明白这家伙是怎么想的。他知道相关的法律是这样的：如果一个人贷款买车，到期不交月供款，贷款人有权立即没收车子，然后寄出一封挂号信，限令对方十五日内来还款，否则就会失去车子。至于什么时候收车，那是因人而异的，有的银行和车行可能会用电话或者书面催促购车人还钱，有的人根本就一声不哼，期限一到直接就把车子拖走，省得车主打埋伏，而那封挂号信只是收完车后的一道手续而已。

他不明白那警察到底是什么逻辑，可是又不能跟他争辩，只好无可奈何地离开了。多年来在与美国政府公职人员打交道的经验中，他已经领教了他们那种个人化的处事方式，他们往往根据自己对政策法律的理解，配合自己的脾气喜好，来处理碰到的人和事，因此一百个人可能有一百种不同的答案和做法。没来美国以前，他就对这种事略有所闻。在等待签证的人群中总是流传着某些说法，说某某签证官态度好容易签，另一个签证官脾气臭，十个有九个拒签等等。在美国呆久了，对这样的情况也就见怪不怪了。有时候车管局的工作人员在电脑上多按了一个键，你就可能要多付几百块的牌照费或者罚款。每当有这种情况发生时，项东方都会多一个心眼，让对方再核实一遍。如果确实不行，他就要求工作人员暂时停止，等上一两天再去，碰到另外一个工作人员，事情可能就完全不一样了。

还有一件事让他体会更深。车商们买回来的车子情况比较复杂，有的车子没有牌照，有的注册过期，不能在公路上行驶，因此车管局发给车商一些特殊牌照，车商们把这些牌照挂着任何车上都畅行无阻。特殊牌照之所以特殊，是因为它只发给有执照的车商，它有特殊的号码，一眼就能认出来，而且是两年续一次。普通私家车牌照每年注册一次。在加州汽车牌照做得简单明了，后面牌照的左上角贴着月份的贴纸，这贴纸跟着这个牌照一辈子，是不会变的；右上角则贴着彩色的年份贴纸，每年要更换，按红绿橙蓝黄五种颜色依次轮回、周而复始。警察跟着你身后，一眼就能知道你的牌照是否过期。特殊牌照虽然与普通牌照使用同样颜色的年份贴纸，但因为它两年才换一次，所以它的颜色常常与当年大部分车子的不同，例如别人都用蓝和黄色时，你的特殊牌照可能用的是红色，好多警察因为不懂或者疏忽常常引起误会，项东方无数次地被警察截停，最后不了了之，当然永远也不会听到警察的道歉。

一次，项东方关了店门，走在回家的路上，天色已经黑了下来。在转入另一条高速公路时，忽然发现背后跟着一辆闪着警灯的警车，他赶紧停到路边。一个越南裔警察走到他的右边，告诉他你的牌照过期了。项东方觉得好笑，但仍耐着性子说：

“长官，拜托你再去看一遍！我的牌照明年才到期呢！”

那警察走到车后，用手电照着车牌，认真地看了一遍，又折了回来，不再提牌照的事，也许他意识到自己错了，而转口问道：

“你现在干嘛去？”

“我回家啊！”项东方理直气壮地答道。

“你的车挂着特殊牌照，只能用在商业上，不能作私人用途。你知错吗？”

“长官，”项东方心想他可能不懂或者装糊涂，只好耐心地解释说:“我知道这条法律，但它说的是车商可以为了商业或者私人目的而使用特殊牌照。你可以去查看一下。”

一丝尴尬的表情写在那年轻警察的脸上，可是他仍然固执地坚持说：“特殊牌照是给你做生意的，不是让你把车开回家的！”

项东方一时感到气结，但又不能跟他硬顶。他知道那警察随时可以给他开一张罚单，即便自己有理，能够在法庭上胜诉，但那实在是费时费力、劳民伤财，没有必要跟他硬碰硬。于是，他委婉地说：

“要不，让我跟你的上司谈谈？”

“好吧！”

那警察竟然顺水推舟地同意了，然后走到车后，居然在半分钟内就领来了一位白人警察。不知道此人是碰巧路过，还是被人招来支援的。项东方的经验是，如果一个警察发现什么可疑的事情，他通常会召唤同僚或者上司，请求增援。这白人警察是个中年人，显然比那越南人更老练。他趴在项东方的右车窗上，微笑着跟项东方打了个招呼，然后继续微笑着问：

“先生，请问你有你们公司的营业执照吗？”

项东方立时愣住了：谁闲着没事把营业执照带着身上啊？他只好老老实实地说：

“没有，执照挂在公司的墙上呢。”

那警察好像有点得意了，但依然不动声色地问：“没有营业执照，你怎么证明你是车行的东主呢？”

项东方十分恼怒，他曾被警察截停不知多少次了，但从来没有一个人问过他营业执照，看来这家伙够厉害，让他给抓住把柄了，因为他知道特殊牌照只能给车行东主和少数有关人士用，其他人是不能用的，只有营业执照能证明自己是东主。于是他试着解释说：

“你们看过我的保险，上面有公司和我的名字。”

“可是那无法证明你在公司里的身份啊！”那警察依然微笑着盯着他说。

项东方看无法绕得出去，正想要怎么样才能摆脱困境，他紧张不安地望着那警察，看到他好像没有什么恶意，忽然之间恍然大悟：原来他们只是要找一个台阶下，不会把他往死里整。于是，他改口道：

“我明白了。我下次一定会随身带上一张执照的复印件。”

“这就对了，先生！”那警察松了口气，然后轻松地说：“你可以走了。”

这好像是一个双赢的局面，项东方没有被开罚单，警察也挽回了面子。可项东方一点都高兴不起来，像以前类似的遭遇一样，不仅浪费了时间，而且搞得人心惊胆战的。从那以后，他真的复印了一份营业执照，把它夹在钱包里面，以备警察的查验。但依然是防不胜防，因为每次警察拦他都会以不同的借口为自己的错误开脱，项东方永远都占不到便宜。经验告诉他，跟这些人打交道，只能遵循他们的逻辑。

从警察局回来后，项东方给那个老黑发了一封挂号信，当然是石沉大海，没有任何回音。半个月后，他拿着那封信的收据，又去了一趟警察局。这次他碰到的是一个越南裔警员。这人的态度倒是挺好的，他听完项东方的叙述，笑眯眯地说：

“这样的事属于民事纠纷，警察是管不着的。”

项东方在心里骂道：真他妈的混蛋，又来这一套！他申辩道：“半个月前，你们的人叫我寄一封挂号信，我寄了，人家根本没有反应，所以我才回来找你们。”

那警员一本正经地说：“如果人家把姓名、驾照和社会安全号码都给了你，并且签了合同，那就是正式地做生意，而不是诈骗。”

“可是他编造了一个伪地址，有意骗人啊！”项东方有点光火了，直愣愣地抢白道。

这警察还真有耐心，依然笑着说：“如果他给了你一个假地址，你应该去核实。你没做，那是你自己的责任。只有当一个人给警察假地址时，才构成犯罪行为。”

这说得项东方简直无言以对，可是心里始终转不过弯来，明摆着一个诈骗案竟被这帮龟孙理解为民事纠纷，他实在是搞不懂，他知道再说也没用，只好沮丧地走了。

过了一个多月，他收到一份另一个城市警察局的通知，说是那部福特轿车被拖走了。他开了一个多小时的车，赶到那个警察局，拿到出车放行证。他顺便问了一下车子被拖的原因，一个女警告诉他车主因为参与贩毒而被逮捕。他再赶到拖车公司，交了五六百美元的赎金，才把车子取了出来。才几个月时间，原来干净整洁、漂漂亮亮的一部车如今被撞得呲牙咧嘴、坑坑洼洼，车里面堆满了垃圾，座位上、天花板上到处都是烟头烫出来的痕迹。在文件盒里，他还找到一张以前的假释出狱证，上面就写着那老黑车主的姓名。看着这一切，他可真是欲哭无泪了。

第五十五章 被遗忘的角落

要在激烈的竞争中立于不败之地，控制成本是关键的一环。项东方虽然能够在拍卖场买到较便宜的车子，但也正因为太便宜了，所以往往有许多毛病，需要修理。在美国人工很贵，修车店通常按小时收费，每小时从65美元到一百以上不等，修理一个小问题随便就几百块，大毛病就不必说了。开始时，项东方不认识人，没法子只好到外面修车店，成本就高，把本来便宜的车子成本弄高了，所以，利润并不理想。

为了改变这种情况，他尝试着自己修理。他在大学虽然学的是文科，但动手能力很强，中学时就喜欢做些物理和化学实验，下乡时为了偷听香港的电台，还曾经自己装过晶体管收音机，后来又做过木工和泥水工，什么都难不倒他。他先从一些小毛病开始，例如换火花塞、高压线圈，换刹车片和发电机等等，慢慢地就发展到一些更大或者更难的问题，像什么变速箱，什么仪表板等等。碰到不懂得东西，他就上网寻找援助。令人难以置信的是，他为此居然省下不少的钱。多年下来，他开过的车没有三四千，也差不了多少。一部车一经他的手，开出去兜上几分钟，就大概知道什么地方有毛病，要修什么心里也就有个数了。

一次他买回来一部现代车，车一开上路，他就觉得变速箱不对劲，换挡时跳得很厉害，检查引擎的警告灯一直亮着。他把车子拿到两家熟悉的修理店，两个人都告诉他，这车要换变速箱。这可不是闹着玩的，就是换旧零件也得一千五以上，更别提新零件了。他不甘心，也不信邪，上网研究了半天，终于找到了真正的毛病：原来这并非变速箱本身有问题，而是电脑出了故障。他将电源断掉，第二天再接上，车子跑起来就跟新的一样顺畅。

还有一次，一部道奇车的仪表板有些指针和灯不工作，外面的师傅都说要换掉整个仪表板，或者要全面检查电路，那自然又是个大工程，收费不菲。作了一番研究后，他自己把仪表板取出来，使出下乡时安装收音机的本事，将一些焊接点重新焊好，再装回去，一切工作正常。自那以后，他对那些被外面修理店判定死刑的车子，总是多留意一点，不轻易花大钱去修理。

修理车子让他有一种充实感，每当修好了一个问题，看着刚才还是瘫痪的车子，现在已经完好如初，就像医生看到病人康复那样，他的心情就特别高兴，比卖掉一部车还兴奋。因此，他就越干越欢，连修复车身板金和喷漆这种又脏又累的活，他也亲自动手。一部回来时满身坑坑洼洼、呲牙裂嘴的车子，经过一系列敲打、补灰、磨平、喷漆和上光之后，变成一部面目全新的车子，每当这时候他心里就会有一种成就感，那绝不亚于一个整形医生修复了一张被火烧伤的脸时的感受。

他不满足于修车，还在零件上下功夫。在外面买零件，新的自然贵，旧的在他看来虽然便宜几倍，但还是不够便宜。功夫不负有心人，他后来发现了一个非常便宜的旧零件来源。当地有一些自助拆车场，只需交上两块钱，自己带上工具，爱拆什么就拆什么，价钱比一般旧零件又便宜了几倍。只要不怕辛苦，可以节省许多成本。

然而，拆零件可不轻松，实实在在是个又苦又累的差事。拆车场通常都有一两个足球场那么大，地面上只铺着一层鸽子蛋般大小的碎石，人走在上面会松动，发出“格滋格滋”的声音。所有报废车的轮子都被卸掉，然后被架起来，排列成整整齐齐的一排一行，几百部甚至上千部车子汇成一个车海。因为是露天的场子，容易受天气的影响，而这地方天气实在是太好了，一年到头，多数日子都是晴天，早上偶尔有从海湾吹过来的雾，遮住太阳，等雾散尽，万里晴空一片湛蓝，没有一片云朵，热辣辣的太阳直接照射到碎石上，又反射回来，温度越升越高。当你提着沉重的工具箱，一瘸一拐走过松松垮垮的碎石上，什么事都没干，就已经满身大汗了。有时候，如果要拆大型的零件，你还要用到手推车。那手推车整个就是用铁制成的，连把手也是铁做的，本身就已经十分沉重，如果再装上一个发动机或者变速箱，推着它要走过一两百米的碎石路，那份艰辛只有亲历其境的人才能体会。有很多时候，项东方干到一半，就忍不住想放弃，心想着：就为了省那几块钱，何苦来着？但每一次，他都咬咬牙，告诫自己再坚持一下，最后顺利地完成任务。就这样，冬去春来，寒易暑往，日复一日，年复一年，他无数次踏进走出这些熬人的拆车场，他已经习以为常了。

进来废车场拆零件的人基本上有两类人。一类人是为了自己的车找零件，偶尔才会来；另一类是专门吃这一行饭的，他们每天都来，拆走一些抢手车的零件，转手卖给一些零件商，从中获利。这些人中墨西哥人最多，其次是黑人，越南人，白人，中国人很少，像项东方这样的人就更不多见。

一天中午时分，项东方已经顶着骄阳在拆车场干了好几个钟头，他拆了一个车门、一个散热水箱，还有一些小零件。他把它们放在手推车上，吃力地推着车子，穿行在一排排废车中间。火热的太阳照在身上直发烫，汗水湿透了T恤，他只戴着一顶棒球帽，能觉得头顶上的汗水从发间不住地渗出。沉重的手推车碾过碎石左一拐右一撇，发出“格滋格滋”的响声。他走得很慢，一边喘着气，一边左右张望。他正在寻找一部日产车，要拆一个空调压缩机。

场子里所有废车的车头盖都已经打开，轮子被卸掉，有的车零件已被掏空，只剩下一个空架子，异常的丑陋，等着被移走，送到附近压扁回收。有的车刚刚才摆出来，还完好无损，地上到处散落着一些废弃的零部件，成为横在路上的绊脚石。虽然，那些废车都是杂乱无章排放在一起，并不按年份和牌子排列，但凭着自己的经验，项东方只要远远看一眼就知道那是什么车子。尽管这样，他还是要推着车子一排一行地寻找。

干了半天，又累又渴，肚子也饿了，因为他有胃病，肚子饿时，推车的双手开始微微颤抖。他开始犹豫了，能不能找到那款车，他没有什么把握。这里车子虽然不少，但能否找到合适的很难说，再说即便发现了同一款车，说不定零件早已被人拆走了，因此，时常要看运气。他拿定主意，再走几行，没有的话就回家了。

他艰难地走着，双眼只顾得左顾右盼，没有留心脚下，一不小心踩到一个侧视镜，一个趔趄摔倒在地上。他瘫坐在滚烫的碎石上，右脚痛得连心。过了一会，等剧痛稍微缓和，他蹒跚地挪到一个废车的阴影下面，将后门打开，见后座已经被人拆开，与靠背分离，他便顺手把这个座垫扯下来，扔到地上，然后轻轻地坐在上面。阴影里的温度比外面低了许多，他的情绪却变得有点沮丧，心里在骂：真他妈的倒霉，眼看就要回家了，还来这么一下子！

场子里人很多。不远处有两个黑人在拆一个引擎，他们已经把所有的螺丝和接口松开，正在用一个手动吊车把它拉出来。那吊车装在四个轮子上，足有两米多高，有一条安装在滑轮上的铁链。他们把铁链勾住引擎，吃力往上拉。项东方都能听见铁链在滑轮上拉动的声音。一个墨西哥人头顶着一个拆下来的车门往外走，两个中东人推着装了一个变速箱的车子从旁边经过，不时会听到一些完全不懂的语言从远处传来，流动厕所的气味随着微风时不时地飘过来，一架大型叉车举着一部已被拆光零件的废车从附近驶过，扬起浓重的灰尘。

项东方呆坐在阴影里，抬头望望天空，碧空像海一样湛蓝透明、深邃难测，太阳毫无遮拦地横亘在天顶上。他忽然想起了希腊，那个坐落于地中海边上的小小国家。在那里海是蔚蓝的，天是澄澈的，那里的天气和这里十分的相似。曾经，那里温润的海风吹来了周边文明的种子，明媚的阳光催生了灿烂的古希腊文化；曾经……他忽然想起古希腊哲学鼻祖泰勒斯的故事。

古希腊人是个精于航海和商业的民族，他们凭借着自己的知识和武力，四处殖民拓疆，输出文化，建立了一个面积比现在大得多的国家，几乎包括整个地中海沿岸地区和岛屿。与希腊本土隔着地中海遥遥相望的小亚细亚（今属土耳其），曾经是当时希腊的殖民地，在那里有一个繁华的海港城市——米利都，公元前 624 年，西方世界的“哲学之父”泰勒斯就降生在米利都。泰勒斯是个学者，同时又是一个精明的商人。有一年冬天，他根据自己掌握的天文知识预测到明年橄榄一定会大丰收，便用低价把当地所有的榨油机全部租下来。结果，来年橄榄果然大丰收，他便把那些榨油机以更高的价格租出去，一下子发了大财。这个精明的商人，却同时也是一个耽溺于沉思的哲学家。他经常行不知步、食不知旨，喜欢钻研一些高深玄妙的哲学问题。

他一直来都在为这样一个问题所苦恼：在这个世界上，除了我们每日所见的日月星辰、山川河流，还有花草鱼虫这些现象之外，到底还没有一个统一的根本性的本质呢？就是说世界到底有没有一个共同的起源呢？这个问题已经折磨了他多年，因为直到那时为止西方世界里还没有一个人能够回答这个难题。一天傍晚，泰勒斯迎着微凉的海风，沿着海边慢慢地散步。海风吹来湿润的空气，他仰望着夜空中的繁星，心中又浮现出那个百思不得其解的难题，一失足掉进了一口古井，弄得满身泥泞。他于是大喊救命，刚好被一个路过的女佣听见了。那女佣原本就认识泰勒斯，她走过去一看，见是他，便不由自主地大笑起来：

“泰勒斯先生，你这么聪明的人怎么会掉到井里面去的呢？哈哈哈！”

泰勒斯被她笑得有点难堪，不由自主地说：“唉，我只顾得看天上的星星了。”

“又不是小孩子了，星星有什么好看的，还是多看看地上，看看路吧！”

“咳，小姐，这个你就不懂了。我就是想看看天上的星星和地上的露珠有什么关联。”

“哪你看到什么了吗？真是个书呆子！”

女佣说着把他拉了上来。泰勒斯拍打着身上的水，忽然灵机一动，脱口而出道：

“啊，我知道了，我找到答案了，世界的始基就是水！”

女佣莫名其妙地望着他说：“泰勒斯先生，我不明白你说些什么。”

泰勒斯也不理她，自顾自地说：“你看，太阳把海水蒸发起来，变成云雾，云雾凝聚成浓云，化作雨滴洒落大地，滋润万物生长，多余的水流进河里，汇入大海，最后又升上天空，如此循环往复，无穷无尽，所以说水是万事万物的根源！是的，水是一切的一切，水是世界的本源。”

泰勒斯说得兴奋莫名，女佣却听得目瞪口呆，她能听懂他的语言，但却不能理解它们的含义，她根本不知道泰勒斯掉进古井的这一跌所具有的历史意义，正是这一跌让泰勒斯顷刻顿悟到：水是万物的始基这个西方哲学的第一个命题。他开启了欧洲哲学的纪元，开辟了一条前无古人、后有来者的本体论之路。

在大学时，项东方第一次看到这个故事就觉得很有意思。也许这只是一个传说，但它反映了当时希腊的真实。那时候的希腊就像中国的春秋战国，人才辈出、百家争鸣，其中一个特点是，当时许多思想家、学问家都是经商的生意人，他们奔波于周边的国家与城邦，经商获利，同时又吸收和传播各地的知识与风土人情，一有闲暇，他们就稳坐书斋，著书立说、招徒授业。灿烂的古希腊文明正是在这样一些大师们手里创造出来的，而泰勒斯正是他们中的一个典型的代表。

如今，经过这么多年在生意场的摸爬滚打，项东方已经完全忘记自己原来学的是哲学专业。哲学本是离天最近、离地最远的学问，自己却完全颠倒过来了，离地最近，离天最远。自己与这废车场里来来往往、拼体力以换取微薄收入的人们一样，每天为了生计劳碌奔波、蝇营狗苟，早已远离了学问的殿堂，成了地地道道的下里巴人。

他叹了口气，从兜里掏出包烟，抽出一支点燃了，狠狠地吸了一口，把烟吹向天空，那缥缈的轻烟宛如丝丝白云，缱绻着融入到碧蓝的天穹中。望着缓缓散去的烟雾，他忽然又想起自己当年在北大时那种意气风发的模样，那时的自己曾大言不惭地自诩为社会精英，满怀雄心壮志而目空一切，仿佛上天揽月下海捉鳖都易如反掌。

他那时候纯粹就是一个书呆子，对钱没什么意识，从来都不关心。他平时潇洒惯了，每个月初一领到助学金，就去食堂买够一个月的饭票，余下的钱就买书抽烟，一到月底往往所剩无几，经常是饭票用完了，就去问同学借。记得有一次，还没到月底，他吃过午饭就踱进学校的书店，突然看见几本自己喜欢的书，他想都没想就买了下来。到了下午他打算去洗澡，衣服毛巾都准备好了，摸摸口袋只找到三分钱，急得他团团转，这时一个同学都找不到，正当他准备放弃时，手里的硬币忽然松脱滚进了床底，气得他直跺脚，等他钻进床底时，居然发现多了一枚两分的硬币！那时学校澡堂洗一次五分钱，他拿着这几个硬币便兴冲冲地跑去澡堂，为这事还高兴了半天。如今，当初那个言必称希腊、整天高喊着全盘西化的社会精英，已经沦落为一个没有理想满身铜臭的商人，整天围着钱打转，每当他拿起一大叠美金，一张一张地数着，并且嗅到那种特殊的油墨味时就会有一种沾沾自喜的感觉。想想当初，看看现在，他似乎心有不甘，有些羞愧。

他忽然自言自语地问自己，到底是什么改变了自己？为什么自己会变得如此的庸俗不堪？那么多年来，他似乎从来没有停下来冷静地反省自己，只是一任生活顺着惯性前行，自己已经变得十分的麻木不仁了。他记得自从开始做生意以来，就再也没有看过一本完整的书了，他能够记起自己以前的专业，完全是突然跌倒的那一交，让他想起了泰勒斯。

他呆呆地望着湛蓝而深邃的天空，仿佛想把自己的思绪穿越过去，在神秘的天穹深处挖出某种秘密来，直到香烟烧到了他的手指，他才猛地一惊，甩手把烟头扔掉。他垂下头来，又重新看见面前那一排排、一行行呲牙咧嘴的废车。一阵微风吹过，带来了一股浓郁的流动厕所的气味，倏忽间让他回到了现实之中，刚才那些突如其来的思想和记忆立刻就被眼前的情景所淹没，沉落到心底，再也没有出头之日。

一回到现实中，他突然就感到肚子饿了。他立刻打定主意要回家。他用手揉了揉刚才扭伤的脚腕，似乎没有那么疼了。他站起身，吃力地推着车，在废车丛中左冲右突，抄着近道往外面走去。没走多远，不期然地就碰上了一部日产车，正是他所要找的那一款。再近前细看，空调压缩机还好好地安放在车上。他一阵狂喜，提来工具箱，就要开拆。可是，他却忽然发现自己少了一个 12 公分的套筒扳手，刚才拆水箱的时候掉到地上的碎石里，怎么也找不着，现在没有它，根本就没法拆这个压缩机。这可难住了他，要回家心有不甘，要做下去又没有工具。正在这时，他听到附近传来金属敲击的声音，于是灵机一动：不如找人借去？

他循着声音走过去，只见一个墨西哥人正蹲在地上，用力在拆一条车轴，没有注意到他的到来。他礼貌地跟那老墨打起了招呼：

“嗨，阿米哥！”

讲西班牙语的墨西哥人称朋友为“阿米哥（Amigo)”，见到陌生人他们也这样叫，好像一下子就会拉近些距离。因此，别的族裔的人也喜欢模仿他们，见到他们就称他们为“阿米哥”。旧金山湾区一带过去曾是西班牙人的殖民地，墨西哥从西班牙独立后这里又成为墨西哥的属地，墨西哥人是当地的土著。十九世纪末，美国在与墨西哥的战争中获胜，将加州夺了过来，但当地居民却留了下来。以后，大量合法与非法的移民从墨西哥和中南美洲进入。这些人长相近似，又都说西班牙语，外人很难区分，一般笼统地称他们为墨西哥人。土著的墨西哥人和他们的后代会说地道的英语，彼此之间却讲西班牙语；而新来的移民英语参差不齐。

那阿米哥听到项东方跟他打招呼，站起身一脸迷惘地望着他，随口应道："嗨！"顺手抹了一把脸上的汗，手上带着的油渍便印到了脸上，变成了一个大花脸。他身材五短，长了一个国字脸，脸本来就黑，配上一头蓬乱的头发和一双混浊而无神的眯缝眼，再加上那些沾在胡须之间的油渍，令他看起来非常可笑。

看着他那副尊容，项东方强忍住才没笑出声来。他客气地问道："阿米哥，有没有 12 公分的套筒扳手？"

阿米哥愣了一下说："有啊。"

"能不能借来用用？"

"不能！"

"为什么？"

"没钱没甜！（No money ， no honey ！）"阿米哥忽然爆出一句美国人常用的口头禅，还说得斩钉截铁一般。

这阿美哥英文不怎么的，这句美国人的口头禅倒说得挺溜。据说，很久以前，这句话出自一些妓女之口，她们用这句话来拒绝那些想吃白食的嫖客。后来，因其朗朗上口，又押韵，还有英文中少有的对仗，慢慢就流行了开来，意思也演变为"没钱没门！"或者"没钱没甜"。

项东方以前在这个场子也问人借过工具，而且，他也借过给别人，像阿米哥这样抠门的还是头一次见。他耐住性子问：

"多少钱？"

"两块钱就好。"

项东方给了他两块钱，拿着扳手就走了。很快，他就拆掉了那个压缩机，拿着扳手来还给阿米哥。

阿米哥站起身跟他聊了起来。这阿米哥原本在一家大众车行做修理工，不知什么原因被解雇了（后来，项东方才知道那是因为他爱喝酒耽误事，所以才被炒）。眼下，他上门给人修车，活儿时有时无，生活也就朝不保夕，有上顿没下顿的，难怪他这么抠门。

听他这么一说，项东方心里就忙活开了。他自己虽然会修一点车，但毕竟不是专业出身，很多问题也往往是束手无策的。况且，自己修车太费时间，有时候还会耽误生意。所以，如果找到一个技术好，价钱又便宜的修理工，对业务一定会有帮助。于是，他便试探地问阿米哥一些价钱。没想到，阿米哥给出的价钱真的令他吃惊又满意：换一个发动机包工包料五百块，变速箱四百块，比外面普通价钱至少便宜四五倍。项东方当即约他明天到店里来试工。

第二天，阿米哥来到店里，项东方让他去检查一部车子。这部车已经买回来几个星期了，外面修车店判定发动机气缸垫烧坏了，还有时规皮带也断了，修理费至少要一千美元左右。项东方犹豫了很久也没有下定决心。正好阿米哥来了，就让他看看，有什么好招。阿米哥看完，肯定地说：你干脆把整个发动机换掉，两个问题一起解决了，省钱省心。项东方觉得这是个好主意，但他还是有点担心地问：

“如果换过来的发动机不行怎么办？”

阿米哥毫不犹豫地用他那种墨式英文说：“No good，no pay！（不好不收钱！）包在我身上。”

项东方才放下心来说：“好，今天就可以干。”

没想到，阿米哥接着说：“你先给我两百块，剩下的三百完工后再给。”

项东方愣住了，心想：外面都是先干活后付钱，这老墨倒过来了，万一他拿了钱什么也不干，或者干不好怎么办？他困惑地看着阿米哥问：

“为什么要先付钱？”

“我没钱怎么买零件？”

项东方想想也没辙，他就这样一个穷光蛋，不给他钱，他还真的买不了零件。就让他干吧，如果不行也就没有下回了。

阿米哥拿了钱就去拆车场买回来一个发动机，两天之内果然把车子给修好了。项东方觉得很满意，便对阿米哥说：如果愿意可以留下来继续干，按件计酬。阿米哥正愁没处落脚，乐得个顺水推舟，成了项东方店里非正式的工人，天天都来帮项东方修车，实在帮了不少的忙。

第五十六章 惊弓之鸟

一天中午，一部样子老旧、油漆暗哑的保时捷跑车开进店里，一个大块头男人沉重地迈出车来。此人身高足有一米九以上，膀大腰圆，挺着个气球般的大肚子，光头锃亮，一双狼一样的绿眼睛，脑后的肥肉形成一条皱褶，将后脑勺分成两部分。他左耳戴着一个肥大的金耳环，双下巴下挂着一条粗大的金链，右手腕上也戴着一条同样粗大的金链，双手的无名指都戴着金戒指，其中一只还镶着深蓝色的钻石，左手还有一只价格不菲的百达翡丽金表。有意思的是，他却穿一件皱巴巴的 T 恤和一条磨得发白的牛仔裤。

一看见他，项东方便迎上前跟他打招呼："嗨，阿米哥！"

项东方第一印象就认定他是个墨西哥人，因此想跟他套套近乎。墨西哥人里面有一些血统比较纯粹的欧洲人后裔，外表与欧美人没有什么两样。

"你好！不过，我可不是什么阿米哥！阿布大部，大部那都……"大个子面露不悦之色，后面说的话项东方根本听不懂。

"哦，对不起，我搞错了。"

项东方有点尴尬，本来打算讨好他，没想到讨了个没趣，真是老猴子摔下了树。阅人无数、见多识广的项东方这次可看走了眼。面对着这位彪形大汉，项东方脑海中不住地闪过鲁智深和猪八戒的形象。等他开口讲话时，项东方才发觉自己大跌了眼镜。大块头说的英文断断续续、不太连贯，口音很奇怪，捉摸了半天，项东方才看出点端倪来。原来，大块头几乎在每个英文动词后面都加上"en"这个德语动词后缀，例如说"take"变成了"taken"，"put"变成"puten"。 好在项东方曾在大学里学过一年德语，这时他方才醒悟到这位老兄原来是德国人。

于是，他赶紧补充说："看来你是德国人吧？"

"这就对了！"大个子转怒为笑。

项东方能隐约地感受到他的优越感。在当今的美国，种族问题实在太敏感了，很少有人会在公开场合下表露出自己的倾向，这位老兄其实也没有直接说什么，项东方只是从他说"我可不是什么阿米哥！"时那种不屑的语气中，觉察到那种若隐若现的自负。项东方自我介绍了自己的名字，大块头则说他叫阿凡。这令项东方立刻想到了阿凡提，并在心里面就叫他阿凡提，以后熟了更干脆直接称他阿凡提，反正他又听不出区别来，只当是口音。阿凡提于是开始用他那种德式英语说，他想用那部保时捷作抵押，再贴一点现金来要买一部小轿车。

开始时，项东方兴趣不是太大。那保时捷是老款的，算老爷车它不够格，作普通车又太旧，加上车本身的条件不好，油漆没有光泽，车内配置残旧，空调不工作，音响又坏了，根本就不值几个钱。阿凡提用他那万分肯定的方式，极力说服项东方。项东方问他要买什么车。阿凡提指着一部四门的三菱幻景轿车说就要那辆。项东方觉得奇怪地问：你这么一个大个子干嘛要这样一部小车？他说买给老婆的。项东方要他多加点钱，阿凡提加了五百就停止了。项东方想只要这部三菱能赚点钱，那部保时捷不赔就可以了，于是成交。阿凡提十分高兴，开始与项东方兄弟相称，弄得项东方觉得有点可笑。自那以后，阿凡提三天两头就往车行里跑，陆续又买了几部车，不时帮项东方一些忙，还喜欢占点小便宜，慢慢地互相就熟悉了。

有一个黑人已经三个月没付车款了。打电话他不接，发了几封信也没有回音。项东方不得已决定要没收他的车子。法律规定，作为置留权拥有者，在债务人欠款不还时就可以没收他的东西。项东方以前也曾没收过许多车子，但都是交给专业收车公司做的，因为这是一件相当危险的事情，有些债务人有抵触情绪，会采取一些过激的行动来进行报复，曾有人上门拖车时被开枪打死。通常要付给这些公司三四百块钱，但收车公司的效率并不高，交给他们的任务，他们去了几次，找不到车子，就会搁在一边，最后不了了之。因为车子是特殊的商品，不像房子建在一块地上，搬不走，买房者不付款，银行随时都可以上门封屋。车子长在四个轮子上，车主爱上哪就上哪去，他要是藏起来，你要找到他，只有大海捞针的概率。偏偏警察不管这事，他们认为这是民事纠纷，不犯法。有些老手就善于钻空子，打一枪换一个地方，付了首期款把车开走，跟着搬到一个新地点，消失得无影无踪，令车行蒙受损失。

这老黑显然不是行家里手，而只是个愣头青，抱着我不付钱你奈我如何的态度。项东方昨天夜里已经专门到他的住处侦察了一番，发现车子就停着公寓里面。他开始时打算交给收车公司去做，但阿凡提知道后极力劝他自己做。他说：自己可以做的，干嘛给人家几百块？项东方说：太冒险了，说不定会出事的。阿凡提拍着胸脯说：怕什么，有我给你做保镖呢！看着壮如公牛的阿凡提，项东方的底气也添了几分，心想：豁出去拼了，如果成功了，没准以后都可以这样做，可以省下许多钱来。他知道手续该怎么做，于是，他从保险箱里拿出备用钥匙和那份车主证，那证书上面印着他公司的名字，他还抄下了警察局的有关电话，等会儿拿到车子以后要报告警察的。

他拿着这些东西刚要离开办公室，电话铃响了，他只好把东西放桌上的文件堆里，伸手去接电话。这是陈晓诗打来的电话，她问为什么这么晚了还不回家。项东方告诉她要准备去没收一部车子，晚点才能回去。陈晓诗自从得了忧郁症后，变得非常敏感，一听到要去收车，就絮絮叨叨地说太危险了，为什么要自己去做，难道不能请人做吗？要是出了事怎么办？项东方只好耐心地跟她解释，不会有问题的，放心好了。俩人前前后后讲了差不多有十分钟。阿凡提坐在外面的车里，不知道他在干什么，不耐烦地按了几次喇叭。项东方不得不赶紧结束通话，拿起钥匙就出了门。

他跳上阿凡提的大越野车，阿凡提猛地一踩油门，车子就窜到了路上，很快就到达那个公寓。这是一个没有围墙的开放式公寓，车子都停在一个棚子底下，棚子正对着住户的房子。阿凡提按照项东方的指点，把车子开到公寓外停住，不开进去，以免被人发现，引起麻烦。

项东方下了车，蹑手蹑脚地往里面走。此时已经是半夜十二点多钟，公寓内静悄悄的，大多数房子都已经黑灯瞎火，人们早已进入了梦乡。借着昏黄的灯光，他看到那部别克轿车就停在不远处，只有几米之遥了，忽然间，他紧张得血液直往头上涌，胃部像被火烧那样灼痛起来。他屏住呼吸，极力使自己镇定下来，自己对自己说：又不是偷东西，只是取回自己的物品，慌什么慌？不管他怎么给自己壮胆，他还是越来越紧张。当他掏出钥匙开门时，手抖了半天，硬是插不进去。他只好用两只手一起，才把门打开。

一进到车内他就闻到一股浓烈的烟味，还夹杂一种说不出的味道，他颤颤巍巍地将钥匙插进去，把前面两个窗户打开，透透空气，接着“轰”地一声把发动机启动了，车头和车尾的灯跟着一齐亮了起来。在这寂静的黑夜里，这声音特别响亮。他坐在车了里面没有什么特别的感觉，也没有注意到车子后面那房子的灯光突然亮了起来。

他急急忙忙地将车倒出停车位，因为太急了，车头刚好与阿凡提的位置相反，他正要重新调整方向，忽然，身后传来一阵歇斯底里的吆喝：

“他妈的混蛋，你在干嘛？你偷我的车！给我住手！”

项东方顿时吓得魂飞魄散，什么方向也顾不得了，一踩油门车子就发疯似地往前飙去，身后传来更加疯狂的咒骂声：

“臭小子，别跑，看我不宰了你！”

跟着，就听见几声“呼呼嘭嘭”的枪响，一颗子弹“啪”地一下打穿后窗，透过副驾驶座，钻进了前面的文件箱。

项东方吓得头皮都竖了起来，没命地开着车在公寓里面乱窜，七拐八拐终于找到一个出口，来到了大街上，他喘了口气，惊魂未定地想：嚯，好险！差点就没命了！以后再也不干这种事了，为了省几百块钱连命都搭上，太不值得了！

他根本没法平静下来，沿着大街高速行驶，很快就转入高速公路。当他确信危险已经远离后，才发现自己的衣服都湿透了，他赶紧把空调打开，将车速减慢了下来。正在这时，后视镜里出现了一部闪着灯的警车，又把他吓了一大跳。他被警察追停已经数不清有多少次了，多数时候都是误会，所以他早就习以为常了。可是，眼下他仍然像一只惊弓之鸟，定睛细看，那警车好像是冲自己而来的，而且，与以往不同的是，这次连“呜呜”的警报器也打开了。

他立刻打开右转灯，将车停在路边的围墙旁。他双手紧握着方向盘，鼻子喘着粗气。过了片刻，听到金属敲击窗户的声音，他机械地按下右窗，就看到一支乌黑的手枪正对着他，他的呼吸霎时停止了。那警察双手端着枪，声色俱厉地喝道：

“双手放在头上，下车！”

他惊恐万状地跳下了车。

“走到墙壁前蹲下！”警察继续命令道。

他双手抱住脑袋，走到墙壁前蹲了下来。警察一个箭步冲上来，用手铐把他双手铐了起来，又将他全身搜了一遍，然后冷冷地说：

“你被捕了！你有权保持沉默，直到见到你的律师为止。”

这一切来得太突然了，项东方根本还没有反应过来，他只觉得莫名其妙，不明白警察为什么要抓他。等那警察说完，他再也忍不住地问：

“长官，能否告诉我到底发生了什么事？”

“有人报了警，你涉嫌偷车！”警察不耐烦地说。

项东方终于弄明白了，一定是那老黑报的警！这小子大概不知道是项东方来没收车子，还以为是别人偷走他的车子。明白了真相，他慢慢地平静了下来，他有点结巴地对那警察说：

“对不起，长官！我没有、没有偷车。我是、我是这部车的置留权所有人，我只是没收、没收我自己的车而已。”

警察闻言语气有所放缓地说：“既然如此，你有什么文件证明吗？”

“当然，”项东方肯定地说，“就在那车里面。”

“那好，给我看看！你如果能够证明这点，我可以放了你。如果不能，只好请你到警察局呆着了！你必须知道，对警察撒谎可是犯罪的行为。”

警察说完，带着项东方走到车旁边，用手电照遍了所有座位和文件盒，就是没有找到什么车主证。车里面全是垃圾，有衣服、鞋子、烟盒、饮料瓶子，还有些购物的收据。看着这些乱七八糟的东西，项东方突然怔住了：出门前明明记得是带上了那份车主证的，怎么就找不着呢？他一时急得抓耳挠腮、欲哭无泪，只好无可奈何地说：

“看来我忘了带车主证了。”

“好，不管你说什么，你现在仍然是个偷车嫌疑人，必须到警察局走一趟！”

警察将警车后门打开，让项东方坐进去。项东方呆坐在后座上，双手依然被手铐铐住，透过铁阑珊看着前面的警察，心情始终无法平静下来。到了警察局，他被关进一间没有窗户的密室，警察在外面把门锁上。房间中央摆在一张桌子，桌子两边各摆了一张椅子。项东方瘫坐在椅子上，竭力想找到办法，刚才因为紧张过度，根本没法思考。他想要摆脱嫌疑，就要必须拿到车主证。临出门时，自己明明记得已从保险箱把车主证拿了出来，呃，对了，就是因为陈晓诗的电话把自己搞糊涂了，那证一定是落在桌子上了。只要有人去把它找出来，自己说不定就没事了。让谁去呢？他开始想到陈晓诗，觉得不好，半夜三更一个女人不方便，况且她还有抑郁症。突然，他想到阿凡提。奇怪了，这家伙怎么半天都没动静呢？该给他打个电话。他伸手一摸裤兜，手机还在。他拿起手机来细看，阿凡提打过几个电话来，都没有接到，原来进公寓前自己把手机设定为震动方式，电话进来时又因为自己太紧张，根本没有觉察到。于是，他马上拨通了阿凡提的手机。

原来，这阿凡提等了半天不见项东方出来，却听见几声“呯呯呯”的枪响，还有隐隐约约传来的骂人声，他便走到项东方刚才取车的地方，什么都没有发现，只见有一家人的灯亮着，里面有个男人情绪激动地说着话。他只断断续续地听到："车被偷了……白色的别克世纪……"他预感到可能出事了，赶忙回到车上，给项东方打了好几个电话，都没有人接。他把车开到项东方的店门前，里面黑灯瞎火，大门紧闭。他不知道发生了什么事，一下子没了主意。回到家里，喝了一杯红酒，坐在沙发上迷迷糊糊地就睡着了。

突然，一阵电话铃声把他吵醒，传来项东方急切的声音：

"阿凡提，快来救我！我被抓到警察局了。"

"什么？你说什么？"

"我被警察抓了！"

"究竟发生了什么事？"

"那个老黑王八蛋报了警，说我偷车！"

"那是你自己的车，偷什么偷？"

"问题是警察不知道我是车主。我忘了带车主证了！"

"哪怎么才能帮到你？"

"你到我办公室，在桌子上找到那份车主证，然后到警察局来一趟。"

"好，好。"阿凡提一面应着一面去开门。项东方曾给过他一把办公室的钥匙。

一个半小时后，阿凡提拿着证件来到警察局，项东方终于被无罪释放，这时已经是凌晨三四点钟了。折腾了半天，项东方已经心力交瘁、有气无力，回到家便蒙头大睡，两天后才爬起来。

好在经历了这个不幸的事件后，总算有点喜事来临，他儿子可以回家了。

半年前，陈晓诗就在挂历上的这一天用大大的红字标上"儿子回家"的字样。一个星期前，她就开始每天都要念叨：

"日子怎么还不到？"

弄得项东方都有点烦躁了，便说："儿子是你的，放心，他跑不了！"

"你还不是一样？每天盯着那挂历看过不停！" 陈晓诗反过来嘲笑他道。

项东方苦笑了一下说："唉，半年没见儿子了，也不知他过得怎么样。"

"我担心人家有没有虐待咱们英华，儿子从出生就从来没有离开过我，呆在一个陌生人家里他能好得了吗？"陈晓诗忧心忡忡地说。

"不会的！听说那些寄宿家庭都是严格挑选出来的，应该是很有爱心的。"项东方嘴上这样说，但心里其实也没有底。

"谁知道呢？"

他们俩就这样日盼夜盼，反反复复地念叨，互相安慰着，总算等到了那一天。那天早上，一辆大型的福特 SUV 停在他们家门口，一对白人夫妇领着项英华走下车来，项东方和陈晓诗急不可耐地迎上前去。

那对夫妇看起来很友善的样子。寒暄一番之后，项东方诚恳地向他们道过谢。他们表示不客气，还说：你儿子很聪明，学东西很快。说着那胖胖的女人双手扶着项英华的肩膀，把他推到项东方和陈晓诗面前。项英华明显地长高了一点，也胖了一点。他瞪着一双陌生的眼睛，看着自己的亲生父母，没有半点欣喜，还挣扎着要躲到那女人的背后去。那女人和颜悦色地对项英华说：

“英华，他们才是你的亲生父母，快回到他们身边去吧！”

项英华忽然大嚷道：“不，不，他们是坏人，他们不要我了，我再也不会跟他们在一起了！”

陈晓诗听罢心如刀绞，一时间泪如泉涌，哽咽着说：“英华，对不起，不是我们不要你，我们也是不得已！”

她的话在项英华身上没有产生任何效果，他睁着一双冷漠的眼睛，看着哭成泪人一个的陈晓诗。项东方整个人目瞪口呆的，从儿子眼里，看到的不仅有陌生猜疑，还有深深的怨恨。

那女人温柔地拍着项英华的肩膀说：“孩子，你要明白，这不是他们的错，这是一个偶然事故。虽然我们爱你，但有些东西是我们无法给予你的，而只有他们能够，因为他们是你的亲生父母。就像我以前跟你说的那样，你迟早要回家的，现在正是时候。快回到你父母身边吧，很快你就会发现他们是爱你的，你也会很愉快地和他们生活在一起。”

项英华似乎被她说动了，可是他依然站在那女人身边不动窝，他仰起头看着她说：“莉丽，你要离开我了吗？ 你不再管我了吗？”

“我只是暂时地离开你，但我们会常来看你的。”

“莉丽和汤姆，我想念你们！”

“我们也想念你，孩子！”

那女人说完蹲下身，在项英华脸上亲了一下，然后站起来和先生一起上了车，挥手说再见。项英华挥着小手，喃喃地说着：“拜拜！”眼里充满了眷恋和不舍。

项东方看在眼里，心情十分的复杂。当初还担心别人虐待自己的孩子，如今看来真是多余的，该担忧的倒是如果他再多呆半年，没准他的心就永远都回不来了！

车子走远了，只剩下他们一家三口，陈晓诗动容地说：“英华，回家吧！妈想你都想疯了！”

“你骗人！”项英华站在不动，突然嘟着小嘴说道。

“儿子，你妈想你都想出病来了，她怎么会骗你！”项东方情绪激动地说。

“哪你们怎么不早点带我回家？”

“爸爸妈妈早就想带你回家了，可是他们不让啊！”陈晓诗又开始流泪了。

“他们是谁？”

“他们是法官和警察。”

“他们是坏蛋！坏蛋！”项英华的声音里充满了怨气和愤怒。

项东方做梦也没有想到，好端端的家庭团聚会竟是这样的一幕，他更担心的是，留在儿子心里的记忆会不会变成一道心灵创伤，永远都没法愈合，从而跟随着他一辈子。

第五十七章 风中弱柳

一天上午，阿米哥在工棚里修车，项东方跟他聊了几句，就走到办公室门前，在一张椅子上坐下，一边抽烟，一边看着外面的街景。外面那条街很老很旧，双向四车道，虽然窄却很繁忙，车来车往的。正对着门的是一家越南人的祠堂，一座方形的普通建筑，它的左边是一个废墟，看样子是被一场大火给烧毁的。祠堂门前有一排红色的铁栅栏，后面有一对石狮子，门上面写着一些越南文，外墙两边原来有一副红底金字的中文对联，左边那联不知何故没有了，也许跟那场火灾有关，只剩下右边那联:“大道宜形迪后生”。项东方一直来都很好奇，到底失去的那联写的是什么东西，总是想给它补上去，但一直都找不到合适的对子。圣何塞是全美国最多越南人聚居的城市，从这往外几英里的半径范围内，居住着十几万越南人，还有一个称为“小西贡”的大型购物中心。

上班时间街上车辆不多，偶尔走过几个行人，显得冷冷清清的。项东方已经习惯了这种冷清，现在有阿米哥帮他修车，如果没有客人上门，他就无所事事。

他按灭烟头，正要转身想回到办公室，却一眼看到对面越南祠堂边上来了一部长身的林肯镇车。这车子比普通轿车大很多，方头方脑，典型的美国风格，十分的夸张。车子停定后，从里面迈出来一个高高瘦瘦的白人老头。这里没有过街的斑马线，过马路是相当危险的。老头左顾右盼了一会儿，然后，神态自若地迈开步伐，一部皮卡高速地驶过，惹起一阵风，老头的裤管随风摇曳，就像挂在竹竿上的一件衣服迎风招展那样，这让项东方马上想到一个成语“风中弱柳”。项东方看着老头向这边走过来，一下子就起了好奇心，他一方面担心他的安全，另一方面又想知道他到底要干什么。

老头颤颤巍巍地穿过了马路，来到了店里的停车场。项东方一面打量着他，一面迎了上去。老头个头有一米八左右，肩膀很宽，整个人却显得很瘦，但人看起来挺精神的。项东方估计，这个人大约也就是七十来岁的样子，他心里有点纳闷：莫非这个老头真是来买车的吗？以前可从来都没有碰到过年纪这么大的顾客，再说他还是孤身一人。该不是有什么别的事吧？他满腹狐疑地跟老头打过招呼，老头就直截了当地说，要看一部福特小旅行车。项东方有点惊讶，因为这部车子比老头的林肯小了足足一倍，不明白老头为什么要换一部这么小的车。

他领着老头绕着那部福特车子转了一圈，老头似乎很满意，就提出要试开一下。然后，他掏出钱包，从中拿出驾照，递给项东方。项东方拿着那驾照走到办公室去复印，等复印件出来，他才仔细地看了起来。这一看却把他给吓了一个大跳：妈呀，这不是真的吧？驾照上面出生年月日写得一清二楚，他快速地心算一下：老头年纪是九十三岁！项东方足足愣了几秒钟，他搓搓眼睛，再认真地看了一下，没错，就是九十三岁！他的心情仿佛打开衣柜时突然跳出来一只老鼠那样，震惊得难以言表，过了半晌才缓过神来。

清醒过来后，他发觉自己有点骑虎难下了。他已经答应让老头试车，不可能再拒绝他，可是，让一个九十三岁的老人开自己的车，这个风险实在是不小。再转念一想，既然人家自己能开车来，应该没什么问题的，他觉得没有什么选择，还是让他开吧。不过，他想到了一个折衷的办法，他要坐在车上，跟老头一起去试车。以前，他从来不跟客人试车，总是让他们自己去，这次他觉得非得这样才安全，他实在是担心半路上会出什么意外。

他有点不情愿地把钥匙给了老头，然后绕到另一边，坐到了副驾驶的位置上。老头侧着身子，小心翼翼地坐到座位上，伸出双手抱住右腿，就像搬一根大木头一样，慢慢地放进车内，然后，再抱起左腿，放在脚踏上。项东方目不转睛地盯着老头的举动，心里再次充满了疑惑。老头并没有注意到项东方狐疑的目光，他坐定后，手脚麻利地发动车子，轻松自如地挂上挡，一溜烟地开到了马路上。马路上车子开始多起来了，老头不断地加速，项东方的心也不自觉地悬了起来。

他的担心并非多余，最近他才看到一个新闻，有一个八十多岁的老头错把油门当刹车，一通猛踩把车子直接撞进一个农贸市场，造成了十多人死伤。美国是一个强调人权的国家，对司机并没有年龄上限的规定，哪怕你已经一百岁，只要你通过了视力测试，你就有权在公路上开车。项东方心想，这老头已经九十多了，看他刚才上车的动作确实叫人放心不下，万一他一失控，哪还不叫人吃不了兜着走？因为这样的担心，他一路上都不敢跟老头说话，生怕让他分了心。还好老头反应敏捷，动作娴熟，转弯变线都做得恰如其分，没有半点惊险。

过了几个街区，项东方紧绷着的神经才慢慢地松懈下来。老头把车子转入一条横街，没走多远就看见高速公路的指示牌。老头若无其事地说，他要上高速试一试。项东方一听，刚刚松弛的神经又再次紧绷起来。他右手死死地抓住把手，身子僵硬，后背离开了座位的靠背，整个人紧张得仿佛一个等着受刑的死刑犯。车子在匝道上不断地加速，上了一个小坡，在将近并入高速公路时，老头突然侧头往窗外一瞥，然后猛地一踩油门，车子就像一匹快马被狠抽了一鞭，突地一下飙了起来。项东方被这突如其来的一戳颠回到靠背上，还没有反应过来，车子就已经顺利地并入了高速公路，身旁全是呼啸而过的车辆。

项东方像只被狐狸追了半天刚停下来的兔子，脸色苍白，惊魂未定，心脏怦怦乱跳。现在他才后悔让老头上了高速。老头却怡然自得地说：

“不错！这车子虽然小，但加速挺快的。”

项东方闻言定定神，才接茬道：“你平常开车都这样快吗？”

“噢，不，我只是想试试车子加速的力度，平常并没有这么快。”

老头哈哈笑道。他侧过脸来瞄了下项东方，看到项东方诧异的表情，脸上露出了满意和自得的神态来。

项东方这才放下心来，自己平时开车的速度算是快的，但从来都没有来过像老头刚才那一脚猛踩，要知道人家已经是九十三岁的老人了，如果他真的像那样开车的话，风险之高可想而知。

车子在路上飞快地奔驰着，项东方的心情总算渐渐平复下来，开始跟老头聊起天来。老头坦白地承认，之所以要换一部小一点的车，是因为觉得自己老了，体力精力都不如前几年，虽然喜欢那部大林肯，毕竟个头太大，有点不听使唤，特别是停车极不方便。项东方好奇地问他，为什么买车不跟家人一起来，偏偏一个人来。老头也不隐瞒，说老婆十年前就死了，如今自己一个人住在政府资助的老人公寓里，他有一个儿子，住在俄勒冈州的波特兰，儿子曾叫他搬过去，但他不喜欢那边的寒冷天气，宁愿呆在加州。项东方突然间觉得这老头有点可怜，耄耋之年还孤零零的一个人住，不由得感叹美国人实在是独立过头了，竟起了一股怜悯之心。老头却说习惯了就无所谓了。老头还提到，他有一个孙子，曾在西雅图的华盛顿大学学电脑，现在定居在硅谷，有时候会来探望他。项东方仿佛找到了一点共同语言，他告诉老头，自己也曾在华大念过书的。

车子安全地回到了店里，老头依然要用双手把腿一条一条地搬下车。这下子项东方偷偷地乐了。老头站直了身子，对项东方说，他喜欢这部车，留下三百美元的押金，就翩然地离去，一双瘦腿在风中摇摆个不停。刚好有一家三口的墨西哥人等在办公室门口，项东方上去跟他们打招呼，他们就随口问老头没买车吗？项东方告诉他们买了，过两天来取车。他们又好奇地说，老头这么大年纪还一个人来买车，太厉害了。项东方灵机一动地问，你们猜他多少岁了？三个人异口同声答道七十多！项东方哈哈大笑道，我说他九十三岁你们相信吗？三个人又迭不连声说不可能！项东方转身到办公室拿出那张复印件，给他们过目，三个人随即摇头叹息说不可思议。忽然，三个人不约而同地跑了出去，那个男人还说“他要过马路，太危险了！”他们跑到马路中间时，老头还在一摇一晃地走着，那三个人走到街中间，筑起了一道人墙，走过去问老头要不要帮忙，老头一脸骄傲地拒绝了。

过了两天，老头又来了，同来的是一个中年男人。刚一见面，项东方觉得那个中年人有点眼熟。握手的时候，那人自称汤姆。项东方突然想起他就是当年在华大的邻居，汤姆也两眼放光地认出了他，俩人热烈地握了手，一起感叹世界太小了。汤姆说，他毕业后在西雅图的微软公司做了几年，就跑到了硅谷，如今在一家中型的电脑公司做经理。看到项东方变成了一个旧车商，汤姆十分的惊讶，连连说一个哲学家怎么可能变成一个商人，真是不可思议。项东方笑着答道，这是美国，没有什么事是不可能的！项东方好奇地问起老头一个人来买车的事，汤姆说自己实在是太忙了，没时间陪他来，不过，他爷爷很懂车，他开车的年龄比他父亲还要大，可想而知他的经验有多好，而且老头的身体还不错，所以也没有不放心的。在谈笑中，几份购车文件都签好了，俩人互相留了电话，项东方把他们送出办公室，看着他们一人开着一部车走远了，项东方还在独自感叹，世事实在难料，两个人兜了一大圈，竟然又重逢了。

这件事对项东方的触动很大。他一方面觉得美国人确实很自立，内心很强大，但另一方面又正因为这种极端的自立导致过分的孤独。独立本就是一把双刃剑，在远离了他人的同时，也孤立了自己，年轻时也许无所谓，待到老年时就有点孤立无助了。项东方忽然想到那个老人有点可怜，觉得他好像就是美国的代表，他虽然还挺顽强的，但已经老了，日薄西山了，他似乎象征着美国那种个人主义社会文化固有的弊端，预示它的没落。他不敢想象，等自己老时，会不会也是这样的孤独无依。

第五十八章 智斗税务官

金融风暴的到来，项东方开始时只是从电视和新闻上看到的，它对项东方的实际影响要晚好几个月。不知从哪一天起，生意就突然就转淡了，然后，就是一种少见的萧条。电话铃声很少响起，就是来了电话，也都是随便询问一下，没几个人来看车。生意的惨淡似乎波及到所有行业，连做水电维修的阿凡提也大叫吃不消，没人找他修东西，他天天跑到项东方的店来闲聊。项东方也没有什么车让阿米哥修，为了让他有口饭吃，不时给他一些零星杂活干干。

那个做清洁的女人，也不时走来要活干。以往生意好时，项东方一两个星期就会叫她来打扫办公室和停车场，给她几十块钱，她就高兴得不得了。如今生意清淡，为了节省开支，项东方很久都没有请她了。那是个五十来岁的白种女人，名叫德比，一张瘦脸爬满了皱纹，颧骨突出，嘴里的牙齿缺了好几颗，夏天时喜欢穿一件无袖背心，一条短裤。她不说话时，就像个没牙的老太太，一张嘴便露出空洞的牙床。她身材不高也不胖，年轻时一定是个美人胚子。她自己说年轻时曾在通用汽车公司做过文秘工作，后来又陆续换过几个体面的工作，不知如何沦落到今天这个地步。她会说西班牙文，有时候她会和阿米哥嘀嘀咕咕聊上一会儿。一次，项东方故意问阿米哥为什么不要德比做女朋友？谁知阿米哥一脸不屑地说："不、不，她太脏了！"

阿米哥有两个女朋友，都是墨西哥人，项东方都认识。阿米哥的老婆与儿女住在墨西哥，阿米哥每隔几年才回去看看他们。他自己与叫碧塔的女朋友住在一起，有一搭没一搭地交点房租和生活费给碧塔。碧塔在理发店打工，她的皮肤较白，身材像水桶一般圆滚滚的，留着一头烫过的金黄色短发，她有着薄薄的嘴唇，是个爱说话的女人，一见人就呱啦呱啦地大声聒噪，似乎从来都不知道什么是忧愁。有一次，项东方在银行里碰到她，她亮着大嗓门跑过来把项东方环腰抱住，一边亲他的脸颊，一边大大咧咧地问候，本来十分安静的银行回荡着她那无拘无束的笑声，所有人都诧异地看着他们，害得项东方赶紧逃了出去。

阿米哥另一个女朋友则完全是另一种性格的人。她叫美拉，身材虽然也是臃肿，但没有碧塔那么胖，她的脸红得像猪肝，整个人看起来就像一个农民，她很安静和腼腆，但爱起来可一点都不含糊。有好多次，项东方撞见他们在停车场搂抱在一起亲个不停，便故意大声吆喝道："诶，你们在干嘛？小心，我要报警了！"俩人却继续旁若无人地亲吻着，一面“呵呵呵”地傻笑。美拉靠捡烂铁为生，每天开着一辆破烂的小卡车到处游逛，有时来到项东方的店里，项东方便把一些废零件送给她，她便会小声地说声“谢谢！”。她离过婚，和一个有孩子的黑人再婚，因此，他与阿米哥只是偶尔找个地方幽会一下。

阿米哥嫌德比脏，这让项东方有点惊讶，因为在他看来那两个女朋友都不怎么样。一天，闲着没事，项东方和阿米哥、阿凡提坐在办公室门口闲扯。外面马路上正好有两个穿短牛仔裤的黑妞走过，那俩妞身材还算可以。阿凡提自夸认识她们，大家都不信。阿凡提于是把两只手指塞进嘴里，打了个响哨，大声喊道：“宝贝儿，好吗？”那俩黑妞果然笑着招手向这边打招呼。

项东方不假思索地说：“她们肯定是野鸡！”

阿凡提说：“你说对了，这条街上有很多流莺，价钱还很便宜呢。”

“哪你一定干过不少吧？”阿米哥斜着眼瞄着阿凡提问。

“那可不！”阿凡提咧着嘴笑道，说着打开手机，找出一张照片给他们看。照片上阿凡提站在一个胖胖的女人身后，双手揽住女人那对巨大的乳房，俩人开怀地大笑着。

看着照片，项东方便想起了那个叫莉莎的女人。莉莎是个大块头墨西哥女人，黑黑的皮肤，厚厚的嘴唇，一件短袖T恤根本罩不住那双丰乳，露出了小半边和很深的乳沟。半年前她走进店里说要买车，但手里只有八百块钱，她还说自己有一份照顾老人的工作，是政府支薪的。她央求项东方一定要卖给她一部车，不然的话她就可能丢掉工作。买车后，莉莎都按时来付款，可是半年以后却突然销声匿迹了。

想到这他便问道：“阿米哥，你还记得那个莉莎吗？”

“你是说那个大屁股大乳房的莉莎吗？”阿米哥说：“我早跟你说过她是个妓女，你还不信。我在拆车场门口见过她好多次，她在跟那些男人们搭讪兜生意呢！”

“这次让你说对了。”

“真的？”

“上个礼拜我收到拖车公司的通知，说莉莎买的那部雪佛兰被拖走。我问他们怎么回事，他们说不知道，叫我问警察，警察告诉我她因为卖淫而被捕了。”

“你怎么把车子卖给这些婊子呢？”阿凡提笑着问。

“咳，我怎么知道她是婊子呢？”

“哪车子有没有要回来？”

“没有。因为欠拖车公司的钱比车本身还贵，不值得。”

“就是说你又赔钱了？”

“还好啦，赔了几百块。”

说到这，德比从外面走了过来。她像往常那样身背一个黑色的小背囊，一见到大家就嚷开了：

“哎，项东方，你好久都没有叫我帮忙了，怎么回事呢？”

项东方故意叹口气说：“咳，生意不好，大家都没活干。你看我们不是坐在这里闲扯吗？”

“哎哟，我太需要钱了，今天的午餐还没着落呢！你就给点杂活我干吧？”她一本正经地祈求道。

阿凡提笑着说：“哎，德比，阿米哥有钱，你就做他的女朋友，他自然就给你钱。”

“哼！”德比不屑地说：“他连自己都养活不了，还给我钱，门都没有！”

阿米哥有点气恼地说：“要么你跟阿凡好得了，他有的是钱，给你一条金链就够你活一年了。”

“我可不要！”阿凡提咯咯地笑道：“我有大把女朋友，受不了啦！”

德比冷笑道：“你们男人没一个好东西！”

“你老公也不好吗？”项东方故意气她道。

“他好？我就不会把他弄进大牢了！”

项东方认真地问：“真的？怎么回事？”

“那当然真的！”德比一板一眼地说：“他喝醉酒要胡来，还揍我，没想到反而让我给撂倒了。”

大家一听来了兴致，阿米哥挤眉弄眼着问：“你怎么扳倒他的？他不是长得和阿凡那么高大吗？”

德比突然兴奋得手舞足蹈起来：“以前是男人打女人，这年头可是倒过来了，女人打男人，还要把他弄进班房才罢休。”

接着，她模仿武打明星的动作，挥舞着两只拳头，又抬起一只脚向空中踢了几下，异常亢奋地说：

“他打我，我踢他的球！”

大伙终于忍不住爆发出一阵哄堂大笑。笑完，项东方问她：“你懂功夫？老公还呆在牢里吗？”

“我不懂功夫，但我会踢。他呀，还有一个月好呆呢！”

“难怪你要跑出来找食呢！”阿凡提阴阳怪气地笑道。

“好了，别废话了，到底有没有活给我干？要没有的话，我到隔壁理发店看看去。”德比有点急了。

“你别急呀，我给你活就是了。二十块钱把停车场给我打扫一遍，干不干？”

“好嘞，我干！”

德比高兴还来不及呢，哪有不干之理？大伙也各自散去。

项东方闲得无聊，走到大门外的信箱抱回来一摞邮件，一边走一边看。一个大信封引起了他的注意，打开一看，原来是州税局一个稽查员来的公函。这个州税局的真正名称是加州平等权利局，专门掌管加州销售税。商家销售货品时从消费者手里收取一定比例的销售税，然后按时上交给州税局。那些税金虽说是从顾客那里收来的，但每个月要上缴时，都要从自己的腰包里往外掏，也着实叫人心疼。每到月底，项东方都是等到最后期限的那天，才极不情愿地交上。也难怪有的商家想方设法截留税金，有些胆大的人采用虚报漏报的手法，甚至还有人用打一枪换一个地方的办法，做了几年，把公司关掉，再用其他人的名字注册另一个公司，继续干。这些猫腻税局当然知道，所以它不时就会来抽查，被查到的人即便没有什么问题，但依然战战兢兢的，不敢怠慢。

由于经济萧条，政府缺钱，税局也加紧了稽查。最近风声很紧，好几个项东方认识的车商都被罚了款，数额从几千到几万不等，包括印度人烤肉先生。上礼拜在拍卖场碰到烤肉先生，他便喋喋不休地向项东方大吐苦水。他说：只是因为他丢失了三份文件，就被罚了三千块钱。当时那个稽查员给他一个选择：如果认罚就交钱，如果不认就继续查下去。他怕麻烦，更怕捅出更大的漏子，干脆交了那三千美元罚金了事。项东方当时听完，还暗自庆幸没查到自己头上，谁知道该来的还是躲不过。

那个稽查员名叫尼娜，看名字像是个俄国裔，衔头是高级稽查员。她要求项东方收到信后，打电话跟她约好时间，她要上门来检查。项东方这是第一次被查税，一点经验都没有。听说那些稽查员都受过严格的专门训练，从一点蛛丝马迹就能发现大问题。项东方不敢掉以轻心，他要认真准备一下，于是他把时间约到两个星期后。在这段时间里，他作了十分认真细致的准备，把近几年来卖的车子的资料全部看了一遍，该补充就补，该修正的就修正，尽量不露出任何差错。

那是一个冬天的早上。旧金山湾区一带少有严寒的时候，但当天天气却特别的寒冷，一股肃杀的寒流从西北边的海上吹过来，把残枝败叶刮得“嗖嗖”乱响，车行里挂着的彩旗也在寒风的劲吹下瑟瑟发抖。项东方一进到办公室，立刻把暖气开到最大，很快室温就升得很高，他把外套脱掉，只穿了一件T恤。

九点钟刚到，尼娜就敲门进来。果然是个三四十左右的俄裔女人，高高瘦瘦的，穿着一件长风衣。一进门她就把风衣脱去，留下身上的一件毛衣。她与项东方打过招呼后，就坐在项东方的对面，中间隔着一张桌子。她从挎包里拿出一些文件和一部手提电脑，项东方面对着这个陌生女人有点紧张，又有点好奇。他明白自己面对的不是一个普通的女人，而是一个代表着政府公权力的人物，她虽然外表平凡，但她拥有决定别人命运的权力，她要是给你找个茬，即便你没有错，你也得费尽九牛二虎之力去证明自己。当然，他坚信自己没有什么问题，不怕夜鬼敲门。

可是，他忽然想起不久之前的一件事。当时有两个印度人来买车，看完车谈价钱的时候，他们坚持要把销售价格报低三千块，好让他们省点税。按照当地税率，三千美元的销售税将近三百美元，那可不是一个小数目。那俩人使出印度人擅长的磨功，磨破嘴皮折腾了半天，他还是没有同意。最后那俩人威胁说如果不这样做他们就不买了。他为了做成生意，不得不同意。其实像这样的事情是经常发生的，尤其是那些印度人、中国人还有越南人，有时候一些白人也会干这种事，所以，他不知道自己到底做过多少了。他做这些纯粹是应客人的要求，为了使生意能做下去，自己并没有捞到什么直接的好处。此刻，他忽然想起这些事，心中不由得一惊，不知道会不会暴露出来。他目不转睛地盯着尼娜，看着她的一举一动。

尼娜开口说道：她这次来检查是代表州税局，你被选中完全是随机抽样筛选出来的结果，没有任何预设的目标。接着，她说要看三年的销售记录，包括每一部卖出的车子。

听到这项东方就忍不住问：“哪不是要看很久吗？”

“我的计划是在这里呆三天。如果需要更长时间，我会让你知道的。”尼娜非常确定地说。

项东方在心里直打鼓：你呆在这三天，老子就得天天陪着你，你一个半老徐娘，老子可没那闲工夫天天看着你那张老脸！

尼娜说要先看看个人所得税。项东方早有准备，便从抽屉里拿出一份去年的报税单，递给她。她略一浏览，脸便一沉说：

“咦，你的收入报得很低呀！”

项东方听出她似乎话里有话，不动声色地答道：“是呀，我就那么点收入。”

“据我所知，旧车生意可是个暴利的行业哦！”她似乎在旁敲侧击。

项东方振振有词地说：“那也得看人，不是吗？每一行都有人做得好，有人做不好；有人赚钱，有人赔钱。银行不是也有倒闭的吗？几个月前，百年老字号雷曼兄弟不是一夜之间就破了产吗？”

尼娜沉吟着没有吱声。项东方琢磨着：空口讲白话，没有说服力，得拿点过硬的东西来。于是他拿出早就准备好的个人信用报告，里面显示他的信用分数很低，还有破产和许多被追债的记录。尼娜大略地看完这份好几页的报告，脸色有所缓和地说：

“看来，你的情况确实不太好呢！”

项东方尽量平静地说：“简直糟透了！我不怕让你知道我到底有多糟。我没有房子，没有保险，没有退休计划，除了外面几部破车子，什么也没有！”

“噢，太可怜了！为什么会这样呢？”尼娜的同情心似乎被勾了起来，感叹着说。

项东方见她不再那么咄咄逼人，便说：“我自己知道我不是一个好商人，心肠不够硬，有时候容易被人骗，所以经常赔钱。”

尼娜仿佛忘记了自己的任务，跟项东方一搭一搭聊了下去。她好奇地问：

“你以前也是做生意的吗？”

项东方低下头来，沉吟了一下，似乎突然想起了自己的过去，过了半晌，才有点不情愿地答道：“不，我在中国最好的大学学的是哲学，跟生意一点都不沾边。”

尼娜不解地问：“啊，我没听错吧？你在中国上最好的大学，学的还是高端的哲学，为什么要跑到美国来受洋罪？”

“咳，谁说得清楚？当初不就是为了自由，为了寻梦吗？到如今可真是彻头彻尾的自由了！除了两袖清风，确实一无所有，连梦也碎了！”

项东方无可奈何地说，说完了自己都觉得有点心酸。这些话说出来实在是有点泄气，像他这样爱面子的人，对熟人他肯定是不会说的，如今面对的是一个陌生的外人，倒也无所谓了，况且他还想博得她的同情，加深她的印象呢。

尼娜听他那么一说，不由得发出一声感叹：“噢，真是一个悲惨的故事！”

然后接着问：

“哪你又是怎么开始做汽车买卖的呢？”

项东方开始简短地跟她讲述了自己在美国的经历，强调卖车纯粹是一次偶然事件而一发不可收拾的事情。他最后补充说：

“让我做这一行，也许是上帝故意在考验我吧？这只有天知道！”

尼娜笑了，这是她进来以后第一次笑。她说：“也许上帝是先让你吃尽苦头，然后再给你一个大礼物吧！”

“但愿如此！”项东方也苦笑着撇撇嘴。

两个人就这样闲聊了半天，项东方的神经刚刚开始松弛下来，心想自己的攻心战术似乎奏效了。尼娜忽然看了一下表，表情立刻变得严肃起来，从一个聆听别人心声的平常女人，变成了一个执行公务的机械人。她拉下脸说：

“我们说得太多了，还是让我来看看你的记录吧！先给我三个月的。”

项东方站起身，走到角落的文件柜旁。尼娜寸步不离地跟着他，似乎怕他会作什么手脚似的，她站在文件柜旁边，目不转睛地盯着项东方把销售记录搬出来。项东方手脚麻利地拿出三个月的销售记录，那都是一部车一个大信封装起来的，各种收据发票和相应法律文件都有。然后，他把这些材料放到桌子上。尼娜坐下来开始仔细地研究这些文件。她一件一件地审阅，不时用笔记下什么，有时又在电脑上敲击几下。看过几部车，她的眉头忽然皱了起来，一连声自言自语道：

“太奇怪了！太奇怪了！”

“怎么啦？”项东方觉得有点莫名其妙，并开始感到担忧。

尼娜拿起两份收据左看右看，一份是拍卖场售给项东方车行的，另一份则是车行卖给客人的，两份收据上显示这部车赔了超过一千块钱。她盯着项东方问：

“你能不能解释一下这是怎么回事？”

项东方想都没想就答道：“这再简单不过了，就是亏本了呗！”

“这可能吗？哪有人做亏本生意的？”尼娜紧追着不放。

项东方知道一定要让她明白，这是极平常的事情，因为类似的情况还多的是，如果此刻不堵住这个缺口，后面就会引起无穷的麻烦，她要一个一个地追下去，那就没完没了了。于是他从容地说：

“你知道，旧车生意是一个风险极高的行业，不像其他行业，因为你做的是用过的旧机器，它们随时都会坏。而且，从拍卖场买车也是竞争激烈，难以控制的，一旦你买到烂车，或者入价太高，你就决定了你会赔钱。我的情况是，百分之十五到二十的几率要赔钱。”

尼娜露出将信将疑的表情。项东方见状心想，必须用一个具体的例子来说服她才行。于是他说：“要么你跟我到外面，我给你解释。”

俩人来到停车场，项东方指着一部红色的三菱问：“如果这车修好后，你会出多少钱买它？”

尼娜绕着车子转了一圈。那车的尾部被撞过，行李箱关不牢，保险杠耷拉着，车内还算干净。尼娜摇摇头说：

“这车最多卖两千五吧。”

“好。哪你知道我花了多少钱买这车吗？”

项东方一面说一面回到办公室。他找出那份入货单，让尼娜看了。她惊讶地说：

“哇，你花了一千五买来的！”

“对。”项东方拿出一张购买变速箱的收据，给尼娜看。她说：“你又花了七百块买的这个变速箱？”

“没错。换变速箱的人工少说也得三百，再加上车身修理又是几百块，我是赔定的了。所以，如果有人现在愿出两千，甚至一千八，我立刻就出手。”

“这么说你怎么做都会亏本，对吗？”

“是的！所以假如有机会我宁愿赔钱快点卖掉它，再拿钱去买另一部车，尽快博回来。”

“哪你当初为什么要买这部车呢？”

“在拍卖场买车有许多超出你所能控制的东西，就是老马也会经常失蹄的！”

“看来这门生意还真不好做呢！”尼娜若有所思地说。

接下来，她又陆续看到几部赔钱的车子，有些跟上一部一样是零售的，有些则是拿回拍卖场以批发价卖掉的。这下子她再也没话可说了。她很快就把三个月的记录看完，挑不出什么毛病来，她便不由自主地赞叹道：

“你的文件做得很好，很清楚整洁。是什么人教你的吗？”

“没有谁教我。”项东方说。他想起刚入行时那个帮他做零售的霍华德，他只是模仿霍华德，而且，那简直是易如反掌的事情。于是他以调侃的口吻说：“你知道，我可是个高材生呢！这还不是跟吃饭一样容易的事吗？”

“嗯。有些人文件做得很差，问题很多，漏洞百出，所以我们才罚他们。”

“这我就不知道了。”

“我跟你讲一个事情。有一个意大利老头把所有零售的车子都把当作批发来报，你信不信？”

“哪就是说他一分钱的税金都没有交吗？真有这么笨的人？车管局都有记录，他怎么可以糊弄得了？”

“世上就有这么蠢的人，他以为没人来查他，可以侥幸过关。你猜怎么着？我们罚了他十万元！”

“哇！”项东方不自觉地伸出了舌头。他一面与尼娜周旋着，一面在心里踹摸，不知道她下一步要做什么，心头依然忐忑不安。

室内的暖气一直开到最大，温度持续不落，项东方穿着T恤刚好，不冷也不热。尼娜依然穿着一件毛衣，早已热得难耐，不住地拿出纸巾来擦脸上的汗。项东方看在眼里，乐在心头。他在心里暗暗地偷笑道：你还想在这里呆三天，我叫你半天都受不了！明天再来我就给你开冷气，看你还来不来？

尼娜一边擦着汗，一边说："看了你三个月的记录，没有发现什么问题。我也没有必要再检查下去了，稽查工作暂告一个段落，你只需要把银行月结单复印件给我。我会到车管局核对一下情况，没有什么问题，我就上报，然后通知你。"

项东方感到一阵轻松，仿佛一块石头落了地，说："哪就是说我没问题了？"

"现在说这还为时过早。要看你的记录与车管局的是否吻合，还有你的银行收支有没有出入。如果一切正常，我们会给你发一个正式的通知。"

"噢，太好了！"项东方长吁了一口气说。他知道自己的记录与车管局的完全是一致的，因为报上去的就是自己销售收据上的同一个价钱，而银行的收支上也不会有什么问题，因此，他肯定可以过关了。想到这，他轻松地问：

"哪你明天也不来了吧？"

"对，不来了。愿你的上帝保佑你吧！"尼娜仿佛脱下了机械人的面罩，换回了平常人的脸孔。

尼娜走了，项东方高兴得不得了，仿佛打了个大胜仗似的。原本要三天的审查，大半天就搞定，本来担心的事情也没有发生，实在是天助我也。不知是暖气帮了忙，还是悲情策略奏了效，他也不再去追究了，反正是又躲过了可能的一劫。

第五十九章 子弹耳边飞

美国确实是一个世界民族大拼盘，尤其是在加州这个各式人种杂居的地方，项东方对此是深有体会的。这些年来，他卖出的车子少说也有好千部，那些买主可以说来自世界各地，无所不有，白人黑人墨西哥人，越南人，中东人，中国人，韩国人，日本人，印度人，凡是你能想到的人都有。有时看到一个高大的白人，你认定他一定是本地人，但他一开口就露了馅，原来只是个来短暂旅游的欧洲人。某天，一个形似乔丹的黑人迈进店门，你在心里猜测他肯定是个爽脆的美国人，可是，当他用带着口音的英文跟你没完没了地讨价还价时，你才发现他却是个刚抵埠不久的刚果人。

经过多年的历练，项东方不再是初来美国时的那个敏感自卑的年轻人了，他变得自信老练，不亢不卑，看的人多了，他也学会了察言观色，保持一颗平常心，既不因为种族肤色而仰视，也不因为没钱而低看，尽量平等待人。无论是矜持认真的美国人、豪爽干脆的墨西哥人、锱铢必较的印度人，还是阴沉挑剔的俄国人，抑或是刁钻古怪的中东人，他都一视同仁，既不高看，也不歧视，当然，如果受到无端的挑衅，他也会毫不犹豫地予以反击。

一次，一对年轻的意大利夫妻买了一部现代车，过了两个星期打来电话说，车子漏机油，情绪非常激动，最后还威胁说要找律师告项东方。项东方心平气和地叫他们把车子开过来。检查完了后，项东方给了他们两个选择：第一，免费帮他们修好车子，即便这部车子是没有保修的；第二，给他们换另一部同等价值的车子。结果，他们选了一部沃尔沃。两个星期以后，他们又回来了。他们说那部沃尔沃车况非常好，他们很满意，对项东方的服务态度和专业精神十分赞赏，还拿出一盒自己亲手做的意大利面，要给项东方尝尝。项东方首先表示感谢，说我喜欢你们的披萨，不过对意大利面可不太感兴趣，因为不喜欢吃酸的东西。他没有接受他们的礼物。完了，他还调侃着说，意大利菜是世界上数一数二的，但有些东西可是从我们中国“偷”回去的，你那个意大利面不就是你们那个老祖宗马可·波罗从中国学来的吗？说得大家都笑了。

当然，事情并非总是这样的波澜不惊、和谐圆满，有时候也会碰到粗鲁恶毒的人。一天下午，项东方已经把公文包放到自己的车上，正准备拉上铁闸，关门打烊，忽然一部车子鸣着喇叭开了进来，一个大块头白人跳下车。一看到项东方，他就用命令的口吻说要看一部日产车。项东方说这部车一个小时前刚刚才卖掉，大块头就不高兴了，生气地质问为什么卖了不早告诉他。项东方觉得好笑，你才刚来我怎么能告诉你。那人就憋了一肚子火，好像人家欠了他钱似的。项东方建议他看其他的车，他一面挑三拣四，一面唠唠叨叨。看了几部车子，他都是横挑鼻子竖挑眼，不是嫌这里破，就是嫌那里脏。项东方一直耐着性子陪着他，渐渐地也开始受不了了。最后，来到一部有十多年车龄的马自达旁边，那人绕着车子转了一圈，将四个车门打开，然后，把车头盖掀起，眉头一皱，嘴里不干不净地就骂开了：

“这是什么玩意儿？脏得跟个垃圾桶似的，这车子能用吗？简直就是浪费我的时间！”

这下项东方被彻底到激怒了，他突然以迅雷不及掩耳之势将车头盖狠狠地往下一摔，“嘭”的一声巨响，大块头被吓了一跳。项东方毫不客气地说：

“先生，时间到了，我现在要关门了，请你给我马上离开！”

大块头一脸的懵圈，不满地说：“为什么会这样？你怎么这样对客人？”

“我从来没有见过像你这样的客人，我不想跟你打交道，明白吗？”

大块头也火了，气焰嚣张地叫嚷道：“该走的是你，滚回你的中国去！”

项东方顿时怒不可遏，义正词严地说：“这是我的地盘，在我叫警察之前赶紧给我滚出去！”

大块头被吓得一愣一愣的，一边灰溜溜地往外走，一边低声地嘀咕着。项东方听不清他说什么，他也不想听，他望着大块头狼狈的背影又加了一句：

“慢慢走，不送！”

项东方做生意以来，极少对客人发火，待那人走后，他的心情慢慢地平复下来，他在心里问自己是不是有点过分了。他翻来覆去地捉摸了半天，也想不出自己有什么该检讨的地方：那个大块头也太嚣张了，一副颐指气使的派头，简直不把人放在眼里，真该骂。其实，他根本不必自责，过了一个多星期，大块头又出现在他的店里了。

这次，大块头好像完全变了一个人似的，没有了趾高气扬的气焰，仿佛一只夹着尾巴的狐狸，态度变得谦恭，语气也温和了许多。项东方心里啧啧称奇，表面上也客气地跟他应酬着，还略带嘲讽地问他，你还是喜欢我的车啊？大块头也不气恼，直言坦白说你的车价格便宜，质量也不错。没过多久，他就选定了一部日产车。俩人坐在办公室里，一面签文件，一面闲聊。大块头在言谈中无意透露出真相，原来这家伙在一家小型的追债公司工作，平日做惯了欺软怕硬的勾当。他还大言不惭地告诉项东方，上门追债的最佳时机，就是在债务人有亲友在场的时候，因为这样一来，他们的面子就挂不住，乖乖地答应还钱了。项东方在心里暗暗发笑：原来这家伙欺负人惯了，没想到竟栽到了我的手里！

类似这样的事情不时总会发生，项东方已经习以为常，他的对策是得理不让人，但也绝不无故冤枉人。一天下午，车行里来了个看似南美人的客人。此人身材瘦削，上穿一件白背心，下着一条短裤，秃头，高颧骨，眼窝深陷，右耳上戴着一只金耳环。乍看之下，此人就不像个善主。项东方放下自己的第一印象，抱着来的都是客的态度，友好地跟他攀谈。那人自称罗伯特，其实是祖籍葡萄牙的美国人，已经在美国生活了好几代了。罗伯特是个公务员，在政府的水务部门工作，工资并不高。他自嘲着说，我手里的钱只够买一部三千美元的车子，我不想打肿脸子充胖子，就像我办公室那位寡妇每天中午吃着泡面，还死要面子开一辆奔驰。他说他只想要一部经济耐用的车子。项东方就给了他一部丰田花冠，他高高兴兴地把车开走了。

过了几天，罗伯特脸色阴沉地回来了。他抱怨说，那部花冠有不少问题，刹车太松，轮胎太老，等等。项东方把车子检查了一遍，并没有发现什么问题，他说的那些都是可有可无的东西，是个人的感觉问题。从罗伯特喋喋不休的言辞中，项东方看出来他其实是想换车子，他想做个人情，就顺水推舟。罗伯特挑了一部福特风之星商务车，他说自己孤家寡人一个，这车子够大，睡在里面都没问题。

谁知道，没过几天，他又跑了回来。他这次他嫌商务车太大，费油，好像早就忘了之前说的一切，又想换另一部车子。项东方开始觉得不耐烦了，就严肃地说，你不是想玩我的车吧？罗伯特赶紧说，不是的，车子确实是太大了，一个人太浪费了，没开之前不知道，开了几天才发现真是不太合适。项东方心有点软了，就说事不过三，我再给你一次机会，下不为例。罗伯特高兴得不得了，屁颠屁颠地开走了一部马自达轿车。第二天，他还专程跑来，给项东方送了一箱芒果和一盘菊花，说从来没有碰到过这么好的人。

过了一个多月，罗伯特打来电话，说车子没电，问项东方可不可以帮忙。本来这不关项东方的事，车子都卖给你这么久了，而且也是不保修的，像这种小问题买主只能自己负责。但项东方不这么想，他关心自己的声誉，想对顾客好一点。于是，他花了几十块钱买了一个电池，到了罗伯特家里。

罗伯特住在一个活动屋园区。所谓活动屋就是一些木头造的房子，有一室一厅到四室不等，整栋房子可以放在大卡车上搬走，通常一个园区会有几十栋甚至上百栋活动屋，住在里面的多是些低收入者或者退休人士。罗伯特的家在围墙边，项东方七拐八拐找到了，罗伯特高兴地迎出来。项东方手脚麻利，只花了二十分钟就把电池换好了。

罗伯特请他到屋里坐一下，喝杯咖啡。门一打开，一股香烟、老地毯和剩饭菜馊味混合的臭味扑面而来，熏得项东方皱起来眉头。进到屋内，左边是厨房兼客厅，右边是浴室，两边尽头分别有两间卧室。厨房里摆着一台冰箱，一个电炉，一张陈旧的餐桌，桌上和椅子上到处堆满了杂物，角落里放满了饮料和啤酒、各种快餐食物。

项东方刚一迈腿，差点被一本电话号码簿绊了一交。罗伯特笑了笑，叫他小心点。项东方抬头看到餐桌后面挂着一幅廉价的油画，画的是一个裸体女人，她侧着身体，背对着人，身子呈现出一个“S”型，露出一个圆滚滚的大屁股。大概有一颗钉子掉了，那幅画就斜挂在墙上，摇摇欲坠的样子。项东方盯着那幅画，看了两眼，一条大黄狗从卧室跳出来，“嗖”地一下跑到了他身边，绕着他的脚边转圈，用鼻子不停地嗅着。项东方吓得缩起了双手。罗伯特歉意地笑了笑，说没事，它挺好的，不咬人。说罢把狗赶进卧室，“嘭”地关上门。

餐桌旁有四张椅子，其中三张都堆满了乱七八糟的东西。罗伯特抱起一箱百威啤酒，顺便放到冰箱旁边，又跑回来叫项东方坐下来。项东方有点战战兢兢地坐下去。罗伯特端来一杯咖啡，杯子的边缘还有一些干了的印痕，项东方拿起杯子，转了半圈，勉强喝了一口。罗伯特开始喋喋不休地讲起他的故事。他说，这栋房子其实是他父母留给他的。旧金山湾区的房价是全美国最高的，以他的微薄的工资根本买不起房子。他还不介意透漏自己的家庭内幕。他父亲死得早，他跟他母亲一直生活在这栋房子里。他有一个已经出嫁的妹妹，她老是惦记着这栋房子，总想把它抢到手，可是她对自己的母亲很不好。结果，母亲留下遗嘱把房子给了他。他妹妹气不过，还曾打算请律师打官司，最后不了了之，但兄妹二人从此势若水火、不再往来。这房子虽然在他的名下，但每年都要给政府交地产税，每月还得给小区交租金和管理费，加上车子和保险等等，剩下的钱只够他喝点啤酒。每到月底，手上基本所剩无几。

对项东方来说，类似的话他可是听得太多了。他的车行坐落在市区中心，周围住的多是穷人，他也看准了这点，专门卖一些比较便宜的车子。很多客人在讨价还价的时候，会直截了当地说家里真没钱，求他开恩，他往往就起了恻隐之心，把价格降下来。有时候，有些人贷款买了车，几个月都不还款，他也不太焦急去催。他的名声就传了开来，许多人觉得他太好说话了，就不断地介绍自己的亲友来买车。给他修车的阿米哥的情况更是这样。阿米哥是一个人从墨西哥偷渡来美国的，他的家小都在墨西哥，他在这边跟女朋友碧塔住在一个租来的小房子里，省吃俭用，就是为了每月寄点钱回家里。他一般两三年要回家一次，因为是非法移民，他不能走正途，每次都要付给蛇头三千美元，然后钻地道走回墨西哥。这是阿米哥与项东方熟了以后说的，以前他可不敢公开这样的秘密。项东方很同情他，每次修车都会多给他点额外的钱，阿米哥见他人好就跟定了他。在这些人当中，罗伯特相对来说算是好的了，毕竟还是个公务员，又是单身，但也还是捉襟见肘，也因此变得斤斤计较、毫厘不让。

项东方听完罗伯特的故事，咖啡也没怎么喝，倒是被屋子里的气味熏得坐立不安，找个借口就溜了出来。

几个月后，罗伯特突然把车子开到店里来，说是轮胎该换了，要项东方负责。项东方耐心跟他解释，都这么久了，该你自己去处理。罗伯特不听，坚持要项东方付一半的钱。项东方觉得这是原则问题，不能一再迁就，否则生意就没法做了。罗伯特生气了，没想到这个平常很好说话的项东方，今天竟然死活不肯就范，就发起牛脾气来。他把车子停在大门旁边，几乎堵住了进出的通道，仅容一部车子通过。他把车门一锁，就气呼呼地扬长而去。

项东方看着远去的罗伯特，一时气得七窍生烟。没想到平常对他那么好，一不如意翻脸比翻书还快，看来好人实在难做。他本来可以叫警察直接把车拖走，但他暂时还不想用这么激烈的方式，而是用较为温和的法律的手段来达到目的。冷静下来以后，他坐下来，模仿律师的笔调，写了一封措辞严厉的信。信中说，鉴于你的无理行为，我们将采取如下措施：如果你在收到该信三天以内不把车子移走，我们将按法律规定每天收取你五十美元的储存费；如果十天以内不把车子搬走，我们将叫警察把车子拖走，有关费用将由你本人负责。这封信写得完全就像出自律师行的正式公函，语词正规，口气严厉，没有任何讨价还价的余地。

两天以后，项东方接到了罗伯特的电话。线的那端传来一个战战兢兢的声音，没有了往日那种自以为是的淡定。项东方不动声色地问他有什么事。罗伯特声音颤抖着说：

“我、我想问问，谁、谁是你的律师？”

“律师？”

“就是帮你写信的那个人。我、我看了他的信，想跟他谈谈。”

项东方明白了，原来罗伯特把那封信当作是律师写的，他不相信项东方可以写出这样的信来。项东方哈哈大笑道：

“哦，那个人就是我！我就是我的律师！”

“啊？”

“有什么事你就跟我说！”

“嗯。”电话挂断了。

一个小时后，罗伯特灰溜溜地来了，一句话都没说，坐上车就要开走。项东方走过来，语气凝重地说，你如果要好好做生意，欢迎你继续来；你如果还想占便宜耍赖，这就是你最后一次！

罗伯特羞愧得脸上青一块红一块的，一声不吭，低着头把车开出了店门，从此以后销声匿迹。

明枪易躲，暗箭难防，这些正面的交锋都比较好应付，一些暗里的勾当就让人防不胜防。项东方刚租下这家车行时，未曾注意到治安的问题，时间长了以后，才渐渐地显山露水，状况百出。

一天傍晚，阿米哥已经离开，项东方也准备好了要关门，两个一胖一瘦的黑人徒步走了进来。他们说是要买一千美元的车子，项东方明确告诉他们没有这么便宜的车子，最差的车也要一千五。俩人不死心，说能不能看看一千五的车，项东方想他们不可能会买的，就是推说天黑了，明天再来看吧。那俩人很无奈，就问项东方要名片。项东方没有多想，就掏出钱包，拿了一张名片。那俩人双眼贼溜溜地盯着钱包，那种贪婪的神色让项东方不寒而栗。他突然醒悟，我为什么这么傻，居然在这样的情形下掏出钱包，这不是找死吗？他急忙把名片递给其中一个人，准备马上溜开。那俩人互相使了个眼色，正要动手，刚好一辆警车在路边停了下来，那俩人连名片都来不及拿，就跳着跑开了。项东方拍打着胸脯，连声自言自语道：真他妈险！

从那以后，他就学乖了，不管什么季节，天黑以前一定要关门，赚不赚钱无所谓，安全第一。可是人算不如天算，总有很多事是自己没法控制的。一天早上，项东方刚回到店里，阿米哥就告诉他工具房被撬了。他过去一看，果然房门大开，一个装工具的大箱子不见了，还有好几部新的车用CD机被偷走，损失了上千块。项东方赶紧打电话报了警。

两个小时后，一部警车才姗姗来迟，一个中等个头的警察懒洋洋地跳下车来。听完项东方的叙述后，那警察到工具房随便看了看，就写了一个报告，要项东方签名。项东方客气地问他，有没有可能破案。那警察摇摇头，一脸茫然地说，这一片区域治安一向都很差，像这种小案件警察局根本没法管，你就好自为之吧，自己多多注意才是。

警察走后，项东方再次到工具房认真查看了一遍，又到停车场转了一圈，终于发现了可疑的踪迹：原来与隔壁相邻的那一面铁丝网被人剪了一个大洞，小偷就是从这里跑进来的。隔壁是一家越南人开的修车厂，铁丝网比邻街那一边低了许多，只有半人高。项东方找来一些铁丝，把那个漏洞给补上，又给工具房加了把更大的锁。不过，他心想这也就是防君子不防小人的措施。这还真给他说对了。半年后，工具房再次被人偷了。这次锁没有开，门也没被撬，只是窗户被砸了。真是防不胜防。他发现这个贼也没有剪铁丝网，而是从天而降的。因为相邻的修车厂之间那道铁丝网只有半人高，小偷就踩着车顶跳过来的，几部车的车顶都留着脚印。

这件事让项东方很伤脑筋，虽然损失不大，但影响工作，而且也影响心情。他也想不出什么好的办法，只好把有用和贵重的东西都搬到办公室。有一个夏天的晚上，他因为天气晚了，又不想回家，就留在店里。办公室有两个房间，一个用于谈生意签文件，另一个作为休息室，里面有一套沙发，还摆了一张小床，平常累了可以躺躺，但从来没有过过夜。当晚，他看了一会电视，就早早地就在小床上躺下来，外面很安静，偶尔有车辆驶过，停车场灯光暗淡，他很快就睡着了。

睡到半夜，忽然被一阵“嘶嘶索索”的声音吵醒了。接着，听到两个人的对话。一个人说，不知道里面有没有警报器。另一个说应该没有吧，白天来的时候没看到。听他们拉长声调的说话声，项东方判断好像是两个黑人。他想起今天中午时分，曾有两个黑人进到店里，说要买车，在店里各处兜了几圈，形迹非常可疑，然后什么都没买就走掉了。会不会就是他们俩？他一骨碌坐起来，靠近窗户悄悄地往外看。借着昏黄的灯光，他依稀看到两个人影，一个高个，一个矮小，小的那个估计只有一米六，身材瘦削，像个未成年的小孩。项东方醒悟过来了，上次就纳闷工具房的窗户那么小，谁能钻过去，没想到原来就是这个家伙。他明白了，两次作案可能都是这两个家伙，工具房偷完了，就来打办公室的主意。

这时，外面的人又开始说话了，一个说怎么这钥匙开不了呢？另一个说要么砸玻璃算了。第一个说不行，动静太大了，就算没有警报，外面听到了就不好了。接着，又听到门锁被拧动的声音。项东方现在已经汗毛倒竖，像只惊弓之鸟，要么出击，要么吓昏，他不再犹豫，抄起原先藏于门边上的一根铁管，突然把灯开亮，大喝一声：

“谁在外面？想找死吗？”

外面的两个人早被这霹雳一般的喊声吓破了胆，立刻抱头鼠窜。项东方将门打开，跳将出来，见两个黑影跳上一部车的顶部，一跳一跃，跳过几部车，然后跨过铁丝网，到了隔壁的停车场。

项东方追到边上，一边厉声高叫。那两个人动作敏捷，很快就跳过围栏，跑到了街上。

项东方把大门打开，追了出去。突然听到“乒乓”两声枪响，一颗子弹贴着他的耳边飞过，吓得他赶紧停下来，躲到一棵法国梧桐树后边，眼睁睁地看着那两个小偷跑掉了。

第六十章 有枪就是王

几天后，项东方像往常那样，到健身中心去锻炼。这个中心是一家全美连锁的大店，设备完善，条件优越，除了各种器械，泳池、桑拿、蒸汽浴和SPA一应俱全，每天二十四小时开放，全年无休，只有感恩节和圣诞节关门半天。项东方很早就加入了这家中心，当时的会员年费才两百美元，几年后价格下降到49美元，实在很划算。多年来，项东方坚持锻炼，不曾松懈，每周至少四到五天，有时即便在外地也不放弃，因为他的会员证是全国通用的。

项东方在跑步机上跑了二十分钟，又拉了一会儿器械，就走进更衣室，来到自己的小衣橱前面。站在他旁边的是两个一黑一白的壮汉，都一米八几的身高，黑的满身发达的肌肉，令项东方一下子想到拳王泰森，白的除了脖子全身长满了毛。俩人都一丝不挂，正在换衣服。项东方夹在两个大汉中间，明显地矮了一大截，要在以前他一定会自惭形秽，慨叹自己的渺小，可如今他早已克服了自己的自卑心理，不会再为这样的事而烦心了。

他从容地脱光衣服，换上一条游泳裤，踱出更衣室，到游泳池游了半个小时。然后，他走到泳池旁的SPA，见水里面已经有七八个男女，正犹豫着要不要进去，刚好有一个穿比基尼的长发女人起身，上了岸，他就不再迟疑，一脚迈进了水中。这个池子限额十五个人，但坐了七八个人就显得有点挤，原因是大家坐得很松，彼此保持着一定的距离，还有一个原因是，里面刚好坐了几个大块头，特别占地方。项东方刚坐进那个女人空出的位置，就发现他左边的人正是那个黑大个。黑大个旁边又正好是那个白大个，原来他们俩认识，正在有一搭没一搭地聊着天。其他的人有的闭目养神，有的在玩手机，还有的全神贯注地看着墙上的电视。

项东方像往常那样，背靠着池壁，闭着眼睛，默默地想着心事。池水不冷不热，背后还有一股温热的水注不停地涌出来，冲得人舒舒服服的。过了一阵，他迷迷糊糊地快要睡着了，却忽然听得一声惊呼：

“噢，我的天啊！”

喊声出自他右边的一位中东女人。这个女人的装束有点古怪，别的人无论男女都穿着泳衣，偏偏她却穿着一条长裤，一件短袖T恤，显得与池中的人格格不入。这位中东女人正盯着对面的大电视，她的喊声惊动了所有的人，大家纷纷转头去看电视，项东方也睁开了眼，正好看到电视机上播放的一条新闻：三个身高体壮的匪徒半夜闯进一户人家，实施抢劫，刚好男主人不在家，女主人是来自福州的华裔女子，她勇敢地拿起一支手枪，与劫匪展开枪战，最后击伤了一名歹徒，三个劫匪吓得逃之夭夭。这个视频是监控镜头拍下来的，虽然有点模糊，但也足够吓人。

看完新闻，池子里的人开始你一言我一语地议论纷纷，白大汉赞赏地说：

“勇敢的女人，干得好！”

“太可怕了，要是我早就吓死啦！”中东女人摇着头自言自语道。

坐在对面的一个白女人说：“有枪就好了，胆子也会大起来的。”

黑壮汉接茬道：“枪是个好东西，我有两支枪，一支放在车上，一支压在枕头底下，就是为了防备万一。”

白大汉有点自嘲地说：“说实在的，只要有一把枪，你再壮肌肉再发达都白费，说到底每个人就一颗子弹的价值，有了枪一个弱女子都可以挑战拳王泰森。”

“这话有理！健身都是给别人看的，有枪才是王道！”黑壮汉爆发出一阵狂笑，听起来像是海狮低沉的咆哮。

大家也都附和着一起笑起来。项东方没有插话，但也随着大家一起笑，笑完后忽然就想起前几天那两个小偷：是呀，如果当时手里有枪，说不定就把那两个家伙给干掉了！在美国这个枪支泛滥的国家，没有枪的人只会吃亏。也许开车时不小心按了一下喇叭，对方不由分说就给你一枪；也许你在商店里踩了别人的脚后跟，人家回头就扣动了扳机。在这样人人自危的环境下，生命是脆弱的，仿佛站在春天的薄冰上那样。他似乎发现了一个真理那样沾沾自喜，而这个所谓真理人家美国人一百多年前早就了然于胸，所以几乎人人都有枪。对，一定要买枪，有了枪就能自保，以暴制暴，就不怕半夜家里来了贼人。这点真的得跟美国人学学，于是很自然的，他想到了那个华大的邻居汤姆。

第二天，他给汤姆打了个电话。汤姆听说他要买枪，颇为惊讶，他还记得当年这个中国人对私人拥枪是很不理解的，今天究竟为什么突然想到要买枪呢？他就好奇地问项东方，项东方把那天半夜遇上小偷的事告诉他。汤姆就说，果真这样，当时你完全可以开枪把哪两个贼干掉的，这属于正当防卫，不需负法律责任。项东方说我现在才明白，其实我早就应该买枪的。汤姆安慰他说亡羊补牢还来得及。他还说正好星期五旧金山有一个大型的枪展，他可以带项东方逛一下。俩人就约定好了。

项东方以前在沃尔玛超市和其他百货商店都看到有卖枪的，只是不太在意，也没有认真看过，现在他突然对枪充满了好奇心。到了展览中心，找了半天也找不到停车位，跟汤姆约定的时间快到了，才看到一个中年女人肩挎着两支自动步枪，英姿飒爽地走过来，跟在她身边的是一个年轻的小伙子，大概是她儿子，腰间别着一支手枪，双手拎着两颗地雷。项东方看得目瞪口呆，竟忘了自己正在找停车位，及至那两母子上了一部大型的雪佛兰越野车，他才如梦初醒，赶紧停好车，跑到大门口，碰到等在那里的汤姆。

一步入展厅，项东方仿佛刘姥姥进了大观园，一下子就被镇住了。偌大的展厅有好几个篮球场那么大，有一百多个摊位，就像一个大型的超市，墙壁上挂着枪，桌面上也摆满了枪，长的短的、大的小的、新的旧的全是各式各样的枪，手枪、步枪、猎枪、冲锋枪、机关枪、狙击枪，凡是你能想到的枪应有尽有，居然还有手榴弹和地雷，参观选购的人也是水泄不通，气氛热闹非凡。

项东方随着汤姆顺着摊位逛了一圈，东看看， 西摸摸，心里早就按捺不住了。他们走到一个靠墙的摊档前停了下来。一个娇小玲珑的亚裔女子，刚买了一支银灰色的白朗宁手枪，神情兴奋地离开。一个高高瘦瘦的老头举着一支步枪向天空瞄准。一个七八岁的男孩伸手摸着一支左轮手枪说我要这个。墙壁上挂着一幅告示：左边有一面美国国旗，低下是一个背着长枪的民兵，右边用大字写着“宪法第二修正案”，底下是小字体的条文：

“一支规范的民兵乃确保自由国家之安全所必需，人民持有和携带武器的权利不可侵犯。”

一字排开的长桌子上陈列着各式各样的大小枪支，每支枪上都表明了价格，一支 M16 系列自动步枪标价两百美元，AK-47 自动步枪一百八十美元，桌子后面有几箱二战时期南斯拉夫军队的制式步枪，还有手榴弹，项东方还看到好几支带转盘的机关枪，令他想起二次大战时苏联军队的武器。桌子的另一头还摆着好几款手枪，有鲁格 P95 和伯莱塔 92F 式手枪等。项东方什么都不懂，直看得眼花缭乱，不知该选什么好。汤姆就像个行家一样，耐心给他介绍了一番。最后，项东方选定了一款伯莱塔 92F 手枪。

汤姆给他解释说，这款枪的优点一是射击精度高，二是故障率低与可维修性好，现在是美军的标准配备，当年海湾战争时，美军下到尉官上至总司令，使用的都是这种枪。看着这支乌光油亮的真家伙，项东方简直爱不释手，价格都没有考虑，就决定要花六百美元买下。拿定主意后，他把驾照交给摊主看，证明自己是本州居民，接着填了一个简单的表格，目的是要进行背景调查，核实有没有犯罪记录和精神病史等等。摊主告诉他，背景调查要等十天，现在先交三百美元的定金，十天后到当地的店面去取枪。项东方付过定金就与汤姆走了。

十天后，项东方独自到了那家名叫大五的运动用品店，接待他的刚好还是上次那个头发斑白的摊主。那人把一个精致的盒子递给他，项东方一手拿过盒子，一手伸过去握住对方的手。那人顺口说了声：“恭喜！”项东方一时激动得就跟买到第一部车时一模一样。

他抱着枪回到自己的车上，迫不及待地将盒子打开，取出那支枪，左看右看，兴致勃勃地把玩了一阵，才开车离去。在路上，他想起小时候那个邻居李老头，他口中的那支驳壳枪可是令大家羡慕得要死，可望不可即的，如今不费吹灰之力就弄到了一支枪，就别提多高兴了。买一支枪就跟买一把菜那么容易，这实在令人不可思议。虽然项东方像别的男人一样喜欢玩枪，但毕竟这样人人都有枪的社会也是个危机四伏的地方，叫人时刻担忧着，他是不得以才会买的。回来后，他还去申请了一个持枪证。

在随后的几个周末，他跟随汤姆到靶场练习了几次射击。就这样，他跟大多数美国人一样，名正言顺地拥有了一支可以杀人的真枪了。

大多数时候，这支枪是个累赘。为了防身，最好是时刻都携带着，但它既笨重又碍事，有时候还得考虑法律是否允许的问题。有时候他把它别在腰间，有时候搁在手提包里面，有时候就放在汽车的文件盒内，更多的时候他把它藏到后备箱里面，这样虽然安全，可一旦遇上紧急状况便容易措手不及。

阿米哥回了墨西哥，要一个多月后才回来，项东方只能自己修车。有一部奔驰 E 系轿车开起来很奇怪，脚一离开油门就死火。项东方根本不需要检查，凭经验就知道是怠速阀坏了。这车子前几天还好好的，今天有个客人打了电话说明天早上要来看这部车。接完电话，项东方就去试了一下车子，才发现了这个问题。汽车跟人一样，晚上睡觉还是好好的，第二天可能就爬不起来了，一些零件期限到了，突然就坏了，一点都不稀奇。为了不耽误生意，他决定赶紧把车子修好。对于懂车的人来说，这是一个很小的毛病，但对于不懂的人，那就是天大的问题，很多人会吓得碰都不敢碰。其实只要换一个怠速阀问题就解决了，而买一个新的零件大概要 150 美元，项东方为了节省成本，决定买一个旧的，那只要 20 美元左右。

那家自助拆车场离他店大约两英里，项东方决定去那里找零件。他把工具箱放到后备箱，当然，他也没忘了他的宝贝枪，他将它塞进手提包，然后搁到后备厢里。他开的就是那部有问题的奔驰，因为他觉得时间不多，他要直接在拆车场外把车修好，然后才有足够的时间试车。这车子开在路上倒也平顺，讨厌的是停车的时候，只要脚一离开油门，车子立马就熄火。这种问题项东方碰到的太多了，他知道怎么应付，当他一看到红灯时右脚就轻轻地松开油门，但并不松到底，脚板依然贴着油门，同时用左脚踩住刹车，这样将发动机的转速保持在允许的范围之内，车子就不会死火；等绿灯一亮，松开刹车的同时踩下油门。当然，这不是一天两天练出的功夫，而是长时间实践的结果。从车行到拆车场有六七个红绿灯，他就这样一路如法炮制，总算顺利到达拆车场。

进到场内，他就直奔 E 区而去。这个拆车场有好几个足球场那么大，里面一排一行地排满了报废的旧车，主要区分开美国车、日本车和欧洲车几大块，所以项东方知道该上哪里去找奔驰车。今天，他很幸运，在 E 区 198 号的位置，他发现了一部同款的奔驰车，更意想不到的是，这部车好多零件都被人拆得七七八八，偏偏那个怠速阀竟孤零零地呆在原地方，等着人手到擒来。项东方一看就乐坏了：嘿，真是瞎猫碰到了死老鼠，得来全不费工夫！他掏出一个十二厘米的扳手，卸下两颗螺丝，再拔掉两根胶管，就把怠速阀拿到了手里，前后不过五分钟。交钱的时候倒是费了点功夫，因为关门的时间快到了，排队的人挺多的，一只高音喇叭还在催促人们说还有半个小时就要关门了，许多拿着零件的人都加入了队列。

等了近半个小时，才付了款，项东方回到自己的车旁边。车子对着拆车场的围墙，沿着这堵墙一溜喷满了各式各样的涂鸦，五颜六色、千奇百怪，什么都有，大都看不出什么意思，唯独靠近他的车子附近有一条他倒是看懂了："插你的菊花！"项东方看着就想笑。以前经常来这里，就是从来都不曾注意到。那条标语不远处用红笔画了一只老鹰，样子呆呆的。项东方没时间看这些乱七八糟的东西，他必须赶在太阳下山以前把车修好。

太阳还有一竿子高，根据经验，干完这活大约三十到四十五分钟，项东方估计他还有足够的时间。他打开车头盖，先拆掉空气滤清器，然后拔掉几根真空管，就看到了怠速阀，它装在节气门上，只要卸掉两颗螺丝，拔下两条胶管，再按相反次序把东西装回去，就大功告成了。

这时候人已经走得差不多了，原本满满的停车场一时空落落的，只剩下几部没人认领的破车，停在角落的位置上。项东方已经拆掉旧的怠速阀，他弯着腰，全神贯注地把刚买的怠速阀放到位置上，准备装上第一颗螺丝。这时，正好一个瘦削的小个子黑人路过，跟他打了个招呼。项东方一愣，手一松，怠速阀"叮当"一声掉了下去。

他抬起头，见原来是那个叫比利的黑人。多年以前，他就是在这个场子里认识比利的，当时他初入行不久，第一次到拆车场买零件，比利帮他拆了一个变速箱，才收他六十美元的人工。拆变速箱和发动机这样一些重活，项东方自己不愿意干，便交给比利。比利已经退休，靠微薄的退休金生活，所以经常到拆车场帮人拆零件，挣点外快。项东方跟比利聊了几句，比利就拉着他那一小车的工具，走到一部破旧的福特金牛轿车旁，跳进去一溜烟跑掉了。

比利刚一走，项东方就一拍大腿，叹了一声"糟了！"他才想起那个掉下去的怠速阀。刚才因为与比利打招呼，没注意那怠速阀到底掉哪儿了，现在要找恐怕不那么容易。真是糟透了！他四下看看，拆车场早关了门，停车场连个人影都没有。再望望天，西边已经升起五彩斑斓的彩云，夕阳将要下山了。

他开始有点急了，他趴到地上看了一遍，没有看见那个怠速阀。他弯腰探头往发动机室里看，里面已经黑乎乎的难分东西了，他去工具箱找来一只小手电筒，将开关打开，东照西照，零件密密麻麻的，还是什么都没有发现。他越发紧张起来。

忽然，听到头顶传来一阵"啊啊"的叫声，抬头一看，见几只漆黑的乌鸦站在头顶的电线上，一边拍打着翅膀，一边叫丧似的呱噪着。在美国没人觉得乌鸦叫不好，但项东方却还是和中国人一样认定那是不吉利的。对他来说，这些乌鸦除了拥有美国籍以外，与中国的同类没什么不同，一样的颜色、一样的身材、一样的长相，说的也不是美式英语，而是全世界统一的鸦语，一样的"啊啊"乱叫。所以，他觉得它们肯定是不吉利的东西，心里不由得闪过一种不祥的预感。

再定睛细看，一只乌鸦脚底下的电线上竟挂着一双半新不旧的运动鞋。他脑中一个激灵，突然想起在什么地方看过的一个说法，说这是一种帮派的标记。他又联想到了刚才看到的那只红鹰的图案。他仔细地打量了一下周围的环境，外面那条街很狭窄，根本没有行人，偶尔有零星的汽车经过，马路对面是一堵围墙，一直延伸一百多米，围墙尽头各有一栋建筑，看样子是仓库一类的场所，拆车场这边情形差不多，也就是说现在方圆几百米内，除了他自己基本不见一个人影。他越看越不对劲，不由得冒出了冷汗。他的直觉告诉他，有一个危险似乎正在一步步地逼近，得赶紧把车子弄好，马上离开，否则后果不堪设想。

他定定神，把手电打开，认真地估算了一下怠速阀下落的途径和可能卡住的地方，然后用电光照射进去，终于看到了一道闪亮的白光反射过来，再凝神细看，发现那个怠速阀就卡在车轴上。他一阵狂喜，伸出右手就想把它掏出来，无奈间隙太小了，手伸不进去。他只好从工具箱里找来一把长柄的尖嘴钳，总算将那个怠速阀捡了出来。他手脚麻利地装好那个怠速阀，然后将所有零件恢复原状。

他终于长出了一口气，抬头看看天，太阳已经下了山，西边只留下一抹暗红的晚霞。他仿佛完成了一件伟大的工程那样，心情突然十分变得轻松。当他“嘭”的一声关好车头盖的时候，却听到身后传来一阵吓人的刹车声。

那一声凄厉的哨音把他吓了个魂飞魄散，他惊恐万状的眼睛看到了，一部黑色的道奇越野车戛然停在他两米以外，四个车门同时打开，跳下四条彪形大汉：两个黑人、一个白人，和一个墨西哥人。

个子高的黑人留着一头短短的卷发，鼻子穿着一个金色的环。稍矮的黑人头上梳着一缕缕密密麻麻的小辫，后面用一根橡皮筋绑成一条马尾，耳朵戴着一副白色的长线耳机。那个白人是个光头，右耳戴着一只耳环，嘴里不停地嚼着口香糖。走在后面的墨西哥人反戴着鸭舌帽，手里攥着一根棒球棍。四个人左手臂一律纹着一只红鹰。四条大汉摇头晃脑、骂骂咧咧地向项东方围过来，戴耳机那个黑人还踩着舞步，双手和全身做着夸张的姿势。

项东方哪见过这种阵势，一下子惊得头皮发麻，心里六神无主的七上八下。他忽然明白了，自己真的落入贼窝了，这是黑帮分子聚头交易的场所。算我倒霉，今天看来不死也得出点血了！他告诉自己，越是慌乱的时候，越是要镇定。他忽然想到了那支枪，对了，只要把枪拿到手，就不怕他们多猖狂。

他将左手伸到裤兜，轻轻地按下了遥控器，车子的后备箱“嘭”地开了一条缝。他绕着车身，走到了后备箱旁边，背对着车子。

这时，那四个大汉已经将他团团围住了。卷发黑人怪叫了一声，说：

“嘿，他是个中国佬！”

其他几个人七嘴八舌地嚷嚷道：

“中国佬身上都带着钱，这家伙一定有现金。”

“他肯定有钱，还开奔驰呐！”

“喂，中国佬！黑灯瞎火的在这干嘛呀？等女人吗？”

“我看他是来找死的！”

“也不看看这是谁的地盘！”

“别焦急，等下让我爆他菊花！”

“哈哈哈！”

几个人一起发出轻蔑得意的狂笑，在空旷的四野异常响亮吓人。项东方紧张得微微发抖，眼睛发红，怒目圆睁，四肢僵硬，整个姿势看似一个马步。

小辫子黑人突然惊恐地喊道："嘿，小心，这家伙会功夫！"

众人果然吓住了，止步不前。

自从李小龙的电影在美国大行其道，中国功夫就成为家喻户晓的东西，"功夫"这个粤语用词也变成一个英语词汇深入人心，一般美国人都误以为所有中国人都会功夫。上次在拍卖场项东方就露了一手。当时，那个印度裔朋友烤肉先生碰到项东方，俩人聊了一会，就开起了玩笑。烤肉先生比项东方高出一头，块头也壮得多，他是在美国土生土长的，自然也看过中国武术的电影。说着说着，他忽然出其不意地推了项东方一下，项东方没有防备，向后退了半步。他不动声色，走到烤肉先生前面，突然一发力推了他一把，烤肉先生一个趔趄，连退三步，差点没摔个仰面朝天。烤肉先生自愧不如，就问他你真的懂功夫吗？项东方大言不惭地说，那当然，你不知道我是中国人吗？随即扎起马步，双手比划几下。烤肉先生看得一愣一愣的。项东方心里暗暗偷笑，其实他哪懂什么功夫，只不过平常坚持健身而已。烤肉先生从此对他刮目相看，轻易不敢再开那种玩笑了。

项东方见几条大汉畏缩不前的样子，暗暗发笑，灵机一动，真的端起马步来，双眼虎视眈眈地盯着站在前面的光头白人，气势颇为慑人。

双方对峙了一会儿，光头白人后退几步，几个人耳语几句，又围了过来。

光头白人"呸"地一声把口香糖吐到地上，对着项东方恶狠狠地说：

"哎，哥们，把钱给我！我只要钱。"

项东方知道自己现在手无寸铁，不能跟他们硬拼，也不能靠这个虚的花架子功夫架式把他们吓跑。他急中生智地说：

"好，等一下。"

他掏出钱包，拿出两张二十美元的纸币，扔到地上。

光头弯腰去捡钱，一看只有四十块，火了，骂道：

"就这点钱想打发我们？"

项东方说："等一下，我公文包还有点钱。"

"快拿出来！"

"好。"

项东方乘机将后备箱打开了，手伸到里面，把公文包打开了。他摸到了那支枪，并悄悄地把保险打开。然后，一转身，突然举起枪，对准了光头白人。

那家伙看到乌黑的枪口对准自己，气焰霎时就蔫了，战兢兢地恳求道：

"别、别开枪！钱还给你。"

说罢，把钱扔到地上。然后，转过身，发疯似的跑开了。

两个黑人见状，也没命般地四散抱头鼠窜。

项东方弯下腰去捡钱。这时，那个一直都躲在旁边的墨西哥人跳过来，举起棒球杆，狠狠地向项东方劈过来。

项东方抬起头，猛地往边上一闪，同时下意识地扣动扳机，“砰”的一声巨响。

子弹击中墨西哥人的右臂，球棒摔到地上。

墨西哥人捂住伤口，一瘸一拐地跑开了。

项东方对着他的背影连开了几枪，嘴里狠狠地骂道：

“我操你妈个比，算你运气好，今天没杀了你！丢那妈你个扑街冚家铲！”

前面那几句是英文，最后那句骂人话却是广东话，真应了人们说的，人在狂怒时骂出口的往往是自己的家乡话。骂完了，项东方又狂笑了好几下，才慢慢地平静下来。

这件事在项东方心里留下了巨大的阴影。从那以后有很长时间，他晚上都不敢出门，就算是非得要去的话，他也尽可能呆在车里或者安全的地方，当然，他总忘不了带上那支曾经救过他命的宝贝手枪。

第六十一章 祸不单行

一个多月后，按原计划阿米哥应该从墨西哥回来工作了。一天早上，项东方回到车行，看到铁闸锁着，就觉得有点奇怪，因为平常在这个时间，阿米哥早应该在店里工作开了。铁闸没开，说明他没来。他拿起手机拨了阿米哥的号码，对方手机不通。他接着打给阿米哥的女朋友碧塔，她说她几个月前就跟阿米哥分了手，不知道他最近怎么样了。他再打给阿米哥另一个女朋友美拉，她说阿米哥临走时说他父亲过世了，要回去处理许多事情，不知道什么时候才会回来。

阿米哥是两个月前走的，他像往常那样每隔几年就回墨西哥一次，当然都是偷渡回去的，他要给蛇头三千美元，到了美墨边境，从地道钻过去。对他来说，每次回家都是一次冒险，能否回来全靠运气，幸亏到目前为止，他还没有失过手。

阿米哥刚来项东方这边时表现还差强人意，但慢慢地就出现了许多毛病。时常上午九点到店里，到了下午两三点就要走人。项东方与他只有计件取酬的关系，干多少得多少，他理应卖力多干一点多挣点钱才是。他可不那么想，他只要弄够当天用的钱就心满意足了。每次，他一干完活就直愣愣地说："给我钱，我要走了！"项东方当然希望他每天能多干点活，可是他却不愿意。项东方很烦他，有时跟阿凡提说起，阿凡提不屑地说："咳，他们这种人都这副德性，过一天算一天，没有什么盼头。不知道活着干什么？"这其实项东方也明白，他们这些人说好了是乐天知命、随遇而安，说坏了是消极懒惰、不求上进，每天能弄个几十块钱就可以打发掉，至于明天到明天再去考虑。

最近，阿米哥的表现有点反常，经常抱怨说自己是快当爷爷的人了，每天还要钻车底弄油污，到头来才赚那么一丁点小钱，实在是不值。项东方听到这些话，只当是开玩笑，没有放在心上。

阿米哥该来不来，又跟女朋友分了手，实在有点蹊跷。项东方前思后想了一会，觉得似乎有点不对劲。再仔细考虑了一下，他才记起阿米哥走前，曾经拿走了一部价值一万多美元的沃尔沃，说是自己修不了，要让一个朋友去修。那部车并没有大问题，只是检查引擎的警告灯一直亮着，无法通过废气检查，而按照法律规定，不通过废气检查，车子就不能卖。项东方自己也尝试了许多办法，就是没能解决这个问题，只好让他拿出去修。谁知道一去就是两个多月。时间一长，而且店里又太忙了，项东方反倒给忘了。

现在他想起这事，于是想核实一下到底怎样了。他一个电话打到那家维修店，问我那部沃尔沃怎么回事？对方冷冷地说我们这没有这部车。项东方急了眼说：我们两个多月前放下来的，怎么就没了呢？对方这才放轻了口气说：对不起，让你误会了！我们是上星期才开张的新店，所以没有你的车子。

项东方一下子愣住了，问：怎么电话是一样的？对方说：我们保留了旧的号码，但所有的东西都是新的。项东方焦急地问原来的店主呢？对方说他们已经关了门，听说店主正在被通缉，因为他欺骗了许多客人，被人投诉。项东方非常地绝望，他试图弄清楚自己的车到底怎样了，于是问道：那你知不知我那部沃尔沃的去向。对方说不知道，不过他可以问问经理，让项东方等一下。过了几分钟，他回来说原来的店主曾经搞个一次置留权人拍卖，把所有当时在店里的车子都卖掉了。

项东方对这种所谓置留权拍卖的程序并不陌生。通常客人在修理店修了车，因为没钱付或者不想付账，修理店可以寄出一封挂号信，勒令车主在十五天内来缴款，否则他们有权将车子卖掉，而车主将因此失掉自己的车子。按正常程序，那封挂号信是一定要寄的，不然将会引起严重的法律后果。项东方翻来覆去想了好一阵，就是不记得自己曾经收到过这样一封信。他越想越不对劲，预感到可能出事了。一种可能是，阿米哥与他的朋友合谋将车子卖掉了。如果他们要这样干，肯定是要豁出去的了，因为他们根本就没有寄过任何信件，这样迟早会被发现，从而惹来官司甚至刑事处罚。为了证实自己的猜测，项东方专程去了一趟警察局。警察证实，那家店的店主确实因为诈骗正被通缉，可能已经逃出美国，但他们不能肯定阿米哥是否是同伙。

从警察局出来，项东方沮丧到了极点。他以前从来没有想到过有人可以使出这一招，来窃取别人的财物，他更没有想到自己待阿米哥不薄，怎么就养不熟，一朝不顺就蹶蹄子，人心险恶实在是防不胜防啊。也许是他想退休不干了，就起了歹念，与他人合谋，临走前弄一笔钱。他冷静下来一琢磨，眼下要拿回车子的可能几乎为零，除非能够找到阿米哥或者修车店主。因为要找到新车主并不难，只需通过律师到车管局核实一下就可以了，但要证明拍卖是非法的则必须要证明自己没有收到任何挂号信，而光靠自己说那是空口无凭的，只有当他们无法提供邮局的收据和原信的副件，才能证明他们是作假的。因此，找不到这两个人一切都白搭。警察已经说了，他们只是在美国本土通缉那个店主，如果他不出现，他们也是无能为力的。至于阿米哥，没有任何证据以前，他们不可能做任何事情。看来如果没有奇迹的出现，那部车子就算是石沉大海了。项东方像被人割了一块肉那样心疼不已。这跟以前车子被偷不同，被偷的车子总是会找到，赔上一点钱就能赎回来。可今天你只能眼睁睁地看着别人开着自己的车子，你却无可奈何。这才是叫人绝望的事情。

为了这件事，项东方好几天都没有缓过劲来。世上还真有祸不单行这种事，偏偏又让他给碰上了。一天，他正开车走在高速公路上，突然来了一个电话，他按下耳机开关，传来了一个冷漠的声音。在加州开车打电话一定要用耳机，否则就是违法。那人问：

“你是项东方先生吗？”

“是的。”

“我是车管局刑侦处的探员，请你马上到我们这里来一趟！”

车里放着音乐，耳机里转来的声音不是很清楚，项东方只好问：“对不起，你说什么？”

“请你尽快到车管局刑侦处来一趟。”那人有点不耐烦了。

项东方听清楚了，又是该死的车管局！他已经形成了一种条件反射，一听到车管局刑侦处，就紧张得发抖。他尽量控制住自己的情绪，但声音依然带着颤抖：

“请问有什么事情吗？”

“来了你就知道了。你要多长时间？”

“我现在路上，大约半个小时。”

“好！”

项东方惴惴不安地来到车管局，穿过人头攒动的服务大厅，走到一个角落，推开一扇门，进入里面，迎面看到一个条幅，上面写着“这里是警察部门。”里面有一个开放式的大办公室，还有几个小房间，安静肃穆的气氛与外面人气旺盛截然不同。这个车管局项东方来得多了，但刑侦处却从来没有进去过，蓦然进来心中少不得有些恐惧。他到门边的柜台登了记，那女人叫他到前面第一个小房间等候。

打开门，他才发现这个房间很小，一张巨大的会议桌摆在中央，两旁放着两排椅子，房间里再也没有任何多余的物品和装饰，也没有一个窗户，关上门就是一个密室。项东方一眼看到这个房间，就联想起了那次在警察局呆的地方，心中的恐惧立刻加剧。当他转头往右边一瞄，一眼瞥见一个大块头男人呆坐在角落里，定睛细看，不由得一惊。那人一看见他，长吁了一口气说：

“兄弟，你总算来了！”

“阿凡提，你怎么会在这儿？！”项东方的表情夹带着惊异和好奇。

“他妈的婊子，这帮混账的白痴把我带到这个鬼地方来，我操！”阿凡提气呼呼地骂了一通，脸涨得通红。

“哎，哥们儿，到底怎么回事？”项东方坐到他旁边问道。

阿凡提出了一口恶气，用他那不太连贯的英文讲述了事情的经过。

原来，当天跳蚤市场上有一个老爷车展销会，阿凡提带着他那辆老旧的奔驰加长型豪华轿车参加摆卖。坐了半天，也没有人来看，正在烦躁时，来了两个男人。那俩人绕着他的车子转了一圈，然后问了他一大堆问题。他们问他那是不是你自己的车，他说是。人家又追问他为什么车子挂着车商的牌照？

讲到这，阿凡提的话语有点含糊不清，但项东方开始明白到底发生了什么事，关键就在这车商牌照上。这些特殊牌照的使用有非常严格的限制，除了车行东主及少数有关人员，其他人未经授权一律不得使用，客人试车时也要有车行有关人员陪同才可以。项东方当然知道这些法律，他本人也曾被警察追过无数次，最后都在验明身份之后无事放行，所以平常都非常小心，不敢随意给别人使用自己的特殊牌照。听阿凡提说到这里，他就猜到一定是阿凡提拿不出身份文件证明自己与车行的关系，而被人家扣押了回来。

他正要追问阿凡提余下的情节，门突然开了，两个男人走了进来，并随手关上了门。老的那个看似印度裔，五短身材，两鬓斑白，眼睛贼亮，上唇留着八字胡。年轻的是个高个子南美人，脸上流露出因求功心切而显露的咄咄逼人的神情。俩人走到对面的椅子坐下。

与项东方打过招呼后，那个年轻的南美人探员神情严肃、一本正经地宣读起法律条文："今天把你们找来是要了解清楚一个问题，这次询问是正式的，这里所说的一切都有可能作为以后上法庭时的证词。对我们的提问你们可以答是与否，如果你们不想回答，也可以选择保持沉默。"

这个宣示跟以前在影视作品中看到的场景几乎一模一样，项东方虽然也曾跟这类探员打过交道，但此刻仍然止不住胆怯，而且他以前从没有见过这两个人，他如坐针毡、紧张不安地望着他们俩。

跟着，老印度裔探员作了一个开场白，他说："最近社会上有许多不法分子混迹在私人售车者之中，他们买来一些事故车随便修理一下，没有经过正式的检查，就在路边或者其他场所卖给一些不明真相的人，致使买车者不能过户，蒙受损失，而且这些车子没有真正按规定严格地修理，存在着许多安全隐患。鉴于这种情况，车管局进行了一次扫荡。我们抓到并起诉了一批不法分子。今天，我们在车展上发现这位阿凡先生，他的车上挂着你的车牌，我们把他带到这里，就是想调查清楚。"

他说着拿眼盯了阿凡提一下，阿凡提低着脑袋，面无表情。

项东方现在终于证实阿凡提是因为用了自己的特殊牌照而惹事的，因此跟自己扯上了关系。他告诉自己不能掉以轻心，说话得小心点。

年轻探员开口道："好了，项先生！我们现在开始问你一些问题，我们会作记录。"说罢，两个人打开笔记本，并掏出笔来，然后，他接着问：

"项先生，你认识这个人吗？"他指了一下阿凡提。

"认识。"项东方点点头，简短地答道。

"他是为你工作的雇员吗？"

"不是。"

"你有没有派他去参加跳蚤市场的老爷车车展？"

"没有。"

"这部奔驰车是不是属于你们车行的？"他用手机向项东方展示了一张照片。

"不是。"

"好！既然他不是你的雇员，这部车也不属于你们车行，哪为什么车上会挂着你们的特殊牌照？"

"我不知道！"项东方不假思索就说出了口。

老探员突然插进来说：“你作为车行老板，不可能不知道。我们需要你一个明确的答复！”

项东方本来就紧张，经他这一逼，就更是战战兢兢、如履薄冰，一下不知道说什么好。那年轻探员等得不耐烦了，加重语气说：

“我只想问清楚你到底有没有将特殊牌照借给他用。请回答我这个问题！”

在这关键时刻，气氛霎时变得异常紧张，两个探员握着笔杆，双眼虎视眈眈地盯着项东方，他们当然想听到项东方肯定的答复。阿凡提不敢看他们俩，耷拉着脑袋呆呆地注视着自己搁在桌面的双手，脸上青一块红一块的，坐在旁边的项东方都能听到他那呼呼直喘的粗气。

最紧张的当然是项东方，他明知自己并没有把牌照借给阿凡提，问题是他不知道阿凡提先前是怎么跟这两个探员说的，如果两个人的说法不一，就会引起麻烦。首先，假如照实说自己没借给他，而阿凡提说是自己借给他的，两个人便互相矛盾；而一旦证实了这一点，阿凡提还可能面临着偷窃冒用特殊牌照的指控，没准会锒铛入狱。第二，如果承认自己确实把牌照借给他，那无疑是不打自招，肯定自己知法犯法。这个两难的困境令他十分为难，他既不能说是，也不能说不是，关键的是，他又从来没有行使过保持沉默这种权利，不知道说出来会有什么效果，担心反而会把事情搞砸。在他的经验里，这种事情只在是非之间，没有第三种选择。

在如此紧张的气氛中，他的心就像波浪翻滚、混浊不清的黄河，没法冷静下来好好地思考，他的脸憋得通红，心怦怦地乱跳，时间一点点地过去，那两个探员依然目不转睛地凝视着他，室内静得能听见针落地的细微响声。不知过了多久，项东方终于嗫嚅着张开了嘴，轻轻地从牙缝里挤出来一句话：

“我保持沉默！”

这声音虽然很轻，犹如鸿毛落地，但其效果却大得惊人，那两个探员先是楞了一下，接着露出了极度失望的表情，然后不情愿地合上了笔记本，把笔塞回上衣口袋。项东方见状，方此明白自己无奈的回答击中了要害，切断了他们的后路，他们再也不能纠缠不休了。阿凡提长出了一口气，而项东方则像长途车上憋了半天的一泡尿突然拉了出来那样舒坦、那样痛快淋漓。

老探员无可奈何地宣布讯问结束，年轻探员似乎心有不甘，表情怪异地瞪了项东方一眼。项东方与阿凡提走到外面，呼吸着新鲜的空气，想起心中的疑问，他便问阿凡提：

“哥们儿，当时你是怎么样对那俩探员说的？

阿凡提说：“我当然说是你借给我的了，不然他们还不把我当贼一样抓起来啊！”

项东方笑起来说：”好在我没有否认，否则你还是会被逮住！”

“我谅你也不会！”

“你还别太高兴了，我差点就糊里糊涂地说出来了。”

两个人嘻嘻哈哈地笑起来。笑完了，项东方忘不了警告他说：“以后小心点，事先给我打个招呼。”

“没以后了，这次都已经把我吓了个半死！”

项东方天真地以为这事就这样不了了之了。没想到躲得过初一，躲不过十五，该发生的还是要发生。

一个月后的一天，项东方坐在店里的办公桌后，看见外面走进来一个个子很高的年轻人。此人手里端着一个本子，一面走一面在本子上记着什么东西。像这样的情景项东方以前也见过不少。许多美国人去买车前，都会作一番研究，把有关的东西写下来，去看一部车时，也会把发现的问题等等记录下来，回去再比较一番。所以，项东方经常会见到类似这样的人，一点都不觉得奇怪。可是，当他认真细看，却发现那人有点眼熟，终于认出他就是上次那个年轻的南美裔探员，心中不由得一惊，一种不祥的预感攫住了他的身心。

那人在停车场转了一圈，然后走到角落处，停在一部仍在维修的车子前，绕着那车走了一圈，用笔在本子上记下了什么东西。项东方一直好奇地注视他的一举一动，他走到那个角落时，刚好是在办公室的左侧，项东方看不见他在干什么。于是他走出办公室，迎向那个探员。俩人打招呼时，项东方似乎感到对方脸上闪过一丝得意的神色。那探员不动声色地说：

“项先生，我今天来这里作一个例行检查。我发现了一个问题，这辆车上没有张贴购车者指南。”

购车者指南是一份法律文件，它要求车行在每一部准备出售的车上都要张贴，里面必须标明该车是否有保修。项东方在其他所有待售的车上都贴上了这个文件，唯独这部没修好的车上他疏忽了。他当时想这车还有好几天才能修好，一时还不会放到是市场上，没必要贴那份指南。听到那探员这样说，他便理直气壮地答道：

“这部车还没修好，不准备卖，所以没必要贴那份文件。”

“不对！”那探员冷冷地说：“如果是不准备卖的车，你必须贴上非卖品的标志。你的车上什么标志都没有！”

“我不知道有这个必要。”项东方有点理屈词穷，沮丧地说。

“那是你自己的问题。你现在已经违反了相关的法律。”

“对不起，你是说我犯法了？”

“没错，这是一种不良的行为。我现在要给你开一张罚单。”

他开始在一个小本上填表，弄完后要项东方在上面签上名，然后把一份副本给了项东方。那是一张巴掌大小的黄色纸片，跟以前项东方收到的交通罚单一模一样。拿着这罚单，项东方的手有点发抖，心里七上八下的。那探员却板着脸，非常严厉地警告他说：

“一个月后你必须到刑事法庭接受审判，不得缺席，当然，你也可以委托律师代你出庭。如果你不出庭就表示你公然藐视法律，你将会被逮捕！”

这真像是一个晴天霹雳，让项东方感到非常的震惊，没想到这么一点鸡毛蒜皮的小事，却惹来如此大的麻烦。他垂头丧气地耷拉着脑袋，一言不发。那探员临走还硬邦邦地丢给他一句话：

“上庭前先去警察局打指模，别忘了！”

项东方知道打指模的意思是检查是否有犯罪记录。两个星期后，他去了警察局。这个地方他来过许多次，早已熟悉。在窗台前取了个号码，等了一会儿，里面的人叫他的名字，一个胖胖的白女人打开门让他进去，一面微笑着跟他打招呼，然后，进到一个小房间。那女人让他坐下来，一边轻松地问他何故来这里。项东方本来心情有点忐忑，那女人的友善反倒让他放宽了心，于是便把事情的原委道出，并把那张罚单递给她。她只瞥了一眼，有点不屑地嘟囔道：

“从来没听过这样的东西！就那么屁大点事，简直是拿着鸡毛当令箭！”

项东方闻言感到愕然，不过，那倒是道出了他的心声。自从接到那张罚单，他想了两个星期，始终觉得那是小事一桩，没什么大不了的。那女人的话与他不谋而合，他感激地说：

“你说得对！不知道他们为什么会揪住不放？”

那女警似乎发觉自己话说过头了，冲他笑了笑，耸耸肩说：

“天知道，也许他们自有道理？”

打完指模，项东方就去找律师。他打了个电话到上次帮他处理车管局案件的律师行，秘书小姐说那律师去了出差，要三个星期后才能回来。项东方等不及了，又联系了好几个律师，所有人都说这是个小问题，都打包票可以让他们撤销案件。于是，他便去见了一个土生华裔律师。那人若无其事地对他说：这是一个非常小的案件，就像随地扔垃圾那样，你的车子又没准备好要卖，按理不需要贴什么文件，你给我一千五百美元，我保证帮你撤销原案。听他这么一说，项东方觉得有理，留下八百元押金，签好了合同。

两个星期后，项东方再次见到该律师。那律师似乎没了当初那种满不在乎的神情，面对着项东方，他的眼睛却左右飘忽，不敢直视。项东方觉得纳闷。律师闪烁其词地告诉项东方：案子结束了，但是车管局态度强硬，不肯让步。项东方急不可耐地问：

“那结果呢？”

“结果是法庭判你有错，罚款三千美元。”

项东方简直不敢相信自己的耳朵，转而气愤地质问道：“你当初不是说有把握撤销指控的吗？为什么会弄成这样？”

那律师涨红了脸，支支吾吾地说：“我没有想到事情会这么严重。他们说这种情况最高的刑罚是罚款一万美元和入狱五天。我据理力争说你只是一时疏忽，并非故意作弊，他们才做出这个最轻的判决。”

项东方真是欲哭无泪，不认也得认了，再转念一想：如果三千块能了结这桩官司，也没什么话说了。他怀着复杂的心情离开了律师行，那律师也没有追问他那七百块的欠款，就这样不了了之。

假如事情就这样结束，那也就算了，但那其实仅仅是个开头而已。两个月后，项东方收到了一封车管局法务处的挂号信。还没有打开这封厚厚的信件，他的手就开始发抖，他知道那不会是什么好东西。果然，这是一份传票！车管局把他告上了州行政法庭，要吊销他的车商牌照。

他忧心忡忡地琢磨了半天，终于想明白了，原来刑事法庭的判决并没有了结此事，而仅仅是落实了他的罪名，让车管局可以据此向他发出进一步的控告。再往深处想，他觉得自己这是第二次被车管局作这样的指控，肯定是凶多吉少。为了争取最后的一线生机，他找到了那个美国律师。这个律师多年前曾为他争得与车管局的庭外和解。这个美国律师听完他的叙述，又大略看了看讼词，便严肃地对他说：看来这次他们是动真格的了，你不是第一次初犯，他们不会放过你的，你要有思想准备。项东方还是怀着些许期待地问：我还有没有机会死里逃生？律师说：我看够呛！我了解他们这些人，他们求功心切，一有机会不把你往死里整是不会罢休的。项东方问：你愿意接我的案子吗？律师有点无奈地说：我不想在没有希望的事情上浪费时间，而且那也只会浪费你的金钱，你还是好自为之吧！

项东方分外的沮丧，又去咨询了几个律师，没有一个愿意接他的案子，他真的绝望了。后来慢慢地他想通了，既然没有什么希望，那就死马当活马医吧，他决定不需要律师，自己上庭去应诉。在法庭上，车管局的代表历数项东方的一条条罪状，极力想证明他是一个思想顽固、屡教不改，不负责任的人，多次触犯法律。项东方则试图说明自己开始只是受人欺骗，有些则是自己并不知道相关的法律。法官说，你说是自己上当受骗，那是没有任何证据证明的，再说不知道并不是违反法律的理由。法官最后判决车管局胜诉，项东方的执照被吊销，三个月内结束一切营业，将属于车管局的物品归还。项东方虽然早有心理准备，但还是极度地失望，忽然间有种天塌下来的感觉。最后，他神情木然地离开了法庭。

第六十二章 海外孤客

失去了营业执照，就失去了赚钱谋生的手段。刚开始的几天，项东方就像是丢了魂似的，整天魂不守舍、忧心忡忡，仿佛世界末日就要来临，一切全完了。过了一阵子，他慢慢地想开了，心想大不了我不干这一行了，找点别的干干，总能活下去，毕竟做了这么多年的旧车生意，自己也没发什么财，反倒落了个两手空空，只能勉强度日，另起炉灶说不定还能找到新的出路。这样一想，他心里总算踏实了一点。于是，就忙着去准备结业的事情。谁知道一个更大的打击突然降临，差点没把他的精神彻底地摧毁。

陈晓诗自从得了抑郁症以后，身体时好时坏，最近去医院作例行检查时，竟查出了乳腺癌。说起来，她的病可能还跟项东方有点关系。当年，她生下儿子后，奶水特别足，多到孩子都吃不完，她曾恳求项东方去吃，项东方觉得太肉麻了，没有照做，她只好自己用手去挤，没多久她就得了乳腺炎，后来去医院做了手术，没想到多年以后就突然演变成了乳腺癌，而且一发现很快就不行了。项东方与陈晓诗虽说不上有多伉俪情深，但毕竟住在一个屋檐下，同襟共枕了那么多年，碰碰磕磕免不了，没爱情亲情还是有的，陈晓诗的离去让他无比的悲伤，他也很自责，埋怨自己当年没有照顾好她，好长一段时间都没有走出丧偶的阴影。

办丧事的时候，他儿子回来了。他这个独生的儿子性格跟他一样固执，做了决定九头牛都拉不回，小时候就特别崇拜海军陆战队，年龄一到他就报了名。项东方本人小时候也喜欢玩打仗的游戏，但长大以后从没有一次想到过要当兵，下乡时瘦猫整天闹着想当兵，还被他笑没出息。他知道自己拦不住儿子，就让他去了美国海军，现在已经当上了海军陆战队的中尉。

陈晓诗的葬礼结束后，他儿子就离开了家，回到了南加州的圣迭戈海军基地。项东方已经结束了那盘生意，提前终止了租约，还被房东罚了款，他把所有属于车管局的物品都退还给了他们，包括营业执照和特殊牌照。他现在没有了工作，身边也没有人陪伴，剩下自己孤家寡人一个，日子过得很平淡，淡得像开水那样没有一点滋味 ，这让他突然觉得异常的空虚。开始的时候，他还会思念陈晓诗，可后来慢慢地就淡了。然而，不知道为什么他总是觉得自己不舒服，他也不晓得那究竟是空虚还是惆怅，反正就是感到胸中有说不出的郁闷，仿佛塞满了棉花，又好像什么东西要爆发出来却又欲罢不能。他不再像年轻时那样，总想着不行就拉倒，挪一个地方，但依然感到心里似乎还有一种未曾实现的意欲，他说不清那是什么，每次醒来都郁郁地觉得有一种欲望要伸张。

做了这么多年的汽车生意，经他手卖掉的车子至少也有几千部了，每一部车子他都开过，也就是说他开过的车子至少也有几千部了，车子在他的眼里只是赚钱的工具，无论多么好的车子都难以唤起他特别的兴趣，他对车子没有什么太大的要求，他也不特别讲究，按理库存的车子他都可以自己用，平常无论上班还是度假，他都爱开那部白色的奔驰 SLK 越野车。他还有一部红色的宝马 Z4 小跑车，偶尔心血来潮或者心情烦闷的时候，他会开着它，把车篷敞开，迎着海风，一直开到自己累了才停下来，找一家旅馆，打发时光。有时候，在呼啸而过的风中，望着车外浩瀚的太平洋，他会突如其来地感到一阵孤独。他于是常常会幻想着，坐在身旁的是一位风姿绰约的年轻女郎，带着咸味的海风吹乱了她飘逸的长发，让她发出阵阵野猫一般的惊叫声。然而，当他掉头看到空空如也的座位，心就凉了半截，梦也醒了，随即而来的就是更深的孤寂感。这时，他会忽然想到汤姆的爷爷，那个九十三岁的老头，仿佛隐约看到他那在风中摇摇晃晃的身影。他真不知道自己在干什么，要什么。

一天晚上，他打开电脑，看到一个电邮，原来是那个邮轮公司来的。他们提醒他，别忘了即将到来的阿拉斯加的邮轮之旅。他这才想起来还有这么回事。年初的时候，陈晓诗不知是否对自己的命运有所预感还是什么别的原因，突然心血来潮地说想去阿拉斯加玩一趟，特别想去看看冰川和北极光。开始时，项东方并没有太大的兴趣，推说生意太忙，而且费用也太高，不愿意去。陈晓诗好说歹说、软硬兼施地让他终于同意了。于是，他们就预定了这家邮轮公司的票。阿拉斯加冬天来得比较早，这条邮轮路线只在五月至九月开放，九月底海水就要结冰，邮轮就会停航。所以，他们定的是当年最后的一班船。

这个电邮让他突然记起这件事，还突然想起了陈晓诗，掀起了一阵心疼。当初定完票后，还在心里憧憬着这一趟甜蜜之旅，可眼下伊人已去，自己孤家寡人一个还去什么劲啊？他想不如把票退了算了。第二天他打了个电话给邮轮公司，人家告诉他要退票为时已晚，如果硬要退会有很重的罚款。他没了辙，决定还是去，反正自己心情郁闷，出去散散心也好，说不定还会有什么意想不到的奇遇呢。于是，他便手忙脚乱地准备起来。一个星期以后，他先搭飞机到了加拿大的温哥华，然后，坐上洁白如雪的星辰公主号邮轮，开始了为期一周的旅行。

星辰公主号是一艘四星级十万吨的巨型邮轮，世界上屈指可数的巨无霸型游轮之一，长近三百米，宽三十六米，高十三层，耗资四亿五千万美元打造而成，载客量两千六百人，加上一千一百名工作人员，共达三千多人。船上有商店，赌场，酒吧，剧院，咖啡厅，有露天电影和游泳池，有健身房，篮球场，spa 以及儿童活动区域，有好几个不同风味的餐厅，还有二十四时开放的自助餐厅，可以吃到世界各地的海鲜和美食，当然少不了项东方喜欢的中餐。整条船就像是一家移动的五星级酒店，又像是一个功能齐全的小城市。

星辰公主号要经过的是一条景色非常壮观优美的路线，沿途可以看到巍峨的雪山、壮丽的冰川、宁静幽深的峡湾、郁郁葱葱的原始森林，还可以看到在海里嬉戏的鲸鱼和溪流中产卵的三文鱼。

邮轮离开温哥华，沿着海岸向北进发，第二天到达凯奇坎。凯奇坎是一个只有一万多人的小城市，依山傍水、风景秀丽，一条湍急的小河从大山深处奔流而下，汇入太平洋。下船时，天空一直下着小雨，在山边看过巨大的印第安图腾后，项东方就随着人流逆河而上，一路上看到成群结队的三文鱼，黑鸦鸦的一大片，非常壮观。在激流中有些鱼飞身跃起，试图飞越跌宕而下的急流，这令他忽然想起小时候在水电站的往事。那时候，他和瘦猫肥猪三个人，用一张蚊帐做了个渔网，垂到水面上，等着鱼儿自己跳上来。眼前的美景和往日的回忆混在一起，让他唏嘘不已。

第二天船到朱诺，早上项东方下了船，天气晴朗，没有污染的天空像水洗涤过的那样碧蓝透明，没有一丝云彩，让人心中充满了遐想。远处崇山峻岭之巅覆盖着皑皑白雪，阳光照上去闪闪发光。

当天的目的地是门登霍尔冰川。项东方跳上一辆旅游小巴士，恰好坐在司机的后面。司机是个五十来岁的中年美国人，两鬓有点白发，人很和善健谈。小巴很快就坐满了人，其中有几个看似来自中国的游客。车子上路以后，司机就开始兴致勃勃地给大家介绍沿途的风景，说着说着，他就讲到了自己。他原本在纽约一家肿瘤医院工作，有很高的收入，但他却活得很不开心，主要原因是每天都面对着绝症患者，看着他们痛苦地挣扎，而自己又爱莫能助，内心非常的煎熬。几年前，他与妻子来到阿拉斯加旅游，一下子就爱上了这里纯净的自然环境，回去后就辞了医院的工作，卖掉在纽约的房子，搬到了阿拉斯加，做起了导游的工作。他乐呵呵地说，他十分喜欢现在这份工作，因为他所接触的都是来玩的游客，一方面，他们带来的快乐情绪能够感染到自己，另一方面，自己的工作也可以使他们变得更加快乐。

司机愉快的笑声和话语传染了项东方，使他原本有点沉郁的情绪得以缓解，他专注地听着司机的谈话。车子路过一个小镇时，司机便介绍起阿拉斯加的历史来。

阿拉斯加面积有一百七十多万平方公里，占美国领土的百分之二十，是美国最大的州，但人口却只有区区的七十万，区域内海洋和矿产资源非常丰富。它原本是一块夹在加拿大和俄罗斯之间的飞地，隔着白令海峡与俄国遥遥相对，跟美国八竿子打不着。1867 年，美国人以七百二十万美元的价格把整块地买了过来，单价每平方公里 4.74 美元，比今天买一磅螃蟹的价格还要便宜！

项东方是知道这个事实的，但他不了解具体的细节，他最为好奇的是，俄国人为什么这么笨，竟然以如此低廉的价钱把这样一块风水宝地拱手让给美国，因为在他的印象中俄国人都是精明狡猾、不会做亏本生意的。于是，在司机停顿的间隙，他就趁机问了这样一个问题。司机得意地笑了一下，然后幽默地说起故事来。

1741 年，丹麦探险家白令率领一批俄国水手，从西伯利亚出发向东探险，意图找到亚洲与美洲的连接点，越过白令海峡后，发现了阿拉斯加这块富饶而寒冷的新大陆。

随后，俄国人开始设立据点，经营毛皮生意，对当地土著居民实行殖民统治。1854 年，黑海之滨的克里米亚爆发战争，沙俄帝国被英法联军所击败，损失十分惨重，令俄国人对强大的英法两国心有余悸。阿拉斯加刚好夹在俄国西伯利亚与英国殖民地加拿大之间，沙皇亚历山大二世担心英国人会侵占阿拉斯加，然后从东边进攻俄国本土，自己鞭长莫及、腹背受敌，于是，产生了放弃阿拉斯加的念头。当然，精明的俄国人不会笨到把这么一大片领土白白地送人，他们怎么也得换几个钱才松手吧。然而，当时的列强领袖们没有谁看得上这块冰窟一般的不毛之地。

几年后，终于天赐良机，上帝让俄国人能够完成这一笔世界土地交易史上面积最大的、也最离谱最搞笑的交易。1861 年美国南北战争爆发，西欧列强趁火打劫，声言支持南方邦联，以图肢解美国。美国联邦政府总统林肯转向西欧列强的仇敌俄国求援，沙皇求之不得，欲报昔日的一箭之仇，双方一拍即合，俄国随之派出远洋舰队奔赴纽约港，坐阵助战，虽未发一枪一弹，但仍有襄助之功。内战结束后，俄国人乘机重提出售阿拉斯加的建议，美国政府感念俄国人协助之恩，开出了令沙皇满意的价钱。于是，双方握手成交，完成了一桩世上罕见的土地买卖。然而，当时的经办人——美国国务卿西华德，非但没有因为购得一块日后的风水宝地而受到国人的称赞，相反却招来了举国上下一片叫骂声，人们讥讽说，愚蠢的西华德买了个一钱不值的冰盒子。当时的美国人实在是眼光短浅，得了便宜还卖乖，白白捡了那么大一块宝，还到处鸣冤叫屈，难怪颇有眼光的西华德先生不服气，信誓旦旦地说："若干年后，我们的子孙将会发现我是多么的英明！"

果然，美国人进驻阿拉斯加后，不仅继续经营毛皮生意，还发现了丰富的渔业资源，把三文鱼加工变成了支柱产业，建成了许多鱼类加工厂。若干年后，好运气的美国人又找到了大量的金矿，没过多久，又发现了取之不尽的石油资源。这时候，等着看美国人笑话的俄罗斯人才傻了眼，惊呼上了大当，做了一笔亏本的大生意！然而，一切都悔之晚矣，美国人可不会傻到做出完璧归赵的好事来，因为这可是一笔白纸黑字、铁板钉钉的买卖，不是强人之难的不平等条约。

听完这个故事，全车人都笑翻了天。在笑声中，项东方想到一个讽刺的对比：在美国人买下阿拉斯加几十年后，大清国总理大臣李鸿章签订了《马关条约》，将台湾岛割让给日本人，被全中国人骂作"汉奸卖国贼"。中国人骂李鸿章是因为他丢了领土，而美国人骂西华德是因为他捡了个大便宜，实在是滑天下之大稽！想想就可笑。忽然之间，他脑子里闪过一个奇怪的念头，于是他就问司机：

"美国满世界打仗，到处欠钱，现在国库亏空，倒不如把阿拉斯加卖掉，来还债务。你觉得呢？"

"这不可能！"司机嘿嘿笑道，"美国人怎么可能割掉身上这块肥肉？不可能！"

"哪要是人家逼着你还钱，你怎么办？"

"那好办，我们就多印点钞票，或者让联储局调一调利息，什么事都解决了。"

项东方又说："我倒有一个好主意。美国不是欠了中国一万多亿美元的国债吗？反正中国也不指望美国会还这笔账的了，干脆把阿拉斯加抵给中国，这笔债务一笔勾销，两全其美各得其所，这不是很好吗？”

车上的乘客都笑了，司机也笑了，他挠挠头说：“让我想想，这看起来的确是个好主意。我听说当年的七百二十万美元，按照美元对黄金的购买力折算，相当于今天的4.6亿美元。嗯，我要是特朗普，就铁定要干这笔大买卖，这比他吵着要跟中国打贸易战强太多了。”

“我觉得这对美国来说简直太划算了！”后面有一个乘客大笑着说。

司机说：“嗯，我不知道美国人民会不会骂我是卖国贼，还有，如果这样，你不觉得中国人吃了大亏吗？”

项东方笑着说：“美国人骂不骂你我不知道，但中国人都明白，那一万多亿早就肉包子打狗有去无回了。而且，谁知道几十年后，美国人会不会像俄国人那样大呼上了中国人的当呢？”

“哈哈，你挺幽默的！哈哈哈！”司机笑得很爽朗。

全车人的笑声此落彼起。坐在项东方右边是一对中年的中国人，西装领带衣冠楚楚的，可能英文不太灵光，大家的对话听不太懂，见大家笑得热烈，也跟着傻笑。那个男人看到项东方像是中国人，就试探着问他懂不懂中文，项东方心情很愉快，就跟他们用中文攀谈起来。他把刚才大家说的话简短地转述了一遍，他们俩都心领神会地笑了起来。

当天，项东方跑到山边看冰川，走了很多路，晚上又去健身房运动了一阵，第二天起来时已经是下午一点多钟了。他去自助餐厅吃过一顿丰盛的中西合璧的午餐，然后，爬上十三层高的顶楼，信步在露天的甲板上，抬眼一望，立刻被眼前的景象所震撼了。原来邮轮正航行在一个狭窄的峡湾里面，三面被巍峨的群山所包围，逶迤的山岭上生长着苍翠青葱的原始森林，高耸入云的山巅覆盖着皑皑白雪，一条巨大的冰川闪着神秘的浅蓝色光彩，游走在峥嵘嶙峋的沟壑之间，蜿蜒曲折、气势磅礴，远远望去像一条大河奔涌而来，冰川的前盖伸展到蔚蓝色的海水边，冰墙宛若一个奇特梦幻的天然冰雕，平静的海面上沉浮翻转着形态各异的浮冰，与湛蓝透明的天空交相辉映，构成一幅圣洁纯净的画面。

项东方简直看呆了。甲板上，船舷旁站满了游客，尽管天气有点冷，但游客有增无减，大家都穿着厚厚的保暖衣帽，扎着围巾，端着相机和手机兴奋地拍照。在人堆里，项东方碰到了昨天在小巴上遇到的那对中年夫妇，交谈了几句，又互相帮忙拍了几张照片。刚照完相，忽然听到一阵雷鸣般的轰隆声，只见房屋般大小的冰块瞬间落入海水中，激起数米高的白色浪花，人群发出一阵阵惊叹。

邮轮缓缓行驶在宁静的海面上，还时不时地转着圈儿让游客从各个不同视角观赏船外的景色。项东方觉得有点冷，就离开了甲板，下到了游泳池。游泳池呈长方形，长度也就十来米，只适合玩水，真想游泳就显得小了。游泳池两边整齐地排列了几行沙滩躺椅，旁边有两个高出地面的圆形泡浴池。项东方跳进其中一个浴池，泡了一会热水澡，浑身热乎乎的。他起身穿好衣服，再走到旁边的酒吧，要了一杯芽光啤酒，喝完后，走回到泳池旁的服务处要了一张厚厚的毛毯，挑了一张躺椅，躺下去，盖上毛毯，戴上墨镜，舒舒服服地伸展开四肢。

这边的风小了点，阳光依然很强烈，但温度并不高，许多来来往往的人都穿着很厚的衣服，因此躺着椅上的人也很少，只有几个人零星地分布在几张躺椅上。

项东方闭着眼睛，阳光透过镜片映入眼帘，一片金光灿烂、朦朦胧胧，带上几分诗意，又惹人幻想。没过多久，他迷迷糊糊地就进入了似睡非睡的状态中。在这半生中躺在室外的机会并不多。那次从西雅图前往康州途中，一直睡在车上，可当时都是晚上。哦，对了，想起来了，那年与大圈仔去逃港，在深山老林里就多次睡在树荫下。当时就盖着一块硕大的野芋头叶，阳光透过树叶的间隙投射到野芋头叶上，在眼帘上生出朦朦胧胧的光，然后很快就进入了梦乡，进入了热带雨林，被一条绿背白肚的大蟒蛇追得屁滚尿流，原来是大圈仔被眼镜蛇咬了。实在是蹊跷了，大圈仔明明被我的蛇药治好了，后来怎么又失踪了呢？我们在大鹏湾游了大半夜，怎么也游不到对岸。我想我已经死了，那条金光灿烂的隧道实在是太美了，人漫步其中就像是在天堂里散步一样，轻飘飘的，无思无虑，好美啊，真想就这样一直走下去，可是第二天却被人扔进了收容所。但大圈仔去哪儿了呢？怎么这么多年都不见踪影呢？……在一个荒郊野岭的停车场，他睡着了，太冷了，整个人缩成一个刺猬，突然，听到一阵猛烈的敲击声，一只大黑熊在敲打车子的窗户，他跳起来把车开走了。他在一口池塘里游泳，突然听到有人喊“救命！”，他游过去，在水底找到了一个奄奄一息的女人，他把她救了上来，旁边围了好多人，他弓着身子，跪在地上，那个女人穿着湿漉漉的衣服，肚皮贴着他的背脊，弄得他凉飕飕的……

“It’s cold outside.”（“外面好冷。”）一个女人的声音。

“yeah, cause it’s almost winter here in Alaska.”（“对，因为在阿拉斯加现在快到冬天了。”）一个男人的声音。

“you think we should stay here or get into the cafeteria?”（“你觉得我们应该呆在这里还是到餐厅里面去？”）

“I wanna get some beer to drink.”（“我想喝杯啤酒。”）

“Ok, let’s go!”（“好，走吧！”）

一对白人男女从项东方身边经过，惊醒了梦中的他。他不情愿地睁开了眼睛，刺眼的阳光已经消失了，天空变得阴沉沉的，一阵阵吹来的风确实凉飕飕的，怪不得自己觉得冷了。一时间，他恍恍惚惚地竟不知自己究竟身在何处，他懵懵懂懂地问自己：我这是在哪儿呢？怎么会有人说英文？

他抬起头，看到泳池后边高耸着的那一面巨大的电视屏幕，里面正播放着船外的实景：蔚蓝的海面上漂浮着巨大的浮冰，后面是绵延起伏的山峦，高耸巍峨的山巅覆盖着万年不化的冰川。镜头推进到山脚与海相连的那一块巨大的像水晶一样的冰川，侧射过来的阳光在冰块上打出梦幻一般的浅蓝色。他听到了一阵“噼里啪啦”的响声，那是冰川融化剥落的爆裂声，不知是直接从空气中传来，还是经过电视喇叭传来的。他再定定神，看见了屏幕下那行蓝色的英文字“星辰公主号”。他终于彻底地醒了：

“没错，我是在邮轮上，在大海里，我是在美国！”

原来刚才的一切竟然是一场梦，瞬息间的时空倒错真的把人搞糊涂了。他站起身，抱着毛毯，走到不远处的柜台前，把毛毯还给服务员，然后缓步走向船舷边，双手扶着栏杆，放眼望着漂满浮冰的海面。海面上刮起了一阵阵越来越大的风，天空笼罩着浓重的乌云，还飘起了微微细雨。他忽然想起儿时在西江河畔坐在栏杆上看江景的情形，胸中有一股激流在奔腾，脑海里突然蹦出一句宋词“梦里不知身是客，一晌贪欢。”然后，李煜这首《浪淘沙》便像水一样自然而然地流过他的心扉：

“帘外雨潺潺，春意阑珊，罗衾不耐五更寒。梦里不知身是客，一晌贪欢。

独自莫凭栏！无限江山，别时容易见时难。流水落花春去也，天上人间。”

他皱着眉头，在心里把这首词默默地背了出来，一时间禁不住摇头叹息、唏嘘不已。这首词简直说到自己的心里去了，它不正是自己现在心情的真实写照吗？现在他仿佛才第一次能够真正理解李煜，离家去国几十年后才能体会什么是离愁别绪。回想在大学时，自己确实是年轻气盛，被西方文化所蒙蔽，曾经对李煜不屑，骂他无病呻吟，误解了他。忽然之间，他与李煜有了同感，发现自己真是个异乡的孤客，失掉了故乡，有种天涯沦落人的孤寂感，自己就像这艘邮轮一样，漂泊在茫茫大海上，没有根，不靠岸，永远都在航行，不知终点在何方。啊，难道自己真的老了，想家了？

邮轮在这个峡湾已经呆了好长时间了，现在它终于在冰川前转了个弯，掉头离开，很快就驶入了主航道，继续往北进发。项东方离开了船舷，走到自助餐厅里面，自己倒了一杯咖啡，又拿了两个蛋糕，找了个靠窗的位置坐下来，透过落地玻璃窗俯瞰着外面墨绿到近乎发黑的海水。海上的风吹起一层层浪，浪的顶端变成白花花的碎片，东一片西一片地散布在乌黑的水面上。西边尽头弥漫着一层厚实的浓雾，覆盖了海天交接的界限，阻挡住了人的视线，也埋葬了许许多多的秘密。邮轮行驶在波浪中，船身不时发出轻微的震动，玻璃窗上聚积了一些雨水，令看出去的视线变了形，更增添了几分迷离朦胧。

他凝神细看，力图透过朦胧看清外面的景色，却不期然地看到自己在玻璃上的影子，影影绰绰若有若无。这令他想起了那次在北大礼堂后场照镜子的事，就抿着嘴笑了。那时的自己是多么的年轻，多么的帅气，曾经是多少美少女们的梦中情人。如今在年轻的自己与现在的自己之间，横亘着一片像窗外那片漆黑的海洋，里面埋葬了许许多多的经历和记忆。如今自己那帅气的轮廓依然存在，只是增添了岁月的痕迹，变得更加老练和厚重了。

他呷了一口咖啡，双眼凝视着那层浓重的灰雾。他知道，在那层厚厚的浓雾的尽头就是阔别多年的故国，之间隔着一万多公里的距离。当年曾祖父坐了一个月的船来到这边，然后带着满心的伤痕回到了故乡；如今我只搭了十几小时的飞机，就来到这里，一呆就是几十年，隔着这烟波浩渺的太平洋竟没有回去。历史到底发生了什么，竟让两代人会有如此不同的际遇？别的不知道，有一点却是非常清楚的，当年曾祖父虽然是被迫离开美国的，但他和他的同代人一样，是抱着为国为民振兴中华的远大抱负的，回国以后，他依然自强不息，最后做了某省的电报局长，为中国通讯事业的近代化做出过巨大的贡献；而我却是那么的自我，心中只有自己的一己之私，只管追求自己的自由和幸福，相比之下实在是太渺小了。

他想起临出国前父亲讲的自己名字的来历。他出生时太阳刚刚升起来，他的头正对着霞光万道的东方，于是，父母便给他取名为项东方，意思不言而喻：永远向着东方。可是，自己的命运竟与自己的名字完全背道而驰，一步一步地走向了西方。这可真有点天意弄人啊！人们都说人生中有三种东西是丢失了就无法找回来的，那就是：故乡、青春、和爱情。我的青春和爱情已经被埋葬在那大洋底下了，只有故乡还是一个可以企及的地方。啊，我明白了，一直以来困扰着自己的惆怅难道就是一股抹不去的乡愁？

第六十三章 枯木逢春

从旅游中归来，项东方像变了一个人似的，心中多了一份期盼。他开始处处留心国内的事情，勤看国内的新闻和视频，后来他重新喜欢上了唐诗和宋词，特别是宋词那种优美的韵律感，在这些古老的诗词里面找到了一种归属感。这时，他才发现，那些英文诗比中国的古诗词简直差太远了，中文是世界上最美的语言，尤其是用于诗词方面。他已经说服了自己，尽快回家去看看。

一天下午，他到健身房去锻炼。自从加入这个健身中心的第一天起，他就体会到健身不仅可健体强身，还可以战胜自卑克服懦弱。每次做完运动，他就能感到一种蓬勃的朝气，整个人好像都活起来了，眼里看到的是一个生气勃勃的世界，好半天精神都很旺盛。所以，他就一直坚持了下来，身体也越来越好，这些年来他碰到许许多多的坎坷挫折，都走过来了，这除了有赖于他那种天生的固执个性，还得力于他那个强大的心灵和健康的体魄。

两个小时后，他神清气爽地走出健身中心的大门，没想到竟然碰上那个在旅游小巴上认识的中年男人。天下怎会有这么巧的事？难道其中有什么冥冥中注定的缘分吗？他在心里暗暗地称奇，不自觉地就跟他聊了起来，谁知道越聊就越来劲。

原来这位老兄叫李东来，他其实是一家国内上市公司在美国的总代理，来美国已经一年多了，就住在附近。当他知道项东方从事汽车生意已经好多年了，立刻表示对他很感兴趣。他说自己一直在筹备一个庞大的项目，要在美国设立一个类似滴滴出行一样的公司，占领美国市场。李东来介绍说，他们公司总部设在广州，有十几家四S店和几十家修车店，资金非常雄厚，公司董事会看准了美国庞大的潜在市场，决心一举拿下，最终争取在华尔街上市，成为一个大型的集出租、租赁和卖车修车于一体的公司。

李东来口若悬河、天花乱坠地侃了一通，项东方听得有点迷糊，开始觉得有点不靠谱。他已经赋闲了好长一段时间，心有点懒散，而目前最关心的是回国去看看，至于以后要干什么，他还没有考虑成熟。不过，李东来的雄心倒是引起了他的兴趣。于是，他就严肃地问李东来，美国早就有了一大批老牌的租车公司，如赫兹、安飞士等等，还有一些诸如uber、zipcar等新兴的公司，你说你们的优势在哪里，怎么能跟这些公司竞争？李东来不紧不慢地答道，我们自有高招：基本的设想是采用会员制的方式，客人只要缴纳一定的费用，就可以成为会员，然后留下押金，就可以免费享用租车服务，当然会员必须到指定的加油站加油，到指定的汽修厂保养和维修车子，这样，我们就能够做到租车、加油、维修保养一条龙服务，形成一个庞大的产业链。

项东方渐渐听明白了，似乎挺有道理的。李东来听说项东方现在赋闲在家，就极力鼓动他加入到自己的公司来帮他一把。他说他特别需要一个既懂得汽车，又懂得美国汽车市场，还要懂得相关法律的人才，因为现在公司里面已经有了一批专门做网络平台的IT工程师，这些都是从各大科技公司挖过来的技术人才，也有一批擅长市场推广的高手，例如原来zipcar的市场部总监，还有一批高级企业管理人才，都是美国名牌大学MBA出身，有些还是在大公司服务多年的人，现在缺的就是一个在汽车行业摸爬滚打多年富有经验的老手，希望你能考虑加入我们这个前途无量的新公司。

李东来的态度非常诚恳，项东方有所心动。确实，项东方一直以来都觉得虽然自己已经很有经验，但总是小打小闹的，无法做大。自己也曾抱有大干一场的雄心，无奈资金短缺、力不从心，那种野心只好潜藏于心底。其实，他不是没有看到，最近以来，中国企业悄悄地进入美国，购买美国公司的事情是越来越多了。他也开始感到这是一种新的趋势，说明中国的经济实力越来越强，已经开始向外输出资本，占领国外的市场。这是以前想都不敢想的事情，以前我们只能输出劳工，给人家修铁路盖工厂，今天我们带来了资金、产品和服务，这是翻天覆地的巨变，身为一个中国人应该感到自豪。多年来，自己只是为了一已私利而打拼，如果为了国家做一点有利的事，能够为中国企业打入美国贡献一点力量，这也是非常荣幸的事情。以前自己心里总有一种郁郁不得志的惆怅，总是跃跃欲试而又不知干什么，原因也许就在这里。假如真能在退休之前大干一场，也不枉这一生了。看来这个公司是潜力无穷的，值得放手一搏，至于退休回家的事就暂时放一放吧！

项东方在心里已经把自己给说服了，然而，在表面上他依然不动声色，他答应回去考虑一下，两个人互留电话号码，便告辞了。在随后的时间里，他们通了许多电话。一个月后，大家再次碰面，商妥了有关事宜，办好了各种手续，项东方便正式到这家公司上班了。李东来安排他做车队和市场部经理，负责购买、保养和维修车辆，以及租赁汽车的业务。这是项东方单干以来第一次到公司上班，开始还真有点不适应，慢慢地才习惯了一点点。

过了一段时间以后，全公司和国内的总公司有关人员开了一次越洋的视频会议，许多国内的股东和董事都参加了。会议期间，各人分别用英文作了自我介绍。听了大家的发言，项东方感到，公司里果然人才济济，汇聚了各路精英，确有大干一场的态势，虽然目前还在起步阶段。

轮到项东方时，他把自己的经历讲了一遍，他特别讲了自己多年来在汽车行业摸爬滚打的经验。这些带有传奇色彩的经历，是那些在大公司工作或者刚出校门的人所闻所未闻的。大家饶有兴味地听他的发言，然后纷纷鼓掌。坐在项东方旁边的是一个叫海伦的年轻女孩，当项东方说话的时候，她不时地抬眼看看他，眼神充满了赞赏和尊敬，时而又不安地望望对面。隔着大型的会议桌，对面坐着一位长发披肩的年轻女人，她正专注地看着项东方。当项东方注意到她时，她就迅速把眼睛移开，脸还不自然地红了。

过了一会儿，这个年轻的女人开始发言。她用一口纯正的美式英语侃侃而谈，声音柔和，语速不徐不疾，还带有几分羞涩。她说她叫珍妮，原来毕业于香港中文大学，在加州大学伯克利分校取得硕士学位，后来到三星公司工作过一段时间，最后就被李东来给挖了过来。她说她之所以来这边完全是因为看到了公司美好的前景。

在她发言的时候，项东方就目不转睛地盯着她看。她长着一副瓜子脸，一张樱桃小嘴，一头披肩长发，眉眼之间有种说不出的韵味。项东方突然发现，她真是一个光彩照人的小美人。在美国这个民族大熔炉里，尤其是在加州，你可以看到来自世界各地的人，黄白黑各式人种，东西南北各个国家的人，唯独难以见到一种人——那就是美人。项东方来美国这么多年，也许是他自己的心态改变了，也许是看多了麻木了，也许事实本身就是那样，他觉得自己几乎从没有见过几个帅哥美女，像跟他有过一腿的金发美人依娃那样的人简直就是凤毛麟角，他所看到的女人要么肥胖臃肿，要么五大三粗，真没几个秀色可餐、温柔妩媚的，以致于他都似乎患上了一种审美饥渴症，眼睛从来没有吃饱过，老是渴望从丑小鸭中发现一只白天鹅。

阅尽了人间春色之后，他发觉还是中国女人好看，无奈中国女人太少了，因此，当他一眼看到珍妮就惊为天人，仿佛在乱石堆中捡到了一块翡翠。他就像一个呆在军营五年都没见过女人的单身汉，瞪着饿狼似的眼睛凝视着她，却越看越觉得她像一个人，心中忽然充满了好奇，就继续无所顾忌盯着她，似乎在仔细研究一幅古典名画。也许他太过专注了，根本没有听她在说什么。珍妮发现了他奇怪的目光，莫名其妙地红了脸，他才不好意思地转过头去。

散会以后，项东方依然念念不忘地想着那个叫珍妮的女人，他竭尽全力在心底里收罗印象，试图找出她到底像哪一个。他一遍遍地回想，可就是想不出她到底像谁。他就想也许是自己看走了眼，就不再费力地去想了。

有一天，他在走廊里碰到了她，互相打招呼的时候，她竟害羞地垂下眼帘，脸上也泛起了红晕。项东方也不好意思再注视她，他只是心里有点奇怪，不知道她本来就是个腼腆的人，还是因为看到自己才脸红的。俩人都没有再说什么，就走开了。

项东方走到办公室外面，见到男男女女好几个人，七嘴八舌地议论着。原来他们正在讨论怎么样把公司的招牌挂到面向着马路的那面墙上。看样子他们已经干了半天了，一个身材高大的小伙子站在梯子上面，手握着一把电钻，想把一颗螺丝直接钉到墙上，无奈木板太硬，怎么都弄不上去。大家正在犯愁呢。

项东方一看就知道怎么回事，根本不用想，就到工具箱里找出一颗钻头，对站在梯子上的小伙子说：

“要不要我帮忙？”

这小伙子几乎已经失去了耐心，明知自己已经做不来，却又不好撤退，正好有人来帮忙，求之不得，于是就走下梯子。项东方动作敏捷地爬上梯子，用电钻在木板上钻出一些小洞，然后再把螺丝上紧，很快就把招牌安装好了。大家纷纷鼓掌说好。

那个年轻的姑娘海伦突然说，还缺一个字母呢！大家一看果然是，“Chinawind”怎么变成了“Chinawin”了呢？

项东方灵机一动说：“中国赢和中国风还不是一样，反正中国风一吹过来，中国就赢了。”

“对呀，东风压倒西风嘛！”那个小伙子补充道。

说得大家哈哈大笑。项东方再次爬上梯子，将最后一个字母“D”装好。

海伦是个刚毕业的研究生，纽约大学的MBA，长着一双大眼睛，性格开朗活泼，她是项东方主管的市场部的员工。项东方在梯子上手脚麻利地干活时，她就一直目不转睛地看着他，眼光里充满了钦佩和仰慕。项东方爬下梯子的时候，她对他投过去赞许的目光。

吃过午饭，项东方刚回到办公室，海伦就一惊一乍地对他说，有一个日本人租了一部日产越野车已经一个月了，过了期限还没有交租金。项东方问她有没有跟他联系，她说刚打过电话，但对方是个女人，说根本不认识这个日本男人，然后，发了个email还没有答复。她还说刚才跟其他几个人谈到这件事，大家都觉得可能是遇上骗子了。看着她心急火燎的模样，项东方平静地叫她先别焦急，要镇定，让她放心，说不定人家只是暂时忘记了，要了解清楚再做决定。他让她把租约拿出来，认真看了一遍，然后淡定地说，我一个月前见过他，是我接的案子，听他说他好像是个运动员，来美国做短期教学活动的，当时他试了几部车，最后才选定这部日产越野车。海伦还是很焦急地问该怎么办。项东方让她上网查一查，结果她在维基百科上查到了，原来那人是日本体操队的队员，还曾在世界锦标赛上拿过冠军的。海伦这才松了口气说，看来他应该不是坏人。项东方笑道，不会，人挺好的，再等等，不行再发信去追。

一个小时后，海伦收到了日本人的email，人家道歉说确实是事太多忘记了，还把信用卡资料发了过来。海伦这才如释重负，心里对项东方的敬意又增添了几分。

项东方已经有好多年没跟中国女人打交道了，他对女人早就死了心，不会轻易动感情的。对海伦，他只把她当作一个小女孩，根本不会往那方面去想。可是，对那个珍妮他却有另一番不同的感受。不仅因为她年龄比海伦大一些，而且他总觉得她像一个他所熟悉的人，那个模样，那种神态，甚至说话的声音，总让他想起自己的初恋情人。自从第一次在会议上见到她，他就无法释怀，每次见到她都会勾起他对往事的回忆，但是，他无法相信世界上怎么会有如此相似的两个人，时间越长他就越迷惑，越迷惑他就越想解开这个谜团，于是，他就对她特别地关注，有事没事就去会计室找她。另一方面，他根本没有想到，虽然他已经一大把年纪了，可在女人眼里他还是那么的有魅力，无论是初出校门的小女孩，还是风韵犹存的半老徐娘，公司里的女人一见到他就像向日葵见到了阳光，有的会羞答答旁顾左右，有的会直勾勾地盯着他，还有的则大大方方地过来搭讪。

一天，项东方带海伦去车管局办过户手续。有两个客人签了一年租约，按规定要把车过到他们名下，当然他们只是名义上的车主，真正的车主还是车行。海伦从来没有去过车管局，项东方带她去主要是培训她，让她熟悉一下整个程序。项东方开着车，俩人说了一会儿话后，海伦就开始向他抱怨珍妮。海伦比项东方早来这个公司几个月，比较熟悉公司的情况。她说珍妮这个人脾气很怪，很难相处，每次她去报销或者办事，珍妮总是给她诸多丢难。昨天她去找珍妮要取回客人的押金，珍妮硬是不给，说户头上的钱还没到位。海伦跟她说客人在旁边等着呢，珍妮也不管，俩人因此就吵了起来。海伦越说越气，开始手舞足蹈，她恨恨地说，把我气得真想揍她。

项东方闻言“嘿嘿”地笑了一声：“人家有那么可恶吗？不是你们俩人不对付吧？”

“我从来没碰到过这样的人，简直把人气坏了！”

海伦越说越气，项东方试图开解她：“你刚出校门，这个社会复杂得很，没准人家真有难处呢？”

“你就会偏向她！”海伦似娇似嗔地呛道。

“没有吧？我就实话实说，是不是你们之间有什么误解？”

项东方心里想这或许只是这两人女人之间的纠葛，他可没兴趣掺和。海伦“唉”地叹了一声：

“我不明白你们男人到底怎么想的？”

“什么？”

“唉，不说了，心累！”她说这话时有点发嗲。

项东方能感到她似乎有满腹的牢骚，便问：“怎么啦？”

“我不明白你为什么会喜欢这样的人！”

“你说我喜欢谁？”

“就是那个讨厌的小妖精，珍妮！”

“嘿，你真有意思，我怎么会喜欢她？我对女人已经没有任何感觉了。”项东方略带轻蔑地说。

“哪你为什么老是盯着她看？”海伦顺着自己的性子说，话里醋意满满的。

“咳，说了你也不明白，我只是好奇而已。”

“好奇？”

“跟你这样说吧，她像一个我认识的人，我的初恋情人。”

这话勾起了海伦的好奇心，她倒是很想听听他讲下去，但他并不想跟一个女人深谈自己的情史。于是，他淡淡地说：

“也许这只是我多心而已，她们长得倒是挺像的，但性格好像完全不一样。我实在是很好奇，世界上怎么会有人长得那么像，简直就像一个模子印出来似的！”

听他这么一说，海伦似乎放了心。自从第一次见到项东方，她就被他独特的儒雅气质所吸引。此时的项东方，已经从一个忧郁的小帅哥变成了一个历经沧桑、深藏不露的中年人，除了两鬓有少许的白发，他的脸几乎见不到皱纹，五官轮廓依然像年轻时那样的俊朗。多年来的健身运动，让他的身板笔挺，腹部平坦，胸肌发达，短袖T恤下的肱二头肌若隐若现。最引人注目的仍然是他那双气质不凡的大眼睛，年轻时这双眼睛透露出忧郁和不羁，如今它们深藏着自信与豁达，显露出睿智和深沉。这样一个人对女人，尤其是对涉世不深的小姑娘都有着难以抵挡的魔力，女人们都很喜欢看他那双锐利而深沉的大眼睛，但有些人不是被电到，就是被吓跑，因为那双眼似乎能一眼穿透你的心灵，看出你的意图。

海伦就是这样的，第一天交接工作时，俩人隔着办公桌面对面坐着。她不敢直视他的眼睛，总是偷偷地瞟他一眼，一旦俩人目光相对，她便飞快地躲开他的视线。她心里好像有只小鹿在乱跳，说话心不在焉的。她觉得自己被他电到了。后来他们在同一个办公室工作，坐在旁边，她得以靠近他。糟糕的是，她开始发现公司里其他女同事也都青睐于他，尤其是那个总与她作对的珍妮。那天开越洋视频会议的时候，海伦就刻意地坐到了项东方旁边。在项东方发言时，对面那位珍妮就是这样目不转睛地盯着项东方，当项东方看过去时，她就扭捏地低下头，脸还居然红到了耳根。真不要脸！你以为我还不知道你心里打什么小九九吗？当时海伦的肚子里真像有只打翻了的醋瓶，酸溜溜的。

现在知道了项东方只是出于好奇心，而并没有对那个人有兴趣，海伦也就放下心来了。很快俩人到了车管局。这家车管局不对普通公众开放，而是专门为车商服务的，等的人不多，但像多数美国政府部门一样效率极低，因此等待的时间很长。俩人到前台填表签到，然后坐在等叫号。两个小时后，事情总算办完了。海伦说要带项东方去喝珍珠奶茶，说是附近有一家台湾人开的奶茶店，很好喝的。项东方其实并不特别喜欢奶茶，只是为了照顾海伦的面子，就答应了。刚坐下来喝了两口奶茶，项东方的手机响了，是珍妮打来的电话。珍妮假装无意地问项东方在干嘛呢？项东方也不隐瞒，就说在喝奶茶呢。珍妮又问跟谁喝呀？项东方抬眼看了一下海伦，海伦正心神不宁地看着他，似乎已经听出是谁在电话那端了。项东方大方地说跟海伦在一起。珍妮那边好像突然拉下了脸，语调也变得犹疑了。

项东方挂了电话，海伦的脸色有些难看，悻悻地说："又是那个小妖精吧？"

项东方很想笑，但还是忍住了。他淡淡地说："没事，她让我帮她买些邮票。"

"她那是借口，鬼还不知道她那点小心思！"

"顺路去一趟邮局吧。"

海伦虽然很不情愿，但又不敢忤了他的意，只好跟着走。

两个小时后，项东方拿着一叠邮票，敲开了会计室的门。珍妮一看见他就开心地笑了，这是项东方第一次看到她笑。以前她看到他都很拘谨，眼睛总是东躲西藏、闪闪缩缩，或者目不斜视、呆板凝滞。这次她发自内心地笑了，眼睛里泛着晶莹的光，仿佛因为受到别人的重视而心存感激。珍妮第一次见到项东方是在那次视频会议上。当时，项东方那纯粹地道的美式英语、从容淡定的态度，还有他那些近乎传奇式的经历，都深深地打动了她的心。更有趣的是，从项东方的外表，她根本猜不出的他的实际年龄，觉得他就是一个外表俊朗儒雅、实质成熟稳重的中年人，风度翩翩魅力十足，引人遐思。她偷偷地他看，又怕被他发现，因此眼神总是飘忽不定。没过多久，她就觉察到坐在项东方旁边的海伦神态异样，她敏感地直觉到海伦喜欢项东方，这让她莫名其妙地生起了一股醋意。后来，她知道了项东方和海伦是同一个部门的，而且还整天呆在一个只有他们俩人的办公室里，这更使她如坐针毡、烦躁不安。

这一阵子，她有事没事总喜欢走过项东方的办公室，如果海伦不在，她就会溜进去，假装问个问题，说几句话，有时候甚至问他要点零食什么的。如果海伦正好在里面，她就会失望地走开，假装什么都没看见。今天，她忐忑不安地路过项东方的办公室，眼角瞟了一下，没看见里面有人，心里就觉得不妙，问了管收发的墨西哥小姐，才知道项东方带着海伦去车管局了。这下她心里就乱了套了，考虑了半天才想出叫项东方买邮票这一招。她本来并不指望项东方会答应她，没想到他居然把邮票给买了回来，她心里头的高兴可想而知，于是她就毫不掩饰自己的得意，心花怒放地笑了。

她这一笑不打紧，却在项东方心里掀起了一个波澜，犹如在平静的湖面上投下一块巨石。她的笑很无邪，很甜美，项东方看到她上扬的嘴角，心里“咯噔”一个激灵：妈呀，怎么那么的像！当年的柳丝雨就是这样笑的！那嘴角翘起的上唇活脱脱就像一把勾人心魂的弯刀。项东方的心真的被勾住了，无数早被尘埃掩埋的历史画面重新复活，一幕幕地在眼前飘过：那个疾恶如仇的小公主，那令人难忘的轻蔑一瞥，那架在自己背脊上浑身湿透、冷冰冰的少女胴体，那夕阳中山洞里深深的一吻·······一个完整的柳丝雨竟活生生地站在他的面前。

“谢谢！”

珍妮脸红得像刚刚绽放的玫瑰，一声道谢把项东方从自己的幻觉中催醒过来。项东方瞪着似醉非醉的眼眸看着珍妮，珍妮害羞地垂下眼帘。项东方张张嘴，刚要说什么，那个墨西哥小姐拿着一叠信件跑进来，项东方只好告辞出来。

项东方像中了邪一样，对珍妮念念不忘。人总是从别人眼里看到自己，他人是自己的一面镜子。正是在女人们那些躲闪而飘忽的眼神中，项东方重新发现了自己的魅力。海伦、珍妮，和公司里其他女同事对自己的青睐，使他明白自己在女人眼里还是个宝，只要自己喜欢，女人们就会灯蛾扑火一样跑过来，粘住你不放。然而，他已经不是当年那个来者不拒、滥施情爱的愣头青了，虽然外界使他认出自己魅力，但他似乎已经学会了不被外界所蛊惑，就算是海伦频频地暗送秋波，可他根本就不动心，他始终把她视为一个不谙世故、不解风情的小女孩。但对珍妮，他却有着不一样的感情，他开始把她看作为自己初恋情人的化身，把重新焕发出来的对柳丝雨的思念统统都投射到她身上。他在心里叫她小公主，因为小时候他就是这样称呼柳丝雨的。他那沉睡多年的柔情终于被唤起来了。也许海伦说对了，他嘴里说不想谈恋爱，可心早就被那个人吸走了。他并没有意识到这其实只是一个幻象，他情愿被这个幻象所勾引，他愿意去趟一趟这混水。他仿佛又焕发出第二次青春，再次走入荆棘丛生的爱情禁地，要将几十年的空虚补回去，把在柳丝雨身上没有得到的爱情重新找回来。

项东方结业时把原来库存的车子大部分都卖掉了，手里还剩下几部舍不得卖的。一天，他开了一部双门的迷你 Cooper 小车回公司，珍妮正好看到了，说她很喜欢这款车子。前几天，她就对项东方说她想从公司租一部车子自己用，但又找不到合适的，而且价钱也太高。项东方就有意把这部迷你 Cooper 给她开，所以就特意开了回来。他本来想借给她用，不收钱的，他因为喜欢她，所以觉得这是应该的。珍妮不领这个情，坚持要付租金，结果半推半就地付了比市价低几倍的钱。

第二天，珍妮换上了一条碎花短裙。平常她总爱穿一条腿部破了个洞的牛仔裤，隐隐地露出雪白的肌肤，上身穿一件长袖毛线衣，脚蹬一双旅游鞋，显得年轻又性感。今天配上那条碎花裙子，她穿件短袖衬衣，脚上是一双高跟凉鞋，更增添了几分妩媚娇艳。她平常上班很少化妆，可今天她却画了眉毛和眼线，还涂了口红。项东方一早来到办公室，就按捺不住去找她。他敲了敲门，她起来为他开了门，一眼见到她翩翩的风采，他就忍不住赞美道：

“哇，你今天真漂亮！”

珍妮像吃了口蜜糖，甜到了心里，嘴上却装着若无其事的样子说:“我今天起来晚了，随便找了条裙子，乱穿一气的。”

项东方明知她在装，依然笑着调侃道：“哪你认真打扮起来岂不是美若天仙？”

珍妮顺着杆子往上爬，扭捏着说：“我有那么好吗？”

项东方脸皮越来越厚，说：“反正我越看你就越美。”

“你哄我的吧？”她的脸红了，眼睛又飘忽起来。

“没哄你，我说的是真的！”他觉得她害羞时简直太美了，眼睛毫无顾忌地盯着她。

她垂下头，低声地问：“你找我吗？”

“哦，对了，我要帮你把那部迷你 Cooper 的手续办一下。”

珍妮将项东方引入到办公室，还叫他关上门。俩人坐定后，项东方问她要她的驾照，说是过户要用的。珍妮满腹疑虑地问，你确定一定要吗？项东方说一定要的。珍妮还是将信将疑地问：你确定？项东方能感觉到她的狐疑心理，但是他不太明白她为什么这样小心翼翼，只好耐心地给她解释这是必须的。最后珍妮不得不掏出驾照，给了他。她转过头来，对项东方耳语道：“小心保密！”项东方摇摇头问：“为什么这么神秘？”她突然转用英文说，不能让别人看到，特别是海伦，因为她是老板的内线，要防着她！项东方在心里暗暗偷笑，不知道她为何疑心这么重，这点可跟柳丝雨完全不一样。

过了一阵子，一个星期天的下午，项东方在家里休息，忽然被电话铃声吵醒。珍妮紧张兮兮地说，她现在高速公路上开着车，刚刚发现仪表盘上有一个红色的电池警告灯亮了，不知是什么问题。听起来她很担心的样子。项东方叫她先镇定下来，不要慌。凭着经验，他知道这是个严重的问题，说明发电机已经坏了，车子正在消耗蓄电池的电能，过不了多久就会熄火。于是，他马上叫珍妮尽快下高速公路，找地方停好车，不要再开了，他尽快去救她。

他家离珍妮那边有一个多小时的路程，他带上应急电池和工具箱，心急火燎地开车出发。走到半路，珍妮又打来电话说，她已经下了高速，到了一个购物中心，可能电池没电了，钥匙拔不出来。听她的口气好像天要塌下来，急得都快哭了。项东方能想象到她那焦躁不安的面容，她的焦急撩拨着他的神经，心里涌起一股怜香惜玉的柔情，禁不住脱口而出道：

“哎哟我的小公主，好可怜呀！你再等等，我马上就到了。”

到了停车场，看到了那部乳白色的迷你Cooper，项东方停好车，三步并作两步走过去，把车门打开，就忍不住哈哈大笑了起来。车子依然没有熄火，珍妮右脚死死地踩住刹车，换挡杆却挂在前进挡上。她的表情紧张而惊恐，看到项东方仿佛黑夜中见到了光明，霎时惊喜得淌下泪来。项东方止住笑，气喘吁吁地说：

“哎，我说小公主，你可真逗！你看你做了什么？”

“什么？”珍妮一脸迷惘地问。

“你把挡挂在前进挡上，钥匙怎么拔下来？快把挡换到停车挡上！”

珍妮大概早吓懵了，傻愣愣地不知该做什么。

“你看你傻不傻？”

项东方一边说一边俯下身子，一只手抓住方向盘，另一只手将挡推到停车挡上。珍妮的脚不自觉地一松，车子突然往前进了一步，碰到路边档车的横档才停下来，项东方被车子拖了一下，整个身子趴倒在珍妮的腿上。

珍妮并不躲闪，她不说话，眼睛大胆地望着他，脸上泛起两片红晕。她不知道项东方为什么会叫自己小公主，但这样醉人的称呼却在她心里激起了无限的柔情。现在项东方就紧挨着她，在这一刻她真正地爱上了他，她好想张开双臂，把他紧紧地抱住。

但是她不敢，而且很可惜，项东方已经离开了车子，站到外面。

项东方已经从珍妮的眼神中看出了她的情意，心里很受用，不过，他还是想证实一下。他把自己开的宝马跑车给了珍妮，并告诉她自己将要开那部有问题的迷你Cooper回去。他还故意一本正经地说：

“这部车说不定半路上就会死火，所以我要开高速尽快地走，如果明天你不见我去上班，你就知道我因公殉职了。”

珍妮吓得一跺脚，气急败坏地娇嗔道：

“我不要你开高速！”说话时神态娇憨可爱，让人心醉。

项东方笑意盈盈地说：“我逗你玩的，你以为我真想死呀！”

“你老不正经，讨厌！”

她一面说一面含情脉脉地看着他，眼眸里的震颤没能逃过他锐利的目光，他看出了她心中的爱意，眼睛也骤然一亮，深情地凝视着她。过了好一阵，俩人才依依不舍地告别，分别上了自己的车子。

项东方开着那部迷你Cooper，走在市区的路上。他知道车子随时都可能死火，他最担心的是车子突然减速，被后面的车子追撞。当然，他对自己的经验很有把握，类似的情况他碰到过太多了。有一次，他从拍卖场买了一部起亚越野车，看起来一点问题都没有，临开走前看到仪表板上汽油还有四分之一，于是他就放心把车子开上了高速公路，开到半路车子突然自动减速，油门怎么都踩不起来，两旁全是呼啸而过的车辆，他过了好一会才醒悟到车子已经熄火，失去了动力，只靠着惯性在滑行。他当机立断打开紧急灯，瞅住几个空档，将车子靠到路肩。然后才发现原来油量指示表是坏的，车子早就没了汽油。还有一次，他在高速公路以一百一十公里的时速行驶着，一条塑料喷油管突然爆裂，发动机熄了火，车子被迫停在路中间。俗话说“上得山多必遇虎”，在这一行干得久了，大大小小的事故遇过不少，一些稀奇古怪的奇难杂症也见怪不怪。

处理这些疑难杂症，项东方非常有经验，刚才他是为了吓唬一下珍妮，故意把话说重一点，没想到她竟然无心地说出了真心话。他仔细地玩味着她说的“我不要你开高速！”那句话，回想着她娇憨可爱的神态，心里就醉了。一种多年都不曾出现过的柔情忽然泛满全身，郁郁的，麻麻的，似醉非醉，被压抑半生的爱情跃上了心头。他忽然想起了柳丝雨，想起了自己写给她的那首诗。一股激情突然涌到嘴边，他情不自禁地唱起了歌来：

“能不能让我陪着你走，
既然你说留不住你，
回去的路有些黑暗，
担心让你一个人走……”

正唱得起劲，突然，仪表板上亮起了几盏红灯，车子熄了火，车速慢了下来，后面响起了一片气急败坏的喇叭声。他他停了嘴，定定神，然后淡定地把车慢慢地靠到路边。他跳下车，打开车头盖，接上一个应急电池，打着火，将车子开到附近一个购物中心。然后，用手机打通了拖车公司的电话。

在等拖车的时候，珍妮打来电话来问情况，项东方告诉她车子死火了。她焦急地问你没事吧？他想听她说撒娇的话，就故意说差点就被人撞死了。珍妮果真娇滴滴地骂道：

“老大，我不准你说这样的话！”

项东方就笑嘻嘻地说：“放心吧，有你老大在，就哪点小事，死不了的！”

珍妮娇嗔道：“你老是吓唬我，烦不烦啊！”

项东方陶醉得像吃了一颗酒心巧克力，不知不觉一步步地陷入爱情的陷阱之中。

第六十四章 奇遇

珍妮的柔情激发了项东方的春心，仿佛一夜之间焕发出人生的第二个春天。这一段时间以来，他激情澎湃、生机勃勃，浑身有使不完的劲，时常情不自禁地唱起歌来。现在他已经深深地体会到，人面对死亡最有效的方法不是什么养生之道，而是时刻保持一颗年轻的心，良好的心态比什么灵丹妙药都更重要，要像年轻人那样去恋爱，抛开一切世俗观念，我行我素激情澎湃，在爱情中燃烧，在爱人的怀抱中死去。如今的项东方有着三十岁的身材、四十岁的容貌、五十岁的风度、六十岁的智慧，还有一项是他落入情网后才发现的，那就是他仍然有着二十岁的激情。

一碰到爱情，他的诗人气质就复活了，以前每当他付出了真心，他就情不自禁地想要写诗。他试着写了几首诗，感觉不太满意。后来他找到一个笔记本，翻出当年那首写给柳丝雨的离别诗，读了几遍，觉得还是这首更好。难道真的是年纪大了，没有了激情和灵感？还是因为年轻时的感情更真挚，现在已经无法超越过去了？他不知道，但他就是认为这首诗更能代表他的心情。

珍妮的迷你Cooper车已经修好了，今天碰巧是她的生日，项东方打算跟她换车。珍妮并没有告诉过他自己的生日，他是从她的驾照上发现的。

下班前，项东方到了珍妮的办公室，把钥匙交给她，就若无其事地走了。告别时，珍妮的神情有点落寞，她后悔没有把自己的生日告诉他，白白错过了一个共度好时光的机会。她黯然地离开了公司，走到停车场，打开车门，正要启动车子，却赫然看见仪表板上贴着一张小纸条，上面写着：

“小公主，开车前请检查一下车子全身，以免路上出什么状况。切记！”

珍妮吓了一跳，愣了好久，脑中闪过许多念头。不知道是谁搞的恶作剧，难道是项东方捣的鬼？车子没修好为什么要给我？想了一阵，她开始检查车子，座位上下，文件箱等等都搜过了，没有任何可疑的地方。最后，她打开后备厢，登时惊讶得瞠目结舌。原来里面静静地躺着一束紫红色的玫瑰、一盒包装堂皇的巧克力，还有一张精美的生日卡。

她心里一阵狂喜，兴奋地抱起这些东西，回到驾驶座上，坐下来，把玫瑰花送到嘴边，深深地吸了一口，一股浓郁的花香沁入心脾，令她陶醉。她小心翼翼地放好花束，急不可耐地打开那个装帧华美的生日卡，左边一页写着一行祝福语，右边一页用同样的笔迹写着一首短诗：

偶遇

我是深秋里的一片红枫，
偶尔地飘进你的眼中，
揉碎了你秋波里的春梦，
转瞬间就消失了行踪。
你是仲夏里的一颗流星，
无意间划过我的心灵，
唤醒了我已沉睡的柔情，
悄悄地又隐去了芳影。
我们在偶然中短暂相逢，
仿佛青山偷吻了彩虹，
遗留下一地的醉意朦胧，
为什么还要挥泪相送？

生日卡底下的署名是“你的老大。”这首诗写得很含蓄，很朦胧，又很有意境，正合她的心情。她反复看了几遍，忽然觉得有一种似曾相识的感觉，好像在什么地方读过的。她发起呆来，努力回忆着。

突然，听到玻璃窗被人敲了几下，抬眼一望，见到项东方正站在车子的旁边。她喜出望外，赶紧把门打开。项东方拿起座位上的玫瑰花和巧克力，轻轻地坐到上面。车厢内飘满了玫瑰浓郁的花香，珍妮眼里满含着惊喜，脸上洋溢着甜蜜的娇羞。项东方凝视着她含着秋水一般的明眸，用他那低沉雄浑的男低音轻柔地说：

“祝你生日快乐！”

他的声音像一股强大的电流直击她的内心，令她心旌动荡，她用近乎耳语的嗓音说：

“谢谢！”

他俯过身子靠近她，伸出食指，撩起她耳畔的长发，喃喃而语道：“你真美！ 让我好好看看你。”

她的脸忽然红了，眼睛里跳动着羞涩的光波，胸口急速地起伏。他挑起她的下巴，脑袋轻轻地靠过去。她扬起头，嘴唇微微开张，充满了期待。

项东方能感到她嘴里呼出的带着甜味的热气，脑中闪过那个沐浴在夕阳中的山洞，仿佛看到柳丝雨那晶莹的泪光，他的心在颤抖，他的嘴唇就要贴上去了。这短短的一瞬间，珍妮仿佛等了一千年那么久……

“嘟！”

窗外不知哪个可恶的家伙按响了喇叭，俩人霎时愣住了，珍妮握在手中的生日卡掉到了地板上。俩人像梦中惊醒，缩回到座位上。

过了好一阵，珍妮才弯腰捡起地板上的生日卡，又想起了刚才的疑问。她打开卡片，问：

“你怎么会有这首诗？”

项东方被她的态度迷惑了，反问道：“你为什么这样问？”

“因为这太奇怪了！”

“奇怪？”

“是呀。”

“为什么？”

“因为我觉得它很熟悉，你确定这不是从什么地方抄来的？”

“抄来的？你说得好奇怪，这是我自己写的诗，千真万确！”

“可是我记得我小时候就看过这首诗……”

“什么？你说你看过它？”

“是呀。很小的时候我妈就给我看过，我差不多都能背出来了。”

“你是说你妈让你看的？你妈叫什么名字？”项东方有点迷惑，禁不住迭不连声地问道。

珍妮本能地答道：“我妈叫柳丝雨。”

“啊？柳丝雨？我没听错吧？”项东方惊愕得张大了嘴巴。

“没错！是柳丝雨。你怎么啦？”

项东方再也无法掩饰自己的惊讶和好奇，他突然明白了，他现在面对的这个女人竟然是自己初恋情人的女儿！天下竟有这么巧的事？老天竟让我在这样的场合下遇到这样的事！他一时间无法适应，百感交集，不知说什么好。他的表情让珍妮万分的困惑，忽然，她好像猜到了几分，禁不住问道：

“你的中文名字叫什么？”

她之所以这样问，原因是平常大家在公司里都以英文名字称呼对方，互相之间甚至都不知道彼此的中文名字。她和大家一样平常叫他的英文名字“Doug”。她还知道他姓项，甚至曾为此好奇过，因为她以前经常听她妈提到过项东方，可是在生活中她从来都不曾碰到过姓项的人，于是总是好奇地问妈妈，她妈就告诉她说项确实是一个很小的姓，她除了项东方也就知道汉朝时有一个叫项羽的人。当珍妮第一次认识项东方的时候，还在心里暗暗称奇：终于让我碰到一个姓项的人了！但是她并没有多想，即便项东方在她心里有很重的分量，因为她觉得这根本就不可能。可是，当他看到项东方表现，她突然间一个惊觉，情不自禁就问出了口。

项东方听她这么一问，不由自主就答道：“我的中文名叫项东方。”

其实项东方在美国这么多年来，自己的中文名字很少被提到，以致于他自己都差不多给忘了。可是当珍妮心急火燎地一问，他竟能毫不犹豫地脱口而出，或许这真是一种本能的反应。

“项东方？”

“没错，项东方！”

“真的是你？”

这下轮到珍妮惊讶了，她像白日见鬼般脸色煞白，浑身发抖。“你真是项、项叔叔？”

“呃？我是……”

项东方心里好像有一只打翻的五味瓶子，埋藏在心底的怨恨疑惑好奇等各种情绪忽然涌上心头。他尽量控制着自己的情绪说：

“这么说来你是柳丝雨的女儿，我实在不敢相信！”

珍妮眼里忽然涌出泪水，趴在方向盘上抽泣起来，肩膀上下耸动着。项东方伤感地望着她，想起当年柳丝雨也是这样哭的，往事一幕幕地浮现在眼前，鼻子一酸，忍不住眼圈就红了。同时，他的好奇心也在折磨着他，他很想知道到底发生了什么事情，他很惊奇柳丝雨还活着，还有一个这么大的女儿。虽然他心里还残留着对柳丝雨的怨恨，但毕竟已经过去几十年了，时光慢慢地冲淡了往日怨恨，只留下一份好奇与惋惜。他轻轻地拍着珍妮的肩膀，温和地说：

“珍妮，你能告诉我到底是怎么回事吗？”

珍妮抬起头，擦了把泪，眼睛望着前方，缓缓地说出了一段往事。她把母亲告诉她的话和自己的回忆混在一起，变成了一个辛酸的故事。

当年柳丝雨到了香港后，第二天就给项东方写了一封信，诉说相思之情，言辞非常的缠绵悱恻，她还说等到有机会就会回去探望他。由于人生地不熟，这封信一个星期后才寄出。她琢磨着这封信一星期内就应该到达项东方手里，如果项东方及时回信，那么第二星期自己就应该收到回信了。可是过了两个星期，并没有任何音讯。她等不及了，又写了一封信，还是石沉大海。后来，她就一直不停地写，不停地寄，始终没有得到任何回音。她绝望了，想到了各种可能，甚至想到了项东方不能忍受分离而自杀等等。

有一天，她无意地在《东方日报》看到一则寻人启事。启示上说要寻找一位叫项东方的大陆人士，是在前往香港途中走失的，寻找人还留下自己的名字：大圈仔。她看到这则启事，一下子就兴奋起来了，心中燃起了希望。她确信这一定是她的项东方，因为项是一个非常小的姓，而且还是同名同姓，世上没有这么巧的事，关键是她思念心切，认定他一定是自己的情人项东方。而且，她虽然没有见过大圈仔，但听项东方提到过。于是，她按着启示上的号码打了电话过去，一个自称是大圈仔的男人接了电话。第二天上午，柳丝雨心急火燎地赶到位于新界的文记士多店（便利店），见到了那个缺了一只左胳膊的男人。

寒暄了几句，确认双方就是要找的人。大圈仔没见过柳丝雨，但听项东方和瘦猫他们经常说起，今天一见果然是个美人，只是面容憔悴神情暗淡。大圈仔当时在帮亲戚打理士多店。他让柳丝雨坐下来，递给她一瓶可乐，然后问她有没有项东方的音讯。柳丝雨摇摇头说，自从几年前来到香港就一直没有他的消息，寄了许多信都没有回音。大圈仔脸马上沉下来说，恐怕他真的出了意外了！柳丝雨大惊失色地追问到底怎么回事。大圈仔简短地把他与项东方偷渡香港的事和盘托出。最后他很不确定地说，当时他与项东方隔着三四米远，自己突然被鲨鱼咬断了左手臂，昏了过去，不知道项东方发生了什么事。后来自己被一个渔民救上船，然后辗转找到自己的亲戚。启示登了一个多月了，都没有回应，今天才碰到你，估计项东方没有到香港，也没有回农场，最有可能就是出事了。

柳丝雨一面听一面就止不住流泪，本来她盼望着会有奇迹出现，现在她侥幸心理终于被绝望所替代了。大圈仔见她哭得伤心，自己眼圈也红了，他开始责怪自己，不该带他逃港。柳丝雨也跟着他一起自责，说这事不能怨你，我不知该怨谁，如果我不来香港恐怕就没事了，是我害死了他。两个人就这样同病相怜，唏嘘叹息了半天。后来大圈仔提议去海边拜祭一下项东方。于是，他们买了些香烛纸钱和水果，打了一部的士，开到大鹏湾的水边，摆好水果，点燃蜡烛和纸钱，向着东边拜了几拜。

回来以后，柳丝雨仍然悲伤不已。傍晚大圈仔打来电话，除了埋怨自己以外，还不停地安慰柳丝雨。柳丝雨无处排遣，慢慢地向大圈仔敞开心扉，向他倾诉自己的苦闷。后来，两个人经常见面，过了一段时间，两个人心情总算平复下来，这时大家都已经觉得有点离不开对方了。好多年以后，两个人了结婚，然后有了女儿。

最初几年，两个人倒是恩恩爱爱夫唱妇随。后来大圈仔脾气越来越差，经常做噩梦，脾气暴躁沮丧不安，尤其是每当他左手痛时，就会想起那个悲惨的往事，没完没了地自责。他喜欢酗酒，常常对柳丝雨发脾气，搞得俩人关系时好时坏，这自然也影响到了孩子。后来，国内开放了，他不甘寂寞，执意要回去做生意，跑去四川开了一家玩具厂，生意越做越大，干脆把全家人都搬去那边生活。那时女儿才五岁大，既不会讲四川话又不会讲普通话，经常被人取笑欺负，性格慢慢地变得固执多疑，缺乏安全感。随着赚的钱越来越多，大圈仔的生活也越来越糜烂，他包了二奶三奶。终于有一次喝得酩酊大醉，与二奶撞死在公路上。失望至极的柳丝雨把家搬回香港，并且经常回家乡长住，女儿则到了美国留学。

听完了珍妮的故事，项东方久久不能平静下来。他既为柳丝雨的不幸遭遇感到伤心难过，又为自己终于找到她而高兴。想到自己多年来对她的误解，他觉得很惭愧，原来柳丝雨真的像自己当初设想的那样，遇上了无法控制的事情，自己后来真是错怪了她，这只能怪自己的自私。当然如果不是珍妮今天把这一切说出来，谁会知道真相呢？仔细一想，他忽然觉得其中仍有一个不解的谜团：柳丝雨寄来那么多的信给自己，都到哪里去了呢？为什么自己从来都不曾收到她的来信？这中间到底发生了什么事情？当然事情都过去几十年了，这个问题现在或者将来永远都是一个不解的谜，目前纠缠于此也没有多大的意义。

珍妮在讲这个故事的时候时断时续，有时还会哽咽着停下来，而她讲的也是一个大概。项东方想了解更多的细节。于是他就追问她道：

“哪你读过那首诗吗？”

“是的，我很小的时候，妈妈就把这诗给我看，那是写在一张农场的信笺上的，抬头用红色印着农场的名字，我看到那张纸好像被水湿过，水印把纸弄得硬硬的，还有墨水被化开的痕迹。开始时也看不懂，我看了很多次，后来就会背了。我爸妈经常吵架，经常听到父亲骂妈妈老忘不掉项东方，妈妈也反过来说你不也是一样吗，他们经常这样互相折磨着。每次当妈妈跟爸爸吵架以后，她总是很伤心，于是就跟我讲你们的故事。我好怕他们吵架，我时常还替妈妈惋惜呢。”

“看来你妈妈受了不少苦，我很为她难过。”项东方情不自禁地说道。

珍妮擦着眼泪说：“我妈就没过过一天好日子，天天都以泪洗脸。我爸过世后，我们搬回了香港，我妈不喜欢那个老房子，说是晦气，就卖掉了，又在马鞍山那边买了一套房子，在阳台上可以看到大鹏湾，她天天就看着海水发呆。”

“哪她现在过得还好吗？”

“她现在年纪大了，嫌香港太嘈杂，经常回到乡下去住。”

“哪个乡下？你爸的还是你妈的？”

“当然是我妈的家乡了！我们在贺西镇的碧桂园买了一套房子，她打算在哪里安度晚年呢。”

一听到贺西这个名字，项东方心里猛地抖了一下。这个既熟悉又陌生的地方，离他是那么的遥远，他已经好久没有想到过她了。那次在赴京上学的轮船上，他曾发了个毒誓：永远都不回贺西！到目前为止，他确实恪守着自己的诺言，从来没有踏足过故乡的土地。在北京的时候，他倒是常常回忆起家乡的一切，而那大多都跟他的苦难辛酸的历史相关联，贺西留给他的大多都些是痛苦的记忆。到了美国后，他忙于应付生活的方方面面，关键是整个人沉浸在一种完全不同的文化氛围和语境之中，根本无暇也无心去思念故乡。有时候，在一连串的英文语境中，他的脑海会突然冒出几句中文的句子，就像天空中飘过几片白云，他会想起小时候生活的一些片段，但这些突如其来的思绪，马上就会被潮水般涌来的当前处境所淹没，仿佛一阵强风将白云吹得无影无踪。有一天，他想起小时候与瘦猫和肥猪斗蜘蛛的往事，唏嘘了一阵，忽然接到一个电话，一番英语对白以后，他就把这事给忘了。

项东方不记得当天自己是怎样离开珍妮的。他懵懵懂懂地告别了她，又恍恍惚惚地上了自己那部白色的奔驰越野车。像平常那样，他一上车就打开了收音机。他一面开车，一面麻木地想着心事，收音机在放着古典音乐。柳丝雨还活着，而珍妮竟然是她的女儿，这件事来得太突然，他一时还无法适应。他的脑子闪过许多假设：如果柳丝雨不移民香港，这一切就不会发生。他把这些假设一直往上推：如果没有鸦片战争，如果香港不曾割让给英国人，那香港也不过就是广东省宝安县内的一个小渔村，就根本没有什么移民之说，这样柳丝雨就根本不会移居香港，他们之间的悲剧就不会发生。这样的假设和推论让他很无奈，感到自己就是历史中的一块泡沫，随着时势汹涌的波涛翻滚沉没。因此，他实在没有任何理由去怪罪柳丝雨，一切都是命，是命运之神让两人彼此分离，各自遭受数不尽的生离死别爱恨情仇，以及随之而来的一切苦难和伤痛。

他的心很矛盾，一方面，他开始思念柳丝雨，另一方面，他放不下与珍妮的感情。想到自己竟然爱上了自己初恋的女儿，这实在是令人尴尬。他很爱珍妮，她是那么羞涩，腼腆和胆怯，自己好不容易才打开她的心扉。现在他一天见不到她心里就发慌，她的影子总是在他的眼前摇晃，她的一颦一笑都是那么牵动着他的心。一想到她他就想起了柳丝雨，他在珍妮这里再次体会了初恋那种味道，他不能离开她。

然而，偏偏她是柳丝雨的女儿！如果柳丝雨知道了会怎么想？现在他突然觉得自己还是那么的在乎柳丝雨，虽然几十年不曾见面，可是，看着珍妮他就能想起年轻时柳丝雨的容颜。比起柳丝雨，他痛恨林梦茵，柳丝雨从来没有对不起自己，林梦茵为了一个美国人背叛了自己，而虽然自己从来没有得到过柳丝雨，但是正因为这样，才令自己更加怀念与柳丝雨之间的纯朴和率真的爱情。他明白自己正陷入到一个深深的矛盾之中，这一对母女都让他爱得死去活来，到底该怎么办？真是宿命啊！他想不出一个万全之策。忽然间他心底里有一个声音告诉他：去见见柳丝雨吧，让她来决定好了！

车子开上了拥挤的海湾大桥，华灯初上的大桥像一条巨龙绵延数英里。车外下着雨，雨刷不停摆动着，透过雨帘项东方呆呆望着前方，雨中的桥灯和车灯变得光怪陆离、迷离恍惚，收音机忽然传来了一首熟悉的乐曲，是一首小提琴独奏曲，哀婉凄凉的乐曲像一道闪电穿透人的心扉，又像一股清泉流过肺腑，它深入骨髓，直达灵魂深处，久久地震撼人心。项东方停止思索，静心细听。他一下子想不起曲子的名字，却轻轻地随着乐曲哼了起来。哼了几句以后，他终于想起来了，这是德沃夏克那首缠绵悱恻的《念故乡》。他开始随着乐曲唱起歌词来了：

“念故乡，念故乡，故乡真可爱，
天青青、风凉凉，乡愁阵阵来，
故乡人今如何，常念念不忘，
在他乡一孤客，寂寞又凄凉，
我愿意回故乡，重返旧家园，
众亲友聚一堂，同享从前乐……”

他唱的是中文。他已经很久没有听到和唱过这首歌了，不知什么原因竟然还能记得，而且毫不费力就能完整地唱出来。他记得最后一次听到它是在北大时，那次，他与林梦茵到中关村科学院礼堂听了盛中国的小提琴独奏。当时他跟林梦茵说这是全世界最动听的音乐，只有出门在外的游子才能体会里面那种孤独忧伤的情绪。

接着，他又想起了他第一次听到这首曲子的情形，那是在小学的时候，教音乐的刘老师身穿一袭花衣，拉着手风琴，深情款款地唱着这首歌，歌声传到他的耳畔，渗入他的脑海，在他的心底里飘荡回旋，让他陶醉，然后沉淀到灵魂深处，永远都忘不掉。后来，刘老师被批斗，其罪名之一就是因为教大家唱这首歌，她的女儿柳丝雨眼睁睁地看着自己母亲任人侮辱和鞭打……

想着想着，他鼻子突然一酸，心里一阵激动，眼睛湿润了，眼泪就像车窗上的雨水汩汩地淌下来，他伸手抹了一把。他把车子停在路边，关掉引擎和雨刷，任凭雨水拍打着车身。雨越下越大，瓢泼的雨点敲打着车窗，水像瀑布一般流淌在玻璃上，他的眼前却隐约浮现出故乡那条清澈蜿蜒的贺江，他看到了那绿得发蓝的河水，还有自己伸进水里的脚趾头，仿佛感到被小鱼儿啄食脚跟而引起的痒痒；他想起了那个微风吹过紫荆花树的仲夏夜，听到了那皎洁夜空中隐隐传来的广东音乐《彩云追月》，他甚至还嗅到那家饮冰室飘荡着的浓浓的香草味。一股强烈的乡愁像野火一样扑面而来，烧得他坐立不安。真想不到，自己几十年来有意无意地要逃避的故乡，要刻意遗忘的人和事顷刻之间都复活了。

回到家，他上网去搜寻了一下，很轻易就找到了几个不同版本的粤语歌《彩云追月》，有大姨妈教的那首讴歌月夜的抒情歌，有大圈仔唱的那首情歌《几度夕阳红》，还有粤剧名伶红线女歌咏海外游子回归故乡的心情的，都是同一首曲子配上不同的歌词，各有特色。他反复地听了许多遍，心里的思乡情绪得以缓解，他再次感到了母语的亲切与威力。这时候，他才真真切切地明白这样一个道理：语言是人的精神家园，因为它连着文化的根，是自我认同的依据。难怪希特勒曾经直言不讳地扬言：要消灭一个民族最好的办法，就是毁掉它的文化；要毁掉它的文化，最有效的手段就是铲除承载文化的语言。当一个人对自己的母语产生厌恶的时候，就是他对自己的母亲产生疏离的时候，他会不知不觉地远离自己的故乡，一直到他慢慢地失去自己心底里的精神家园，于是，他开始变得六神无主、左右彷徨，像一棵浮萍随波逐流，找不到自己的归宿。失掉了母语就失掉了一个精神的家，犹如灵魂被放逐出家园，割裂了心灵深处的归属，精神就长久地在外寄居和流浪。

他以前一直都没有意识到这一点。自从他与陈晓诗在一起后，他们平常说普通话，后来有了孩子，就开始迁就他，全家人改说英语，时间长了他的普通话都有点结巴了，至于粤语那就更是早就忘到爪哇国了。有一次，在中国超市买菜，店员突然跟他讲粤语，他愣了半天没反应过来。那次在拆车场他突然骂出那句粤语，那是发自心底里的呼声，是无意识的。在大部分时间里，他都说英语，以致于母语在他心里变得淡薄了。回想起来，在大学时他开始嫌弃粤语，觉得它土，不登大雅之堂，刻意地去回避它。当他到了美国以后，他又开始压抑自己对中文的天然感情，他试图逃到英语的世界里迷醉自己，直到现在才突然发现自己什么都不是，一首埋藏在心底里的粤语歌终于唤醒了他的母语意识，突显出自己血脉相连的根，他的心灵才得以平静，宛如回到了家一样亲切。他觉得自己游荡了半辈子，才终于找回真正的家园。

在进一步的反省中，他发现自己绕了半个地球，就像一只小鸟从东飞到西，最终才明白世上没有天堂，自己半生的追寻并没有找到哪个一直憧憬着的理想国。中国虽然也有许许多多的问题，但她也有着许多美国所没有的优点。而且，中国正在不断地改变，不断地进步，更重要的是中国是自己的故乡。祖国曾给他留下许多恶劣可怕的印象，但就像小时候父母为了要你学好，打骂过你，那又怎样呢？你还是爱你父母。就像他对自己小时候杀猫、在文革时打人的行为惭悔了一样，他觉得自己累了，翅膀弯了，但看得更清楚了，心中升起了一股飞回家的欲望，犹如一只疲倦的鸟儿一样。

尾声
回家

自从知道了真相后，珍妮就开始疏远项东方。第二天，她向公司请了个长假，就消失了。她给项东方留了个微信，说是去佛罗里达度假，还把柳丝雨的地址和电话发给项东方，她相信项东方一定会去找她妈妈的，而她自己觉得现在没脸再见他们俩人。项东方打电话她也不接，他本来想跟她好好谈谈，如果可能就一起回国一趟。可是，珍妮不理他，他也没办法，况且他思乡心切，就向公司请了假 ，买了飞广州的机票。

没走之前，恰好他儿子回来了一趟。他儿子接到了命令要随第七舰队开赴中国东海，准备执行重要的军事任务，这次回来是向他告别的。他当然没有透露任何军事秘密，但他对父亲说自己已经作好了最坏的打算，即便以身殉国也在所不惜。项东方知道，儿子的性格像自己一样的固执，所以他没有多说什么，只是问他知不知道自己的对手是谁？他儿子非常明确又淡然冷漠地回答：知道，中国！对这样的答复，他一点都不惊奇，因为在他儿子心里中国只是一个干巴巴的概念，要去进攻这样一个地方，就像是去摧毁一艘停在海中的靶船一样，没有什么顾虑，更不牵涉到任何感情。这在项东方看来虽然有点讽刺，但也无可奈何。

送走儿子的那个晚上，项东方一夜没睡，在床上翻来覆去、浮想联翩，从儿子的离去，想到了自己的半生的遭遇，想到了许许多多经历过的人和事。过了一天，他就带着期望踏上了回家的路。

他先回了一趟家，因为他的家正好处在广州到贺西的中间，完全是顺路。这个城市是旅游胜地，有一个像桂林山水一样的七星岩，但项东方并不熟悉，因为他们家是在他上了大学以后才搬过来的，而他除了放假回家住一段时间以外，基本没有呆过很长时间。见过父母和弟妹以后，第二天他就急着要去贺西，大家劝他多休息几天，调整好时差再去，他不听，说是有急事，还说回来以后再陪全家好好玩玩。

第二天一早，他就踏上了开往贺西的长途班车。车子宽敞明亮干净，还有空调。项东方对沿途并不熟悉，他记得这段路以前是要走半天的，上车时专门问了司机，司机说不需两个小时就到。这一说他就急了，人家都说游子近乡情怯，看来真的不假，他倒是宁愿路上走得更慢一些，这样他才能有足够的时间来调整自己的情绪。

车子在高速公路上飞驶，他的心也在过电影般回忆着过去。忽然，一个念头闪过心间：自己这半生的经历就像是一部电影，为什么不把它写出来呢？他接着又想起了当年刚进北大时，在燕南园曾立下的誓言：要写一本有价值的书。这个誓言还可以追溯到农场山洞里许下的那个心愿。是啊，当年自己是多么的天真烂漫，把生活想象得那么的美好，后来又把这种不切实际的愿望寄托在美国，天真地以为美国是一个自由自在、可以为所欲为的人间乐土，哪里遍地黄金、人人都可以不费吹灰之力就可以飞黄腾达，实现自己的美国梦，然而，事实上自己在美国奋斗了几十年，半生漂泊，闯荡江湖，摔得遍体鳞伤、心底流血，不仅丢了专业，而且也没有发什么财，如今两手空空，整日为了生活奔波劳碌，为了蝇头小利斤斤计较，并没有找到自己以为的人间天堂。自己的一生与自己当初的设想完全是背道而驰的，好在现在自己总算回到了故乡，重新发现已被庸碌的生活所埋葬在心底里的心愿。对，一定要把这本书写出来，这样自己这辈子也就死而无憾了。

公路上忽闪而过指示牌告诉他快到目的地了，但车外的景物却是那么的陌生。他记得这里以前曾是一片绵延起伏的丘陵，黄色的山坡上长满杉树和马尾松，那时候他和瘦猫一大帮人每天都徜徉其中，打鸟砍柴挖草药，满山满坡都洋溢着他们的开怀的笑声。如今许多山丘都被铲平了，一条笔直的大街从中穿过，两旁耸立着簇新的高楼大厦，车辆川流不息，一片繁荣的景象，他可一点都认不出来了。窗外闪过一片灿烂的木棉花，在蓝天白云的衬托下，那些像火焰般燃烧着的花朵映红了天际。他突然抿着嘴笑了起来，因为那些木棉花让他想到了一件好笑的往事。

有一年春天，就在路边的山丘旁，几棵高大的木棉花正开得灿烂，瘦猫带着大家就在树下用弹弓射那些花。木棉花树干高大挺拔，花开时节几乎没有叶子，又大又厚实的花朵开得艳丽绚烂，满树红艳艳的。木棉花不仅美观耐看，而且也是很好的中药，广东人爱喝的五花茶里面有一种花就是木棉花。不过，他们打花不是为了做药，只是为了好玩。打了半天，每人都打到了许多，用绳子穿起来做成一个花环，挂在脖子上。就在他们准备收兵回家时，项东方打出的一颗石子落到附近一家平房的瓦面上，一个瘸腿的老头拿着长柄扫帚追了出来，大伙一哄而散。瘦猫一边跑一边笑："快来追我呀，老瘸子，追上我给你当马骑！"结果老头被扫帚绊倒了，一伙人又折回去把老头狠狠到嘲弄了一番。老头跳起来，挥舞扫帚乱打一通，大伙四散奔逃，肥猪跑得慢，被扫帚击中小腿，差点没被老头逮住。

想到这项东方忍不住笑了起来，脑海中却浮现出肥猪的形象。自从肥猪参加了路线教育工作队离开农场，项东方就再也没有见过他，也没有跟他联系过，在他的心里肥猪已经死了，不再存在了，不会出现在他的记忆里。可是，那些木棉花竟让他突然记起了肥猪，那个胖胖的动作有点笨的少年在他的心里就活跃了起来，跟着，一幕幕往事便纷至沓来：翻墙看电影，跳窗偷游泳，斗蜘蛛，学抽烟，偷钱。最后，他忆起肥猪爸被人灌尿，肥猪跑到江边要跳河，然后就发誓再也不回贺西。唉，说来自己后来发的那个类似的誓也是模仿肥猪的。都几十年了，不知这个家伙怎么样了？如果再见到他自己会原谅他吗？既然自己已经回来，那就是等于跟过去和解了，早年的恩怨又何必挂齿呢？

几十年仿佛弹指一挥，多少往事随风而逝。当年自己不也曾经对天明誓：永不踏入贺西半步吗？如今自己半只脚已经踏进家乡的土地上了，自己打了自己的脸。难道就不觉得半点羞愧吗？人的一生中有多少誓言是被自己粉碎，或者是被现实摧毁的，没人能说得清。这是自己第一次食言了，不为什么，就是为了见到朝思暮想的初恋情人，为了半生的追求画上一个句点，为了重温那不曾实现的旧梦。原来以为自己早把柳丝雨给忘了，没想到她依然潜藏在自己的心底，几十年的风风雨雨并不曾抹去她的踪影，经历过东西方之间扑腾沉浮最爱的仍然是她。人世间是否有一种爱可以越过几十年积淀的尘埃而历久恒新？也许只有从未得到过的初恋。

在恍恍惚惚中汽车终于到达了车站，项东方叫了辆出租车就直奔碧桂园。他记得这里以前是一片工厂和低矮破烂的民房，现在这变成了一个五星级的高档小区，东南靠着一片郁郁葱葱的小山，西北连接西江河畔，在小桥流水和鲜花绿草中，错落有致地分布着许多具有异国情调的西班牙式别墅，周边生态环境良好，社区空气清新。车子在小区内兜兜转转，项东方的心也在暗自赞叹：没想到家乡早已经历过翻天覆地的变化，真是一日千里，不知当年那些旧街还在吗？童年的记忆还能找回来吗？

出租车最后停在一栋两层的别墅前面，项东方跳下车，对着那扇咖啡色的大门，犹豫了片刻，才下定决心伸手去按门铃，心里却依然七上八下的躁动不安。门开轻轻地了，一个风韵犹存的女人站在他面前，她的表情夹杂着惊讶和困惑：

“你找……？”

“你是柳丝雨吗？”项东方从那张脸和那微翘的嘴唇认出来了。

“我是。你？”

“我是项东方！”

“项东方？”

“不记得我了吗？”

“你真是项东方？我不是做梦吧？”柳丝雨足足怔了半分钟，眼睛张得很大，面部表情夸张。

珍妮在跟项东方讲完故事的当天，就发了个微信给柳丝雨，因此，柳丝雨知道项东方还活着，当天她整个晚上都没睡，心情一直都在狂喜和忧伤中徘徊，她不停地回忆着过去，又千百遍地设想重逢的场景，一会儿泪流满面，一会儿又喜极而泣，擦眼泪的纸巾扔了一地，临近黎明时她才迷迷糊糊地睡着了。她知道项东方目前人在美国。项东方并没有通知她要回国，这一则因为他决定得很匆忙，心里很急；二则因为他想给她一个惊喜，他想看看两个久别重逢的初恋情人会不会因为突然的碰撞而擦出火花。这几天，柳丝雨都在期盼望着，像个新嫁娘盼着上门的轿子那样，每天她都不停地看看手机，哪怕在做饭的时候也把手机放在灶台上。然而，什么事都没有发生，她甚至开始怀疑项东方是否不会再理自己了。唉，这也难怪，分别几十年，大家有各自的生活，有谁还会珍惜初恋的感情呢？她并不了解项东方这几十年来的生活，她也无法想象岁月在他身上会留下什么痕迹，在她心中项东方还是那个稚气的少年，大眼睛里略带着少许的忧郁和不羁。当她打开门，一眼看到一个时曾相识的中年男人，一脸的沧桑，一双锐利而睿智的眼睛散发着成熟男人的魅力，她还是惊呆了。

“是我！刚到的。”项东方微笑着答道。

“哎哟，怎么也不打个招呼？”柳丝雨搓着双手说，双眼闪着激动的泪花。

“来不及了。”

“快请进！”柳丝雨慢慢地恢复了平静，把项东方让进了门。

项东方随着她坐到沙发上，柳丝雨兴奋得不知所措地问：“要喝点什么吗？”

项东方也有点拘谨，随口答道：“喝茶就好！”

其实自从到了美国以后，他就不喝茶了，平常他只喝咖啡和清水，这时刻他因为太紧张了，便胡乱地点了茶。柳丝雨记得下乡时他是很喜欢喝绿茶的，于是，她站起身，到厨房泡了一壶茶，回来坐下，给项东方倒了一杯。那茶汤青绿微黄，清澈明亮，飘散的热气伴着一阵特殊的清香。项东方深深地吸了一口香气，只觉得无比的舒畅。柳丝雨微笑着问：

“知道这是什么茶吗？”

“龙井还是碧螺春？”

“都不是。”

“哪是什么？”

“白马茶！”

“哦，白马茶！我想起来了。”

他皱着的眉头一下子舒展开来，记忆的闸门随即打开。白马茶因产自杏花镇海拔千米的白马山而得名，据说曾是清朝的贡品，也获得过许多国际评比的好名次。杏花镇那时候叫杏花公社，离他们当年下乡的农场十多公里。有一次他们热恋的时候，项东方骑着一部借来的单车，驮着柳丝雨到了杏花公社去赶集。回来的时候他们买了一斤白马茶和两斤当地有名的银梨，心情轻松愉快，项东方车子骑得飞快，路过一个很陡的大斜坡，车子风驰电掣地往下冲，他不仅不煞车，还双手离开车把，像只飞翔的小鸟。柳丝雨吓得哇哇大叫，双手紧紧地抱住他的腰，把头靠在他的后背上，一面大声呼叫着：慢点慢点！。一阵强风突然将她的草帽刮跑，吹到了路边的山涧上。项东方好不容易才把车子停下来，说是要回去找草帽，柳丝雨说都不知道被风吹到哪里了，还是不要了吧。项东方死活不肯，锁好车，就拉起柳丝雨的手，钻进了山沟里，就在那条清澈的小溪旁的大石头上，项东方吻了柳丝雨。

项东方呷了一口茶，意味深长地说：“好久都不喝茶了，白马茶还是那么的香，这让我想起那次咱们去杏花公社买茶叶的事。”

柳丝雨也想起了那次，脸色微微泛红，会心地一笑：“你也真够浑的，哪有人骑车不扶把的，当时我被吓得七荤八素的，胆都快飞出来了！”

项东方调皮地笑道：“我看你平常斯斯文文的，就想看看你急起来会是什么样子的，哈哈哈！”

“你这个老顽童，还是老样子，讨厌！”

“嘿嘿，你那时候叫我小顽童，现在怎么成了老顽童了？啊？”

“因为你老了，拜托！”

“我可从来没觉得自己老，做二十个俯卧撑随随便便，我每天到健身房拉器械，一百多磅轻松地拉起来，许多比我壮的美国人都拉不动呢！你信不信？”

他说着就挽起袖子让柳丝雨看他的臂肌。

“吹牛吧你？”

“哎，你什么时候看我吹过牛？那次在山上跟你说我要在大山上迷路一个星期都饿不死，你猜怎么着？后来在逃港的时候我们果真迷路了，还不是靠野果充饥活了过来。”

“算你能耐！可惜还是过不了海，唉！”

“这是天命，老天爷不让我过去，否则历史就该重写了。”

柳丝雨叹了口气：“一转眼就几十年了，时间过得真快！”

项东方又喝了一口茶：“是呀，如果时光可以倒流，我情愿后来的一切都没有发生过。”

“说实话，这些年来，我总是不死心。我一直相信你还活着，即使每年都到大鹏湾去拜祭，但我心里依然侥幸地觉得你还在世上某个角落，我一直都在期盼着奇迹会出现，你会回来。我真不知道这些年你是怎么过来的。”

她的话勾起了项东方的回忆，他语气沉重地说：“你走后瘦猫也死了，我受不了，就跟大圈仔偷渡香港去找你，失败后被关进收容所……”

他讲了很久，讲了自己后来怎么努力考上大学，然后怎样出国，又怎样创业，直到遇见珍妮的经历。柳丝雨静静地听着，心潮起伏不定，不时发出叹息。项东方刚讲完，她就说：

“都怨我，如果我不去香港，就不会发生这些悲惨可怕的事，是我对不住你！”

“不，你不必自责！”项东方坦然地说：“我早已想通了，这不是你我可以控制的事情，这是命！我们不能跟命运斗，只能认命。”

“我也这样想过。可是到底什么是命呢？”

“人说不清楚的、无法解释的就是命。”

“也许咱们就是有缘无分？”

“以前我也这样想，不过现在我觉得这倒像是一个宿命，我们各自绕了一大圈又聚到了一起。不是吗？”

“难得你这样想，但是你家里人会怎样呢？”

“我眼下还是单身，你放心！”

柳丝雨眼中闪过一线希望，小心翼翼地问：“你没结过婚吗？”

“没有，自从你走后，我就打定主意不结婚，我没法真正的爱一个人，不想被任何一个不爱的人束缚住手脚。不过，我曾经和一个女人同居，但她已经走了。”

“她离开了你吗？”

“不，她死了，乳腺癌。”

“哦，真可惜！她对你好吗？”

“她对我很好，什么都顺着我，可我就是没办法爱她。”

“为什么呢？”

“我也不知道。也许是因为我无法忘掉你，也许是我经历了太多，我的心总是无法安定下来。”

“哪你们有小孩吗？”

“就一个儿子。”

“他没跟你一起来吗？”

“没有。他大概在日本吧，他是美国海军陆战队员，奉命来叫板中国呢！”

“你不担心他吗？”

“担心也没用。我只是心里不舒服，自己的儿子居然跑来对付中国，这是天大的滑稽！这是我万万没想到的！”

“也许他不那样想呢？”

“对，他从小就以美国人自居，天天喊着需要的时候要报效国家。这跟我不一样，平常我也觉得自己像是个美国人，一到关键时刻突然发现自己还是个中国人，放心不下中国。”

“哪你有没有考虑过要落叶归根呢？”

“我本来就打算要退休，回来看看，如果有机会留下来也无妨。一知道你的消息，我一天都等不及，就飞回来了。我真的很想看到你，常常梦见过去的事。”

柳丝雨没想到他说得这么直白，心头一热，白皙的脸居然就红了。两个人聊了半天越来越投机，仿佛渐渐回到了初恋的时代，初见时的隔阂慢慢地在消融，项东方渐渐恢复了他的老模样，他看着柳丝雨，厚着脸皮说：

“你还是像以前那样好看！”

“我老了。”柳丝雨不好意思地扭捏了一下。

“在我眼里你永远都不会老，永远都那么好看！”

柳丝雨心里高兴，可仍免不了有点害羞，轻嗔道：“就你嘴甜！”接着又说：

“好了，时候不早了，我给你做饭去。”

项东方说那我帮你打下手吧，柳丝雨摆摆手说不用，你就喝杯茶看看电视，很快就好了。说罢，迈着欢快的步子走向厨房。看着她的背影，项东方不禁想起她离开农场时的情景，那时，她背着一个方方正正的背包，两条长辫子在肩膀上一摇一晃地摆动着。

没多久，柳丝雨就弄好了一桌子的菜：一个猪肺菜干汤，一个白切鸡，一个清蒸黄骨鱼，一个耗油芥兰，还有一个炒田螺，全是项东方喜欢吃的菜。看着那盘黄骨鱼他就想起当年保姆梅姨的事，但他不想破坏气氛，没敢说出口，倒是那盘炒田螺让他大为赞叹。柳丝雨的厨艺很好，炒田螺是一道普通的家常菜，她加了些紫苏、薄荷和辣椒，味道非常的香浓。项东方夹了一个拇指大小的田螺，放进嘴里，轻轻一嘬，螺肉就进了他的口，连手指都不需要动一动，十分的熟练。他一面品尝着一面说，几十年都没有吃过炒田螺了，馋得很，味道真好！柳丝雨问他美国没有吗？他说没有，在美国很多东西都是没有的。

吃着吃着，他的脑海突然浮现出农场那两口池塘。那时他们常常到里面去游泳，一次瘦猫的手表掉到水里，大家帮他去打捞，项东方潜到水底，找到了那只表，同时无意间捞起了一把田螺。从那以后，他们就经常去捞，那池塘的水质好，田螺又多又干净，大大地满足了他们的口腹之欲。跟柳丝雨好了以后，他也曾专门为她捞过许多次，被瘦猫等人知道后还骂他重色轻友。想起了这些，他就问：

“丝雨，还记得农场那口池塘吗？”他开始这样称呼她了。

“当然记得！我的命就是在哪里被你救回来的。”

“你知道吗？自从你走了以后，我就再没有到过哪里游泳，也没有捞过田螺，因为我不想看到那个地方！”他说得一往情深，眼睛都有点湿润了。

柳丝雨抬眼深情地望着他，说：“这些田螺是两天前买的，不能再放了，所以今天我就把尾巴剁了，如果你不来我只好自己吃了，没想到你那么有口福还真来了。”

“哪说明咱们还是有缘啊！”项东方笑得很开心。他知道田螺这东西拿回来都要放在清水里养一两天，甚至还要放上几片柠檬叶或者一把生锈的刀，等螺把肚子里的泥吐干净才能吃，但也不能养太久，否则就会死掉发臭。他故意地问道：

“不早不晚，刚刚好，不是专门为我准备的吧？”

柳丝雨也不想隐瞒，说：“是的，我知道你最喜欢炒田螺，就买回来等你。”

“真是心有灵犀一点通啊！在飞机上我看了一部电影，看到人家在中秋节吃炒田螺，就直流口水。后来，迷迷糊糊就梦到自己在农场跟你一起吃的情景。”

项东方咧开嘴傻笑着，柳丝雨仿佛又看到了那个纯朴又顽皮的少年，一时间脑中翻飞着各种画面：那个站在教室门口被老师奚落的小学生，那个为了报复而把蜗牛放到自己手里的坏小子，那个在池塘里把自己救起来的英雄，还有那洁白如雪芳香扑鼻的野百合，那浑身长满刺味道甜涩的金樱子，还有那个凉渗渗滴着水的石灰岩山洞……稍停，她问道：

“想回农场去看看吗？”

“当然想，最近老是梦到哪里。”项东方不假思索就答道。

“好，要不咱们明天就去？”

“听你的，你安排。”

“哦，明天好像是清明节呢。”

“哪刚好，我正想去看看瘦猫。”

“今天咱们先在贺西转转，明天就回农场去。”

吃过午饭，俩人坐上柳丝雨那部白色的奥迪，向着老城区驶去。一路上景色很好，项东方感慨地说，家乡人如今生活得这么好，真不敢相信呢。他告诉柳丝雨，这次回来可是自己打自己的嘴巴了，因为自己曾经发过誓永远都不回贺西的。柳丝雨宽慰着说，这算什么？都几十年了，谁会在乎这些？当年我不也发过誓永远不搭理你的吗？俩人都会心地笑了。

柳丝雨开着车，忽然好奇地问，你真会修车吗？项东方厚着脸皮说，我下乡那时候就会做老鼠笼子，刻公章，盖房子，装收音机 修个车算什么？柳丝雨笑着骂道：你还是那么的贫，真是老不死！项东方哈哈大笑说，我只有在你面前才会耍贫。他乘势抓住柳丝雨的右手，轻轻地吻。柳丝雨不好意思地把手缩回，放到方向盘上说，小心啦，人家要开车呢。

车子驶过贺江大桥，项东方兴奋不已，探着头往外看。那一条江水还是那样碧绿，江上还是停泊着许多大小不一的船只，只是没有了那些承载过他们小时候无数欢乐的木排。他们停了车，下来步行。那条往日开满了火红的凤凰花的街变得一点都不认识了，因为那些凤凰树都已经消失，两旁全是些高楼大厦。项东方还想找出自己以前住过的那座平房，他依然记得那个位置，但却连个影子都看不到。当年打泥头仗的栗子山早就被夷为平地，建起了一大片高层住宅。走过大斜坡，又找不到那棵大榕树。

走着走着，忽然听到一阵朗朗的读书声，在一片喧嚣的市尘中飘过来，仿佛天籁一般悠扬婉转。俩人循着声音找过去，不知不觉地来到一栋大楼前，原来这就是他们以前的小学，只是原先的两层旧房子已经拆掉，换成了一座七层的楼房。他们找到了声音的出处，隔着玻璃窗可以看到一班小学生正在用粤语朗诵李白的《静夜思》：

“床前明月光，
疑是地上霜，
举头望明月，
低头思故乡。”

孩子们的声音很稚嫩，奶声奶气的，似银铃般清脆，又宛若黄莺啼鸣娓娓动听。项东方听得入了迷，直到一部车子经过，鸣了一下笛，才把他惊醒。他感叹着说：

“真好听！”

柳丝雨也有同感：“是呀，就像唱歌一样。”

项东方问：“哎，你说咱们小时候朗诵是不是也这么动听呢？”

“那当然，小孩都这样！”

“哪为什么我从来都不觉得呢？”

“因为你自己身在其中，肯定感觉不到，只有外人才能听得出来。”

“你说得有道理。但我觉得还有一个原因，普通话只有四个声调，而粤语有九声六调，所以粤语变化更多，说起来更加抑扬顿挫，更有音乐感，本身就像唱歌一样。你有没有留意到，刚才那首诗如果用普通话来念是不押韵的，‘霜’和‘乡’根本就不同韵，但粤语就完全押韵。”

柳丝雨沉吟了一会，嘴里念念有词，然后说：“诶，也是哦。为什么会这样？”

“因为粤语比普通话和其他方言保留了更多的古代音韵，而且，据我所知，唐宋时期的人说的话比较接近粤语，所以，当时的诗人写下的诗今天用粤语来念还能保持更多的原汁原味。”

“真有意思。看来你对这个很有研究呢。”

“还有一件事更有意思，咱们家乡贺西还是粤语的发源地呢！你信不信？”

柳丝雨瞪大了眼睛：“真有这事？太神奇了，你是怎么知道的？”

项东方谦虚地说：“其实，我是最近上网查到的。说起来，我以前对粤语是很反感的，在北京上学时我觉得说粤语简直土得掉渣，在美国时态度也没有改变，只是到了最近才转过弯来。”

“为什么会这样？”

项东方把自己思想前后的变化简述了一下，最后说：

“我在大学时学过英语、法语和德语，然后绕了半个地球才发现乡音是最美的语言，一定要好好保护它，否则，再过两代人我们就听不到这样优美的声音了。”

“要是那样就糟了，不过，我相信不会的。”

“我也这样想。”

俩人离开学校，继续往前走。走过了码头，项东方也没有找到小时候常去喝冷饮的那家“贺西冰室”，颇为失望。俩人就到附近一家餐馆吃过晚饭，然后走到河堤上散步。还好，那一行紫荆花树依然还在，正开着姹紫嫣红的花，树下那一排铁栏杆因为被人摸多了而变得黑油油的。

他们并肩站在栏杆旁，欣赏着风景。天上挂着一轮清亮的上弦月，照得河水波光粼粼，江面上闪烁着点点渔火，晚风吹来微微的有点凉。俩人默默无语地静立了好一会，项东方脑子里满是儿时的回忆，眼睛仿佛看到码头旁停靠着的花尾渡，鼻子似乎嗅到身后飘过来的阵阵浓郁的香草味，耳朵里隐隐约约地回旋着大姨妈那好听的女中音，《彩云追月》那美妙的歌声像潺潺流水般淌过他的心扉：

“明月究竟在哪方?
白昼自潜藏，
夜晚露毫芒，
光辉普照世间上，
漫照着平阳，
又照着桥梁，
皓影千家人共仰，
难逢今夕风光，
一片欢欣气象，
月照彩云上，
熏风轻掠，
如入山荫心向往……”

他忽然觉得眼睛有点湿润，心里感到甜蜜惆怅，又有点忧伤，一时冲动，竟忘乎所以地爬上栏杆，坐到那根滑溜溜的铁管上，望着脚底下滔滔不绝的江水。

柳丝雨见状吓了一跳，焦急地叫他赶快下来。项东方嘻笑着说：“没事，我就坐一会。”

“怎么还像个小孩似的？真是个老顽童！”

项东方依然笑嘻嘻地说：“我想起了小时候的情景，就想重温一下童年的乐趣。”

“你别闹了，摔下去怎么办？”

“摔下去也死不了，大不了就当是游泳，放心啦！”

他说完，双手离开栏杆，伸展双臂，像只飞翔的小鸟。柳丝雨吓得直哆嗦，想起当年他空手骑车的情景，不由自主地就抱住了他的腰。

晚上，俩人回到柳丝雨的别墅。项东方拿出自己带来的加州红酒，两个人又对饮了几杯。阅人无数的项东方觉得，当晚是他一生中最幸福的时刻，真正享受到了身心交融的乐趣。

第二天，他们心情轻松地踏上了前往农场的路。路还是几十年前的那一条，只是沙土路换成了柏油路。项东方依然记得当年的情形，那时候公路上总有养路工人赶着牛车，车子后面拖着两块铁片，一面走一面把散了的沙刮平。常年失修的路总是坑坑洼洼的，形状就像一副排骨，因此被人们称作排骨路。那时候，六十公里的路要走两个多小时。如今一条油光乌亮的柏油路穿行在崇山峻岭之中，一些曾经荒芜的山岭上栽满了柑橘和李子等作物，绿油油的农田旁盖起了一批漂亮的农舍。车子经过杏花镇那个大斜坡时，项东方兴奋得大叫起来：哎，你的草帽就是在这里飞走的！俩人一起哈哈大笑。

他们并不急着赶路，一面走一面玩，中途还下去吃了午饭。在说说笑笑中，下午时到达了目的地。他们绕过农场场部，穿过一片杂草丛生的荒地，一个左转弯开上了一个黄土高坡，路旁有几栋陈旧的平房，是农场原来的养鸡场，曾经养着几千只鸡，十分的热闹，如今已经荒废了，静悄悄的，没有一点生气。车子停在一片高过人头的芒草前。俩人下了车，见旁边停着一部黑色的丰田轿车，并不见附近有人迹，颇觉讶异。

俩人沿着一条羊肠小道往上爬，山坡上参差地长满了栎树、香杉树、和马尾松，地面铺陈着许多低矮的灌木丛，如岗松、毛稔、金刚藤、金樱子等等，还有连成片的铁芒箕。项东方出门在外几十年，尤其是呆在美国这么久，再也没有见过这样的植物。可是，现在他一眼就认出它们来了，儿时的记忆深埋在心底，触景生情，一切就都慢慢浮现了出来。那次在水电站，几个人饿得发慌，正好见到一大片熟透的岗稔子，大伙不管三七二十一，抓起来就往嘴里塞，刚吃了个半饱，肥猪突然指着一颗油甘子树说“有蛇！”几个人像白日见了鬼一般跑得无影无踪。如今时过境迁，故人已去，瘦猫就死在隔壁那座石灰石山上，而肥猪竟一别数十年，再也没有任何音讯。

项东方把目光转向左边，看到了那座孤立的石灰岩山。这座小山拔地凭空而起，半个山体已经被水泥厂开采了几十年，植被荡然无存，裸露出狰狞丑陋的灰白色石体。当年项东方他们曾在此炸山取石，为的是建造刚才看到的那几栋鸡舍。眼望着那残破不全的石山，他的耳边仿佛响起了隆隆的爆炸声，眼前飘过遮天蔽日的粉尘，他似乎看见了瘦猫那缺了一只胳膊的遗体，还有那滴落在路上随即又被尘土掩埋的鲜血。他的视线变得模糊，伸手抹了一把脸。

柳丝雨挽起他的手，默默地走着。在路上的时候，项东方就说今天要先来拜祭一下瘦猫，当时他的态度是很平静的。没想到一到现场，竟然不能自己，那么的伤感。她想跟他说些安慰的话，可就是找不到词儿，倒是项东方自己先开了口：

“我原以为经过几十年，应该不会动感情的了，没想到还是控制不住自己。”

“人的一生中总是有几个人、几件事是一辈子都忘不了的。”

“瘦猫这个人就是胆子太大了，不然结果也不会这样。”

“正像你说的，这就是命吧？”

“唉，天命难违啊！”

项东方长长地叹了口气，远远地望见了瘦猫的坟头。在两棵马尾松之间，那个坟茔一点都不起眼，墓的四周长满了高低错落的野草，一丛白花花的茅草立在后边，微风吹来轻轻地摇曳。

还没有走近墓地，俩人就被眼前的景象惊呆了。一个男人跪在地上，向着坟头叩拜，后边一个女人在给他拍照，坟前有几支香在燃烧着，袅袅青烟萦绕在坟地上空。

项东方好奇地跑过去，那人也站起了身，四目相对，眼神仿佛突然凝结了。相互打量了片刻，俩人几乎同时喊出了声：

“肥猪！”

“项东方！”

目瞪口呆之余，俩人有几秒钟都没有开腔。肥猪还是那么的胖，挺着一个突起的啤酒肚，脸上戴一副黑框眼镜，一副志得意满的学者派头。

“怎么是你？我没看错吧？”除了讶异，项东方好像都不会说话了。

肥猪跟他一样：“你怎么会在这里？”

项东方脑中泛起一股说不清道不明的情绪，那里面混杂了惊讶、疑惑、埋怨和愤懑。肥猪眼里流露出愧疚、不安与渴望。在互相对视中，项东方的心首先软化了，不知不觉地向肥猪伸出了手。肥猪点了一下头，紧紧地握住项东方的手，说：

“你还好吗？”

“我挺好的。你呢？”

“我很好。”

肥猪摸出一包中华牌香烟，递给项东方一支。项东方其实已经戒了烟，不过，他没有拒绝，他接过烟来，肥猪帮他点燃了。他吐了一口清烟，笑着说：

“好久都没抽中华了。哎，你还记得我们第一次抽中华烟的事吗？”

“怎么不记得？你爬进瘦猫家，偷了五十块钱，那时候胆子实在太大了，有时想起来我还会笑。”肥猪笑道。

“哈哈，其实，我那时候挺害怕的，都是你们逼的！”

“哎，你可不能怪我，要怪只能怪瘦猫，他实在是太厉害了。”

“唉，这小子就是胆大包天，要不事情也不会这样。”

“说起来，那时候买一包中华才六毛一，现在都要五十块了！那时候五十块是一笔大钱，现在只够买一包中华，连一只烧鹅都买不起！”

“是呀，一晃就几十年了，真是天翻地覆啊！”

肥猪突然严肃地说：“我平常也抽不起中华，今天这个是专为瘦猫准备的。”

项东方接口说：“我知道他喜欢中华，但我想他这一辈子也就抽过一次。我这一支就留给他吧！”

项东方说完，把烟插在坟前，对着坟头拜了三拜。肥猪也走过去，插上烟，跪在地上，诚心诚意地拜了三拜。

两个人慢慢地站起来，又点燃了一支烟。肥猪招呼那个女人过来，说是他老婆，柳丝雨也走过来，大家互相介绍了一番，询问各自的情况，项东方把自己的经历简短地讲了一遍，然后，问肥猪这些年是怎么过来的？肥猪略一迟疑，接着，缓缓地把自己的经历道了出来。

当年肥猪出于无奈，举报瘦猫和项东方偷听境外电台，因检举有功，被安排进路线教育工作组，参加社会主义路线教育，再也没有回过农场。后来，他被保送到厦门大学，然后考上了研究生，现在是中山大学历史系教授。瘦猫死时，他没有回来，一则他知道得晚了，二则就算他知道也会觉得心中有愧，不敢来。虽然瘦猫的死跟他并没有直接的关系，但他总是为自己出卖朋友的行径感到羞耻。有很长一段时间，他都无法释怀，无休止的自我忏悔。后来，他经常偷偷地跑到这里，看着瘦猫的墓碑，默默地自责，悄悄地清理坟茔，祈求宽恕。他一直以来都把这事看作为一个个体的行为，是自己的主观意志决定的，所以才没完没了地自我否定，永远都不得安宁。

直到有一天，他尝试着用一个历史学者的眼光去看，把这件事放到一个历史大背景里面，他才得出更清晰的视野，也找到了自我平衡的支点。为了倾诉自己的情绪，他写了一篇博文，把这件事的前因后果写出来，还把自己的观点说出来，试图为自己辩护。读者对此的反应形成两个极端，有人同意他的看法，认为处在历史大潮中的个人确实没有太多的选择；更多的人则反对他，认为每个人都活在某个历史时期中，如果每个人都不能为自己的行为负责，那社会的道德规范就没有必要存在，大家都可以把责任推给社会。这样两难的困境让他再次感到困惑，后来他还是说服了自己：瘦猫已逝，不会再说话，当事人只有项东方，如果能得到他的宽恕，这才是最重要的。现在，项东方奇迹般地出现在自己的面前，这可是千载难逢的好机会，假如能够得到项东方的谅解，自己就如释重负，这辈子也就死而无憾了。

项东方听完他的叙述，感慨万千地说：

“事情已经过去这么久了，再追究也没有什么意义。其实我也想清楚了，我早就原谅了你。放眼来看，人不过是历史中的一颗棋子，下棋的不一定是我们自己，而是一只看不见的手，我们走的每一步路背后都有一只推手，我们只是被历史推着走的小卒，往往身不由己。我自己也做过许多坏事，我曾杀过一只无辜的小猫，我从来都没跟你们讲过这件事，但我一直都很内疚；我跟你一样在看游街的时候打过人，而且我还踢过那个老太婆。我以前常常在心里责怪自己，自我忏悔，但没什么用，总是一次次地重复。”

听到项东方说原谅了他，肥猪心中十分的感激，他眼睛有点湿润，语气沉重地说：“对。我们只是历史大潮中的一片泡沫，随波逐流被历史玩弄。如果没有文革，就不会有这些事。我们必须大步跨过这个坎，跨过这道心理上的鸿沟，才能更好地看清历史和未来。”

项东方深有感触地说：“我在海外脱离了中国的环境，仿佛从外太空看地球一样，看得越来越清楚了，其实文革只是一百多年来中国人救亡图存、力图超越西方的最后一次失败，是延续了一百多年的社会动荡的最后余波，是中国文明涅槃重生前的阵痛。”

肥猪对此颇有同感：“说得没错！自从鸦片战争以来，中国屡战屡败，全民上下充满了自卑情结，我们尝试了许多办法，总想一蹴而就，结果输得更惨。文革就是中国人想一步登天而摔得头破血流的尝试。好在我们摸索了一百多年终于找到了自己的出路，根本不必走全盘西化的路子。”

“是的。我觉得自鸦片战争一百多年来，我们被打得魂都丢了，总想着去别的地方把自我找回来，就是忘记自己是中国人。一直以来，中国人都活在西方的阴影底下，仰慕西方，惧怕西方人，缺乏民族自信心，什么都以西方为标准，被西方人精神殖民了一百多年而不自知，现在是该清除西方阴影的时候了。我们要重新树立起民族自信心，不要再盲目相信西方，对西方人的言论要多长一只眼，更不要被他们忽悠了。”

“有道理！中国威胁论和中国崩溃论都是西方人忽悠中国人的骗局，今天的中国人不会再上当了。中美争夺世界霸权的大战早已拉开，但许多中国人还蒙在鼓里，还没有从民族自卑情结中走出来，现在我们必须硬起来，走自己的路！”

项东方感慨地说：“现在我才发现自己走错了路，如果当年我不是那样的崇洋媚外，我就不会去美国，不会浪费我的光阴，想想真是有点后悔。我那时候还嘲笑我爸保守，现在看来好像他是对的。唉，真是历史弄人啊！”

肥猪笑道：“人总是身不由己，你也没必要责怪自己，过去的就过去了。我倒是有点好奇，你在美国这么多年，有什么体会吗？”

项东方吐了一口烟，叹息着说：“如果让我说有什么体会，我会奉劝国人，不要再把美国当作什么人间天堂，不要再挤破脑袋往美国跑，你要是去留学去旅游，开开眼界，看看新鲜，那未尝不可，如果想要移民，真是大可不必了，现在国内发展得这么好，而且说真的，我相信中国超过美国是早晚的事，留在自己国家不是更好吗？”

肥猪点点头说：“你说得挺好的！希望越来越多的人能看到这一点。”

俩人一边吞云吐雾，一边高谈阔论，越说越投机。两个女人都没有兴趣听他们谈论这些历史和文化的东西，她们自己躲到一边，聊起家长里短来。说到后来，项东方突然想起一件事来，就问肥猪知不知道，当年柳丝雨曾经寄过许多信给自己，但一封都没有收到。肥猪开始摇摇头，然后好像想起什么似的说，他曾经听那个管政工的副场长提到，曾没收过一些境外来的信件，说是要上交，不知道有没有你的信在里面。项东方听罢，也很无奈。俩人又谈了好一会儿，肥猪说要赶回贺西镇，去见一个熟人。俩人约定明天在贺西再见，好好聚一聚，就告辞了。

告别了肥猪，项东方和柳丝雨决定去那个山洞看看。山坡上依然是荆棘密布，跟几十年前几乎没什么两样。项东方身手矫健，柳丝雨显然有些跟不上，项东方不时要拉她一把。很快他们就找到了那个山洞，里面的景色几乎一模一样，似乎没有什么人来过的痕迹。很快，他们就找到了那块观音石，项东方笑着问：

“哎，你还记得当年我们许下的愿吗？”

柳丝雨毫不犹豫地答道：“记得！”

“哪今天我可以说咱们的愿望已经实现了吗？”项东方目光炯炯地看着她问。

“那当然！不过，你的第二个愿望你还记得吗？”

项东方胸有成竹地说：“我没有忘！最近我一直都在思考这件事，我想只要把咱们的经历写出来，不需要太多的修饰，只要实实在在的写下来，就是一本好书。只是有一件事没有弄清楚，不知该怎么处理。”

“什么事？”

“就是那时候你给我过写很多信，我一封都没有收到。我刚问过肥猪，他说场里曾没收过一些境外来信，就是不知道有没有你的。”

“哦，真奇怪了。不过，事情都过去那么久了，再追究也没有什么意义，反正咱们现在不是重逢了吗？管他那么多呢！”她倒是很豁达。

项东方也笑道：“理是这么个理，但我要怎么写这件事才会更好呢？”

“照我看，你就照实写，不知道就是不知道。”

“你是说让它存疑，让读者去猜？”

“对，你就留下一个悬念，增加一些神秘感。”

“有道理！”项东方恍然大悟道：“就像历史上有无数不曾了结的悬案，总是勾起人们无限的好奇心，比如光绪皇帝为什么会与慈禧太后同一天死去，杨贵妃到底死于乱军之中还是逃到了日本等等，这都已经成了永远解不开的千古之谜。”

“是的，越是扑朔迷离，越是猜不透，才越有魅力。”

“真是个好主意，就这么干！等我有时间就马上去写。”

柳丝雨兴奋地说：“好，我相信你一定能成功！我等着看你的大作呢。”

项东方点点头说：“完成了这两个心愿我这辈子就死而无憾了！”

柳丝雨很感动，抬眼望着他，项东方把她轻轻地拉过来，紧紧地抱着她，给了她深深的一吻。

离开了山洞，俩人慢慢地往山下走。在一棵开满白花的金樱子旁边，他们不经意地发现了一株野百合，它紧挨着一块大石头。项东方找来一根木棒，小心翼翼地挖下去，然后，用手轻轻地把它拔出来。他把它捧在手上，细心地观察。

他正好面对着缓缓下山的夕阳，柔和的阳光照射在整株花上，原本洁白无瑕的花瓣染上了一层金黄的色彩，墨绿色的叶子边缘也生出了一条金边，整株花显得晶莹剔透，罩着一层梦幻的色调，令人心醉神迷，一阵微风吹过，送来一缕沁人心脾的清香。

柳丝雨凑过来，项东方把手搭在她肩膀上，两个人头靠着头，端详着那株野百合，闻着风中传来的花香。项东方深情款款地说：

“上次咱们也是在这里挖的野百合，可惜，你走后三个月，花就死了。这次可不能再让它枯萎了！”

柳丝雨笑着答道：“不会的，这次我要把它养在阳台上，每天给它浇水，让它一直活下去，直到我死了。”

“你想过百合的花语是什么吗？”

“你是说花的含义吗？”

“就是百合花所代表的意思。”

“我想，百合，百合，就是百年好合吧？”

“对，就是百年好合！”

俩人心领神会地相视一笑，眼中闪耀着挚爱的光芒，夕阳的余晖在他们不再年轻的脸上撒下一道玫瑰色的霞光。

《全书完》

Milton Keynes UK
Ingram Content Group UK Ltd.
UKHW031807041223
433765UK00013B/1181